한국정치특강

- 韓國政治特殊主題 -

정연선
양창윤
이욱렬
조승민
고성학
정찬권
이성구
경규상
송우근

숭실대학교 출판부

서 문

이 책은 그동안 한국정치를 체계적으로 이해하기 위해 꼭 필요했던 기존의 일반 한국정치학의 책과는 몇 가지 다른 점이 있다.

첫째, 현대한국정치의 특수한 주제를 검토한 전문 서적이다.

둘째, 학문적으로 쉽게 접근하기 어려운 내용들을 담고 있다.

셋째, 한국의 정치발전 연구에 필요한 구체적 · 실천적 과제를 진단하고 처방전을 제시했다.

이 책은 남북한의 특수한 정치문제를 나누어 2부 12장으로 구성하였다.

제1장은 이 책의 들머리 역할을 기대하면서 대한민국 수립이후 2007년 제17대 대선에 이르기까지 한국의 민주정치를 개관해 보았다.

제2장은 정치문화를 중심으로 제주도 국회의원선거의 특성에 관한 연구다.

언론에 보도된 선거조사 자료에 의하면 이미 여러 대선에서 알려진 바와 같이 제주도의 투표내용과 결과로 대선의 향방을 가늠할 수 있다는 것이다. 우리는 이 책을 통해 제주도의 선거특성을 심층적으로 살펴보는 좋은 계기를 가질 수 있을 것이다. 제3장 전두환 정부와 김대중 정부의 체육정책 비교연구는 한국의 정치와 스포츠의 함수 관계를 체계적으로 살펴 볼 수 있을 것이다.

1964년 동경 올림픽 24년 후 1988년 서울 올림픽이 개최되었고, 그 20년 후 2008년 8월 8일에는 북경올림픽이 개최될 예정이다. 또 2002년 축구 월드컵을 개최하여 4강 신화를 이루어낸 일이며, 두 차례나 평창 동계올림픽 유치에 실패한 일 등등은 스포츠가 단순히 스포츠만이 아니라는 것을 명확히 알려준다. 만약 어느 시점에 평양올림픽을 유치할 수 있다면 남북한의 통합 가능성도 한층 더 높아질 수도 있을 것이다. 필자는 정치체제의 유형이 모든 정책결정에 높은 영향력을 주고 있음을 발견 하고자 하였으며 이 논문의 가장 핵심적인 주안점은 체육정책을 국가정책의 한 부분으로 이해하고 양 정부의 체육정책적 행태가 정치체제의 유형에 따라 어떤 상이점과 공통점이 나타나는지를 비교 분석하는데 두었다. 정치학적 측면에서 정치체제와 체육정책의 상관관계를 규명하였다는 점에서 나름대로 의미를 부여하고자 한다.

제4장 "민주화가 한국의 이익집단정치에 미친 영향에 관한 연구"는 1987년 민주화 이후 한국의 이익집단정치가 여전히 불안정한 이유가 무엇인가 하는 의문에서 비롯되었다. 민주화 이후 20여년이 흘렀음에도 여전히 불안정한 이익집단정치를 흔히 전환기적 이익집단정치 상황으로 규정한다.

그렇다면 이 같은 상황이 지속되는 원인은 무엇인가? 지금까지의 연구는 대체로 그 원인을 한국 이익집단정치의 특성이나 정당정치의 문제점으로부터 찾았다. 이 연구는 이 같은 분석이 유효하기는 하나 충분한가? 라는 의문에서 출발하였다.

그리고 이 연구에서는 그 원인을 1987년 민주화이행양식이 내포하는 한계로부터 찾고자 했다. 이를 위해 이익집단정치가 전환기적 한계를 벗어나지 못하는 원인을 밝히기 위한 대안적 분석틀을 제시했고, 이를 토대로 민주화에 내재되어 있는 한계 요인이 어떻게 이익집단정치의 한계로 작용하는지 분석하였다.

제5장 "로비의 제도화에 관한 소고"는 저자의 「로비의 제도화 -정치시장의 자유화를 위하여-」(삼성경제연구소, 2005)의 내용 중 일부를 발췌하여, 발간 이후 변화된 상황에 맞추어 수정, 정리한 것이다.

이 글은 로비가 정부의 정책결정에 영향을 미치기 위한 의사소통

행위이며, 따라서 당연히 누려야 할 청원권 행사의 일환이라는 입장을 기본으로 한다. 실제로도 다원주의사회에서는 로비가 이익집단들의 주요한 이익추구행위로 받아들여지고 있다.

이러한 입장을 바탕으로 한국에서도 로비 제도화가 필요함을 여러 각도에서 조망한다. 특히 이 글에서는 그 필요성을 민주적 정당성이나 공정성의 관점에서만 바라보던 기존의 시각에서 벗어나, 사회적 효율성의 측면에서 논의하고 평가하는 정치경제학적 관점에서 조망했다는 점에서 새로운 의의를 찾을 수 있다.

제6장은 한국의 민주화 이전 정부와 이후 정부를 비교하여 민주화와 감시권력의 변화관계를 심층적으로 분석한 글이다. 왜 권력은 국민을 여러 방법으로 감시하여야만 하는가? 이 장을 통해 그에 대한 명쾌한 해답의 실마리를 찾을 수 있길 기대한다.

제7장 국가위기관리체계 변화의 결정요인에 관한 연구는 우리에게 '국민의 생명과 재산 보호'라는 정부의 역할과 기능을 새삼 일깨워 준다. 오늘날 전쟁은 물론 대규모 테러, 재난, 환경오염 등을 아우르는 포괄적(comprehensive) 안보상황에서 국가위기관리는 과거보다 더 많은 시간과 노력이 요구되고 있으며 특히 우리의 경우 남북분단으로 군사적 긴장과 대치라는 특수한 상황에 있기 때문에 더욱 간과할 수 없는 분야라고 할 수 있다. 과거 수많은 외침을 받은 우리의 역사는 위정자들이 국가주권보호, 평화와 번영 그리고 국민들의 안전한 삶을 보장하는 일에 소홀했음을 시사하고 있음에도 불구하고 문제는 이러한 부끄러운 행태가 아직도 현재 진행형이라는 것이다. 그러면 왜 이러한 현상이 단절되지 않고 지속되는 요인은 무엇인가를 밝혀보는 것이 본 연구의 목적이다. 국가위기관리 분야는 공공재(public goods)적 특성과 정보의 불확실성 그리고 외부효과성(Externalities)으로 인해 시장보다 국가가 개입하게 되는 것이다. 그러므로 현행 분산형 국가위기관리체계의 비효율성을 시급

하게 해소할 필요가 있기 때문에 지금이라도 전평시를 아우르는 통합된 일원화된 국가위기관리체계를 구축하는데 정책적 함의를 제공하리라 생각된다.

그리고 북한의 정치문제를 내용으로 하는 제2부의 제8장은 민족통합의 바람직한 지도자상을 말하면서 정치인 조만식의 사상과 리더십을 소개한다. 우리는 이 장을 통해 북한정권이 형성되는 정황배경을 개관해 볼 수 있을 것이다. 제9장은 1994년부터 2005까지 김정일 정권의 대남정책을 분석한 글이다. 남북한의 통일은 가장 냉엄한 현실일 수밖에 없다. 그 현실을 정확하게 이해하려면 반드시 북한의 정책을 이해하여야 할 것이다. 이 장은 통일 꿈을 신나게 꾸고 있는 사람에게 정신이 번쩍 들게 하는 죽비의 역할을 하리라 본다. 이어서 제10장 『북한인권문제 : 한국과 국제사회의 역할』은 2008년도 NGO 학회 신진학자 소개 논문으로 채택된 바 있다. 북한인권 개선을 위한 체계적인 분석과 연구는 남북한의 올바른 통일을 위한 기반을 조성한다는 차원에서도 지속적으로 요구될 것이다. 인권과 자유가 없는 민족공동체의 형성과 발전은 어렵다고 볼 때 바람직한 통일과정을 이루기 위한 절차로도 반드시 북한인권 연구가 병행되고 그 차원에서 정책이 추진되어야 할 것이다.

제11장 군부 쿠데타의 성공은 불안정한 정치체제에서는 언제 어느 곳에서도 가능할 수 있다. 그러나 그 성공 요인은 그렇게 간단치 않다. 이에 대한 사례연구는 분명히 비교 정치학자들의 중요한 관심영역 중 하나이다. 더욱이 북한체제의 쿠테타 성공 가능성을 남한을 포함한 각국의 사례를 통해 검토한 이 장은 주목할 가치 있다. 이 논문은 '북한도 군부 쿠데타가 가능할 것인가?' 라는 주제에 대해 실제로 이러한 환경 조건이 충족된다면 가능 할 수도 있겠다는 조건부적 긍정론의 입장에서 체계적으로 논리를 구성해 보려는데 그 목적을 두고 있다. 지금까지 국내외를 막론하고 전문가들은 그 필요성에도

불구하고 북한군부 쿠데타에 관한 종합적 · 체계적 연구실적을 내놓지 못했다. 아마도 정보접근이 원천적으로 봉쇄된 폐쇄체제를 대상으로 하는 연구 작업의 한계가 가장 큰 이유가 아닌가 싶다. 그리고 평화적 남북 교류협력에 장애요인으로 비판 받지 않을까 하는 정치적 우려도 있을 것이고, 무엇보다 그렇다면 학문적 업적으로 평가될 수 있는 객관적 타당성이 있는 연구실적을 산출할 수 있을 것인가 하는 학자적 양심상의 제약도 매우 크다고 본다. 그럼에도 불구하고 현대정치에서 보이는 일반적 현상 중 하나는 군부 지도자나 군부 내 영향력을 행사할 수 있는 유력한 집단은 권력획득과 유지라는 두 측면 모두에서 제도적 접근성이 유력한 세력이고, 투명성과 개방성을 지향하는 현대정치문화에서도 종종 상상을 넘어 군부 쿠데타의 성공으로 이어지고 있다는 현실적 고려를 배경으로 분석을 시도한 유일한 논문이라 하겠다.

더욱이 제12장 인간 본성과 사회변혁관계에 대한 고찰을 통해 철학적 검토를 더한 점에서 그 깊이를 더해주고 있다. 이상으로 책머리에 그 내용을 간추려 보았다. 필자들의 기대는 이 책이 한국정치 이해에 도움이 되었으면 한다.

끝으로 숭실대학교 출판부 선생님들의 따뜻한 배려에 고마움을 표하고 싶다. 그리고 그동안 위의 글들이 나오도록 때로는 귀한 지식으로 때로는 영감을 보태어 주시고 지도 편달해주신 숭실대학교 정치외교학과 교수님들과 또 엄밀하고 지루한 심사에 정성을 쏟아주신 다른 학교의 저명하신 교수님들에게 감사의 말씀을 올린다. 특히 기획에서 출판까지 열심히 수고하신 송우근 박사와 대학원 여경희 조교의 노력을 새겨두고 싶다.

2008년 1월

집필자 일동

C·O·N·T·E·N·T·S

C·O·N·T·E·N·T·S

제 1 부

제 1 장
한국 민주정치의 인식과 여망

정 연 선

I. 머리말

한국의 민주정치는 민주정치에 필요한 여러 요인 간의 상호 갈등과 경합 속에서 진행되어 왔다. 때로는 촉진요인이 크게 부각되고 때로는 저해요인이 크게 부각되었다. 그러나 차츰 저해요인 보다 촉진요인이 확대될 것으로 기대된다. 1945년 8월 15일 일제로부터 해방된 이후 남북으로 민족이 분단되어 하나의 민족 두 국가의 형태로 오늘에 이르기까지 온전한 국민형성과 국가건설을 이루지 못했다. 그 여파로 정치발전의 첫 단추를 제대로 꿰지 못한 징후가 나라의 근대화, 민주화, 복지사회화의 발전 단계마다 큰 걸림돌이 되어왔다. 이승만 정부의 국가건설기로부터 박정희 정부의 국가근대화기를 거쳐 김영삼 정부의 민주화기에 이르기 까지 6 · 25 동족전쟁과 무장공비 침투, 국내외의 요인암살테러 등은 말할 것도 없고 휴전선에 대치한 남북긴장은 민족발전을 저해하는 큰 암적 요소임이 분명했다. 1989년 소련을 비롯한 세계 공산국가의 연이은 붕괴로 국제적 이념 갈등의 요인이 근본적으로 제거되어 갔고, 남북관계도 생존을 위한 대결구도에서 공존공영의 차원으로 질적 변화를 맞게 된다. 언제나 국가적 위기관리 차원에서 안보가 정치의 근본과제임에는 변함이 없으나 그래도 이제 우리는 남북교류와 협력으로 차츰 평화통일의 가능성을 기대한다.

국내정치도 정치의식의 민주화 선진화에 힘입어 뿌리 깊은 권위적 정치문화 마저 서서히 고쳐지리라 보여 진다. 실질적인 선진민주정치를 향한 갈 길이 아직 먼 것은 사실이나, 그래도 사회 여러 부분에서 감지되는 긍정적인 징후가 많다. 특히 17대 대선 결과를 보면 인물중심의 파벌주의나 지역적인 감정과 이해로 인한 지역주의도 매우 엷어진 것 같다.

한동안 담론의 주제였던 좌익 우익, 보수 진보, 독재 민주, 부패 정의, 전쟁 평화, 폭력 비폭력 등의 추상적인 거대 담론에서 무능 유능, 나쁜 정책 좋은 정책 등의 구체적 생활 담론으로 관심 주제가 변화되었다. 이 같은 변화는 점점 그 속도가 붙을 전망이다.

소득 양극화, 부의 대물림과 같은 정치 경제 교육 문화 사회 복지 등 여러 부문의 정의문제가 비등해 지겠지만, 경제가 발전하고 국민소득이 증대될수록 내 집 내 차는 물론 주기적으로 해외여행을 즐기는 중산층이 확대되어 갈 것이고 이에 따라 사회전반으로 비정치화 현상이 확산되어 정치적 사회적 안정에도 크게 기여할 것이다. 필자는 그 같은 긍정적 기대를 위하여서도 분명 다양한 문제점들을 새롭게 검토할 필요가 있다고 본다.

그래서 좋은 논문을 한데 묶어 "한국정치의 특강"이라는 책이름으로 소개하면서 그 제1부의 서문으로 이글을 정리해 보았다.

Ⅱ. 전망의 방법과 기초

1) 전망의 방법

대개 어떤 나라의 정치체제의 성장 발전을 전망하려는 미래학자들이 사용하는 방법은 외삽법과 정책과학적인 방법이 있다.[1] 외삽법(extrapolation)은 과거부터 오늘에 이르기까지 계속되어 온 변화추세나 그 속도로 미루어 보아 장차 발생할 것이라고 예상되는 변화의 양상을 주시하는 방법이다. 이것은 근래의 변화추세에 대한 객관적이며 자연주의적인 추정방법이라 하겠다. 이 방법은 과거부터 오늘에 이르기까지의 사회변화와 발전을 지탱하여 온 객관적인 사건과 상황이 앞으로도 계속된다는 전제하에서 미래의 경제 사회 문화의 윤곽을 거시적으로 전망함에는 매우 유용하다. 그러나 가치관의 변화나 전쟁이나 천재지변 등의 우발사건이나 기타 수시로 변화할 수 있는 국제적 국내적 정치역학에 의하여 결정적인 영향을 받는 정치체제와 이념의 변화를 전망하는데 충분한 방법이 될 수 없다. 그래서 이 방법은 어떤 가치관에 입각하여 일정한 목표를 설정하며 그러한 변화를 일으키려면 앞으로 무엇을 해야 하는가? 하는 미래 관리적 정책과학(Policy Science)의 방법으로 보완되어야 한다. 한국 정치사회의 변화 발전의 희망적이며 당위론적인 방향과 목표를 어떻게 설정함에 있어서도 우리가 참조하지 않을 수 없는 것은 대한민국정부가 수립된 이후 오늘날까지의 주요 정치문제에 구체적으로 접근하지 않을 수 없는 것이다.

1) 한국미래학회, 미래를 묻는다, 서울대학교출판부, 1970, P.291, 한승조, 한국정치의 지도이념, 서향각, 1977, P.400 주1) 재인용.

2) 인식의 기초

정치발전의 과제와 단계는 국가건설(State building)과 국민형성(nation building)의 단계, 국민의 정치참여를 바탕으로 하는 민주주의 건설의 단계(political participation), 사회복지(Social Welfare)의 단계로 구분하는 경우(Almond : Powell)에 국가건설이란 정치공동체의 영역 내를 완전히 통합하며 그 구성원의 행동을 규제할 수 있는 중앙집권적 권력이 성장 발달하는 것을 의미한다. 국민형성이란 그 정치공동체의 구성원이 가족 지역 기능집단 생활의 차원을 넘어서서 그들의 일차적인 충성심을 그 민족국가에게 바치며 자신을 민족 집단과 동일시하는 국민의식이 형성되는 것을 의미한다. 또한 정치참여의 단계란 국내의 각 집단과 사회계층들이 정치체제의 결정(decision making)에 적극적으로 참여하며 그에 영향을 미치려는 요구의 양과 능력이 증대하는 단계이고, 사회복지의 단계란 사회가치와 자원이 사회의 각 계층에 고르게 배분되는 단계이다. 다른 말로 표현하면 국가건설과 국민형성은 민족주의의 단계에 해당한다. 이 단계에서는 주로 국가의 주권과 독립을 수행하기 위한 국가안보 자주국방 자립경제의 과제를 효율적으로 추진하기 위해서 중앙집권체제를 선호하는 경향이 있다. 그래서 이 단계를 초보적인 통일의 단계(the stage of primitive unification - A · F · K · Organski)로 보거나 근대화 영도력의 출현 시기(Cyril E · Black)로 인식하거나 권위의 합리화(S.P.Huntington)의 시기로 표현되기도 한다. 이러한 선행과정을 경험한 후 비로소 자유롭고 효과적인 정치참여가 제도화(The institutionalization of political participation)되는 과정에서 행정 권력에 대한 민주적 감시와 통제가 가능하다. 즉 중앙집권적 권력에 대한 견제와 균형(check and balance)이 제도화되는 민주주의 건설의 단계이다. 가치배분의 단계란 산업화의 결과로 증가한 부(富)나 자원이나 가치를 여러 사회 계층에 공정하게 배분하는 사회통합의 단계이다.

3) 한국정치의 흐름

그러면 한국정치의 변화과정은 이러한 과제의 단계 이론에 비추어 볼 때 어떠한 양상을 보여 주는 것일까? 해방이후 오늘에 이르기까지 학자들은 근 60년의 시기를 나름대로의 논거를 가지고 다양하게 구분한다. 여기서는 무난하게 이승만 정부시대, 장면 정부시대, 박정희 정부시대, 최규하 정부시대, 전두환 정부시대, 노태우 정부시대. 김영삼 정부시대, 김대중 정부시대, 노무현 정부시대, 그리고 이제 막 시작되는 이명박 정부시대로 나누어 한국정치의 향방을 살펴보고자 한다.

(1) 이승만 정부시대는 해방 후 외세에 의한 국토분단과 좌우사상 대립으로 인하여 남북한에 정통성을 주장하는 정부와 실질적으로 통치하는 별개의 정부가 수립되어 민족사적 정통성을 쟁취하고자 경쟁하는 가운데 끝내 참혹한 군사적 충돌을 겪었던 시기였으며, 또 남북한의 정부는 동서냉전이 격화하는 가운데 미소의 지원을 받으며 제각기 외부의 침략위협에 대처하며 전후(戰後)의 경제복구에 전력투구하던 시대였다. 따라서 이승만 정부 시대를 국가건설기(1948~1953), 전후회복기(1954~1958), 자유당독재기(1958~1960)로 나누어 볼 수 있다.

(2) 장면 정부시대는 1960년 봄부터 1961년 봄까지 약 1년간 민주당 정부가 존립했던 시기라 할 수 있는데, 이때를 우리는 민주정치의 열기의 폭발 또는 무질서한 자유 민주주의의 본보기로서 종종 실

정법 이론가들에게 이론적 근거를 제공했던 시기로 지목한다.

이승만 정부시대(1948~1960)와 장면 정부시대를 거쳐 군사혁명까지 이 시기는 서구민주주의 이념과 제도를 도입하여 무조건 모방하려고 하였던 시기였다. 이 동안 한국정부와 국민은 서구식민주정치의 이념과 제도가 어떠한 사회적, 경제적, 문화적, 역사적 기초 위에서 존속하며 또 어떠한 문화풍토 속에서 성장, 발전할 수가 있는가, 그리고 한국이 놓여져 있는 사회현실과 여건 및 상황에서는 어떠한 형태의 민주정치제도가 적합한 것인지 아무런 고려도 반성도 없이 그저 자유민주주의를 동경했던 시기였다. 선진민주국가의 이념과 제도가 채택되면 그 나라가 누리는 정치적 안정, 경제적 번영, 그리고 문화적 발전은 저절로 성취될 수 있으리라는 그릇된 인식을 가진 채 이상과 실제의 괴리 때문에 고민했던 시기이다.

(3) 박정희 정부시대로서 군정기(1961~1963), 조국근대화기(1964~1968), 민족중흥기(1969~1972), 유신기(1973~1979)로 다시 나누어 볼 수가 있다. 이때는 동서냉전이 점차 완화되어 70년대에 이르러서는 양극체제가 다극화하는 국제환경 속에서 국력배양을 통하여 경제적 자립의 토대를 강화하고 자주국방의 역량을 증가해 온 시기이며 그 과정에서 한국의 민족주체의식이 공고해진 시기였다. 그리고 이 시기는 특히 정치적 상징어가 범람하였던 시기였으며 평화통일을 위한 정지작업이 시작되었으며 국민동원을 위한 정치기술이 극대화된 시기라 할 수 있다. 특히 유신기의 정치행태는 "윗분정치"라는 대명사가 출현할 정도로 강력한 중앙집권적인 권위주의적 정치가 이행되었다.

군사혁명으로부터 유신정치의 종식을 가져오는 1979년까지 이 시기는 민족적 자각을 바탕으로 서구민주주의를 한국의 정치전통과 현실여건에 맞는 민족적 민주주의를 만들려고 한 시행착오를 겪은 시기로 평가할 수 있다. 1963년부터 민주공화당이 내세운 민족적 민주주의는 자유민주주의의 민족화와 민족주의의 민주화를 표방한 것인데 그것이 기본적으로 무엇을 의미하는 것인지 그것이 다른 나라의 민주주의와 어떠한 점에서 서로 다른 것인지 명백하지 못하다. 이것은 행정민주주의가 한국의 특수사정을 강조한 나머지 보편성이 결여되어 있었고 민족적 민주주의는 보편성의 문제에 개의(介意)한 나머지 특수성의 기준에 미달하였다고 볼 수 밖에 없다. 1972년 10월 유신과 함께 등장한 한국적 민주주의는 「우리의 역사적, 문화적 전통 그리고 우리의 현실에 가장 알맞은 국적 있는 민주주의 제도」를 표방하나 실제로 유신헌법에서 보는 바와 같이 이것은 권위주의 체제의 표본이었다. 그러나 이러한 유신체제의 취약점은 곧 명징(明澄)되었는바, 첫째, 그것은 국민대표의 내면적, 자발적인 규범적인 복종체제이기 보다는 외형적인 강제적 복종체제였고, 둘째, 국민대중의 자유로운 참여와 자발적 협조에 의한 대중운동체제가 아니라 행정 관료의 창의와 집행능력에 의해서 추진되는 관제(官制)국민운동체제였다. 셋째, 이념과 제도에 의한 지배체제이라기 보다는 인물적인 영도자 중심의 지배체제였고 넷째, 창의적이고 진취적인 이념 지향체제가 아니라 체제방위(防衛)적이며 보수(保守)적인 현실적응체제였다. 다섯째, 권력, 재산, 존경 등의 사회가치가 국민의 각계각층에 확산되고 배분된 실질적인 민주정치체제가 아니라 일부 사회계층에게 편중된 명목적인 민주정치체제였다는 것이다. 이러한 약점을 갖고서도 한국적 민주주의가 서구의 자유 민주주의를 보다 실효(實效)화한 것이라는 주장은 처음부터 잘못된 것이다.

여기서 이승만 대통령과 장면 총리 및 박정희 대통령의 비전과 이상을 비교해 보면 몇 가지 흥미로운 점이 발견된다. 우선 평화통일의 문제에 있어서 박 대통령과 장 총리가 인지적 차원에서 매우 개방적이었던 반면에 이 대통령은 무력에 의한 북진통일을 주장할 만큼 매우 폐쇄(閉鎖)적이며 평가적인 차원에서 보면 박 대통령이 남북회담을 주도할 만큼 적극적인데 비해 장 총리는 재임기간이 짧은 이유도 있겠으나 별다른 조치를 취하지 않은 불명확한 상태로 나타나며 이에 비해 이 대통령은 소극적 내지 부정적인 입장으로 나타난다. 다음 근대화문제를 비교해보면 역시 박 대통령과 장 총리는 인지적 차원에서 한일회담에 열성적인 면을 보더라도 퍽 개방적이었으나 이 대통령은 경제계획에 대한 구체적 비전이 보이지 않아 근대화개념이 약하였던 것 같고, 감정적으로도 박 대통령이 강한 열정을 보여주는데 비해 장 총리는 불명확하다. 평가적 차원에서도 마찬가지다.

(4) 최규하 정부시대는 이 정부의 성격이 80년대의 한국의 자유민주주의의 실현을 위한 정치발전의 여정에서 어디까지나 과도적으로 약 1년여 존속할 것이라는 국민적 묵계 속에 존재하는 정부이기 때문에 이 정부의 정책수행의 내용 자체보다도 이 정부가 관리하는 헌법개정과 대통령 및 국회의원의 선거 자체에 국민의 관심이 보다 쏠려있었다.

당시만 하더라도 무엇이 국민적 합의이며 국민적 합의의 내용과 한계에 대한 명확한 개념정의가 없었다. 그럼에도 불구하고 여·야는 물론 정부의 차원에서도 국민적 합의라는 명목 하에 국민들의 본의와 대의를 은폐하는 경향이 있었다. 이후 유신정치가 끝나자 비로소 야당의 총재는 대통령은 국민 위에 군림하는 게 아니라 “머슴”으로 봉사하여야 하며 인간의 존엄성과 인권이 존중되도록 헌법 개정에 주력하겠다고 역설한다. 이에 맞서 여당의 총재는 군사혁명정부의 업적으로 평가되는 조국근대화를 정치신앙으로 내세워 군사혁명의 정당성을 확보하면서도 새로운 시대에 발맞추어 권력의 인격화의 방지에 동조한다. 그리고 모두가 정적과 보복이 없는 정치, 정치도의를 바탕으로 하는 신뢰의 정치를 서로 강조했다.

당시 양당의 총재는 앞으로 전개될 정치체제의 이념은 자유민주주의의 구현이라는데 의견의 일치를 보고 있었다. 그렇다면 자유민주주의의 본질과 내용은 무엇인가?

자유민주주의는 자유주의와 민주주의의 합성어다. 자유주의는 개인 자유의 원리이다. 자유주의는 국가권력을 근본적으로 불신하고 경계하기 때문에 국가권력을 최대로 축소 견제하여 개인의 자유와 권리를 옹호하려는 정치원리이다. 개인주의의 원리가 가장 적실하게 표현된 것이 자유주의인데 반해 평등주의의 원리가 가장 중하게 표현된 것이 사회주의 내지 공산주의 이념이라 할 수 있다. 개인주의와 평등주의의 조화는 논쟁의 주요 대상이나, 실제로 개인주의와 평등주의가 균일하게 통합될 수만 있다면 지난날의 동서이데올로기의 첨예한 대치는 없었을 것이다. 민주주의는 만인 평등의 원리이며 사회적 평균화와 동질화를 추구하며 사회적 연대성과 통합성을 존중한다. 결국 자유민주주의는 각 개인의 자유 활동으로 만인의 안전과 복지를 구현시키려는 정치이념이다. 같은 문제의식에서 자유민주주의의 유사한 개념으로 등장한 것이 민주사회주의, 또는 사회민주주의이다. 이들은 자유민주주의보다도 더 산업화과정에 희생된 근로계층이나 중산층의 복지 증진에 관심을 가지고 국가의 적극적인 조정 역할을 강조한다. 자유민주주의가 개인자유에 보다 큰 역점을 둔다면 민주사회주의나 사회민주주의는 만민평등의 원리에 보다 큰 강조점을 두는 것이다. 그러나 이들은 입헌주의, 의회민주주의의 테두리를 벗어나는 것이 아니기 때문에 역시 자유민주주의와 근본적으로 다르지 않고 서구민주주의의 전통적 테두리에서 벗어난 이념이나 체제가 아니다.

사실 그 명칭 이외에 내용상 서로 다른 것이 없다. 어떤 나라는 자유민주주의를 표방하면서도 사회주의사회를 능가할 정도로 사회복지제도가 잘 되어 있는가 하면, 어떤 나라는 사회주의를 표방하면서도 대중을 위한 복지 후생시설이 나쁘고 못살아 기본적 자유와 권리마저 박탈(剝奪) 당하는 나라도 있다. 또 어떤 나라는 공식적으로 자유민주주의를 표방하면서도 개인의 자유와 권리를 보호하기는커녕 어느 정치체제에 못지않을 만큼 박탈과 억압을 일삼는 나라도 있다. 과거 우리 국민이 유교적 잔재인 권위주의적인 정치전통에 습관 되어 인물중심의 정당과 정치지도자의 권위주의적 정치 패턴에 쉽게 동화하였던 점을 미루어 볼 때 자유민주주의는 쉽게 이룩될 수 없는 정치양식임을 알 수 있다. 따라서 서방형의 자유민주주의가 이룩되려면 먼저 사회적 · 심리적 요인 즉 시민의 대다수가 강인한 개성과 자아의식, 왕성한 독립심과 고도의 자조정신, 집단적 문제해결능력을 갖는 정치의식의 성장이 있어야 하겠고 또 사회적 · 경제적 요인 즉 독립되고 안정된 생활기반과 경제기반을 가지며 개인의 권리와 이익에 민감하고 강대한 정부권력을 원하지 않는 개인과 사회집단이 있어야 한다. 대체로 개성 있는 개인이나 사회집단은 강력한 정부권력을 경계하고 혐오한다. 반면에 존립기반이 약한 개인이나 사회집단은 합리주의적 정신이 잘못 반영되어 강력한 정부, 강력한 정치지도자 즉 구세주의 출현을 갈망하게 된다. 이러한 상황 속에서 자유민주주의는 불가능하게 된다. 게다가 후진국의 지도자들은 한술 더 떠서 자유민주주의를 이룩하기 위한 전제로서 국민을 계도(啓導)하고 교육시키는 절대적인 기간을 요구한다. 때로 적당한 위기마저 조작 관리하여 국민이 정부에 대한 자발적인 보호를 요청하게 만들고 있는 실정이다. 이것이 대중동원을 통한 권위주의적 독재정치의 합리화 수단인 것이다.

빠른 경제 건설과 복지사회건설의 조속한 희구, 더욱이 민족형성을 통한 민족통일의 대업을 성취하기 위해서는 자유민주주의의 잠정적인 유보는 신생국에 있어서 얼마든지 정당화될 수 있는 소지가 있다. 그러므로 자유민주주의란 능력 있는 국민에게는 더없이 바람직한 정치이념이지만 능력과 여건이 미흡한 국민에게는 매우 부담스러운 정치제도라는 것도 동시에 유념할 필요가 있다. 요컨대 자유민주주의도 그리스의 도시국가와 같은 직접민주제정치가 아니라 어디까지나 대의제민주정치인 만큼 그 과정에서 야기되는 부조리현상을 묵과할 수 없다. 부패 무질서 사치 협잡을 통한 사회의 불공정성 부도덕성을 효율적으로 막을 제도적 장치를 창안해 내기 어렵다. 토크빌이 미국 민주주의의 불평등 요인을 적절히 지적한 바 있지만 자유민주주의가 안고 있는 유산계급의 일원적인 통치행위는 사실상 무산계급의 정치적 진출을 저해함으로써 권력 elite들이 정치를 독점한다. 남북한이 이념과 체제를 달리하는 우리입장에서는 통일이념으로서 자유민주주의의 정치체제를 생각해야만 된다. 단순한 서구식 자유민주주의의 제도 정착을 넘어 사회주의 평등주의 이념도 보다 적극적으로 내포하는 복지 사회적 자유민주주의가 필요하다. 이것은 양식 있는 power elite들의 재산 공개와 군 elite들의 고질적인 정치적 관심이 배제되고(오로지 국방의 의무만을 사명감으로 갖는 군 본연의 자세를 견지하는 훌륭한 군 조직) 돈 없이도 정치에 나아 갈 수 있고 정치할 수 있는 선거공영제(選擧公營制)의 제도화 등 가능한 합리적으로 불평등요인을 제거하지 않는 한 한국의 자유민주주의는 성공하기 어렵다. 어쩌면 새로운 혼란이 야기될까 우려된다.

"그 자(者)가 그 자다.", "그 당(黨)이 그 당이다.", "다 그런 것이다."하는 정치적 불신의 해소 없이 한국정치는 근본적인 변화를 기대하기 어렵고 새로운 소영웅주의자의 악 순환적 출현이 우려된다.

대중민주주의(mass democracy)는 현실정치에서 소외되는 대다수 국민이 진정한 자유민주주의의 실현을 모색하는 과정에서 논의되었던 일종의 새로운 전략 전술상의 용어라 할 수 있다. 대중민주주의는 첫째, 산업화 · 공업화 · 도시화에 의해 중간계층이 생성되고 정치적 참여가 광범위하게 되며, 둘째, 노동이 상품화되는 기계화 평준화의 비인격적 인간소외의 현상 속에서 셋째, 교통 통신과 매스 커뮤니케이션 등 근대과학 기술이 발달하자 넷째, 청중의 심층심리를 자극하여 사회동원을 위한 대중조작이 가능한 시기에 다섯째, 인간성 회복을 역설하면서 참다운 참여 민주주의를 구현하고자 노력하는 새로운 정치슬로건이라 할 수 있다. 대중민주주의란 국민을 권력의 수단이 아니라 목적인 정치주인으로 보는 자유민주주의 실현 수단이다. 그러나 통치구조의 변경이나 독점 자본주의로의 변화와 같은 정치와 경제의 밀접한 연관에 의하여 과도기적으로 사회주의나 파시즘 쪽으로 기울어질 우려와 몇 가지 이유로 의회제의 위기를 조성했다.

첫째, 기존의 사회관계가 다양한 개체 간의 원자화에 의해서 침식되면서 대중운동이 점차로 제도화되었고 또 이에 부응해서 선동(煽動)정치가 성행되었다.

둘째, 이익집단 간의 이해 조절이 필요함에 따라 때로는 사회불안과 위험상황의 극복을 명분으로 선거를 통한 대중적 정치지도자의 출현 가능성이 높아졌다.

셋째, 행정기구의 확대경향이다. 즉 대규모화한 사회집단과 거대화한 관리기구의 생성은 조직의 민주화 효율화를 명분으로 권위주의자와 독재자의 출현 가능성이나 행정 관료제의 역기능, 관료엘리트와 권력엘리트 간의 알력이 증대될 가능성이 있다는 것이다.

이러한 자유민주주의 대중민주주의를 요구하는 정치적 희망이 비등하고 동시에 그 취약점이 야기되려는 그 틈을 노린 듯 일단의 신군부 정치군인들이 등장하게 된다.

(5) 전두환 정부시대이다. 전두환 대통령은 약 1년간의 국가안전

보장상임위원회 위원장을 거쳐, 유신통치기제인 통일주체국민회의의 간접선거로 7년 단임의 대통령이 되었다. 당시 장충체육관에서 투표한 것을 일러 '체육관 대통령' 이라는 이름이 회자되기도 했다. 이 시기는 후일 "성공한 쿠테타는 처벌할 수 없다. 있다."는 사정변경의 원칙에 따라 수정 가능한 한국식 법언이 말해 주듯, 광주 망월동 국립묘지의 5.18 희생 영령들의 영혼의 울림과 백담사 경내에 울려 퍼지는 전두환 처사의 진혼의 목탁 소리가 한데 어울려지고 또 영어의 몸이 되어 수의를 입은 죄수 전두환의 비탄이 모여 한국정치 민주화를 위한 하나의 변주곡으로 창작되어 가던 시기이다. '선진조국창조' 와 '정의사회구현'을 정치목표로 제시한 전두환 정부는 그 전도가 순탄치 않음을 예고나 하듯 출범 그 다음날 친인척 비리사건으로 비판받은 이른바 "장영자 사건"이 터졌다. 북한의 아웅산 테러로 많은 각료와 수행원을 잃는 불운도 겪었으나 다행으로 정치와 경제를 분리 관리하는 통치전략과 세계적 3저 현상(저금리, 저유가, 저환율)으로 지속적 경제성장을 유지할 수 있었다. 역설적인 면이 있으나 결국 이 시기는 국민국가의 정신적 물질적 근대화의 과정에서 박정희 전두환 두 명의 군부통치자가 할 수 있는 민주정치의 기초를 마련했던 것으로 볼 수도 있다.

(6) 보통사람의 시대를 표방하는 노태우 정부시대이다. 5.18 군사쿠데타의 공동주역인 노태우 후보는 1986년 6월 29일 민주시민의 함성의 결과와 3김의 이해에 얽힌 정치 분열로 인해 직접선거로 대통령에 당선된다. 재임 중 외교 다변화의 전략으로 소련 중공의 공산진영과 북방외교의 채널을 구축한 공은 인정되어야 할 것 같다. 그러나 그는 임기 후 전두환 대통령과 함께 5.18 광주시민 학살의 책임자로 선고를 받게 되고 또한 배임 및 뇌물수수죄로 약 5000억원의 배상심판을 받고 구속되었다.

(7) 문민정부의 기치를 세운 김영삼 정부시대이다. 약 32년간의 군부통치를 종식시키고 민간인이 정권을 갖게 되었던 점에서 국민의 긍지와 기대가 적지 않았다. 군인정치가의 온상이었던 육사출신의 '하나회'를 비롯한 군내부의 파벌단체를 해체시킨 일, 지방자치제를 부활시킨 일은 긍정적인 평가를 얻었으나 금융실명제는 경제정의를 실현하겠다는 의지를 반영한 것이나 현실을 무시한 졸속 정책으로 비판되었다. 또 직계 가족의 비리는 지도자로서의 신뢰를 하락시켰고 더욱이 IMF 기구의 국가관리 초래는 문민대통령의 리더십을 불신하기에 충분했다.

(8) 국민의 정부로 부르는 김대중 정부시대이다. 김대중 대통령은 대통령 선거에서 박정희 노태우 김영삼 후보와 겨뤄 3번 떨어지고 4번째로 이회창 후보와 대결하여 당선되었다. 소위 호남출신 후보는 반드시 떨어진다는 속설을 깨고 정적이던 김종필과 합세하여 대망의 정권을 잡아 그동안 한과 소외로 피멍이 든 호남정서를 크게 위무했다.

전직 대통령들도 여러 면이 있지만 특히 김대중 대통령 임기 5년은 여러 부문에서 논의될 여지가 있다. 우선 IMF의 국가위기를 극복하고 지식 정보 통신망의 새로운 영토를 개척하여 국가체질을 질적으로 변화시킨 공은 평가되어야 한다. 햇빛정책은 전략적으로나 실제적 필요에 의해 앞으로 더욱 면밀히 검토 평가되리라 본다. 그러나 김영삼 대통령과 마찬가지로 가족비리 문제는 피해가기 어렵다. 국민들은 과거 부정하게 등장한 군부출신지도자들의 정치정의의 문제가 가족 부패로 인한 문민출신지도자들의 사회정의의 문제로 전이되어진 현상에 실망하지 않을 수 없다.

(9) 참여의 정부를 외치면서 '국민이 대통령입니다' 하던 노무현

정부시대이다.

문민의 정부, 국민의 정부 같이 참여의 정부도 각 정부가 내세우는 긍정적인 상징조작이겠으나 때로는 그것이 자손 자해의 부메랑이 될 수도 있다. 한나라당 이회창 후보에게 김대중 당선자 보다 더 많은 표차로 이긴 이 정부는 실로 국민 애증의 교차가 컸던 시기다.

임기 개시 중 국회탄핵, 총선의 압도적 지지, 100년 정당 '열린 우리당' 의 3년 수명, 연달은 측근 비리 등은 이 시기의 사실이다. 임기말 "부동산 문제 외는 꿇릴 것 없다"는 대통령의 주장이 공허한 반향으로 사라지는 것은 무슨 이유인가.

노무현 정부시대를 포괄적으로 비효율 무책임 무능 국고낭비의 시기로 자리 메김 한다면 반론의 여지가 있을 수 있다. 그러나 한 가지 분명한 것은 나라의 품격을 가늠하는 척도가 될 수 있는 대통령의 기품 없는 언어행위도 작용했을 것이다. 국민을 대통령으로 받들고 싶은 당초의 정치윤리가 퇴색하였고, 순수한 의도로 각종 위원회를 만들었으나 효율적으로 잘 운영되지 못한 탓에 국고를 낭비했다는 지적도 있고, 행정도시 혁신도시 등을 위한 토지보상비로 국가부채가 눈덩이처럼 커졌다는 지적도 있다. 또 실용주의적 국정운영을 위해 친미 친북 두 정책을 지향하다 보니 이라크 파병을 하면서도 북한의 인권문제에 눈을 감아 이른바 "남한의 진보는 판문점에서 멈춘다"[2)]는 비판을 피할 수 없게 되었다.

---

2) 미국 국방포럼(Defense Forum Foundation) 대표 수잔 숄티(Suzanne K. Scholte)여사는 북한 인권탄압의 문제, 탈북 난민들의 실상, 북한의 기아실태 등 북한 주민들의 인권개선과 탈북난민들에 대한 지원방안 등을 제시해 준다. 그녀의 지적을 보면, 김정일은 북한을 통제하기 위하여 최소한 3가지 방법을 써왔다. 첫째, 김정일은 정권을 유지하기 위하여,자기 아버지 김일성이 1972년에 만든 12개 정치범 수용소에 약 20만명의 정치범을 통제 운영한다. 둘째, 주민들에게 외부로부터의 정보를 완전히 차단하는 것이다. 남한 방송을 청취, 남한 신문이나 외국신문을 읽는 것을 범법으로 간주하여 정보를 차단한다. 셋째, 김정일은 식량배급을 정권유지의 무기로 써왔다. 북한정권의 거짓 정책에도 불구하고, 굶주림에 못 견딘 북한주민들은 먹을 것을 찾아 국경을 넘어 중국으로 최소한 50만명이 도망쳐 나왔다. 중국정부는 잡아들인 난민들을 강제북송하고, 난민들을 도운 사람들을 감옥

(10) 창조적 실용주의를 국정운영의 이념지표로 내세우는 이명박 정부시대이다.

지난해 12월 19일 이명박 대통령후보는 우리 선거역사에 유례가 없는 531만 표의 차로 당선되었다. 17대 대선은 야당 한나라당 후보가 여당 대통합민주신당 후보를 이긴 선거이자 15대 16대 한나라당 후보였던 저명한 무소속 후보를 이긴 선거이다. 금년 4월의 18대 총선 결과를 알 수 없으나 17대 대선만 보면 양당정치체제가 형성되었다. 이제 총선준비를 위해 각 정당들이 체제정비를 서두르고 있다. 대통합민주신당은 당대표를 바꾸고 중도개혁 정책정당으로 전환시키고자 노력하고, 민주노동당은 국민신임을 위해 시대착오적 '종북주의(從北主義) 추종자' 들의 가지치기에 나섰다. 앞으로 주목되는 것은, 각 정당이 진실로 "국민을 위한 정책정당"으로 거듭나 선의의 경쟁을 할지? 그래서 우리의 기대에 어느 정도 부응할 것인가 하는 점이다. 또 두 사람의 경력이 여러 면에서 서로 다르지만 신중치 않고 거칠고 직설적인 노무현식 언어표현에 질린 국민들은 이명박 대통령이 진정으로 국민을 섬길 것인가 하는 점을 우려하는 한편 기대도 크다. 섬김의 리더십은 온유와 겸손의 정신자세 마음가짐에서 비

에 가둔다. 그러나 북한에 남아서 굶어죽든가, 맞아죽지 않으려면, 무슨일을 당하더라도 중국으로 도망칠 수밖에 없다. 탈북한 남성들은 중국농장에서 노예같이 종살이를 하게 되고, 탈북한 여성들은, 70% 내지 90%가 중국 사창가나 농부들에게 팔려가서 성노리개가 된다. 김정일은 외국지원을 자국민 통제수단으로 악용하며, 자신에게 충성하지 않는다고 생각되는 주민들에게는 전혀 식량배급을 하지 않는다. 탈북난민들을 구하고, 남한의 탈북자들을 지원하고 키워주는 것, 중국정부에게 탈북난민들을 핍박하지 말라고 압력을 가하는 것, 그리고 북한주민들에게 우리가 그들을 구하겠다는 뜻을 전하는 일은 미룰 수 없다. 우리는 당장 북한과의 어떤 협상이나 회의에서 북한인권 문제를 항상 지속적으로 제기해야 한다. 또 중국정부에게 국제협약을 존중하고 난민들의 강제북송을 당장 중지하라고 요구해야 한다. 그렇게 해야 자국의 경제적 이해득실에도 도움이 된다는 것을 알려야 한다. 다음으로 우리는 북한주민들이 밥을 먹는 것을 우리 눈으로 확인하기 전에는, 북한에 대한 모든 식량지원을 끊어야 한다. 북한에 지원을 하려면, 남한국민들이나 재미교포들이 식량을 들고 들어가서 자기들 가족이나 친척들에게 직접 주라고 제안해 보자.그리고 북한주민들에게 라디오,신문,잡지들을, 자유북한방송이나, 자유 아시아 방송으로 드려보내고, 남한방송 프로그램들을 북한에 재방송해야한다. "너는 사망으로 끌려가는 자들을 건져 주어라!" 잠언 25장.

롯된다. 온유는 모든 사람이 가지고 있는 일반 속성인 아집 교활 독단 독선의 싹을 스스로 제거하는 열성적 기도와 늘 감사하는 데서 오는 극기복례(克己復禮)의 열매이다. 겸손은 온유한 정신소유자가 보여주는 겸허한 행동처신이다. 온유하고 겸손한 사람은 투명하고 개방적이며 상처를 치유할 수 있는 민주적 인격의 리더십을 발휘할 수 있게 된다. 우리 국민은 속으로 기독교 신앙인의 사표가 되는 구약의 모세와 신약의 예수 같은 다듬어진 온유함과 겸손을 기독교장로인 이명박 대통령에게 기대를 걸어 본다. 그가 도산 선생을 존경한다기에 더욱 그럴지도 모른다.

기름유출이후 40여일이 지나도 보상비가 지급되지 못해 낙심한 태안 재난민이 연이어 숨지고 있고, 또 지난 5년 동안 방치되었던 대불공단의 전봇대 하나가 이명박 당선자의 지적이 있은 5시간 뒤에 정리되었다는 기사를 본다. 이것은 무엇을 말해주는가?

겨울 눈, 여름 태풍과 비로 인한 천재지변은 말할 것도 없고, 천재에 겹친 인재사고는 이루다 헤아릴 수 없을 정도이다. 안전 불감증 도덕불감증에 대한 경종이 어제 오늘에 울린 것이 아니 것만 우리 국민은 계속되는 어리석은 변명에 질려버리고 만다.

많은 이들이 대통령하고자 한다. 왜 대통령을 하며, 해서 무엇을 하려는지 묻고 싶다.

눈치보고 밀고 당기고 곧 뒤 집고 변명 늘어놓는 복지부동 무사안일 번문욕례의 관료주의 병폐만이라도 확실하게 고쳐보려는 열정과 의지를 보여준다면 우린 정말 좋은 대통령을 만난 축복받은 국민이라 할 것이다.

총체적 재난행정의 재정비 문제는 이명박 정부가 가장 먼저 수행해야할 당면과제이다.

그리고 실업문제, 경제문제와 함께 북한의 인간화 정책 즉 북한의 인권문제 역시 이명박 정부의 창조적 실용주의 노력이 가장 잘 평가

받을 수 있는 과제임을 지적해 본다.

Ⅲ. 한국의 민주주의

한국의 민주주의는 크게 낙관적 측면과 비관적 측면으로 나누어 생각해 볼 수 있겠다. 낙관적 견해는 민주주의가 갖추어야 할 제도적 장치 즉 형식과 절차 요건에 비중을 두고 한국 민주정치의 장래를 밝게 보는 시각이라면, 비관적 견해는 민주주의로 얻어지는 실제적 내용상의 문제에 보다 관심을 집중하는 매우 엄정한 시각이라 할 수 있다.

지금까지 여러 나라들이 보여 준 민주주의의 모습은 자유민주주의 사회민주주의는 물론 강조점에 따라 정치적 행정적 경제적 산업적 대중적 교도적 후견적 기독교적 불교적 민주주의 등 매우 다양하다. 그러나 크게 둘로 나누면, 정치의 과정면(procedural aspect)과 내용면(substantive aspect)으로 분류할 수 있다. 과정상의 측면은 정치과정에 일반 시민의 정치참여가 어느 정도 가능하며, 또 실제로 어느 정도 보장되어 있느냐 하는 정치적 자유의 폭에 그 초점이 있다. 내용상의 측면은 주로 소득분배와 같은 경제적 평등에 관심이 집중된다. 특히 서민층의 출생, 육아, 교육건강문제, 주택정책, 직업의 기회와 선택(실업문제의 해소) 사회안전망의 구축과 복지보장 등 삶의 편의와 질적인 개선을 위한 구체적 체계적 적극적인 복지행정국가 실현의 문제가 그것이다. 즉 과정면의 민주정치란 주로 체제문제이고, 내용면의 민주정치는 주로 정책문제이다. 우리의 경우 건국 후 근 40여년 거의 체제문제로 몸살을 앓아왔고 80년대 후반에 이르러 겨우 정책문제로 관심이 옮겨져 오면서 지금까지 씨름해 온 것 같다.

반공을 국시로 하는 국토분단 민족분단의 국가 건설초기에 일반유권자의 정치의식에는 정치체제문제가 크게 부각되지 않았거나 그렇게 큰 문제로 인식되지 않았던 것 같다. 실제로 1948의 초대 제헌의원선거 1950년의 제2대 1954년의 제3대 국회의원선거를 보면 유권자는 당시 보수야당인 한국 민주당 또는 그 후계 정당인 민주국민당에게 별도로 표를 주지 않았다. 한국민국당이 1948년 선거에서 얻은 의석은 200석 중 29석이었고, 1950년 선거 때 민주국민당은 210석 중 24석을, 1954년 선거 때 민주국민당 역시 203석 중 15석을 얻는데 그쳤다.

그렇지만 1954년 4사 5입 개헌 등의 이유로 정치체제문제가 정치의 쟁점이 되자, 1958년 선거에는 야당인 민주국민당이 233석 중 79석을 차지하게 된다. 이어 1960년 3 · 15부정선거를 겪은 유권자들은 그해 7월 29일 선거에는 233석 중 175석을 민주당에 안겨 주었다. 이런 특징은 1963년 1967년 체제문제가 다시 등장한 후 1971년 야당인 신민당이 지역의석수 153석 중 65석(서울 19석 중 18석, 부산 8석 중 6석, 대구 5석 중 4석 등)을 차지하게 되었고, 이어서 1978년 유신체제의 절정기에는 민주공화당 정부의 사회경제적인 괄목할만한 업적에도 불구하고 집권 여당인 민주공화당보다 야당인 신민당에게 1.1% 더 큰 표를 주는 정치현상이 발생한다.

그 후 1985년 1988년의 총선 때도 체제문제가 심각히 거론되면서 유권자의 정치의식은 차츰 더 높아져갔다. 특히 1989년 6월 29일을 기점으로 이어진 대선과 총선에 반영된 유권자들의 투표의식은 어느 면에서 현장정치인들이 감당하기 어려울 정도로 고도로 성장해 간 것이다. 지금의 정치현상은 종래의 권위주의적 신민문화 지역적 향리문화 시민적 참여문화의 틀로 나누어 보기는 어렵다. 오히려 그러한 소박한 분류요소들이 혼합되어 있다고 보는 시각이 더 설득력이 있어 보인다. 2002년 대선의 유용한 득표 전략 가치인 분노 동정심 바람의 요소나, 2007년 대선에 거론되던 정치구도 인물 정책 등 어느 요소도 정치집단의 이해와 국민적 기대가 일치되지 못했다. 이 같은 불일치 현상은 매번 들추어지는 정치인의 유권자 조종가능의식과 유권자의 정치인 선택가능의식간의 기대 가능한 경계선과 접점이 명확하지 않기 때문이다. 흔히들 '국민이 물이라면 정치인은 물위에 떠있는 배'로 비유한다. 물은 배를 띠울 수도 엎을 수도 있다. 배가 안전하려면 물의 속성을 많이 알수록 좋다.

물과 물결의 속성을 일반적으로 인식하는 상징어가 바로 '문화'[3] 이다. 종래의 통용되던 '윗분정치문화'가 어느새 '아랫분정치문화'로 질적 변화를 일으켰다.

우리의 민주주의를 이해하기 위해서는 한국의 정치전통과 정치문화[4]에 대한 논의가 필요하다. 한국정치의 전통과 문화 속에 있는 민주적 가치의 긍정 부정의 두 측면을 정리해보자.

1) 긍정적 가치

(1) 민주주의 전통설

민주주의와 민주정치는 본질적으로 서구로부터 도입된 가치나 제도적 장치가 아니라 우리 민족사의 민본주의적 토양에서 생성되어 온 역사적 가치이자 정치 전통이라는 시각이다. 이 논리는 크게 일반이론과 특수이론으로 나누어진다. 대개 민주주의는 인간의 존엄

---

3) 文化(culture)란, 인간이 살아가는 데 필요한 생활영역의 전체를 말하기 때문에 그 뜻하는 범위도 넓다. 문화는 민족이나 국민전체의 사회생활을 같이 설계하고 같이 운영할 수 있는 가치 신념 의견 태도 등의 총체적 표현이다. 그러므로 그들의 최소한의 기반이 되는 공통분모 기능이 있고 생활의 가치를 판별하는 공약수 기능이 있어야 한다. 대체로 문화는 삶의 환경에 의해서 오랫동안 형성되므로 일단 특정의 문화로 형성되어지면 쉽사리 바뀌어 지지 않는 속성이 있다

4) 정치문화와 정치전통은 같은 뜻이나 정치문화가 정치전통보다 넓은 개념으로 사용된다. 일반적으로 정치문화란 시대적 사회적으로 형성된 특정사회집단의 정치의 인지 감정 가치관을 의미한다. 국민성 정치심리 정치형태의 정향이 곧 정치문화이며 정치전통은 한 민족의 역사적 경험을 통해서 표현된 정치정향이다. 현존하는 정치문화란 국내외적인 역사적 경험과 소망을 반영하는 것으로 이해할 수 있다.

성에 대한 신념가치를 바탕으로 하여 자유 평등 주권재민 다수결의 원칙으로 구성된다. 그래서 우리 역사도 서구 다른 나라와 같이 정치권력투쟁이 늘 일어났고 그 투쟁과정에서 대항세력과 대항논리가 있었으므로 민주주의 싹이 트고 있었다는 시각이다. 특히 단군신화에 나타난 홍인인간의 건국이념은 인간의 존엄성을 잘 대변해 주고 있다. 그 뜻은 널리 백성을 이롭게 한다는 인간중심적인 사고이다. 홍익인간의 정신은 사회질서에 필요한 것은 선이며 반대로 그렇지 못한 것은 악으로 보는 법치주의로서의 민주주의적인 한 측면을 담고 있다.

더욱이 신라화랑도의 기원은 옛 씨족공동체사회의 청소년집단에서부터 비롯되었다. 국가에 대한 충성과 부모에 대한 효도, 이웃에 대한 사랑의 정신을 가르친 화랑도의 가치체계는 분명 공동체 생활을 통한 민주적 우애 평등의 정신을 담고 있다. 화랑도는 대승불교적인 자연관과 유교적 정치질서관[5]을 융합한 자발적 민본적 민주적 호국정신으로 발전되었다.

특히 신라의 화백제도는 민주적이다. 이는 본래 오늘날의 국무회의와 그 성격이 유사한 것으로써, 모든 정책결정은 만장일치를 원칙으로 했었는데 민주주의에서 가장 큰 문제점 중의 하나인 소수의견을 완전히 보장하여 '동의'가 아닌 '합일'의 상태로 국사를 운영했던 것이다.

그 후 조선시대의 유교는 종교와 도덕과 정치를 통합하는 도덕주의 인도주의를 표방한다. 조선은 고려조의 불교사상에 도전하여 부국강병과 중앙집권화에 도움이 되는 주자학의 사상정책을 전개한

5) 임금 스승 부친을 존중하는 계서적인 정치 사회의 질서관을 뜻한다. "사람됨이 효성 있고 우애로우면서 윗사람의 권위를 무시하기 좋아하는 사람은 없다. 윗사람의 권위를 무시하기 싫어하면서 난동을 일으키기 좋아하는 사람이란 여태까지 나는 본 일이 없다."고 하는 논어에 기록된 공자의 가르침이다. 이는 곧 오늘날 사회문제를 푸는 하나의 열쇠이기도 하다.

다. 사상적으로는 사림파와 관학파로 나뉘어 학문을 발전시키면서 삼강오륜의 통합적 가치규범체계에 의하여 정치사회적인 질서를 바로잡고자 하였다. 그러나 조선 후기에 이르러서는 이러한 지배논리에 저항 하는 실학과 동학의 새로운 질서원리가 등장한다. 실제로 조선의 권력 투쟁사에서도 양반 엘리트 간에 치열한 권력싸움이 있었다. 그 정치과정에서 실권한 양반들이 성리학에 대항하여 실학운동을 전개한 사실이나, 신분제도개혁을 내세운 동학운동[6]과 같은 근대적 · 합리주의적 사상의 싹을 발견할 수 있다. 한국 민주주의 전통을 논의하는 특별한 인식은 외침을 많이 겪은 한반도의 지정학적 상황에서 비롯되는 저항정신과, 유교의 가르침으로 얻은 민본주의적 덕치정치의 이상에서 그 논거를 찾는다.

이조시대의 왕실과 양반관료간의 권력관계를 연구하는 학자들은 제11대 중종에서 제25대 철종까지 왕권이 양반관료에 의해서 견제되는 민주주의적 요소가 다분[7]히 있다고 한다.

결국 한국인의 민주적 관념의 역사를 개관하면 이념으로는 홍익인간, 경천애인, 인내천, 실사구시 등의 민본주의적 총화정신을 바탕으로 발전해왔고, 현실정치로는 권력견제와 균형의 측면에서 민주주의 토양을 형성해 왔던 것이다.

6) 인내천사상을 바탕으로 하는 동학의 사회사상은 평등주의 인도주의를 지향하고, '하늘의 뜻'과 '인간의 뜻'이 통한다고 봄으로써 궁극적으로는 천부인권의 사상을 강조한다. 외세의 위협에 대비해서는 국가의 운명을 수호하려는 보국안민輔國安民 척멸왜이斥滅倭夷라는 민족종교적인 성격도 지니면서 후에 3 · 1 민족독립운동의 정신적 기초가 되기도 한다.

7) 예를 들면 6조판서 임면권이 임금이 아닌 양반관료에게 있었고 사헌부 사간원 홍문관의 삼사제도로 왕권이 견제되었으며, 막중한 국가대사는 임금 1인의 결정이 아니라 어전회의(영의정, 좌우의정, 6조판서 등의 고관이 모이는 왕실회의)에서 거의 전원합의제로 처결되었다는 사실을 강조한다. 미군정 당시 문관이었던 하버드대학의 헨더슨(Gregory Henderson)박사는 왕권이 견제세력 때문에 위축되었던 것은 신라 고려 조선도 마찬가지였다고 지적한다. 신라 화백제도나 고려 성종이후의 과거제도를 보더라도 인사권, 신분상승권, 정치자금조달 등 여러 가지 실권이 왕실에 귀속되지 않았음을 알 수 있다.

(2) 민주주의 성장설

정치문화도 종전의 가장 원시적인 향리형정치문화가 신민형정치문화로 또 참여형정치문화로 확대 발전되어 간다고 한다.[8] 한국의 경우도 비슷할 것이다. 오늘날의 한국인은 의무교육을 받고, 도시에 살며, 다양한 전문직 사무직 기술직에 종사하며, 비교적 젊고, 소득이 높아지며, 통신매체를 자주 접촉한다. 이들은 비교적 정치적 관심과 지식이 많으며, 뚜렷한 자기 의견을 가지고 정부가 개인생활에 미치는 정책결정과정에 영향을 미치고 싶어 한다. 그래서 선거의 필요성을 인식하고 선거운동에 관심도 많다. 그들은 강한 정치적 자신감을 가지고 적극적으로 정치에 개입하려 한다. 대체로 민주주의 정치체계를 좋아하는 사람들의 성향은 강력한 지도자보다 법을 더 중요시하고 사람위주의 정치(personalistic politics)보다 법치주의(rule of law)를 중요시한다. 투표성향도 사회경제발전에 영향을 받아 차츰 과거의 여촌 야도 행태나, 관권 금권의 영향력에서 벗어나 각자 자기의 합리적 판단에 의해 투표할 수 있을 것으로 기대된다.

2) 부정적 가치

(1) 역사적 경험

특히 고려조 말 몽고족의 침탈과 원나라 문화의 강제 이식으로 전통문화가 희석되었다.

8) 몇 몇 예외적인 경우도 있겠으나, 대체로 사회경제발전이 민주정치발전을 가져온다는 비교정치학자들의 견해는 설득력이 있다. 사회경제가 발전하면 소득수준이 높아지고 도시화 산업화가 진행되고 교육수준도 높아지며 통신수단의 발달로 정보량이 증가됨으로써 시민의 사고방식이나 행태도 이전의 감정주의에서 감정중립주의로, 특수주의에서 보편주의로, 귀속주의에서 성취주의로, 모호성에서 구체성으로 바뀌어 간다고 보는 것이다.

그 후 조선조는 명의 중앙집권적인 유교적 가치를 민족의식 안에 고르게 확산시켰다. 건국이념인 유교적 가치도 세종 성종 시대에는 크게 융성하나, 연산군 이후 사회전반으로 계층의식이 조장되면서 형식주의와 명분론이 시대조류를 이룬다. 유교적 생활규범[9]도 차츰 변질되어 신분 간 남녀 간 장유 간에 겉으로는 예의를 지키면서도 속으로는 점점 더 위화감이 조성되면서 민족고유의 공동체의식이 약화되어갔다. 임진 정유 병자의 외란을 통해 민심은 이반되었고 사회적 불신풍조가 만연하자 개인적 입신출세의 이기심이 기승을 부리고 집권계층의 학정이 날로 더해져 홍익인간의 민족정신과 기상이 손상되고 민족통합력이 상실되었다. 이미 심화된 관료권력의 부정부패와 집권층의 무능 무방비는 민심의 교란과 이반을 야기하여 결국 일제에 강점되는 비운을 안게 된다.

일제식민정치 36년간은 민족성원의 과거 현재 미래를 연결시키는 민족적 자부심과 긍지를 짓밟아 놓고 그 소속감마저 희석시킨 점에서 반민주적 허무주의(nihilism)의 나쁜 싹을 한국정치문화에 심어준 잊을 수 없는 시기이다. 일제는 우리말과 글을 잊게 하고 이름을 잊게 하는 반민족적 식민지 세뇌정책을 강화하였다. 문화공작정치의 결과 민족이 갈기갈기 찢기는 열등 패배 굴욕의 약하고 창피한 나쁜 요소들을 스스로 내면에서 자인하게 만들었고 또 생활 속에 그대로 감염시켜 서로 서로 못 믿는 불신문화를 조성해 나갔다.

오늘날 지배자에 대한 피지배자의 정치적 냉소주의(political cynicism) 현상도 그러한 반민주적인 식민통치경험의 산물이라 할

9) 유교의 근본정신은 인의덕례(仁義德禮)에 기초하여 민본적 덕치주의와 예치주의를 실천하는데 있다. 조선조 유교통치이념과 그 사회적 특성을 보면 첫째, 충효사상이나 역성혁명의 논리 같은 통치적 정당성이 천명에 기초한다. 둘째, 군왕의 통치권력은 절대적이며 민본사상은 실제로는 명분일 뿐이다. 셋째, 국민의 정치참여나 자율성이 없는 철저한 신분사회였다. 넷째, 인물중심의 인치(人治)사회이지 법률 제도적인 법치사회가 아니었다. 다섯째, 향리적이며 신민적인 정치문화의 특성을 지닌 폐쇄사회였다.

수도 있다.

일본패망 후 해방의 구원자로 등장한 미국 소련 두 세력의 국토분할 민족분할은 드디어 민족적 구심점을 상실시켰다. 건국초기 한국은 반공이 곧 친미이자 민주라는 등식이 성립할 정도로 정치적 이데올로기에 사로잡혔다. 따라서 반공이 강조될수록 민주정치를 위한 노력은 상대적으로 약화되었다.

1950년 6월 25일 새벽, 북한의 남침전쟁은 동서 양진영이 무력으로 충돌한 대리전쟁의 성격을 지닌 민족상잔의 비극으로 새겨졌다. 그로 인해 그나마 간직되어 온 우리의 자율적 민주정치 문화전통은 서방의 강력한 물질문화에 종속적으로 편입되기 시작했다.

(2) 체험한 한국정치

일반적으로 민주주의는 정치적 민주주의와 경제적 민주주의로 나누어 검토된다.

정치적 민주주의는 언론자유의 보장, 정치참여의 확대, 정당 국회의 활성화, 평화적 정권교체 등 체제문제를 따지는 자유중심의 민주주의이다. 경제적 민주주의는 서민층의 생활보호, 소득분배, 노동자 농민보호 등 물질적 평등중심의 민주주의이다. 이렇게 나누어 보면 한국 민주정치는 체제논쟁에서 경제적 평등의 정의논쟁으로 심각하게 옮겨지고 있다.

4 · 19 - 5 · 16 - 10 · 26 등이 체제논쟁의 극점을 이루었다면 6 · 29는 체제논쟁으로부터 실질적 정의논쟁으로 바뀌어가는 전환점이다. 그러나 지금까지 한국의 민주정치발전을 비판적으로 우려하는 인식에는 민주정치의 일반적인 선행조건들이 부족하다고 본다.

첫째, 한국의 분단 상태는 자유민주주의와 공산주의의 양극적 이데올로기의 분극화 현상을 초래함으로써 끊임없이 한국 민주정치의 저해요인으로 작용한다는 것이다.

둘째, 시민의 정치적 성숙도에 관한 문제이다.

한국인의 의식구조도 전근대적 권위주의 유형으로부터 근대적인 민주주의 유형으로 서서히 변해가고 있으나 아직 민주주의적 인간형의 특징인 개방성 진취성 신축성 융통성 관용성 자발성 다원적 가치관 평등주의적 신념체계를 충분히 갖추는 데는 더 많은 시간이 필요하다[10)]는 것이다.

셋째, 어설픈 민주정치의 혼란과 악순환 방지를 위해서도 그 기반구축이 먼저라는 것이다.

즉 민주정치의 필요충분조건을 갖추기 위해서라도 남북평화공존과 경제발전이 우선이라는 인식이다. 그래서 자유민주주의의 완전한 실천에 앞서 한국인에 맞는 법과 질서에 기초하는 한국적 민주주의가 강조된다.

넷째, 민주정치에 대한 국민의 기대와 좌절의 틈을 메워주는 정부의 문제해결능력이 아직 여의치 않다는 것이다. 즉 자유와 방종을 조절하는 시민의 민주적 자질과 정치제도화를 통한 정치 경제 사회질서의 유지능력이 부족하다는 인식이다.

한국의 민주정치를 우려하는 인식도 남북분단, 권위주의 정치문화, 생활민주주의 차원, 과다한 집권욕심, 정치엘리트나 시민의 비민주적 자질 등 많은 저해 요인들을 지적하나, 결국 낙관과 비관 모두 그 내용과 주장이 서로 통한다. 즉 민주주의의 전제조건을 어떻게 인식하느냐의 차이점이 있을 뿐이다. 정치문화 사회경제 민주정

10) 전통적인 한국적 인성구조의 근성인 권위의식을 완전히 탈피하게 되려면 아직도 상당한 시일을 요한다. 한국 민주정치의 비관 내지 우려하는 인식의 핵심은 서구의 경우 권위주의적 가치관을 버리고 자유민주주의를 생활정치로 정착시키는데 근 200년이나 필요했는데 우리의 경우 이제 겨우 60년이 지났다는 것이다.

치제도 모두 다 민주주의의 중요한 가능 조건이다. 그러나 그중에서도 민주정치제도[11]는 민주정치실현의 근본 토대다.

민주정치에 대한 비관적 지적은 매우 많다. 즉 사회란 인간이 가진 자질에 따라서 엘리트와 비엘리트로 구분된다(Vilfred F. Pareto), 사회조직의 대규모화는 반드시 과두정치를 가져온다(Rinus Michels), 미국의 민주정치란 상징적인 의미밖에 갖지 못하며 미국은 실은 선거 민과 관계가 먼 조직적으로 비대화된 재벌 관료 군부에 의해서 요리되고 있다(C. W. Mills), 밀즈가 지적하는 미국의 현상은 오스트레일리아 뉴질랜드 등의 국가에서도 나타나고 있다(Maurice Duverger)는 것을 보면 민주주의란 어느 시대 어느 사회에서도 기대하기 어렵다. 그러므로 한국정치에서 정치 경제 사회구조 사회규범 사회심리의 여러 측면에서 민주주의가 갖추어야할 구비요건을 두루 두루 충족시켜야만 민주정치가 가능하다고 보는 인식은 매우 비현실적이다.

3) 선거문화

1948년 5월 10일 제헌회의의 총선거 실시로 대한민국은 입헌민주국가의 반열에 서게 되었다. 일반적으로 학자들은 국가 발전의 패턴으로 국민형성, 국가건설, 통일, 근대화, 민주화, 사회정의, 사회복지의 단계를 설정해 본다. 우리나라는 지금 정확히 어느 단계에 위치하는가?

헌법은 "대한민국은 민주공화국이다.", "주권은 국민에게 있고,

11) 민주정치제도란 진정한 의미의 선거결과로 구성된 정부가 있고, 유권자를 접촉하는데 있어서 모든 정당은 공정한 기회와 권한을 누릴 수 있어야 되고, 언론 · 집회의 자유가 주어져야 하며, 선거에서 패배한 정권은 마땅히 물러나야 하고, 실질적인 통치권은 선거에서 승리한 엘리트에게 가고 다른 엘리트에게 가서는 안 된다는 점에서 유신체제와 같은 만에 하나라도 유신체제와 같은 시대착오적 향수를 자아내는 정치적 낭만주의는 철저히 배척되어야 한다.

모든 권력은 국민으로부터 나온다.", "영토는 한반도와 부속도서로 한다.", "모든 국민은 인간으로서의 존엄과 가치를 가지며, 행복을 추구할 권리를 가진다.", "모든 국민은 법 앞에 평등하다.", "모든 국민은 인간다운 생활을 할 권리를 가진다." 라고 규정하고 있다.

그렇다면 헌법은 국가운영의 이상(理想)인가?, 원칙(原則)인가?

이를테면, 이상은 인간이 이성적으로 염원하는 궁극적인 추구가치이자 목표 가치로 보면 원칙은 개인이나 집단이 지켜야 하는 기초적인 기본가치이다. 그러므로 헌법은 국민의 이상적 가치와 현실적 가치를 통합 조화시킨 것으로 인식되어지고 있다. 이상과 현실은 처음부터 합치되거나 접점이 이루어 질 수 없는 영원한 '가치적 평행선'이다. 엄정하게 말하여 우리가 흔히 "이상과 현실의 괴리감"이라 표현할 때 그 본뜻은 "원칙과 이상과의 거리감"이다. 그러므로 헌법은 어떠한 추상적 형용사가 가미되었다 하더라도 그것은 국가형성과 운영 발전의 기본원칙이지 이상이 아니다. 현실적으로 대한민국은 북한영토와 북한주민을 제외한 국민형성과 국가건설, 민주화, 사회정의, 사회복지의 단계로 나아가야 한다. 그렇기 때문에 민족통일과 통일국가의 건설은 우리 민족성원이 반드시 이루어야 할 당면가치이다.

흔히들 사물의 출발점이 잘못된 것을 가리켜 "첫 단추를 잘못 끼웠다."고 한다. 우리나라의 발전순서도 처음부터 잘못되었다. 이 때문에 원칙을 넘어선 '초 가치(meta-value)' 로서 국가안전과 통일이 다른 가치들을 잠식하거나 저해하는 요인이 되었다.

이상주의적 시각에서 바라보면 정치는 인간의 영혼을 깨끗하게 씻어주는 최고의 선을 지향해야 한다. 이러한 입장은 인류의 의식은 과거, 현재, 미래, 그 어느 때도 말세일 수밖에 없고 언제나 타락한 현실을 과장하거나 과민하게 반응할 수밖에 없다. 반대로 현실주의적 시각이라는 명분론으로 바라보면 정치는 만인 대 만인의 투쟁을 조정하여 최소의 선을 지향해 가는 것이다. 이러한 입장 역시 인간의 이성과 능력으로도 충분히 개선할 수 있는 것조차 포기하고 합리화 하거나 체념할 수밖에 없다. 우리는 오늘날까지 많은 정치적 사건과 사례를 경험하면서 자연히 형성되는 때로는 '모두 좋다', 때로는 '모두가 싫다' 하는 이른바 흑백논리, 양시 양비의 불합리한 현실 정치인식을 경계하면서도 맥없이 한국정치의 철학적 빈곤을 질타한다. 질타는 아픔이며, 아픔은 생산으로 이어져야 한다. 압제와 해방, 독재와 민주, 군사와 문민, 보수와 혁신, 현상유지와 현상변화의 양분적 양가적 대립을 의미 있게 논의해 왔던 경험을 토대로 한국 정치사회의 기본방향이 설정 될 수 있다면 미래를 향한 우리의 아픔과 수고는 헛되지 않을 것이다. 다시 말하면 민주공화국의 주권은 국민에게 있고, 국민으로부터 모든 권력이 신탁되며, 모든 국민은 법이 정하는 바, 똑같이 인간다운 생활을 할 권리를 가진다는 이 대원칙을 준수하는 것, 이것이 한국 정치발전의 무시간적(timeless)인 연속성 있는 방향타인 것이다.

이것은 곧 국민의, 국민을 위한, 국민에 의한, 실제 생활에 쉽게 느끼고, 알 수 있는 정직한 정치, 믿을 수 있는 정치, 슬기로운 정치를 내용으로 하는 '인간적 민주주의(Humane democracy)'이다.

순도 100%의 도덕주의나 순수주의는 정치적 이상주의이며 가능하지도 않지만, 기만적으로 추구될 때 오히려 비인간적, 비생산적인 경우가 허다하다.

실제로 여당 입후보자나 야당 입후보자는 모두 한국 사람이며, 모두 한국정치발전에 기여하여야 할 사람들이다. 이들은 어느 경우에도 적도 아니며 동지도 아니다. 언제나 정치발전을 위해 여야로 나뉘어 기여할 뿐이다. 그렇기 때문에 연고주의에 집착하여 개인이나 패거리의 이익을 따라 움직이는 사람들은 어떠한 경력과 능력의 소유자라도 원칙적으로 국민의 '신탁자(trustee)'가 될 수 없다.

반대로 유권자의 수준을 올려야 된다는 논리도 있다.

'모두가 그저 그렇다. 별 사람 없다. 잘 알지 못한다. 조직훈련이 덜 되어 질서에 복종하도록 길들여지지 못한 사람이다. 이런 사람들은 곧 믿을 수 없다.' 하여 이런 사람을 선택하기보다 차라리 자기와 '가까이 있고, 우리지역 사람이고, 같은 학교, 같은 성씨, 같은 계파의 사람, 그중에서도 나에게 우리조직에게 충성스러운 사람, 믿을 수 있는 사람을 선택하고 그들을 지원하겠다.' 하는 논리로 전개된다. 이렇게 되면 결국 만인 대 만인의 투쟁, 정글의 법칙이 통용되는 금수의 세계와 무엇이 다를 것인가! 이런 세계에 무슨 이성을 기대하며 무슨 문화를 논의할 수가 있을 것인가!

합리적 원칙이 없는 곳에 선거의 규칙이 있을 리 없고, 그 원칙이 중요시 되지 않는 곳에서 선거의 규칙이 중요 시 될 리가 없다. 이런 곳에서 선거법의 개정, 시민단체의 감시, 선거공영제, 사법적 조처 등등의 이성적 관리 희망은 애초에 '구두선(口頭禪)'이 되고 만다.

문제인식의 출발과 해결은 그저 간단하다. 우리는 똑같은 한국인이며, 누구든지 국가발전을 위해, 공적이익을 위하는 사명감으로 봉사하고자 한다는 인식의 공유로부터 출발해야 한다. 여기에는 기득권과 쟁취권이 따로 있을 수 없다. 여도 야도 없고, 보수와 진보도 없고, 내 편 네 편이 구분되어야 할 이유가 없다. 이 같은 이성적 인식이 한국 민주선거 발전의 제1법칙이다. 이어서 정책 상품을 제시하고, 제시된 내용을 비교 평가하는 이성적 선택이 한국 민주선거 발전의 제2법칙이다. 선택되거나 선택을 기다려야만 하는 사람들은 상호 비방하거나 좌절하지 말고, 보다 좋은 정책, 고품질의 좋은 상품이 되도록 자기 개발에 힘을 쏟는 이성적 준비가 한국 민주선거 발전의 제3법칙이다.

돈 쓰지 않고, 집착하지 않고, 운명을 걸지 않는 선거문화는 스스로 인간이라는 자신감으로 형성되는 인간적 신뢰가 바람직한 미래의 정치문화 선거문화를 형성해 갈 수 있다.

모두들 지금의 선거제도와 선거관행을 고쳐야 한다고 하면서도 스스로의 관행과 기득권을 포기하지 못하는 이유는 무엇인가? 이것은 진정으로 국가와 민족의 앞날을 위해 힘쓰는 사람, 즉 참다운 민주적 인격을 지닌 선거문화를 형성하지 못한 때문이다. 이제, 연일 계속되는 불법선거사례, 탈법선거사례에 일일이 논구할 수 없는 입장에서 간단히 오늘날의 한국정치가 당면한 안팎의 정황들을 개관해 보고 문제 인식의 심각성을 제고시키고자 한다.

요즘 각종 언론매체들은 연이은 청도군수선거의 부정 탈법사례와 군민들의 잇단 음독 자살을 기사화 하고 있다. 선거혐오증을 넘어 선거망국론도 결코 과장이 아닐 것 같다. 또 제 18대 총선의 공천과 열양상을 갖가지로 지적하면서 깊은 우려와 더불어 선거문화의 올바른 정착을 호소하고 있다. 정당책임자도 후보자도 유권자도 다 같이 무한 공동책임자인데, 탈법 불법선거의 책임을 누구에게 물을 것인가? 선거가 연속될 때마다 우리 한국인의 정치의식과 민주역량을 평가할 수 있는 좋은 계기가 온다. 싸움질하지 않는 정치, 국민의 이익과 국가발전의 미래만을 위하는 차원에서 냉정하게 보다 좋은 후보자에게 투표해야 한다.

민주시민이란 민주주의의 본질이 무엇인지, 민주주의의 가치를 어떻게 실현할 수 있을 것인지에 대한 슬기로운 이해력을 지닌 사람들의 총체적 개념이다. 이들은 주권을 가지고 있으면서도 정치에 무관심 하는 대중들과는 다른 의식 있는 지성인들이다. 그래서 민주시민의 정신은 인간본연의 자유하고 싶은 또 사랑하고 싶은 인간의 생명에다 활기를 불어 넣어주는 정신이다. 이러한 정신의 소유자들은 역사흐름을 정확히 인지하게 할 뿐만 아니라, 때로는 이렇게 저렇게 평가해보면서 그들이 원하는 목표달성과 방향을 위해 끊임없이 노력한다.

주저와 혼란 시행착오도 있겠으나, 그들은 자신들의 잘못을 시정하는데 인색하지 않으며 그래도 언제나 긍정적 적극적으로 미래의 변화를 자율적으로 수용하려는 심정과 태도를 지닌 인내심이 강한 집단이다. 이들은 한마디로 지성인이다.[12)] 지성인은 지혜, 지식, 신념, 실천을 구비한 사람이다. 이들은 합리적인 사고와 자율적인 선택권을 행사한다.

민주시민은 민주주의의 보람과 신념을 가진 자신들을 옹호해주는 수준에서 안보력 정치력 경제력 문화력 등의 총체적 체제능력을 증가시키는 힘을 필요로 한다. 헌법은 민주주의의 기초적인 설계도일 뿐이며 민주주의의 본질적 수호는 자신들의 시민의식 때문임을 분명히 알아야 한다. 민주시민의 덕목은 그들 스스로 참여와 절제의 수준을 올바르게 인식하고 조절할 수 있다는 것이다. 그들은 비능률과 무절제가 주는 비민주적이며 때로는 반민주적인 병폐를 정확히 인식한다. 그래서 스스로 시정할 줄 아는 능력이 있다. 각종 선거에서 야기되는 선거의 비극과 불운을 억제하기 위해서도 국민의 선거의식을 함양시켜야 한다. 그렇다면 어떻게 국민 모두를 이 수준까지 끌어 올릴 수 있을 것인가? 끊임없는 교육 훈련 홍보 감시 감화를 통한 자정운동과 엄격한 법집행에 의한 통합적 관리 시스템에 기대하는 방법이 최선일 것 같다.

---

12) 정치발전론은 최종 단계로 '선하게 잘 사는' 정의와 복지의 목표를 제시한다. 기본적으로 민주사회는 다양성(diversity)과 이견(dissent)을 전제로 하는 사회이다. 이것은 마치 갈등을 전제로 조화를 의미하는 것과 같다. 국민들의 기대충족에 대한 불만이 쌓이면 민주주의의 위기가 닥치게 된다. 그러므로 국가의 문제해결 능력이 무엇보다 중요하나 그에 못지않게 국민들이 합리적이며 가능한 것을 요구(demand)하고 지지(support)하느냐의 문제 역시 매우중요하다. 끼개인이익과 공동체이익의 조화문제는 사회사상사의 중요 관심사이다. 보통사람의 정치, 시민의 정치가 바로 그런 것이다. 사랑과 미움이 뒤섞이어 끈끈한 이웃사촌이 모여 사는 동네정치, 마을 정치가 바로 우리 정치문화의 실체다. 다수가 통치 권력을 가진다해도 그 각 개인들이 자기 이익을 위해 공공선을 저버린다면 결코 좋은 정치를 기대할 수 없다. 그래서 잘못된 다수결원칙은 오히려 민주주의를 와해시킬 수도 있다. 민주주의의 원리가 실제로 운용되는 실상은 특히 선거부정과 비리는 물론 여러 면에서 상당히 "비민주적"이라는 사실이 밝혀졌다. 그러기에 민주시민의 자질과 인격이 강조되는 것이다.

이를 위해 모든 제도와 절차가 인간화 인격화의 준거적 틀을 벗어나지 못하게 하고 그 기준점을 수호하기 위해 사적영역과 공적영역을 확연히 구분하려는 정치적 성숙성을 보여야 한다. 정부도 입법, 사법부도 언론 학계 문화계 종교계 노동계 시민단체도 사회 각 부분 모두 다 같이 부단히 의식개선 작업을 쉬지 않아야할 것이다. 특히 그중에서도 가장 기대되는 기제는 언론의 정당한 기능이다. 언론은 가치중립적인 입장에서 언론 본유의 순기능인 공적이며 사적인 사회 모든 권력의 감시 감독과 사회성원의 교육 훈련을 위한 공정한 비판 기능을 강화시켜 나가야 할 것이다. 이는 바로 언론이 독재정치를 막고 민주정치를 성장시키는 그 소금과 빛의 기능 때문이다. 민주정치와 독재정치의 차이는 여러 가지이나, 그 가장 큰 차이는 비판과 반대가 허용되느냐 않느냐에 있다. 비판과 반대가 허용되는 정치는 민주정치이고, 비판과 반대가 억압되거나 봉쇄되는 정치는 독재정치이다.

Ⅳ. 문제점과 여망

한국정치사를 간단히 개관하기란 결코 쉽지 않다. 우리는 지난 60년 이상 많은 경험을 했다. 좌우분열, 동족상잔과 굶주림, 경제제일주의와 부의 편재, 황금과 권력만능주의, 부정축재, 인간성 타락, 극한투쟁과 분열정치, 공직자의 권력남용과 무사안일, 특권의식, 인권침해와 권력의 감시통제 같은 비인간적 반민주적 군림 등 수 많은 폐습이 발생하였고 수많은 사람이 억울하게 탄압받고 희생되었다. 또 독선과 아집의 장기집권, 패거리 정치꾼들의 야합 이반의 정치는 절차를 준수하지 않는 규칙 없는 경기와 같은 혼란, 혼미, 혼돈, 혼탁의 혼조기류를 형성해왔다. 게다가 국민의 여론과 상식을 무시한 비민주적 국정운영과 정권교체는 과정을 무시한 한국 민주주의의 파행성과 퇴조현상을 초래했다.

과거를 거울삼아 앞으로 보면, 권력의 민주화, 시민생활의 성숙한 민주화 등 개인에서 국가에 이르기까지 민주화의 영역확대가 한국정치의 현실과제라 여겨진다. 무엇보다 민주가치의 생활화와 실천의지에 따르는 발전적 전향적 적극적인 자기수정과 끊임없는 검토와 확인을 통한 변화발전의 과정 속에서 한국 민주주의의 발전 동력을 찾아내고 그 가동능력을 증대시켜야 할 것 같다.

대통령선출도 간선제→직선제→간선제→직선제의 불필요한 순환을 겪었다. 지난날 집권자의 통치편익을 위한 수단으로 지금까지 11번의 계엄령이 선포되었으며 선거와 정치운영의 공정성과 경쟁성원리는 집권세력의 물리적 강압정치에 의해 담보되었다.

한국정치체제는 1인 1체제의 강화와 행정국가적인 구조상의 특징을 가지고 정치 경제는 물론 사회 문화의 전 부문에 이르기까지 국가독점체제를 형성하게 되었다.

지난 60년간(1948.7.17헌법 제정이후 지금까지) 한국정치의 형태적 특성으로 지적하지 않을 수 없는 점은 여 야대결의 극한성과 국회운영의 변칙적 파행성이다. 대화에 의한 설득과 타협의 수범장이 되어야 할 국회가 욕설과 고함 폭력과 난투극의 수라장으로 전락함으로써 대화정치문화의 정착을 뿌리로부터 흔들어 놓았다.

정국운영도 야당은 권력기관의 감시와 공작 압력 이해득실을 이유로 반대의 힘을 가중시켜 나갔고, 여당은 여당대로 통치권자의 권위주의적 통치스타일로 인해 원격 조정됨으로써 민주적 자율성이 결여되어 왔다. 이에 가세하여 개별정치인의 도덕적 타락과 권력형 부정부패의 만연으로 정치권력은 실제로 부정부패의 확실한 도구이자 온상이 되기도 했다. 이렇듯 민주정치의 모범장이며 수범기관이어야 할 정치판이 혼미를 거듭하게 되자 그 하부구조를 이루는 각종 사회단체에도 반민주적 운영과 행태가 만연되어 고질적인 반민주적 정치관행과 탈법기류를 형성하여온 셈이다. 기독교에서는 사람의 양심은 마음의 율법이며 인격의 스승이라 한다. 그래서 양심의 소리는 하나님의 음성으로 이해한다. 불교도 역시 "마음이 곧 부처요, 마음밖에는 부처가 없다心卽是佛, 心外無佛"이라 하였는바 종교의 진리가 모두 인간의 근원을 중요시하였던 점은 충분한 이유가 있을 것이다. 그러므로 한국정치의 모순과 퇴행을 인간의 이성의 소리, 양심의 소리를 기준으로 먼저 검토하여야 할 필요가 있다. 정치적 합목적성과 합법성에 따라 합리성과 민주성, 효율성은 무엇보다 먼저 정치지도자와 집권권력층의 양심의 소리가 민중들에게 어느 정도 절실히 전달되었는가하는 점이 충분히 검토되어야 한다.

우리 사회가 안고 있는 다양한 암적 요소[13] 제거를 위해 먼저 정부가 앞장서 모범을 보여야 한다. 회상하면, 진정한 권위가 없는 곳에 권위주의가 싹터왔다. 관직에 따르는 권력을 권위와 혼동하고 일사불란한 명령하달과 순종의 체계가 바로 권위의 기능처럼 잘못 인식해왔다. 한국정치민주화의 소용돌이도 따지고 보면 제1공화국에서 제6공화국으로 교체되고, 정권은 자유당에서 민주공화당, 민주정의당, 민주자유당, 새정치국민회의, 열린 우리당, 한나라당으로 옮겨갔지만, 정치가들의 빈번한 이합집산 외에 그들의 면모에는 변화가 없었다.

13) 증오, 비겁, 무절제, 독선, 아집, 분노, 이기심, 즉흥성, 성급함, 전시효과, 사욕, 파당적 이익, 허영, 쇼 기질, 일시적 모면을 위한 미봉책, 허황한 장담, 과시, 최고 찾기, 관료주의, 부패, 거짓말, 엄포, 겉치레, 형식주의, 정실, 체면 등이 심대하여 어느 때는 부패공화국, 불륜공화국, 비리공화국으로 비판되었다. 이 사회적 병리현상을 치유할 수 있는 처방은 한마디로 정치를 잘하는 것이다. 그렇다면 한국 민주정치는 지금 어디쯤 와 있으며 어디로 가고 있는가? 또 무엇이 문제인가? 성숙한 민주시민으로의 자질함양, 건강한 노사관계의 재정립, 학원과 금융의 건실한 자율화, 지방자치제의 견실한 토대구축, 북한사회의 정확한 이해와 통일과제의 합리적 접근, 언론부패 · 교육비리 방지, 물가안정, 서민치안, 선악에 대한 도덕적 불감증, 건전 문화의 위기 등 여러 측면에서 해결되어야 할 문제점들을 지적할 수 있다. 이러한 문제들은 차분히 치밀하게 체계적 통합적으로 기획하여 지속적 의지와 끊임없는 환경개선을 통해서만 가능하다. 그래야 보다 성숙한 사회로 발전할 수 있을 것이다.

행정부의 정책결정수렴 과정도 어느 정도 권위주의를 탈색시켜 그 폐쇄성을 극복할 것인가, 또다시 지난날처럼 상업주의와 전투주의가 문화의 기초를 이루게 된다면 한국정치문화의 건전성을 기대하기 어렵다. 언론도 자정의 범위를 넓히고 그 속도를 내어 진실로 사회발전에 이바지해야 할 것이다. 있는 자의 오만한 횡포나 없는 자의 탈법적 파괴와 흑백 논리적 대립은 철저히 망가뜨리고 파괴시키는 방법으로서는 좋을지 모르지만 '소중한 가치들은 간직하고 나쁜 것은 고쳐나가는' 치유책으로서는 부적합하다는 것을 충분히 경험해 왔다.

노동운동, 언론자유, 정당투쟁도 그 자체가 자본주의의 산물이고 보면 오늘 우리의 노사분규는 기업윤리의 부재에서 빚어진 필연적인 것이며, 언론문제는 공익성 인식의 부재에서 나온 것이다. 정당의 불법적 권력투쟁은 정치윤리와 책임성의 부재에서 비롯된 것이다. 언론의 무책임, 불공정한 보도는 언론의 횡포이며 정당의 분열과 이합집산은 정치 윤리적 패륜이다. 경제성장도 인간의 삶의 질을 높이기 위한 수단이지 퇴폐, 사치풍조도 용인하는 성장자체를 목적으로 할 수는 없다. 퇴폐문화, 저질문화, 동물문화의 조성이 인간화의 수단이나 목적이 될 수는 없는 것이다. 더욱이 건실한 민주정치사회를 이룩하기 위해서도 중산층(중간층)의 폭을 넓히고 이들이 진정한 정의감으로 공동체의식을 발휘하게 하는 일이야 말로 참으로 중요한 과제이다. 부유층의 부의 집중에 대해 분개하고 비판하듯이 똑같은 정의감으로 저소득층의 평등화 요구에 어느 정도 동조하며 지지해 줄 것인가는 앞으로 한국사회의 발전과 안정을 위한 중요한 점이다. 어쨌든 가진 자(학력, 실력, 재력, 권력, 기술, 명예 등)들의 사고방식이 획기적으로 바뀌어서 더불어 사는 절제와 노력이 필요하겠고 이에 못지않게 못가진 자들의 성실, 근면, 협동으로 파괴, 질시, 증오, 자포자기 등의 무분별한 발전과 협력의 저해요인들을 제거해나가는 것이 급선무이다.

오늘날 한국정치는 민주화와 민족통일복지사회 건설의 정치목표를 어떻게 효능적으로 접근하여 해결할 것인가의 과제를 안고 있다. 어떻게 하면 자유 평등 박애의 민주원리를 종합적으로 달성할 수 있을 것인가하는 문제에는 정치체제의 총체적 능력증가가 그 해답이다.

그것은, 정치이념이나 제도는 그 자체가 목적이 아니라 사회집단의 일반요구와 그 집단의 정치목표달성을 위해 얼마나 효용성이 있느냐에 따라 평가된다.

이명박 정부는 국가안전을 공고히 하고 국민의 자유로운 생활을 보장해야 한다. 그러기 위해 지속적인 고속 경제성장과 국민전체의 복지생활을 촉진시켜야 한다. 여기에 엘리트나 대중, 여당과 야당, 정부와 국민이 다를 수 없다.

정치적 자유민주주의와 경제적 평등민주주의는 이제 더 이상 분리되어 생각할 수 없고 선별적으로 접근할 수 없는 한국 민주주의의 발전과제이다. 그러므로 기회균등과 소득균등의 조화, 참여와 복지의 조화라는 고도의 기술적 접근이 요구되는 이 사회에서 더 이상 무능력하고 무분별한 지도자들을 허용할 수 없는 까닭이 있다. 게임규칙의 공정성 확보와 완주 후 흔쾌히 승복할 수 있는 공동체의 승리를 확고한 사회원리로 정착시킬 수 있는 사회적 건강성회복이 선결과제이다.

자유민주주의는 단합된 국민의 슬기와 노력으로 이루어진 헌법체계의 구성과 그 준수를 바탕으로 한다. 우리는 국회가 더 이상 전투장이 아니길 바란다. 국회의원은 국민이상으로 지도자의 절제 용기 신념 정의의 덕목이 고양되는 인품[14]을 갖추어야 한다.

인간화, 국제화, 민주화는 그저 만들어진 슬로건이 아니다. 그간에 겪은 우리들의 값비싼 경험으로 얻어진 민주화의 나침반이다. 차츰 나아지고 있지만 아직도 한국의 선거제도와 선거풍토가 비합리적인 학연 지연 혈연이나 권력 금력에 의한 타락선거의 징후가 도처에서 감지된다. 우리 국민은 국민전체의 이익이나 국가의 안전과 발전보다 자신과 자기정당의 당리당략에 집착하는 서글픈 모습을 보지 않았으면 한다.

앞의 논의들을 토대로, 한국 민주정치의 현상과 정부의 인식적 실천 과제를 정리해본다.

첫째, 한국의 민주주의는 한국이라는 정치 경제 사회 문화 심리적 현실여건에 의해 제약을 받아오면서 그 나름대로 꾸준히 성장 발전해 왔다. 그래서 지나친 현실긍정이나 지나친 현실부정의 태도는 바람직하지 않겠다.

둘째, 한국정부는 국가의 안전과 번영을 위해 질적 양적으로 주민참여의 폭을 확대하는 분권과 자치의 정책을 강화하고 과감히 실천해야 한다.

셋째, 한국정부는 국민재난에 유능하게 대응할 수 있는 위기관리체제로 발전되어야 한다.

넷째, 한국정부는 민주평화복지통일을 위한 실제적 정책을 창안하고 부단히 실천해야 한다.

그래서 우리 국민이 여망하는 다음과 같은 희망의 정치사회를 만

---

14) 국민을 위한 정치가의 기본은 최대다수의 최대행복 뿐만 아니라 최대다수의 정의감을 조화 시켜야 한다. 즉 공동이익과 공동선을 조화시킬 수 있어야 한다. 따라서 지도자는 타인의 행복이나 이익에 반대되지 않는 모든 행위에 자유 권리를 인정하며, 서로 유익하게 공헌할 수 있는 성향을 가지고 자신의 일상생활과 모순되지 않는 인격을 지닌 덕성의 실천자이다. 또 가능한 한 평등하게 복지를 배분하는 정부를 효율적으로 지원해 갈 수 있는 리더십을 지닌 지도자이다. 즉 사회성원의 생명과 이익 그리고 공동선을 지키는 보호자로서 성원의 가슴 속에 따뜻하게 영원히 살아 움직이는 희망의 정치를 안겨주는 실천가이면 제격이다. 국회의원은 사회의 질병을 진단하고, 상황변화를 꿰뚫어 보고, 사회의 잘못을 고칠 수 있는 확고한 비전과 의지를 가진 책임감있는 진정한 사회적 의사이어야 한다. 최대 다수에게 최대한의 행복을 가져다 줄 수 있는 의식과 의지 그리고 전문 능력을 구비한 사람이어야 한다. 이런 지도자는 환경오염, 공해문제, 인권문제와 같은 인간의 생명문제를 소홀히 취급할리가 없다. 또 인간성 회복을 위한 실천운동의 기수가 될 것이다.

들어 가야할 것이다.

첫째, 지배, 복종 관계가 지양되는 고차원의 자유주의 사회[15)]이다.

둘째, 사람이 사람을 억압 · 착취하는 계층구조를 부정하는 평등주의 사회이다.

세째, 적자생존의 경쟁사회가 아니라 인간존엄의 박애주의 사회이다.

네째, 기득권층만을 위한 보수적 권위주의가 아니라 새로워지는 혁신주의 사회이다.

다섯째, 대중소외사회가 아니라, 능력을 다해 기여하는 자유참여사회이다.

여섯째, 사람다운 사람들[16)]이 길을 열고, 물질 · 정신 어느 한쪽으로 치우치지 않고 정직과 성실로 슬기로운 정치 사회를 만드는 것이다.

요컨대, 정치선의 기초는 사랑과 공평이다. 이것이 없는 자유, 평

---

15) 과거 자유주의가 더불어 살고 있다는 삶의 본질을 상대적으로 경시하였던 반면 사회주의가 인간이 욕망을 가진 존재라는 점을 경시하였던 시행착오의 과정을 경험하면서 동서사상의 변증법적 종합을 통해 보다 높은 차원에서 자유주의의 새로운 사회발전 정향과 사회설계가 필요하다. 필자는 이것을 인간적 민주주의라 이름해 보았다. 즉 인간적 민주주의는 자유 · 민주 · 평등 · 복지사회를 종합하는 'more democracy' 또는 'realistic democracy'를 의미한다. 이것은 높은 삶의 질을 보장하는 제도와 사람을 살기 좋게 하는 체제를 필요로 한다. 그래서 실질적으로 자유롭고 평등하게 공의로운 삶의 분위기를 조성하며 완전 고용, 생산성 증대, 생활 수준 향상, 사회 복지제도 강화, 소득 재산의 공정한 분배와 같은 정치적 참여와 사회적 평등, 그리고 경제적 정의가 확립되는 보람 있는 인생살이를 보장해 주어야 한다.

16) 공과 사 ,정의와 불의를 판별할 능력과 실천을 겸비하는 사람(Just Man)이 올바른 행동(Just Action)을 하는 좋은 정치(a just state of affairs)의 모습으로 이해할 수 있다. 무조건 가난한 사람들의 호주머니를 털어서 부자에게 주는 정치도 아니며 반대로 부자의 것을 빼앗아서 빈민들의 호주머니에 넣어주는 정치도 아니다. 이것은 바로 사람과 사람, 사람과 조직, 사람과 국가, 사람과 자연, 사람과 신성을 연결시키고 맺어주는 조화와 균형의 끊임없는 재창출의 자연 법리를 수행하는 정치이다. 그러기 위해서는 첫째, 확고한 의지와 비전이 필요하며, 둘째, 반국민적 관행, 장치들을 제거해야 하며, 셋째, 필요한 국민적인 의식확산과 제도적 장치들을 마련해야 한다. 이를 위해서는 먼저 지도세력들이 반국민적 요소들을 배제하는데 앞장서야 하며 국민들의 의식성장에 힘써야 할 것이다.

등, 평화, 박애란 매우 애매하다. '모든 국민이 공의를 높이면 나라가 부흥할 것이며 뇌물을 탐하면 나라가 멸망 한다' 고 한 성경의 말씀은 언제나 유효하다.

제 2 장
제주도국회의원선거의 특성에 관한 연구 : 정치문화를 중심으로

양 창 윤

Ⅰ. 서 론

제주지역에서 있었던 선거결과들은 한국의 여느 타 지역과는 다른 매우 특이한 현상을 보여 왔다. 제11대 국회의원선거에서는 전국 92개 선거구 중에서 제주선거구와 해남 · 진도선거구에서만 여당후보가 당선되지 못했다. 한 선거구에서 1, 2위를 뽑는 중선거구제 하에서 치러진 선거였기 때문에 당시 여당이던 민주정의당은 전국 92개 선거구 모든 곳에서 동반 당선을 목표로 하고 있었다. 그러나 이 두 지역에서만 당선자를 내지 못하였다. 제14대 선거에서는 제주 3개 선거구에서 모두 무소속 후보자만이 당선되어 다시 한 번 의아하게 했다. 그러나 제15대 선거부터는 무소속 당선자가 한 명도 없고 정당후보자만이 당선되고 있다.

사람들은 제주지역에서 보여주는 특이한 선거결과와 그 원인 또는 배경에 관하여 궁금하게 여겨왔다. 그러나 전문가들도 제주지역 선거 결과가 특이하게 나오는 것은, '제주도민의 독특한 정서에 기인한 것' 이라고만 지적할 뿐, 그 독특한 정서가 무엇인지에 대한 구체적인 언급을 찾아볼 수 없다.[1] 이처럼 제주지역 선거가 특이성을 갖고 있다는 데에는 대부분 수긍하지만 그 특이성이 구체적으로 무엇이며 어디에서 연유된 것인가 하는 원인 규명을 시도한 연구는 없다. 정치역학이 정치문화에 의해서 영향을 받는다는 것은 여러 학자들의 연구를 통하여 밝혀진 바 있으며 특정 지역인의 선거행태 또한 그 지역에 내재해 있는 정치문화적 특성에 의해 영향을 받는다. 리차드슨(M. Richardson)은 일반 국민들의 정치적 성향 속에 내재하는 규범적 관심과 근년의 경향 즉 경험적 연구에 의해 정치행동을 분석하려는 열정적인 태도 때문에 정치문화 접근법이 출현하게 되었다고 설명한다.[2]

제주지역 선거결과에 영향을 끼치고 있는 제주지역의 정치문화는 알몬드(Gabriel A. Almond)의 정치문화적 접근법을 활용하여 제주도의 자연, 역사, 사회 · 문화적 맥락에서 탐색하고 경험적 방법을 통하여 재확인하여 규명한 자료를 활용하였다. 그리고 제주도내의 유권자 1,183명을 대상으로 실시한 설문조사 자료 등을 활용하였고 본 연구자가 15년 동안 선거현장에서 관찰을 통하여 습득한 현지의 사정과 지식, 문헌자료, 현지 주민들에 대한 면접 자료, 그리고 각종 언론보도 등을 분석하여 찾아내어 발표한 기존의 연구자료를 인용하였다.

제주지역 국회의원선거의 특성은 본 연구자가 제9대-제16대 국회의원선거 결과에 대한 32년간의 시계열(time-series) 집합자료를

1) 한국갤럽조사연구소, 「제15대 국회의원선거 투표행태」,(한국갤럽조사연구소, 1997), p. 170.

2) Brandley M. Richardson, The Political Culture of Japan(Berkeley: University of California Press, 1974), p. 4.

가지고 분석하여 찾아낸 자료를 활용하였다.

Ⅱ. 제주도의 정치문화

1) 정치문화의 정향

1956년에 알몬드(Gabriel A. Almond)에 의해 처음 포괄적으로 소개[3]된 정치문화의 분석개념은, 당시 주류를 이루던 법적 또는 제도적 접근법의 한계성을 느끼고 사회학과 인류학 분야의 중요한 분석개념들 중에서 적합한 분석개념을 모색하면서 웨버(M. Weber)와 파슨즈 (T. Parsons), 실즈(E. A. Shils) 등의 일반행동이론(general theory of action)에서 새로운 체계적 정치분석의 가능성을 발견한 데 있다.[4] 알몬드와 버바(G. A. Almond and S. Verba)는 「시민문화론」(Civic Culture)에서 시민문화로 명명된 일련의 정치적 태도와 정향에 대한 연구를 통하여 미국, 영국, 이탈리아, 멕시코, 독일의 민주정치 차이를 설명하고 있다.[5]

알몬드와 포웰(Gabriel A. Almond and G. Bingham Powell, Jr)은, 정치문화를 일정시기에 있어 한 나라에서 운영되고 있는 정치에 대한 일련의 태도, 신념, 감정 등으로 정의하고 정치적 목적물에 대한 정향(orientation)의 개념을 중점으로 정치문화 분석을 시도하고 있다.[6] 이것은 정치행위의 바탕에 깔려있고 정치적 행동에

3) Gabriel A. Almond, "Comparative Political System," The Journal of Politics, Vol. 18, No. 3(August 1956), p. 395.

4) Gabril A. Almond, "Comparative Political System", in Roy Macridis and Bernard E. Brown(eds.), Comparative Politics(5th ed. Homewood Illinois: 1977), p. 83

5) Gabril A. Almond and Sidney Verba, The Civic Culture(Boston: Little, Brown and Company, 1965).

6) Gabriel A. Almond and G. Bingham Powell, Jr., Comparative Politics(Boston: Little, Brown and Company, 1966), pp.50- 57.

의미를 부여하는 주관적인 영역으로 인식적 정향(認識的 定向)(cognitive orientations), 정의적 정향(情誼的 定向)(affective orientations), 평가적 정향(評價的 定向)(evaluative orientations)이 있다.[7)]

첫째, 인식적 정향(認識的 定向)(cognitive orientations)은 정치적 대상 및 신념에 관한 지식으로서 지식의 정확, 부정확에는 관계가 없다. 즉, 인식적 정향(認識的 定向)은 현상에 대한 인식적 판단을 말하며 비교적 변화되기 쉬운 것이다. 개인이나 집단이 정치적 사건이나 상징물에 대해서 어떻게 인식하느냐 하는 것은 그 개인이나 집단의 신념의 문제이며 이것이 곧 정치적 인식의 내용을 이루게 된다.

둘째, 정의적 정향(情誼的 定向)(affective orientations)은 정치적 대상에 관한 애착, 개입, 거부 등의 감정을 말한다. 정의적 정향(情誼的 定向)은 개개인이 지닌 정치적 인식에 대해서 정의적인 반응을 보이는 경향을 말한다. 정치적 인식이 신념이나 사고를 내포한다면 정치적 감정은 감정 · 느낌이 주 요소가 된다. 그러한 감정은 긍정적일 수도 있고 부정적일 수도 있으며 중립적일 수도 있다. 정치적 인식에 대한 호오(好惡)의 감정이다

셋째, 평가적 정향(評價的 定向)(evaluative orientations)은 정치대상에 관한 판단 및 의견으로 이것은 보통 정치적 대상 및 사건에 대하여 가치관을 적용하는 정향성이다. 어떤 사상(事象)에 대한 인식과 그것에 대한 정의적(情誼的)인 반응의 결과로서 행동이 자동적으로 뒤따르게 된다고 생각하면, 이 개념은 정치적 인식과 감정이 합쳐진 경우를 의미하는 것으로 오해될 수 있다. 그러나 평가적 정향(評價的 定向)은, 정치적 행동을 취하는데 있어서 선택에 작용하

7) Gabriel A. Almond and G. Bingham Powell, Jr., op.cit., pp. 50-51.

는 요소이며 정치 전반에 대한 선악(善惡)의 판단기준이고 정치에 대한 기대를 포함한다.

2) 제환경과 정치문화

(1) 자연적 환경과 정치문화

제주도의 자연적 조건은, 한국의 일반적인 타 지역과 다른 몇 가지 차이점이 있다. 한국의 본토로부터 멀리 떨어져 있는 고립된 섬이며 대부분의 토양은 화산회토로서 척박한 토양이고 풍다(風多)의 섬이라고 불릴 만큼 바람이 많다는 점이다. 이러한 제주도의 자연적 환경은 제주도의 정치문화가 특이하게 형성되도록 하는데 기능했다고 할 수 있다.

첫째, 고립적인 제주도의 지리적 조건과 척박한 토양 및 기후 등의 자연적 환경은 제주도민에게 배타성(排他性)을 심어 주었다고 할 수 있다. 사면의 바다로 둘러싸여 있는 한정된 접근성으로 인하여 외부인과 원활하게 교류할 수 없었을 뿐만 아니라 척박한 토양과 불리한 기후 등으로 발생하는 자원의 부족은 주민들에게 배타성을 형성하게 하였음은 쉽게 이해할 수 있다. 경험적 방법으로 배타성을 확인해본 바 제주도민들에게는 배타성이 강한 것으로 나고 있다. "제주인은 일반적으로 외지인에 대해서 왠지 모르게 거리감을 갖고 있다"라는 질문에 대하여 응답자의 68.8%가 긍정적인 응답을 하고 있다. 배타성은 외부인을 거부하는 것으로써 어떤 대상에 대한 호오(好惡)의 감정을 의미하므로 정치문화 정향의 정의적 정향이라고 할 수 있다.

둘째, 중앙의존성(中央依存性)이 강하게 형성되도록 만들었다. 굳이 주변부를 언급하지 않더라도 제주도민에게 중앙의존성이 있을 것이라는 것을 유추해 볼 수 있는 단서는 많다. 일반적으로 한정되고 부족한 자원을 가지고 살아가야 하는 섬 사람들이 외부로부터 자원을 획득하려고 하는 것은 어떻게 보면 인간의 본능에 가까운 것이다. 제주도민에게 중앙의존성이 어느 정도 형성되어 있는지는 알아보기 위하여 경험적으로 살펴보았다. "제주도는 중앙의 지원을 받아야만 발전할 수 있다고 생각한다"에 대해서는 68.4%가 긍정적인 반응을 보였으며 "중앙 지원 없이 제주도 자체의 능력만으로 주민의 삶의 질을 향상시킨다는 것은 어려운 일이다"에 대해서는 71.7%가 긍정적인 답변을 보여주었다. 그리고 "제주도는 정치, 경제, 사회 등 거의 모든 분야에서 중앙에 의존할 수밖에 없다"라는 설문에 대해서는 응답자의 58.8%가 긍정적인 응답하고 있다. 이상의 설문 결과에서도 제주도민에게는 중앙의존성이 강하게 있음을 확인할 수 있다. 중앙의존성은 정치에 대한 기대이므로 정치문화 정향의 평가적 정향이라고 볼 수 있다.

셋째, 지역구 국회의원에 대한 높은 기대성을 갖게 만들었다. 제주도 지역 출신 장관이 한 명도 없는 경우가 흔한 실정을 고려할 때 제주도민로서는 자신들의 지역구에서 당선되어 중앙에 올라가 있는 국회의원이야말로 가장 막강하게 보이는 중앙인사가 아닐 수 없다. 그리고 자신의 경조사에 와주기를 바라는 기대, 개인적인 민원 또는 청탁을 해결해주기를 기대하는 등 여러 가지가 있다.

제주도민들은 지역구 국회의원이 '상임위원회에 관계없이 국정의 모든 분야에서 영향력을 발휘하고 서울에 사는 제주인들의 어려움을 해결해주며, 중앙과 관련된 지역주민의 사적 민원도 처리해주기를 바라고 있다. 국회의원에 대한 사적인 민원으로는 취업 부탁, 승진 청탁, 위법 사항 해결, 법률적 조언, 항공좌석 예약, 서울의 큰 병원에 입원 협조, 경제적 도움 요청, 서적 또는 상품 구입요청, 압력행사 요청, 사람 소개, 보험 가입 부탁, 자료 협조 요청, 여권 발급 도움 요청, 사람 찾기 등 일일이 다 열거할 수 없을 만큼 많다. 그러나 국회의원은 이러한 개인적인 민원 또는 청탁을 다 해결할 방법이 없다. 국회의원에 대한 높은 기대성은 정치에 대한 기대를 의미하므로 정치문화 정향의 평가적 정향이라고 할 수 있다.

넷째, 근면·성실성을 형성케 하였다. 척박한 토양과 태풍 등 열악한 자연환경 속에서 삶을 살아야 했던 과거 제주도 사람들에게 있어서 식량 확보는 그 무엇보다 중요한 일이었으며 특히 천재지변이나 흉년에 먹는 문제를 해결하는 것이 가장 큰 어려움이었다. 제주도민으로서는 오직 근면성실만이 자신과 가족의 생존을 위한 태도임을 인식하게 되었다.

경험적으로 확인하기 위해서 "제주인들은 근면하고 성실하다고 생각한다", "사람이 성실성과 근면성만 가지고 있다면 살아가는데 큰 어려움은 없다고 생각한다"라는 두 개의 질문을 해보았다. 이에 대해서 응답자들은 각각 72.9%, 62.3%가 긍정적으로 답하고 있다. 이를 통해서도 제주도민에게 근면·성실성이 있음을 알 수 있다. 근면성실성은 현상에 대한 판단이므로 정치문화 정향의 인식적 정향에 해당한다.

(2) 역사적 환경과 정치문화

제주도의 역사는 한 마디로 피해와 희생의 역사, 고립의 역사라고 할 수 있다. 제주도는 고려시대에 100년 동안 몽고(원나라)의 지배를 받았으며 조선시대에는 출륙금지(出陸禁止) 정책으로 제주도민은 200여 년 동안 제주 섬 내에서만 생활해야 했다. 제2차 세계대전 당시에는 일본이 제주도를 최후의 저항지로 삼음으로써 제주도민은 큰 피해와 희생을 당하였다.

1948년에 발생한 제주 4·3사건은 불과 50여 년 전에 발생했던 사상(史上) 최대의 비극사건이다. 존 메릴(John Merrill)은 그의 논문 「제주도 반란」(The Cheju-do Rebellion)에서 “제2차 세계대전 직후 점령군에 대하여 대중적 저항이 제주도에서와 같이 분출된 일은 지구상 어디에도 없다.”고 말하고 있다.[8] 이데올로기가 무엇인지 모르는 상황에서 산에 올라간 사람들과 그 가족들은 군경에 의해서 죽어갔으며 군경에 협조하던 사람과 가족들은 또한 산에 올라간 사람들에 의해 희생돼야 했다. 이러한 역사를 지켜본 사람은 지켜본 대로, 직접 체험하지 못한 사람은 역사적 교훈을 통해서 ‘이쪽에 붙어도 죽고 저쪽에 붙어도 목숨을 잃는다’는 생각을 갖게 된 도민들이 생겨났다고 짐작할 수 있다. 이러한 역사는 제주도민의 의식과 생활에 많은 영향을 주었고 도민들의 정치문화에도 영향을 미치고 있다.

첫째, 제주도의 역사는 제주도민에게 배타성을 형성케 했다고 할 수 있다. 제주도의 피해와 희생의 역사는 제주도민으로 하여금 도서성(島嶼性)으로부터 형성된 배타성을 더욱 심화시키게 하기에 충분하다. 피해와 희생을 당한 사람들로서는 피해와 희생을 강요한 상대방측에 대하여 배타성을 갖게 되는 것은 당연한 이치이다. 외부인으로부터 받아야 했던 피해와 희생은 제주도민에게 ‘외부인’에 대한 경계의식 또는 피해의식을 자리 잡게 했다.

둘째, 제주도의 피해와 희생의 역사는 제주도민에게 정치적 중도성을 형성토록 하였다. 양(兩)쪽으로부터 각각 피해를 받는 것을 목격했거나 역사적 사실을 통하여 교훈을 얻은 많은 제주도민은 산(山)편에 붙어도 죽고 그 반대편에 있어도 무사하지 못했던 당시의 상황을 알게 되었다. 따라서 제주도민은 정치적 중도를 취하는 것이 가장 안전한 생존의 방법임을 인식하게 되었다.

제주도민에게 정치적 중도성이 실제로 어느 정도 형성되어 있는지를 확인하기 위한 설문 “나는 정치와 관련해서 어느 정파에 치우치

8) John Merril, The Cheju-do Rebellion, Journal of Korean Studies, Vol. 2(1980), p. 196.

지 않고 중도적인 입장을 견지하려는 경향이 있다"에 응답자들은 65.8%가 긍정적인 반응을 보였다. 제주도민에게 정치적 중도성이 있음을 알 수 있다. 중도성은 호오(好惡)의 감정이므로 정치문화 정향의 정의적 정향에 해당한다.

(3) 사회 · 문화적 환경과 정치문화

① 다중적 네트워크 사회

제주도사회는 주민들간에 매우 다양한 연줄망을 갖고 있는 다중적 네트워크사회이다. 어느 사회든지 사회적 활동을 하는 사람은 나름대로 다양한 연줄망을 형성하게 되는 것이 한국사회의 일반 현상이지만, 제주도의 그것은 섬 지역이라는 자연적인 환경 등으로 인하여 보다 강하고 복잡하다.

첫째, 제주도는 범친척사회(궨당사회)이다. '궨당'은 삼족(三族)을 총망라하여 관련된 사람이란 범위를 표시하는 말이다. 그리고 이 '궨당'은 서로의 경조사를 돌아보며 집안적으로 가까운 관계임을 서로 확인하고 유대관계를 공고히 해나간다. 이것은 제주도사회가 삼족(三族)의 친근 관계를 비교적 대등하게 여기는 '궨당사회', 즉 '범친척사회' 임을 말해주는 것이다. 선거 때에는 후보자의 '궨당'들이 상당한 역할을 한다.

친족과 외척, 그리고 인척의 경조사에 대해서 제주도민은 어떻게 생각하는지를 알아봄으로써 제주도가 범친척사회인지 여부를 경험적으로 확인하고자 "어머니편, 처편의 경조사도 아버지편의 경조사와 동일하게 생각해야 한다"라는 질문을 한 결과 75.2%가 긍정적인 반응을 보여주고 있다. 그리고 "사돈댁의 경조사도 친척의 경조사와 마찬가지로 생각해야 한다"라는 질문에 대해서는 65.6%가 긍정적인 응답을 하고 있다.

둘째, 제주도사회는 강한 지연사회(地緣社會)이다.

역사적 기록에서 보면 제주사회는 대체로 관리의 횡포에 시달려 왔으며 그에 대한 저항적인 노력도 강력한 것이었음을 알 수 있다. 이 때 제주도민은 지역공동생활권을 단위로 하여 상호 결속하는 협동적 생활체계를 형성하여 외부세력에 대처하였다. 이것은 생존권적 저항이기도 하였고 자신들의 사회를 나름대로 건전하게 유지하려는 의지이기도 한 것이었다. 이러한 여건은 강한 지연사회를 형성케 하였다.

셋째, 제주사회는 학연이 크게 중요시 되는 학연사회이다.

외지에서 제주로 이주하여 생활하는 사람을 제외한 대부분의 제주도민은 제주도내에서 초 · 중 · 고 · 대학 등을 다니며 졸업후에도 제주섬내에서 같이 살아가면서 동창회활동을 하게 된다. 따라서 학연이 중시되는 것은 오히려 당연한 현상이다.

넷째, 제주도사회는 각종 단체나 모임이 많은 사회이다. 제주도에는 시민공동체가 많고 활동도 아주 활발하다. JC(한국청년회의소)의 경우 2,000년 9월 현재, 전국 로칼(rocal)이 377개인데 제주도에는 14개의 로칼이 있다. 전국인구의 1.1% 인구를 가지고 있는 제주도에 JC로칼은 전국 로칼의 3.7%나 된다. 라이온즈 클럽은 전국 1,513개인데 제주도에는 35개의 클럽이 있어 전국의 2.3%를 보이고 있다. 와이즈맨 클럽(Y' MAN)의 경우를 봐도 그렇다. 제주도에는 와이즈맨(Y' MAN) 클럽이 6개인데 전국에는 모두 340개가 있다. 와이즈맨 클럽 역시 제주도에 전국 와이즈맨 클럽의 1.8%가 있는 것이다. 전국 1%정도의 인구가 한정적으로 거주하고 있는 지역의 사회단체 수는 전국의 1.8-3.7%로 타지역의 갑절 또는 세갑절이나 되기 때문에 제주도사회에서는 그만큼 사회활동에 참여하는 사

9) 이상에서 제시한 자료들은 한국청년회의소(JC), 라이온스 클럽, 와이즈맨 클럽각각의 중앙회에 2000. 8. 30 본 연구자가 확인하여 정리한 것이다.

람 수가 상대적으로 많다는 사실을 알 수 있다.[9] 이러한 모임은 상당히 활발하게 활동을 한다. 인구비례로 봤을 때, 사회단체의 수가 많고 또 각 단체마다 활동이 활발함으로 해서 결국 제주도사회를 다중적 네트워크 사회로 만드는데 중요한 하나의 원인이 되고 있다.

이러한 다중적 네트워크사회는 몇 가지 정치문화를 형성케 하였다.

첫째, 인정성(仁情性)을 강하게 만들었다. 다중적 네트워크 사회는 '아는 사람의 부탁을 거절하기 어려운 사회', '인정을 중시하는 사회' 로 만들었다. 제주도민의 이러한 인정성은 정치문화 특성의 하나가 되었으며 도민의 투표행위에도 직간접적으로 영향을 주고 있다. 이것은 유권자가 정당의 정책이나 후보자의 공약을 잘 살펴보고 투표하는 합리적 투표를 하기 보다는 후보자와의 직 · 간접적인 인연 또는 인정을 보고 투표하게 되는 양상으로 나타난다.

제주도민에게 인정성이 있는지 여부와 그 정도가 어떠한지를 경험적으로 확인하고자 세 가지의 질문을 해보았다. "나는 주위사람이 부탁을 하면 거절을 잘 하지 못한다"와 "주위의 어려운 사람을 보았을 때 차마 그냥 지나칠 수 없다", "제주도는 인정이 많은 인정사회라는 말에 동의한다" 라는 설문에 각각 71.7%, 71.3%, 79.1%가 긍정반응을 보이고 있다. 경험적인 방법을 통해서도 제주도민에게 인정성이 강하게 있음을 알 수 있다. 인정성은 호오(好惡)의 감정을 말하기 때문에 정치문화 정향의 정의적 정향에 해당된다.

둘째, 제주도의 다중적 네트워크 사회는 제주도민으로 하여금 정치적 지역동질성(地域同質性)을 심어주었다. 강한 지연사회인 제주도민에게 지역동질성이 형성되어 있다는 것은 어떻게 보면 자연스런 일이다. 제주도가 이렇게 강한 지연사회라는 것은, 지역주민들로 하여금 강한 지역동질성을 형성케 하였다고 볼 수 있다.

제주도민에게 지역동질성이 있는지의 여부와 그 정도가 어떠한지를 경험적으로 확인하고자 하여 두 가지 질문을 하여 보았다. "내가 사는 지역사람들은 나와 정서적으로 상당히 동질적이다"와 "귀하의 마을에서는 마을 단위의 제를 지내거나 경로잔치, 체육대회 행사 등 마을단위의 행사가 많다"에 대해서 각각 48.8%, 63.8%의 긍정반응과 22.4%, 21.3%의 부정반응을 보여주었다. 경험적 방법을 통해서도 제주도민에게는 강한 지역동질성이 있음을 알 수 있다. 지역동질성은 호오(好惡)의 감정을 말하기 때문에 정치문화 정향의 정의적 정향이라고 할 수 있다.

② 경조사 중시문화

제주도는 태풍의 길목에 위치하고 있는 데다가 척박한 토지조건, 그에 따른 풍(風)·수(水)·한(旱) 삼재(三災)의 기후 조건 속에서 도민들은 자연과 힘겨운 상대를 해야할 수밖에 없었다. 여기에서 제주사람들은 무속적 생활태도를 지니게 되었다.

생활해 나가기가 어려울 정도로 열악한 자연환경 속에서 생활하는 사람들에게는 집안에 큰 일이 있을 때 경제적으로 서로 도움을 주는 계의 형식을 띤 상호부조의 관행이 있게 된다. 계와 같은 상호 부조의 관행은 그 자체로서 사회적 자본에 대한 투자의 성격을 지니고 있다. 일본에서도 "고(ko)는 일본 촌락에 공통적으로 나타나는 상호부조 관행의-노동력의 상호교환, 호혜적인 선물 주고받기, 마을회관 건설과 수리, 상(喪)을 당하거나 병들거나 다른 개인적인 위기시의 상호부조 등-전통적 형태의 하나로 규정된다. 따라서 계조직은 단순한 경제적 제도 이상의 것으로서, 촌락의 전체적 유대감을 강화시키는 기제인 것이다.[10]

10) Robert D. Putnam with Robert Leonardi and Raffaella Y. Nanetti, op. cit., p. 169.

이러한 상호부조의 관행 때문에 제주도의 경조사 중시문화가 더욱 뿌리내린 측면도 배제할 수 없다. 제주도에서 볼 수 있는 겹부조 관행은 이를 단적으로 뒷받침해주는 것이다. 제주도에 실제로 경조사 중시문화가 있는지 여부와 그 정도가 어떠한지를 경험적으로 확인하기 위하여 네 문항의 설문을 구성하였다.

"경조사를 돌아보는 것은 인간관계에 있어서 매우 중요한 덕목이다"에 대해서 응답자의 83.0%가 긍정적인 답을 하였다. "제주도에서 경조사를 잘 돌아보지 않고 정상적인 사회생활을 하는 것은 생각할 수 없다"라는 설문에 대해서는 68.6%가 긍정적인 응답을 하고 있으며 "경조사에서 겹부조를 한 경험이 많다"에 대해서는 응답자의 62.6%가 긍정적인 응답을 하고 있다. 또한 "만일 지역구 국회의원이 중앙에서 주로 일을 하고 지역구 경조사를 잘 돌아보지 않는다면 다음 선거에서 당선되기 힘들 것이다"라는 설문에 대해서 48.5%가 긍정적으로 답하고 있다. 응답결과와 위에서 제시한 사례를 볼 때 제주도 국회의원에게 있어서 경조사를 돌아보는 일이 매우 중요함을 말해주며, 그만큼 제주도 국회의원들은 경조사의 끈에 묶여 있다고 해석할 수 있다. 여기에서 우리는 제주도사회에서 국회의원에 당선되기 위해서는 경조사를 잘 돌아보는 것이 중요한 요인 중의 하나가 된다는 사실을 확인할 수 있다.

그러면 제주도사회에 형성되어 있는 경조사 중시문화는 제주도 정치문화의 특성에 어떤 영향을 미쳤을까 하는 점이다.

첫째, 제주도의 경조사 중시문화는 지역주민들에게 인정성을 심어주었다고 할 수 있다.

위에서 이미 확인하였지만, 제주도에는 경조사 중시문화가 있다. 따라서 제주도민은 자신의 집안 경조사에 다녀간 그 후보자에 대해서 호감을 갖고 긍정적으로 생각하지만, 반대로 자신의 집안에 오지 않은 후보자에 대해서는 부정적인 생각을 갖는다는 것은 쉽게 이해할 수 있는 부분이다. 여기에서 우리는 제주도의 경조사 중시문화가 제주도민에게 자신의 경조사에 참여해 주었는지에 따라 투표할 후보자를 결정하게 하는 인정성을 형성토록 하고 있음을 알 수 있다.

둘째, 제주도의 경조사 중시문화는 제주도민에게 국회의원에 대한 높은 기대성을 갖도록 만들었다고 할 수 있다. 제주도민에게 국회의원에 대한 높은 기대성이 있다는 것은 이미 앞에서도 확인하였지만, 또한 제주도의 경조사 중시문화가 제주도민에게 국회의원에 대한 높은 기대성을 갖도록 하고 있음을 알 수 있다.

③ 전통적 핵가족(核家族) 문화

제주도는 오래 전부터 핵가족의 문화를 가지고 있는 곳이다. 제주도에서는 전통적으로 자녀가 결혼하면 바로 분가시켜서 자립하여 살아가게 한다. 별도의 거처를 마련할 형편이 못되거나 홀어머니만 있는 경우에는 부모가족과 아들가족이 한 울타리 내에서 같이 거주하기도 하는데, 이 때에도 부모가족과 아들가족은 안거리(안채)와 밖거리(바깥채)에 별도로 거주하며 식생활도 각각 할뿐만 아니라 경작지를 나누어 농사도 별도로 짓는다.

과거부터 제주도에 형성된 이러한 핵가족(核家族) 문화는 제주도민에게 근면 · 성실성의 정치문화를 형성토록 작용하였다. 제주도의 젊은이들은 혼인을 하게 되면 곧바로 분가해서 스스로의 생활 능력으로 살아야 했기 때문에 토양, 기후 등 열악한 자연환경과 맞물려 주민들의 생활을 더욱 근면 · 성실하게 만들었음을 알 수 있다.

Ⅲ. 역현직효과(逆現職效果)

'현직효과(現職效果)' 란 현직으로 출마하는 후보자는 타 후보자들에 비해 현직이라는 여러 가지 이점으로 인해서 선거에 유리하다는 이론으로 70년대 초부터 미국을 중심으로 연구가 시작되었다. 미국의 경우, 현직 하원의원의 재선율은 보통 90%를 상회할 뿐만 아니라 압도적인 득표율로 당선되고 있는 것으로 나타나고 있으며 치열한 경쟁을 의미하는 55-60%의 득표율로 당선되는 '경쟁선거구(marginal seat)' 가 줄어들고 있다는 데서 현직효과에 대한 중요성이 확인되고 있다.[11]

〈표-1〉 역대 국회의원(제9대-제16대) 선거에서의 지역별 재선율표

구 분		서울	부산	대구	인천	광주	대전	경기	강원	충북	충남	전북	전남	경북	경남	제주	계
9→10대	출마자	14	7					12	9	6	7	11	14	18	9	1	108
	당선자	11	7					10	7	5	7	8	8	12	8	0	83
	비율	79	100					83	78	83	100	73	57	67	89	0	77
10→11대	출마자	4	4					7	2	1	5	2	7	9	0	1	42
	당선자	3	1					7	0	0	4	1	5	8	0	0	29
	비율	75	25					100	0	0	80	50	71	89	0	0	69
11→12대	출마자	22	8					22	11	4	14	10	19	24	17	2	153
	당선자	12	5					15	8	2	8	3	13	16	7	1	90
	비율	55	63					68	73	50	57	30	68	67	41	50	59
12→13대	출마자	18	11	3	3			16	8	7	12	9	16	10	14	2	129
	당선자	10	6	1	1			5	3	5	2	3	6	5	9	0	56
	비율	56	55	33	33			31	38	71	17	33	38	50	64	0	43
13→14대	출마자	36	12	7	7	3		22	13	7	18	13	14	18	18	3	191
	당선자	21	9	5	5	3		10	7	5	5	9	13	8	11	0	111
	비율	58	75	71	71	100		45	54	71	28	69	93	44	61	0	58
14→15대	출마자	39	12	5	5	5	5	27	8	5	12	10	8	16	14	3	174
	당선자	19	10	3	3	5	1	14	1	2	5	6	8	7	11	3	98
	비율	49	83	60	60	100	20	52	13	40	42	60	100	44	79	100	56

11) Erikson, Robert S. "Malapportionment, Gerrymandering, and Party Fortunes in Congressional Elections", American Political Science Review, Vol. 66(1972); Mayhew, David R., "Congressional Elections : The Case of the Vanishing Marginals". Polity, Vol. 6, No. 3 (1974)

구 분		서울	부산	대구	인천	광주	대전	경기	강원	충북	충남	전북	전남	경북	경남	제주	계
15→16대	출마자	36	14	7	7	3	7	31	10	5	9	9	7	14	18	3	180
	당선자	24	10	1	1	2	3	16	4	2	3	8	6	10	15	1	106
	비율	67	71	14	14	67	43	52	40	40	33	89	86	71	83	33	59
총계	출마자	169	68	22	22	11	12	137	61	35	77	64	85	109	90	15	977
	당선자	100	48	10	10	10	4	77	30	21	34	38	59	66	61	5	573
	비율	59	71	45	45	91	33	56	49	60	44	59	69	61	68	33	59

출처: 중앙선거관리위원회 「역대 국회의원선거상황」, 「제12대 국회의원선거총람」, 「제13대 국회의원선거총람」, 「제14대 국회의원선거총람」, 「제15대 국회의원선거총람」, 국회사무처 「국회수첩 2000 참조하여 작성(지역구의원만을 대상으로 하였음)」

제주지역 국회의원선거에서 현직효과가 어떻게 나타나는지를 확인하기 위하여 〈표-1〉과 같이 제9대-제16대 선거의 현역의원 재선율을 한국의 각 지역별로 분석해 보았다.

제9대-제16대 국회의원선거에서 나타난 현역의원 당선율을 지역별로 살펴보면, 광주가 91%로 가장 높으며 부산이 71%로 그 다음 높은 것으로 분석되었다. 그리고 전남 69%, 경남 68%, 경북 61%, 충북 60%, 서울과 전북이 각각 59%, 경기 57%순으로 나타나고 있으며 강원, 대구와 인천, 충남, 대전과 제주도의 현역의원 당선율은 각각 49%, 45%, 45%, 44%, 33%, 33%로 낮게 나타나고 있다. 전국 평균 현역당선율이 59%인 반면 제주도는 현역의원 당선율이 33%에 그치고 있다. 이것은 현역의원으로서의 프리미엄이 다음 선거에 유리하게 작용한 것이 아니라 오히려 불리하게 작용한 것이라고 밖에 달리 설명할 수 없다. 왜냐하면 이 자료는 한 두 차례의 선거결과만을 가지고 분석한 것이 아니라 여덟 차례의 선거결과를 가지고 분석한 것이기 때문이다. 그 구체적인 원인이 어디에 있는지를 떠나서 제주지역 국회의원선거에서 현역의원이 당선되기 어렵다는 것을 보여주는 분명한 자료가 아닐 수 없다.

일반적으로 현역의원은 선거제도상의 이점, 지명도, 선거자금의 확보, 국정에 대한 경험과 식견 등 여러 측면에서 타 후보보다 유리한 측면이 많음에도 불구하고 왜 제주도 국회의원선거에서는 그 반대 현상인 '역현직효과' 가 나타나는 것일까? 이를 규명하기 위해서 자연적 상황과 사회 · 문화적 상황에 따른 제주지역 정치문화의 특성이 '역현직효과' 에 어떻게 영향을 주었는지를 살펴보는 것이 필요하다.

제주지역 국회의원선거에서 '역현직효과' 가 나타나는 것은 제주도의 자연적 환경과 사회 · 문화적 환경으로부터 형성된 제주도민의 '국회의원에 대한 높은 기대성' 이 작용하여 나타난 현상이라고 말할 수 있다. 제주도 선거에서 현역의원 당선율이 저조한 이유는 제주도의 지리적, 토양적, 기후적 조건 등 자연환경과 독특한 경조사 중시문화가 제주도민에게 '국회의원에 대한 높은 기대성' 을 갖게 하였고, 이 '국회의원에 대한 높은 기대성' 이 작용하여 나타나는 현상이라고 할 수 있다. 국회의원들은 제주도민의 '무리한 주민들의 기대', '부당한 요구와 기대', '시간과 능력 등의 한계' 등으로 실제로 유권자들이 기대하는 모든 일을 다 소화하지 못한다. 국회의원에게 잔뜩 기대를 했던 사람들은 기대한 만큼 부응하지 못하는 상황이 발생하게 되면 기대가 실망으로 바뀌게 되어 다음 선거에서 다른 후보자를 선택하게 되는 것이다. 이처럼 제주도민의 정치문화인 '국회의원에 대한 높은 기대성' 이 오히려 역으로 작용하여 선거에서 현역의원 재선이 잘되지 않는 '역현직효과' 가 나타나고 있는 것이다.

제주도민은 국회의원에 대해서 어떠한 기대를 하고 있는지를 경험적으로 확인해보았다. "나는 제주도 국회의원이 소속된 상임위원회에 관계없이 국정의 모든 분야에서 영향력을 발휘하기를 기대한다" 라는 질문에 긍정적인 응답이 75.1%로 매우 높게 나타나고 있다. "제주도 국회의원은 중앙과 관련된 지역주민의 사적인 민원에 대해서도 관심을 가져야 한다"라는 질문에 대해서 66.9%가 긍정적인 반응을 보였다.

다중적 네트워크 사회인 제주도는 '우리'를 중시하는 사회이다. 따라서 제주도의 국회의원은 민원 · 청탁의 해결, 경조사 및 행사참석, 의정활동, 조직관리 등을 잘하고, 정치역량을 발휘하게 되면 '우리'가 늘어나면서 유권자들로부터 신뢰를 받게 될 뿐만 아니라 지지기반이 확대되어 결국 당선할 수 있는 바탕을 마련하게 된다. 이와 반대로 민원 · 청탁의 해결, 경조사 및 행사참석, 의정활동, 조직관리 등을 잘하지 못하고, 정치역량도 발휘하지 못하게 되면 기대했던 사람들이 실망하게 되어 '우리' 중에서 이탈하는 사람이 많아질 뿐만 아니라 지지기반이 축소되어 당선할 수 있는 바탕을 잃게 되는 것이다. 그런데 제주도민은 국회의원에 대한 기대가 높은 반면에 국회의원들은 그 기대를 충족시키기에는 일반적으로 힘에 벅차다. 제주도 방언 중에 "팩한다"라는 용어가 있다. 이 "팩한다"라는 말은 "자기의 부탁을 잘 들어주지 않거나 섭섭하게 했을 때 금방 토라지는 것"을 의미하는 말이다. 국회의원에 대한 자신의 기대가 설령 부당하거나 불법적인 것이어서 국회의원이 해결해주지 못하게 되는 경우에도 "팩"해서 '우리'에서 이탈해버리는 경우가 많다.

'국회의원에 대한 기대성'이 있는 사람이 현역의원을 배제하고자 하는 성향이 있는지를 알아보기 위하여 이들 간의 상관관계를 살펴보았다. 〈국회의원에 대한 기대성〉은 "제주인은 지역구 국회의원에 관한 기대가 높은 편이다."와 "나는 제주도 국회의원이 소속된 상임위원회에 관계없이 국정의 모든 분야에서 영향력을 발휘하기를 기대한다.", "제주도 국회의원은 서울에서 거주하는 제주인들의 겪는 어려움을 해결하는데 큰 역할을 해야 한다.", "제주도 국회의원은 중앙과 관련된 지역주민의 사적인 민원에 대해서도 관심을 가져야 한다." 4문항을 합산하였고, 〈현역의원 배제〉는 "나는 제주도 국회의원선거에 있어서 현역 국회의원이 기대한 만큼 일을 못하게 되면 우선 현역의원을 배제하고 나머지 후보 중에서 선택하려는 경향이 있다"로 하였다.

두 변수간의 상관관계를 알아본 결과 Y=0.35로 p<.001 수준에서 통계적으로 의의 있게 나타났다. 즉, 국회의원에 대한 기대성과 현역의원 배제간에는 양(陽, +)의 관계가 있음을 알 수 있다. 즉, '국회의원에 대한 기대' 가 높은 사람일수록 기대한 만큼 국회의원이 일을 못하면 현역의원을 배제하고자 하는 성향이 높은 것으로 나타나고 있다.

제주지역에서 현역의원 당선율이 낮은 이유가 구체적으로 어디에 있는지를 경험적으로 확인하기 위하여 다섯 개의 답을 제시하고 그 이유로 생각되는 것을 우선순위에 따라 1, 2, 3, 4, 5로 표시하도록 하였다. 현역의원 당선율이 낮은 이유로 "경조사 등 지역구 행사에 참석하지 않았기 때문이다"라는 질문에 대하여 가장 중요한 원인으로 생각하여 1번으로 응답한 사람이 6.3%이며 "기대에 못 미치는 의정활동을 했기 때문이다"라는 문항에는 1번으로 응답한 사람이 45.0%로 나타났다. 그리고 "특정인이 연속적으로 국회의원을 하는 것은 바람직하지 않기 때문이다"에 대해서 1번으로 답한 사람이 5.4%, "기존 정치권에 대한 불신 때문이다"에는 1번 응답이 23.1%로 나타나고 있다. 그리고 "중앙지원을 많이 확보하지 못하여 지역발전에 이바지하지 못했기 때문이다"에 대한 1번 응답은 13.4%를 보였다.

1번으로 45.0%가 응답한 '기대에 못 미치는 의정활동' 과 13.4%인 '중앙예산 확보 미흡', 6.3%인 '경조사 등 지역구 행사 불참' 은 모두가 '국회의원에 대한 높은 기대' 에 부정적으로 작용하는 내용들이다. 제주지역 유권자들의 입장에서 보면 국회의원에 대해서 높은 기대를 하고 있었는데 그 결과는 기대했던 것보다 못 미치기 때문에 결국 현역의원에게 투표를 하지 않는 경우가 발생하게 되는 것이다. 그리고 이 세 문항에 각각 1번으로 응답한 사람을 합해보면 64.7%가 되는데 이것은 약 65%정도의 사람들이 '국회의원에 대한 높은 기대성' 이 실망으로 바뀌어 제주도에서 현직의원이 당선되기 어려운 것으로 보고 있음을 알 수 있다.

Ⅳ. 무소속 선호에서 정당 선호로 변화

1) 무소속 선호

제주지역 국회의원선거에서 두드러지게 나타나고 있는 투표성향의 특징 중의 하나는 제9대-제14대까지는 당선자의 대부분이 무소속후보였다는 점이다. 제9대-제14대 제주지역 국회의원선거에서 당선된 사람은 〈표-2〉에서 보는 바와 같이 모두 14명인데 이를 당적으로 구분해보면 무소속 10명, 여당 3명, 야당 1명으로 나타나고 있다.

정당공천자의 당선율은 28.6%에 불과하고 무소속 당선율이 71.4%나 된다. 대전, 울산, 경북 무소속 당선율이 10-20% 정도이고 한국 대부분 지역이 2-9%미만으로 나타나는 것과는 너무도 대조적이다. 제14대 국회의원선거까지 제주지역선거에서 무소속 선호현상이 뚜렷하게 나타나고 있음을 알 수 있다.

제주지역에서 한동안 보여주었던 무소속 선호 성향을 어떻게 이해해야 할 것인가? 이러한 현상은 제주도의 자연, 역사, 사회 · 문화적 영향 등으로 형성된 제주지역의 정치문화에서 기인하고 있다고 볼 수 있다.

첫째, 제주도민에게 형성되어 있는 '배타성' 이 작용하여 제14대 선거 때까지 무소속 선호 성향이 나타난 것이다. '배타성' 을 가지고 있는 제주도민은, 자신들을 무시하거나 또는 자존심을 건드리는 경우가 발생하면 투표에서 '배타성'을 매우 강하게 표출한다. 또한 현지(現地) 여론을 무시한 중앙의 결정에 대해서 심적(心的)으로 거부감을 느끼는 경우가 많은데, 선거에서도 이러한 현상이 나타난다. 제주도 선거에서 이와 같은 사례는 많이 찾아볼 수 있는데, 특히 제주도민의 배타성이 크게 표출된 것으로 보이는 제13대와 제14대 국회의원선거 사례에서도 관찰해 볼 수 있다.

〈표-2〉 제9대-제14대 지역구 선거 무소속 당선자수

구 분		서울	부산	대구	인천	광주	대전	울산	경기	강원	충북	충남	전북	전남	경북	경남	제주	계
제9대	당소속	15	8						15	8	7	12	8	18	17	18	1	127
	무소속	1	0						1	2	1	2	4	2	5	0	1	19
제10대	당소속	21	9						15	8	8	12	10	16	17	15	1	132
	무소속	1	1						1	2	0	2	2	4	5	3	1	22
제11대	당소속	27	12						22	12	8	15	13	22	23	17	0	171
	무소속	1	0						1	0	0	1	1	0	3	3	2	12
제12대	당소속	28	12	6	4				20	11	8	16	14	22	18	20	1	180
	무소속	0	0	0	0				0	1	0	0	0	0	2	0	1	4
제13대	당소속	40	15	8	7	5			27	12	9	17	14	18	21	21	1	215
	무소속	2	0	0	0	0			1	2	0	1	0	0	0	1	2	9
제14대	당소속	44	15	10	6	6	3		31	12	9	12	14	19	16	19	0	216
	무소속	0	1	1	1	0	2		0	2	0	2	0	0	5	4	3	21
소계	당소속	175	71	24	17	11	3	0	130	63	49	84	73	115	112	110	4	1,041
	%	97	97	96	94	100	60	0	97	88	98	91	91	95	85	91	29	92
	무소속	5	2	1	1	0	2	0	4	9	1	8	7	6	20	11	10	87
	%	3	3	4	4	0	40	0	3	2	2	9	9	5	15	9	71	8
	소 계	180	73	25	18	11	5	0	134	72	50	92	80	121	132	121	14	1,128

구 분		서울	부산	대구	인천	광주	대전	울산	경기	강원	충북	충남	전북	전남	경북	경남	제주	계
제15대	당소속	46	21	10	11	6	7		36	13	7	13	14	17	14	19	3	237
	무소속	1	0	3	0	0	0		2	0	1	0	0	0	5	4	0	16
제16대	당소속	45	17	11	11	5	6	4	41	9	7	11	9	11	16	16	3	221
	무소속	0	0	0	0	1	0	1	0	0	0	0	1	2	0	0	0	5
총계	당소속	266	109	45	39	22	16	4	207	85	63	108	96	143	142	145	10	1,501
	%	98	98	92	98	96	89	80	97	90	97	93	92	95	85	91	50	93
	무소속	6	2	4	1	1	2	1	6	9	2	8	8	8	25	15	10	107
	%	2	2	8	2	4	11	20	3	10	3	7	8	5	15	9	10	7
	합계	272	111	49	40	23	18	5	213	94	65	116	104	151	167	160	20	1,609

출처: 중앙선거관리위원회 「역대 국회의원선거상황」, 「제12대 국회의원선거총람」, 「제13대 국회의원선거총람」, 「제14대 국회의원선거총람」, 「제15대 국회의원선거총람」, 국회사무처 「국회수첩 2000; 제16대」를 참고로 분석

제13대 국회의원선거 당시의 제주 MBC '선거개표연습방송사고'와 제14대 선거 당시 「제주도개발특별법」제정에 대한 제주도민의 반발의 문제[12], 제14대 선거 때의 공천파동 등을 들 수 있다. 제주도민에게 형성되어 있는 '배타성'이 국회의원선거에서 작용하여 선거의 결과가 무소속 후보 당선으로 나타나게 하였음을 알 수 있다.

실제로 배타성이 있는 사람이 무소속 선호 성향이 있는지를 경험적으로 확인해보고자 하였다. 즉, '배타성'과 '무소속 선호' 간의 상관관계를 분석해보았다.

〈배타성〉은 "제주인은 일반적으로 외지인에 대해서 왠지 모르게 거리감을 갖고 있다."로 하였고, 〈무소속 선호〉는 "나는 정당 후보

12) 제주도 당국과 정부가 「제주도개발특별법」 제정을 추진하였으나 당시 제주도민은 극력 반대하였다. 40여 차례에 걸친 각종 도민 집회와 7만 명의 반대서명, 반대항의 분신자살, 44개에 이르는 각종 단체들의 반대성명발표, 읍면지역까지 확산된 가두 시위 등으로 「제주도개발특별법」은 입법과정을 전후해 도민들로부터 강력한 반발에 부딪혔다.

보다 무소속 후보를 선호하는 경향이 있다."로 하였다. 이들 간의 상관관계를 알아본 결과 Y=0.34로 p〈.001 수준에서 통계적으로 유의미하게 나타났다. 즉, 배타성이 있는 사람일수록 무소속 선호 성향이 있음을 알 수 있다.

결국 위에서 소개한 사례와 경험적인 방법을 통해서 얻은 결과를 통해서 제주도민의 '배타성' 이 국회의원선거에서 무소속 선호 성향으로 나타나게 하였음을 확인케 해주고 있다.

둘째, 4 · 3사건 등 제주지역의 역사적 환경으로부터 형성된 제주도민의 '중도성' 이 작용하여 제주도 국회의원선거에서 무소속 선호 현상이 나타났다고 할 수 있다. 제주도민에게는 '정치와 관련해서 어느 정파에도 치우치지 않고 중도적인 입장을 견지하려는 경향' 의 정치적 '중도성' 이 형성되어 있다. 그리고 정치적으로 어느 편에도 서지 않고 중도적으로 처신하고자 하는 사람의 경우, 선거에서 후보자의 조건이 동일하다고 가정할 때 정당 후보보다 무소속 후보를 더 선호하리라는 것은 쉽게 짐작할 수 있다. 여기에서 제주도민의 '중도성' 이 제주도 국회의원선거에서 무소속 선호 성향을 가져오게 하는 중요한 요인임을 알 수 있다.

제주도민에게 형성되어 있는 정치적 중도성이 선거에서 무소속 선호 성향과 실제적으로 연관이 있는지를 명확하게 확인하고자 설문응답결과를 가지고 둘간의 상관관계를 따져보았다. 〈정치적 중도성〉은 "나에게 정당에 가입하라고 권유한다면 나는 거부감을 느낄 것이다"로 하였고 〈무소속 선호〉는 "나는 정당 후보보다는 무소속 후보를 선호하는 경향이 있다"로 하였다. 둘간의 상관관계를 확인해본 결과 Y=0.30로 p〈.001 수준에서 통계적으로 의의 있게 나타났다. 즉, 어느 정파에 치우치지 않고 중도적인 입장을 견지하려는 경향이 있는 사람일수록 무소속 선호 경향이 있음을 보여주고 있다. 이상에서 제주도민의 '중도성' 이 제주도선거에서 나타나고 있는 무소속 선호 성향에 영향을 주었음을 확인할 수 있다.

2) 정당 선호

제주지역 국회의원선거 결과는 〈표-2〉에서 나타나듯이 제15대 선거부터는 무소속 당선자 0%, 정당 당선자 100%의 결과를 보여주고 있다. 제주지역에서 25년 가까이 나타났던 무소속 강세 현상이 사라지고 90년대 중반 이후부터 정당 선호 현상이 뚜렷하게 나타나고 있는 것은 우연이 아니다. 왜냐하면 변화의 추세가 뚜렷하고 과거 무소속 선호 성향이 한동안 지속돼오다가 변화를 보이고 난 후부터는 변화된 현상이 다시 지속되고 있기 때문이다.

제14대 선거까지는 앞에서 언급한 바와 같이 제주도민의 '배타성'과 '중도성'이 작용하여 무소속 선호 성향을 보여주었으나, 제15대 선거부터는 제주도민의 이러한 '배타성'과 '중도성' 보다 '중앙의존성'이 더 크게 작용하여 나타난 결과라고 할 수 있다.

이 주장이 설득력을 가지려면 다음의 두 가지를 설명할 수 있어야 한다. 그 하나는 과연 중앙의존성이 있는 사람들이 정당 선호 성향을 가지고 있는가 하는 점과, 또 다른 하나는 왜 하필 제15대 선거부터 그러한 현상을 보여주고 있는가 하는 점이다. 본 연구자는 위의 두 가지 의문점을 풀기 위하여 첫 번째의 문제는 경험적인 방법으로 확인하고자 하였고, 두 번째 문제는 당시의 상황 설명으로 해답을 찾고자 했다.

먼저, 중앙의존성이 있는 사람이 과연 정당 선호 경향이 있는지를 경험적으로 확인하기 위하여 설문응답결과를 가지고 이들 간의 상관관계를 분석하여 보았다. 〈중앙의존성〉은 "제주도는 중앙의 지원을 받아야만 발전할 수 있다고 생각한다."와 "중앙의 지원 없이 제주도 자체의 능력만으로 주민의 삶의 질을 향상시킨다는 것은 어려운 일이다.", "제주도는 정치, 경제, 사회 등 거의 모든 분야에서 중앙에 의존할 수밖에 없다."의 세 문항을 합산하였다. 그리고 〈정당 선호 성향〉은 '정당거부 성향'을 묻는 질문으로 하여 역으로 해석하려고 하였는데 "나에게 정당에 가입하라고 권유한다면 나는 거부감을 느낄 것이다."로 하였다.

이 둘 간의 상관관계는 Y=0.22로 p〈.001 수준에서 통계적으로 유의미하게 나타났다. 즉, 중앙의존성이 있는 사람과 정당 거부 성향이 있는 사람과는 음(陰, -)의 상관관계가 있음을 알 수 있다. 뒤집어 생각하면, 이것은 중앙의존성과 정당 선호 성향과의 관계가 양(陽,+)의 상관관계가 있음을 반증해주고 있다. 이상의 경험적 방법을 통해서 중앙의존성이 있는 사람일수록 정당 선호 성향이 있음을 확인할 수 있다.

그렇다면 왜 제15대 선거부터 제주도민의 '배타성'과 '중도성' 보다 '중앙의존성'이 더 크게 작용하였는가 하는 의문이 남게 된다. 이에 대한 해답은 다음의 두 가지로 설명할 수 있다.

첫째, 정책적 변화를 들 수 있다. 여기에서 말하는 정책적 변화란 1994년부터 실시된 '제주도종합개발계획'을 말한다. 제주도는, 제주도를 동북아의 거점도시로 성장시키고 지역균형개발로 도민복지 증진을 위하여 1994년부터 '제주도종합개발계획'을 수립하여 추진해오고 있다. 이 계획은 1994년-2001년까지를 목표로 하고 있으며, 국비 2조 4,770억원, 지방비 1조 5,291억원, 민자 5조 9,519억원으로 총투자비가 9조 9,580원이나 되는 엄청난 재원(財源)을 필요로 하는 계획이다. 실제로 이 계획에 의거하여 1994년부터 1999년까지 국비 1조 6,552억을 비롯하여 총 7조 5,115억원의 자금이 제주도에 투자되었다. 또한 제주도는 현재 2002년-2011년까지를 기간으로 하여 제2차 제주도종합개발계획을 수립하는 중에 있다.

제주도가 이처럼 막대한 재원을 필요로 하는 제주도종합개발계획을 제대로 추진하기 위해서는 무엇보다도 국고지원 확보를 통한 재원마련이 급선무였다. 따라서 제주도민은 그 전 보다 더 중앙의 지원을 갈망하게 되었고, 그러한 제주도민의 중앙의존성이 선거에서 표출되었다. 제15대 국회의원선거가 실시된 해는 1996년으로 '제주도종합개발계획' 이 추진되어 2년이 경과된 시기였다. 제주도종합개발계획 추진으로 인한 정책적 계기가 제주도민의 중앙의존성이 제15대 국회의원선거부터 강하게 작용하여 무소속 후보 선호 지역이던 제주도를 정당 후보 선호 지역으로 바뀌도록 하였음을 알 수 있다.

둘째, 정치제도적 변화를 들 수 있다. 1994년부터 전면적으로 지방자치제가 실시되면서 주민들은 지방자치단체장과 지방의원을 직접 선출하였다. 지방자치제의 실시로 선거에 의해서 당선된 지방자치단체장들은 자신의 정치적인 업적을 남기기 위하여 중앙으로부터 예산 및 정책 등의 지원을 최대한 얻어내려고 노력하게 되었다. 지방자치단체의 장들은 중앙에 크게 의존하려고 할 수밖에 없다. 그리고 지방자치단체장의 이러한 갈망과 노력은 그 지방자치단체의 공무원과 자치단체장의 지지자들에게도 영향을 미친다. 제15대 국회의원선거는 1996년에 실시되었기 때문에 지방자치제가 전면적으로 실시되고 2년이 경과한 시점이었다. 따라서 전면적인 지방자치제 실시가 제주도민의 중앙의존성을 강화시켰음을 짐작할 수 있다.

지방선거 출마자들에 대한 정당 공천이 이루어지는 상태에서 지방자치 선거가 실시됨으로 해서 정당조직이 하부까지 강화되고 활성화되었다. 이처럼 과거에 비해서 정당의 하부조직이 공고화됨으로 해서 정당 후보가 무소속 후보보다 당선되기에 유리한 상황에 있음을 참고할 필요도 있다. 이처럼 전면적인 지방자치제 실시가 선거에서 제주도민의 '중앙의존성' 이 크게 작용시켜서 선거 결과가 정당 후보 성향으로 나타나고 있음을 알 수 있다.

V. 높은 투표율

유권자에 대한 투표참여 연구의 근본적인 중요성은 그것이 투표방향 연구에 주는 시사점이다. 투표를 할 것인가, 안 할 것인가의 결정은 누구에게 투표를 할 것인가의 결정에 선행하는 것으로, 이는 유권자의 다음 결정을 이해하는데 많은 시사점을 준다. 유권자가 투표에 참여하는 가장 중요한 이유가 자신이 선호하는 후보가 당선됨으로써 돌아오는 이득을 기대해서라기보다 다른 비정치적인 요인이 있다고 가정해보자. 만일 그렇다면 기존의 투표방향에 대한 연구의 상당수는 그 기반을 잃게 된다. 마찬가지로 많은 유권자의 투표참여가 자신의 정당 소속감을 확인하기 위한 것으로 판명된다면, 이는 투표방향 연구에 정당의 중요성을 다시 부각시켜 줄 것이다. 결국 투표여부 연구는 모든 투표행위 연구의 기본으로, 이에 대한 정확한 이해 없이 유권자의 투표방향을 완전히 설명하기란 어려운 것이다.[13]

제주지역 국회의원선거에서 투표율은 〈표-3〉에서 보는 바와 같이 전국평균과 비교해서 매우 높은 것으로 나타나고 있다. 제10대, 제14대, 제16대 선거에서는 전국에서 가장 높은 투표율을 기록했으며, 제15대 선거에서는 전국 2위, 제11대, 제12대, 제13대 때는 전국 3위의 높은 투표율을 보이고 있다. 투표율이 높은 타 지역과 비교해보면, 제주도는 국회의원 투표율에서 1위 3회, 2위 1회, 3위 3회, 4위 1회를 기록하고 있는데 비해서 강원도는 1위 2회, 2위 2회, 3위 2회, 4위 3회로 나타나고 있으며 충북은 1위 1회, 2위 4회, 5위 이하 3회의 기록을 보이고 있다. 이 자료를 통하여 제주지역 국회의원선거에서 보여주고 있는 투표율은 전국적으로 가장 높다는 것을

13) 김욱, "투표참여와 기권," 「한국의 선거 II」(푸른길, 1998), pp. 200-201.

알 수 있다.

제주도 정치문화의 어떤 부분이 작용하여 제주지역 국회의원선거 투표율을 전국에서 가장 높게 만들고 있는가 하는 물음에 대한 답은 다음에서 찾을 수 있다.

첫째, 제주지역의 자연적 · 역사적 환경에서 형성된 제주도민의 '근면 · 성실성' 이 제주도 국회의원선거에서 투표율을 높게 하는 데 기여하고 있다. 일반적으로 근면 · 성실한 사람이 그렇지 못한 사람보다 투표참여를 잘할 것이라는 것은 쉽게 생각해볼 수 있다. 성실한 사람일수록 자신의 권한과 책임을 다하려고 할 것이고 민주사회에서 국민의 책임이며 권한인 투표에 가급적 참여하려 할 것이라는 것은 당연한 이치이다.

그렇지만 근면 · 성실한 사람일수록 반드시 투표참여율이 높다고 단정할 수 있는가 하는 의문을 제기할 수 있다. 이 의문을 해소하기 위해서는 근면 · 성실한 사람이 그렇지 못한 사람보다 투표참여율이 높다는 사실을 밝힌 선행연구 자료가 필요한데 이러한 자료를 확보하지 못했다. 그래서 본 연구자는 근면 · 성실한 사람이 실제로 투표참여도가 높은지를 직접 경험적인 방법으로 검증해 보았다.

〈근면 · 성실성〉은 "사람이 성실성과 근면성만 가지고 있다면 살아가는데 큰 어려움은 없다고 생각한다"와 "제주인들은 근면하고 성실하다고 생각한다"의 합으로 하고 〈투표참의식〉은 "국회의원선거에는 반드시 참여해야 한다고 생각한다"로 하여 이 들간의 상관관계를 따져보았다. 근면 · 성실성과 투표참여의식간의 상관관계를 확인한 결과 Y=0.33로 p〈.001 수준에서 통계적으로 의의 있는 것으로 나타났다. 즉, 근면 · 성실성을 가지고 있는 사람일수록 투표참여의식이 높음을 확인할 수 있다.

둘째, 제주도민에게 형성되어 있는 '인정성(仁情性)' 이 작용하여 제주도 국회의원선거에서 높은 투표율이 나오도록 하고 있다. 제주도가 범친족 사회이고 지연사회이며 학연사회일 뿐만 아니라 많은 단체들이 있고 이러한 모임들이 매우 활발하게 활동하는 다중적 네트워크사회이기 때문에 '아는 사람의 부탁'을 거절하기 어렵게 만들고 '인정을 중시하는 사회'로 만든다. 따라서 제주도민은 섬사람 또는 오지(奧地)사람들이 일반적으로 지니게 되는 순수성과 인정성이 있는데다가 생활하는 지역이 다중적 네트워크사회라는 특성 때문에 상조작용(相助作用)을 일으켜 '인정성'이 더욱 강하다. 이러한 제주도민의 인정적인 성향은 선거 때가 되면 투표행위에 직간접적으로 영향을 미치게 된다. 제주도민은 정당의 정책이나 후보자의 공약 등을 자세히 따져보고 투표하는 합리적 투표행위를 하기보다는 후보자와의 직·간접적인 인연 또는 인간적인 정리(情理)를 고려하여 투표하게 되는 경우가 많이 발생한다.

제주도는 범친척, 친목회, 동창, 종친회, 사회활동, 동호인 모임 등으로 서로간에 이중 삼중으로 촘촘하게 인간관계를 맺고 있는 네트워크사회이기 때문에 후보자 또는 후보자의 가족, 또는 선거운동원 및 자원봉사자와 직·간접적인 인연을 맺고 있는 경우가 많다. 따라서 후보자나 후보자 가족, 선거운동원, 자원봉사자 들이 자신 또는 자신이 지지하는 후보자를 뽑아달라고 요청하는 부탁을 많이 받기 때문에 투표에 참여할 수밖에 없는 환경이 된다. 투표할 마음이 없는 사람이라 하더라도 주위로부터 연설회장에 가달라고 권유를 받거나 꼭 투표를 해달라고 강하게 권유받은 사람은 가급적 연설회장과 투표장으로 향하게 된다. 한국갤럽조사연구소가 제15대 국회의원선거 투표행태를 분석한 자료에 보더라도 이를 알 수 있다. 제주도는 유세장에 가본 경험이 있는 사람이 53.3%로 전국에서 가장 그 비율이 높은 것으로 분석되고 있다.[14)]

14) 한국갤럽조사연구소, 앞의 책, p. 125.

〈표-3〉 역대 국회의원선거(제9대-제16대)의 지역별 투표율 비교

(단위: %)

	제9대	제10대	제11대	제12대	제13대	제14대	제15대	제16대
서울	62.0	68.1	71.1	81.1	69.3	69.2	61.0	54.3
부산	70.3	74.3	76.7	85.3	77.7	69.1	60.5	55.4
대구			75.5	82.0	76.8	66.6	60.9	53.5
인천			72.6	80.7	70.1	68.0	60.1	53.4
광주					77.9	70.1	64.5	54.0
대전						70.1	63.0	53.3
울산								59.1
경기	74.3	76.0	77.1	83.1	71.3	69.6	61.5	54.9
강원	80.7(1위)	84.8(3위)	88.0(1위)	89.5(2위)	82.0(4위)	78.0(3위)	69.3(4위)	62.9(4위)
충북	79.3(2위)	85.6(2위)	86.7(2위)	90.4(1위)	83.1(2위)	76.0	68.3	60.8
충남	75.4	82.7(3위)	80.3	86.5	78.8	76.0	68.7	60.1
전북	75.4	82.3	80.9	85.2	80.0	74.3	68.3	60.6
전남	75.7	79.6	81.0	85.1	80.3	75.4	69.8(3위)	66.8(2위)
경북	76.3(3위)	79.6	83.5(4위)	88.3(4위)	83.3(1위)	78.4(2위)	71.7(1위)	64.6(3위)
경남	75.6	80.7	83.4	87.5	79.9	77.3(4위)	66.0	60.6
제주	75.9(4위)	86.1(1위)	85.3(3위)	88.9(3위)	82.6(3위)	78.6(1위)	71.1(2위)	67.2(1위)
전국	72.9	77.1	78.4	84.6	75.8	71.9	63.9	57.2

출처: 중앙선관위 「역대 국회의원선거상황」, 「제12대 국회의원선거총람」, 「제13대 국회의원 선거총람」, 「제14대 국회의원선거총람」, 「제15대 국회의원선거총람」을 참고하여 작성

다중적 네트워크 사회에서 생활하고 있는 제주도의 유권자들은 선거 때만 되면 범친척(궨당), 동창, 친목, 선후배, 회사 동료 등 주위에 있는 여러 사람으로부터 '어느 후보를 찍어달라' '유세장에 나와 달라' 는 등의 부탁을 많이 받기 때문에 인정(人情)에 못 이겨서 투표

를 하게 되는 경우가 발생하여 결국 제주도 선거의 투표율이 타 지역에 비해서 높게 나타나는데 작용하고 있다.

제주도 선거에서 높은 투표율을 보여주고 있는 것은 제주도민의 인정성이 작용하여 나타난 현상이라는 사실을 좀더 명확하게 입증하기 위하여 경험적 방법으로 확인하였다. 즉, 인정성이 있다고 생각하는 사람이 과연 투표참여의식이 높은지를 확인하기 위하여 인정성과 투표참여의식에 대한 설문응답결과를 가지고 둘 간의 상관분석을 해보았다.

〈인정성〉은 "나는 주위 사람이 부탁을 하면 거절을 잘 하지 못한다."와 "주위의 어려운 사람을 보았을 때 차마 그냥 지나칠 수 없다.", "제주도는 인정이 많은 인정사회라는 말에 동의한다"의 세 문항을 합산하였고, 〈투표참여의식〉은 "국회의원선거에는 반드시 참여해야 한다고 생각한다"로 하여 분석하였다. 이 두 변수의 상관관계를 알아본 결과 Y=0.29로 p〈.001 수준에서 통계적으로 의의 있게 나타났다. 인정성과 투표참여 의식은 양(陽,+)의 상관관계를 보임으로서 인정성이 있는 사람일수록 투표참여 의식이 높음을 확인할 수 있다.

이상을 종합해볼 때, 제주도 국회의원선거에서 보여주고 있는 높은 투표율은 지연, 학연 등 각종 연줄망으로 인한 동원투표로 말미암아 제주도민의 인정성이 작용하여 나타난 결과임을 알 수 있다. 기권 가능성이 있던 사람의 경우에도, 후보자 또는 후보자 가족, 선거운동원, 자원봉사자 등과의 각종 인연 때문에 인정성이 작용하여 투표장에 가는 사람이 많을 수 있다는 것을 말해주는 것이다.

제주도 선거에서 동원투표 정도가 어느 정도인지 경험적으로 알아보기 위하여 "유세장에 가는 경우에 스스로 가는 경우보다는 주위의 권유에 의해서 가는 경우가 많다"와 "주위에서 어떤 후보를 지지해 달라는 부탁을 받으면 거의 그 부탁을 들어주게 된다"라고 질문한 결과, 주위의 권유에 의해서 연설회장에 가는 것으로 응답한 사람이 43.2%나 되며, 어떤 후보를 지지해달라는 주위의 부탁을 들어주게 된다고 응답한 사람도 24.8%에 달한다는 것은 놀라운 일이다. 이남영 교수는 한국의 제14대 국회의원선거를 분석하면서 '특정후보나 정당을 지지해달라'는 주변 사람들의 호소에 못 이겨 투표장으로 가는 사람이 투표자 중 약 6%에 이른다고 밝히고 있다.[15] 동원투표에 의해서 투표영향을 받는 사람이 전국적으로 6%정도인데 비해 제주도는 24.8%가 되고 있다. 이것은 제주도가 동원투표 영향을 많이 받는다는 것을 확인케 해주고 있다. 제주도 선거에서 투표율이 높게 나타나고 있는 것은 제주도민의 '근면 · 성실성'과 '인정성'이 작용하여 나타나고 있음을 알 수 있다.

Ⅵ. 소지역주의

1) 제주도의 소지역주의의 특징

제주지역 국회의원선거에서도 소지역주의 현상이 심한 것으로 분석되었다. 후보자의 출신지에서 그 출신지 후보자와 타 후보자의 득표율을 비교 · 분석해 본 결과, 그 지역출신 후보자의 득표율이 타 후보자에 비해 월등히 높다는 것이다. 물론 그 지역 후보자가 자신의 지역에서 타 후보자에 비해서 월등히 높은 득표를 하였다하더라도 그것이 반드시 지역주의적 소산이라고 단정할 수는 없다. 그러나 여러 차례의 선거 결과를 분석해 보았더니 항상 출신지역의 후보자가 타 후보자보다 자신의 출신지역에서 월등하게 많은 득표를 한 것으로 밝혀졌다는 것은 제주도 국회의원선거에서 소지역주의가 강하게 나타나고 있다는 것은 분명한 사실이며 그 특징을 살펴보면 다음

15) 이남영, "투표참여와 기권", 「한국의 선거」(나남, 1993), p. 47

의 몇 가지로 정리할 수 있다.

첫째, 제주지역 국회의원선거에서 후보자들은 자신의 고향 또는 출신지역에서 압도적인 득표를 하였고, 타 지역 출신 후보자의 득표율이 미미했다. 그리고 자신의 출신 지역에서 얻은 득표율이 타 후보가 그의 출신지역에서 얻은 득표율보다 클 때에 거의 당선되는 것으로 나타나고 있다. 후보자들은 자신의 고향 또는 출신지역에서 압도적인 득표율을 보인 반면 타 지역 출신 후보자의 득표율이 미미하였으며, 자신의 출신 지역에서 얻은 득표율이 타 후보가 그의 출신 지역에서 얻은 득표율보다 컸을 때 거의 당선되는 것으로 분석되고 있다. 즉, 제주도의 국회의원선거는 '후보자 출신 지역별 소지역주의' 현상이 강하게 표출되는 특성이 있음을 확인할 수 있다.

둘째, 제주 섬 동서간의 지역주의 현상이 확연하게 나타나고 있다.

동부와 서부 출신 후보자가 맞선 선거는 제15대 서귀포시 · 남제주군 선거와 제16대의 북제주군 선거, 그리고 제16대 서귀포시 · 남제주군 선거였다. 제15대 서귀포시 · 남제주군 선거에서 남서부의 대정읍에서는 그 지역 출신인 변정일 후보에게 64.7%의 높은 지지율 보여준 반면, 남동부 출신의 고진부 후보에게는 19.7%의 지지율을 보여주는 정도였다. 반면에 남동부의 성산읍 지역에서는 그 지역 출신인 고진부 후보에게 49.0%의 지지율을 보여주었고 남서부 출신인 변정일 후보에게는 19.8%의 지지율이 나타났을 뿐이다.

제16대 국회의원선거에서 북제주군의 경우를 보면, 북서부의 애월읍에서는 그 지역 출신인 장정언 후보에게 69.4%의 지지를 보내준 데 비해, 북동부의 조천읍 출신인 양정규 후보에게는 27.1%만이 지지를 한 것으로 나타났다. 그리고 동북부의 조천읍에서는 그 지역 출신인 양정규 후보에게 50.9%의 지지를 보냈으며, 서북부의 장정언 후보에게는 44.8%의 지지를 보낸 것으로 나타났다. 제주도 국회의원선거에서 섬의 동부와 서부 출신이 각각 후보자로 나선 경우에

는 예외 없이 후보자 출신 지역별로 강한 '소지역주의' 현상이 나타나고 있음을 알 수 있다

셋째, 인접지역간의 소지역주의 현상은 제주 섬의 남서부지역이 강한 반면 북동부지역은 비교적 약한 것으로 나타나고 있다.

서귀포시 · 남제주군 선거구의 제14대 국회의원선거에서는 같은 남동부 지역이면서 서로 인접하고 있는 대정읍과 안덕면 출신이 각각 후보자로 나서 맞섰는데 인근지역간에 강한 소지역주의 현상이 나타났다. 대정읍에서는 그 지역 출신인 변정일 후보에게 67.6%의 지지를 보낸 반면, 안덕면 출신인 강보성 후보에게는 20.8%의 지지를 보내는데 그쳤다. 또한 안덕면에서는 그 지역 출신인 강보성 후보에게 61.4%의 지지를 보냈으나 대정읍 출신인 변정일 후보에게는 28.9%의 지지를 보였을 뿐이다. 남동부 지역에 있는 대정읍과 안덕면에서는 지역 출신 후보자가 맞섰을 때에 강한 소지역주의 현상이 나타나고 있음을 알 수 있다.

그러나 북동부에 위치한 조천면과 구좌읍의 경우는 각각 자신의 지역 출신이 후보자로 나서 서로 맞섰는데도 소지역주의 현상이 남동부지역에 비해서 그렇게 크게 나타나지 않고 있다. 제15대 선거의 경우, 조천읍에서는 그 지역 출신인 양정규 후보에게 37.0%의 지지를 보낸 한편 인근지역인 구좌읍 출신의 김택환 후보에게도 34.6%의 비슷한 지지를 보내고 있다. 구좌읍 지역에서도 그 지역 출신인 김택환 후보에게 41.1%의 지지를 보였고, 인근지역인 조천면 출신인 양정규 후보에게도 28.3%의 지지를 보내주고 있다.

북동부지역에 비해서 남서부지역에서 강한 소지역주의 현상을 보이고 있음은 경험적 방법에 의해서도 확인할 수 있다. "자신과 같은 지역출신 인물이 국회의원선거에서 후보자로 출마한다면 그 후보자를 지지하겠다"라는 질문에 대해서 북군동부지역의 응답자들은 45.7%가 '확실히 그렇다' 또는 '그런 것 같다' 라고 긍정적인 답변

을 한데 비해서 남군서부지역의 응답자들은 66.1%가 긍정적인 답변을 한 것으로 나타났다.

2) 소지역주의 원인

과거 제주사회는 외부로부터의 침략과 중앙에서 파견된 관리 등의 횡포에 시달려오면서 그에 저항하는 노력을 계속해왔다. 그러면서 제주인들은 지역 생활권 단위로 결속하는 협동적 생활체계를 만들어 외부세력에 대처하였다. 이는 생존권적 저항이기도 하였거니와 지역사회를 나름대로 건전하게 유지하려는 의지이기도 하였다. 또한 어장이나 목장 등의 자원을 공동으로 소유 또는 관리하면서 지역단위의 경제적 협동으로 일을 처리하는 기회가 많아지면서 더욱 지연적 조직의 결속을 가져왔다. 제주의 마을은 식수를 중심으로 해서 비교적 큰 규모로 형성되었으며 통혼권(通婚權)이 한정되어 있는 관계로 흔히 마을 내혼(內婚)이 이루어졌다. 마을 주민들은 서로 혈족과 인척의 다양한 인간관계를 이루면서 결속하게 되었다. 마을마다 포제(酺祭) 등 제사를 같이 지내고 본향당(本鄕堂)을 두어 마을 공동의 신앙적 상징체계를 만드는 등의 일을 통하여 마을단위의 지연적 조직은 더욱 강화하였다.

제주도 사회의 이러한 지연성은, 마을 사람들끼리 서로 도우며 생활하며 자신의 동네 사람은 당연히 자신의 편이라는 생각을 갖도록 함으로써 도민들의 의식에 지역동질성이 형성되도록 함으로써 자기 마을 또는 지역에 대한 애착심을 강하게 만들었다. 그래서 제주도민은 자기 마을과 타 지역과의 경쟁 분위기에서는 결코 뒤지지 않으려는 사회 · 문화적 현상이 강하며 그것을 곧 자신의 자존심으로 생각하는 경향이 많아지게 되었다. 이러한 상황은 제주사회를 지연성(地緣性)이 강한 지역동질성사회(地域同質性社會)로 만들었다.

'지역동질성'과 소지역주의와의 상관관계를 알아본 결과 Y=0.31로 p<.001 수준에서 통계적으로 의의 있는 것으로 나타났다. 자신이 사는 지역사람들이 자신과 정의적(情誼的)으로 동질적으로 느끼는 사람일수록 또한 자신이 사는 지역과 타 지역간에 어떠한 경쟁이 벌어진다면 자신의 지역을 위하여 참여하겠다는 사람일수록 자신과 같은 지역출신 인물이 국회의원선거에서 후보자로 출마한다면 그 후보를 지지할 가능성이 높음을 확인할 수 있다.

다중적 네트워크사회라는 특성의 하나인 제주의 지연사회적 성격이 도민들의 의식에 지역동질성이 형성되도록 작용하였고 선거 때에는 정치적 지역동질성으로 작용하여 '소지역주의 현상'이 나타나도록 하고 있는 것이다.

Ⅶ. 결 론

제주지역 선거결과에 영향을 주고 있는 정치문화는 알몬드(Gabriel A. Almond)의 정치문화적 접근법을 활용하여 제주도의 자연, 역사, 사회 · 문화적 맥락에서 탐색하고 경험적 방법을 통하여 재확인하여 규명한 자료를 활용하였다. 그리고 선거현장의 관찰을 통하여 습득한 현지의 사정과 지식, 문헌자료, 각종 언론보도 등을 분석하여 규명하였다. 그리고 제주지역 국회의원선거의 특성은 본 연구자가 제9대-제16대 국회의원선거 결과에 대한 32년간의 시계열(time-series) 집합자료를 가지고 분석하여 찾아낸 자료를 활용하였다.

이러한 과정을 통하여 발견할 수 있는 제주도의 정치문화는 배타성, 중도성, 중앙의존성, 근면성실성, 국회의원에 대한 높은 기대성, 인정성, 지역동질성의 7가지를 성향으로 분석되었다. 제주도민은 제주지역이 고립된 지역이라는 사실을 인식함으로서 '배타성'을 형성하게 되었으며 자원이 한정되어 부족한 지역임을 알고 '중앙의존성', '국회의원에 대한 높은 기대성', '근면 · 성실성'을 형성케 되었다. 관광발전 등을 지켜보면서 중앙에서의 지원이 생활 여건을 향상시켜준다는 사실 때문에 '중앙의존성'과 '국회의원에 대한 높은 기대성'을 형성하게 되었다. 그리고 100여 년간 몽고의 지배, 200여 년간의 출륙금지, 잦은 왜구의 침략, 중앙정치에서 숙청된 사람들의 유배지, 많은 민란, 일본의 최후 항전지 정책, 4 · 3사건, 외래인으로부터의 피해 등으로 기인하는 피해와 희생의 역사, 고립의 역사는 '배타성'과 '중도성'의 정치문화를 형성하게 만들었다. 또한 제주도의 다중적 네트워크 사회는 정리(情理)가 중요함을 인지하게 하여 '인정성'과 '지역동질성'을 형성케 하였다. 제주도민은 경조사 중시문화 속에서 생활하면서 역시 정리(情理)의 중요성과 국회의원 등 소위 표를 의식하는 사람들이 지역경조사에 자주 다닌다는 사실을 알고 '인정성'과 경조사 참석과 관련하여 '국회의원에 대한 높은 기대성'을 갖게 만들었다. 그리고 제주도민은 전통적인 핵가족 문화 속에서 생활하면서 스스로 독립적으로 삶을 개척해야 하는 것을 알고 '근면 · 성실성'을 형성하게 되었다

이러한 제주도의 정치문화가 국회의원선거의 특성을 만드는데 크게 기능하고 있음을 확인할 수 있다.

첫째, 제주지역 국회의원선거에서 현역의원이 오히려 불리한 '역현직효과' 현상이 나타나는 것은 제주지역의 자연 · 사회 · 문화적 환경에 의해서 제주도민에게 형성되어 있는 '국회의원에 대한 높은 기대성'에 대한 실망에서 기인하고 있다.

둘째, 제14대 국회의원선거까지는 제주지역선거에서 '무소속 후보 선호 성향'이 나타나고 있는데 그것은 제주지역의 자연 · 역사적 환경으로 인하여 제주도민에게 형성된 '배타성'과 '중도성'의 영향을 받은 것이다.

셋째, 1996년에 실시된 제15대 국회의원선거부터 제주지역선거 결과가 '정당 후보 선호 성향'으로 바뀌게 된 요인은 1994년부터 실시된 제주도종합개발계획과 지방자치제의 영향으로 제주도민에게 형성된 '중앙의존성'이 크게 작용하여 나타난 현상이다..

넷째, 제주지역 국회의원선거 투표율이 전국에서 가장 높게 나타나는 것은 제주지역의 자연, 사회 · 문화적 환경으로 인하여 제주도민들에게 형성된 '근면 · 성실성'과 '인정성'이 작용한 것이다

다섯째, 제주지역 국회의원선거 결과가 독특한 '소지역주의 현상'을 보여주고 있는 것은 제주지역의 사회 · 문화적 환경의 영향으로 제주도민에게 형성된 '지역동질성'이 작용하여 나타난 현상이다.

지역선거의 특성이 그 지역 정치문화와 크게 연관되어 있음을 탐구하고 있는 개척적 시도라는 점이 이 이 논문의 특징이라고 할 수 있다. 지역의 선거를 이해함에 있어서 기존의 다양한 접근방법과 더불어 그 지역의 자연, 역사, 사회 · 문화적 환경으로 형성된 그 지역의 정치문화가 어떻게 영향을 미치고 있는지를 관찰하는 것도 중요함을 확인하게 되었다.

참 고 문 헌

김욱(1998), "투표참여와 기권," 「한국의 선거Ⅱ」서울: 푸른길
박길성 · 김선업(1996), "정치발전과 투표행위: 사회연줄망을 중심으로", 「정당 · 선거 · 여론」 서울: 한울
양창윤(2000), "제주도국회의원 선거의 특성에 관한 연구", 숭실대학교 박사학위논문
이남영(1993), "투표참여와 기권", 「한국의 선거」서울: 나남
조기숙(2000), 「지역주의 선거와 합리적 유권자」서울: 나남.
조중빈(1999), 「한국의 선거Ⅲ: 1998년 지방선거를 중심으로」, 서울: 푸른길.
최재석(1979), 「제주도의 친족조직」 서울: 일지사.
푸트남 저, 안청시외 역(2000), 「사회적 자본과 민주주의」 서울: 박영사.
한국갤럽조사연구소(1997),「제15대 국회의원선거 투표행태」서울: 한국갤럽조사연구소
황아란(1999), "6 · 4 기초단체장선거와 현직효과," 「한국의 선거Ⅲ」서울: 푸른길
제주도(1998),「제주도통계연보」.
제주도선거관리위원회(1980), 「제주도선거사」.
중앙선거관리위원회(1978), 「국회의원선거 상황(제9, 제10대)」.
(1981), 「국회의원선거 상황(제11대)」.
(1985), 「제12대 국회의원선거총람」.
(1988), 「제13대 국회의원선거총람」.
(1989), 「역대국회의원선거상황(초대-11대)」.
(1992), 「제14대 국회의원선거 총람」.
(1996), 「제15대 국회의원선거 총람」.
(2000), 「제16대 국회의원선거총람」.
Alexis de Tocqueville(1969), Democracy in America, ed J. P. Mayer, trans. George Lawrence(Garden City, N. Y.: Anchor Books)
Barbara Hinckley(1981), Congressional Elections(Washington, D. C: Congressional Quarterly Press)
Brandley M. Richardson(1974), The Political Culture of Japan(Berkeley: University of California Press)
Erikson, Robert S.(1972), "Malapportionment, Gerrymandering, and Party Fortunes in Congressional Elections", American Political Science Review, Vol. 66
Gabriel A. Almond and G. Bingham Powell, Jr(1966), Comparative Politics(Boston: Little, Brown and Company)

Gabriel A. Almond(1956), "Comparative Political System," The Journal of Politics, Vol. 18, No. 3.

Gabril A. Almond and Sidney Verba(1965), The Civic Culture(Boston: Little, Brown and Company)

Gabril A. Almond(1977), "Comparative Political System", in Roy Macridis and Bernard E. Brown(eds.), Comparative Politics(5th ed. Homewood Illinois)

Mariand D. Irish & James W. Prothro(1962), The Politics of American Democracy(New Jersey: Prentice Hall Inc.)

Mayhew, David R.(1974), "Congressional Elections : The Case of the Vanishing Marginals". Polity, Vol. 6, No. 3

Robert D. Putnam with Robert Leonardi and Raffaella Y. Nanetti(1992), Making Democracy Work (New Jersey: Princeton University Press)

제3장

전두환 정부와 김대중 정부의 체육정책 비교연구

이육렬

Ⅰ. 서 론

제1절 연구의 필요성 및 목적

1. 연구의 필요성

한국의 역대정권은 그들이 안고 있는 정치적 과제를 해결하기 위하여 유효한 수단으로서 체육정책을 이용해왔다. 이러한 경향은 4 · 19혁명이후 민주정부를 전복시킨 박정희 군사정권, 1979년 10 · 26 사태이후 등장한 신군부의 전두환 정부, 6 · 29 이후의 노태우 정부, 그리고 민간정부로 일컬어지는 김영삼과 김대중 정부에서도 잘 나타난다.

이들 정부는 출범과 더불어 정통성의 위기, 사회정치적, 혹은 경제적 위기를 맞이할 때마다 위기극복과 사회적 갈등 해소의 전략으로서 다양한 정책을 구사해 왔다. 특히 그 가운데서도 '88서울올림픽'과 '2002년 한·일 월드컵' 유치, 1998년 생활체육의 보급 등 체육을 통한 위기극복과 갈등해소의 전략적 선택으로서 체육정책을 매우 유용한 수단으로 활용하였다.

쿠데타로 집권한 전두환 정부는 자본주의 발전과정에 비례하여 성장하고 있던 시민사회의 민주화 요구에 대응하면서 정권의 정통성을 확보한다는 목적 하에 올림픽 유치, 엘리트체육정책을 추구하게 되었고, 이를 통하여 정권의 국제적 승인과 국내적 국민동의를 얻고자 하였다.

이에 비하여 한국경제가 IMF관리체제로 편입되는 과정에서 한국정치사에 최초로 수평적 정권교체를 실현시켰던 김대중 정부는 보다 적극적으로 민주주의를 정착시켜야 하는 정치적 과제를 안고 있었다.

그러나 김대중 정부는 국가부도사태에 즈음하여 경제적 위기극복에 국정의 최고목표를 설정함으로써 민주주의적 정치문화를 정착시키는 데에는 만족할만한 성과를 거두지 못하였다.

김대중 정부는 국정운영에 있어서 지역균열주의와 계층과 세대간의 갈등 해소라는 당면과제를 수행하는 과정에서 체육정책을 포함하는 많은 정책들이 국민통합·국력신장, 국위선양 등의 목표를 우선적으로 고려할 수밖에 없는 입장이었다.

이에 따라서 김대중 정부는 국가주도 체육정책에서 시장주도로 전환하는 차별적인 체육정책을 시도하였고, 대북포용정책과 스포츠정책을 연계하여 '부산 아시아경기대회'에 북한 선수와 응원단의 참가를 이끌어 내는 데 성공함으로써 남·북한 스포츠 교류를 활성화시키고 또한 이를 민족 동질성 회복에 기여케 하였다.

따라서 본 논문은 전두환 정부와 김대중 정부의 상반된 정치적 가치추구에서 시행된 체육정책에 관한 사례연구를 통하여 그들의 정책적 행태를 비교하고 양 정부의 체육정책을 규범적 측면에서, 그리고 다른 한편으로 효율성, 합리성, 적시성 등을 규명해 보려는 기능적 측면에서 비교평가를 시도하고자 한다.

이는 장차 한국 체육정책의 민주적이고 효율적인 결정에 기여할 뿐만 아니라 무엇보다도 국민의 삶의 질을 향상시키는데도 보탬이 될 수 있을 것으로 기대한다.

2. 연구의 목적

본 논문의 연구목적은 양 정부의 체육정책적 행태에 관한 사례를 비교연구하고 이론적 분석의 틀에 의거하여 양 정부의 체육정책의 목표와 방향 그리고 내용 및 그 목표달성을 위한 수단투입 방법과 그 효과 등에 관하여 이미 설정된 가설들을 두 가지 차원에서 비교평가하려는 것이다.

즉 하나는 규범적 차원에서 권위주의 정치체제를 특징으로 하는 전두환 정부의 체육정책과 민주주의 정치체제의 상당한 요소들을 지니고 있는 김대중 정부의 체육정책을 비교평가 하는 것이다.

또 다른 하나는 기능적 측면에서 8개의 변수를 기본으로 15개의 가설을 설정하여 그 타당성을 검증하고 이를 비교평가하여 양 정부의 체육정책에 대한 공통점과 상이점을 발견하는 것이다. 그리고 이를 바탕으로 앞으로 대한민국의 체육정책 결정을 위한 몇 가지 제안을 하는 데 있다.

따라서 체육정책에 대한 연구목적과 관련하여 정치체제의 유형에 따라 체육정책은 어떻게 변화하고 그 정책결과는 어떠한 차이성이 존재하는가 하는 문제제기는 중요하다.

왜냐하면 스포츠가 정부 차원에서 중요한 의사결정 대상이 된 것은 스포츠가 제공하는 여러 가지 정치 · 사회 · 경제적 영향 때문이며, 이 효과들 때문에 각 나라마다 등장하는 정권은 스포츠를 정치[1]에 연결시켜 체육정책을 수립해 왔기 때문이다.

이런 현상은 권위주의 체제인 전두환 정부와 민주주의 체제라고 할 수 있는 김대중 정부에 있어서도 정도의 차이는 있지만 존재한다. 따라서 양 정부의 체육정책이 정치권력의 중심영역에 자리 잡게 되는 과정, 즉 두 정부의 체육정책 목표와 방향, 정책결정 패턴, 정책결정기구 및 집행 · 보조기구, 체육정책의 내용 등을 정치권력의 운영과 관련지어 비교 분석함으로써 양 정부의 최고정책결정자들의 의도를 파악하고 이들을 비교평가하는 것이 연구의 목적이라 할 수 있다.

다시 말하면 양 정부에서도 스포츠가 주요 정책의 하나로 자리 잡았다면 거기에는 각각의 정권이 의도하는 국정목표와 관련된 헤게모니 수단과 스포츠가 접합되어, 상징을 조작하는 방식, 그리고 이를 만들어내는 핵심적인 정치적 효과 등 스포츠 정책에서 의도하는 목표와 수단을 분석해 낼 수 있을 것이다.

이것은 스포츠를 통해 정치권력의 또 다른 측면을 이해하는 하나의 정치학적 접근 방법이다.

제2절 연구 방법 및 범위

1. 연구방법

본 논문은 권위주의 정치체제[2]와 민주주의 정치체제[3]로 대략 구별되는 전두환 정부(1981-1988)와 김대중 정부(1998-2003)가 각각

1) 로이와 맥퍼슨은 정치권력이 스포츠를 이용하는 요인으로 정치적 이데올로기의 대리적 경쟁, 스포츠 조직에 대한 정치권력의 영향력, 국력의 상징으로 이용하는 것 등을 들고 있다. Loy, J. W., McPe rson, B. D., Sport and Social System (Massachusetts : Adison-Wesley, 1978).

정치 · 사회 · 경제적 위기국면을 극복하기 위한 지배전략 중의 하나인 체육정책으로 연구범위를 한정하고, 이들 양 정부가 체육정책을 전개하면서 발표한 정부의 문헌과 정책결정자의 회고록, 각종 체육정책의 보도자료 등 정부의 체육정책 내용과 정책적 결과에 대한 내용을 분석하는 질적 분석법(qualitative analysis)을 사용하였다.

---

2) 권위주의 체제를 한국의 정치문화의 특징과 연관지어 설명한다면, 통치권자를 주축으로 하는 정치엘리트의 교조주의적 지배양식과 일반 국민의 순종적 복종형태가 나타난다. 이러한 정치풍토에서는 동의에 의한 정치와 책임성의 원리는 퇴색하고 가부장적인 온정주의와 억압이 정치원리로 원용되며 지배권력의 인격성(人治)이 강화된다. 일반국민들 또한 정치적 주체성을 인정받지 못하고 통제와 동원의 객체로 전락한다. 이에 따라서 본 논문에서는 군부정권의 출현과 계층의 분화, 사회의 민주화열망과 이에 대한 억압 등을 통해 강한 물리력을 행사한 전두환 정부를 권위주의 정권으로 본다. O'Donell, G. A., 1973. Modernization and Bureaucratic - Authoritarianism. University of California Press. p. 91, pp. 102-111; 김호진, 「한국정치체제론」, (서울: 박영사. 1997), p. 164;
이 모델을 토대로 한상진은 박정희 정권에 적용하여 관료적 권위주의 모델의 재정립을 시도하였고, 강민은 국가주도의 수출산업과 과정을 통해 이 모델을 적용하려 하였다. 한상진, 1983. "관료적 권위주의와 한국사회,"「한국사회의 전통과 변화」법문사; 강민, "관료적 권위주의의 한국적 생성," 「한국정치학회보」, 제17집. 한편, 브루스 커밍스는 한국의 권위주의가 남미의 최근 경험과 유사성을 가지고 있다고 지적하면서 1972-79년의 유신체제를 권위주의 공고화 시기로 보았고, 1980-87년의 전두환 정권은 본격적인 산업화의 심화와 일치하며 한국에 적합성이 있어 보인다고 지적하였다. 브루스 커밍스, "유실된 개방: 남미의 경험에 비추어 본 한국," 임현진 · 송호근 편, 「전환의 정치, 전환의 한국정치」(1995), pp. 444-445.

3) 민주주의는 이념형으로서는 완전하게 정의할 수 있어도 현실정치에 나타나는 민주주의는 불안전하고 제한적인 경우가 많다. 민주주의를 한국사회의 정권에 적용할 때 학자들 간에 이견이 많고 견해가 다른 것도 이러한 이유 때문일 것이다. 김영삼 정권이나 김대중 정부를 민주정권으로 규정할 것인 지의 문제도 같은 맥락이다. 그러나 1987년 이후 한국의 민주주의는 세 번의 직선 대통령을 배출했으며, 민주주의의 공고화를 지향해 온 지금까지의 과정을 보면 민주주의 단계로 향해가고 있다고 특징지을 수 있다. 김호진에 의하면 한국의 민주주의 단계를 1987년 6월 항쟁 전후를 민주화 투쟁단계, 87년 6 · 29 선언 이후 13대 대선 까지를 민주적 개혁단계, 88년 새 정권 출범 시기를 체제이행의 단계로 보고 있다.
여기서 주목할 것은 한국의 민주주의의 발전과정이 권위주의로의 퇴행현상이 일어나지도 않았고 다른 방식의 정치체제가 제시되지 않은 이상 소극적 의미에서 민주주의가 안정되었다고 평가받는다. 특히 두 번 이상 대통령 직선제가 시행되고 이전의 권위주의로 후퇴하지 않은 이상, 민주주의는 공고해져 간다고 볼 수 있는데, 김대중 정부의 경우에는 야당의 위치에서 정권교체를 이루었다는 점을 고려할 때 권력행사가 권위주의적이라는 논쟁의 여지는 있지만 본 연구에서는 민주정부의 범주에 포함되는 것으로 규정한다. 임혁백, 1997. "지연되고 있는 민주주의의 공고화," 최장집 · 임현진(공편), 윗글 41쪽.

본 논문에서는 정치체제와 체육정책의 상관관계를 분석하는데 몇 가지 이론을 원용하였다.

첫째, 권위주의 정치체제인 전두환 정부의 체육정책과 민주주의 정치체제라고 부를 수 있는 김대중 정부의 체육정책을 분석하기 위하여 매크리디스(Macridis)의 정치체제 분류유형의 특성과 그 체제가 지향하는 가치들에 관한 이론들과 정정길의 정치체제와 정책결정의 상호관계 등에 대한 가설을 여기에 원용하고자 한다.

둘째, 정치체제와 체육정책의 목표와 내용을 분석하는데 사회이론가들 즉 마르크스주의적 학파에 속하는 비판이론의 대변자인 J. M. 브롬(Brohm)과 리가워(Rigauer), 헤게모니이론의 대변자인 J. 하그리브스(Hargreaves)와 P. 호크(Hoch), 그리고 W. 모간(Morgan)의 이론과 막스 베버(Max Weber)의 프로테스탄트의 윤리와 자본주의 상호관계를 스포츠 현상에 적용한 오버만(Overman)의 이론을 스포츠 정책분석에 적용하고자 한다.

스포츠 정책을 비교 연구함에 있어 제3장의 제1절의 스포츠 정책의 목표와 내용에 대한 비교분석에서는 주로 이들 가설들을 적용하였다.

제3장 제2절부터 제4절까지는 주로 전두환 정부와 김대중 정부의 체육정책을 분석하기 위해 정체체제의 유형과 정책결정에 관한 상호관계를 중심으로 분석하고자 한다.

그리고 본 논문은 이러한 이론적 틀에 의거하여 양 정부의 체육정책적 행태를 비교분석을 통하여 그와 관련된 15개의 가설들을 설정하고 이들을 양 정부의 체육정책의 구체적 사례를 갖고 검증을 시도하며, 마지막으로 규범적 · 기능적 측면에서 비교평가 하고자 한다.

2. 연구범위

본 논문은 연구목적을 달성하기 위하여 전체 5장으로 구성하였다. 서론부문인 제1장에서는 연구의 필요성과 목적, 그리고 국내외 연구동향을 설명하였다. 제2장 제1절에서는 이러한 분석의 틀과 가설의 설정을 위하여 매크리디스(Macridis)의 이론인 정치체제의 유형 중 민주주의 정치체제와 권위주의 정치체제의 특성을 소개하고 이들과 체육정책과의 상호관계를 파악하고자 한다.

그리고 제2장 제2절에서 체육정책과 관련된 기존 이론들인 마르크스주의적 학파에 속하는 비판이론과 모간의 이론, 헤게모니이론을 간략히 소개하고 그 다음으로 막스 베버주의적 학파에 속하는 오버만의 합리화이론 그리고 류센의 경험적 이론을 설명하고자 한다.

제3장에서는 양 정부의 체육정책의 목표와 방향, 체육정책결정 패턴, 정책결정조직과 기구, 그리고 체육정책의 핵심내용을 비교·분석하고자 한다.

제4장에서는 양 정부의 체육정책에 대한 비교연구를 통해 기 설정된 15가지 가설의 타당성 여부에 대한 검증작업을 실시함으로써, 본 전두환 정부와 김대중 정부의 체육정책에 관한 규범적 및 기능적 비교평가를 시도하고자 한다.

제 5장 결론에서는 양 정부의 체육정책의 공통점과 상이점을 발견하고, 앞으로 새로운 체육정책 결정을 위한 몇 가지 제언을 하고자 한다.

제3절 국내외 연구동향

체육정책을 권력과 연결시켜 분석하려는 연구는 1990년대 중반 이후 국내에서 비교적 활발해지기 시작했으며, 그 이전의 연구의 대부분은 사회에 대한 스포츠의 기능주의적 분석에 초점을 두고 진행되어 왔다고 볼 수 있다.

여기에서는 기존의 기능주의적 관점을 간략히 소개하고, 이강우[4], 장세창[5] 등의 연구에서 보는 바와 같이 스포츠를 지배이데올로기, 혹은 권력과의 관계로 파악하는 관점, 그리고 네오 마르크스 이론을 스포츠에 접목시켜 보려는 관점 등 두 가지 측면에서 기술하고자 한다.

기능주의 이론은 추상적 개념으로 사회체계를 상정하고 있는데, 사회체계는 체계 내부의 질서를 보존하는 한편, 외부로부터의 압력에 의한 사회적 변화와 순기능 하는 메커니즘을 갖추어야 한다는 전제에서 출발한다. 이에 따라서 기능주의 이론을 체육과 사회에 적용하는 경우 집단과 사회에서 체육이 어떤 순기능을 하고 사회통합에 기여하는 가에 분석의 초점을 두었고, 국제적 혹은 국내적 수준에서 스포츠가 사회에 어떤 기능을 해 왔는가에 대한 판단을 내리기 위해 연구가 시도되었다.

먼저, 스포츠와 정치가 관계를 맺음으로써 발생하는 결과를 기능주의적 측면에서 분석하는 입장은 다음과 같다.[6]

첫째, 순기능의 측면으로는 국민화합의 기능을 들 수 있다. 국가나 민족주의자들은 자국민의 단결과 애국심을 고취하기 위해서 체조보급 운동이나 각종 국제대회에 참가하는 선수단을 국가적이고 민족적인 상징물로 동일화시킴으로써 국민들로 하여금 민족주의 감정을 불러일으킨다. 이와 같은 스포츠의 기능은 19세기 근대 유럽의 각국(덴마크 · 스웨덴 · 독일 등)에서 일어난 체조 보급 운동이나 고

4) 이강우, "한국스포츠의 지배이데올로기적 기능에 관한 연구," 성균관대학교 박사학위논문. 1994

5) 장세창, "한국에 있어서 정치권력과 스포츠와의 관련에 관한 연구," 일본 쓰쿠바대학 박사학위논문(일본: 쓰쿠바대학, 1999).

6) 한국사회체육진흥회, 「사회체육지도자 연수교재」(한국사회체육진흥회, 1987), pp.193~196.

대 및 근대 올림픽의 발생 배경이나 동기, 그리고 식민지 국가들이 국권 회복 운동의 일환으로 전개한 체육활동 등의 예에서 쉽게 찾아 볼 수 있다.

둘째, 오늘날의 스포츠는 국가간의 화해와 대화의 촉매제인 외교적 수단으로 활용되기도 한다. 소위 '스포츠에는 국경도 이데올로기도 없다'는 말처럼 스포츠는 이념·체제·종교의 갈등으로 경색된 적대관계에서도 평화 유지 및 상호 이해 증진이라는 차원에서 상호 교류를 촉진시키는 역할을 해왔다.

스포츠가 외교적 수단으로 국가간의 교류증진에 기여한 예로서는 1971년 미국과 중국의 핑퐁 외교, 동서독 통일의 밑거름이 된 지속적인 체육교류, 1988년 서울 올림픽을 통한 동서양 진영의 화해의 장 등을 들 수 있다. 그리고 제27회 시드니 하계올림픽(2000년 9월)과 제14회 부산 아시아경기대회(2002년 9월)에서 남북한이 단일 국기와 단일복장으로 동시에 입장하여 개·폐회식을 치루어내는 등 남북한이 체육교류와 향후 통일의 기반 조성을 위한 기대도 이에 포함된다고 할 수 있다.

물론 스포츠의 정치화가 가져오는 역기능적 측면도 존재한다. 정치권력이 음악·영화·스포츠 등에 더욱 관심을 갖게 함으로써 대중들을 사회적 이슈에서 분리시키고 정치적 무관심을 유도하게 된다.

보통 권위주의적 정권은 국민들의 정치참여 배제를 시도하며 이를 위해 국민들을 스포츠(sport)·스크린(screen)·섹스(sex) 등 소위 '3S' 분야에 관심을 갖도록 유도한다. 현대사회에서 불안, 고독, 궁핍에 허덕이는 대중은 이성을 잃고 현실 정치에 대한 좌절, 무력감, 절망감을 느끼게 되는데, 이를 극복하는 방법으로 정치는 스포츠를 이용하기도 하는 것이다.

기능주의적 접근에 대한 설명에 이어 스포츠를 정치권력, 정치경제적 관계와 연결지어 분석한 연구를 살펴보기로 한다.

1. 스포츠의 정치적 기능에 관한 기존연구

이강우는 「한국스포츠의 지배 이데올로기적 기능에 관한 연구」(1994)에서 한국의 역대 정권이 아시안 게임, 올림픽 등 국제행사 유치를 통해서 권력을 유지하는 정치적 전략으로서의 스포츠 정책을 다루었다.[7)]

장세창은 「한국에 있어서 정치권력과 스포츠와의 관련에 관한 연구」(1999)에서 막스 베버의 정당성 개념을 준거 틀로 하여 박정희 정부에서부터 노태우 정부에 이르는 시기를 중심으로 각 정부가 정당성 위기의 해소차원에서 스포츠 정책을 추진한 사례를 분석하였다.[8)]

김방출은 국외 논문에서 박정희 군사정부에서부터 2001년까지 각 정부와 스포츠 정책의 관계를 분석하였다. 그는 역대 정부들이 스포츠의 상징적 홍보효과를 얻기 위해 스포츠를 활용했으며 정통성이 결여된 정부일수록 국민통합이라는 명분 하에 스포츠 정책을 정치에 이용하는 경향이 강하다는 사실을 지적하였다[9)].

그는 정치와 스포츠가 상호 영향을 주지만 정치가 스포츠를 이용하는 측면이 더 강함을 지적하면서 스포츠를 국가정책화 함으로써 국가 이미지에 기여하고, 국민통합에 기여했음을 밝히고 있다.

한편, 독일의 사례에 국한된 것이기는 하나 국가와 스포츠의 관계를 잘 설명하는 것으로 전득주의 번역서 「독일연방공화국의 스포츠

---

7) 이강우, "전게서," p. 23.

8) 장세창, "전게서" pp. 2, 34-78.

9) 김방출, Sport, Politics and New Nation : Sport Policy in the Republic Korea(1961-1992), 2001. Dissertation, The Ohio University.

10) 전득주(번역감수), 「독일연방공화국의 스포츠정책」, (서울: 한국체육대학 출판부, 2000). (원저 **Jürgen** Pedersen, Sportpolitik in Der BRD).

정책」[10]가 있다.

당시 서독(西獨)의 스포츠 정책은 당시의 동독(東獨)에 의해 서독 스포츠가 추월 당하는 시점에서, 그리고 뮌헨올림픽을 계기로 보다 조직적이고 체계적으로 수립되었다.

구(舊) 동독과의 체제경쟁이 과거 독일에서 지배적인 가치관이었던 엄격한 아마추어리즘, 그리고 자유로운 의사결정권을 갖는 스포츠로부터 스포츠가 정치와 관련을 맺는 계기로 작용케 했으며, 각종 스포츠 NGO들이 서독 정부의 영향을 받아 그들의 자율성을 유지하지 못하였음을 지적하고 있다.[11]

2. 스포츠의 정치경제적 영향에 관한 기존연구

최근 '한국국제정치학회' 의 추계학술회의에서 발표된 몇 편의 논문들은 국내 스포츠이론에 정치경제학적 시각을 본격적으로 분석하려는 이론적 시도를 하고 있다.

양순창은 「비합리적 상징으로서의 스포츠」[12]에서 마치 노동이 인간성을 착취하는 것과 마찬가지로 스포츠에 있어서의 착취 메커니즘, 물신주의의 상징으로서의 스포츠를 분석하면서 스포츠를 생산관계에서 도출하고 있는 마르크스주의적 가설을 제기하고 있다.

그러나 스스로 밝히고 있듯이 실증적인 자료를 통해서 사례를 분석한 것이 아니라 마르크스주의의 입장에서 스포츠와 지배권력 관계를 조망하는 분석 수준에 머물고 있다.

윤득헌의 「스포츠의 정치적 활용」[13] 논문 또한 스포츠의 정치화 현

11) 전득주, "전게서," p. 111.

12) 양순창. "비합리적 상징으로서의 스포츠," 「2002년도 한국국제정치학회 논문집」(서울: 국제정치학회, 2002). pp. 12-18.

13) 윤득헌. "스포츠의 정치적 활용," 「2002년도 한국국제정치학회논문집」,(서울: 국제정치학회, 2002), pp. 1-16.

상을 1936년의 베를린 올림픽, 국제올림픽위원회 등 국제적 사례를 간략히 언급하고 있다. 그는 국내정치의 스포츠 정책과 관련하여서 1971년 박정희 대통령의 성을 따서 창설된 '박스컵', 1980년 프로야구의 출범, 1981년 서울올림픽과 아시안게임 유치 등이 정치적으로 활용된 사례를 분석하고 있다. 그러나 그의 연구는 구체적으로 스포츠와 정치권력간의 인과성을 제시한 것은 아니며 단편적인 사례제시에 머물고 있다.

지금까지 국내외 연구의 문제점과 한계를 간략히 정리하면 기능주의는 스포츠의 긍정적 결과를 지나치게 강조하고 사회적 관계에 영향을 미치는 경제적 요인은 등한시하는 문제점을 보여왔다. 마르크스주의 또한 경제적 요인의 중요성을 강조한 나머지 스포츠와 선수, 관중, 대중이 경제적 목적에 의해서 어떻게 억압당하는지에 더 큰 관심을 두는 경향이 높다.

따라서 스포츠 정책이 사회에서 정치체제 혹은 권력에 의하여 어떤 방식으로 상호 연관되는지에 대한 분석은 소홀한 경향을 보여 왔다. 이러한 측면에서 기존의 연구를 성찰적으로 검토한 이후 스포츠 정책을 정치학의 관점에서 정치체제의 유형과 체육정책의 상호관계를 본격적으로 비교 분석하고자 한다.

Ⅱ. 이론적 배경

제1절 정치체제와 정책결정과 관련된 기존 이론

1. 정치체제

매크리디스(Macridis)에 의하면 정치체제를 권위주의 정치체제, 민주주의 정치체제와 공산주의(전체주의) 정치체제로 구분하고 이들의 특성을 ① 동의의 조직, ② 이익의 조직, ③ 개인의 권리의 조직, ④ 통치의 조직이라는 평가기준에 의거, 설명을 시도하고 있다.[14)]

본 논문은 정치체제 즉 권위주의 정치체제 및 민주주의 정치체제와 정책결정 패턴간의 상관관계를 주로 다루므로 이에 국한하여 우선 정치체제의 유형별 특징을 요약한다면 대략 다음과 같다.

1) 권위주의 정치체제(Authoritarian Political Regime)

권위주의 정치체제는 여러 형태를 갖고 있으며 인류의 정치사에 가장 오래 사용되어 온 개념으로 인간들의 정치생활에서 가장 타락한 측면, 즉 설득과 합의보다 오히려 폭력과 강제력에 의한 지배를 의미한다.

권위주의 정치체제는 전제정치(Autocracy), 참주정치(Tyrany), 독재적인 총독정치(Satrapy), 독재정권(Dictatorship), 절대주의(Absolutism), 나폴레옹정치(Bonapartism), 전제군주정치(Despotism), 군사적 지배(Military Rule), 군사평의회(Junta), 과두정치(Oligarchy), 정치적 보스(Political Boss), 신권정치(Theocracy)등을 포괄적으로 부르는 개념이다.[15)]

권위주의 정치체제는 개인의 권리의식이나 이익집단의 이익 또는 정당이나 입법부의 동의 조직보다 정부의 통치조직을 강조하고 있는 것이 그 핵심적 특징이다. 그러므로 개인과 집단의 참여보다 오히려 그들의 복종이 통칙으로 되어 있는 바, 그 이유는 동의의 조직, 이익의 조직 그리고 개인의 권리의 조직이 강제력의 절대명령에 종속되기 때문이다.

---

14) Roy Macridis (김강녕 역), The Modern Political Regimes(현대정치체제론), (서울: 인간사랑, 1988), pp. 31-37.

15) "전게서," pp. 31-37.

2) 민주주의 정치체제(Democratic Political Regime)

민주주의 정치체제는 국가와 사회간에 엄격한 구분이 있고 사회 속의 개개인들은 자유롭고, 합리적이고 독립적인 실체로서 생명, 자유, 재산이라는 불가 양도적인 권리를 갖고 태어났다는 가정으로부터 출발한다.

국가는 사회에 대하여 「종속적」이며, 개인은 신성불가침한 존재이다. 우리가 직면하는 위험에 대해 싫어하지만 수용하지 않으면 안 되는 보험정책처럼 국가는 필요악(Necessary Evil)으로 간주된다.

이 정치체제는 개인의 권리와 다원주의를 보장하고 국가의 활동범위에 속하는 것과 개인에 속하는 것을 명확히 구별한다.

민주주의 정치체제는 그 정책결정자의 권한을 제한한다. 우선 첫째로 정책결정자가 현존 법질서에 의해 구속받기 때문에 임의로 정책 결정을 할 수 없도록 통치구조가 수립되어 있다. 둘째로 통치 구조를 장악하고 있는 자는 자신의 결정에 대해서 책임을 져야 한다. 정기적 선거의 실시는 다수의 다른 메커니즘과 마찬가지로 이러한 책임의 제도화를 의미하는 것이다.

그러므로 그들의 정책은 폭력과 강제에 의해서가 아니라 주로 국민의 요구와 지지 그리고 동의에 의해서 결정되고 집행된다.

이러한 각 체제와 국가와 사회관계를 설명하면 〈그림 2-1〉에서 보는 바와 같이 권위주의 정치체제, 민주주의 정치체제 그리고 전체주의 정치체제 내의 국가와 사회간의 관계 패턴을 구분할 수 있을 것이다.

〈그림 2-1〉〈각 정치체제와 국가 및 사회와의 관계〉

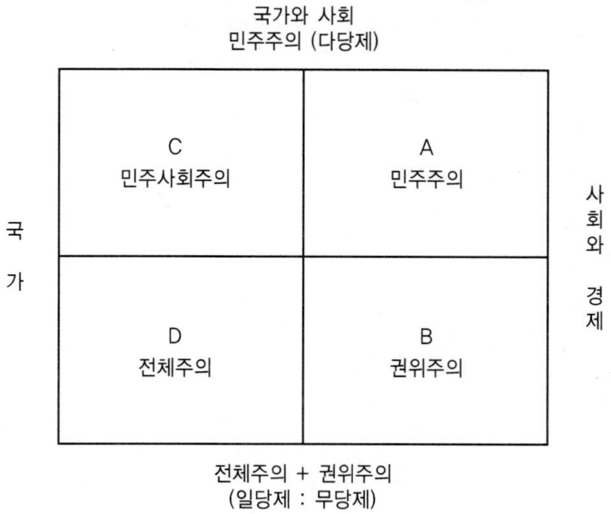

국가와 사회
민주주의 (다당제)

국가	C 민주사회주의	A 민주주의	사회와 경제
	D 전체주의	B 권위주의	

전체주의 + 권위주의
(일당제 : 무당제)

출처 : Macridis(김강녕 역), "전게서", p. 37.

오른쪽 A의 민주주의에서는 사회생활이 항상 어느 정도로 경제적 · 사회적 · 문화적 및 교육적 권리추구와 관련해서 자유롭고 자발적임을 시사하고 있다. 미국과 서구제국들은 A에 속한다. 아랫부분 오른쪽 B의 권위주의정치체제에 속하는 국가나 정치체제는 국가가 지배세력(The Dominant Force)으로써 권력을 행사하지만 경제 및 재산권과 관련된 특정한 사회세력(한국의 제5 공화국시 재벌) 특히 교회와 같은 특정한 결사체에게는 상당한 자율성이 부과되기 때문이다.

따라서 권위주의 체제(B)에서는 민주주의 체제(A)와 같이 널리 보급된 정치적 자유와 다당제는 존재하지 않거나 있어도 매우 제한되었다고 볼 수 있다.[16)]

16) MaCridis(김강녕 역), "전게서," p. 37.

2. 정치체제와 정책과의 상호관계

지금까지 정치체제의 특징을 권위주의 정권과 민주주의 정권과 비교하여 살펴보았다. 그러면 정치체제와 정책결정에는 어떤 상호관계성이 존재하고 정치체제의 유형에 따라 어떤 정책적 행태로 나타나는지를 살펴보고자 한다.

1) 정책개념

정정길은 '정책' 개념에 대한 명확한 정의를 내리지 않고 다만 여러 학자들의 개념 정의를 소개하는 것에 그치고 있는데[17], 이것은 연구자들마다 그 관점과 견해가 다르기 때문에 정책을 한마디로 명확하게 규정하기가 어렵다는 것을 시사한다.

따라서 본 논문에서 사용하는 '정책' 개념은 여러 학자들의 주장을 통해 공통적으로 나타나는 개념을 종합정리하고[18] 이러한 시도를 통하여 재 정의된 개념으로 이해될 수 있다.

H. 라스웰(Lasswell)은 정책을 "사회변동의 계기로서 미래탐색을 위한 가치와 행동의 복합체"[19]이며, "목표와 가치, 그리고 실제를 포함하고 있는 고안된 계획"[20]이라고 정의하였고, D. 이스턴(Easton)은 정책을 "사회 전체를 위한 제 가치의 권위적 배분", "정치체제가 내린 권위적 배분"[21]이며, 권위적 산출물의 일종으로 보고 있다.

---

17) 정정길, 「정책학원론」, (서울: 대명출판사, 1993), pp. 52-53.

18) R. H., "The Analysis of Public Policy : A Search for Theories and Roles," in Austin Ranney(ed.), Political Sciences and Public Policy (Chicago : Markham Publishing Co., 1968), pp.151~154.

19) Lasswell, H. D., "The Policy Orientation" in Daniel Lerner(ed.), The Policy Sciences (Stanford University Press, 1951), pp.11~13.

20) Lasswell, H.D. & Kaplan, A., Power and Society (New Haven : Yale University Press, 1970), p.71.

21) Easton, D., The Political System (New York : Alfred A. Knopf, Inc., 1953), p.129.

C. 린드블룸(Lindbloom)은 정책을 "상호타협을 거쳐 여러 사회집단이 도달한 결정으로서 과정의 산물"[22]로 보고 있다. 살리스버리(Salisbury)는 정책을 "정부행위자가 작성한 권위적 내지 강제적 결정"[23]이라고 정의하였다.

이와 같이 여러 학자들의 견해를 종합 검토해 볼 때, 정책은 주로 공공기관, 즉 정부활동과 관련이 있으며, 사회전체를 위한 제 가치들 내지 자원들을 권위적으로 배분하는 결정행위로서 이는 국민에 대하여 권위 있는 것으로 받아들여야 하는데 국민이 이를 어길 때에는 가치박탈을 의미한다. 또한 정책에는 실현하고자 하는 목표가 있다는 것이며, 그러한 목표는 미래에 달성되어야 한다는 점에서 의도적이고 계획적인 행동지침을 동반하고 있다.

지금까지 정책개념에 대한 학자들의 정의를 인용하였는데, 정치체제와 정책은 어떤 상호관계에 있는지 살펴보고자 한다.

2) 정책과 정치체제의 상호관계

정책은 정치체제에 따라서 그 결정과정과 내용, 행위자의 규범 등에서 차이가 발생한다. 정치체제와 정책의 관계에 대해서는 여기에서는 일반적인 특징, 그리고 민주주의와 권위주의 정치체제와 정책의 관계 등 두 가지를 기술하고자 한다.

첫째, 정책의 일반적인 특징과 관련하여 기술하면 정책은 D. 이스턴이나 정정길의 주장처럼 정치체제가 내린 권위적 산출물의 일종이거나 또는 정치체제의 산물[24] 이라고 볼 수 있다.

국민이나 집단이 사회 · 정치문제의 해결에 대한 요구나 지지를 하

22) Lindbloom, C. E., The Policy-Making Process (N. J. : Prentice Hall, 1968), p.4.

23) Salisbury, R. H., 상게서, pp.151~154, p.152.

24) 정정길, "전게서," p. 99,

면 정치체제는 이중의 일부를 정책문제 내지 정책으로 전환시켜 환경으로 내 보내는데, 정책결정에서 가장 중요한 변수는 정치체제와 사회경제적 환경이며 이 가운데 정치체제는 정책의 변화를 일으키는 힘으로 볼 수 있다.

정정길에 의하면 정책에 가장 큰 영향을 주고 있는 변수는 사회경제적 환경이지만 그것을 일정한 방향으로 변화시키는 힘은 정치체제라고 하였다.

정책의 내용에 영향을 미치는 정치체제의 특성은 정치체제의 담당자, 정치체제의 분위기와 규범, 정치체제의 구조 등 세 가지로 요약할 수 있으며 이 요소와 환경, 정책과의 관계성은 〈그림 2-2〉에서 보는 바와 같이 정리될 수 있다.

정치체제의 담당자들이 환경으로부터 국민이나 압력단체들의 지지와 요구를 투입 받아 정책을 산출하는 데는 담당자가 지니고 있는 속성, 정치체제 내부의 분위기와 규범, 정치체제의 구조 등이 정책결정에 영향을 미친다.

정책담당자는 두 가지 속성이 정책에 커다란 영향을 미치는데 그것은 능력과 성향이다. 정책담당자의 능력은 두 가지 측면에서 정책의 질이나 내용에 영향을 미치게 되는데 하나는 문제해결을 위한 지식이나 경험 등 전문적 능력이며, 또 하나는 상호 충돌되는 이해관계를 조정할 수 있는 정치적 능력이다. 정치적 능력은 개인이 체득한 개인적인 속성도 있지만 개인이 차지한 정치체제의 구조상의 위치에 부여되는 것이 대부분이다.

〈 그림 2-2 〉〈 정치체제의 특성과 정책과의 관계 〉

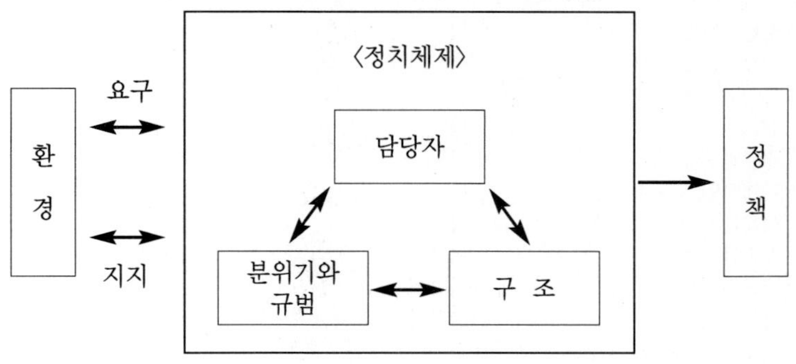

출처: 정정길, "전게서," p.99.

정책 담당자의 성향은 흔히 신념, 가치관, 태도, 의식 등으로 표현되기도 하는데 정책의 특정 내용에 대한 정책담당자의 선호도 또는 태도를 의미한다. 이러한 성향은 어떠한 내용을 지닌 정책을 결정하고 어떻게 이를 집행하며 무엇을 기준으로 정책을 평가하느냐에 커다란 영향을 미치게 된다.

정치체제 내부의 분위기와 규범은 정치이념, 정치 · 행정적 풍토 등을 포함하는 개념이며 정치체제가 우선적으로 달성하려는 가치, 국민과의 관계설정, 정책 수단의 선택을 결정짓는 가치체제 전체를 가리킨다.

〈표2-1 〉 〈 권위주의 체제와 민주주의 정치체제의 비교 〉

구 분	권위주의 체제	민주주의 체제
1. 통치구조에 대한 제한	없다	많이 있다
2. 실제적으로 유효한 책임	없다	상당히 크다
3. 통치구조의 조직	-	-
국가	있다	국가와 국가기관
관료와 군대	있다	국가 · 국가기관에 예속
개별적인 지도자	있다	선거에 의한 지도자
4. 정치기관의 사회침투	약하다	제한적이다
5. 지지를 위한 동원	약하다	가변적이다
6. 공식적 이데올로기	약하다	약하다
7. 정당	존재하나 무기력	다수정당제
8. 경찰 · 무력에 의한 위협	있다	-
9. 개인의 권리보호	-	-
형태적인 면	?	있다
실질적인 면	없다	대체로 있다

출처: 매크리디스(김강녕 역), "전게서", p. 38.

예를 들면 과거 박정희 정권에서 보듯이 경제성장 제일주의, 안보우선주의, 관 주도와 이에 따른 민간사회의 자율성 저하, 권위주의 문화 등은 정치체제의 분위기 및 규범에 속하는 개념들로서 이 요소가 정책결정에 많은 영향을 준다고 할 수 있다.

둘째, 정책은 정치체제의 기초를 이루는 기본적 가치에 따라 권위주의 정치체제와 민주주의 정치체제 사이에 차이성이 존재한다.

이러한 차이점은 〈표2-1〉에서 보는 바와 같이 민주주의 정치체제와 권위주의 정치체제를 특징짓는 설명적 모형으로서 요약할 수 있다.

이 모형을 기준으로 ① 통치구조의 제한, ② 통치구조의 조직, ③ 정당, ④ NGO와의 관계성, ⑤ 공식적인 이데올로기, ⑥ 국가와 시민사회와의 관계 등 6가지를 권위주의 정치체제와 민주주의 정치체제에 대비하여 살펴보기로 한다.

첫째, 통치구조의 제한과 관련하여 권위주의 정치체제에서는 이러한 제한과 책임성이 없다고 할 수 있다. 이에 비해 민주정치에서는 국가 및 그 기관에 대하여 제한이 있으며, 일반대중은 관료들에게 그들의 행위에 대한 정치적 · 법률적 책임을 지우도록 하는 경향이 상당히 크다고 할 수 있다.

둘째, 통치구조의 조직과 관련하여 권위주의 정치체제는 군대의 참여와 영향력이 압도적으로 높고, 민중의 참여가 낮으며, 시민의 권리 특히 정치적 권리가 존재하지 않거나 매우 심한 제한을 받는 특징을 갖는데 비하여 민주주의 정치체제에서는 그 반대적 경향을 보여주는 특징이 있다.

셋째, 권위주의 정치체제는 정당이 존재해도 무력한 상태에 있는 반면, 민주주의 정치체제에서는 정치적 경쟁과 개방적인 선거로 다수정당제를 형성하며 민주주의적 토론을 위한 기구들을 발전시키는 경향이 높다고 할 수 있다.

넷째, 권위주의 정치체제는 제한과 책임의 룰이 지배를 받지 않기 때문에 이익 집단과 이익단체를 복종시키고 통제할 수 있는 다양한 방법을 사용한다. 반면에 민주주의 정치체제에서 정부는 국민을 대표하여 행동한다. 정부가 다양한 사회의 세력과 집단을 대표하고 궁극적으로 정부의 권력을 낳게 한 근원인 국민에 대하여 책임을 지기 때문이다.

다섯째, 이데올로기의 역할과 관련하여 민주주의 정치체제는 다수의 계층, 다양한 이데올로기들을 좌파-중도-우파 등의 정당들을 통해서 대변하고자 한다. 이에 비해 권위주의 정치체제에는 정치적 이데올로기가 존재하지 않지만 설령 존재한다 하더라도 그것은 실용적인 사안들, 즉 경제부흥, 법과 질서의 유지 등의 형태로 나타나며 전체적인 가치추구를 통하여 정통성을 획득하고자 한다.

여섯째, 권위주의 정치체제에서는 시민사회와 국가간의 관계가 불균등하고 국가가 시민사회를 압도하는 반면 시민사회는 조직화되어 있지 않다. 이에 비해 민주주의 정치체제에서는 시민사회가 자신들의 주장과 관점을 조직하고 유포하며 공통의 관심사를 형성하여 국가와는 독립적이고 자율적인 경향을 갖는다.

지금까지 기술한 바와 같이 정책은 정치체제가 기초하고 있는 규범적 가치에 따라서 차이가 발생하게 된다. 즉, 정책은 정치체제가 기초하고 있는 정치적 가치, 그리고 정치체제를 구성하고 있는 입법부(국회), 사법부, 행정부 등의 단위에 따라서 정책의제의 설정, 정책결정과 집행 등에서 차이를 나타내게 된다.

정치체제에 따른 정책의 차이에 대해서 다음에서 기술하는 체육정책과의 관계에서 구체적으로 살펴보기로 한다.

3. 정치체제와 체육정책과의 관계

정치체제의 유형에 따라 중앙정부는 물론 지방자치단체 등의 체육정책도 달라진다. 따라서 체육정책결정은 정치체제가 의도하는 바에 의해서 영향을 받게 된다.

이러한 이유로 인하여 정치체제가 정책, 그리고 체육정책에 미치는 영향은 지대하고 정치체제의 유형에 따라서 체육정책의 목표, 내용 그리고 그 수단투입 방법도 달라질 수 있다. 여기에서는 먼저 체육정책의 개념을 살펴보고 체육정책과 정치체제와의 상호관계를 논하고자 한다.

1) 체육정책 개념

앞에서 기술한 바와 같이 일반적인 '정책'의 개념에 비추어 체육정책 개념도 다양한 정의를 내리고 있는 바, 이들은 "정부가 이룩하고자 하는 사회를 건설하기 위하여 스포츠 측면에서 정부가 결정하고 수행하는 활동[25] 체육의 목적이나 가치를 지향하는 의사의 결정이나 행위[26], 또는 체육문제 해결을 위한 정부의 활동"[27] 으로 정의 내리고 있다.

따라서 체육정책은 "정부(국가수준)의 스포츠에 대한 통치행위이며, 국가가 체육에 관한 목적 · 목표달성 또는 문제해결을 위해서 의도적, 권위적으로 계획하고 결정한 행동의 방안 · 방법"[28] 으로 본 논문에서는 이해하고자 한다.

그런데 체육정책은 체육정책목표와 이를 달성하기 위한 수단으로 구성되어 있으며, 체육정책의 목표란 정부의 권위 있는 기관이 공식적으로 체육에 관한 기본방침을 결정하게 되는데 이 기본방침을 체육정책의 목표라 할 수 있다. 예를 들면, 엘리트체육의 지속적 육성과 생활체육의 활성화, 체육정책을 통한 국민체력의 향상과 국위선양 또는 국민의 건강과 삶의 질 향상 등을 예로 들 수 있겠다.

결국 체육정책의 목표는 체육정책수단 선정의 기준이 되고, 체육정책집행의 지침이 되며, 체육정책평가의 기준이 된다.

한편, 체육정책의 수단이란 정책목표를 달성하기 위한 각종 수단을 의미한다. 수단은 체육정책의 실질적 내용으로써 체육정책의 가장 중요한 구성요소가 된다. 왜냐하면 체육정책에 의해서 체육정책대상자가 피해를 입거나 혜택을 보는 경우에 그 직접적인 원인은 체육정책 수단에 있기 때문이다.

체육정책수단은 국민들의 체육활동에 직접적인 영향을 미치기 때문에 이를 둘러싼 체육 관계자와 이해 당사자간의 갈등은 심화될 수 밖에 없다. 체육정책을 둘러싸고 일어나는 갈등이나 타협에서는 어

---

25) 이범제, 「체육행정의 이론과 실제」(서울:서울대학교 출판부, 1999), p.66.

26) Lasswel, H.D. & Kaplan, A., 전게서, p.71.

27) Dubnick, M. J., & Bardes, B. A., Thinking about Public Policy-A Problem Solving Approach(New York John Wiley & Sons, Inc. 1983).

28) 김경수 · 서상옥, "국민체육진흥법 제정 배경에 관한 연구," 「한국체육학회지」, 제32권 2호 (1993), p. 188.

떠한 체육정책수단을 투입하느냐가 그 문제의 핵심이다. 사실상 체육정책목표에 대한 갈등은 어느 특정목표가 결정될 경우 그에 따라 채택될 가능성이 크다고 예상되는 체육정책수단에 대한 이해관계 때문에 일어나는 것이 대부분이다.

체육정책은 정부가 체육부분에서 설정한 목표를 달성하기 위하여 정부가 결정하고 집행하는 활동이라고 할 수 있다. 이러한 체육정책은 국민에 대한 강제성과 다른 사회단체들에 비하여 독점성을 갖는다.[29)]

2) 정치체제와 체육정책의 상호관계

한 나라의 체육정책은 정치체제의 유형에 종속되어 왔다. 정치체제가 스포츠[30)]를 이용하는 현상은 고대 로마시대에서부터 시작되어 현대사회에서 두드러지게 나타나고 있는데, 이러한 원인은 스포츠를 통한 정치적 효과, 이데올로기의 대리적 경쟁, 사회적 목적의 달성, 국력의 과시를 잘 나타내주는 효과[31)]가 크기 때문이라 할 수 있다.

29) 김두현, "엘리트체육 진흥을 위한 투자우선순위에 관한 연구", 서울대학교 대학원 박사학위논문, 1998.

30) 스포츠의 어원은 고대 로마시대의 라틴어 deportare에서 기원한다. 이 말은 deportare는 de(always)와 portare(carry)의 합성어로서 어떤 물건을 한 장소에서 다른 장소로 옮긴다는 뜻이었으나 후에가서 '기분전환 혹은 즐기는 것'을 의미하게 되었다. 그 후 13세기경에 deportare개념은 프랑스로 전해져 desporter, desport가 되었고 이것이 영국에서 sport가 되었으며 19세기 이래 스포츠는 운동경기를 의미하게 되었다.

31) 체제선전의 수단으로서의 기능도 발휘한다. 구소련은 1950년대 이후 국제 스포츠경기의 정치적 효과를 인식하고 수백만 루불을 투자한 결과 1952년 헬싱키 올림픽에서 22개의 금메달로 종합순위 1위를 차지하는 등 구소련이 붕괴되기 전까지 체제의 우월성을 과시하는 수단으로 이용하였다. 한편, 스포츠는 외교적 항의도구로도 이용된다. 1980년 모스크바 올림픽의 경우 구소련의 아프카니스탄 침공에 대한 외교적 항의 표시로서 서방 국가가 불참하였으며, 1984년 LA 올림픽에서는 이에 불만을 품은 동구권이 불참하여 항의수단으로 삼았다. 정동구.하웅용, 「스포츠정책사론」(서울 :한국체대스포츠정책연구회, 2001), pp. 102~104.

일반적으로 정치체제는 그 출발부터 권위주의 또는 민주주의의 기본 가치들을 갖고 있으면서 이를 일반적인 국가정책이나 체육정책을 통하여 반영시키려고 한다. 체육정책이 국가정책의 하나로 계획 · 집행되면 다른 공공정책과 마찬가지로 정치체제에 종속되어 그 정책내용이 달라지며, 국민적 동의와 지지, 질서를 창출하는 과정도 달리 나타나게 된다.

권위주의 정치체제는 동의를 조작하고 통제하며 개인적 권리에 대한 관심이 적고 그 허용의 정도도 낮다. 이에 따라서 체육정책에서도 그러한 경향이 나타난다고 할 수 있다.

권위주의 체제에서는 매크리디스가 언급한 것[32]처럼 국민적 동의를 얻을 수 있는 수단이 거의 없기 때문에, 국민의 지지를 유인하기 위하여 스포츠를 흔히 이용하는 경향이 있다.

이에 반하여 민주주의 정치체제는 국민적 동의에 의해서 형성된 정치적 권위를 인정받는 데서부터 출발하였기 때문에 지시나 간섭, 통제 위주의 정책을 결정하는 경향이 적고 체육정책의 결정과 집행에 있어서도 같은 원리가 적용된다고 할 수 있다.

한국에 있어서 체육정책이 정치체제에 종속되어 국가정책으로 추진되기 시작한 것은 박정희 정부에서부터 시작되었다고 볼 수 있다. 그리고 그 이후 전두환 권위주의의 정치체제의 체육정책은 한마디로 정책결정의 비민주성, 국민 일부만이 참여할 수 있는 엘리트체육에 대한 국가적 관심의 집중, 국민적 요구에 대한 과소 반응, 체육조직과 예산에 대한 정치권력의 개입과 체육관련 NGO조직에 대한 정부의 강제와 수직적인 지시에 의한 운영으로 특징지어지고 있다.

그러나 김대중 정부는 민주주의적 가치에 따라서 체육정책 또한 이전 정권과는 많은 차이를 보여준다. 정책을 결정하는 과정에서 국

32) 매크리디스(김강녕 옮김), "전게서," p. 360.

민에 대한 반응은 물론 체육NGO조직에 대한 민주적 운영방식 등을 비교해 볼 때 많은 차이가 나는데 이것은 보다 민주적 가치를 추구하고자 하는 정치체제의 유형에서 비롯된다.

이와 같이 정치체제의 유형에 따라 체육정책의 결과가 달리 나타나는 배경을 간략히 살펴보았다. 그러면 다음절에서는 체육정책의 목표와 내용, 그 영향에 대한 이론을 구체적으로 논의하기로 한다.

제2절 체육정책의 목표와 내용과 관련된 기존이론의 검토

1970년대 이전만 하더라도 사회과학이 보는 스포츠에 대한 시각은 사회전체를 구성하는 하나의 기능적 요소로 분석되었던 바, 스포츠는 주로 사회적 갈등과 긴장의 해소에 기여하거나 훈련과 행사를 통하여 사회신념과 가치들의 지속을 보장하는 수단으로 간주되었다.

스포츠를 정치, 경제와 연관지어 설명하려는 이론적 시각이 완전하게 확립되지 않았던 1970년 이전에 사회학 이론의 커다란 흐름을 형성했던 기능주의(Functionalism)혹은 갈등이론(Conflict Theory), 베버의 합리화론, 상호작용론(Interactionism) 등이 스포츠현상을 설명하는데 적용되었다.

스포츠와 정치 · 경제 및 사회이론과의 연계를 위하여 즉 스포츠정책의 분석의 틀을 모색하기 위하여 우선 사회과학에서 대표적인 양대(兩大) 학문적 흐름인 마르크스주의적 이론(Marxist Theories)과 막스 베버적 접근(Max Weberian Approach)방법 두 가지를 설명하고자 한다. 물론 스포츠의 사회이론은 사회과학의 이론적인 틀을 가지고 스포츠 현상을 설명하는 기초적인 이론이므로 완벽한 이론적인 틀은 갖추었다고 볼 수는 없다.

막스 베버적 이론이 스포츠를 사회를 표현하는 사회현상의 한 측면으로 보았다면 마르크스주의자들은 스포츠는 바로 노동관계를 반영하여, 자본주의를 그대로 유지시키는데 기여하는 중심과정으로 보았다고 할 수 있다.

그럼에도 불구하고 사회이론은 스포츠와 사회현상, 특히 정치현상을 이해하는데 많은 시사점과 유용한 시각을 제공하기 때문에 이들 이론들을 본 장에서 우선 논의하고자 한다.

1. 네오 마르크스주의적 학파들(Neo- Marxism)

근대자본주의의 가장 영향력 있고 완벽한 분석과 비판을 시도했던 학자는 칼 마르크스(Karl Marx, 1818~1883)였다.

칼 마르크스의 저명한 모토는 'de omnibus dubitandum'(모든 것에 대해 의문을 제기하라)이었다. 그는 사회생활의 어떠한 측면도 비판주의에 개방되어 있어야 한다고 보았다. 마르크스 생존시 스포츠가 오늘날처럼 중요한 역할을 하지 못했기 때문에 스포츠의 사회·정치적 기능에 대한 비판은 그 후 마르크스의 후학들에 의해서 수행되었다.

마르크스가 그의 저서 「자본론」에서 자본주의를 분석함에 있어 조직화된 스포츠의 사회·정치적 기능을 분석한 적은 없었지만 그의 후학들은 칼 마르크스가 스포츠를 해부하는데 매우 유용한 분석도구를 남겨놓았다고 믿고 있다.

그의 후학들은 1970년대 초 스포츠가 부르주아 계급 혹은 중간 계급의 이익에 기여했다거나 노동자 계급에 있어서 정치적 잠재력을 궁핍화시켰다거나 노동자 계급의 혁명의식을 무력화시켰다거나 어느 정도 그 사회의 지배 계급인 자본가 계급이 원하는 현상(권력과 부)의 유지에 기여했다는 등 스포츠의 역기능을 비판했다.

칼 마르크스의 후학들은 통상 네오 마르크시스트로 간주되고 있는 바, 스포츠에 관한 네오 마르크시스트적 접근은 크게 3가지 학파로 나뉘어진다[33].

첫째가 프랑크푸르트 학파(The Frankfurt School)를 대변하는 프랑스 학자인 장 마리 브롱(Jean-Marie Brohm)과 독일 이론가인 베로 리가워(Bero Rigauer)로써 이들의 이론을 "비판적 이론"(Critical Theory)이라고 부른다.

둘째로 이태리 마르크스주의자인 안토니오 그람시(Antonio Gramsci, 1891~1937)의 헤게모니 이론을 스포츠 정책연구에 적용한 주요학자는 G. 하그리브스(Gennifer Hargreaves), R. 그루노(Richard Gruneau), 그리고 P. 호크(Paul Hoch) 등이다.

세번째 학파로 마르크스주의적 사상과 자신의 해석을 혼합시킨 W. 모간(William Morgan)의 이론을 들 수 있다.

이들 세 가지 이론을 요약 정리하면 다음과 같다.

1) 비판이론(Critical Theory)

J. M. 브롱(Brohm), B. 리가워(Rigauer) 등 '스포츠 분야의 비판이론가'들은 마르크스주의로부터 영향을 받았던 프랑크푸르트 학파의 비판이론을 스포츠와 대중문화현상에 접목을 시도하였는데, 이들은 자본주의 체제하에서 스포츠의 성격을 자본주의의 축소판 혹은 거울(mirror)로 간주하고, 스포츠를 지배계급인 자본가계급의 이익증대의 수단으로 규정하였다.

비판적 이론가들은 젊은 마르크스 즉 1845년 이전의 마르크스의 중심사상개념인 인간의 자유 즉 휴머니즘에 그의 사상적 기저를 찾고 있다. 그들에 의하면 인도주의를 강조한다는 것은 다시 말해서

33) Ellis Cashmore, Sports Culture, : An A-Z Guide, (London and New York, 2000), pp. 250- 257.

인간노동의 중요성을 강조하는 것을 의미한다. 마르크스나 그의 후학들인 비판이론가들은 단지 노동을 통해서만 인간은 그들의 창조력을 표현할 수 있다고 보고 있다.

그들은 인간의 세계와 물질세계의 관계는 원래 자유롭게 표현되어지는 관계이어야 하는데 자본주의 조건하에서 인간 특히 노동자 계급은 소외되는 관계로 전락되었다고 주장하고 있다.

브롱(Brohm)과 리가워(Rigauer)[34)]는 공히 현대 자본주의사회의 스포츠 활동을 노동의 한 형태로 보고 브롱(Brohm)의 저서인 "측정된 시간의 포로 수용소"에서 스포츠인들은 경기를 하는 동안 "매우 소외된 노동자로써 마치 감옥의 포로와 같다"고 비유하고 있다.[35)]

스포츠 활동의 패턴, 형태 그리고 기능들은 노동으로부터 도출된다. 즉 그의 스포츠의 기술과 활동들은 쉽게 산업생산과정에 적용될 수 있고 스포츠 활동이 요구하는 기강과 훈련도 공장 노동의 그것과 유사하다는 것이다.

스포츠는 바로 노동을 반영시키는 것은 아니다. 그것은 산업노동의 한 형태로써 대규모 자본주의 체제의 "하나의 하위체제" 이상의 것도 아니라는 것이다.

브롱(Brohm)은 그의 저서 "측정된 시간의 포로수용소"(A Prison of Measured Time)에서 업적주의(혹은 성과주의)원칙이 노동과 스포츠에 공히 적용된다는 측면에서 스포츠를 설명하고, 이는 경쟁, 정량화, 노동의 분업, 개인행동의 규범적 표준화 그리고 규율, 바른 매너와 부르주아 생활의 합리화된 스타일 등을 수반하고 있다고 지적하고 있다.

그는 스포츠가 자본가 계급에 봉사해왔던 자본주의체제를 영구화

34) Bero Rigauer, Sport and Work, (Columbia University, 1981). pp. 37-39,

35) Brohm, J. M., Sport: A Prison of Measured Time, (London: Ink Links, 1978), p.2

시키기 위하여 그들에 의해서 이용된 바로 "다른 형태의 억압적 폭력"(another repressure force)이라고 결론짓고 있다.

스포츠는 이러한 의미에서 자본주의를 위해 편의성만을 단순히 제공하는 것만은 아니다. 즉 스포츠는 권위에 대한 존경, 성취 윤리, 상사에 대한 복종, 의무감, 자기헌신 등 스포츠의 성공과 자본주의의 지속에 필수적인 모든 것을 포함하는 부르주아 신념과 행위를 주입시키는 매우 중요한 목적에 기여하고 있다.

비판이론가들이 주장하는 스포츠 정책과 자본가 계급간의 관계를 정리한다면 다음과 같다.

첫째, 스포츠는 현대 자본주의 생산에서 요구되는 규칙을 노동자들이 받아들이는 수단으로 활용되었기 때문에 유순한 노동력(docile labour force)을 길러내는데 도움을 준다.

스포츠는 현대의 대량생산 과정에서 요구되는 힘든 노동, 고도의 전문화 · 규격화 · 관료화된 행정에 긍정적인 영향을 끼치도록 고안되었고 이것은 다시 업적향상과 대량생산을 증대시키도록 재 고안되었다.

둘째, 스포츠는 완전히 상업화되어 시장의 힘에 의해 지배되며 선수들이나 선수가 속한 팀은 국내외적으로 하나의 상품처럼 취급된다. 스포츠와 빅 게임은 자본주의의 기업 속에 편입되어 대중소비를 위해 매매되는 여타의 상품과 마찬가지로 스포츠 또한 선수들의 이동, 트레이드와 같은 방식으로 거래되며 소비자들에게 구매된다는 것이다.

셋째, 스포츠는 이기적이며 공격적인 개인주의, 심화되는 경쟁, 기회의 평등의 속성을 가지고 있기 때문에 권위에 대한 존중(경기에 대한 존중), 성취윤리, 상사에 대한 복종(심판과 감독에 대한 복종), 의무감, 자기헌신 등 스포츠의 성공과 자본주의 사회 - 그 사회가 권위주의 체제이건, 제국주의이건 관계없이 - 에서 자본주의적 이데올로기를 주입시키는 자본주의적 목적에 기여하고 있다는 것이다. 이러한 이데올로기적 효과는 소외된 사람들에게까지 파급된다는 것이다.

넷째, 스포츠는 자본가 계급에 봉사해왔던 자본주의 체제를 영구화시키기 위하여 그들에 대해서 이용된 바로 다른 억압적 폭력이라는 것이다.

다섯째, 국가자본주의를 추구하고 있는 국가는 이 모든 것들을 능동적으로 생산해낸다. 즉 자본가의 이익을 대변하는 국가는 스포츠에 대한 개입을 통해서 모든 스포츠를 자본주의의 요구와 연결시켜 운영한다는 것이다.

2) 헤게모니 이론(Hegemony Theory)

A. 그람시(Gramsci)가 의도했던 헤게모니론은 자본주의 사회에서 자본가계급이 어떻게 헤게모니를 확립하고 유지하는가, 헤게모니의 성격과 내용은 무엇인가, 그리고 자본가계급의 헤게모니에 존재한다는 조건에서 노동자 혁명을 위한 가장 바람직한 방법은 무엇이며 노동자계급의 대항헤게모니(counter hegemony)는 어떤 조건에서 가능한가를 규명하고자 한 것이다.

헤게모니 개념은 마르크스주의를 재해석한 안토니오 그람시가 사용했던 용어이다. 원래 문화와 관련된 그람시의 헤게모니론은 피지배집단의 적극적인 동의에 기초하는 지배의 한 유형으로서 다음과 같이 정의된다:

> "헤게모니(hegemony)는 이데올로기를 통해 작동하지만 그것은 허위의 이념, 기만, 그리고 규정(definition)으로 이루어지는 것이 아니다. 헤게모니는 핵심적인 제도, 그리고 권력의 지배질서의 사

회적 권위를 통해서 일차적으로 피지배계급에 스며들어간다. 무엇보다도 그것은 이러한 구조들이며 피지배계급이 종속되어 살아가는 관계성이다."[36]

헤게모니 개념은 후기에 가면서 많은 변화가 있었다. 헤게모니는 형성되었거나 형성되어 가는 의미(meaning)와 가치(value)의 살아있는 체계이며, 상호 확인되는 실천으로 보기도 한다. 이것은 현실에서 경험된 것이기 때문에 대부분의 사람들이 사회에서 실재하는 것으로 느끼도록 만든다. 따라서 헤게모니는 모두가 공유하는 문화를 창조하여 신념과 사상, 가치, 원칙 체계를 만들어 가는데, 이러한 가치체계는 현상의 질서를 유지하고 뒷받침하며 교육, 미디어, 정치제도가 여기에 해당한다. 나이슨(Naison, M)은 스포츠까지도 가치체계를 만드는 요소[37]로 보고 있다.

이와 같은 헤게모니 개념은 그람시가 대중의 동의에 기반을 두고 다스리는 자본가계급이 지배양식을 분석하는 데 있었고, 헤게모니는 단지 지적인 이데올로기만을 생산하는 것이 아니라 삶의 조건으로부터 경험하는 인간의 의식을 통해 형성되기 때문에 노동자계급에게 개혁, 개선, 혁명의 역할을 부여하려는 것이었다.

그람시(Gramsci)의 헤게모니이론을 스포츠 정책에 적용한 학자들로는 R. 그루노(Gruneau), R. J. 하그리브스(Richard J. Hargreaves) 그리고 P. 호크(Hoch) 등이 있다.

그루노(Gruneau)와 하그리브스(Hargreaves)는 자본주의 사회에서 스포츠의 중앙 집권성을 지적하지만 비판주의 이론가들의 스

36) Gramci, A., Selections from Prison Notebooks. (London: Lawrence & Wishart. 1971), p. 164.

37) Naison, M., "Sports, and the American Empire," Radical America, vol. 6, No.4(July/August, 1972), p.100.

포츠 기능에 대한 해석은 너무나 기계적이라고 보고 있다. 그들의 주장대로 스포츠는 자본주의 경제의 절대 명령으로부터 나오는 사회의 생산기반인 그 성격과 목적에 의한 경직된 관계 속에서만 존재하지 않는다.

만약 그렇다면 스포츠는 참여자들에게 무엇을 의미하고 참여자들과 그들이 환경을 바꾸는 잠재력을 갖는 체험들 보다 오히려 자본주의 경제의 부수현상 내지 부산물일지도 모른다는 것이다.

헤게모니 이론가들은 자본주의 논리에 단순히 반응하는 것보다 인간의 역할을 오히려 실질적인 문제에 개입할 수 있고 매사에 능동적이길 바란다.

비판적 이론가들이 마르크스의 휴머니즘과 인간역사를 변화시키는데 있어 인간의 실제성에 의해서 감동되었음에도 불구하고 스포츠에 대한 그들의 실제 이론들은 인간사회의 변화에 희망을 거의 주지 못하고 있다. 헤게모니이론에 의하면 스포츠에는 사회를 보수화시키거나 파괴시키는 어떠한 본질적인 것도 존재하지 않는다. 즉 스포츠는 사회 변혁을 위한 어떠한 필수 불가결한 것을 갖고 있지 않다는 것이다.

자본주의 사회에서 스포츠는 그 사회의 모든 현존 질서를 지지해왔지만 스포츠가 왜 사회변혁과 해방적 효과를 가질 수 없는지에 대한 이유도 제공하지 못하고 있다는 것이다. 그러나 특히 그루노(Gruneau)[38]의 분석에 의하면 스포츠가 자본주의 사회에서 그의 제도적 형태들 속에 보다 구조화되었기 때문에 스포츠는 스포츠에 참여하는 자들을 해방시키기 보다 오히려 규제를 받고 통제를 받고 있다는 것이다.

그에 의하면 스포츠의 해방적 특징들이란 자발성, 표현의 자유 그

38) Gruneau, Richard, Class, Sports and Social Dvelopment, (University of Massachusetts Press, 1983); Cashmore, op. cit., 253-254.

리고 미학적인 아름다움을 의미하고 있다. 정치적으로 스포츠는 여성운동, 인권 운동, 그리고 부정의와 불평등에 대한 항의 시위 등에 대해 기여하는 일종의 연대의식을 산출할 수 있다. 스포츠에는 자본주의 사회의 현상 유지에 반대하여 힘을 동원하고 그것과 바로 투쟁할 수 있는 기회들도 있다.

역사적으로 이러한 현상은 항상 일어나지는 않았지만 특히 노동자 계급 속에서 스포츠에 대한 열광은 사회질서를 보강해 왔다.

노동자 계급이 오락(놀이)으로서의 스포츠에 몰입함으로써 스포츠의 가치와 원칙들에 동화하는 경향이 짙다. 그리고 스포츠의 가치와 원칙들의 대부분은 일반사회의 가치와 원칙과 거의 일치하고 있다.

페어플레이(공정한 경기)와 인간능력이 허락하는 한 성취하고자 하는 기회는 스포츠에 있어 신성불가침 한 것이다. 스포츠 세계에서와 같이 능력주의 사회의 건설이라는 이상들은 자본주의 사회에서도 매우 중요하다.

스포츠는 자본주의 사회를 정당화시킨다. 노동자들은 이러한 가운데 어떠한 자본주의 사회에서 소득, 부 그리고 위신의 배분에 있어 총체적이나 구조화된 불평등이 존재한다는 사실과 이러한 사회 · 경제적 가치들은 가난한 자보다 부유한 자에게 더 유리한 상속제도를 통하여 다음 세대로 이어져 상속받게 된다는 사실을 잊는 경향이 짙다.

헤게모니이론가들에 의하면 빈곤자 내지 절대 빈곤자들은 이러한 현상을 상식으로 받아들인다. 그들은 하찮 것 없는 인간에게 그러한 중요한 가치들을 부여해야 한다는 체제의 정당성에 의문을 제기하지도 않는다. 스포츠는 능력위주사회의 선과 모든 사람이 사용할 수 있을 것 같지만 실제로는 사용할 수 없는 인간의 기회의 균등을 촉진함으로써 자본주의 체제의 유지를 조장하고 있다는 것이다.

하그리브스(Hargreaves)는 여기에 더하여 스포츠가 흥미와 환상을 위하여 노동자 계급들의 열광을 갖게 하는 반면에 오늘날 노동자들은 스포츠의 상품화를 통하여 자본가 계급에 의한 상업적 착취의 대상이 됨으로써 스포츠에 의한 노동자계급의 비정치화 효과를 얻을 수도 있다는 견해를 피력하고 있다.[39)]

그러나 그는 스포츠가 보편적으로 사악한 것만은 아니라고 지적함으로써 지배계급의 패권적 지배의 취약성을 강조하는 예리함도 보여주고 있다. 스포츠는 노동자계급 집단들을 동일한 목적을 향해 함께 동원시킬 수 있기 때문에 그들의 연대의식의 형성자로써 사용되어 질 수도 있다고 주장한다.

하그리브스(Hargreaves)는 이러한 연대의식이 역사적으로 자본가 계급에 분명한 반대를 할 수 있는 기반을 조성해왔다고 결론짓고 있다. 공공의 모임들은 항상 무질서를 위한 잠재력을 촉진해 왔고 국가의 통제를 유도해왔다. 스포츠에 대한 국가의 개입은 노동자계급의 적응과 도전을 동시에 촉진시킬 수 있다.

그러나 스포츠는 노동자계급의 단결과 지배적 이익집단들에 대한 저항을 위한 기반을 동시에 제공할 수 있다는 것이다. 이와 같이 하그리브스와 그루노는 둘 다 스포츠의 역기능과 순기능에 동의하고 있다.

그는 그의 저서 「스포츠와 권력, 그리고 문화」에서 스포츠 정책을 통한 지배계급과 노동자계급간의 상호관계를 다음과 같이 설명하고 있다 :

"지배계급이 스포츠 정책을 통해서 그 지위를 유지하기 위해서는 새로운 스포츠 조직이 전략적으로 설치되고 새로운 프로젝트가 만들어져 세상에 알려질 경우 이를 평가하는 여론에 따라서 새로

39) Hargreaves, J., Sport, Power and Culture, (St. Martin's Press, 1986). pp. 174-5.

운 프로그램이 보완되고 권력의 네트웍이 형성된다. 그리고 이러한 프로그램이 실현될 경우 헤게모니는 성공한 것으로서의 가치를 인정받게 된다."[40]

이처럼 헤게모니를 획득하기 위해 여러 가지 전략을 동원한 결과, 하그리브스는 스포츠가 두 가지 다른 방식으로 헤게모니에 기여하게 된다고 주장한다. 즉, 하나는 일반 노동자를 집단화하지 못하도록 격리하여 분절화(segmentation)하는데 기여하며 또 하나는 자본주의 헤게모니 하에서 사회조직을 통일시키는 데 기여한다는 주장이다.

그는 이러한 주장을 뒷받침하기 위하여 1950년대 이후의 영국을 분석대상으로 삼았다. 당시 영국에서 지배계급은 경제적 측면(노동조합)에서 강한 영향력을 행사하는 노동자 집단에 대해서 임금 인상, 생활조건 개선 등의 경제적인 양보를 하는 대신 문화적 영역을 확장하는 길을 택했다. 즉 산업화 초기부터 영국은 문화적 차원에서 통제의 역량을 보여 왔으며 노동자 계급이 스포츠와 자본가 계급의 헤게모니에 편입되는 시기였다.

그러나 헤게모니는 일회성에 그쳐서는 안 되며 끊임없이 일어나야 하며 또한 그렇게 시도되고 있는 것으로 해석하였다. 이와 동시에 헤게모니가 성공하기 위해서는 각각의 계급들에게 보상이 주어져야 한다는 것이다.[41]

특히 그의 주장에 의하면 1950년대 경제가 대중소비 시대로 진입하면서 국영방송이었던 BBC를 통해 스포츠 중계를 허용하고 스포츠를 상품화하면서 노동자계급 전체를 스포츠 영역에 성공적으로 편입할 수 있었다. 여기에 스포츠의 성과를 정치의식, 더 나아가 국

40) Hargreaves, J., Ibid., p. 205, pp.207-210.

41) Ibid., pp. 218-223.

가의식으로 발전시키면서 스포츠는 국가통합과 대외 이미지를 제고하는 전략 프로그램이 되었다는 것이다.

P. 호크(Paul Hoch)도 안토니오 그람시(Antonio Gramsci)의 헤게모니론에 의해서 영향을 받아 스포츠의 정치성을 설명하고 있다. 그는 그의 저서인 「거대한 경기를 이용하라」[42]에서 폭력과 강제가 아니고 설득과 합의에 의해서 착취적인 자본주의 체제들을 훼손시키지 않고 유지되게 하는 방법을 그람시(Gramsci)의 헤게모니론을 빌려 설명하고 있다.

그람시(Gramsci)에 의하면 노동자계급에 대한 지배는 권력을 쥐고 있는 집단들의 이익에 봉사하는 통제기구의 일부라는 것이다. 노동자 계급은 자본가계급의 지배와 통제에 동의하며 어떤 경우에는 심지어 억압에도 동의한다는 것이다. 이는 동의의 피동적 형태가 아니고 행복은 더욱 아니라는 것이다. 자본주의 문화는 가치와 신념들의 특별한 형태를 규정하고 있고 이러한 문화 속에서 노동자들이 성장한다는 것은 노동자들이 자본주의 문화의 가치들과 신념들을 자연스럽게 수용하는 것을 의미한다.

자본가계급은 자본주의 체제를 유지하는 것이 최선이라고 노동자들을 설득하는 가운데 모든 노동은 진행된다. 그러한 설득방법은 소위 "상식" 선에서 이루어진다.

호크(Hoch)는 노동자와의 합의를 조장하고 격려하는 아이디어들을 보급하는데 책임을 지는 하나의 전체적 기구가 있다는 그람시의 견해를 받아들이고 있다. 이러한 기구들이란 교회, 교육, 매스미디어, 정치제도 등을 들고, 호크(Hoch)는 자본주의 유지의 목적을 위하여 무엇보다도 중요한 기구는 스포츠라는 것을 강조하고 있다. 즉 호크(Hoch)는 정치지배 엘리트들에 의해서 스포츠를 통한 노동자

42) Hoch, Paul, Rip off the Big Game, (New York: Doubleday ,1972). p. 2.

들의 착취를 지적하고 있다.

3) 모간(Morgan)의 이론

마르크스주의적 학파의 세 번째 지류로써 모간(Morgan)의 "비판 이론의 재건"(Reconstructed Critical Theory)을 들 수 있는 바, 이는 앞에서 언급한 것처럼 마르크스주의적 사상과 모간(Morgan)의 해석을 합친 이론이다.

모간(Morgan)은 1990년대 이후 스포츠의 대량 상품화 및 기업화의 현상을 지적하고 있다. 스포츠는 20세기 후반을 전후하여 스포츠의 제도들에 의해서 부패되어 왔으며, 특히 1940년대와 1950년대 경제적 그리고 정치적 세력들은 스포츠를 대량 소비의 상품으로 만들어 왔다고 주장한다. 모간(Morgan)은 그의 저서「스포츠의 좌파이론」에서 기업투자자들과 스포츠 행사 개최자들의 유사성을 다음과 같이 지적하고 있다:

> "우리들의 공장들을 조직화해 왔고 우리들의 노동의 성격을 형성해 왔던 기업가적 기획방법은 우리의 여가와 스포츠 활동에도 동일하게 적용하였다. 투자자들이 새로운 총판점을 짓기 위하여 모여들었다면 스포츠 행사를 개최하는 자들은 그들의 새로 얻은 자유로운 대리점을 위하여 부를 얻고자 하였다."[43)]

모간(Morgan)은 이러한 스포츠의 대량 상품화 현상은 스포츠 활동의 일면이 기업 활동의 일면과 매우 유사하다는 것을 보여주는 것이라고 지적하고 있다. 이 점에 있어서 지배계급들은 억압에 덜 의

43) Morgan, William J., Leftist Theories of Sport: A Critique and Reconstruction, (University of Illinois Press, 1994). pp. 61- 62

존하며 시장에 더 의존하고 있다. 새로운 경영자계급이 대량 생산과 소비의 기구를 지도하고 관리하기 위하여 형성되었다.

모간(Morgan)은 원래 스포츠 행사가 순수하고 자율적이라고 인식했기 때문에 스포츠의 상품화에 반대하고 있다. 최근에 문화의 다른 구성요소들처럼 스포츠도 필수 불가결한 능력을 가진 자들에게 출세를 제공해 줌으로써 하나의 기업을 만들어왔다. 스포츠가 바로 상품이라는 사실은 새로운 것이 아니다. 새로운 것은 이러한 사실을 공개적으로 인정하는 것이다. 모간의 이론은 과거 마르크스주의 이론과는 거의 유사점이 없음을 발견한다. 즉 그 이론은 유사한 비판 정신에 의해서 추진되지만 스포츠와 경제 사이의 핵심관계를 수정하고 있다.

그 이론은 스포츠 활동의 확대보다 오히려 자본주의 시장 세력에 의해서 스포츠가 부패되고 있다는 것을 암시함으로써 비판적 이론 내지 헤게모니 이론을 수정하고 있다.

2. 막스 베버적 학파(Max Weberian School)

막스 베버(Max Weber: 1864~1920)는 「프로테스탄트의 윤리와 자본주의 정신」[44]에서 서구의 합리주의, 합리주의적 사고와 천직, 헌신적인 노동이 어디에서 도래한 것인가를 분석한 결과 그 원인을 프로테스탄트의 엄격한 금욕주의에서 찾고 있다. 막스 베버(Max Weber)는 정당한 경제적 활동을 통해 부를 획득하기 위한 헌신으로 얻어진 소득을 개인적 향락에 사용하지 않으려는 청교도적 금욕 윤리와 독특하게 조화를 이루어 근대 자본주의 정신이 형성되었다고 주장한다.

44) Weber, M., Protestant Ethic and the Spirit of Capitalism, trans. T. Parsons, New York: Scribner & Sons. 1958, pp. 25-28, 70-75.

막스 베버는 시장에서 임금노동자 집단의 존재, 경제적 교환에 대한 제약의 제거, 특히 생산과 소비가 합리적인 원칙에 의해 구성되고 조직화되는 기술, 가계와 생산기업의 분리 등 모든 면에서 합리성과 합리화 과정이 자본주의의 꽃을 피웠으며 이러한 현상은 프로테스탄트의 종교적 성격 즉 청교도적 금욕주의에서 비롯되었다는 것이다. 그에 의하면 관료제, 합리적인 지배, 합리적인 법, 과학 모두 합리성에 토대하고 있으며 이러한 합리적인 사고와 행동이 과거의 전통으로부터 일탈하여 경제적인 금욕주의와 결합하였기 때문에 서구에서 자본주의의 발흥을 가져왔다고 보았다.

사회과학자인 막스 베버의 이론을 스포츠 현상에 도입하여 설명한 학자로 S. J. 오버만(Overman)과 류센(Luschen) 등을 들 수 있다. 오버만은 자본주의가 전통에서 탈피하여 목적 합리성과 청교도 정신이라는 토대 위에 구축되었다는 막스 베버의 주장을 받아들여 현대의 조직사회와 더불어 스포츠 또한 합리적인 계획과 체계적인 절차를 만들고 자기 규율을 제정하고 지켜 나감으로써 자본주의의 합리화 과정을 밟아 나갔다고 주장하고 있다[45].

1) 오버만의 합리화 이론(Rationalization Theory)

오버만은 막스 베버의 합리화이론을 두 가지 방향에서 설명하고 있는 데 우선, 유희, 자발성, 자유에 대한 추구에서 출발한 스포츠가 청교도 정신에 바탕을 둔 합리화 정신에 입각하여 조직화, 관료화되었고 목표 지향적인 행위관리로 변화되어가고 있다는 점을 지적했다.

또한, 스포츠가 산업영역으로 편입되면서 기업과 소비자 사이에 거래되는 상품화 과정이 나타나는데 주목하고, 스포츠가 자본주의

45) Cashmore, E., op. cit., p. 338.

의 영역에 편입됨으로써 노동과 마찬가지로 규칙과 규제를 가져오고 하나의 상품처럼 유통되는 상품화 과정을 밟아 가는 것으로 파악했다.

오버만의 스포츠에 관한 막스 베버적 이론의 핵심은 대략 다음과 같이 요약 · 정리할 수 있다.

첫째, 청교도의 미국과 유럽에서 스포츠의 정신(ethos)은 프로테스탄트의 윤리를 반영하고 있는데, 이 프로테스탄트 윤리는 미국과 영국에서의 스포츠의 디자인, 형태와 정신에 결정적으로 영향을 주었을 뿐만 아니라 국제적인 경기를 통해서 다른 문화에도 전파되었다. 그리고 이것은 현대의 스포츠를 지배하기에 이르렀다는 주장이다[46].

그에 의하면 프로테스탄트 스포츠의 핵심요소는 합리화(rationalization), 노동윤리, 목표지향, 성취에 따른 지위획득, 경쟁, 도덕적 탐미주의, 개인적 성과 달성 등으로 구성되는데, 스포츠와 여가의 합리화는 산업혁명 과정에서 노동의 합리화와 융합되어졌고, 작업장에서 인간움직임의 과학적인 관리방법이 스포츠에도 적용되었다. 전문화와 같은 노동의 분업(division of labour)이 스포츠에도 적용되었고, 규칙과 규제를 가져왔다고 보았다.

둘째, 노동윤리가 스포츠에 적용되면서 스포츠는 노동의 형태를 닮아감으로써 자율성을 상실하고 생산성을 증대시키는 노동과 유사하게 된 것이다. 여기에 정치제도, 비즈니스 공동체, 교육체계가 가세하여 스포츠는 사회적 가치를 투영하는 하나의 반영물이 되었고, 프로테스탄트 자본주의의 전환점이 되기도 했다[47].

이처럼 스포츠에 프로테스탄트의 윤리가 접목, 확산되면서 스포츠

46) Overman, S., The Influence of the Protestant Ethic on Sport and Recreation, Avebury Press, 1997; Cashmore, E., op. cit., pp. 337-341.

47) Ibid., pp. 240- 251 ; Cashmore, E., op. cit., pp. 337-341.

는 조직의 합리화 · 목표의 합리화 과정으로 나가고 업적의 성취를 추구하는 가치로 작용하였으며, 동시에 마치 소비자가 구매할 수 있는 것처럼 상품화하였으며 현대자본주의의 특징인 기업, 투자, 소비자의 접합점을 이루는 중심점이 되었다는 것을 지적하고 있다.

2) 류센(Luschen)의 경험적 연구

류센(Luschen)은 "스포츠와 문화의 상호의존성"이란 연구에서 스포츠와 프로테스탄트 문화의 관련성을 조사한 결과, 프로테스탄트 선수들의 스포츠에 대한 성취욕이 다른 어떤 종교를 갖는 스포츠인들 보다도 높았다는 점에 주목한다.

그는 서구사회에서 자본주의 가치를 조사하면서 다른 종교에 비해 고학력자와 전문직이 갖고 있는 종교는 프로테스탄트가 압도적인 비율을 점하고 있는데, 이것은 성과주의, 업적달성이 노동을 하나의 '소명의식(calling)'으로 간주하는 프로테스탄트의 기본가치에서 나왔다는 것이며, 이런 현상은 스포츠에 적용할 경우도 같은 결과를 가져온다는 연구를 제시했다.

스포츠와 프로테스탄트의 상관성이 높은 국가로는 서구의 스칸디나비아 국가와 개신교 국가에서만 발견되는 것은 아니며 독일의 경우에도 찾아볼 수 있다. 그는 1956년 당시 스포츠클럽 멤버의 60%, 올림픽의 트랙과 수영에서 금메달리스트의 73%는 프로테스탄트였으며, 카톨릭은 26%, 기타 11%로서 스포츠에서의 성공과 성취는 청교도 문화가 인성과 통합되어 나타난 결과로 보았다. 물론 그의 주장은 하나의 조사로서 이론으로 보기에는 불충분하나 이는 스포츠에 베버의 이론을 구체적으로 적용해 보았던 연구조사 결과이다.[48)]

48) Luschen, G., "The Interdependence of Sport and Culture," Sport, Culture and Society. (eds.) Loy, J., Kenyon, G., Mcphreson, Lea & Febiger: Philadelphia, 1981. pp. 287-292.

류센은 스포츠와 문화의 상호의존관계를 분석하면서 다음과 같은 특징을 제시하였다.

첫째, 스포츠의 체제는 사회문화 체제의 한 부분으로 그 속에 통합되어 존재하며 산업화의 정도, 종교시스템과 상호 의존관계에 있다.

이에 따라서 어느 문화에서는 팀 스포츠를 선호하며, 어느 문화에서는 개인 스포츠를 선호하는 경향으로 나타나는데 이것은 문화적인 요인에 의해 지배받는 경향이 강하다.

둘째, 스포츠는 사회문화체제 내에 통합, 목적 성취의 기능을 부여한다. 스포츠는 목적합리성에 의하여 성취감을 제공하며, 그 사회의 동기부여 의식과 관련되어 있다.

셋째, 스포츠가 사회변화를 가져오기도 하는데, 어느 사회에서는 이러한 경향이 강하고 어느 사회에서는 그 경향이 적은데, 이는 사례조사를 통해서 일반화되어야 한다는 점을 지적하였다[49].

3. 소결론

지금까지 사회과학에서 대표되는 스포츠 정책의 목표와 내용 그리고 그의 사회 · 정치 · 경제적 영향과 관련된 두 가지의 학문적 흐름을 살펴보았다. 먼저, 이들 이론을 요약 · 정리하고 그에 대한 평가를 내리면 다음과 같다.

1) 비판이론들의 가설

① 브롱(Brohm)과 리가워(Rigauer)에 의하면 스포츠도 노동의 한 형태로써 스포츠인이 경기 도중에는 '소외된 노동자로서 감옥살이' 와 같은 소외감을 갖는 경향이 있다.

49) Ibid., pp. 293-294.

② 스포츠는 권위에 대한 존경, 성취 윤리, 상사에 대한 복종, 의무감 그리고 자기 혁신 등 자본주의 사회의 신념과 행동 덕목들을 주입시킴으로써 자본가 계급의 이익(권력과 부)을 유지하고 증대시키는 반면 노동자 계급의 혁명의식 내지 정치의식을 무력화시키는데 기여하는 경향이 있다.

2) 헤게모니이론들의 가설

① R. 그루노(Gruneau)에 의하면 스포츠는 자본주의 사회의 정당성에 기여하는 과정에서 노동자들로 하여금 자본주의 사회의 구조화된 불평등 관계 내지 자본가에 의한 착취관계 그리고 자본가에 의한 노동자들에 대한 "원격통제"를 망각케 한다.

② 그루노(Gruneau)에 의하면 능력위주 사회와 기회균등을 촉진시킴으로써 스포츠는 자본주의 체제 유지, 즉 자본가 계급의 이익의 유지와 증대에 기여한다.

③ 하그리브스(Hargreaves)에 의하면 자본가 계급의 이익을 대변하는 한나라의 스포츠 정책은 스포츠의 상품화와 노동자들의 스포츠에 대한 관심을 증대시켜 줌으로써 정치에 무관심케 하는 소위 비정치화 효과를 극대화시키는 경향이 있다. 다른 한편으로 이는 자본계급 내지 지배계급의 이익을 대변하는 국가의식 내지 국민 통합에 기여하고 있다.

④ 그 반대가설로써 하그리브스(Hargreaves)에 의하면 스포츠 내지 스포츠 정책을 통하여 노동자 계급은 그 반응으로써 국가와 자본가 계급에 대한 강력한 투쟁 내지 혁명을 위한 연대의식을 갖게 하는 경향이 있다.

⑤ 스포츠나 스포츠 정책은 노동자 계급을 파편화, 원자화 그리고 분열시키지만 다른 한편으로 지배계급과 노동자 계급을 대변하는

피지배 계급 내지 대중의 단결, 화합, 통합(사회통합 내지 국민통합, 민족화합 등)이라는 대의명분을 내세워 노동자 계급내지 대중을 지배계급의 구조에 편입시키려는 경향이 있다.

⑥ P. 호크(Hoch)에 의하면 스포츠 정책 내지 스포츠는 노동자들의 착취와 자본가 계급의 이익증대를 위하여 교회, 교육, 매스미디어, 정치 제도와 함께 노동자들로 하여금 자본주의 체제에 순응시키고 그 체제에 동의케 하는 헤게모니 전략의 도구가 된 경향이 있다.

3) 윌리엄 모간(William Morgan)의 이론

① 그의 가설에 의하면 스포츠 내지 스포츠 정책은 오늘날 자본주의 시장 세력들에 의해서 상품화되고 부패화 되었다.

4) 막스 베베(Max Weber)적 학파

① 오버만(Overman)에 의하면 베버적 이론인 프로테스탄트의 윤리가 자본주의 사회뿐만 아니라 현대 스포츠에 영향을 줌으로써 노동의 윤리를 스포츠에 적용시켜 왔다.

② 그에 의하면 스포츠는 사회적 가치를 투영하는 거울의 역할을 하고 있으며 스포츠가 상품화되었고 기업 · 투자 · 소비자의 접합점이 되었음 (경제적 이익추구의 원천)

③ 류센(Luschen)에 의하면 스포츠인의 스포츠성과 분석시 프로테스탄트 스포츠인이 다른 종교를 갖는 스포츠인 보다 그 성과가 더 높게 나타나는 경향을 보인다.

이상과 같이 스포츠 정책의 목표와 내용 그리고 그의 사회 · 정치 · 경제적 영향과 관련된 학문적 흐름을 마르크스주의와 막스베버적 입장에서 간략하게 살펴보았다.

그러나 현재 스포츠와 정치사회적 관계를 설명하는 일반이론은 존재하지 않는다. 그것은 스포츠가 갖고 있는 복합적인 성격, 그리고 사회과학에서 마르크스와 베버의 이론으로부터 스포츠 이론을 도출하려는 인식론적 한계 등이 복합적으로 작용하여 나타난 현상으로 이해될 수 있다.

그만큼 스포츠는 그것을 둘러싼 개인, 집단, 정치체제, 사회조직, 권력과 다양한 관계를 맺고 있으며, 이러한 다양한 관계성이 스포츠를 설명하는 데 어렵게 만드는 요인이기도 하다.

지금까지 논의한 이론을 비판적으로 검토하면 다음과 같다.

첫째, 비판이론은 앞서 논의한 것처럼 1960년대 이후 자본주의 사회에서 자본가 계급이 스포츠 정책을 통하여 노동자 계급의 혁명의식의 무력화, 스포츠의 산업화(선수와 팀의 상품화)등 스포츠를 통한 인간의 비인간화를 고발하고 마르크스의 중심개념인 인간의 자유와 인간성의 회복을 시도하려 하였다.

그러나 인간자유와 인간성의 회복 등 인간의 가치를 회복시키려는 학문적 노력에도 불구하고 이들의 이론은 스포츠를 자본주의의 생산관계에 의해서 고정된 것으로 파악함으로써 새로운 사회변혁의 요소나 혁신을 가져오지 못하고 단지 자본주의의 이해에 기여한다는 식의 기계론적(mechanical)인 분석에 그쳤다고 볼 수 있다.

둘째, 헤게모니 이론가들도 스포츠는 자본주의 사회에서 현존 질서를 유지하는 기능을 갖고 있지만 그렇다고 해서 사회변혁을 위한 효과를 가지지 말아야 한다는 이유도 없다고 보았다. 이러한 설명은 그람시가 의도했던 변혁의 요소로서 '대항 헤게모니' 개념을 통하여 스포츠에 의한 인권운동, 불평등에 대한 항의 등 사회현상의 유지에 반대하고 투쟁할 수 있는 기회가 부여되어 있다고 보았다.

그러나 스포츠는 자본주의 사회가 발전할수록 오히려 그 속에 구조화되어 더 통제 받고 있다는 점에서 스포츠 본연의 기능을 어떻게 회복할 것인지에 대해서는 등한시하였다고 본다.

셋째, 막스 베버가 자본주의의 합리화, 관료제화 등에 의해 미래사회를 비관적으로 본 것처럼 베버주의자인 오버만의 이론 또한 스포츠가 사회적 가치를 반영하여 노동의 분업원리가 스포츠에 적용되어 규칙과 규제를 가져왔다는 주장에서 스포츠를 통한 사회변화나 개인의 자유는 찾아볼 수 없다.

아울러 이들 이론은 본 논문에서 중요시하는 요인들에 대한 분석을 소홀히 하고 있는 바, 이를 보완적으로 재구성하여 본 논문의 이론적 가설에 적용 가능성을 검토하면 다음과 같다.

① 헤게모니 이론은 스포츠가 자본가 계급의 이익을 대변하고 있다는 사실에 분석의 초점을 집중함으로써 소위 스포츠 또는 스포츠 정책이 '자본의 요구'에 의한 것임을 강조하고 있다.

이에 따라서 이 이론은 '정치(정치체제)의 요구', 그리고 '일반(대중 혹은 국민)의 요구'에 대해서는 주변적인 요인 내지 종속변수로 간주하는 경향이 있다.

그러나 권력의 집중현상이 높고, 권위주의적 정치문화가 등장했던 한국사회에서는 스포츠 또는 스포츠 정책이 자본의 요구 보다 '정치체제의 요구'에 의해 좌우되는 경향이 강하다고 할 수 있다. 그러므로 본 논문에서는 정치체제와 자본(스포츠 산업자본)이라는 요인 모두를 독립변수로 설정하는 것이 바람직하다고 판단된다.

② 비판이론은 스포츠가 자본의 이해에 기여한다는 식의 기계론적 해석에 대하여 비판받아 왔으며, 성숙된 서구 자본주의를 일반현상으로 보았다는 점에서 특정국가의 역사적 배경, 정치문화적 특징을 분석하는데도 소홀히 한 점을 발견할 수 있다.

권력을 소유한 정치체제와 스포츠 집단은 국가별로 그 성격이 다양하고 역사 · 문화적으로 많은 차이가 존재하는 바, 이런 차원에서 정치체제와 스포츠 조직과 구조를 구체적으로 적용하여 어느 체제에서 민주적 혹은 덜 위계적으로 나타나는지 분석할 필요가 있다.

③ 그러나 한편으로 세 가지 이론은 스포츠 또는 스포츠 정책이 자본의 요구에 따라 결합하는 환경으로서 자본주의의 발전과 더불어 시민사회나 노동자 계층이 급속하게 성장하여 지역 · 사회 갈등 혹은 국론분열 현상이 일어나거나, 정치권력이 시민사회 혹은 대중을 정치적으로 통제할 필요성이 있는 정치 · 경제적 배경을 공통적으로 상정하고 있다.

이에 따라서 시민사회의 성장, 국민의 요구 등 관련 요인을 전두환 정부 또는 김대중 정부의 정치체제를 분석하는 이론적 틀에 적용해 보고자 한다.

그러나 스포츠 노동자들의 소외감, 류센의 연구에서 제시된 종교와 스포츠의 업적주의 등은 앞으로 국내의 체육정책 연구에서 시도해 볼만한 가치는 있으나 류센의 이론은 경험적 자료의 부족, 그리고 이론적 적합성을 고려하여 본 가설설정에서는 제외하고자 한다.

제3절 이론적 분석의 틀 모색

1. 이론적 분석의 틀

본 논문은 양 정부의 체육정책을 비교, 연구하기 위한 분석의 틀로써 R. 매크리디스(Macridis)의 정치체제론과 정정길의 정책론을 접목시켜 정치체제와 정책 결정의 상호관계 패턴을 도출하고 이들 이론들을 분석적 토대로 삼고자 한다.

또한 스포츠와 스포츠 정책과 관련된 마르크스주의적 학파에 속하는 비판이론, 헤게모니이론과 혼합적 이론인 모간(Morgan)이론과 베버적 학파에 속하는 오버만(Overman)이론과 류센(Luschen)이론들은 한국의 정치체제가 미국과 서구 정치체제와 유사하면 할수록 그 이론들이 제시하는 여러 가설들은 상당한 타당성을 가질 것이므로 이들 이론들을 전두환 정부와 김대중 정부의 체육정책에 대한 사례연구에 적용하고자 한다.

상기 이론들을 적용한 이러한 이론적 틀에 의거하여 양 정치체제 즉 권위주의 정치체제인 전두환 정부와 소위 '민주주의 정치체제'라고 부를 수 있는 김대중 정부의 체육정책적 행태를 비교학적 시각에서 분석하고 양 정부의 스포츠 정책적 행태와 관련한 가설들을 정치체제와 체육정책의 상호관계이론과 마르크스주의적 이론 및 베버적 이론으로부터 도출하고 이에 대한 15개의 가설들을 설정하고자 한다.

그리고 이러한 가설들을 양 정권의 체육정책적 행태연구(사례연구)를 통하여 검증하고 이들을 규범적 및 기능적 측면에서 비교평가하고자 한다. 그리고 이러한 검증을 통하여 양 정권의 체육정책적 행태의 차이점과 유사점을 발견해 보고 그 원인을 알아보고자 한다.

이렇게 검증된 가설들은 양 정치체제의 체육정책적 행태에 대한 일반화에 기여할 것이다.

2. 연구 가설의 설정

제2절에서 체육정책의 목표와 내용과 관련된 여러 이론을 검토하였다. 그 결과 대부분의 이론이 경제적 시각에 치우쳐 분석한 경향이 있다. 그러나 한국사회에서는 정치체제의 요구 및 국민의 요구에 따라서 정책의 내용이 크게 달라질 수도 있다는 점에서 경제적 측면 외에 정치체제의 변수가 더 중요하다고 본다.

"정치체제에 따라서 체육정책이 변한다"는 연구과제를 8가지 변수별로 구분하였다. 이러한 변수를 선정한 이유는 제2절에서 설명한 것처럼 정치체제에 따라서 정책의 내용, 목표, 원칙 및 효과성 등이 달리 나타난다고 보기 때문이다.

이에 따라서 15개의 하위 가설을 설정하고 이를 양 정치체제의 체육정책사례연구를 통하여 검증하고자 한다.

1) 정치체제 유형과 체육정책 목표와 원칙

① 권위주의 정부는 그의 정통성 확보를 위하여 체육정책의 목표를 설정하는 경향을 보여주는데 비해 민주주의 정부는 정통성 확보보다는 오히려 국민통합을 위하여 체육정책목표를 설정하는 경향을 보인다.

② 권위주의 정부나 민주주의 정부는 공히 대외적인 국위선양을 위해 체육정책 목표를 설정하는 경향을 보인다.

③ 권위주의 정부나 민주주의 정부는 공히 체육정책을 대외정책과 연계하여 국력 신장의 극대화를 추구하는 경향을 보인다.

④ 권위주의 정부나 민주주의 정부의 체육정책 목표는 공히 삶의 질을 고양시키고, 사회통합을 도모하는데 두고 있다. 혹은 양 정부 또는 그 중 하나는 이를 무시하고 있다.

⑤ 권위주의 정부는 체육정책을 통하여 국가와 사회를 일체화하려는 경향을 보이는 반면, 민주주의 정부에서는 이를 분리하려는 원칙하에 체육정책을 결정 · 집행하는 경향을 보인다.

⑥ 권위주의 정부는 국가주도형 체육정책을 강조하는 반면, 민주주의 정부는 시장주의형 내지 지방분권형 체육정책을 강조하는 경향이 있다.

2) 정치와 사회에 대한 체육정책의 영향

⑦ 한 나라의 체육정책은 스포츠의 산업화와 노동자들의 스포츠에 대한 관심을 증대시켜 줌으로써 노동자계층을 비롯한 대중의 정치에 관한을 무관심을 조장하는 소위 비정치화 효과를 극대화시키는 경향이 있다.

⑧ 스포츠 내지 스포츠 정책은 오늘날 자본주의 시장 세력들에 의해서 기업화되고, 부패화 되었다.

⑨ 스포츠 내지 스포츠 정책은 노동자층을 분열시키지만 다른 한편으로 노동자층 내지 대중을 자본가의 지배구조에 편입시키려는 경향이 있다.

3) 정치체제 유형과 정책결정의 효과성

⑩ 권위주의 정부에서의 정치엘리트는 통상 동질적 사고와 행태를 보임으로서 잘 단결할 수 있어 체육정책결정의 효과성이 민주주의 정부의 그것보다 더 증대되는 경향을 보인다.

4) 국민요구와 정권의 반응

⑪ 권위주의 정부에서는 스포츠정책 결정이 국민의 요구를 정확히 측정할 수 있는 메카니즘을 제공하지 못하거나 여론조작으로 국민의 요구에 과소 반응하는 경향을 보이는 반면, 민주주의 정부는 비교적 국민의 요구에 과잉 반응을 보이는 경향이 있다.

5) 정치체제 유형과 체육관련 NGO와의 관계패턴

⑫ 권위주의 정부는 체육과 관련된 NGO를 정부정책에 순응하도록 하기 위해 정부가 그들을 지속적으로 감독과 통제하려는 경향이 강한 반면, 민주주의 정부에서는 그 경향이 약하다.

6) 정치체제 유형과 체육관련 정부조직 및 예산의 규모

⑬ 권위주의 정부는 체육정책과 관련된 정부조직 및 예산을 확대하는 경향을 보이는 반면, 민주주의 정부에서는 이를 축소하는 경향을 보인다.

7) 정치체제 유형과 국회와 정당과의 관계

⑭ 권위주의 정부에서는 체육정책결정에 대한 영향력 행사와 관련하여 국회와 정당의 역할은 축소 지향적인데 반해 민주주의 정부에서 그 기능은 확대 지향적인 경향을 보인다.

8) 정치체제 유형과 남북한 스포츠 교류

⑮ 권위주의 정부는 남 · 북한 스포츠 교류를 정통성 확보에 기인하는데 그 목적을 두고 있다면 민주주의 정부에서는 이를 민족동질성의 회복에 기여하는데 그 목적을 두는 경향이 있다.

Ⅲ. 양 정부의 체육정책에 관한 비교평가

지금까지 전두환 정부와 김대중정부의 체육정책에 관한 사례를 비교연구해 보았다. 본 장에서는 양 정부의 체육정책적 행태를 규범적 측면에서 평가하고 체육 정책적 행태에 대한 가설들을 기능적 측면에서 증명하고 또한 이들을 비교 평가하고자 한다.

제1절 규범적 평가

규범적 측면에서 양 정부의 체육정책을 비교 평가한다는 것은 쉬운 일은 아니다. 양 정부의 체육정책을 평가함에 있어 어떠한 평가 기준을 가지고 평가 할 것인가를 고려하지 않으면 안되기 때문이다.

즉 개인의 자유를 기준으로 할 것인가? 평등을 기준으로 할 것인가? 그렇지 않으면 정의와 분배를 기준으로 할 것인가? 혹은 체제의 안정과 질서를 기준으로 할 것인가? 의 문제에 직면하게 된다.

지금까지 분석한 결과 양 정부의 체육정책의 목표들은 대략 체제의 안정(정통성 확보와 유지, 국민통합과 사회통합 등), 국력신장(경제와 사회발전 등), 스포츠의 상품화(노동자 계급의 탈정치화, 자본가계급의 이익도모), 민족화합(남북한 체육교류의 활성화, 민족동질성 기여) 등과 밀접한 관련을 갖고 있음을 발견하였는바, 이를 개인의 자유와 사회질서, 사회적 정의, 기회의 평등 세 가지 차원에서 평가하면 다음과 같다.

1. 개인의 자유와 사회질서에 대한 평가

전두환 정부는 자유민주주의 정치체제와 전체주의(보상주의) 정치체제의 중간형태인 권위주의 정치체제를 갖고 있었으므로 개인과 집단의 자유를 국가가 제한하고 통제하여 왔다.

따라서 체육정책에 있어서도 개인의 자유와 복지, 그리고 사회정의 보다 전체의 자유 즉 국가주의적 관심사(사회 · 정치질서의 유지, 국력신장, 국가체제의 안전, 국민통합, 그리고 국가위신 제고 등)에 더 강조점을 둔 정책을 채택하였다.

자유는 인간의 존엄성을 지키는 기초적인 이념으로서 그 이념은 정치 · 경제 · 사회 · 문화적 가능성이 실질적으로 확보될 때에 실현 가능한 것이다. 자유는 실질적이고 실생활에 필요한 사회 · 경제적 구조가 확보될 때 실현될 수 있는 것이다.

대부분의 정치 이념가들은 합리적인 사고와 자유를 바탕으로 인간의 존엄성을 극대화 할 수 있는 곳에 인간다운 사회를 건설할 수 있다고 보고 있다. 결국 이 같은 자유는 정치체제 내에서 합법적으로 보장되고 유지 발전되어야만 한다.

전두환 정부는 태생적으로 정통성이 결여된 상태에서 국민이나 사회집단의 정치적 저항에도 불구하고 정권을 획득하고 유지하여야 하였기 때문에 개인과 사회집단의 자유허용보다 그들의 자유를 제한하고 그들을 통제할 수밖에 없었다.

이러한 이유 때문에 그의 체육정책의 목표와 방향도 국가주의적 성격을 취하지 않으면 안 되었다. 전두환 정부의 체육정책도 정통성의 위기에 처하여 정부의 정통성확보를 그의 제1차적 목표로 설정하지 않으면 안 되었고 이는 88 올림픽의 유치작전의 동기구조의 분석에서도 검증되고 있다.

그뿐만 아니라 그의 체육정책은 주로 국가주의적 성격의 목표들로써 국력신장, 국민통합, 국위선양, 정통성 확보를 위한 남 · 북한 체육교류 등을 목표로 삼았다.

한편, 김대중 정부는 국민에 의해서 선출된 정부일 뿐만 아니라 건국이래 수평적 정권교체를 이룩한 정부이기 때문에 이와 반대로 정통성에 대한 위기가 없고 강제와 통제보다는 체육정책과 관련, 체육인과 체육단체들에게 가급적 자유와 자율성을 부여하였다.

김대중 정부는 '민주주의와 시장경제는 동전의 양면이고, 수레의 양 바퀴'라는 논리에 입각하여 「민주주의와 시장경제의 병행발전」이라는 국정철학을 내세우고 시장에 대한 정부의 과도한 개입이나 불공정 경쟁이 제거된 자유롭고 공정한 시장질서를 확립하여 민주주의와 시장민주주의를 동시에 발전시켜 나가겠다는 국정목표를 설정하였다.

그는 국가와 시민사회를 분리시키고 국가주도가 아닌 시장 · 지역사회주도의 체육정책을 수행한다는 체육정책의 원칙을 세웠다. 체육 NGO에 대한 조직의 자율성도 전두환 정부의 경우에 비하여 매우 신장되었다. 물론 그의 체육정책의 목표와 집행결과 사이에는 많은 괴리가 존재하지만 적어도 이와 같은 자유민주주의적 가치는 그의 체육정책에도 커다란 영향을 주었음을 발견할 수 있다.

사회질서 내지 체제안정이란 측면에서 전두환 정부의 체육정책은 김대중 정부의 경우 보다 더 크게 기여했다고 평가된다.

2. 사회적 정의에 대한 평가

바람직한 정치체제는 국민의 의사와 이익을 균형 있게 수렴하여 그들이 사회적 성원으로 행복하게 살아갈 수 있는 사회적 정의를 그 이념적 가치로 두어야 한다.

권위주의적 정치체제인 전두환 정부는 권력집단의 이익을 우선하는 정책을 수립하고 이를 국민이 저항할 경우에 이 정책을 관철하기 위하여 강제와 폭력을 동원하였다. 이러한 체육정책은 사회정의와는 반대되는 정책이라 할 수 있다.

스포츠 정책이 자본주의 사회에서 부패화 된다는 모건의 가설은 그 정도의 차이는 있지만 전두환 정부와 김대중 정부에서 공히 발견될 수 있다.

전두환 정부에서 스포츠 산업은 정치와 유착되어 부정을 일삼았고 전 정권은 정경유착의 결과 1조원에 달하는 자금을 부정 축재하였다.

또한 김대중 정부의 경우 2000년 7월 대한체육회장을 역임했던 한국의 한 IOC위원장 후보는 IOC회장선거에서 뇌물 제공 등 부정선거를 감행함으로써 IOC위원장 선거에서 낙선하였다. 스포츠가 사회 · 정치를 부패시킨 이런 사례들은 한국의 스포츠 정책이 사회정의에 입각치 못하고 있다는 것을 증명하는 것이다.

전두환 정부는 체육정책과 관련된 확대된 조직과 예산을 국민전체의 체력향상과 삶의 질을 높이는데 사용하지 않고 오히려 일부 엘리트체육정책의 실현을 위하여 사용하였다. 이처럼 전두환 정부에 있어서 사회정의의 실천의지는 매우 낮다고 볼 수 있다.

이에 반하여 김대중 정부는 국가와 사회의 분리라는 민주주의적 정치체제의 원칙에 입각하여 전두환 정부의 국가주도형 체육정책을 지방분산형 내지 시장주도형 체육정책으로 전환시켰다. 이러한 정책은 전두환의 정책보다 국민 전체의 체력과 삶의 질의 향상에 더 큰 기여를 했다고 평가된다.

김대중 정부의 체육정책은 정부의 체육조직과 예산을 축소하였을 뿐만 아니라 정부의 NGO의 감시와 통제를 완화시키었고 NGO의 임원들을 더 이상 임명치 않고 그 들 스스로 선출할 수 있도록 NGO에게 가급적 자율권을 주었다.

그러나 시장주도형 체육정책은 기업소유주로 하여금 체육단체장을 맡게 하는데 일조 했으며 체육의 상품화와 노동자들의 무력화에 기여하였다. 이러한 현상은 헤게모니 이론의 타당성을 증명하고 있다.

김대중 정부는 전두환 정부보다 생활체육을 더 많이 강조함으로서 인간의 삶의 질 향상에 기여하고자했다. 그러나 김대중 정부는 학교체육을 등한시함으로써 체육의 기반육성에 관심을 더 기울여야하는 과제를 안고 있다.

3. 기회의 평등에 대한 평가

권위주의 정부의 체육정책은 규범적 당위성에 비추어 볼 때, 국가주도로 이루어졌기 때문에 가급적 최대의 국민에게 생활체육을 향유할 수 있는 기회를 균등하게 주지 못하였다.

전두환 정부가 엘리트 체육에 대한 더 큰 관심을 갖고 이를 경직되게 추진해 나가는 동안 생활체육의 확대에 대한 국민적 요구를 등한시 내지 기피하였다.

이에 반하여 김대중 정부는 엘리트체육과 생활체육에 대한 관심을 동시에 가짐으로서 국민의 요구에 과잉 반응하고 국민에게 생활체육을 향유 할 수 있는 기회를 가급적 제공하고자 노력한 경향이 엿보인다.

전두환 정부가 엘리트 체육의 육성을 통하여 기회의 평등을 소홀히 하였다면 민주주의 정부는 생활체육을 강조하여 지역주민들의 삶의 질을 높이는 기회를 가급적 균등하게 제공하고자 하였다.

스포츠 정책이 국력신장 즉 엄밀히 분석해 보면 스포츠기업가의 경제적 이익의 증진에 기여한다는 마르크스주의적 이론가들과 오버만의 가설들은 전두환 정부와 김대중 정부의 사례에서도 정도의 차이는 있지만 공통적으로 발견되고 있다.

제2절 기능적 평가

앞 절에서는 그들의 규범적 측면에서 전두환 정부(1981~1988)와 김대중 정부(1998~2003)의 체육정책의 공통점과 상이점을 발견하고 비교 평가하고자 하였다.

이 절에서는 양 정부의 체육정책적 행태와 관련하여 "정치체제에 따라서 체육정책이 변한다"는 연구과제 하에 8가지 변수별로 설정한 15개의 가설을 전두환 정부와 김대중 정부의 체육정책에 관한 구체적 사례를 가지고 검증하고 이들을 비교 평가하고자 한다.

가설의 타당성의 척도는 ①"매우 높다", ②"높다", ③"있다", ④"낮다", ⑤"매우 낮다", ⑥"없다" 등 6가지의 등급으로 구분하여 비교평가에 적용하고자 한다.

1. 정치체제 유형과 체육정책 목표와 원칙

① 권위주의 정부는 그의 정통성 확보를 위하여 체육정책의 목표를 설정하는 경향을 보여주는데 비해 민주주의 정권은 정통성 확보보다는 오히려 국민통합을 위하여 스포츠 정책목표를 설정하는 경향을 보인다.

본 가설은 전두환 정부의 경우에는 그 타당성이 "매우 높고", 김대중 정부의 경우에는 그 타당성이 "있다"고 평가된다. 이러한 근거는 다음과 같다.

1980년 유신헌법체제에서 대통령으로 선출된 전두환 정부가 정통성 위기에 직면하여, 그 위기를 회피하기 위한 수단으로 체육정책 목표를 정통성확보에 두었다는 근거는 '88서울올림픽' 유치배경에서 찾을 수 있다.

첫째, 1981년 서울올림픽 유치배경에는 당시의 문교부장관이었던 이규호씨의 1993년 월간조선 신년호에서 밝힌 내용대로 한국경제는 (-) 6%의 성장을 하였으며, 국무총리, 안기부장, 서울시장 등 정부각료들은 국가의 사업에서 우선 순위가 낮고 경제적인 부담을 이유로 반대하였다는 점을 들수 있다[50].

둘째, 1981년의 1인당 국민소득은 1,700달러 내외로서 올림픽을 개최하기에는 다른 나라의 대회유치 시기의 그것들과 비교시 국민의 생활수준이 매우 낮고 경제적인 여건이 적합치 않았다.

이런 점을 고려해 볼 때, 전두환 정부는 정권쟁취 과정에서 민주

50) 이에 관한 구체적인 내용은 제3장 제2절의 「제108회 문교공보위원회 제3차회의록」(1981)에서 잘 나타난다.

주의 정치체제에서 통상 적용되는 통치엘리트의 선출방식에 의해서가 아니라 그 지지자들로 구성된 통일주체국민회의에서 선출된 대통령이었기 때문에 그 정통성이 결여되어 있었다. 그러한 이유로 그의 국가정책의 핵심목표는 정책의 효과성의 극대화라는 원칙 하에 국제적으로 그리고 국민으로부터 정통성을 확보하는데 있었다.

김대중 정부의 경우는 그 타당성을 다음과 같은 근거에서 찾을 수 있다.

첫째, 김대중 정부는 유효투표자의 40.3%의 지지를 받아 대통령에 당선됨으로써 정통성을 이미 확보했지만 그를 반대했던 국민의 수는 약 60%로서 그를 지지했던 세력보다 많았다. 주지하는 바와 같이 3김정치는 한국을 지역주의 내지 지역연고주의로 분열시켜 놓음으로서 모든 정치 · 사회문제는 이러한 지역분열 내지 국론분열에서 비롯되었다.

둘째, 김대중 정부의 체육정책은 1998년 5월에 수립된 '국민체육진흥 5개년 계획'에서 제시한 것처럼 '국민모두를 위한 체육(Sport for All)'[51]으로 전환하여 건강하고 생산적인 건강한 사회를 구현한다는 데 그 정책목표를 두었다.

그러나 그의 체육정책 목표에도 불구하고 여소야대의 상황, 대북정책과 관련된 남남갈등 등 지역간 계층간의 첨예한 대립은 그의 일관된 정책수행을 어렵게 하여 결과적으로 국민통합이나 지역주의 타파에 성공을 거두었다고 볼 수는 없다. 그러므로 본 가설은 김대중 정부의 경우는 타당성이 있다고 보고 전두환의 경우는 그 타당성이 매우 높다고 평가 될 수 있다.

② 권위주의 정부나 민주주의 정부는 공히 대외적인 국위선양을

51) 문화관광부, 「국민체육진흥5개년계획」,(1998), p. 27.

위해 스포츠정책 목표를 설정하는 경향을 보인다.

본 가설은 양 정부에 있어서 공히 그 타당성이 "매우 높다"고 본다. 그 타당성이 매우 높은 이유는 다음과 같다.

첫째, 전두환 정부는 국제스포츠 대회에서의 성적을 국가의 성적과 동일시하고 1982년에 전면적으로 개정된 국민체육진흥법에서 "체육을 통한 국위선양"을 체육정책의 제일의 명시적 목표로 설정[52)]하였다.

둘째, 김대중 정부는 1998년 5월에 발표된 '국민체육진흥5개년계획' 에서 "세계의 아마추어 · 프로스포츠 무대에서 최상의 성적으로 국위를 선양하고 국민화합을 도모하여 국가발전 역량을 극대화하는데 정책방향을 둔다."고 하여 국위선양을 그의 중요한 정책목표로 설정하였다.

물론 김대중 정부의 정책목표는 엘리트체육에서 현상 유지적인 정책을 사용하였지만 국위선양이라는 정책목표를 제시하고 있다는 점에서는 권위주의 정부와 마찬가지로 그 공통점을 갖고 있다.

국가가 스포츠 정책의 목표로 국위선양을 강조하는 것은 대부분의 국가에서도 흔하게 추구하는 정책목표다.

③ 권위주의 정부나 민주주의 정부는 공히 체육정책을 대외정책과 연계하여 국력 신장의 극대화를 추구하는 경향을 보인다.

본 가설은 양 정부의 경우 그 타당성이 "매우 높다". 그 이유는 다

52) 1982년 12월 31일 전문개정된 '국민체육진흥법' 제1조 목적은 "이 법은 국민체육을 진흥함으로써 국민의 체력을 증진하고 건전한 정신을 함양하여 명랑한 국민생활을 영위하게 하며, 나아가 체육을 통하여 국위선양에 이바지함을 목적으로 한다"고 규정하였다. 체육부, 「체육한국」, 1984, p 369.

음과 같다.

본 논문의 제3장 제2절에서 분석한 바와 같이 전두환 정부는 1983년의 국정연설에서 "산업입국 보다 스포츠를 통한 국위를 선양하는 체육입국이 중요"함을 강조하여 국제체육대회에서의 성공과 국가발전과 성취를 동일시하고 스포츠 정책을 적극적으로 활용하였다.

전두환 정부는 우수선수를 발굴하여 집중육성시킨 결과, 1984년 LA올림픽에서 10위를 차지하였고, 86아시아경기대회에서는 종합 2위를 달성하였으며, 88서울올림픽에서는 종합 4위를 기록하는 등 놀라운 성적을 거두면서 스포츠 전반에 경기력 향상을 가져왔고 이러한 결과는 국력신장 즉 국가경제발전에 지대한 영향을 주었다. 1981년 당시의 GNP 규모는 45조원이었으나 올림픽이 개최된 1988년에는 126조원[53]으로 증가하였다.

또한 전두환 정부는 1980년부터 87년까지 5개국 정부와의 문화체육교류, 15개국의 올림픽위원회와 체육교류를 통하여 대외정책에서 국가이미지를 제고하는 한편, 4000억원의 잉여금을 제공하면서 한국 사회에 관광, 스포츠 · 레저산업의 성장과 전자 · 통신산업에서의 비약적인 성장의 토대를 마련하는 등 국력신장의 극대화의 계기로 삼으려고 하였다.

김대중 정부는 '1998년의 국민체육진흥 5개년 계획' 에서 밝힌 바와 같이 월드컵대회를 착실하게 준비하여 국가발전의 재도약 전기를 마련함으로써 국력신장의 계기로 삼으려는 경향이 나타난다.

월드컵은 대략 GDP의 1%에 해당하는 5조원의 3,400억원의 부가가치 창출효과를 가져왔으며, 월드컵대회의 개최국 이라는 이미지, 그리고 월드컵에서의 4위의 성적을 국가이미지와 연계시키는 작업

53) 경제기획원 조사통계국, 「한국의 사회지표」,(서울: 조사통계국, 1990), p 81.

을 시도한 것 등이 그 대표적인 사례라 할 수 있다.

김대중 정부의 스포츠 정책은 월드컵 시설에 2조 3,882억원을 투자하여 5조원에 달하는 부가가치를 창출하여 관광, 정보산업, 스포츠 마케팅, 월드컵 지방 분산개최 효과에 따른 지역경제의 활성화, 국가이미지 제고에 따른 수출증대 등을 통하여 국가의 경제적 이익을 극대화하려는 경향이 매우 높게 나타났다.

특히, 김대중 정부는 월드컵을 활용하기 위하여 2001년 9월 재경부를 중심으로 문화관광부, 산업자원부 등 6개 실무지원반을 구성하고 ① 월드컵 상품과 관련된 410개의 중소기업 지원, ② 월드컵 취재차 내한한 외국기자를 대상으로 국가이미지 제고를 위한 Value Korea 홍보, ③ IT Korea 홍보, ④ 11개도시의 국제경쟁력 확보를 위한 월드컵 준비캠프 유치 등을 계획을 세운바 있다.[54)]

④ 권위주의 정부나 민주주의 정부의 체육정책 목표는 공히 삶의 질을 고양시키고, 사회통합을 도모하는데 두고 있다. 혹은 양 정권 또는 그 중 하나는 이를 무시하고 있다.

본 가설의 첫째 부문 즉 삶의 질 향상이라는 하위 가설은 전두환 정부의 경우 그 타당성이 매우 낮으며, 김대중 정부의 경우는 그 타당성이 인정된다는 평가를 내릴 수 있다. 그 이유는 다음과 같다.

전두환 정부의 경우, 제3장 2절에서 분석한 바와 같이 체육입국의 명분으로 '체육인구의 저변확대'를 추구하였으나 그 궁극적인 목적은 삶의 질을 제고하기 위한 것은 아니었고, 국민체력을 향상시켜 국력신장의 기반을 조성한다는 데 정책목표가 있었기 때문이다.

둘째, 체육정책의 최고 결정자인 전두환 대통령이 군 장성출신이

54) 재정경제부, 「2002년판 경제백서」,(2002), pp. 254-261.

라는 경력으로 보아 그는 삶의 질 보다 체육정책의 업적주의, 즉 형식과 통계를 더 선호했었던 것으로 본다. 그 결과 1982년 18개 종목의 육군체육지도대 창설, 1984년 1월 국군체육부대 창설을 통해 오히려 엘리트체육을 강화하겠다는 의지를 표명하였다[55]. 이러한 이유들로 본 가설의 타당성은 "매우 낮다".

반면, 김대중 정부의 체육정책은 제3장 2절의 2에서 분석한 바와 같이 삶의 질의 향상을 그의 체육정책의 목표로 삼았다. 물론 그 정책결과에 대한 평가는 그렇게 높지 않지만, 1998년의 제2차 국민체육진흥계획에서 삶의 질 향상, 체육복지사회실현을 체육정책의 목표로 설정하고 생활체육의 참여환경을 조성하는데 노력하였으므로 본 가설은 타당성이 "있다"고 밖에 볼 수 없다.

본 가설의 두 번째 하위가설인 사회통합에 관한 한 전두환 정부나 김대중 정부에 있어서 공히 타당성은 "높다"고 평가된다.

양 정부는 88올림픽 유치와 월드컵 성과를 이용하여 지역갈등, 사회적 갈등을 극복하고 사회를 통합시키려는 의도가 강했다고 볼 수 있다[56]. 제3장 2절의 1과 2에서 분석한 바와 같이 양 정부는 LA올림픽과 86아시아경기대회, 그리고 월드컵에서 선수들이 메달을 획득할 때마다 시상식장, 국내 가족과 동료들의 인터뷰를 경쟁적으로 방영하고 국가적 축제로 승화시켜 나가는 행위 등은 사회적 통합과 관련이 있다고 볼 수 있다.

⑤ 권위주의 정부는 체육정책을 통하여 국가와 사회를 일체화하려는 경향을 보이는 반면, 민주주의 정부에서는 이를 분리하려는 원칙하에 스포츠정책을 결정 · 집행하는 경향을 보인다.

---

55) 국군체육부대, www. sangmu.go. kr.

56) 한국 갤럽이 2002년 7월 1일 전국의 남녀 692명을 대상으로 한 전화설문조사에서 이번 월드컵은 91.8%가 '성공적으로 잘 치렀다'고 생각하는 것으로 나타났다. 「연합뉴스」, 2002. 7. 1.

본 가설은 전두환 정부에서나 김대중 정부의 경우에서나 공히 그 타당성이 "높다".

권위주의 정부가 국가와 사회를 일체화하려는 경향이 높은 이유로는 다음과 같다.

첫째, 노태우 체육부장관이 밝힌 것처럼 대한체육회와 가맹단체의 조직강화차원에서 31개 단체 중 15개 단체에 기업인의 임명으로 기업계를 국가의 스포츠 정책으로 강하게 편입하였다.

둘째, 종업원 100명 이상의 사업장에 대한 직장체육진흥위원회 설치, 모든 시군에 1운동장, 1체육장, 1수영장 확보 지시등 사회체육에 대하여 권위주의적인 동원체제를 확립하였다.[57)]

셋째, 우수선수 확보, 체육지도자 양성, 연금제도, 병역특례등의 물질적인 보상을 통하여 전 국민을 국가체육의 영역으로 포섭하려고 하였다.

이에 비하여 김대중 정부는 '국민체육진흥 5개년계획'에서 보는 바와 같이 체육정책을 공급자 중심에서 수요자 중심으로 전환[58)]하면서 국가의 영역을 축소하고 시장 · 지역의 역할을 확대하였다. 그는 국가주도형 체육정책을 시장주도 내지 지역주도형 체육정책으로 바꾸었으며, 체육정책을 위한 중앙조직 · 예산을 축소시키고 체육 NGO의 장을 정부에 의한 임명제에서 회원들에 의한 선출제로 바꾸었다.

따라서 김대중 정부의 경우 국가와 사회를 일체화하려는 경향은 매우 낮다고 할 수 있다.

---

57) 1982년 12월 31일 개정된 '국민체육진흥법,' 그리고 1983년 8월 25일 개정된 국민체육진흥법 시행령의 제3조(국민체육진흥시책), 제4조(지방체육진흥) 및 제5조(국민체육진흥심의위원회의 구성), 제15조(학교 및 직장의 체육진흥) 등에서 잘 나타난다. 이에 대한 구체적인 설명은 제3장 제2절에서 기술하고 있다.

58) 문화관광부, 「국민체육진흥5개년계획」, 1998, pp.42-61.

⑥ 권위주의 정부는 국가주도형 체육정책을 강조하는 반면, 민주주의 정부는 시장주의형 내지 지방분권형 체육정책을 강조하는 경향이 있다.

본 가설도 전두환 정부와 김대중정부의 경우 공히 타당성이 "있다."

본 논문의 제3장 제2절에서 이미 언급한바 권위주의 정부는 국가발전과 국제대회에서 스포츠 업적을 강조하고 이를 국위선양과 동일하게 인식하는 경향[59] 때문에 엘리트체육정책을 강조하는 경향이 "매우 높게" 나타난다.

민주주의 정부는 체육정책을 국가주도에서 시장주도로 이행하면서 국민체육진흥공단의 생활체육 진흥예산을 1998년 195억원에서 1999년 521억원으로 167% 증액하였고, 2001년의 경우 체육예산 가운데 월드컵경기장 건설비용을 포함한 국제체육분야 예산은 42.7%, 생활체육분야 28.2%, 전문체육분야 25.2%의 비율로 배정하는 등 생활체육을 강조하는 경향이 "높게" 나타난다.

전두환 정부는 국가주도 체육정책에 의거하여 주로 엘리트체육의 활성화에 강조점을 두고 생활체육은 등한시하는 경향을 보인 반면, 김대중 정부는 국민적인 여가활용 여건의 성숙으로 인하여, 시장주도 체육정책에 의거하여 생활체육을 강조하였다. 그러나 이는 국가의 체육정책 전반에 있어서 각 부문의 발전에 걸림돌로 작용하고 있다는 비판을 받고 있다[60].

59) 이에 대한 근거는 1981년 노태우 체육부 장관의 취임사, 1982년 국민체육진흥법 개정 등에서 찾아볼 수 있다.

60) 국민체육진흥공단의 「제3차 국민체육진흥 5개년계획수립을 위한 기초연구」에 의하면 다음과 같이 현 정부의 체육정책의 문제점을 엿볼 수 있다. 설문조사 항목 중 "우수한 경기력으로 국위선양" 31.5%, "생활체육참여환경 조성" 57.9% 등은 대체적으로 만족하고 있으나 다음 제시된 사항에 대해서는 불만족이 많아 체육정책의 문제점을 진단해주는 지표로 볼 수 있다. 국민체육진흥공단.

2. 정치체제에 따른 정치 · 경제 · 사회에 대한 체육정책의 영향

⑦ 한 나라의 체육정책은 스포츠의 산업화와 노동자들의 스포츠에 대한 관심을 증대시켜 줌으로써 노동자계층을 비롯한 대중의 정치에 관한 무관심을 조장하는 소위 비정치화 효과를 극대화시키는 경향이 있다.

이 가설은 하그리브스의 명제에서 도출된 것으로서 본 가설은 전두환 정부의 경우에는 그 타당성이 "매우 높고" 김대중 정부의 경우에는 그 타당성이 "있다"고 평가된다.

전두환 정부는 스포츠산업의 도입과 스포츠 매체를 동원[61]하고 스포츠의 대형행사와 그 중계 등을 통하여 노동자들을 정치에 무관심하게 하므로써 소위 노동자 내지 대중의 비정치화 효과를 극대화시키려 하였다.

1982년 프로야구의 창단, 1985년 스포츠지 창간, 3개 방송사의 25%(평일)~30%(주말)에 이르는 스포츠 중계 편성율 등을 통하여 사회적인 비판의식을 무력화시키고 노동자와 대중의 의식을 스포츠를 통한 간접적인 통제방식으로 조정하고자 하였다.

김대중 정부는 월드컵이 진행될수록 정치적인 문제가 대중매체에

"전게서," pp. 3-45.

① 세계상위권 경기력유지에 대한 평가: 만족 22.1%, 보통 53.8%

② 스포츠산업의 국제경쟁력에 대한 평가: 보통 42.5%, 불만족 40.5%

③ 체육행정의 선진화(과학화, 전산화) : 보통 50.3%, 불만족 29.1%.

④ 체육행정조직의 유형: 체육청 신설 59.2%, 현 상태에서 인원증원 17.8%

⑤ 체육예산 증원 : 정부예산 55.2%, 기금조성 38.0%, 민간후원 5.2, 지방비 1.6%

61) 1984년 체육부에서 발간된 「체육한국」pp. 81-82에서 국민들의 스포츠 의식을 고취하기 위하여 정부가 신문지면을 8면에서 12명으로 증면하고 스포츠 프로그램을 8%에서 20% 대 이상으로 확대하는 등의 스포츠활동 홍보에 관심을 중집하는 내용이 상세히 기술되어 있다. 이에 대해서는 제3장 제2절에서 구체적인 분석을 하였다.

서 사라지고 대표팀의 승리를 기대하면서 월드컵대회에서 얻은 자신감을 '흥의 문화'로 발전시켜 국가의식과 국가발전 에너지의 활용, 그리고 국민통합과 연결하고자 하였다.

한편, 이 가설과 관련하여 브롱과 리가워의 이론으로부터 스포츠가 자본주의 신념과 행동, 덕목을 주입하여 정치의식을 무력화한다는 하위명제를 도출할 수 있다. 이에 대해 양 정부를 비교하면 전두환 정부와 김대중 정부의 공히 그 타당성이 "있다"고 평가된다.

스포츠가 그 사회의 지배적 가치인 존경, 성취, 복종, 의무감 등 자본주의적 가치와 덕목을 주입하여 정치의식을 무력화하는 이유는 두 사례에서 다음과 같이 발견된다.

첫째, 전두환 정부는 엘리트체육에서 좋은 성적을 얻기 위해 국제경기 입상자에게 병역특례, 체육인 연금제, 특기자 제도를 도입·운영하여 선수들을 유인하여 왔으며, 김대중 정부 또한 이전 정부의 정책을 지속 발전시켜 국가상비군 제도를 두고 국제대회 입상의 정도에 따라 연금의 확대, 병역특례 확대 조치를 추진하고 훈장을 수여함으로써 체육을 통해 사회에 공헌하는 국가적 의식(ritual) 행사를 하여왔다[62].

이러한 정부의 조치는 스포츠 정책의 평등성을 무시하는 것임에도 불구하고 메달리스트들에게 물질적 보상과 신분상승의 기회를 제공함으로써 기존의 자본주의적 질서를 내면화하고 외부로 전파하는 역할을 하고 있다.

둘째, 전두환 정부나 김대중 정부의 경우 공히 프로스포츠 노동자들에게 있어서도 연봉제, 재능에 따른 높은 보수 등 업적주의가 동일하게 적용됨으로써 기존 자본주의 질서를 저항 없이 수용하는 효과를 지니며, 이것은 프로스포츠 노동자나 일반 노동자들로 하여금

62) 2002월드컵에서 한국이 4위를 달성하자 정부는 6월 18일 국무회의 의결을 거쳐 대표선수 중 군미필자 10명에게 병역혜택을 부여하였다. 「문화일보」, 2002. 6. 18.

그들의 비판의식과 정치의식을 약화시키는 데 기여하고 있다고 평가된다.

⑧ 스포츠 내지 스포츠 정책은 오늘날 자본주의 시장 세력들에 의해서 기업화되고 부패화 되었다.

이는 모간(Morgan)이 주장한 이론[63]으로서 스포츠의 부패화 경향은 전두환 정부의 경우 부패화가 "매우 높게" 나타난데 비하여 김대중정부의 경우 그 타당성이 "있다" 라는 정도로 평가된다.

전두환의 경우 스포츠가 자본주의 경제체제로 편입되면서 비즈니스로서 경제에서 차지하는 비중이 커졌다. 스포츠 시설 건설에 따른 고용창출과 자본투자로 경제에 미치는 영향이 크고 스포츠 산업에서의 생산과 소비, 스포츠 중계료, 프로스포츠 스타의 연봉과 이적료 등은 모두 자본주의 체제 안에서 이루어지고 있다.

뿐만 아니라 스포츠가 정치권력과 연계됨으로써 아마추어리즘의 퇴색, 프로스포츠 구단의 정치화 등이 문제로 지적되고 있다. 특히, 구단을 소유한 대기업의 입장을 대변하는 '한국프로야구위원회' 는 역대 총재가 정치권력으로부터 임명되어 정경유착의 가능성과 기업의 입장을 대변하여 스포츠 노동자와 대립하는 경향을 보여주고 있다. 가장 좋은 부패사례는 국가의 최고 지도자인 노태우 대통령은 4,189억원에 달하는 비자금 조성으로 1995년 11월 22일 구속되었고, 전두환 대통령은 1995년 11월 24일 5 · 18특별법 제정을 지시하면서 성공한 쿠데타도 소급하여 처벌한다는 김영삼 대통령의 역사

63) 모간(Morgan)은 1990년대 이후 스포츠의 대량 상품화 및 기업화의 현상을 지적하고 있다. 스포츠는 20세기 후반을 전후하여 스포츠의 제도들에 의해서 부패되어 왔음을 지적하고 있다. Morgan, William J., Leftist Theories of Sport: A Critique and Reconstruction, (University of Illinois Press, 1994). p. 67.

바로 세우기 차원에서 구속되었다[64].

김대중의 경우 스포츠분야의 부패는 국내에서는 프로선수의 병역비리, 1990년도 아마추어 선수의 스카웃과 관련된 뇌물거래가 발생하고 있으며, 국제스포츠에서는 1984년 IOC가 LA올림픽에서 사업적 후원제도를 도입한 이후 스포츠 산업과 연계된 부패구조를 낳았다. 2000년 대한IOC위원회 회장이 세계IOC회장 경선에서 수십만 달러의 선거운동 제공 의혹 언론보도도 그 사례중의 일부이다.

⑨ 스포츠 내지 스포츠 정책은 노동자층을 분열시키지만 다른 한편으로 노동자층 내지 대중을 자본가의 지배구조에 편입시키려는 경향이 있다.

본 가설은 하그리브스의 이론에서 도출된 것으로서 전두환 정부의 경우 그 타당성이 "높으나" 김대중 정부의 경우 그 타당성이 "낮다"고 평가된다. 그 이유는 다음과 같다.

전두환 정부는 제3장 2절에서 분석한 바와 같이 국제체육대회에서의 한국선수들의 성적을 국가의 성취와 동일시하고 국가의 명예를 강조하는 의례행사(ritual)를 하므로써 지배계급이나 노동자계층 내지 대중의 일체감을 강조하였다.

또한 전두환 정부는 노동자계층의 노동3권 중 단체교섭권이나 집회결사권 등을 허용하지 않았기 때문에 스포츠 정책은 지배계급과 노동자계층의 화합의 명분을 내세워 노동자층을 지배계급의 지배구조에 편입시키는데 기여했다고 본다.

그러나 김대중 정부에서도 전자의 경우와는 달리 노동3권을 법적으로 보장 하므로써 최소한 대외적으로는 스포츠 정책이 지배계급

64) 「월간중앙」,1999. 10월호. p. 258.

의 지배구조에 노동자계급을 편입시키는데 기여했다고는 볼 수 없다. 그러나 이러한 현상은 김대중 정부의 경우 실제에 있어서 가끔 발견 될 수 있으므로 본 가설의 타당성은 낮다고 판단된다.

3. 정치체제 유형과 체육정책결정의 효과성

⑩ 권위주의 정부에서의 정치엘리트는 통상 동질적 사고와 행태를 보임으로서 잘 단결할 수 있어 체육정책결정의 효과성이 민주주의 정부의 그것보다 더 증대되는 경향을 보인다.

본 가설은 전두환 정부나 김대중 정부의 경우 그 타당성이 “높다”.

전두환 정부는 ‘대한체육회 70년사’에서 인용한 바와 같이 1980년 체육조직을 통폐합하고 대한체육회와 31개 가맹단체장 가운데 15개 단체장을 정치인 대신 기업총수를 대거 임명하여 정치엘리트 - 관료엘리트 - 기업가 사이에 엘리트 동조화 현상이 뚜렷하고, 노태우 체육청소년부 장관(1982), 박세직 체육부장관 · SLOOC위원장(1986~1988)등 군출신 인사들을 정부요직에 임명하고 군사문화를 형성 하므로써 통제와 지시가 용이하여 단기적으로 정책결정과 집행의 효율성을 증대되는 경향이 매우 높게 나타난다.

그 증거로 86아시아경기대회와 88올림픽의 개최결정과 집행이 성공적으로 일사불란하게 이루어졌다.

특히 권력분립의 한 축인 의회는 주요 체육정책 결정에서 배제되면서 특정기간에서는 권위주의적 정책주도가 비록 억압을 동반한 것이지만 보다 효율적인 것으로 나타났다.

김대중 정부에서는 체육정책의 방향이 수요자 중심으로 전환되면서 정책결정의 유효성은 낮게 나타난다. 그 근거로서 정부가 2002

년 생활체육 참여율을 60%로 계획하고 있으나 IMF경제위기로 인하여 생활체육 참가율은 1997년을 기점으로 37%에 머물면서 후퇴하는 경향[65]을 보여준다.

4. 체육정책에 관한 국민요구와 정치체제의 반응

⑪ 권위주의 정부에서는 체육정책 결정이 국민의 요구를 정확히 측정할 수 있는 메커니즘을 제공하지 못하거나 여론조작으로 국민의 요구에 과소 반응하는 경향을 보이는 반면, 민주주의 정부는 과잉 반응을 보이는 경향이 있다.

본 가설은 그 타당성이 양 사례에 있어서 공히 "높다"고 평가된다.

이는 정정길이 밝힌 정치체제와 환경과의 관계[66]에서 국민적 지지와 요구를 투입 받아 정책을 결정짓는다는 가설로서, 전두환 정부는 그의 권위주의적 성격상 여론을 무시하는 경향을 보이기 때문에 국민적 요구를 등한시하고 체육정책을 결정하였다.

반면, 민주주의 정부는 그의 민주주의적 정치체제의 특성 상 정책결정을 주로 여론에 의거하는 경향을 보이기 때문에 국민적 요구를 많이 수렴하는 방식으로 정책을 결정하였다. 국민체육진흥공단이 2001년 밝힌 '제3차 국민체육진흥 5개년 계획 수립을 위한 기초연구' 자료에 의하면 제2차 생활체육의 정책방향(1998~2002)에 대한 만족도가 57.9%에 이르며, 이러한 국민적 요구는 '제3차 국민체육진흥5개년 계획'(2003~2007)에서 생활체육 수준의 선진국화 설

65) 문화관공부, 「생활체육활동의 참여율 제고를 위한 주체별 역할분담」, pp 18-19. 이에 대하여는 제3장 제3절에서 구체적으로 분석하였다.

66) 정정길, "전게서," p. 99.

정 등 시장주의적 요소를 더 확대하여 반영한 것으로 나타났다.[67)]

5. 정치체제 유형과 체육관련 NGO와의 관계패턴

⑫ 권위주의 정부는 체육과 관련된 NGO를 정부정책에 순응하도록 하기 위해 정부가 그들을 지속적으로 감독과 통제하려는 경향이 강한 반면, 민주주의 정권에서는 그 경향이 약하다.

본 가설도 양 사례의 경우 공히 그 타당성이 "높다".

제3장 제3절의 분석에서 보는 바와 같이 권위주의 정부의 체육조직, 특히 대한체육회와 31개 가맹단체 등 체육관련 NGO에 대하여 직접적이고 감독과 통제하에 두어 31명의 단체장 중 약 50%인 15명을 기업으로 임명하였다. 그리고 경기단체는 그들 회장의 협찬금이 재정에서 차지하는 비율이 1982년 32%, 1985년 41.8%, 87년 43%로 증가하여 군부엘리트가 포섭한 재벌기업의 지원에 의존하는 경향을 보였다[68)].

반면, 민주주의 정부는 대한체육회의 정관개정과 회장 직선제 도입허용 등 스포츠 관련 조직에 대하여 통제보다는 오히려 민주적인

---

67) 국민체육진흥공단이 2001년 11월 발표한 「제3차국민체육진흥5개년계획(2003-2007)」수립을 위한 기초연구의 설문자료에 의하면 응답자의 대부분은 생활체육에 대한 만족도가 57.9%에 이르며, 이 자료는 제3차계획에 시장주의적 요소를 확대하는 계획수립으로 반영되었다. 국민체육진흥공단, 「제3차국민체육진흥5개년계획수립을 위한 기초연구」, (서울: 체육과학원, 2001), pp. 2-10; 문화관광부, 「우리나라 체육정책의 방향과 과제」, 2002, , p.13.
한편, 생활체육과 관련하여 대다수 여론은 정부 및 지방정부가 시·군·구별로 기본체육시설 건설 등 지역공동체 체육활동센터에 역점을 두고 추진할 것을 희망하고 있으며, 각 부분의 정책목표 달성에 대한 평가에서는 '만족' 보다 '불만족'스럽다는 반응이 더 높은 것으로 조사되었다. 국민체육진흥공단, "전게서,"pp. 7-26

68) 정홍익, "전게서," p. 14.

자율과 독립성을 허용하였다[69]. 이로써 민주주의적일수록 체육조직에 대한 민주적 가치가 존중되는 것으로 확인되었다.

이 가설과 관련하여 전두환 정권은 체육 NGO와의 관계패턴이 수직적인 반면, 민주주의 정권에서는 수평적 관계를 유지하는 경향을 볼 수 있다. 그 이유로는 다음과 같다.

첫째, 논문의 제3장 제3절에서 언급되고 있듯이 전두환 정부에서는 대한체육회와 대한 올림픽위원회의 업무통합, 체육회 인사의 임명 등 체육정책결정자와 체육 NGO조직간 관계가 수직적인데 비하여 김대중 정부에서는 민주적 선출제 도입과 같이 수평적 관계를 유지하려는 경향이 강하다.

전두환 정부는 대한체육회, 올림픽조직위원회 등 스포츠 조직을 하나로 통합하여 정실, 측근인사로 임명하고 이를 효과적인 통제수단이자 정치적 기반을 조성하는 조직으로 활용하기 위하여 군대조직과 같은 성격의 수직적 명령계통의 확립체제를 요구하였다.

김대중 정부에서는 대한체육회장의 자유경선제 도입에서 볼 수 있듯이 스포츠 조직의 민주화, 조직의 합리화와 더불어 민주주의의 원리가 스포츠 조직에 본격적으로 적용되고 있다.

둘째, 권위주의 정부와 민주주의 정부간에는 체육정책과 관련된 NGO들은 정부로부터 받는 보조금에 의해 자율성과 독립성에 차이를 보인다.

권위주의 정부는 예산지원이 증가함에도 불구하고 NGO에 대한 지원 보조금을 권위주의적 통제의 수단으로 이용하기 때문에 보조금이 많으면 많을수록 그 자율성과 독립성이 낮아진다고 본다면, 김대중 정부에서는 권위주의적 감독과 통제를 원치 않았기 때문에 많

69) 대한체육회에서 발간하는 월간지 「체육」의 2002년 4·6월호에 의하면 대한체육회의 정관개정에 따른 회장의 자유선거의 의의를 다루고 있다 대한체육회, 「체육」,(서울:대한체육회, 2002), pp. 2-13.

은 보조금 예산을 확보할 필요가 없었고, NGO의 자율성과 독립성도 높아진다고 본다.

대한체육회는 권위주의 정부 시기인 1984년 109억원, 85년 184억원, 86년 210억원, 87년 218억원의 정부보조금을 받는 대신에 정부로부터 조직의 자립성은 주지하는 바와 같이 매우 낮았다.

이에 비해 김대중 정부에서는 NGO가 1998년 262억원, 1999년 257억원, 2001년 289억원, 2002년 315억원을 정부로부터 보조금을 받았다.[70] 이는 물가상승률을 감안한다면 전두환 정부가 NGO에게 제공한 보조금의 액수 보다 훨씬 적은 가치로 볼 때 김대중 정부는 훨씬 더 적은 보조금을 NGO에게 제공함으로써 그만큼 NGO의 자율성과 독립성은 높아졌다고 볼 수 있다.

셋째, 권위주의 정권은 스포츠정책과 관련된 NGO들의 임원을 통상 임명하는 반면, 민주주의 정권에서는 조직내부에서 자율적으로 선출하는 경향이 매우 높다.

본 논문의 제3장 제3절에서 이미 언급하고 있는바 권위주의 정부에서는 체육정책과 관련된 NGO들의 임원을 임명하는 경향이 "매우 높다".

대한체육회의 경우 국가주도형 스포츠 정책을 충실하게 뒷받침하는 기구로 성장해왔고, 이 과정에서 정부는 1980년대에 정주영 현대회장을 체육회장으로 임명하였고, 대한축구협회의 경우 역대 회장들(제40~43대 최순영회장 80.3~87.11, 제44대 이종환회장 87.11~88.2, 제45대~46대 김우중회장 88.2~93.1)은 모두 기업인들로서 최고 권력으로부터 임명됨으로써 체육조직의 정부에의 종속적 위상을 보여주었다[71].

김대중 정부에서는 대한체육회가 2002년 5월 정관을 개정하여

70) 문화관광부, 「예산설명자료」(1999, 2000, 2001년도).

71) 대한축구협회, www. kfa. or. kr; 연합통신, 「1990년판 연합연감, 」1990.

회장선출에 자유경선제를 도입하여 이연택씨를 회장으로 선출하였다.

6. 정치체제 유형과 체육정책관련 정부조직 및 예산의 규모

⑬ 권위주의 정부는 체육정책과 관련된 정부조직 및 예산을 확대하는 경향을 보이는 반면, 민주주의 정부에서는 이를 축소하는 경향을 보인다.

첫째, 체육정책과 정부조직과 관련한 본 가설은 양 정부의 경우 그 타당성이 “높다”.

본 논문의 제3장 제3절에서 이미 설명하고 있듯이 권위주의 정부는 올림픽 유치가 확정된 1981년 이후 정부조직법을 개정하여 체육부를 신설하고 국민체육진흥법 등 체육관련법을 제정하는 등 체육부문의 인프라를 구축하기 시작하여 1988년 올림픽을 전후로는 조직의 비대화현상[72]까지 노출하였다.

김대중 정부는 체육정책의 목표와 방향을 담은 “국민체육진흥5개년계획(1998-2002)”에서 밝힌 것처럼 시장주의적 요소(수요자 중심)를 도입하면서 문화관광부 내 체육관련 부서를 2국 7과에서 1국 4과로 축소하는 등 체육조직을 축소시켰다.

둘째, 체육정책과 정부예산과 관련된 이 가설 또한 본 논문의 제3장 제3절에서 이미 언급하고 있듯이 양 정부 모두 타당성이 “높다”.

전두환 정부의 체육정책은 국가주도 정책목표에 의거하여 체육예산 편성 비중이 높은 반면, 김대중 정부에서는 시장주의 요소의 도입 · 지역사회주도 정책으로 예산편성 비중이 낮게 나타났다.

72) 대한체육회, 「대한체육회 70년사」, p. 350.

권위주의 정부는 국가주도의 체육정책으로 인하여 스포츠 예산이 1980년 일반회계의 0.12%에서 83년 0.23%, 84년 0.29%, 85년 0.35% 등으로 체육예산을 확대하는 경향을 보였으나, 김대중 정부의 체육예산은 구체적으로 1998년 정부의 일반회계 대비 체육예산은 0.25%에서 99년 0.18%, 2000년 0.19%, 2001년 0.16%로 2000년을 제외하고는 매년 축소되는 경향을 보였다.[73)]

따라서 조직 및 예산확대의 경우 전두환 정부는 '매우 높다'로, 김대중 정부의 경우 '낮다'로 나타나며, 조직 및 예산축소의 경우는 그 반대로 나타난다.

7. 정치체제 유형과 체육정책결정에 대한 국회 및 정당의 영향력

⑭ 권위주의 정부에서는 체육정책결정에 대한 영향력 행사와 관련하여 국회와 정당의 역할은 축소 지향적인데 반해 민주주의 정부에서 그 기능은 확대 지향적인 경향을 보인다.

본 가설은 전두환 정부의 경우 그 타당성이 "높으나", 김대중 정부의 경우는 그 타당성이 "있다"고 평가된다.

권위주의 정부의 체육정책 결정에 있어서 입법부의 영향은 매우 적었다. 이 시기에 국회는 1980년 10월에 해산하였고, 1981년 4월 11일 제11대 국회가 개원하여 올림픽유치결정에 영향력은 거의 없었다고 할 수 있다.

다만 1981년 11월 제24회 '서울올림픽대회 지원특별위원회'가 구성되어 여야의원 30인이 1985년까지 활동하였다 이들의 활동내용은 서울올림픽대회조직위원회법, 국민체육진흥법의 심의 등 정부

73) 재정경제부(1978-2001년) 결산자료 및 문화관광부, 「2001년 예산안 설명자료」, 2001.

의 결정을 법률적으로 보장하는 법률을 제정 · 개정[74]하는데 집중되었을 뿐, 구체적인 체육정책 결정에 관여한 것은 아니었다.

김대중 정부의 경우 1996년부터 당시 민주당의 정강정책 가운데 체육정책에 대한 시장주의적 요소를 담은 정책목표가 제시되는데, 이러한 정책은 총선공약을 통해 제시되었다. 민주당은 제15대 국회의원선거에서 공약으로 제시된 "관주도 정책이 아닌, 민간주도의 체육정책, 생활시설 확충에 대한 민간자본의 유치" 등 생활체육 활성화 방안을 제시[75]하였으며, 이러한 공약은 집권 이후 1998년 5월에 발표된 '국민체육진흥 5개년 계획'에서 반영되어 추진된 것으로 볼 수 있다.

8. 정치체제 유형과 남북한 스포츠 교류

⑮ 권위주의 정부는 남 · 북한 스포츠교류를 정통성 확보에 기인하는데 그 목적을 두었다면 민주주의 정부에서는 이를 민족동질성의 회복에 기여하는데 목적을 두는 경향이 있다.

이 가설은 양 정부 공히 타당성이 "높다".

전두환 정부는 국제적으로 볼 때 동 · 서 양진영이 모스크바 올림픽, LA올림픽 등 국제스포츠대회에 번갈아 보이콧을 하는 등 스포츠가 냉전시대의 새로운 외교수단으로 작용하던 시기였고, 남북한 또한 국제무대에서 스포츠외교의 대결양상이 지속되었다.

1985년 스위스에서 IOC의 중재아래 1984년 이후 중단된 남북체육회담이 재개되어 88서울올림픽의 일부 종목을 북한에서 개최하는

74) 국회국제경기대회지원특별위원회, "전게서," pp. 16- 43.

75) 「민주당의 제15대 국회의원선거공약집」, (민주당, 1996), p 149.

방안을 남측이 제안하였으나 북한이 공동개최를 주장하고, 88년 1월 서울 올림픽 참가를 거부함으로써 남북체육회담은 성과가 없었으나, 사실은 전두환 정부는 IOC를 후원자로 하고 남북한 스포츠 교류를 통하여 그의 정통성을 확보하고자 하였다.

특히 권위주의 정부에서의 남·북교류는 박정희 정권에서 나타나기 시작하여 전두환 정부에서 일부 시도되었으나 아웅산 폭발테러 이후 정치적인 입장 차이로 1984년의 남·북체육회담의 교착상태로 민족교류, 민족스포츠 교류는 이루어지지 못하였다. 이는 남북한 체제경쟁에서 우월성 확보라는 이데올로기적 대결 등에서 그 원인을 찾을 수 있다.

이에 비해 김대중 정부의 체육정책의 집행과정에서 1998년부터 2002년 북한의 부산아시아경기대회 참가 시까지 남·북스포츠 교류는 훨씬 빈번하였다. 2000년 6월의 정상회담에서 합의한 내용, 그리고 제주도에서 남·북장관급 회담에서 스포츠교류에 대한 합의 등은 남·북한 스포츠 교류가 빈번했음을 보여준다.

스포츠가 민족의 동질성 회복의 수단으로 활용될 수 있음은 다음의 연합뉴스 기사에서 엿볼 수 있다.

> "한국이 월드컵에서 4위를 기록하자 북한의 조선축구협회 리광근 회장이 대한축구협회에 '월드컵4강 축하서신'을 보내왔으며, 이 내용에는 '우리 민족, 우리 겨레'를 강조하여 스포츠에서의 남북교류에 대한 기대를 갖게 하였다."[76]

이와 같은 사례에서 나타나듯이 김대중 정부는 2000년의 정상회담과 그 이후 합의사항의 이행을 위한 남북장관급 회담에서의 스포츠 교류를 지속함으로써, 김대중 정부에서 가장 중요한 정책목표인

76)「연합뉴스」, 2002. 7. 1.

대북화해와 협력을 실현하고자 하였다.

제3절 소결론

여기에서는 지금까지 규범적 · 기능적 평가에서 나타난 연구결과를 간단히 요약, 정리하고자 한다. 우선 공통점과 그 다음 차이점의 순위로 논의를 전개하고자 한다.

1. 공통점

전두환 정부와 김대중정부의 체육정책의 경우 대략 다음과 같은 가설들은 서로 공통점이 있는 것으로 평가된다 :

첫째, 체육정책의 목표로서 국위선양에 관한 가설 2)에 있어서 양정부 공히 그 타당성이 "매우높다"로 나타나고 있다.

둘째, 국력신장의 극대화라는 가설 3)에서도 양정부 공히 그 타당성이 "매우높다"로 나타나고 있다.

셋째, 사회통합에 관한 가설 4)에 있어서 양 정부 모두 그 타당성이 '높다'로 나타나고 있다.

2. 상이점

여기에서 그 상이점의 정도에 따라 본 가설들의 검증결과를 요약정리 하고자 한다.

첫째, 양 정부의 차이 정도가 가장 높은 가설은 2개로 나타나는데, 그 중의 하나는 가설 1)로서 체육정책이 정통성확보를 그의 제1차적 묵시적 · 대내적 목표로 설정했다는 것인데 이는 전두환 정부에서는 그 타당성이 가장 높은 반면에 김대중 정부에서는 그러한 목표설정이 없었음을 보여주고 있다.

다른 하나는 체육조직 및 예산의 확대의 정도에 대한 가설 13〉으로 전두환 정부에서 "매우 높다"로 김대중 정부에서는 이러한 확대현상이 전혀 "없다"로 나타나고 있다. 즉 체육정책목표를 달성하기 위한 체육조직 및 예산의 축소와 관련된 가설 13〉은 전두환 정부의 경우에는 확대지향이라면 김대중 정부는 축소지향 조직개편 · 예산배정을 단행하였기 때문에 양 정부간의 차이는 매우 크다고 볼 수 있다.

둘째, 그 다음으로 차이성이 나타나는 것은 양 정부의 체육정책 중 가설 15〉의 민족동질성회복을 위한 남 · 북한 체육교류와 관련한 것이다. 전두환 정부는 민족동질성을 위한 체육교류는 '없다'로 나타나는데 반하여 김대중 정부는 대북 포용정책의 일환으로 체육교류를 추진하는 경향이 '높다'로 나타난다. 이는 민족동질성 회복과 민족화합에 기여하도록 추진되었다는 점에서 큰 차이성을 노정하고 있다.

셋째, 국가와 사회의 일체화와 관련된 가설 5〉로서 그 결과는 전두환의 경우 '높다'로, 김대중 정부의 경우 '매우 낮다'로 평가되어 양 정부의 정책목표에는 큰 차이가 있음을 알 수 있다.

다음으로 양 정부와 체육단체들간의 수직적 및 수평적 관계를 묻는 가설 12〉는 전두환 정부의 경우에는 수직적 관계형성이 "매우 높다"로 나타나는 반면 김대중 정부에서는 민주주의적 체제의 속성상 "낮다"로 나타나고 있다.

넷째, 양 정부간 약간 차이가 있거나 차이점을 인정하는 수준으로 등급 되어 질 수 있는 가설들을 언급하면 다음과 같다.

① 삶의 질 고양과 사회통합에 기여한다는 가설 4〉에 있어서는 전

두환 정부의 경우에는 "매우 낮다"이고 김대중 정부에서는 그 타당성이 "있다" 정도로 판명되고 있다.

② 체육정책의 국가주도형과 시장주의형을 묻는 가설 6〉에 있어서 전두환 정부의 경우 그 타당성이 "매우 높다"로 김대중 정부의 경우는 "있다" 정도로 드러나고 있다.

③ 스포츠의 상품화와 노동자 계급과 대중의 비정치화 효과에 대한 가설 7〉에서는 전두환 정부의 경우 그 타당성이 매우 "높다"로 김대중 정부의 경우에는 "있다" 정도로 나타나고 있다.

④ 스포츠의 부패화에 대한 가설 8〉에 있어서는 전두환 정부의 경우 그 타당성이 매우 "높다"로 김대중 정부의 경우에는 "있다" 정도로 판명되고 있다.

⑤ 스포츠를 통해 노동자 계급의 정치적 무관심을 조장하는 가설 7〉에 있어서 전두환 정부의 경우 그 타당성이 "매우 높다"로 김대중 정부의 경우에는 "낮다"로 드러나고 있다.

⑥ 체육정책과 관련된 국민적 요구에 대한 양 정부의 반응을 묻는 가설 11〉에서는 전두환의 경우 국민요구를 등한시하므로 반응이 "있는" 정도라면 김대중의 경우는 그 반응이 "매우 높다"로 드러나고 있다.

다섯째, 양 정부의 차이가 근소한 차이를 보이는 가설들은 2개가 있는데 언급하면 다음과 같다.

① 체육정책이 국민통합에 기여한다는 가설 1〉에서는 전두환 정부의 경우 그 타당성이 "높다"로 김대중 정부의 경우는 "있다"로 나타나고 있다.

② 체육정책결정에 대한 국회와 정당의 영향정도에 관한 가설 14〉에 있어서 전두환 정부의 경우 그 타당성이 "낮다"로 김대중 정부의 경우 체제의 민주적 요소로 "있다" 정도로 나타나고 있다.

3. 종합평가

양 정부의 체육정책적 행태에 관한 비교평가결과 15개의 가설 중 공통점보다 차이점이 있는 가설들이 훨씬 많다는 것은 정치체제의 유형이 체육정책결정에 높은 영향력을 주고 있음을 발견할 수 있다.

이는 매크리디스나 정정길의 가설적 이론의 타당성을 뒷받침한다고 하겠다. 그러나 양 정부의 이러한 정치체제의 차이에도 불구하고 그의 체육정책적 행태결정과 관련된 가설들에 대한 공통점도 있다는 것을 잊어서는 안 된다.

본 논문의 연구결과 〈표 4-1〉에서 보는 바와 같이 15개의 가설 중 3개의 가설에서 공통점을 발견하고 있다.

〈표4-1〉 기능적 분석에서 나타난 특징

구분	가설번호	가설내용	타당성의 정도	
			전두환	김대중
1. 체육정책 목표, 방향, 원칙	1	정통성확보	매우높다	없다
		국민통합	높다	있다
	2	국위선양	매우높다	매우높다
	3	국력신장 극대화	매우높다	매우높다
	4	삶의질 고양사회통합	매우낮다높다	있다높다
	5	국가와 사회의 일체화	높다	매우낮다
	6	국가주도형	매우높다	있다
		시장주도형	낮다	높다
2. 정치와 사회에 대한 영향	7	스포츠산업화와 노동자 계층의 비정치화 효과	매우높다	있다
	8	스포츠의 기업화와 부패화	매우높다	있다
	9	노동자 계층의 분열과 지배구조편입	높다	낮다
3. 정책결정의 효과성	10	정책의 효과성	높다	낮다

구분	가설번호	가설내용	타당성의 정도	
			전두환	김대중
4. 국민요구, 정부반응	11	국민적 요구에 대한 반응정도	있다	매우높다
5. NGO관계	12	수직적 구조	매우높다	낮다
		수평적 구조	낮다	높다
6. 정부조직 규모	13	조직 및 예산확대	매우높다	없다
		조직 및 예산축소	없다	높다
7. 국회와 정당관계	14	국회,정당의 영향력	낮다	있다
8. 남·북 체육교류	15	정통성 확보	높다	낮다
		민족동질성회복	없다	높다

Ⅳ. 결론 및 제언

한국의 체육정책은 1970년대 이후 엘리트정책을 유지해왔으며 그 배경에는 국가가 스포츠를 정치적 측면에서 활용해 왔음을 알 수 있다. 특히 스포츠가 정치화하는 것은 국민감정을 유입시켜 내셔날리즘을 불어넣고 국가이미지 제고나 국위선양을 이루는 데 그 효과가 크기 때문이다.

스포츠가 가지고 있는 이와 같은 특징을 가장 잘 정치적으로 활용한 정부는 박정희 군사정부였으며, 스포츠의 국가화 혹은 스포츠의 정치화가 제일 활발하게 진행되었던 정부는 전두환 권위주의 정부라고 평가된다.

이에 비해 김대중 정부는 국민체육진흥 5개년 계획에서 제시한 것처럼 체육정책의 방향을 이전의 정부에서 제시되었던 엘리트 체육의 유지, 지역사회통합 등의 기능은 지속하면서도 그 근본이라 할 수 있는 정책의 핵심- 조직, 예산, 관련조직의 인사·운영 - 에 있어서는 국가주도(공급자) 체육정책에서 시장주도(수요자)·지역주도 체육정책으로 바뀌었다는 점에서 이전 정권과는 커다란 차이를 보이고 있다.

그러나 김대중 정부의 체육정책의 내용과 방향을 보면 국가주도형 정책의 요소가 남아 있음을 볼 수 있다. 즉 시장주의적 요소를 도입하면서 학교체육 등 장기투자를 필요로 하는 부문에 대해서는 정부의 역할을 방기하는 한편, 스포츠가 제공하는 유용성을 권위주의 정부와 마찬가지로 활용하고 있다

지금까지의 각기 다른 정치체제의 체육정책의 목표를 분석 · 종합한 결과 스포츠를 통해 내셔날리즘을 부추기고 국위를 선양하거나 국가 이미지를 제고하여 대외정책의 효과를 기대하려는 의도는 전두환, 김대중 정부에서도 공통적인 현상임이 확인되었다.

그러나 몇 가지 공통적인 현상을 제외하면 정치체제에 따른 체육정책의 목표와 내용은 그 정치체제의 가치에 따라서 다음과 같이 상이하게 나타나고 있다.

첫째, 전두환 정부는 권위주의 정치체제를 갖고 개인과 집단의 자유를 국가가 제한하고 통제하여 왔으며, 체육정책에 있어서도 개인의 자유와 복지, 그리고 사회정의 보다 국가주의적 관심사인 사회 · 정치질서의 유지, 국력신장, 국가체제의 안전, 국민통합, 그리고 국가위신 제고 등에 더 강조점을 둔 정책을 채택하였다.

전두환 정부는 정통성이 결여된 상태에서 정권을 획득하고 유지하여야 하였기 때문에 개인과 사회집단의 자유허용보다 그들의 자유를 제한하고 그들을 통제할 수밖에 없었으며, 이러한 이유로 체육정책의 목표와 방향도 국가주의적 성격을 취하지 않으면 안 되었다. 정통성 확보를 비롯한 “88서울올림픽”의 유치, 국력신장, 국민통합, 국위선양, 정통성 확보를 위한 남 · 북한 체육교류 등을 목표로 삼은 것이 그러한 이유들이다.

정책결정에 있어서 지도자 개인의 정치적 의도에 의한 권위주의적인 방식을 채택하고, 정책목표를 달성하기 위해 예산확대, 조직의 인사 · 운영에 통제를 가하는 경향은 J. 하그리브스(Hargreaves)의 스포츠 헤게모니론에 부합하는 현상을 보여준다.

한편, 김대중 정부는 수평적 정권교체를 이룩한 정부로서 정통성에 대한 위기가 없고 강제와 통제보다는 체육정책과 관련, 체육인과 체육단체들에게 가급적 자유와 자율성을 부여하였고, 국가주도가 아닌 시장 · 지역사회주도의 체육정책을 수행한다는 체육정책의 원칙을 세웠다. 체육NGO에 대한 조직의 자율성도 전두환 정부의 경우에 비하여 매우 신장되었다. 물론 그의 체육정책의 목표와 집행결과 사이에는 많은 괴리가 존재하지만 자유민주주의적 가치는 체육정책에도 반영되었음을 발견할 수 있다.

둘째, 전두환 정부는 권력집단의 이익을 우선하는 정책을 수립하고 이 정책을 관철하기 위하여 강제를 동원하였는데, 이러한 체육정책은 사회정의와는 반대되는 정책이라 할 수 있다.

전두환 정부는 체육정책과 관련 확대된 조직과 예산을 국민전체의 체력향상과 삶의 질을 높이기보다 엘리트체육정책의 실현을 위하여 사용하였다.

이에 반하여 김대중 정부는 민주주의적 정치체제의 원칙에 입각하여 국가주도형 체육정책을 지방분산형 내지 시장주도형 체육정책으로 전환시켰으며, 이러한 정책은 이전 정부의 정책보다 국민 전체의 삶의 질의 향상에 기여를 했다고 평가된다.

김대중 정부의 체육정책은 NGO의 임원들을 더 이상 임명치 않고 그들 스스로 선출할 수 있도록 NGO에게 가급적 자율권을 주었다. 그러나 시장주도형 체육정책은 스포츠자본가로 하여금 체육단체장을 맡게 하는데 일조 했으며 체육의 상품화를 가속화시켰다.

김대중 정부의 시장주도형 체육정책은 베버주의적 스포츠이론가인 S. 오버만(Overman)이 지적하는 것처럼 스포츠를 시장에서 수요자와 공급자, 투자비가 만나는 지점에서 결정 되도록 하는 시장주의적 요소를 펴 나갔음을 확인할 수 있다

그러나 김대중 정부는 생활체육을 더 많이 강조함으로서 인간의 삶의 질 향상에 기여하고자했으나 학교체육을 등한시함으로써 체육의 기반육성에 관심을 더 기울여야하는 과제를 안고 있다.

셋째, 권위주의 정부의 체육정책은 규범적 당위성에 비추어 볼 때, 국가주도로 이루어졌기 때문에 가급적 최대의 국민에게 생활체육을 향유할 수 있는 기회를 균등하게 주지 못하였다.

전두환 정부가 엘리트 체육에 대한 더 큰 관심을 갖고 이를 경직되게 추진해 나가는 동안 생활체육의 확대에 대한 국민적 요구를 등한시 내지 기피하였다. 이에 반하여 김대중 정부는 엘리트체육과 생활체육에 대한 관심을 동시에 가짐으로서 국민에게 생활체육을 향유할 수 있는 기회를 가급적 제공하고자 노력한 경향이 엿보인다.

전두환 정부가 기회의 평등을 소홀히 하였다면 민주주의 정부는 생활체육을 강조하여 지역주민들의 삶의 질을 높이는 기회를 가급적 균등하게 제공하고자 하였다.

넷째, 하그리비스나 오버만, 모건 등 앞에서 열거한 스포츠의 사회이론가들 조차 오늘날 스포츠가 국가에 의해 '계획화' 되고 자본주의에 의해 '상품화' 하는 경향을 예측하지는 못하였지만 스포츠가 원래의 자기계발과 신체단련을 통한 삶의 질 제고, 자유로운 여가선용에서 너무나 많이 이탈하여 그 간극이 매우 넓다는 사실을 지적하였다. 이러한 문제점은 전두환, 김대중 정부에서도 발견되며, 체육정책을 통하여 개선해 나가야 할 과제이기도 하다.

지금까지의 연구결과를 토대로 한국의 체육정책의 발전방향을 위한 몇 가지 제언을 하고자 한다.

첫째, 스포츠 정책은 국가정책과 뗄 수 없는 성격을 가지고 있으며, 올림픽 · 월드컵과 같은 이벤트를 통해 국민통합의 기제 혹은 억압기제로 작용하고 이를 실현하는 수단으로 이용되어 왔다는 점에서 이제는 국민의 의사에 부합하는 체육정책을 마련하는 것이 국가의 이익에 보탬이 될 것이다.

둘째, 한국사회에 있어서 스포츠는 정부의 정책목표에 따라서 사회갈등을 치유하고 국가 이미지 제고와 국민통합에 기여하는 효과를 가져오기도 하였지만, 다른 한편으로 권위주의 정치체제 아래 이루어진 사회적 억압과 민주주의 원리의 훼손, 사회경제적 불평등, 지역갈등을 은폐하는데도 기여해 왔다.

이러한 의미에서 스포츠 본연의 기능회복을 위하여 체육정책의 재점검이 필요하다.

셋째, 스포츠가 인간의 자유와 가치를 실현하는 본래의 목적에 충실하려면 국가와 시민사회를 위하여 인간의 기회균등, 삶의 질 제고를 높이는데 그 목표를 두어야 할 것이다. 이런 자유민주주의적 가치가 체육정책에 반영되려면 엘리트 체육은 그 뿌리가 학교 체육, 생활체육에 기반을 두어야 하므로 이들을 활성화시키고 체육활동의 자율적 기반을 조성하여야 한다. 또한 단기간에 좋은 성적을 기대하는 엘리트 체육에 집착하는 것은 삼가야 한다.

넷째, 체육관련 NGO를 통제와 지시의 대상이 아니라 학교체육, 생활스포츠, 엘리트 스포츠, 국제스포츠의 균형적인 발전을 도모하는 방향으로 정책목표를 설정하여 국민 모두가 향유할 수 있는 기본권으로서의 체육복지 실천에 노력해야만 할 것이다.

본 논문의 핵심적인 주안점은 정치학적인 시각에서 양 정부의 체육정책을 비교 분석하여 그 차이점과 공통점, 그리고 문제점과 몇 가지 제언을 하였다는데 그 의의가 있다고 할 수 있다.

그러나 본 연구는 양 정부의 정치체제에 따른 체육정책을 비교 연구하였기 때문에 체육정책 내에서의 엘리트 체육, 학교체육, 생활체육을 심층적으로 분석하지 못하였고, 체육정책과 관련된 정부역할에 대한 각종 실태조사를 실시하지 못하였던 점을 밝히면서 기회가 있을 때 이 들을 보완하고자 한다.

제 4 장

민주화가 한국의 이익집단정치에 미친 영향에 관한 연구 : 민주화 이행양식을 중심으로

조 승 민

Ⅰ. 서 론

이 연구는 1987년 민주화 이후 한국의 이익집단정치가 여전히 불안정한 이유가 무엇인가 하는 의문에서 비롯되었다. 그런데 이는 민주화 공고화의 정도와 직결된다. 왜냐하면 '민주정치=이익집단정치'라고 할 만큼 밀접하기 때문이다. 알몬드(Gabriel A. Almond)도 이익집단은 민주주의 건설에 가장 중요한 정치구조의 하나라며 이익집단의 중요성을 논한 바 있다.[1)]

그렇다면 민주화 이후 민주주의는 얼마나 공고화되었는가? 논의에 앞서 공고화된 민주화(consolidated democracy)에 대한 개념 정립이 필요한데, 이는 소극적인 개념과 확장된 개념으로 나눌 수 있다.

1) Gabriel Almond and Sidney Verba, The Civic Culture(Boston, Mass.: Little, Brown & Co. 1963), p.24.

소극적 정의를 가장 잘 표현한 것은 "민주적 과정을 거치지 않고는 어떤 주요한 정치적 행위자, 정당, 조직화된 이익집단, 세력, 기구들도 권력을 장악할 수 없을 뿐 아니라, 민주적으로 선출된 정책결정자의 행동을 거부할 수 있다고 주장하지 않을 때" 민주주의가 공고화되었다고 보는 린쯔(Juan Linz)의 정의다.[2)]

확장된 개념과 관련하여 임혁백은 민주주의 공고화의 과정을 단순히 선거경쟁의 제도화를 넘어서 '정치, 경제, 사회, 문화의 영역에서 엘리트와 대중이 공히 민주적 절차와 규범을 안정화, 제도화, 일상화, 내면화, 습관화, 그리고 정당화하는 과정'이라고 정의했다.[3)]

그렇다면 한국의 민주주의는 공고화되었는가? 소극적 정의에 따르면 그렇다. 정당 간 경쟁과 주기적 선거를 통해 정부를 구성했고, 여 · 야간 수평적 정권교체도 이루어졌다. 외형적, 절차적 민주화는 어느 정도 진척된 것이다.

그러나 실질적 요건을 위한 과제는 남아 있다. 정기적이고 공정한 선거를 통해 대표가 선출돼도 주요 정치세력이 정치적 경쟁에서 배제되거나, 특정한 경제, 사회적 대안의 논의가 제외되고, 선출된 대표에게 재임 중에 책임을 물을 수 있는 유효한 수단이 없다면 민주주의가 공고화되었다고 보기 어렵다. 이런 차원에서 한국의 민주주의는 아직 확립되지 않았다. 반공은 여전히 지배적 이데올로기로 작동하고 있으며, 보수일변도의 정당이 국회를 지배하고 있다. 민주화 이후 확립된 지역주의 정당화로 인해 많은 지역에서 실질적 경쟁이 이루어지지 않으며 국민의 대표들은 국민보다 지역을 기반으로 한 지도자의 요구에 더 민감하다. '개헌론'도 계속 제기되고 있다. 정당은 여전히 통합과 분열을 반복해 왔다. 특히, 대통령선거 결과에 따라 집권 여당의 변화가 되풀이되었다. 민주주의의 기본인 권력구

2) Juan Linz, "Transition to Democracy," Washington Quarterly, Vol.13, No. 3. p.158.

3) 임혁백, 「세계화시대의 민주주의」(나남출판, 2001), p.222.

조와 정당정치의 유동성은 여전히 높다.

이 같은 민주화의 성과와 한계 속에서 이익집단정치는 어떤 평가를 받고 있는가? 민주화 이후 한국의 이익집단정치에 대한 가장 일반적 설명은 전환기적 이익집단정치 상황이라는 것이다. 이러한 평가는 민주화와 이익집단정치와의 밀접한 관계를 고려할 때 자연스러운 일이다.

민주화는 이익집단정치가 국가의 통제일변도에서 다원적으로 변화하는 계기가 되었다. 이익집단들은 양적, 질적으로 성장하고 변화했다. 이익집단은 권력의 압력을 받는 집단(pressured group)에서 압력집단(pressure group)으로 변했다. 하지만 이익집단의 자율적 활동과정에서 생길 수밖에 없는 갈등을 조정, 통합할 수 있는 원칙과 제도가 확립되는 실질적 변화를 이루었는가? 그렇게 평가하기는 어렵다. 예컨대 노사문제를 규정할 사회적 합의조차 없는 데, 한국의 이익집단정치를 긍정적으로 평가하기는 어렵다.

이익집단정치의 불안정성은 정부와 이익집단 간, 또는 이익집단 상호간 합의와 균형에 의한 정책결정을 어렵게 하여 이익집단정치의 기능을 약화시키고 있다. 이는 사회적 효율 저하, 사회적 혼란과 부패라는 부작용을 낳을 개연성을 높인다. 민주화가 이익집단정치의 변화요인이 되었지만, 이익집단정치가 정치체제의 실질적 안정과 민주화를 위한 내적 요건으로 작용하지 못하고 있다.

그렇다면 전환기적 이익집단정치를 초래한 원인은 무엇인가? 그 원인을 한국 이익집단정치의 특성이나 정당정치의 문제점에서 찾는다. 이 같은 분석이 유효하기는 하나 그것으로 충분한지는 의문이다.

본 연구에서는 그 원인을 1987년 민주화이행양식이 내포하는 한계로부터 찾고자 한다. 이를 위해 이익집단정치가 전환기적 한계를 벗어나지 못하는 원인을 밝히기 위한 대안적 분석틀을 제시할 것이다. 이를 토대로 민주화에 내재되어 있는 한계 요인이 어떻게 이익집단정치의 한계로 작용하는지 분석할 것이다.

Ⅱ. 이론적 배경과 분석틀

1) 민주화 이후 한국 이익집단정치에 관한 기존의 논의

전환기적 이익집단정치(transitional interest group politics): 민주화로 인해 이익집단정치를 둘러싼 환경이 변화했다. 그러나 이에 걸맞는 이익집단정치체제가 확립되지 못한 상황에서 혼란이 지속되고 있다. 이 같은 상황을 전환기적 상황으로 규정한 개념이다. 김영래는 전환기적 특징으로 첫째, 다원주의적 양태, 둘째, 자율적 갈등형의 증대, 셋째, 극단적 집단이기주의 현상, 넷째, 공익단체의 역할증대, 다섯째, 국가의 관리능력 저하 등을 들었다. 그런데 이는 새로운 질서와 가치정착을 지향하는 성격이 있는가 하면, 이익집단의 활동공간이 커짐에도 정치적 · 사회적 상황이 오히려 이익집단의 활동을 위축시키거나, 이익집단이 확대된 공간을 활용하지 못하고 스스로 한계를 노정하여 위기적 측면을 보이는 이중적 성격을 가진다고 전환기적 혼란의 원인을 분석했다.[4]

이정희는 한국 이익집단의 현주소를 시민사회의 성장, 자율적 집단의 분출, 이익집단의 분화와 갈등, 이익집단의 위상제고, 사회조합주의의 실험, 이익표출의 제도화 등으로 설명한다. 민주화 이전 이익집단정치는 타율적 체제였다. 그러므로 국가와 이익집단 간, 이익집단 상호 간에 서로 대등하고 상호 경쟁적 관계를 형성하지 못했다. 동원 관계로 인해 타협과 조정의 자율적 이익집단정치에 익숙하지 않다. 따라서 민주화 이후 다원주의적 양상으로 바뀌고 있는 이

4) 김영래, "전환기적 이익집단정치의 특성", 김영래 엮음, 「이익집단정치와 이익갈등」 pp.437-442.

익집단정치가 새로운 가능성을 보여주는 반면, 역으로 집단 간, 집단과 행정부, 이익집단과 의회, 정당간의 상호관계에서 많은 갈등을 초래하고 있다고 지적했다.[5)]

정영국은 국가와 시민사회의 관계는 기본적으로 '국가의 통제' 로부터 '시민사회의 자율' 로 전환되는 과도기적 국면이나 자율시대의 안정적 제도화를 이룰 수 있는 '조정과 통합의 원칙' 은 마련되어 있지 못했다고 지적했다.[6)] 한국은 국가조합주의 체제 하에서 정부 선택에 의한 이익집단 간 불균형을 이미 경험했다. 이는 이익집단 간 문제를 이익집단과 정부 간 문제화하는 또 다른 부작용을 초래했다. 이로 인한 대립과 갈등이 민주화 이후 표출되면서 전환기적 혼란과 갈등의 한 원인으로 작용하고 있다는 것이다.

그런데 이 같은 논의는 전환기적 이익집단정치 상황의 원인을 이익집단정치를 둘러싼 환경의 변화에 걸맞는 원칙과 제도를 확립하지 못하고 갈등을 증폭시키고 있는 이익집단정치 자체에서만 찾고 있다는 한계를 보이고 있다.

정당정치의 한계: 한국의 정당이 보수일변도에다 지역주의 정당이기 때문에 다양한 세력의 이익을 대표하지 못하고 갈등증폭의 요인으로 작용하는 것이 전환기적 이익집단정치의 원인이라는 것이다. 최장집은 1950년대를 통해 형성된 여당과 야당이 애초부터 사회의 보수층을 대변했다고 보았다.[7)] 이는 냉전반공체제의 산물로 정당 간 경쟁이 극히 협애한 이념적 스펙트럼 내에서 이루어져 한국정치의

5) 이정희, "21세기 이익집단정치의 전개:-새로운 도전과 극복과제-", 「아세아 연구」제44권1호 통권 105호(고대 아세아문제연구소, 2001.6), pp.19-27 참조.

6) 정영국, "이익집단의 발전과 역할", 안병준 외, 「국가, 시민사회, 정치민주화」(한울아카데미, 1995), p.127.

7) 최장집, 「민주화 이후의 민주주의」(후마니타스, 2003), pp.50-58.

대표체계가 사회의 이익과 요구를 광범위하게 대변하지 못했다. 그런데 민주화 이후에도 보수일변도의 정당체계는 변함이 없다. 김용복은 민주화 이후에도 여전히 보수일변도의 정당체계로 인해 정책대결이 사실상 불가능하며, 정당이 다양한 계층, 계급적 이해관계와 가치를 정치에 반영함으로써 시민사회와 국가를 매개하는 기능을 하지 못함을 지적했다.[8)]

그런데 민주화 이후에는 지역정당 성격까지 더하게 되었다. 장 훈은 민주화 이후 정당 경쟁을 지배해온 요소는 지역주의라고 할 만큼 지역주의는 민주화와 더불어 빠르고 강력하게 정당정치의 사회적 기반으로 등장했다고 분석한다. 이는 갈등의 정치적 통합이라는 과제에 비추어 두 가지 중대한 문제를 야기했다고 주장한다. 첫째, 지역중심의 정당경쟁은 진보적 사회세력을 배제한 채 수구적 자유주의와 온건 자유주의에 의한 정당정치의 독과점을 의미하며, 이는 곧 산업사회의 핵심적 균열인 진보-보수의 균열이 정당정치에 의해 대표되지 못함을 의미한다. 둘째, 지역정당 내부의 파행적 권력구조, 그리고 정치체제 전반의 다수결적 성격으로 인해 지역중심의 정당정치는 지역갈등을 정치적으로 통합하기보다는 오히려 이를 재생산하는 데 기여하고 있다는 점이다.[9)]

최장집도 지역정당체제를 냉전반공주의를 기반으로 한 정당체제와의 단절이 아니라 그 지속을 보장하는 정치적 메커니즘으로 이해했다.[10)] 왜냐하면 특정지역의 절대적 지지는 선거에서 승리하기 위해 동원할 수 있는 가장 손쉬운 자원이기 때문이다. 지역정당체제는

8) 김용복, "한국정치개혁의 쟁점과 과제", 구범모 외, 「한국정치사회개혁의 이론과 실제」(한국정신문화연구원, 1999), pp.278-279.

9) 장 훈, "한국 민주화 10년의 정당정치-공고화의 지연과 맹아적 정당정치의 지속-", 최장집 · 임현진 공편, 「한국사회와 민주주의-한국민주화 10년의 평가와 반성-」(나남출판, 1997), pp.263-267.

10) 최장집, 前揭書, p.108.

기존 구정당체제의 틀 속에서 지역을 수직적으로 분획함으로써 국지화된 갈등축을 따라 대중을 동원한 결과라는 것이다.

물론 민주화 이후 나타난 정당이 대중의 지지를 받았다는 점에서 대중성을 가진 정당으로 변화했다고 볼 수 있다. 하지만 그것은 특정지역을 중심으로 한 지연과 학연, 혈연을 바탕으로 했기 때문에 서구 시민사회의 일반적 형태의 정치균열과는 다르며 그 방향으로의 발전에는 많은 한계를 지니고 있는 것이다.

민주화 이전부터 확립되어 있던 보수일변도 정당체계는 민주화 이후 지역정당화로 인해 그 독점적 지위를 지속적으로 보장받게 되었다. 갈등의 정치적 통합기능, 대의 민주주의의 기반으로서의 기능은 여전히 낮은 상태를 유지하게 되었다. 경우에 따라서 정당의 지역주의화는 사회갈등을 더욱 증폭시킴으로써 이익집단정치의 발전에 역기능적으로 작용했다. 따라서 이 같은 한계요인들이 전환기적 이익집단정치의 한 원인인 것은 분명하다. 그러나 정당체계의 문제만으로 민주화 이후 전환기적 이익집단정치의 혼란과 갈등의 원인을 전반적으로 설명할 수 없다는 점에서 한계를 가진다.

2) 분석틀의 정립

(1) 민주화 이행양식을 통한 접근

본 연구에서는 그 원인을 1987년 민주화의 한계에서 찾아보려 한다. 민주화와 이익집단정치는 밀접한 관계가 있다. 민주화와 개혁의 성공여부가 이익집단정치에 절대적 영향을 끼치기 때문이다. 이익집단정치가 민주주의의 중요부분일 뿐 아니라, 이익집단정치의 변화가 민주화로부터 왔기 때문이기도 하다. 이는 민주화의 한계요인이 이익집단정치의 한계요인으로 작용할 수 있음을 뜻한다.

그렇다면 민주화의 한계요인을 어디서 찾을 것인가? 본 연구에서는 1987년 이루어진 민주화 이행양식의 특징에서 찾으려 한다. 한국 민주화 이행양식의 특징이 민주화 이후 공고화 과정에서 제약과 부담으로 작용하고 있으며, 이것이 곧 이익집단정치 발전의 한계요인으로 작용하고 있다고 보는 것이다.

협약에 의한 민주화, 개혁적 민주화: 여기서 부분적 이론들의 변증법적 종합을 통해 민주화의 일반적 이론을 모색하게 되는데, 먼저 전략선택론적 민주화이행론이 그것이다. 이는 민주주의로의 전환과정을 집권세력과 반대세력으로부터 나오는 압력 간 상호작용의 결과라고 보는 것이다. 탈결정론적, 탈구조적, 탈전제조건이론적 지향에 기반을 두고, 정치과정의 독자성과 게임이론에 근거해 정치행위자들의 합리적 선택을 강조한다. 러스토우(Rustow),[11] 린쯔(Linz),[12] 오도넬과 슈미터(O'Donnell and Schmitter),[13] 쉐보르스키(Przeworski)[14] 등에 의해 모색됐다.

오도넬과 슈미터는 민주화이행을 권위주의체제가 개방되면서 정치세력들의 타협을 통해 정치적 민주주의를 실현하는 과정으로 보았다. 따라서 이행과정은 정치적 게임규칙이 확정되지 않은 상황에서 '정상적인 불확실성'을 제도화하는 과정이다. 정치적 민주화는 집권세력과 반대세력이 정치적 게임규칙에 대한 타협을 이루어낼 때 열리게 된다. 그런데 타협은 집권세력 내의 강경파와 온건파, 그리고 반대세력 내의 개혁파와 급진파 간의 전략적 선택의 결과로서

11) Dankwart Rustow, "Transitions to Democracy," Comparative Politics 2 (April)

12) Juan J. Linz & Alfred Stepan, The Breakdown of Democratic Regimes (Baltimore: Johns Hopkins University Press, 1978)

13) O'Donnell and Schmitter, Transitions from Authoritarian Rule: Tentative Conclusions about Uncertain Democracies (Baltimore: Johns Hopkins University Press, 1986)

14) Adam Przeworski, Democracy and the Market (Cambridge: Cambridge University Press, 1991)

"위로부터의 화해"의 과정으로 나타난다고 보았다.

쉐보르스키는 오도넬, 슈미터와 같은 이론적 기반을 가지면서 민주화 이행과정에서 각 세력들의 행위와 전략, 과정, 경로를 게임이론을 바탕으로 분석했다. 그는 권위주의 체제의 위기와 분열, 그리고 시민사회의 자율적인 조직들 간의 상호작용으로 자유화가 나타난다고 보았다. 이 과정에서 체제 내 온건파들이 개혁파로 변화하여 반대파와 협상을 할 경우 체제전환의 계기가 마련된다. 평화로운 민주주의 이행은 그 과정을 되돌이킬 수 있는 세력들의 이익을 위협하지 않으면서 불확실성을 제도화하는 방법이다. 낡은 권위주의 해제와 동시에 새로운 민주주의 제도를 건설하는 것이다.

안정적 권위주의 체제는 일방적 힘의 불균형상태이다. 집권세력이 반대세력에게 자신의 방안을 일방적으로 강요하고 제어할 수 있다. 전환은 권위주의 세력과 반대세력 간에 미묘한 힘의 균형이 이루어졌을 때 생길 수 있다. 강력하고 조직적인 반대세력 때문에 집권세력의 일방통행은 어려워지고 정치는 체제와 반체제간의 상호작용에 의해 결정된다. 여기서 게임이론이 적용된다.

집권세력, 반대세력 모두 각자에게 일방적으로 유리한 질서수립을 원하나, 여의치 않을 경우 타협전략을 선택하는 경우를 가정할 수 있다. 차선의 해결책, 즉 민주화를 위한 협상은 체제 내 개혁파와 반대세력 내 온건파 사이에 벌어질 수 있다. 집권세력 내의 개혁파가 강경파에 대해, 반대세력내의 온건파가 급진파에 대해 주도권이 없다면 협상은 무의미하다. 체제세력과 반체제세력간의 전략적 교환은 누가 주도권을 잡느냐에 따라 결과가 4가지로 나타날 수 있으나 민주화와 관련하여 의미 있는 경우는 집권세력 내의 개혁파 혹은 온건파가 주도권을 확보한 상황에서 나타날 수 있는 두 가지이다.

왜냐하면 체제 내 온건파가 강경파로부터 독립적 권력을 획득하지 못하고, 민주적 경쟁에서 계속 유효한 정치세력으로서의 기반이 없을 경우, 반대세력과의 타협보다는 강경파와 협력하여 권력을 유지하는 쪽을 선택할 것이기 때문이다. 이 경우, 반대세력의 주도권이 비타협적 급진파에 있다면, 반대세력은 정면대결을 선택할 것이며, 결과는 누가 더 많은 폭력을 동원하느냐에 달려있다. 반대로, 온건파가 주도할 경우 항복하거나 체면치레용 양보를 얻는 정도에 만족할 것이다. 이 경우 모두 민주화로 귀착되기는 어렵다.

민주화와 관련 있는 상황은 다음과 같다. 체제내의 온건파가 체제내의 강경파로부터 독립적 권력을 획득하고, 민주적 경쟁에서도 계속 유효한 정치세력으로서의 기반이 마련되었다면, 강경파와 지배연합을 지속하기보다는 민주화를 위한 타협을 모색할 것이다. 이 경우 온건파는 반대세력 내의 온건파와 협약을 통해 민주적 경쟁이전에 권력분점을 보장받는 것이 최상의 전략이 될 것이다. 물론 이는 반대세력내의 온건파가 주도권을 쥐고 있을 때 가능하다. 그렇지 않을 경우, 체제내의 개혁파는 아무런 사전 보장없이 민주화에 동의하던가 아니면 체제 내 강경파와 협력하여 권위주의 체제를 유지하는 선택을 하게 될 것이다. 체제내의 개혁파가 아무런 보장 없이 민주화에 동의하는 경우가 개혁적 민주화의 경우이고, 반대세력 내의 온건파와의 협약을 통해 민주적 경쟁이전에 권력분점을 보장받는 경우가 협약적 민주화의 경우이다. 개혁적 민주화는 권위주의 지배층의 평화적 퇴장을 보장한다는 점에서는 혁명적 전환방식과는 다르나, 권위주의 지배세력의 권력유지가 사전에 보장되지 않는다는 점에서 비타협적인 민주화라고 할 것이다. ([표 2-1] 참조)

[표 2-1] 민주화이행의 방식

구 분		권위주의 집권세력	
		강경파	온건파(개혁파)
반대세력	강경파	민중혁명 또는 재권위주의화	개혁적 민주화
	온건파	현상유지 또는 온화한 권위주의	협약에 의한 민주화

출처: 임혁백, 「시장 · 국가 · 민주주의」 (나남출판, 1997), p.244의 그림을 참고하여 만든 것임.

협약에 의한 민주주의는 체제와 반체제세력내의 온건파들이 대안 없이 지속되는 대결국면이 양 측 모두의 존립 자체를 위협할 수 있다는 인식을 바탕으로, 타협할 때 이루어진다. 폭력적이고 극한적인 대결이 아닌 민주적 제도 내에서의 경쟁을 통해 갈등을 해결할 것에 합의하는 것이다. 여기서 협약은 슈미터(Philippe Schmitter), 오도넬(Guillermo O'Donnell)등의 민주화 이행론에서 중요하게 다루어지는 개념으로 대립하고 갈등하는 엘리트들이 민주적 경쟁의 결과에 관계없이 서로 상대방의 생사가 걸린 핵심적 이익(vital interests)을 해치지 않겠다는 보장에 합의하는 것이다.[15)]

협약에 의한 민주화 방식은 새로운 민주주의를 보호하는데 유리하다. 협약은 선거결과에 관계없이 협약에 참가한 세력들의 정치적 이익을 보장함으로써, 선거 그 자체가 생사가 걸린 투쟁의 장이 되는 것을 막고, 권력분점을 경쟁 이전에 보장함으로써 정치세력들이 체제의 유지에 사활적 이해를 가지게 하기 때문이다.

한편 협약은 소수 엘리트의 협상으로 이루어져, 갈등도 줄이지만 경쟁도 감소시키는 측면이 있다. 협약의 배제적 성격으로 인해 급진

15) Guillermo O'Donnell and Philippe Schmitter, "Tentative Conclusions about Uncertain Democracies", Guillermo O'Donnell, Philippe Schmitter and Laurence Whitehead(eds.), Transitions from Authoritarian Rule: Latin America, (Baltimore: Johns Hopkins University Press, 1986), p.37.

적 사회경제적 개혁을 추구하는 정치세력이 민주적 경쟁에서 배제될 수 있기 때문이다. 또 협약은 참가한 세력의 핵심적 이익을 보장해야 하므로, 밑으로부터의 사회 · 경제적 개혁이 실종될 수 있다. 그런데 이 같은 개혁실종은, 결과적으로 협약에 의해 성립된 민주적 제도가 극심한 사회경제적 불평등을 낳게 되므로, 협약의 과정에서 제외된 세력과 사회경제적 불평등구조의 피해자들로부터의 도전에 직면하게 된다. 그러므로 협약에 의한 민주화는 권위주의 체제로부터 민주정부로의 전환에는 유리하게 작용한 특징이 민주주의의 정착과정에서는 한계요인으로 작용할 가능성이 있다.

한편 쉐브로스키(Adam Prezworski)는 '협약에 의한 민주주의'와 비슷한 개념으로 '보장이 있는 민주주의'(Democracy with guarantees)라는 개념을 사용했다.[16] 매인와링(Scott Mainwaring)은 '거래를 통한 이행'(Transition through Transaction)이라는 개념을 사용했다.[17] 이 개념들 모두 '협약에 의한 민주화'의 개념과 크게 보아 그 궤를 같이 한다고 볼 수 있다.

성공의 위기에 의한 민주화, 실패의 위기에 의한 민주화: 또 다른 민주화이행의 개념으로 '성공의 위기에 의한 민주화'와 '실패의 위기에 의한 민주화'의 개념이 있다. 이는 권위주의체제의 경제적 실적과 관련해 분석한 두 개의 대조적 민주화 유형이다. 남미와 동구의 권위주의 체제의 독재자들은 경제발전에 실패함으로써 퇴진을

16) 아담 쉐보르스키 지음, 임혁백 · 윤성학 옮김, 「민주주의와 시장-Democracy and the Market-」(한울아카데미, 1997), p.105.

17) 매인와링은 민주화 이행양식(mode of transition)을 '거래를 통한 이행' 외에도 '구체제의 패배와 붕괴', '구집권세력의 탈출을 통한 이행' 등 세 가지로 구분하였다. Scott Mainwating, "Transition to Democracy and Democratic Consolidation: Theoretical and Comparative Issues," in G. O'Donnell & S. Valenzuela(eds.), Issues in Democratic Consolidation, Notre Dame: University of Notre Dame Press.

강요당했다. 극심한 경제위기가 민주주의로의 전환을 위한 요인이 되었던 것이다. 이 같은 '실패의 위기에 의한 민주화'와는 달리 한국, 대만, 스페인 등에서는 독재자들이 경제발전을 완수했기 때문에 권좌에서 물러나야 했다. 경제발전완수 후 그들은 '역사적으로 무용지물화되고' (historical obsolescence)[18], 대중에 더 많은 자유를 부여해야 하는 새로운 역사적 필요성을 위해 민주주의로 대체되었다는 것이다.

'실패의 위기'로 민주화된 나라에 비해, '성공의 위기'로 민주화된 나라들은 민주주의 공고화에 비교적 유리한 입장이다. 경제는 일반적으로 양호하며, 국가는 파산하지 않았으며 유능한 관료들을 거느리고 있다. 새로운 민주 정부는 비교적 유리한 경제환경과 거시경제적 안정과 성장에 성공적이었던 정책체제를 물려받았다. 그런데 이런 요소들은 과거 정책을 유지하도록 하고 더 많은 경제적 조정을 하도록 촉진하게 된다. 특히 과거 경제모델에서 혜택 받은 집단들은 연속성을 유지하기 위해 힘을 모으게 된다. 이렇듯, 성공의 위기에서 비롯된 민주화 이행의 정치적 유산은 양면의 가치를 가지고 있다.

반면, 실패의 위기로 인해 민주화된 동구의 위기는 사회주의 그 자체의 위기, 즉, 체제의 위기였다. 따라서 위기 해결을 위해서는 부분적 처방으로는 부족하며 체제의 근본적 변혁이 요구되었다. 남미의 경우도 권위주의가 더 이상 경제를 효율적으로 발전시키지 못한다는 인식에서 출발되었다. 따라서 새로운 체제의 도입이 성공할 것인가의 여부와는 별개로 성공의 위기로 인한 민주화가 가지는 한계는 비교적 적다고 하겠다.

그러나 경제 위기에 따른 높은 물가상승, 저성장, 거시경제적 불

18) Robert M. Fishman, "Rethinking State and Regime: Southern Europe's Transition to Democracy," World Politics Vol. 42, No. 3,(April, 1990)

안정은 국가적으로 분배의 요구를 커지게 하고 이는 분쟁을 증가시킨다. 한편으로는 개혁으로 손실을 봐야 하는 정치세력들의 저항으로 인해 새로운 민주주의 하에서 경제개혁이 일관되게 추진되지 못하게 된다. 이로 인해 경제개혁이 좌초될 가능성은 높아지고 이는 민주주의의 불안정화를 가져올 위험성을 증대시키게 된다.

(2) 대안적 분석틀의 정립

대안적 분석틀의 정립은 한국 민주화이행의 성격을 어떻게 규정할 것인가에서 출발한다. 이를 통해 민주화가 지니는 한계요인을 이끌어낼 수 있기 때문이다. 민주화에 대한 성격규정이 중요한 이유는 이것이 민주주의 공고화에 오랫동안 상당한 영향을 끼치기 때문이다.[19)] 또 이로부터 이익집단정치와 관련된 한계요인을 이끌어내는 것이 본 연구의 목적이기 때문이다.

한국 민주화이행의 성격은 "협약에 의한 민주화"(transition by pact)와 "성공의 위기(crisis of success)에 의한 민주화" 로 규정지을 수 있다.

그런데 이 두 가지 개념은 서로 다른 분석모델의 부분으로서, 다른 관점에서 접근하고 있지만 민주화의 한계요인이라는 측면에서 공통적인 요소를 상당히 포함하고 있다. 즉, 민주화를 정치적 민주화로 축소함으로써 사회경제적 민주화를 의제에서 제외한 것. 구 권위주의체제의 경제모델에 대한 신뢰, 이로 인해 새로운 경제, 사회적 패러다임 모색에 방어적이고 보수적 태도를 견지하는 것 등이다. 또 급진적 사회경제적 개혁세력이 배제되고, 사회경제적 개혁이 미

19) 송호근은, 개혁민주화의 성과와 한계는 이행의 양식과 밀접한 관련을 가진다고 하였다. 조금 강조하자면 민주화 이행양식은 이후의 정치적 일정과 개혁정치의 전반적 윤곽을 좌우한다는 것이다. 송호근, "'배제적 민주화'와 시민사회: 분리와 배제의 사회적 결과", 한배호 편, 「한국의 민주화와 개혁」(세종연구소, 1997), p.187.

흡해지는 점도 들 수 있다. 특히 한국의 경우에는 민주화 이후 대선에서 권위주의 세력이 재집권함으로써 연속성이 지배하는 특성을 가지게 되었는데, 이는 민주화 이후 이익집단정치의 한계요인으로 작용하게 된다.

구체적으로는 첫째, 국가조합주의적 이익집단정치와 다원주의 이익집단정치의 공존을 초래했다. 이로 인해 동일분파 내의 대립적 이익집단들이 공존하면서 갈등을 증폭시키는 결과를 초래했다. 둘째, 국가조합주의적 요소의 온존이 이익집단정치에 한계요인으로 작용했다. 반공이데올로기와 관료체제의 온존이 대표적 예이다. 셋째, 협애한 정당의 이익표출구조가 유지되었다. 보수일변도의 정당체계에 민주화 이후 지역주의까지 더해짐으로써 이익표출의 비제도화를 더욱 심화시켰다. 이상에서 검토한 내용들을 종합하여 본 연구에서는 [그림1]과 같은 분석틀을 제시한다.

Ⅲ. 1987년 민주화 이전의 이익집단정치

1) 이익집단정치의 특징

파행적 성장과정과 국가조합주의적 통제: 해방 이후 1960년대 이전에도 이익집단은 존재했다. 그러나 이익의 다양화와 사회적 분화가 저수준이어서 뚜렷한 사회기능적 기반 없이 정치적 성향이 강했다. 인물중심의 비결사적 이익집단(non-associational interest group)들이 큰 발전 없이 생성, 소멸을 거듭했다. 결사적 이익집단(associational interest group)이 본격 활동한 것은 1960년대 산업 및 사회구조가 분화하면서부터다.[20]

20) 정영국, 前揭論文, p.123.

<그림1> 분석틀

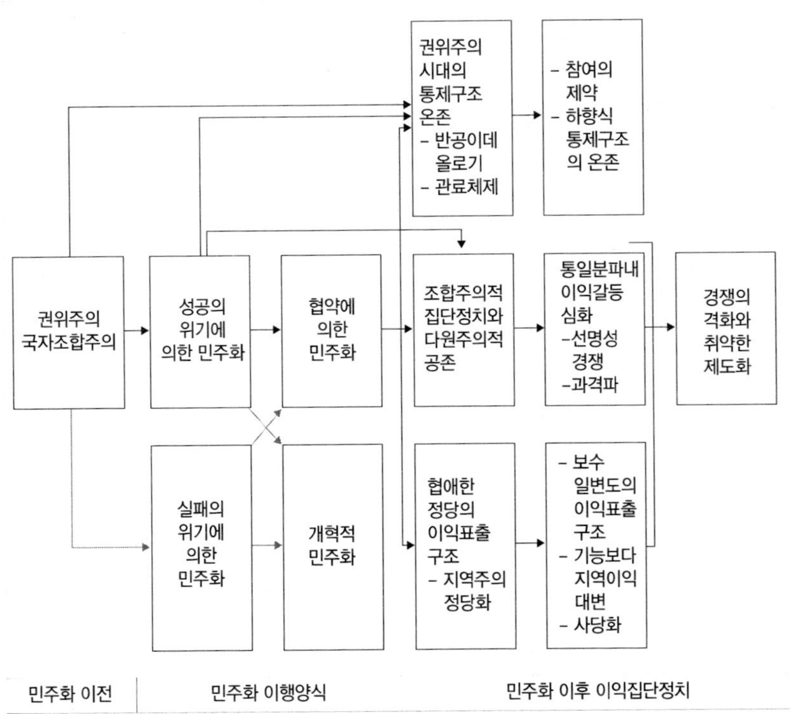

이익집단의 수는 1959년 8월 31일에 426개(박문옥이 통합적 중앙단체만 계산)[21]에서 1963년 약 600개(안해균이 중앙관서에서 허가했거나 등록된 사회단체를 계산)[22], 1974년 1,034개(윤형섭이「동아연감」, 「합동연감」, 「한국연감」1974년판에 수록된 단체를 조사) 늘어났다.[23] 그 후, 윤형섭과 비슷한 기준으로 1984년에 김영래가

21) 박문옥, 「한국정부론」(박영사, 1963), pp.557-559.

22) 안해균, "한국의 이익단체에 관한 자료연구", 「행정논총」(서울대학교 행정대학원, 1965), 제3권 제1호, pp.320-335.

23) 윤형섭, "이익표명과 집단", 김운태 외, 「한국정치론」(박영사, 1982), p.358. 그런데 이 자료를 가지고 이익집단의 양적 증가를 증명할 수 있을 지는 분명치 않다. 왜냐하면 자료의 출처가 다르고 선택 및 분류기준도 동일하지 않기 때문이다. 예컨대 안해균은 서울대 행정대학원에 수학중인 관

한 조사에서 그 수가 1,322개가 되었다.[24)]

그러면 민주화 이전 이익집단정치의 특징은 무엇인가? 한마디로 집단의 성립과 인적 구성, 활동까지 국가의 전면적 통제를 받는 체제였다는 점이다.

1960년대 이후 이익집단의 수적 증가, 결사적 이익집단으로의 변화가 시민사회 성장이나 자율성 제고를 의미하는 것은 아니었다. 외형적 성장과 결사적 이익집단으로의 변화에도 불구하고 실제 활동은 미미했다. 어용집단이라는 말이 상징하듯 정부의 하수기관으로 전락했다는 비난을 면치 못했다. 1987년까지 이익집단은 국가의 지원과 통제 하에 성장, 활동했다. 이익집단의 대부분은 종속적 협력형(dependency-cooperation model)으로 분류됐다. 물론 노동조합같이 종속적 갈등형(dependency-conflict model)도 있었으나 극소수에 지나지 않았다.[25)]

료들의 협조를 얻어 정부 부처에 등록된 이익집단의 목록을 작성했음에 반해, 윤형섭은 연감에 수록된 단체를 자료로 사용했다. 그러나 이러한 차이에도 불구하고 이 자료를 가지고 이익집단의 양적 증가를 가설적으로 생각해 보는 것은 무리는 아닐 듯하다. 한상진 외, 『한국 이익집단의 실태와 개선방안』(현대사회연구소, 1985), p.17.

24) 김영래, 「한국이익집단과 민주정치발전」(대왕사, 1990), pp.92-93.

25) 성장유형에 근거하여 이익집단의 성장과정을 흔히 두 개의 모델, 즉, 자율형(autonomy model)과 종속형(dependency model)으로 구분한다. 자율형은 단체의 설립에서부터 성장과정까지 단체구성원에 의해 자율적으로 행해지는 경우를 말한다. 종속형은 법규를 통해서나, 국가의 음성적인 지원, 또는 권유에 의해 설립된 경우를 말하는 것으로 종속형의 단체는 국가의 통제 하에 놓이게 되며, 국가 정책목표의 수행을 위한 동원세력으로 역할을 하게 된다. 한국과 같은 신흥공업국 또는 경제발전을 위해 경제적 동원화를 추구하는 사회는 대부분 종속형 이익단체 성장모형을 지니고 있다.
이와 별도로 국가와 관련된 활동유형에 따라 두 개의 모델, 즉, 협력형(cooperation model)과 갈등형(conflict model)으로 구분한다. 협력형은 이익집단의 활동이 국가가 추진하는 정책목표 범위 내에 있으며, 단체 전체가 자신들의 이익보다는 국가의 발전목표 수행을 우선시하며 협력적 양태를 취하는 유형이다. 갈등형은 반대로 단체구성원의 이익을 우선적으로 추구하여 국가의 정책목표와 자주 대치되는 상황이 전개되는 유형이다.
이와 같은 활동유형에 따른 이익집단의 분류를 성장과정과 관련하여 유형화할 경우, 자율적 협력형(autonomy-cooperation model), 자율적 갈등형(autonomy-conflict model), 종속적 협력형(dependency-cooperation model), 종속적 갈등형(dependency-conflict model)으로 나눈다. 김영래, 上揭書, pp.94-97 참조.

그런데 이익집단에 대한 통제는 이승만 정권 때부터 시작됐다. 신생 한국은 외형상 서구민주체제를 갖추었으나, 정부지원으로 조직됐거나 정부의 재가와 후원을 받는 집단만이 합법적 이익집단으로 인정되었다. 따라서 독립적 자율성을 누리는 집단은 거의 없었다. 하지만 강력한 통제 아래서도 자율적 이익집단은 명맥을 이어갔다. 나름의 이념적 토대와 사회기능적 기반에 기초한 집단들의 움직임은 계속됐다. 노동자, 교원, 농민조직 등이 대표적 사례로서, 민주화 이후 나타나고 있는 동일 사회분파 내 대립과 갈등의 계기는 이때부터 싹트고 있었다.

이 같은 자율적 집단의 존재에도 불구하고 1960년대 이전 한국의 이익집단들은 정부의 강력한 통제 하에 있었다. 이익집단들의 종속적 성격은 이승만 정권을 거쳐 5 · 16 군사쿠데타 이후 3 · 4 · 5 공화국을 거치면서 더욱 강해졌다. 1987년까지 한국의 이익집단은 성립과 인적 구성에서부터 실제 활동에 이르기까지 강력한 국가에 의해 전면적으로 통제를 받았다는 점이 특징이다.

이익집단에 대한 국가의 통제요인: 1987년 이전 이익집단들에 대한 국가의 강력한 통제를 가능하게 했던 가장 큰 요인은 반공이라는 지배적 이데올로기의 존재라고 결론내릴 수 있다. 이는 물론 한국만의 특수한 분단 상황에 기반을 둔 것이다. 먼저 기존의 여러 연구들이 제시하는 나름의 통제요인을 살펴보자.

과대성장국가의 관점에서는 남북분단과 반공이데올로기, 경제성장을 위한 동원화, 사회적 불안정과 분화의 저수준에 따른 사회세력의 미발달, 유교주의적 정치문화 등을 들고 있다.

발전국가론적 입장은 첫째, 반공이데올로기를 내세운 미군정과 우파세력에 의해 좌파 및 민족주의 세력과, 농지개혁에 의해 지주계급이 몰락해 강력한 도전세력이 제거되었다. 또 6.25 전쟁으로 반공을 내세운 국가의 강압력이 현저히 증가했다. 둘째, 산업화의 미진으로 자본가계급과 노동계급 역시 제대로 성장하지 못했다는 두 요인을 든다.[26)]

관료적 권위주의 입장에서 드는 요인은 다음과 같다. 첫째, 유교적 규범문화의 전통. 둘째, 중앙집권적 권력체계가 우리사회에 일찍이 확립된 점. 셋째, 관료제도가 국가기능의 제도적 틀로서 오래 전부터 기능한 점. 넷째, 우리사회가 근대사회로 발전해 나갈 시기에 식민통치를 겪으면서 종속구조가 형성되었다는 점이다. 그 결과, 민족국가의 형성에 필요한 정치적, 경제적, 이념적 바탕들이 왜곡되거나 억압되었다. 이 유산이 관료적 권위주의의 중요한 배경이라는 입장이다.[27)]

기존의 연구들이 제시한 여러 요인들이 정도의 차이가 있으나 국가조합적 통제를 가능하게 만드는데 직 · 간접적으로 작용했음은 틀림없다. 하지만 이익집단에 대한 국가의 강력한 통제를 가능하게 했던 가장 큰 요인은 역시 반공이라는 지배적 이데올로기라고 하겠다. 이는 분단이라는 특수한 상황과 맞물려 해방이후 1987년 이전까지 가장 결정적 요인으로 작용했다고 본다.[28)]

물론 경제발전과정에서의 국가역할의 증대도 주요 요인이다. 실제로 박정희 정권 이후는 반공이라는 지배적 이데올로기에 경제발전

---

26) 김태성, 성경륭 공저, 「복지국가론」(나남출판, 2000), pp.373-374.

27) 한상진, 「한국사회와 관료적 권위주의」(문학과 지성사, 1988), pp.93-94.

28) 최장집은 한국의 자본주의 산업화와 민주주의로의 이행이, 남북한 간의 분단 상황으로 인하여 위협적인 외부의 적이 항구적으로 존재하는 군사적 이데올로기적 대치에 의한 고도의 긴장상태에서 이루어진 것을 특징 중의 하나로 꼽았다. 외부의 위협이 현실적으로 존재하는 상황은, 분단으로 인한 정치체제의 '정당성의 위기'와 '정체성의 위기'를 보충해줄 뿐만 아니라, 정치적 권위에 대한 충성심을 제고하고 사회에서의 갈등과 정치적 분열을 극복하여 국민을 국가목표에 동원하는 데서 긍정적인 요인이라는 것이다. 그는 이를 '외부의 적과의 항구적인 대치상황의 조건'(the situation of the permanent confrontation vis-a-vis the external enemy)라고 명명하였다. 최장집, 「한국민주주의의 조건과 전망」(나남출판, 1998), p.19-20.

논리까지 더해져 이익집단정치가 강력한 통제구조로 굳어졌다. 하지만 이는 이승만 정권시대와는 상관관계가 적은 요인이며, 박정희 정권 이후 주로 적용될 수 있다. 한국은 분단에 의한 반공이데올로기의 작용에 의해 국가의 자율성 증대가 항상 가능했다.

민족주의 세력과 좌파 세력의 제거 역시 반공이데올로기가 강력한 명분으로 작용했다. 유교적 정치문화의 명맥 유지에도 반공이 무관하지 않다. 유신말기인 1970년대 후반에도 북한의 위협과 함께 대표적 유교이념인 충·효를 강조했던 집권엘리트들의 행태가 이를 말해준다. 발전국가론 관점, 관료적 권위주의 입장에서 내세우는 요인들도 반공과 밀접한 관계가 있다.

한편 반공의 지배이데올로기화는 정당을 모두 보수일변도의 동일한 이념지평 위에 성립하게 만들었다. 진보당은 보수정당에 의해 제거되었고, 이후 보수일변도의 정당체계는 굳어졌다. 이는 이익집단들의 이해관계를 정치에 반영함에 있어 매우 협애한 구조를 만듦으로서, 국가의 강력한 통제와 함께 이익집단정치의 발전에 장애요소가 되었다. 결론적으로 반공이라는 지배이데올로기는 이익집단에 대한 국가의 강력한 통제를 정당화시키는 결정적 요인이었다.

그리고 이 같은 국가의 강력한 통제는 관료조직에 의해 이루어졌다. 국가는 사회전반에 대한 통제를 위해 국방, 경찰, 정보, 검찰 등 강제적 공권력 행사를 위한 억압기구의 중앙집권화를 크게 확대시켰다. 또 조합주의적인 중간조직들을 활용했다. 각 부처별로 수십 개씩 만들어진 산하단체들은 사실상 국가기구의 연장선상에서 기능했다. 뿐만 아니라, 1960년대 이후 급속한 경제개발 추진과정에서 정부의 업무부담은 줄이면서 정책과 규제의 효과적 수행을 위해 업종별 사업자단체를 설립토록 했다.[29)] 이 기관들이 해당 분야에 강력한 통제력을 행사할 수 있는 근거로 법적, 제도적 규제 장치를 확립했다. 이 같이 강력한 조직과 규제로 무장한 관료의 존재는 이익표출구조에 심대한 영향을 미치게 된다.

이처럼 반공이데올로기와 강력한 관료체제가 상호작용하면서 1987년까지 이익집단에 대한 국가의 강력한 통제체제로 만들어갔다. 이는 1987년 민주화 이후에도 여전히 그 위세를 유지하면서 한국의 민주화와 이익집단정치 발전에 한계로 작용하게 된다.

2) 민주화 이전의 이익표출구조

영향력 행사방법: 이익집단은 모든 정책관계자들에게 접근해 영향력을 행사한다. 다만 그 접근통로와 압력행사 방법은 체제에 따라 다르게 나타날 수 있다. 듀베르제는 이익집단의 압력행사 방법을 '권력수준으로의 직접행동'과 '대중수준으로의 간접행동'으로 구분했다.[30)]

권력수준으로의 직접 행동은 직접 로비 형태로 단체 대표자가 정책결정자와 직접 접촉하는 것이다. 정치자금의 공여, 향응, 정보 제공, 국회청문회 참석 등을 들 수 있다. 부패지향은 뇌물이나 금전적 지원을 통해 집단의 이익을 얻으려는 방식이다. 정보지향은 특정문제에 대해 정책결정자에게 필요한 정보, 통계 등을 제공하는 기능을 말한다. 대중수준으로의 간접행동은 간접로비로서 직접 로비의 미비점을 보완하는 것이다. 이는 풀뿌리로비(Grossroots Lobbying)로서 일종의 media lobbying이기도 하다. 선전은 투표인, 정책결정자, 집단구성원 등에게 선전 및 교육을 통해 간접적으로 통제하는

29) 1990년 공정거래위원회에 신고된 총 1,116개의 사업자단체를 설립근거별로 보면 이 중 760개가 중소기업협동조합법, 공업발전법 등의 특별법에 근거하고 있으며, 특히 제조업 부문 총 512개 단체 중 439개가 특별법에 근거하고 있다. 즉 한국 사업자단체의 대다수가 정부의 특별법에 근거하여 설립된 법정단체, 즉 조합주의적 단체라는 것을 말해준다. 공정거래위원회 · 한국개발연구원, 「공정거래 10년: 경쟁정책의 적용성과와 과제」(공정거래위원회/한국개발연구원, 1991) 참조.

30) Maurice Duverger, Party Politics and Pressure Groups(New York: Thomas Y. Crowell, 1972), pp.121-125.

수단이다. 데모, 전화 걸기, 편지 보내기, 도보시위 등이 있다.

권력지향적 이익표출구조: 민주화 이전 이익집단들의 이익표출활동의 특징은 행정부를 주 대상으로 하는 권력수준으로의 직접행동이 주가 된다는 것이다.

대한교육연합회의 이익표출활동(1951~1965) 분석결과 권력수준의 직접활동이 253회였고, 대중수준으로의 간접행동은 62회에 불과했다.[31] 이는 전경련과 노총(1961년~1979년)도 마찬가지였다. 전경련은 총 1,605건 중 84.9%에 해당되는 1,356건이 권력에 집중됐고 대중수준은 249건에 불과했다. 노총도 1,125건 중 권력수준으로의 직접행동이 총 633건으로 간접행동보다 우위였다.

또 다른 특징은 행정부로의 집중현상이다. 전경련은 총 1,356건의 권력수준으로의 직접행동 중, 행정부대상이 1,101건인 반면, 국회나 정당 대상은 63건이었다. 노총도 총 633건 중 행정부 대상 514건, 국회나 정당은 76건에 불과했다.[32] 물론 이익집단의 권력수준에 대한 집중화 현상, 특히 행정부에 대한 이익표출활동이 늘어나는 것은 선진국의 경우에도 국가역할의 증대와 함께 나타나고 있는 현상이기는 하지만 이처럼 의회가 경시되는 수준은 아니다.

그런데 행정부에 치중한 권력수준의 직접행동이 주였던 이 시기의 이익표출구조는 행동양식이 매우 폐쇄적이고 은밀했다. 결과적으로 정부선택에 따라 이익집단의 영향력 행사에 불균형이 나타났다. 가령, 노총과 달리 사용자 단체인 전경련은 비교적 높은 수준의 이익표출을 나타내고 있다. 이는 다원주의의 가장 큰 문제점으로 지적되는 불평등 문제가 국가조합주의체계에서도 나타날 수 있음을 보여준다. 물론, 불평등의 원인은 상이하다. 전자는 특정 집단의 과도한

31) 윤형섭, 前揭論文, p.364.

32) 김영래, 前揭書, pp.249-257.

이익독점이 원인이나, 후자는 국가의 정책적 필요나 유착관계 등에 의해 생겨난다.

이 같은 한계와 불균형 때문에 불이익을 당하는 이익집단은 비합법적 방법에 의지했고, 이는 정부와의 대립으로 이어졌다. 이 같은 이익표출 양태는 정부와의 계속적인 대립과 투쟁 속에서 일반적 방법의 하나로 굳어졌다. 이는 민주화 이후에도 계속되면서 이익집단정치의 전환기적 상황을 심화시키는 한 요인이 되었다.

Ⅳ. 민주화 이후의 이익집단정치

1) 민주화 이행양식과 전환기적 이익집단정치

성공의 위기에 의한 민주화: 한국은 성공의 위기에 의한 민주화의 전형적 사례로 여겨진다. 산업화의 성공으로 형성되고 성장한 중산층은 수혜자임에도 불구하고 구체제에 대해 정치적 지지를 보내지 않았다. 경제적 생존의 문제에서 벗어난 중산층은 더 이상 정치적 자유의 제한을 받아들이지 않았다. 이들은 민주화 운동에 동참했다. 이로써 민주화는 대세가 되었고 위기의식을 느낀 권위주의체제의 엘리트들은 절차적 민주화를 내걸고 타협했다. 그런데 성공의 위기로부터 일어난 민주화는 민주화 이후와 관련하여 나름의 한계요인을 가지게 된다. 물론, '성공의 위기' 로 민주화가 일어난 나라들이 '실패의 위기' 로 민주화가 일어난 나라와 비교했을 때, 민주주의의 공고화에 유리한 측면도 있다. 성공의 위기에 의한 민주화는 양면의 가치를 가지고 있다.

한국 역시 성공의 위기로 인한 민주화라는 이행 양식이 공고화의 걸림돌이 되고 있다. 정치엘리트들과 중산층은 민주화를 가져온 주동력이 경제적 성공이라고 생각한다. 따라서 과거 경제모델을 압도적으로 신뢰하는 경향으로 인해 민주화 시대의 새로운 패러다임 모색에 방어적이고 보수적이다. 그들은 민주화를 절차적 정치민주화로 축소시키고 실질적 사회경제적 민주화는 의제에서 제외시켰다. 1987년 민주화 이행과정에서 이 같은 중산층의 성향이 확연히 드러났다. 1980년과 달리 1987년의 민주화를 대세로 만든 것은 '넥타이부대' 라 불린 중산층의 대대적인 참여였다. 그러나 그들은 자신들에게 걸맞는 정치적 자유와 권리를 요구했을 뿐 사회경제적인 기반의 변화는 원하지 않았다.

그들의 성향은 6 · 29에 뒤이어 일어난 노동자대투쟁에서 분명히 드러났다. 정치적 자유를 얻은 중산층은 더 이상 거리로 나서지 않았을 뿐만 아니라 노동자 대투쟁을 계기로 민주화에 대해 더욱 보수적 입장으로 변했다.

협약에 의한 민주화: 1987년 6월의 민주화는 제5공화국이라는 권위주의적인 체제와 민주화 연합세력 그 누구도 상황을 완전히 통제하지 못하는 정치적 교착상태 끝에 나왔다. 그 상황에서 상호타협과 정치협약을 통해 차선의 선택으로 민주적 선거라는 절차적 민주주의에 동의한 것이다. 민주화 연합은 정권의 무조건 항복을 받을 만큼 강력하지는 못했으며, 체제측은 여전히 군이라는 마지막 수단을 보유하고 있었다. 이들은 1980년의 경험도 공유하고 있었다. 민주세력은 군의 등장으로 겪었던 정치활동의 중단과 압박을 다시 겪는 선택은 피하고 싶었을 것이다. 집권 세력은 1980년의 집권과정에서 광주항쟁과 같은 엄청난 저항을 겪었던 경험 때문에 극단적 선택을 망설였을 수 있다.

대치상황 속에서 민주화 연합은 절차적 민주화라는 양보를 받아내는 대신, 기존 권력담당자들이 현직의 이점을 유지한 채 선거경쟁에 임하도록 보장하는 대타협을 한 것이다. 협약적 민주주의의 개념에 걸맞는 상황이 전개된 것이다. 폭력적 대결을 피하고 민주적 제도 내의 경쟁을 통해 갈등을 해결할 것에 합의한 것이며, 민주적 경쟁의 결과에 관계없이 상대방의 핵심적 이익(vital interests)을 해치지 않겠다는 보장에 합의한 것이다.

이는 협약의 기초인 6 · 29선언에 나타나고 있다. ① 대통령직선제 개헌을 통한 1988년 2월 평화적 정권이양, ② 대통령선거법 개정을 통한 공정한 경쟁 보장, ③ 김대중(金大中)의 사면복권과 시국관련사범들의 석방, ④ 인간존엄성 존중 및 기본인권 신장, ⑤ 자유언론의 창달, ⑥ 지방자치 및 교육자치 실시, ⑦ 정당의 건전한 활동 보장, ⑧ 과감한 사회정화조치의 단행 등 8개항 어디에도 사회경제적 개혁은 언급하지 않았다. 이 때문에 6 · 29선언은 아래로부터의 사회변혁요구를 제도적, 절차적 민주화 차원에서 적극 수용한 타협의 산물이란 평가를 받고 있다.[33] 1987년의 민주화가 협약적 민주화로 규정되는 배경이 바로 이것이다.

이 같은 협약적 민주화의 한계가 가지는 의미는 두 가지이다. 첫째, 6 · 29선언에서 헌법제정에 이르는 과정이 모두 정치엘리트들 간의 '정치 협약(political pact)'의 성격을 벗어나지 못했다. 6 · 29선언 이후 만들어진 개헌특위는 총8인(민정당 4인, 민주당 4인)의 정치인으로 구성됐다. 당연히 개헌협상과정에서도 정치협약적 담합현상이 되풀이되었다. 이들은 정치영역에서 최소한의 경쟁원리의 도입에 합의하면서도 생산과 분배체제의 개혁은 제외했다.

정치협약은 민주적 경쟁 이전에 구 지배세력의 핵심적 이익을 보장해줌으로써 과거와의 단절이 아닌 연속성이 한국의 민주화 이행과정을 지배하게 되었다. 민주화과정의 한 축이었던 사회운동세력은 민주화 이행과정에서 배제되었다. 민주화 이후에도 과거 제도권 정치엘리트들이 여전히 주역이 되었다. 민주적 선거절차 확립에 의

33) 강문구, 「한국민주화의 비판적 탐색」(당대, 2003), p.54, p.108.

해 정치엘리트들 간의 경쟁은 치열해졌으나 제도권 밖의 사회운동 세력들은 집단적으로 정치사회로 진입하지 못하고 개인단위에서 수직적으로 포섭되어 선별적으로 수용되었다.

둘째, 정치협약을 통해 구권위주의 세력이 현직의 이점을 유지한 채 경쟁에 나서 1987년 대통령선거에서 재집권하였다. 구세력의 집권은 개혁에 가장 소극적인 세력이 집권했음을 의미한다. 그 후 그들은 3당 합당을 통해 계속 "정치계급"으로 존속했다. 3당 합당을 통한 민자당의 창출은 '여소야대'를 '여대야소'로 만들었고 보수세력은 사회로부터의 개혁요구를 저지했다.

이런 연속성은 외형적 민주화에도 불구하고, 정치적으로는 권위주의 시대의 중심세력이 계속 존속하고, 강력하고도 중앙집권화된 권위주의적 행정조직이 그대로 온존, 강화되었으며, 경제적으로는 권위주의 산업화의 산물인 재벌체제 역시 강화되는 등 경제적 개혁을 가로막는 요인이 되었다. 과거 지배적 이데올로기인 반공, 보수이데올로기가 계속 위력을 발휘했음은 물론이다.

전환기적 이익집단정치: 민주화는 이익집단정치에도 충격적 영향을 주었다. 첫째, 이익집단의 수가 폭발적으로 증가하면서, 엄청난 이익갈등이 분출되었다. 둘째, 질적으로도 변화했다. 이익집단의 조직양상이 더욱 분화되면서 집단 간 '경쟁'과 '대립'이 증폭되고, 이익추구의 내용도 변화했다. 전문직과 공공부문에도 노조가 조직되었으며, 한국노총 이외에 민주노총이 제2노조로서 설립되었다. 질적 변화에서 특히 중요한 특징은 공익적 성격을 띤 시민운동단체의 조직과 이들의 영향력 증대이다. 사적 이익 추구보다는 공공이익을 추구하는 단체들이 급격히 증가했으며 영향력도 증대했다. 1980년대 말부터 나타난 시민운동단체들은 국민의 일상생활과 관련된 개혁과제들을 쟁점화, 공론화하는 데 앞장섰다. 이들은 실용적, 공익적, 실천적 관점에서 접근하며 온건개혁주의를 표방했다. 경실연, 환경운동연합 등이 그 대표적 예인데, 이들은 소비자 보호나 여성분야 중심의 기존의 관변적인 공익집단구조를 크게 바꾸어놓았다.

셋째, 정부정책의 변화이다. 이익집단들의 설립, 활동에 대한 통제정책을 완화했다. 이로 인해 민주화 이전에는 법적 단체로 인정받지 못하던 단체들도 법적 단체로 등록하여 정부지원을 받는 일도 생겨났다. 넷째, 참여적 정치문화의 확대를 들 수 있다. 민주화 이후 정치참여욕구가 증대되었으며, 정치체계 역시 구성원의 참여욕구를 적절히 수용하여 정치체제를 운영하는 것이 바람직하다는 인식을 갖게 되었다. 이런 인식을 바탕으로 이익집단의 활동은 점차 확대되고 있다.

이익집단에 대한 정치권의 인식도 변했다. 과거에는 단체의 요구를 정치체제에 투입시켜 주는 대신 검은 돈을 마련하는 부정적 시각에서 보았던 사례가 많았다. 그러나 이 같은 시각에 변화가 생기면서, 선거 때 직능별 조직 등을 통한 지지확보나 정당의 정책결정 또는 국회의원들의 입법자료 수집, 후원단체 구성을 통한 지지세력 확보 차원에서 이익집단을 최대한 활용하고 있다.

이렇듯 민주화는 이익집단정치가 다원화되는 계기가 되었다. 그러나 문제점도 있다. 다원적 이익집단체계의 순기능뿐 아니라 이익집단간의 지나친 경쟁과 이익추구로 혼란, 갈등, 불균형을 낳는 부정적 현상도 나타나고 있다.

외형적으로는 다원주의적 구조와 함께 국가조합적 통제 요인, 그동안 쌓여온 갈등 요인들이 함께 나타남으로써 전환기적 이익집단정치의 모습을 보여주게 되었다. 이 같은 현상은 이익집단정치에서도 연속성이 작용하기 때문이라고 볼 수 있다. 성공에 의한 민주화, 협약에 의한 민주화라는 특징 때문에 나타나는 연속성이 이익집단정치에도 작용한 것이다. 이 같은 이익집단정치 상황을 '전환기적 이익집단정치' (transitional interest group politics)로 규정하고 있다.

이러한 전환기적 상황에서 벗어나, 이익집단들이 자유로운 경쟁을 통해 정당한 이익을 조정, 형성하기 위해서는 다양한 경쟁세력과 이익이 정치적 의사형성과정에 자유롭고 균등하게 참여할 수 있어야 한다. 다양한 이익표출을 조정, 통합할 수 있는 법과 제도의 완비는 이익집단정치 발전의 중요한 토대라 할 것이다. 민주화 이후 국가와 시민사회의 관계는 '국가의 통제' 로부터 '시민사회의 자율' 로 전환되는 과도기적 국면에 처해있으나 자율시대의 안정적 제도화를 이룰 수 있는 '조정과 통합의 원칙' 은 마련되지 못했다.

2) 민주화 이후 이익집단정치의 변화와 한계

(1) 국가조합주의와 다원주의의 공존

동일분파 내 대립적 이익집단의 공존: 이익갈등(interest conflict)이란 다양한 사회 분파적 이익으로 분류되는 사익(private interest)이나 공익(public interest)을 둘러싸고 관련된 이익집단들이 다른 집단들과 벌이는 경쟁, 또는 투쟁으로 야기되는 갈등현상을 의미한다. 이러한 이익갈등은 사회 분파적 집단들(sectional groups) 간의 갈등이 주를 이룬다.

물론 이익갈등이 단순히 이익집단들 사이에서 야기되는 문제만을 뜻하는 것은 아니다. 원자력 발전소나 쓰레기 매립장 건설처럼 갈등의 주체가 정부와 지역주민일 수도 있다. 이익집단간의 갈등에서 정부가 정책결정자로서 직접적으로 갈등조정의 주체가 되는 예도 많다. 님비(NIMBY)현상이나 핌피(PIMFY)현상은 이 같은 차원의 이익갈등 유형으로 볼 수 있다. 이와 같이 이익갈등의 유형을 갈등의 주체에 따라서 분류한다면, 이를 사회 분파 간 이익갈등, 공익관련

이익갈등, 사회분파 내 이익갈등으로 나눌 수 있다.[34]([표 4-1] 참조)

첫째, 사회 분파적 이익집단들 간 갈등이다. 노사분규나 한약조제권 분쟁과 같은 갈등이 전형적 예이며, 가장 일반화된 이익갈등 현상이다. 사회적 분화의 심화에 따른 이익추구양태에 의해 표출되는 갈등으로 집단이기주의의 대표적 현상이다. 둘째, 공익을 둘러싼 공익단체, 또는 지역주민들과 정부기구간의 갈등이다. 환경문제를 둘러싼 정부와 환경단체 간 갈등 또는 지역개발이나 쓰레기 매립장 건설을 둘러싼 정부와 지역주민간의 갈등이 이에 속한다. 셋째, 동일한 사회분파 내에 속하는 복수의 집단들 간에 이익의 범주나 대표권을 둘러싼 갈등유형이다. 한국교총과 전교조, 한국노총과 민주노총 간의 갈등이 이에 속한다.

[표 4-1] 이익갈등의 주체에 따른 이익갈등 유형

구분	갈등주체	대표적 사례
사회분파 간 이익갈등	사회분파적 이익집단 대 사회분파적 이익집단	노사분규, 한약조제권, 의약분업
공익관련 이익갈등	정부부처 대 공익단체 정부부처 대 지역주민	새만금 사업, 원전수거물관리센터 (전북 부안)
사회분파 내 이익갈등	동일 사회분파 내 이익집단들	한국노총 대 민주노총한국교총 대 전교조농협 대 전농

출처: 김혁래 · 문태훈 · 정영국의 前揭論文, p.302의 표를 참고하여 만든 것임.

이 세 가지 갈등유형 중, 민주화의 특징으로 인해 심각한 양상으로 자리하게 된 갈등유형이 동일한 사회분파 내의 이익갈등현상이다. 민주화 이전 어용조직으로 비판받으며 명맥을 유지하던 조직들

34) 김혁래 · 문태훈 · 정영국, "한국의 이익갈등 양태와 조정제도", 김영래 엮음, 前揭書, p.302.

이 정치협약의 결과와 기득권의 재집권으로 유지되면서, 민주화 이후 공식화된 같은 분파내의 조직과 공존하게 되었다. 대표적인 예로 노동계의 한국노총과 민주노총, 교육계의 한국교총과 전교조를 들 수 있다.

그런데 이것이 왜 심각한 문제가 되는가? 동일 사회분파 내 복수 이익집단의 존재는 다원적 이익표출이라는 바람직한 측면도 있고, 이익집단 간 경쟁이 순기능적 작용을 할 수도 있다. 하지만 현실은, 복수의 이익집단의 갈등과 대립이 혼란을 초래하는 주요 요인이 되고 있다. 더구나 노사문제와 교육문제가 지니는 엄청난 사회적 폭발성과 영향력 때문에 이 분야에서의 대립과 혼란이 이익집단정치에 미치는 영향은 매우 크다.

게다가 이들 중 한 쪽은 정부의 탄압을 받아 온 반면, 다른 쪽은 어용 집단으로써 대립해 온 역사가 짧지 않다. 이 집단들의 대립과 갈등 관계는 노동계의 경우 해방 후부터, 교육계의 경우 1960년 4·19 이래 내연해 온 뿌리 깊은 배경을 가지고 있다. 이들의 대립은 권위주의 하에서 체제와 반체제의 대립을 대표했던 까닭에 이들의 대립은 곧바로 정부와의 대립으로 이어졌다. 따라서 이들의 대립과 갈등을 단순히 민주화 이후 생겨난 동일 분파 내 복수의 이익집단이 경쟁하는 과정에서 생겨난 과열현상으로 치부할 수 없다.([그림 5-1] 참조)

게다가 이들이 대립하는 사안 자체가 국민적 관심사일 경우가 많아 이들의 대립은 사회적, 국가적 파장으로 증폭되는 특징을 가지게 된다. 이들의 대립과 경쟁은 그 자체로도 심각성이 클 뿐 아니라, 국가적 사안이기도 한 노사관계와 교육문제를 둘러싼 대립과 갈등을 더욱 증폭시키는 촉매 역할을 하면서 문제 해결을 더디게 하고 있다.

물론 이 같은 공존은 민주화 이행양식의 특징이 그 배경이다. 협약에 의한 민주화는 과거 체제의 사활적 이익을 보장해주는 것이므로 어용 집단들의 생존을 보장해주었다. 더구나 권위주의 정권의 후계자가 집권함으로써 이는 더욱 강화되었다. 따라서 민주화 이후에도 어용적 집단이 사라지기는커녕, 오히려 민주노총과 전교조가 1999년에 이르러서야 합법화되는 상황이 전개되었다. 그렇다면 민주화 이후 대립하는 집단들의 양상은 구체적으로 어떻게 나타나면서 이익집단정치에 영향을 주었는가?

이익갈등의 심화와 선명성 경쟁

① 한국노총과 민주노총: 한국노총은 그 기원을 1906년 진남포에서 조직된 '조선노동조합'의 설립을 시초로 하고 있다. 독립을 계기로 특히 1930년부터 비합법적으로 투쟁하던 좌익노동운동이 활발하게 되었다. 이들은 1945년 11월 좌익노조인 '조선노동조합전국평의회'(이하 전평이라 칭함)를 결성했다. 미군정 하에서 노조운동의 주류를 이루던 전평은 미군정과의 마찰, 우익노조의 등장 등으로 인해 와해되기 시작했다. 한편, 우익진영은 1946년 3월 대한독립촉성노동총연맹(이하 대한노총)을 결성했다.[35]

35) 김윤환 · 김낙중, 「한국노동운동사」(일조각, 1970), pp.116-119. 배무기, 「노동경제학」(경문사, 1984), p.374, 한국노동조합총연맹, 「한국노동조합운동사」(고려서적, 1979), pp.278-280.

[그림 5-1] 동일분파내 대립적 이익집단의 변화추이

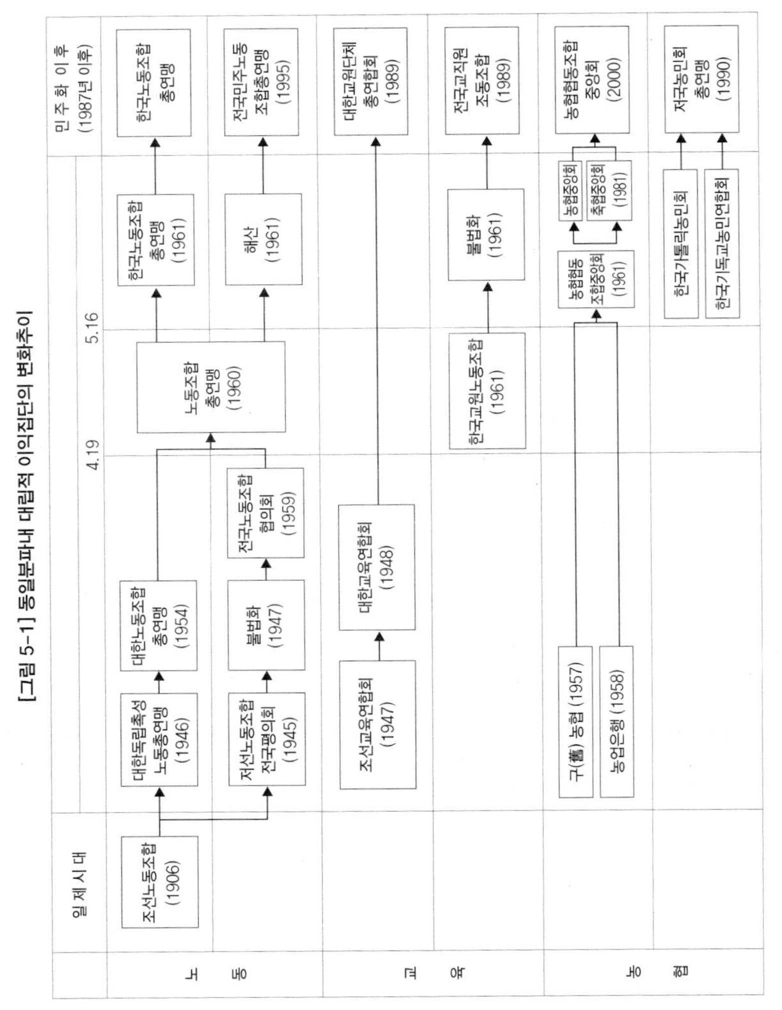

※ 출처 : 여러 관련 자료를 바탕으로 본 연구자가 만든 것임.

전평은 1947년 미군정에 의해 불법화되었고, 대한노총의 세력은 확장됐다. 1953년 노동관계법이 제정되고 1954년 대한노동조합총연합회가 결성됐다. 이승만 시대의 노조는 철저히 어용단체로 만들어졌다. 그런데 대한노총의 파쟁으로 일부 간부들은 대한노총을 조직 내부에서 정화하는 것은 불가능하다고 판단하여 1959년 10월 비밀리에 '전국노동조합협의회'를 결성하여 별도로 활동했다. 4·19

이후 대한노총의 상층부는 몰락했다. 1960년 11월25일 전국노동조합협의회와 대한노총은 통합대회를 개최하여 '한국노동조합총연맹'을 탄생시켰다. 5 · 16 이후 이 단체는 해체된다. 군사정권은 1961년 8월 '한국노동조합총연맹'을 재건하여 오늘날에 이르고 있다.[36]

이처럼 노조운동의 정상조직인 한국노총은 타율적 발전과정을 밟아왔고, 정치체계에 종속되었기 때문에 구성원의 이익을 대표하는 활동은 한계를 지니고 있었다. 이 같은 한국노총의 어용성을 비판하면서 활동하던 재야노동조직은 불법단체 또는 법외단체라는 제약을 받으면서도 나름대로 영역을 넓히면서 한국노총의 존립에 위협을 가했다. 특히 1987년 이후 노동현장에서 조직을 확대했다. 마침내 민주노조 진영은 1995년 11월11일 전국민주노동조합총연맹으로 출범했다.

한국노총과 민주노총은 공존하면서 주도권 다툼을 벌이게 된다. 이 역시 1987년 민주화의 정치협약적 성격을 여실히 보여준다. 민주화에도 불구하고 한국노총이 민주노총에 맞서 생존할 수 있었던 것은 나름의 변신 노력을 한 것도 사실이나, 민주화 이전부터 있었던 한국노총에 대한 정부 지원이 계속됐기 때문이라는 측면도 있다. 실제로 한국노총에 대한 정부의 지원은 민주화 이후 오히려 확대되기도 하여 1993년 85억원, 1994년 75억원 등이 지원되었다.[37] 문제는 한국노총이 달라졌음을 보여주기 위해 과거에는 거의 선택하지 않았을 강경한 이익추구행위를 경쟁적으로 하게 된다는 점이다. 이는 경쟁적인 강경투쟁의 전개를 의미한다.

재야 운동시절부터의 일관되어 온 강경투쟁방식에 젖어있는 민주노총에 비해 '대화와 타협'을 천명하면서 온건 투쟁을 해온 한국노

---

36) 한국노총, 前揭書, pp.498-500, pp.569-576, p.899.

37) 임영일, "노사관계 민주화의 조건과 전망" 최장집 · 임현진 공편, 「한국사회와 민주주의-한국민주화 10년의 평가와 반성」(나남출판, 1997), p.343.

총이 강경투쟁의 필요성을 느끼는 것은 바로 민주노총 때문이다. 민주노총이 강경투쟁을 통해 노조원들의 이익을 효과적으로 관철시키는데 비해, 한국노총은 이를 제대로 수행하지 못해 조합원수가 감소하기도 했다. 동일 사회분파 내 이익갈등이 여기에 속한 복수의 이익집단으로 하여금 조합원들의 결속과 이탈방지를 위해, 경쟁적으로 집단이익을 달성해야 할 필요성에 의해 강경투쟁방법을 선택하게 하는 요인이 된다.

그런데 이들의 경쟁과 대립은 정당을 각각 창당하는 상황에까지 이르렀다. 김대중 정부 하에서 참여했던 노사정위원회에서의 좌절, 노동자들의 희생을 강요할 수밖에 없었던 정부의 구조개혁정책 등은 정치세력화를 노동운동이 직면한 위기를 타개할 수 있는 활로로 간주하게 했다. 그 결과 2000년 3월 민주노총은 민주노동당을 조직하여 4월 13일 국회의원 총선, 2002년 6 · 13 지방선거, 제16대 대선에 참여했다. 한편 한국노총은 한국사회민주당을 2003년에 별도로 창당했다. 동일 분파 내의 대립적 이익집단의 갈등과 경쟁이 노동계급의 이익을 대변할 정당의 분열까지 이르게 된 것이다.

② 한국교총과 전교조; 한국교원단체총연합회(이하 교총)는 1947년 11월 조선교육연합회로 창립되었다. 1948년 대한교육연합회(이하 대한교련)로 개칭하고, 1989년 11월 다시 한국교원단체총연합회로 개칭하여 현재에 이르렀다.

반면 전국교직원노동조합(이하 전교조)은 1989년 5월에 결성되었다. 그러나 교원노조운동은 4 · 19직후인 5월 7일 대구시 교원조합 결성준비위원회가 그 효시이다. 전교조도 한국교원노동조합의 정신을 계승했음을 밝히고 있다. 교원노조(한국교원노동조합연합회의 약칭)는 1960년 5월 22일 결성되었는데 노동법과 노동쟁의에 의한 평교사의 권익주장은 물론, 대한교련을 어용단체로 규정, 해체를 주장하면서 대대적 탈퇴운동을 전개했다. 그 결과 당초 8만2천명 선에 이르던 대한교련의 회원 수는 5 · 16 직전에는 5만 명 선을 유지할 정도로 그 세가 위축된 반면 교원노조는 4만 명에 가까운 교원이 가입했다. 그러나 교원노조는 5 · 16 이후 불법단체로 해체되었다.[38)]반면 5 · 16 후 유일한 합법단체가 된 대한교련은 최소한의 명분과 실리 속에 안주하면서 관변단체라는 혹독한 비판을 받아왔다.

5 · 16 군사정부에 의해 해체됐던 교원노조는 1980년대 전교조로 재탄생한다. 이로써 1960년 이래 사반세기 만에 동일 분파 내 이익집단갈등의 양상이 되풀이되었다. 전교협이 결성에서부터 전교조 결성을 위한 해체기간에 이르는 1년8개월 동안 전개한 여러 활동 중, 첫째가 교련탈퇴운동이었다. 정부 눈치 보기에 급급해 교권옹호 활동에 미온적인 교련을 회비납부 거부와 탈퇴로 무력화시켜야 한다는 주장과 활동을 전개한 것이다.

2003년 3월 현재 전체 교사 수는 40만 명 정도인데 교총 회원 수는 164,000여명에서 18만여 명이고 전교조는 84,000여명이다. 교총과 전교조 역시 세 경쟁에 들어갔다. 교총이 아직은 회원 수에서 전교조의 약 2배이나 내부적으로는 위기감이 팽배하게 되었다.

이들의 대립과 경쟁은 교육문제를 둘러싼 대립과 갈등을 더욱 증폭시키는 촉매제 역할을 한다. 이로 인해 교육문제가 엄청난 사회적 파장을 일으키는 사회적, 국가적 문제로 커지기도 한다. NEIS(교육행정정보시스템)문제가 대표적 사례이다. 이 문제는 전교조가 헌법정신을 침해하고 프라이버시와 정보인권에 대한 법률위반이라고 교육부의 NEIS 강행에 반대하면서 촉발되었다. 그런데 교총이 전교조의 입장에 정면 반대함과 동시에 전교조에 맞서 업무거부 등의 투

38) 오일환, 이병지 공저, 「이익집단과 교원단체」(에덴기획, 1994), pp.102-104, pp.168-169. 그런데 교원노조가 불법화되기 전에도, 민주당 정부는 이를 인정하지 않으려 했으며, 교원노조를 금지하는 노동조합법 개정안을 국회에 제출하기도 하였다. 공덕수, 「한국의 노동조합과 노동정치-노동조합과 정당의 관계」(경진사, 2000), p.197.

쟁을 하겠다고 선언하면서 더욱 악화되었다.

전교조가 NEIS 강행 시 교육부총리를 사법당국에 고발하겠다며 강경투쟁을 벌이자, 교총은 NEIS 강행을 주장하면서 만일 교육부가 정책을 번복한다면 앞으로 정부정책결정과정에 일체 참여를 거부, 대대적 정책불복종운동을 전개할 것임을 경고했다. 그리고 NEIS를 포기하고 CS(학교종합정보관리시스템)로 복귀하면 관련 업무를 거부하기로 했다.

이는 사회각계단체까지 동원된 사회분열 양상으로 확대됐다. 민주노동당과 민주화를 위한 변호사 모임 등 62개 단체와 인권운동사랑방, 천주교인권위원회 등 18개 인권단체는 NEIS의 제고 또는 포기를 주장했다. 이에 맞서 학교를 사랑하는 학부모 모임과 인간교육실현 학부모연대는 NEIS 시행을 주장했다. 여야도 입장이 엇갈리면서 한나라당은 NEIS 시행을, 민주당은 유보를 주장했다. 한국노총은 교총의 입장을, 민주노총은 전교조의 입장을 지지하는 등 이 문제의 파장이 각계각층의 이해관계에 따라 사회전반으로 퍼져나갔다. 이러한 대립과 갈등은 대학입시 정시모집 전형자료 문제로 비화되어 수험생을 볼모로 한 이익집단간의 소모전이라는 불만과 비난이 나오는 상태로까지 악화되었다.

그런데 교육부는 2003년 초부터 계속된 이러한 동일분파내의 이익갈등에 전혀 효과적 대응을 하지 못했다. 정부 권위와 통제의 약화라는 전환기적 이익집단정치의 특성을 그대로 드러낸 것이다.

(2) 국가조합주의적 통제구조의 온존

반공이데올로기: 반공은 분단 이후 한국정치의 한계를 설정했다. 반공은 지배적 이데올로기가 되었으며, 국가조합주의적 통제의 가장 중요한 요인이었다. 그런데 과거 권력엘리트들이 재집권함으로

써 반공은 민주화 이후에도 여전히 지배적 이데올로기로 작용하게 되었다. 물론 반공을 내세운 물리적 폭력과 억압은 현저히 줄었다. 하지만 반공이데올로기의 위력은 이익집단정치 발전에 부정적 영향을 미치고 있다. 반공이데올로기는 민주화 이후 논의될 수 있는 의제를 협소하게 제한함으로써 민주주의의 한계요인으로 여전히 작용하고 있고, 이는 바로 이익집단정치의 한계로 이어졌다.

반공이데올로기로 인한 한국정치사회의 이데올로기적 편협성은 배제적 민주주의(exclusionary democracy)를 낳고 있는데, 이는 1987년의 정치협약과정에서 이미 나타났다. 특정 이데올로기나 급진적 사회경제적 개혁이 민주주의 토론광장의 의제에서 배제될 때, 민주주의의 대표성은 약화될 수밖에 없다. 급진적 사회경제적 개혁세력들의 제도 내 경쟁이 허용되지 않을 때, 그들은 거리에서 자신들의 주장을 관철하려 든다. 이는 이익집단정치의 혼란과 불안을 조성하는 원인으로 작용한다. 이렇듯 반공이데올로기는 여전히 한국이 다원화된 사회로 가는 데 걸림돌이 되고 있다.

최장집은 민주화 이후 한국 사회가 내용적으로나 질적으로 더욱 퇴보했다고 규정하면서, 가장 중요한 원인으로 여전히 냉전반공주의가 지배적 이념으로 지속되고 매우 협애한 이념적 대표체제에서 보수독점의 정치구조가 지속되기 때문이라고 했다.[39]

임혁백은 반공주의는 분단 이후 한국정치의 경계를 설정해왔으며 민주화 이후에도 위력을 발휘하고 있다고 했다.[40] 한국의 민주화가 냉전체제의 해제와 시기를 같이 했으나 반공주의의 온존은 민주주의에서 논의되는 의제를 협소하게 제한하고 있다는 뜻이다. 김일성 조문파동, 대북식량원조 거부, 민간통일운동의 탄압 등에서 보듯이 반공주의는 흡수통일론과 대북강경론의 득세를 가져옴으로써 냉전

39) 최장집, 「민주화 이후의 민주주의」(후마니타스, 2003), p.20.

40) 임혁백, “한국 민주주의의 공고화: 평가와 전망”, 한배호 편, 前揭書, pp.74-75.

이후 평화통일을 위한 다양한 대안마련에 장애가 되었다. 게다가 선거 때마다 "색깔론"이라는 매카시즘적인 유령을 등장시켜 유권자들의 정치적 판단을 왜곡시키고 선택의 폭을 좁혀왔다.

반공의 지배이데올로기화로 인한 보수일변도의 정당체계가 민주화 이후의 문제는 물론 아니다. 문제는 민주화 이후에도 본질적 변화가 없다는 점이다. 이 같은 현상은 노동계급을 위시한 많은 사회적 집단의 이익을 대변해주지 못하는 구조를 의미한다. 물론 민주화로 인해 절차적으로는 진보 정당의 설립과 활동이 매우 용이해졌다. 실제로 노동계급을 대변하는 정당이 창당되어 활동하고 있다. 그러나 아직 정치과정에서 그 영향력이 미약하다.

정당의 협애함은 국회의 성격을 규정한다. 이익집단정치의 영역에서 가장 심각하고도 사회적 파장이 큰 노동문제를 국회나 정당이 풀어 주리라 기대하기 어렵다. 노동집단들도 이를 기대하지 않는다. 이들은 거리로 나서고, 파업과 폭력적 방법을 동원해서라도 정부를 압박하여 목적을 달성하려 시도하게 된다.

여전히 강력한 관료체제: 국가조합주의적 통제의 집행주체인 관료체제가 민주화 이후에도 여전히 이익집단정치에 강력한 변수로 작용하고 있다. 관료체제의 온존은 국가가 여전히 강력한 자율성을 행사하고 있음을 의미한다.

털럭(Gordon Tullock)은, 역사적으로 볼 때 한국에서 사회적으로 출세하는 가장 쉬운 길은 정부의 배려를 통하는 것이었다고 결론내리고 있다. 즉, 고위관료가 되거나 정부와 관련을 맺는 것이 가장 효과적 방법이었다는 것이다. 따라서 부를 축적하거나 중요한 인사가 되기 위해서는, 국가총생산을 증대시키는 일을 하기보다는 중앙정부로 가서 고위관료가 되거나 렌트추구행위를 하는데 몰두했다. 정부와 연결되지 않고는 부자나 중요한 인물이 될 수 없었기 때문이

다.[41)]

한국 관료체제의 강력한 배경은 근대화를 위해 한국이 경험해 온 과정에서도 나타난다. 구미국가와 달리 한국은 관료주의가 가장 먼저 구축되었고, 이를 토대로 산업화에 의한 자본주의화가 촉진되었다. 민주주의의 제도화는 가장 느리게 발전했다. 게다가 한국의 경우는, 서구 국가들이 오랜 시일을 거치면서 세 가지 이념과 제도의 발전을 비교적 고르게 경험해온 것과는 달리, 해방 후 짧은 기간에 거의 동시에 경험해왔다는 특징을 가지고 있다.[42)]

이런 역사적 배경과 특수성을 바탕으로 관료체제는 건국초기부터 이익집단을 손아귀에 넣고 관료주의를 행사했다. 산업화 이전의 이익집단들은 자력으로 조직을 만들고 운영할 수 있는 재정적 능력이 부족했다. 때문에 관료들은 권력에 도움이 되는 이익집단들은 재정적 지원을 하여 조직을 성장시킴과 아울러 조종, 통제했다. 그렇지 않은 경우는 조직을 탄압하고 무력화시켰다.

이 같은 현상은 1960년대 들어와서 심화되었다. 근대화와 경제발전을 위해 능률지상주의가 판을 치면서 능률에 장애가 되는 이익집

41) Gordon Tullock, "렌트추구의 사회적 비용", 양운철 편, 「렌트추구행위의 사회적 비용」(세종연구소, 1995), pp.18-19.

42) 독일, 이탈리아, 일본의 경우를 보면, 독일과 이탈리아의 초기산업화는 섬유산업을 중심으로 1840-50년대에, 통일된 국가 형성은 1860-70년대에, 또한 민주주의의 발전은 국가형성 이후부터 1차대전 시기까지 그리고 이후 파시즘을 경험하고 본격적으로는 2차대전 이후부터였다. 일본은 1860년대에 메이지유신으로 근대국가로의 전환의 계기를 만들고 1880년대 이후부터 본격적인 산업화를 하였으며 역시 1920년대에 초기의 원초적 민주주의(proto-democracy)였던 다이쇼 민주주의를 경험한 이후 천황제 군국주의를 거쳐 2차대전 이후 민주주의를 실현하기 시작했다. 그러나 한국은 이 모든 과정을 불과 50년도 안되는 짧은 시간 내에 경험하였다. 경제적으로는 초기의 섬유산업이 주도하는 노동집약적 산업에서부터 1990년대 초의 고도산업으로의 변화는 30년 이내에, 민주주의의 실험은 해방 이후 1948년 5월에 실시된 최초의 근대적 보통선거에서부터 민주주의 이행의 전환점이라 할 1987년 12월의 대통령선거까지 불과 40년 이내에 이루어졌다. 최장집은 이를 '빠르고도 압축적인 변화'(speedy and compressed change)라고 명명하였다. 최장집, 「한국민주주의의 조건과 전망」(나남출판, 1998), p.19.

단은 용납되지 않았다. 관료들은 정권으로부터 정책결정권과 자원배분권을 위임받아 더욱 막강해져서 이익집단들을 사정없이 조종, 통제했다. 유신과 전두환 정권을 거치면서 더욱 강고해진 중앙집권적 관료체제는 민주화 이후에도 온존되었다. 민주화 이후 이익집단에 대한 억압정책이 완화되고, 결성과 활동이 자유로워졌다. 그러나 이익집단과 권력의 관계는 여전히 관주도적이다. 이는 민주화 이후의 이익표출행위 역시 행정부를 주 대상으로 한 권력수준의 직접행동에 치중하고 있는 데서도 드러난다.

대한변호사협회의 활동을 법률의 제정 및 개정에 관련된 활동과 사법제도 및 운영개선에 관련된 활동에 초점을 맞추어 1994년에서 1995년까지 2년간의 활동양태를 나누어보면, 권력수준으로의 직접행동이 77% 이상으로 압도적인 반면, 대중수준으로의 간접행동은 23% 정도에 머물고 있다. 대한의사협회의 경우 역시 권력수준으로의 직접행동이 89% 이상으로 압도적인 반면, 대중수준으로의 간접행동은 11% 대에 머물고 있다.[43)]

이처럼 민주화 이후의 이익표출구조 역시 권력수준으로의 직접행동에 집중되는 이유는 한국의 정치과정이 여론을 통한 정치과정보다는 권력수준으로의 직접적 활동이 집단의 목표성취에 더욱 효과적이기 때문이다. 그런데 민주화 이후 이 같은 이익표출구조는 일반적 현상이다. 1994년 5월에 94개 단체를 대상으로 한 면접조사, 1995년 4월에서 6월에 걸쳐 이익갈등 업무와 관련된 인사들-이익집단 지도자 및 관련 행정부처 관료, 정치인(국회의원, 지방의회의원) 등-대상으로 한 설문조사도 마찬가지 결과였다.[44)]

이렇듯 이익집단의 이익표출행위구조는 민주화 이전처럼 여전히

---

43) 김왕식, 「현대정치과정: 제도의 운용과 정치의식」(사회와 담론, 2000), p.96, p.105.

44) 上揭書, pp.201~205. 문태훈, "정책유형과 이익갈등의 형태", 김영래 엮음, 前揭書, p.338, p.341.

행정부 중심의 권력수준으로의 직접행동에 치중하고 있다. 민주화 이후에도 행정권의 우위현상이 여전히 강한 상황에서 당연한 귀결이라 하겠다. 성공에 의한 민주화의 한계가 관료체제의 문제에 이르러서는 더욱 확연하게 나타난 것이다. 경제적 성공이 능률적 관료체제 덕분이라는 믿음은 광범위한 것이다. 따라서 보수적 정치 엘리트들이 기본적 변화를 일으킬 수 있는 새로운 비전을 제시할 것으로 기대하는 것은 가능성이 낮은 일이다. 게다가 근대화 과정을 거치면서 엄청나게 커져버린 관료체제는 이제 쉽게 조종할 수 없는 체제가 되어버렸다.

김영삼 정부와 김대중 정부 공히 규제완화와 함께 정부조직 축소를 위해 노력했다. 특히 외환위기 이후 출범한 김대중 정부는 외환위기의 직접 원인이 되었던 금융권에 대한 국가의 시장개입을 최소화하고 규제를 과감히 철폐함으로써 시장의 자율성을 회복하여 효율성을 증대시키려는 신자유주의 정책을 위기 해결의 대안으로 도입했다. 시장질서의 회복을 위한 국가 개입 축소는 작은 정부 구현을 위한 정책으로 나타나게 되었는데, 그것은 공무원 수의 축소, 공기업의 민영화, 정부 기능의 민간 위탁, 정부 기관의 통폐합 등으로 구체화되었다.

그러나 노력은 성과를 거두지 못했다.[45] 관료조직은 건재하며 규제는 여전하다.[46] 행정조직은 민주화 이후 이익집단과의 관계를 여전히 주도하고 있다. 이런 상황에서 민주화 이후에도 이익집단들이

45) 이와 관련한 내용은 임성한, 「한국 민주정치와 관료주의」(학문사, 2002), pp.39-45, 염재호, "구조개혁과 단절된 균형: IMF 시대 행정개혁의 제도적 분석", 임혁백 외, 「IMF체제 이후의 한국정치의 비전과 전략-새천년 한국정당 및 NGO의 역할과 전망을 중심으로-」(국회사무처,2000), pp. 480-482, 정진영, "민주화와 경제개혁: 한국 민주주의 공고화를 위한 경제적 조건", 한배호 편, 前揭書, pp.151-154 등을 참조할 것.

46) 정부 중앙부처의 간부급 중 본부 보직을 못 받은 채 외부에서 맴도는 일명 '인공위성' 공무원의 숫자만 708명에 이르는 것으로 집계되어 정부 스스로가 방만한 잉여인력을 여전히 유지하고 있음을

이익추구를 위해 행정부를 주대상으로 하는 권력수준으로의 직접행동에 치중하는 것은 당연한 현상이다.

참여의 제약과 하향식 통제: 6 · 29 선언 이후 권위주의 집권세력과 민주화 연합세력간의 타협으로 마련된 사회질서원리는 시장민주주의였다. 구 집권세력의 항복을 받아내지 못했을 뿐 아니라 정치협약에 머무른 협상의 과정은 권력배분에서 최소한의 경쟁원리를 도입하는 것에 그쳤다. 이는 노동시장에서도 마찬가지였다. 시장민주주의가 채택됨으로서 노동자들은 과거 노동조합의 조직 자체가 불가능했거나 국가권력에 의해 억압당했던 상태에서 벗어나 1987년 이후에는 '집단교섭의 시장'(market of collective bargaining)의 상황을 맞이했다.[47] 노동자들은 집단행동을 통해 적어도 작업장 또는 기업별 단위에서 노동의 독점적 공급자의 지위를 획득했다. 자본가들은 일방적으로 저임금과 장시간 노동을 노동자들에게 강요할 수 없게 되었다. 임금은 이제 노사 간 쌍방합의에 의해 결정되게 되었다.

민주화 이후 첫 정권인 노태우 정부는 1988년 4 · 26총선이 가져온 '여소야대'의 조건과 노동운동의 성장으로 인해 노동이 배제된 권위주의적 시장구조를 개혁해야 할 압력에 직면했다. 그러나 노태우 정부는 노동계의 요구를 대폭 반영한 노동관계법 개정안에 대해 거부권을 행사했고 노 정부 하에서 더 이상의 노동법 개정은 없었

보여주었다. "보직 못 받은 '인공위성' 공무원 700명 넘어", 디지틀조선, 2003년 12월 12일. 한편 대한상공회의소는 국가경쟁력을 높이기 위한 정부의 규제개혁 목소리만 높을 뿐, 경제관련 규제는 지난 4년간 오히려 증가하고 있다고 발표하였다. "상공회의소, 경제규제 4년째 늘어", 디지틀조선, 2003년 12월 14일, 박용성 대한상공회의소 회장은 고건 총리와의 간담회에서 "골프장 하나 만드는데 도장이 780개나 필요하며, 16년간 정부의 규제완화를 지켜봤는데 별로 변한 게 없다.'고 직격탄을 날렸다. 중앙일보, 2003년 10월 7일 3면.

47) 임혁백, 「시장 · 국가 · 민주주의」(나남출판, 1997), p.326.

다. 뿐만 아니라, 1988년 4월의 총선이후 분출하는 노동운동을 1989년 3월의 소위 '공안정국'[48]을 통해 통제했다.

김영삼 정부 초기의 노동정책에 대한 민주적 개선의 시도에도 불구하고, 노사관계는 개혁정치에서 가장 소외됐던 영역, 가장 늦게까지 유보되었던 영역이었다. 김영삼 정부 초기개혁에서 노동문제는 의제로 상정되지도 않았다. 노동법 개정은 계속 유보되면서, 노조의 정치참여, 제3자 개입금지, 복수노조불인정 등 권위주의시대의 노동법이 그대로 유지되었다. 기존의 '시장기제적 억압'을 '시장기제적 · 법치주의적 통제'로 바꾸었을 뿐 노동정치의 기본 골격을 그대로 유지했다.[49] 노동의 영역에서는 실질적 민주주의는 고사하고 절차적 수준에서조차 그 이전의 권위주의체제와 비교해서 달라진 것이 없었다.

정권 후반기인 1996년 5월 '노사관계구상안' 마련을 발표했고, 1987년 이후 미루어오던 노동법 개정과 노사관계 민주화 추진의 의지를 표명했다. 이를 위해 1996년 5월 노사관계개혁위원회를 발족했다. 그러나 민감한 항목에 대한 노사 간 대립은 지속됐다. 마지막 조정역할은 정부부처 간 협력회의인 노사관계개혁추진위원회로 이관됐으나 1996년 12월 3일 정부조정안 발표에 대해 노동계는 전면파업에 들어갈 것을 밝혔다. 그러나 김영삼 정부는 이를 국회에서 변칙통과시켜 한국노동운동사상 최초의 총파업을 초래했다. 여론은 노조를 지원하는 비판적 분위기로 돌아감으로써 김영삼 정부를 심

48) 이른바 공안정국은 '문익환 목사 방북사건'에 이어 황석영씨의 북한 체류사실이 밝혀지면서 형성된 정치상황을 말한다. 일련의 방북사건을 계기로 제1야당이었던 평화민주당뿐만 아니라 통일운동 관련 재야단체 및 노동운동 등에 대한 정치적 탄압이 극심했던 국면으로서 3월 하순부터 정기국회까지의 시기를 말한다. 경찰이 현대중공업의 농성을 강제해산하고 700명에 달하는 노동자들을 연행한 사건도 바로 이 시기의 일이다. 윤상철, 「1980년대 한국의 민주화이행과정」(서울대학교출판부, 1997), p.269.

49) 송호근, 前揭論文, p.210.

각한 통치말 상황으로 몰아넣었다.

그런데 여기에서 주목해야 할 점은 노동운동사상 최초의 총파업 투쟁이 마침내 정치적 노동운동의 조직화를 이끌어내는 요인으로 작용했다는 것이다. 민주적 노동운동은 보수독점적 정치지형이 갖는 근본적인 한계를 인식하고 독자적 정치세력화를 본격적으로 모색하게 되었다. 1997년 대통령 선거에 대비해 「국민승리 21」을 조직하고 민주노총위원장 출신의 권영길 후보를 출마시킨 것은 정치적 노동운동 조직화의 첫걸음이었다.[50)]

외환위기와 함께 출범한 김대중 정부의 IMF 개혁패키지의 핵심 중 하나가 노동시장 유연화였고, 결과는 고용불안정이 일반화되는 것이었다. IMF 개혁패키지의 내용은 흔히 재벌기업의 구조조정, 금융개혁, 공기업개혁, 노동개혁으로 요약되지만 4대 경제개혁은 모두 노동문제와 연결되는 것이었다. 이 정책은 재벌, 중산층, 노동 모두에게 충격을 주었지만 노동에 가장 강하게 그리고 중산층에게도 상당한 충격을 주었다. 결국 노동문제와 관련하여 김대중 정부시기에 새로운 갈등유형이 나타났다. 그것은 노사관계 차원보다도 노사관계의 틀에 영향을 미치는 노동정책을 둘러싼 갈등이었다. 김대중 정부는 문제해결을 위해 1998년 1월 노사정위원회를 발족시켰다.

그러나 노사정위원회를 정책결정과정에 노동이 참여한 것으로 이해하거나 서구복지국가에서 기능했던 사회조합주의로 정의할 수 있는지는 논란의 여지가 있었다.[51)] 또한 이 기구를 통해 소기의 성과를

50) 김수진, "정치적 노동운동과 시민운동", 임혁백 외, 「IMF체제 이후의 한국정치의 비전과 전략」(국회사무처, 2000), p.179.

51) 김수진은 노사정위원회를 김대중 정부가 IMF위기를 극복하기 위한 구조조정을 국가, 노동, 자본 간의 협의를 통해 시도해 보려 하였으나 그 성공적 운용에 실패했다고 평가했다. 김수진, 上揭論文, p.178. 최장집은 김대중 정부에서의 노사정위원회는 정책결정과 정책집행 과정에 노동의 참여가 제도화되어 있는 것을 가리키는 서구의 코포라티즘과 거리가 멀며, 코포라티즘 개념을 활용한다면 그것은 노동시장의 유연화를 실현할 목적으로 노동, 기업, 정부 간의 협의체로 만들어졌다는 의미에서 '공급측면 코포라티즘'의 실현이라고 정의하고 있다. 최장집, 前揭書, P.169-170. 한편,

거둘 수 있을지 의문이 제기되었다.

노동이 충분한 대표성을 지니고 있어야 하는데 한국의 경우는 그 대표성의 요건을 충분히 충족시키지 못한다. 낮은 노조가입율[52], 노동 내부의 대립과 양극화 현상에 의해 조직화된 노동만을 대표한다. 게다가 조직되지 않은 노동자, 농민, 여타 서민 계층을 대표하지 않으므로 민주적 대표성에도 문제가 있다. 또한 노동이 정당에 의해 대표되어 있지 않은 상황에서 노사정위원회라는 기구만으로 노동의 협상력이나 결정의 구속력이 담보될 수 없다는 문제점도 제기되었다. 그러나 이마저도 조직노동의 핵심이라 할 민주노총이 노사정위원회 출범 1년 만에 탈퇴함으로써 지속되지 못했다.

결국 김대중 정부의 노동정책은 민주노총을 위시한 주류노동운동세력과 대립하게 되었다. 정부는 법질서와 치안유지 차원에서 대응함으로써 정부의 노동정책은 과거권위주의 노동정책으로 후퇴하는 것이 되었다. 결론적으로 민주화 이후에도 정치참여, 정책결정과정, 노사관계 모두에서 노동의 배제는 계속됐다. 냉전반공주의와 발전주의의 이데올로기적 틀을 바꾸려는 정치적 시도 역시 존재하지 않았다. 그 결과 과거 정부와 동일한 패턴이 반복되었다. 집권초기에는 노동통합적 개혁을 강조하지만 중반 이후에는 권위주의적 정책으로 퇴보하는 것이다.

노동의 배제라는 문제를 해소해 줄 수 있는 방안으로 노동계급의 독자적인 정치세력화가 있다. 그러나 이 정당들이 실질적으로 노동계급의 이익을 대변해줄 수 있는지는 의문이다. 민주노총을 기반으로 한 민주노동당의 경우를 보면 한국에서 노동계급의 이익을 대표

임경훈은 한국의 여러 상황을 고려해 볼 때 노사정위원회가 말 그대로 '대통령자문기구' 이상의 역할을 할 수 없다고 주장하였다. 임경훈, "민주주의의 공고화/심화와 IMF 경제개혁", 구범모 외, 「한국정치사회개혁의 이론과 실제」(한국정신문화원, 1999), p.206.

52) 총피고용자 대비 노조가입율은 1989년의 18.6%를 기점으로 계속 하락하여 1997년에는 11.2%까지 낮아졌다. 공덕수, 前揭書, p.217.

하는 정당이 현재의 정치체제와 정당체계에서 실질적인 역할을 하는 것이 얼마나 지난한 일인가를 알 수 있다.

(3) 협애한 정당의 이익표출구조

보수일변도의 지역주의 정당: 민주화의 공고화와 정당은 매우 긴밀한 관련이 있다. 민주적 공고화의 최소조건이라 할 수 있는 민주적 경쟁의 제도화가 정당정치의 제도화에 크게 의존하고 있을 뿐 아니라, 사회적 갈등의 정치적 통합이라는 공고화의 또 다른 측면도 정당 기능과 밀접하게 연관되어 있기 때문이다.

그런데 민주화 이후에도 보수일변도의 정당체계는 변하지 않았다. 분단의 현실과 이로 인한 반공이데올로기는 여전히 맹위를 떨치고 있다. 그런데 민주화로 인해 사라진 '민주 대 반민주'의 대결구도를 '지역대결구도'가 대신하게 되었다. 민주화이후 정당들의 경쟁을 지배해온 요소는 지역주의라고 할 만큼 지역주의는 민주화와 더불어 빠르고 강력하게 정당정치의 사회적 기반으로 등장했다.

이 같은 현상은 보수일변도의 정당체계에서 당연한 귀결일 수도 있다. 이념적 차이가 거의 없는 정당체계 하에서, 민주화와 더불어 대선정국으로 급속히 휩쓸려 들어가자, 눈앞의 선거에서 승리하기 위해 가장 동원하기 쉬운 정치적 자원은 바로 지역적 지지기반이었고 이것이 현실로 나타난 것뿐이다. 지배세력은 야당 분열을 위한 수단의 하나로 지역 간 경쟁구도를 이용했고, 분열된 야당에게는 지역기반이 거의 유일한 자원이었다. 이렇게 굳어진 지역적 정당체계는 냉전반공이데올로기를 기반으로 형성된 보수적 정당체계와의 단절이 아니라, 보수적 정당체제의 지속을 보장하는 역할을 하였다. 민주화 이후에도 정당이 사회의 다양한 이해를 효과적으로 조정하지 못하고, 다양한 사회세력들이 아직까지 민주적 질서 속에서 자신의 이익을 대표하는 안정된 통로를 제도화하지 못하고 있다는 평가를 받는 것도 바로 이 때문이다.

그런데 이런 평가는 민주화 이후의 이익집단정치와도 밀접한 관련이 있다. 사회적 요구와 갈등의 통합이라는 정당의 역할이 이익집단정치의 발전에도 매우 중요한 의미를 가지기 때문이다. 한국의 정당이 갈등통합기능을 제대로 하지 못하고 있다는 점은 바로 본 연구에서 분석하고자 하는 전환기적 이익집단정치의 한계 원인을 설명하는 하나의 요인이기도 하다. 한국의 정당체계가 전환기적 이익집단정치의 갈등과 대립의 원인이 되고 있기 때문이다.

기층 사회세력이 배제된 채 수구적 자유주의와 온건 자유주의에 의해 지배되는 정치사회에서 경쟁과 대립의 축을 제공하고 시민들에게 정치적 정체감과 행동 근거를 제공하는 역할을 바로 지역주의가 하게 된 것이다. 그런데 이러한 지역주의의 영향력은 실로 강력하여 여타의 잠재적 사회균열을 압도했다.

게다가 지역주의가 지역갈등을 정치적으로 통합하는 역할도 제대로 하지 못하고 있다는 데 문제의 심각성이 있다. 민주화에도 불구하고 정당의 사당화가 더 강화되었기 때문이다. 특정 정치지도자가 특정지역에서 절대적 영향력을 행사함에 따라 그 소속원이 정치지도자의 뜻을 거스른다는 것은 매우 어려운 일이 되었다. 정부권력은 여러 지역정당 중 특정한 하나의 정당에 의해 사실상 독점되었다. 이 정당으로 구성된 정부는 자신의 연고지역이 아닌 지역들의 이익을 반영할 의사나 여건을 갖지 못할 개연성이 높다.

보수일변도의 정당체계는 민주화 이후 지역정당화 되면서 그 독점적 상황을 지속적으로 보장받게 되었다. '민주 대 반민주'의 대결구도는 '지역대결구도'로 변화되었다. 정당의 사회적 갈등의 정치적 통합기능은 여전히 낮은 상태를 유지하게 되었고, 어떤 경우 지역주의는 사회의 갈등을 더욱 증폭시킴으로써 이익집단정치 발전에 역기능적인 면으로 작용했다. 지역주의를 바탕으로 한 정당의 대중화는 각종 선거에서 세과시를 위한 지역적 동원체제로 나타났고 이는 지역 간의 갈등을 더욱 부추기고 세분화하는 결과를 초래했다.

갈등해결에 무기력한 정당: 보수일변도인 한국의 정당이 사회적 갈등을 제대로 통합하지 못하고 있다는 지적은 유권자들의 이념성향에 대한 조사 결과에서도 나타난다.[53] 2000년 4월 한국선거연구회에서 실시한 선거 후 조사 자료를 분석한 결과에 의하면 유권자들의 이념 성향 분포는 중앙에 밀집되어 있고 대체로 좌우 균형적이며 단봉형 분포에 가까운 형태로 나타났다. 0을 가장 진보적이고 5를 중도, 10을 가장 보수적이라고 했을 때 최빈값은 중도적인 입장인 5로 나타났으며, 평균은 4.9로 거의 중도값인 5에 근접해 있었다.

그런데 유권자들은 주요 정당이 모두 보수적인 편으로 인식했다. 이는 한국의 정당이 보수일변도의 정당체계라는 일반적 논의가 틀리지 않았음을 말해준다. 그런데 이념 공간상에 인식된 정당의 위치가 유권자의 평균보다 더 보수적인 위치에 자리하고 있다. 상대적으로 가장 보수성이 약한 민주당이 5.4로 유권자보다 더 보수적이었으며, 한나라당은 5.7, 자민련은 6.6으로 더욱 보수적 위치에 자리하고 있었다. 다만 민주노동당이 4.2로 유일하게 유권자보다 더 진보적인 위치였다. 하지만 민주노동당은 국회에 단 한 석의 의석도 확보하고 있지 못하다. 따라서 한국의 정당이 이념적으로 유권자의 이익을 제대로 대표하지 못하고 있으며 이는 국회의 의석구조에서 더욱 확연해진다고 볼 수 있다.

최장집은 이를 '대표된 정당체제와 대표되지 않는 사회 사이의 균열'로 표현하고 있다. 그는 우리 사회의 최대의 사회적 균열은 집권

53) 강원택, 「한국의 선거정치-이념, 지역, 세대와 미디어-」(푸른길, 2003), pp63-65 참조.

당과 반대당 사이의 이른바 여야균열이 아니라 사회적 기반이 없는 정치적 대표체제와 이에 대표되지 못하고 저항하고 있는 비투표유권자 사이의 균열이라고 주장한다. 그리고 현 정당체제를 거부하는 유권자들이 계속 늘어나는 까닭에 선거별로 매번 사상 최저의 투표율을 갱신하는 것으로 해석하고 있다.[54]([표 4-2] 참조)

[표 4-2] 역대 선거별 투표율

선거명	선거시기	투표율(%)
제13대 대통령 선거	1987.12.16	89.2
제14대 대통령 선거	1992.12.18	81.9
제15대 대통령 선거	1996.12.18	80.7
제16대 대통령 선거	2002.12.19	70.8
제13대 국회의원 선거	1988. 4.26	75.8
제14대 국회의원 선거	1992. 3.24	71.9
제15대 국회의원 선거	1996. 4.11	63.9
제16대 국회의원 선거	2000. 4.13	57.2
제1회 동시 지방선거	1995. 6.27	68.4
제2회 동시 지방선거	1998. 6. 4	52.7
제3회 동시 지방선거	2002. 6.13	48.8

출처: 중앙선거관리위원회의 자료를 참고로 하여 본 연구자가 만든 것임.

민주화와 더불어 빠르고 강력하게 정당정치의 사회적 기반으로 등장한 지역주의는 기능보다 지역이익을 대변하는 현상을 초래했다. 민주화 이후 생겨난 지역대결구도는 더욱 파편화되어, 애초의 영남과 호남의 대결구도에 충청이 가세하고 영남은 대구 · 경북과 부산 · 경남으로 나누어지는 현상으로 심화되었다. 국회의원들의 의정활동에서도 지역이익을 위한 대립현상은 여실히 드러난다. 보수일

54) 최장집, 「민주화 이후의 민주주의」(후마니타스, 2003), pp.32-34.

변도의 정당체계에서 기능적, 이념적 차별화가 불가능하므로 유권자의 표심을 확실히 얻기 위해서는 지역이익의 대변 외에는 다른 선택이 없기 때문이다.

또 지역주의는 정당의 사당화 현상을 초래해 당내 민주주의를 통한 합리적 충원을 막아 정당을 통한 이익표출구조를 더욱 협애화시켰다. 정당의 충원은 선거 때의 공천으로 이루어지는데, 민주화 이후에도 정당의 공천제도와 과정은 여전히 비민주적이고 사당화 수준에서 벗어나지 못하고 있다. 직능대표의 특성을 살려 그나마 이익체계를 대표할 수 있는 전국구의원후보에 대한 공천이 여전히 정당지도자에 대한 충성심과 정치자금 제공이 중요한 잣대로 작용하여, 고액정치헌금자, 공천탈락자 구제, 논공행상, 지역안배 등의 성격을 지니고 있다는 지적을 받고 있는 것이 그 좋은 예이다.

이는 정당과 국회 공히 갈등의 해결에 무기력한 존재로 만들었다. 보수일변도에다 지역주의 성격까지 더해진 정당은 사회 각 계층의 이익을 대표하는 기능에 여전히 부족함을 보이고 있다. 민주화 이전의 정당들이 보수일변도에다 민주 대 반민주 구도의 대립으로 인해 사회적 갈등의 정치적 통합이라는 정당의 역할은 제대로 하지 못했던 것과 크게 달라지지 않은 양상이다.

V. 결 론

'성공에 의한 민주화'와 '협약에 의한 민주화'라는 민주화 이행양식의 특성으로 인해 그 연속성이 압도적으로 강할 수밖에 없었던 한국의 민주화는, 1987년 대선 결과 구체제의 주역들이 정권을 계속 유지하게 됨으로써 그 연속성은 더욱 커지게 되었다. 이 같은 민주화 이행의 유형은 민주화 이후 공고화 과정에 영향을 미쳤고, 이는 이익집단정치에도 한계요인으로 작용했다. 본 연구에서는 구체적으로 첫째, 국가조합주의적 이익집단정치와 다원주의적 이익집단정치의 공존, 둘째, 국가조합주의적 통제요소의 온존, 셋째, 협애한 정당의 이익표출구조라는 현상으로 나누어 분석했다.

첫 번째 요인은 동일분파 내 대립적 이익집단의 공존이라는 현실로 나타났다. 문제는 이 같은 공존이 다원주의적 이익집단정치의 긍정적 결과로 귀결되지 않고 이익갈등의 심화와 선명성 경쟁으로 이어져 이익집단정치 발전에 부정적 영향을 미친다는 점이다. 두 번째 요인은 반공이데올로기와 관료체제의 온존이라는 현실로 나타나면서, 민주화 이후에도 참여의 제약과 관료체제에 의한 하향식 통제구조의 유지로 나타나고 있다. 이는 민주화 이후에도 행정부를 주 대상으로 하는 권력수준으로의 이익표출행위가 주를 이루고 있는 사실로도 반영되고 있다. 세 번째 요인은 보수일변도의 지역정당이라는 현실로 나타나면서 갈등해결에 무기력한 정당체계로 귀결되었다.

그 결과는 경쟁의 격화와 취약한 제도화로 특징되는 민주화 이후 한국이익집단정치의 전환기적 특징으로 나타나고 있다.

그런데 본 연구 과정에서 두 가지 의문을 떠올리게 되었다. 첫째는 민주화 이행양식의 특징을 분석틀로 한 분석이 일반화될 수 있는 것일까? 하는 점, 둘째는 이 같은 분석이 대안마련의 차원에서 어떤 의미가 있을까? 하는 점이다.

민주화 이행양식이 민주주의 공고화의 유형, 내용, 정도에 많은 영향을 미치는 것으로 일반적으로 인식되고 있다. 특히, 한국의 경험은 이행의 유형이 이후 민주주의가 어떤 경로로 발전할 것인가를 거의 규정하는 것으로 나타났다는 주장도 있다.[55] 그러나, 민주화의 공고화를 위한 핵심적 조건을 대표체계의 제도화로 규정하고, 스페

55) 上揭書 p.111.

인과 한국, 그리고 브라질의 공고화를 비교 연구한 결과는 유사한 이행조건에도 불구하고 새로운 체제의 대표성과 안정성의 차원에서 상당히 다른 결과가 나타났음을 보여준다. 물론 이 연구도 거래에 의한 민주화 이행양식은 그것이 갖는 내적 한계 때문에 새로운 민주체제의 성격에 상당한 영향을 미친다는데 동의하고 있다.[56)]

따라서 민주화이행 양식이 민주화 이후 공고화의 길을 반드시 결정하는 것은 아니라고 할 수 있다. 민주화를 가능하게 한 조건이 공고화에 장애요인이 될 수도 있고, 민주화를 제약했던 조건이 공고화를 가능하게 하는 조건으로 바뀔 수도 있다. 이는 새로운 체제의 지도자와 국민의 선택과 노력에 달려 있다. 마찬가지로 민주화 이행양식이 반드시 이익집단정치를 결정하는 것이 아니라고 할 수 있다. 그러나 민주주의의 공고화를 위한 핵심적 조건이 대표체계의 제도화이며, 이는 정당체계를 통한 대표의 제도화와 이익집단 구조를 통한 매개의 구조를 포함한다는 점에서 이익집단정치를 민주화의 이행양식과 공고화라는 관점에서 분석하는 것이 전혀 의미 없는 작업은 아니라고 할 것이다.

두 번째 의문과 관련하여 민주화 이후 이익집단정치 문제점의 원인을 민주화가 가지는 한계로부터 찾는 것이 대안마련의 견지에서도 나름의 의미가 있다. 정당체계에서 원인을 찾을 경우 해결책은 명백하고 간단하나 이를 현실에서 실천하고 구현하는 것은 매우 어렵고도 시간이 걸리는 일이기 때문이다. 가령 노동계급의 이익을 대변할 정당을 만드는 것은 가능하나 이 정당이 정치체제 속에서 실질적 역할을 하도록 만드는 것은 가까운 시일 내에는 어려울 뿐 아니라 인위적으로 할 수 있는 일도 아니다.

56) 이에 관한 내용은 조효래, “민주화 이행과 민주적 공고화–한국, 브라질, 에스파냐의 비교–”, 임현진·송효근 공편, 「전환의 정치, 전환의 한국사회–한국의 정치변동과 민주주의–」(사회비평사, 1995)를 참조할 것.

그렇지만 그 원인을 민주화의 한계로 인한 이익집단정치의 문제에서도 찾는다면 노력여하에 따라 어느 정도 효과적 해결책 모색이 가능하다고 본다. 이익집단 내부의 갈등을 어떤 기본방향과 틀을 가지고 조정할 것인가의 문제로 좁힐 수 있기 때문이다. 그리고 그 해결책에는 시행 가능한 구체적이고도 세부적 대안이 포함될 수 있을 것이다.

이런 관점에서 보면 이익집단정치의 기본모델에 대한 논의는 문제해결에 매우 기본적이고도 중요한 의미를 가진다. 한국에서 바람직한 이익집단정치가 어떤 유형인가 하는 문제는 논란의 여지가 많다. 다원주의나 사회조합주의 모두 장점과 문제점을 내포하고 있다. 또 한편 생각해보면 다양한 이익대표체계와 이익추구활동의 양상을 감안할 때 한국이익집단정치의 개혁방향이 어느 한 모델만을 지향하는 것이 비현실적이라는 지적도 설득력이 있다. 다원주의와 사회조합주의의 모두 현실 세계에서 순수한 형태로 발견될 수 없는 이념형인 동시에 서로 대칭되는 위치에 놓여있는 것도 아니기 때문이다. 또한 국가 안에서도 양립할 수 있다. 또 어느 하나가 모든 이익대표체계를 다 만족시킬 수 있는 것도 아니다. 따라서 다원주의와 사회조합주의가 상호 발전적 궤도를 만들어갈 수도 있다. 그러므로 다원주의냐 사회조합주의냐의 논의는 별 의미가 없다. 이익집단정치의 현실을 고려하여 서로 상충될 수 있는 목표들을 가능한 한 조화롭게 추구하면서 순기능은 살리고 역기능은 억제하는 개혁방향의 모색이 필요하다.

민주화 이후 이익집단정치가 어떻게 전개되느냐는 민주주의의 공고화가 얼마나 성공적으로 이루어질 수 있느냐와 밀접한 관계를 가지고 있다. 따라서 이익집단정치 발전을 위해 좀 더 세부적이고 실천가능성 높은 방안을 찾는 것도 짧은 기간에 공고화에 기여하는 방법이 될 것이다. 그런데 방안 마련의 기본 원칙은, 이익집단들이 주도적이고도 자유롭게 이익을 표출할 수 있는 제도의 마련이라는 방향으로 가는 것이 바람직하다. 과거처럼 정부의 선택과 호의에 맡기는 방안은 다원화되어가는 시대에 결코 바람직하지 않다. 그리고 표출된 다양한 이익을 조정할 수 있는 각종 법적, 제도적 장치들을 정비하는 것은 한국이익집단정치의 발전에 중요한 토대가 될 것이다. 더구나 이익집단정치의 발전이 정치체제의 실질적인 안정과 민주화의 공고화를 위한 주요한 내적 요건이라는 관점에서 볼 때 그 중요성은 아무리 강조해도 지나치지 않다.

제 5 장 로비 제도화에 관한 소고[1)]

조승민

Ⅰ. 시작하며

우리는 모두 나름의 방법으로 자신의 가치를 추구한다. 그런데 사람마다 가치가 다르므로, 갈등이 생긴다. 그리고 대부분의 경우, 갈등의 과정에서 이해관계가 같은 사람들끼리 힘을 합치게 된다. 이 과정에서부터 갈등은 정치적 성격을 띠게 된다. 정부가 어떤 일을 하느냐 하지 않느냐에 따라 개인이나 집단이 나름대로 추구하는 가치를 잃거나 얻는 상황이 되는 것이다.

이 상황에서 당사자들이 손 놓고 있을 리 만무하다. 그들은 정부가 자신들에게 도움이 되도록, 아니면 적어도 손해는 입히지 못하도록 이익추구활동을 하게 된다. 예컨대 로비, 대중매체 등을 활용한 대중선전, 시위, 법적 투쟁, 파업, 낙선운동 등의 수단을 사용하게 되는데, 이 중 '로비'가 이 글에서 다루고자 하는 것이다.

---

1) 이 글은 필자의 졸저 「로비의 제도화 -정치시장의 자유화를 위하여-」(삼성경제연구소, 2005)의 내용 중 일부를 발췌한 것으로, 발간 이후 변화된 상황에 맞추어 수정, 정리한 것임.

그렇다면 '로비'는 어떤 이익추구 활동인가? 정부의 의사결정에 영향을 미치기 위해 공공 관리들과 직접 접촉하여 자신들의 견해를 전달하는 이익추구 활동이다. 예를 들어, 자신들의 견해를 뒷받침할 자료나 정보를 제공하거나 차기 선거에서의 지지나 반대를 암시하는 방법으로 압력을 행사할 수 있다. 또 뇌물 제공이나 퇴직 이후의 자리 보장과 같은 불법적 방법이 동원되기도 한다.

그런데 우리나라에서는 주로 불법적 방법에 의한 로비가 부각되면서 '로비=검은 거래'라는 부정적 인식이 일반적으로 자리 잡게 되었다. 그러다 보니 로비 행위라면 아예 색안경을 쓰고 바라보는 터라, 그것이 당연히 보장받아야 할 이익추구 활동이라고는 생각지 못하는 실정이다. 흔히들 이 같은 부정적 인식을 로비의 제도화를 가로막는 가장 큰 요인으로 꼽는다.

그러나 로비의 제도화와 관련한 그 동안의 논의 과정으로 볼 때, 권력 엘리트들의 소극적 자세도 하나의 요인이 될 수 있을 것 같다. 1993년 민간인들로 구성된 국회제도개선위원회가 로비 양성화를 제안한 적이 있고, 2000년에는 참여연대가 양성화를 주장했으나 입법화되지 못했다. 17대 국회에 들어서도 2004년 7월 열린우리당 정책의원총회에서 음성적 로비 방지를 위한 로비법의 연내제정 추진을 발표했으나 아무런 진전이 없었다.

현재도 로비 제도화의 필요성에 공감하는 의원들에 의해 로비 제도화를 위한 법안이 3건이나 국회에 제출되어 있다. 하지만 제대로 심의 절차를 거치지도 못한 채 관련 상임위에 계류되어 있다.

그렇다면 왜 권력엘리트들은 로비의 제도화에 소극적일까? 모르긴 해도 로비의 제도화가 그들의 독점적 정책결정권을 약화시키고, 가려져 있던 정책결정 과정의 공개를 촉진할 것이므로 그리 흔쾌하지 않을 것으로 짐작된다. 만일 그렇다면, 로비에 대한 국민의 부정적 인식이 그들에게는 오히려 다행일 수도 있다. 이제까지 로비를 제도화하라는 여론의 강도가 별로 강하지 않았던 배경에는 이 같은 부정적 인식이 자리 잡고 있기 때문이다. 이는 정치자금 공개를 요구했던 여론의 강한 압박과 비교해볼 때 매우 대조적이다.

결국은 국민적 요구가 강력해야 로비 제도화의 성사 가능성도 높아질 것이니, 국민들이 그 필요성을 공감하는 것이 무엇보다 중요할 것이다.

이 글은 로비가 정부의 의사결정에 영향을 미치기 위한 의사소통 그 자체이며, 따라서 당연히 누려야 할 청원권 행사의 일환이라는 입장을 기본으로 한다. 실제로 로비는 개인의 자유와 권리를 우선적으로 강조하는 자유주의를 근간으로 하는 다원주의적 이익추구 행위로 규정되고 있다.

그리고 이러한 입장을 바탕으로 제도화의 필요성을 여러 각도에서 조망한다. 무엇보다 로비의 제도화를 민주적 정당성이나 공정성의 관점에서만이 아니라 사회적 효율성의 측면에서 논의하고 평가하는 정치경제학적 관점에서 바라볼 필요가 있다. 이런 관점에서 볼 때, 로비의 제도화가 국가 독점적인 정치 시장의 자유화를 통해 사회적 효율을 증대시킬 것으로 기대할 수 있다. 물론 청원권과 알권리 신장 등 정치적 의미도 크다. 이제까지 로비 제도화의 필요성으로 주로 거론되었던 부정부패 방지 기능은 알권리 신장을 통해 충족될 것이다.

정부의 과도한 규제와 간섭이 경제 시장을 왜곡한다는 지적은 새삼스러운 이야기도 아니다. 오죽하면 국제통화기금이 "유비쿼터스 핸드"라고 했겠는가? 그런데 정치 시장도 마찬가지다. 민주화 이후 많은 시간이 지났지만 정치 시장에서 국가의 지배력은 여전히 막강하다. 어쩌면 정치 시장에서의 독점적 위치가 경제 시장에서의 "유비쿼터스 핸드"를 가능하게 만드는 것은 아닐까?

민주화 이후 국민의 참여 요구는 높아지는데, 정치 시장의 벽은 여전히 높다. 정부는 국민여론 수렴을 명분으로 각종 위원회를 만든다. 언뜻 보면 그럴듯하지만 정치 시장의 자유화와는 거리가 멀다. 정부가 주도하고 독점적 위상을 유지한다는 점은 본질적으로 다르지 않기 때문이다.

이는 결과적으로 국민의 참정권을 제한하는 것이며, 개인의 자유가 확대되고 있는 민주화 이후의 시대적 흐름과도 배치되는 것이다. 무엇보다 우려되는 것은 정치 시장에서도 '정부의 실패'가 사회적 효율을 저하시킬 수 있다는 점이다. 그러므로 이제는 누구나 자신의 이익을 자유롭게 주도적으로 추구할 수 있도록 정치 시장을 자유화해야 한다. 로비의 제도화는 정책결정 과정에 대한 국민의 지속적인 참여를 제도적으로 보장한다는 의미에서, 이를 위한 하나의 대안이 될 수 있을 것이다.

이 글에서는 먼저 로비를 사실상 금지하고 있는 현행법의 내용과 문제, 현재 시행되고 있는 청원제도의 한계를 살펴본 다음, 로비의 제도화의 의의를 분석해보고자 한다.

Ⅱ. 본 론

1. 로비를 금지하고 있는 현행법

우리 헌법도 청원권을 국민의 권리로 규정하고 있다. 이를 근거로 청원법 등 관련규정과 청원제도가 마련되어 있다. 그런데 왜 로비의 제도화가 필요한가? 현행 청원법과 제도가 국민의 청원권 행사를 충분히 보장한다고 보기 어렵기 때문이다. 뿐만 아니라 현행법의 여러 조항들이 청원권 행사의 일환인 로비 활동을 사실상 금지하고 있기 때문이다.

(1) 로비와 관련된 현행법의 내용

우리나라에서도 청원권은 제헌헌법에서부터 보장된 국민의 권리다. 현행 헌법 제26조는 "모든 국민은 법률이 정하는 바에 의하여 국가기관에 문서로 청원할 권리를 가지며, 국가는 청원에 대해 심사할 의무를 진다."고 명시하고 있다.

미국의 경우 로비 합법화의 원천이 되는 조항은 1791년에 제정된 수정헌법 제1조다. 수정헌법 제1조는, "의회는 〔…〕 불만의 시정을 위해 정부에 청원할 권리를 제한하는 어떤 법률도 제정할 수 없다."고 규정하고 있다.[2)] 청원권을 법률이 정하는 바에 의해 행사할 수 있다는 우리 헌법 조항을 미국의 그것과 비교했을 때 상대적으로 제한적임을 부인하기 어렵다.

현행 청원법은 총 13조로, 모든 공공기관에 제출되는 청원에 대해 규정하고 있다. 2005년 8월4일 전면 개정된 이 법은 태생적 한계를 지니고 있다. 전면개정되기 전의 청원법은 1961년 5 · 16 군사 쿠데타 이후 설치된 국가재건최고회의가 전면 개정하여 1963년 2월 26일 법률 제1283호로 공포한 것이다. 40여년 전, 그것도 민주 정부가 무너진 초법적 상황에서 만들어진 법률이 그 근간을 이루었던 것이다. 그러니 국민의 청원권을 충분히 보장하는 내용을 담고 있으리라 기대하기 어렵다.

가령, 2005년 전면개정 이전의 청원법은 제5조 불수리 조항에서 "재판에 간섭하는 것"과 아울러 "국가의 원수를 모독하는 것"은 수리하지 않는다고 규정하여, 사실상 대통령을 청원의 대상에서 제외하고 있다는 지적을 받았다. 2005년의 전면개정 때 국가원수 부분

2) "Congress shall make no law respecting an establishment of religion, or prohibiting the free exercise thereof; or abridging the freedom of speech, or of the press; or the right of the people peaceably to assemble, and to petition the Goverment for a redress of grievances." Article[I.] IN ADDITION TO, AND AMENDMENT OF, THE CONSTITUTION OF THE UNITED STATES OF AMERICA.

은 삭제되었다. 하지만 이 법이 청원을 하는 절차, 청원을 받은 행정부의 처리 절차 등 절차적 내용만을 주로 규정하고 있다는 점에서는 전면개정 이전과 근본적인 차이가 있다고 보기 어렵다.

입법부에는 청원과 관련한 별도의 법이 없다. 다만 국회법 제123조에서 제126조에 걸쳐 국회에 제출되는 청원의 처리에 관한 조항을 두고 있다. 이에 근거하여 국회는 1984년 7월 10일에 국회청원심사규칙을, 1993년 8월13일에는 청원 이외의 민원 처리를 위해 '진정처리에 관한 규정'을 제정했다. 그러나 국회의 규칙과 규정 역시 청원이나 진정의 제출과 처리 과정에 대한 절차적 사항만을 천편일률적으로 담고 있을 뿐이다.

헌법의 청원권 조항과 청원법의 내용, 그리고 국민의 대표기관인 국회조차 1984년과 1993년에야 비로소 청원 관련 규칙과 규정을 제정한 점이나 그 내용적인 면에서도 알 수 있듯이, 청원권에 대한 우리의 인식 수준 자체가 높다고 보기는 어렵다.

그렇다면 로비 행위와 관련한 현행법의 내용은 어떠한가? 현재 로비 행위를 구체적으로 규정하거나 직접 규제하는 법률은 존재하지 않는다. 그렇다면 로비 행위가 허용되는 것으로 이해해도 되는가? 그건 아니다. 현실은 오히려 그 반대라고 보는 것이 타당하다. 로비를 직접 규제하는 법률은 없으나, 공무원의 직무나 정치 풍토의 청렴성을 보장하기 위한 여러 법적 · 제도적 장치가 직 · 간접적으로 로비 행위를 제한하고 있다는 것이 보다 정확한 평가일 것이다. 구체적으로는 변호사법, 특정범죄가중처벌등에관한법률, 형법, 정치자금법 등에서 그 같은 내용을 찾아볼 수 있다.

① 로비와 관련된 현행법의 내용과 한계

변호사법과 특정범죄가중처벌 등에 관한 법률: 변호사법 제111조는 "공무원(법령에 의하여 공무원으로 보는 자를 포함한다)이 취급하는 사건 또는 사무에 관하여 청탁 또는 알선을 한다는 명목으로 금품·향응 기타 이익을 받거나 받을 것을 약속한 자, 또는 제3자에게 이를 공여하게 하거나 공여하게 할 것을 약속한 자는 5년 이하의 징역 또는 1천만 원 이하의 벌금에 처하거나 이를 병과할 수 있다."고 규정한다. 한편 특정범죄가중처벌등에관한법률(이하 특가법) 제3조는 "공무원의 직무에 속한 사항의 알선에 관하여 금품이나 이익을 수수·요구 또는 약속한 자는 5년 이하의 징역 또는 1천만 원 이하의 벌금에 처한다."고 규정하고 있다.

"공무원이 취급하는 사건 또는 사무"나 "공무원의 직무에 속한 사항"이란 공무원의 권한에 속하는 직무행위뿐만 아니라 그 행위와 밀접한 관련이 있는 경우도 포함하는 넓은 개념이다. 그리고 청탁이란 일정한 사항에 대해 일정한 방향으로 처리하거나 또는 처리하지 말 것을 부탁하는 행위를 말하고, 알선은 일정한 사항에 관해 어떤 사람과 그 상대방의 사이를 중개하는 것이다.

그런데 변호사법이나 특가법은 모든 일반인에게 적용될 수 있으며, 그 객체도 금품이나 널리 재산상의 가치를 지닌 모든 이익을 포함한다. 이 같은 조항은 변호사를 제외하고는 그 누구도 직업적인 로비스트가 될 수 없다는 의미로 해석될 수 있다. 그러나 한국에서 변호사들에게 정책결정과 관련한 로비스트 역할을 기대하는 것은 현실적으로 어렵다. 따라서 이 조항들은 제3자를 통한 청원권 행사를 막는 것으로, 로비 행위를 사실상 불법화하고 있다고 하겠다.

형법: 형법 제129조 이하에는 공무원 또는 중재인의 뇌물과 관련한 처벌규정이 있다. 뇌물죄는 금전 등의 이익에 의한 공무원의 부패행위를 방지하려는 것이다. 물론 어떤 경우에도 로비 행위가 뇌물수수의 형태로 이루어져서는 안 된다. 이는 너무나도 당연한 일이다. 다만 로비 행위와 관련해서는 언급할 부분이 있다.

형법의 규정에 따르면, 국회의원에 대한 기부행위는 조건 없이 이루어져야 하고, 그렇지 않으면 위법이 될 수 있다. 왜냐하면 국회의원도 공무원의 범위에 포함되고, 국회의원에 대한 기부가 뇌물이냐 아니냐를 판단하는 기준은 직무와의 관련성 여부이기 때문이다. 그런데 여기서 직무는 공무원의 권한에 속하는 직무행위뿐만 아니라 그와 밀접한 관계가 있는 경우도 포함하며, 이러한 직무행위의 대가로서 이익의 성질을 가질 때 뇌물성이 인정된다. 따라서 국회의원에 대한 기부행위가 그 의도와 관계없이 대가성이 있다고 판단될 경우 뇌물죄가 성립될 수 있다.

이 경우 현실적으로 대가성 유무에 대한 판단이나 무조건적인 기부행위에 대한 해석 등을 둘러싸고 논란의 여지가 있을 수 있다. 로비 행위란 국회의원을 통해 정책결정에 영향력을 행사하려는 것이기 때문에, 자신의 이해관계와 같은 견해를 가진 국회의원에게 정치자금을 후원할 수도 있다. 그런데 이 경우에도 대가성이 있다고 판단하면, 그 자체로 뇌물성이 인정될 수 있다.

미국의 경우를 보자. 미국의 이익집단들은 자신들의 견해를 전달하는 로비 활동을 벌이는 한편, 자신들이 추구하는 가치에 부합하는 의원들에게 정치자금을 기부한다. 로비 활동과 정치자금 제공을 통해 의회나 행정부에 대한 영향력 행사를 시도하는 것이다. 물론 이 모든 행위는 당연히 합법일 뿐만 아니라 이익추구 행위의 가장 일반적인 양식이다.

그러나 한국에서는 같은 경우라 해도 대가성 판단 여하에 따라 정치자금이 뇌물로 규정될 수도 있다. 이런 견지에서 볼 때, 형법 조항이 국회의원에 대한 로비 활동의 영역을 위축시킬 수 있는 내용을 담고 있다고 하겠다.

정치자금법: 로비와 관련 있는 규정은 제31조와 제32조다. 현행법

제31조는 국내외의 법인이나 단체는 물론, 이들과 관련된 자금으로도 정치자금을 기부할 수 없도록 규정하고 있다. 또 제32조 3호는 누구든지 "공무원이 담당 · 처리하는 사무에 관하여 청탁 또는 알선하는 일"과 관련하여 정치자금을 기부하거나 받을 수 없도록 금지하고 있다.

이 법은 로비 행위와 관련될 소지가 있는 정치자금 기부를 명백히 금지하고 있다. 범위도 형법보다 넓어서, 공무원으로 분류될 수 있는 국회의원뿐만 아니라 정당이나 정치인에 대한 기부행위가 모두 무조건적이어야 함을 의미한다. 또 형법의 뇌물죄는 공무원의 직무와 관련한 금품 등의 수수를 금지하는 규정인 데 비해, 정치자금법은 정당이나 정치인이 다른 공무원의 직무와 관련하여 정치자금을 받는 것도 금지한다.

이 법을 미국의 경우에 적용한다면, 선거 기부금을 모아 선출직 입후보자들을 지원하여 영향력을 행사하기 위해 설립된 PAC (Political Action Committee, 정치활동위원회)도 불법이 될 수 있다. 그들로부터 선거자금을 받고 그들의 입장을 대변하거나, 어떤 사안에 대해 같은 견해를 가진 이익집단으로부터 후원을 받은 정치인들이 모두 불법적 행위를 하는 것으로 해석될 수 있다. 한국에서는 대가성 유무에 따라 위법이 될 수 있기 때문이다. 가령 특정 이익집단의 지지와 후원을 받는 정당이나 후보자가 그 이익집단에 유리한 정책결정을 했을 경우, 대가성 판단 여부에 따라 문제가 될 수도 있다. 따라서 이 법은 국회의원뿐만 아니라 정당과 정치인에 대한 로비 활동까지 위축시킬 수 있는 내용을 담고 있다고 하겠다.

② 로비의 관점에서 본 현행법의 문제점

비공개의 문제: 현행법이 가지는 가장 큰 문제는 현실적으로 존재하는 로비 행위가 전혀 공개되지 않는다는 점이다. 로비 활동에 대

해 기본적으로 부정적인 법조항이나 사회 분위기 때문에 로비 당사자들은 당연히 공개를 꺼린다. 게다가 공개를 요구하는 법 규정도 없으니 더더구나 공개할 이유가 없다. 그러니 비공개적인 활동을 하게 되는 것은 당연하다. 따라서 어떤 다른 계기가 없으면 그 실체를 알 길이 없다.

그러므로 우연한 기회에 로비 행위가 드러난다 하더라도 공개하지 않은 것이 문제가 될 수는 없다. 그러다 보니 로비와 관련한 사법처리는 결국 로비 과정에서 있었던 금품수수 여부와 대가성의 유무를 기준으로 하는 것이 현실이다. 그러나 금전거래가 드러나지 않거나 대가성만 없으면 문제가 없다고 하는 것이 과연 온당한가? 그렇지 않을 수도 있다. 영향력 행사가 금전거래를 통해서만 이루어지는 것도 아니고, 영향력 행사에 대한 보상이 사안별로 돌아가지 않을 수도 있기 때문이다. 결국 대가성에 대한 판단이 관건이 된다.

로비 행위가 당연한 권리로 허용되는 미국에서도 로비가 가지는 부정적 영향을 최소화하기 위한 규제가 마련되어 있다. 그리고 그 규제의 핵심은 바로 로비 행위에 대한 전반적인 공개이다. 정책결정에 영향을 미치는 로비 행위는 모두 공개되어야 한다는 취지다.

한국에서는 로비 행위가 없는가? 그렇지 않다. 현실적으로는 로비 행위가 활발히 진행되고 있다. 그러면 국민이 자신의 이익을 추구하는 행위를 모두 범법으로 규정할 수 있는가? 그럴 수는 없다. 사안에 따라서는 당연히 행사되어야 할 권리일 수도 있다. 다만 로비에 부정적인 법 규정과 사회 분위기 때문에 비공개로 할 뿐이다.

결과적으로 비공개 활동이 주를 이루면서, 국민의 청원권과 정책결정 과정에 대한 국민의 알권리가 모두 제약받고 있는 셈이다.

제3자에 의한 청원권 행사 금지: 현행법이 사실상 로비를 불법화하고 있다고 보는 주요 근거 가운데 하나는 제3자를 통한 청원권 행사의 금지다.

변호사법 등 현행법을 위반하지 않으면서 로비 행위를 하려면 이익집단들이 스스로 알아서 하거나 아니면 로비 행위의 대가를 전혀 받지 않고 봉사해줄 사람을 찾아야 한다는 이야기가 된다. 왜냐하면 직업적 로비스트들은 로비 활동의 대가를 받아 경제생활을 하는 사람들인데, 현행 법 규정으로는 이 같은 금품수수도 범법행위가 될 수 있기 때문이다.

이처럼 직업로비스트의 존재를 부인함으로써 제3자를 통한 청원권 행사를 불가능하게 만들고 있다. 이 같은 조항은 로비 행위에 부정적인 한국의 현실을 그대로 반영한 것이다. 그러나 동시에 너무 비현실적이어서 음성적 로비가 성행하는 한 요인으로 작용하고 있다. 제3자에 의한 청원권 행사까지도 국민의 권리로 인정하는 미국의 경우와 비교하면 엄청난 차이라 하겠다.

필자는 워싱턴그룹(The Washington Group)이라는 워싱턴의 로비 전문회사를 방문한 적이 있다. 회사를 소개하는 내용 중에는 그들의 고객리스트도 포함되어 있었다. 그 리스트에는 '보잉', '델타항공'과 같이 귀에 익은 미국 기업뿐만 아니라 '인도대사관'과 같은 해외 고객을 비롯하여 30개에 가까운 고객 이름이 올라 있었다. 그 중에는 서울에 소재하는 회사도 있었는데, 우리 일행과 만났던 한 여성 변호사는 서울에 아파트를 마련했을 정도로 한국에 자주 간다고 이야기해주었다.

한국의 법 규정대로라면, 이처럼 미국에서 일반화되어 있는 직업적인 로비스트와 로비 전문회사, 그리고 그들에게 로비를 의뢰한 고객들은 모두 범법자가 될 것이다. 물론 로비 행위가 뇌물이나 정치자금 수수의 형태로 행해지는 것은 금지되어야 한다. 그 같은 행위는 정치질서를 문란케 하고 사회정의를 어지럽히기 때문이다. 따라서 이를 규제하는 데에는 아무런 이의가 있을 수 없다. 다만 로비 행위를 전제로 했을 때, 변호사법 등에서 이 같은 문제점을 지적할 수 있다는 것이다. 변호사법 위반이나 알선수재에 의한 금품수수 등의 주체는 공무원이 아닌 일반인일 수도 있고, 그가 받은 금품은 뇌물이 아닐 수도 있기 때문이다.

물론 이 조항들은 적법절차를 어지럽히는 소위 '브로커'의 폐해를 막기 위해, 그리고 그 금품이 뇌물로 사용될 가능성 때문에 만들어진 것으로 이해된다. 그러나 이 조항들 때문에 선의의 직업적인 로비스트의 출현 자체가 봉쇄당하고 있다. 로비 행위란 매개자를 통한 영향력 행사와 의사소통을 포함하는 것인데, 이것이 바로 알선행위에 해당할 수 있기 때문이다. 또한 직업적인 로비스트는 로비 행위를 업으로 하는 자로서 의뢰인으로부터 대가를 받는 것이 필수적인데, 이 역시 불법이기 때문이다.

대가성 판단의 문제: 현행법 하에서 정치자금은 대가성 없이 무조건적으로 제공되어야 한다. 그러다 보니 정치자금 제공과 관련한 대가성 논란이 끊임없이 제기되어 왔다. 물론 법망을 빠져나가기 위해 대가성 여부를 교묘하게 덮는 경우도 있을 것이다. 그렇지만 국회의원 등 정치인의 경우, 정치자금과 대가성의 관계가 애매한 경우가 있을 수 있다. 넓게 보아서 대가를 전혀 바라지 않는 정치자금이 얼마나 있겠는가의 문제도 생각해볼 수 있다.

대가성에 대한 판단을 둘러싸고 형평성의 문제도 제기된다. 2003년 5월, 당시 온 나라를 떠들썩하게 했던 어떤 사건과 관련된 정치인과 공무원은, 금품수수는 인정했으나 대가성은 없다고 주장했다. 그러나 검찰은 대가성이 있다고 판단하여 구속 수사했다. 그런데 비슷한 다른 사안에 관련된 인사의 경우, 훨씬 많은 금액을 수수했음에도 정치자금이라는 피의자의 주장이 받아들여져 정치자금법 위반 혐의만 적용되어 불구속 처리되었다.

당연히 형평성에 대한 논란이 일었다. 구속과 불구속의 차이 때문만이 아니었다. 실제 형량에도 차이가 있기 때문이었다. 정치인의 경우 대가성이 없을 때는 정치자금법 위반이 되지만, 대가성이 있을 때는 뇌물죄가 된다. 뇌물죄는 정치자금법보다 형량이 더 무겁다. 더구나 그 금액에 따라 특가법 제2조에 의해 가중 처벌되면 형량이 더욱 무거워진다.

물론 정치자금의 수수를 가장한 검은 거래는 절대로 용납할 수 없다. 다만 자신들의 이익에 부합하는 정책적 시각을 가진 정치인을 금전적으로 후원하는 것도 정치자금법 위반이 될 소지가 있는 현행법의 문제를 지적하는 것이다. 또 정치인의 평소 소신에 따른 입법활동이 결과적으로 특정 이익집단이나 개인에게 이익을 줄 수도 있다. 이런 경우에도 대가성의 잣대를 무조건 들이댈 수 있을까?

미국에서는 정책결정 과정에 대한 영향력 행사를 위해 로비와 정치자금 지원을 병행하는 것이 일반적이다. 그러나 우리의 경우, 무조건적인 기부 외에는 불법의 가능성을 항상 안게 되어 있다. 이것은 현실적이라 볼 수 없다. 이 같은 정치자금의 문제는 로비의 제도화와 함께 정리되어야 할 부분이다.

사례를 통해 본 현행법의 문제: 그렇다면 로비가 제도화되어 있지 않은 한국에서 로비 행위가 어떤 법적 제재를 받는지, 또 로비를 전제로 했을 경우 현행법이 어떤 문제를 지닐 수 있는지, 정치자금과 연관된 실례를 들어 분석해보기로 하자.

2003년 7월, 한 정당의 대표(이하 A)가 한 건설회사 대표(이하 B)로부터 거액의 자금을 수수했다고 하여 정가를 떠들썩하게 했던 사건이 있었다. 현행법상 B가 자신의 사업을 위해 A와 접촉하는 행위 자체가 위법은 아니다. 더구나 자신이 직접 로비스트가 되어 접촉을 하는 것은 현행법상으로도 문제가 없다. 그러나 B가 직접 로비를 하지 않고 제3자를 통했다면 문제가 될 수도 있다. 앞서 언급한 변호사법 등의 위반이 될 수 있기 때문이다. 그러나 이 경우에도 현행법상 제3자가 무보수로 로비를 해준다면 문제가 없다. 물론 현실성이 없는 이야기지만.

그런데 B는 국회의원이기도 했던 A에게 로비를 한 사실을 전혀 공개하지 않았다. 현행법상 로비스트로 등록할 의무도, 로비 활동을 공개할 의무도 없기 때문이다. 따라서 이 경우도 다른 계기가 없었더라면 그 존재가 전혀 드러나지 않았을 수 있다. 혹시 A가 B로부터 받은 자금을 정치자금법에 따라 정확히 신고해서 그 내역이 제대로 공개되었다면, 눈치 빠른 사람들은 뭔가 있었을 거라고 생각했을 수도 있다. 그러나 정치자금 내역을 정확히 신고하지 않을 경우에는 그조차도 알 수 없게 된다. 따라서 만일 이 사건이 드러나지 않았더라면, 상당한 규모의 사업을 둘러싼 A와 B의 관계는 합법성 여부와는 별개로 묻혀버렸을 것이다.

그런데 어떤 사건을 계기로 이 관계가 드러나게 되었다. 그렇지만 이 경우에도 B가 A에게 로비를 한 사실 자체는 문제가 되지 않는다. 공개할 의무가 없기 때문이다. 그리고 어떤 내용의 로비를 했는지도 문제가 되지 않는다. 사법처리 여부는 일단 금전거래 유무에 따라 좌우된다. 로비와 관련해서 본다면, 바로 이 부분에서 금전거래만 없었다면 법적 하자가 없다는 결론이 과연 온당한 것인지 의문을 제기하게 되는 것이다. 국민의 알권리 차원에서, 법적 하자 여부와는 별개로 로비 행위 자체가 공개되어야 한다고 보기 때문이다.

어쨌든 금전거래가 드러났다. 그러나 이 경우에도 금전거래의 성격을 어떻게 규정하느냐에 따라 그 처리 방향이 달라질 수 있다. A는 B로부터 거액의 자금을 받은 사실을 인정했지만 정치자금으로 받았다고 주장했다. 물론 정치자금임이 인정되더라도 정치자금법이 규정한 절차에 따라 처리되지 않았다면 정치자금법 위반이 될 수 있다. 그런데 이 경우 정치자금이라고 주장하는 자금 중 일부에 대해서는 정치자금법에 규정된 영수증이 발급되지 않았다. 따라서 그 자금은 정치자금이라 해도 불법 정치자금이었고, 공소시효가 지나지 않았기 때문에 정치자금법 위반 혐의가 적용되었다. 정치자금법 위반은 3년 이하의 징역이나 3천만 원 이하의 벌금형에 처하게 되어 있는데, 보통 불구속으로 기소된다.

만일 정치자금이 아니라 뇌물로 규정될 경우, 형법상 뇌물죄가 성립되어 5년 이하의 징역과 10년 이하의 자격정지에 처해질 수 있다. 거기다 일정 금액이 넘으면 특가법 제2조에 의해 가중 처벌된다. 즉 수뢰액이 1천만 원 이상 5천만 원 미만인 경우에는 5년 이상의 유기징역에 처하고, 수뢰액이 5천만 원 이상인 경우에는 무기 또는 10년 이상의 징역에 처하게 되어 있다.

처음에는 금전거래 자체를 부인하던 정치인들이, 금전거래가 드러난 후에는 대가성 없는 정치자금이라고 주장하는 이유가 여기에 있다고 보는 견해가 많다. 왜냐하면 이 경우에도 A가 국회의원이라는 직무와 관련해 돈을 받은 것으로 인정되면 형법상 뇌물죄가 성립되어 훨씬 무거운 처벌을 받기 때문이다. 물론 정치자금법에 따라 영수증 처리를 한 경우라도 대가성이 입증되면 당연히 뇌물죄가 성립한다. 어쨌든 A는 자신이 받은 자금이 대가성 없는 정치자금이었다고 주장한 반면, 검찰은 정치자금으로 인정하지 않았다. 최종적으로 법원은 대가성 있는 뇌물로 인정했다.

불법적이고 부정한 자금이나 이익의 거래는 절대로 있어서는 안 된다. 이 경우도 법원에 의해 뇌물로 인정되어 그에 합당한 처벌을 받았다. 다만 여기서는, 로비를 전제로 했을 때 로비와 정치자금의 문제를 다시 한 번 생각해보기 위한 사례로 제시되었다고 이해해주었으면 한다.

2. 국가 중심적인 청원제도

헌법의 청원권 조항과 청원법이 제한적이고 절차적인 내용만을 담고 있어 국민의 청원권을 적극적으로 보장한다고 보기 어렵다는 점을 앞서 지적했다. 또 형법 등 현행법 조항들이 로비 행위를 사실상 금지하고 있음도 살펴보았다.

그렇다면 행정부와 입법부의 청원제도 운영 현황은 어떨까? 유감스럽게도 청원제도의 운영 현황 역시 적극적인 청원권 보장과는 거리가 먼 모습을 보이고 있다. 법적 차원에서 적극적으로 보장받지 못하는 청원권이 실제 운영 면에서도 마찬가지인 것은 어쩌면 당연한 일이라고 하겠다. 그렇다면 행정부와 입법부의 청원제도가 어떻게 운영되고 있는지, 그리고 그 문제점은 무엇인지 살펴보자.

(1) 행정부의 청원제도와 한계

국민이 제출한 청원을 처리하기 위해 행정부에는 대통령 소속의 합의제 행정기관인 국민고충처리위원회와 각 부처별 민원실이 있다.

국민고충처리위원회는 김영삼 정부 시절인 1994년 4월 8일 민주행정 구현을 위한 제도 개선의 일환으로 설치되었다. 행정기관의 위법이나 부당한 처분, 또는 잘못된 제도와 정책 등으로 인해 침해된 국민의 권리와 불편 · 불만 사항을 독립적인 제3자적 입장에서 간이하고 신속하게 구제 · 처리하는 것이 그 목적이었다. 그 후 위원회의 사무 처리를 위해 1996년 12월 31일 정부합동민원실을 국민고충처리위원회 사무처로 개편함으로써 행정부의 중심적인 기구로 자리잡게 되었다.

그런데 우리나라에서는 '청원권 행사=개인 민원 해결'이라는 인식이 강하다. 이 같은 인식은 국민고충처리위원회의 운영 상황에 그대로 반영되어 있다. 국민고충처리위원회의 민원 접수와 처리 상황을 보면, 1994년 3월 이후 2004년 말까지 접수한 총 15만 2,201건의 민원 중 제도 개선 권고로 처리된 것은 0.06%도 채 안 되는 85건에 불과하다.(표 1, 표 2 참조) 위원회가 말 그대로 개인 민원 해결 창구로 이용되고 있다. 따라서 위원회의 처리 방향도 제도 개선보다는 개인 민원 해결 쪽으로 치중되고 있는 것이 현실이다.

그런데 2003년 노무현 정부가 출범하면서, 각종 정책 과정에서 국민 참여를 장려하겠다는 취지로 청와대에 국민참여수석실을 신설했다. 여기에는 개인 민원 해결 위주로 운영되는 국민고충처리위원회의 한계를 극복해보자는 취지도 있었던 것으로 보인다. 실제로 노무현 대통령은 국민참여수석실의 설치 배경에 대해 "국민고충처리위가 민원인의 고충을 모르고, 제도 개선 권고가 잘 받아들여지지 않아 힘이 빠져 있더라."고 언급하면서 "이를 보완하기 위해 청와대가 관심을 갖고 밀어보자는 것"이라고 설명한 것으로 보도되었다.[3]

〈표 1〉 국민고충처리위원회 연도별 민원 처리 내역

(단위 : 건)

연도	접 수	세 부 처 리 내 역							진행 중
		계	시정 · 제도 개선 권고	의견표명	조정 · 중재해결	단순안내	이해설득	기타	
'94년~'96년	12,810	11,020	785	10	2,067	2,769	4,619	770	1,790
'97년	19,628 (17,838)	18,986	348	47	1,197	6,679	1,904	8,811	642
'98년	16,834 (16,192)	16,214	507	58	1,172	9,461	1,324	3,692	620
'99년	14,783 (14,163)	13,905	562	89	1,534	8,377	1,168	2,175	878

3) "민원 · 제도개선 공무원 대화안팎", 《연합뉴스》(2003. 7. 23).

연도	접 수	세 부 처 리 내 역							진행 중
		계	시정 · 제도 개선 권고	의견표명	조정 · 중재해결	단순안내	이해설득	기타	
'00년	15,732 (14,854)	14,753	572	188	2,186	8,591	1,563	1,653	979
'01년	17,542 (16,563)	16,282	525	259	2,620	8,598	1,823	2,457	1,260
'02년	16,811 (15,551)	15,707	500	257	2,703	7,814	1,952	2,481	1,104
'03년	18,232 (17,128)	17,094	601	325	3,675	8,154	1,850	2,489	1,138
'04년	19,829 (18,730)	18,794	966	342	4,895	7,692	2,157	2,742	1,035
계	152,201	142,755	5,366	1,575	22,049	68,135	18,360	27,270	9,446

( )는 당해 연도 접수분. 위원회가 정부합동민원실과 통합한 1997년 1월 기준 전후로 구분. (출처: "국민고충처리위원회 2004년도 운영 상황 보고서", p. 45)

국민참여수석실은 개인 민원 처리 위주의 운영 때문에 민원 처리와 제도 개선이 동시에 이뤄지기 어려운 상황을 감안하여 일단 민원이 제기되면 불합리한 규정까지 개선할 수 있는 "원스톱 모델"을 마련할 계획임을 밝혔다. 박주현 당시 국민참여수석은 "장기적으로는 청와대가 민원 업무를 계속하는 것은 바람직하지 않다."고 언급했는데, 이는 국민참여수석실의 역할이 단순한 민원 처리 차원이 아니라 제도적 차원의 개선을 좀 더 효율적으로 하기 위함임을 나타낸 것이었다.

〈표 2〉 분야별 권고 · 의견표명 현황(1994.4.8~2004.12.31)

분야 / 유형	계	노동 임금	복지 환경	건축 도시	재정 세무	산업 자원	정보 교통	형사 법무	국방 보훈	교육 문화	농림 해양	기타
시정 조치 권고	5,281	66	122	3,284	854	65	538	13	105	71	163	0
제도 개선 권고	85	0	14	26	15	7	11	0	8	2	2	0
의견 표명	1,575	16	73	924	119	35	164	1	45	81	117	0
계	6,941	82 (1.2)	209 (3.0)	4,234 (61.0)	988 (14.2)	107 (1.5)	713 (10.3)	14 (0.2)	158 (2.3)	154 (2.2)	282 (4.1)	0 (0)

(출처: "국민고충처리위원회 2004년도 운영 상황 보고서", p. 49)

그러나 결과적으로 이 같은 의도는 결실을 맺지 못한 것으로 보인다. 국민참여수석실은 2003년 말 참여혁신수석실로 그 명칭이 변경되면서 본래의 기능이 사실상 축소되었고, 2004년 5월에는 참여혁신수석실이 폐지되고 정책실장 산하의 혁신관리실로 개편되었다. 국민고충처리위원회의 운영 현황에서도 보았듯이 개인 민원 위주의 청원으로 인해 국민참여수석실을 만든 처음의 의도가 실현되기에는 많은 어려움이 있었을 것으로 짐작된다.

그런데 문제는 청원권에 대한 국민의 인식 부족만이 아니다. 제도적인 개선과 더불어 청원권에 대한 권력 엘리트들의 인식에도 변화가 필요하다.

우선 민원 제기 이후 처리 과정의 문제를 지적할 수 있다. 지금과 같이 일단 민원이 제기된 후에는 철저하게 국가 행정조직 내에서 해결 절차가 진행되는 구조가 문제다. 이 같은 시스템은 국민이 주체적으로 자신의 이익을 관철하는 적극적인 의미의 제도와는 거리가 멀다. 국민은 단지 국가에 민원 해결을 요청하는 객체일 뿐이고, 민원의 해결 주체가 국가이기 때문이다.

청원권에 대한 인식도 마찬가지다. 민원 해결에 대한 기본 인식이 정부나 지도자의 의지에 의해 국민에게 '주어지고 베풀어지는' 것이라는 수준을 넘지 못하고 있다. 이 같은 인식은 민주화 이후에도 크게 달라지지 않은 것으로 보인다.

문민정부임을 내세운 김영삼 정부는 정부합동민원실로 상징되던 행정부 민원기구의 기능과 역할이 충분하지 못하다고 판단하여 그 대안으로 국민고충처리위원회를 신설했다. 여전히 국가가 민원 해결의 중심이므로, 국가기구의 신설을 대안으로 삼은 것이다. 그 후 국민고충처리위원회는 사무 처리를 명분으로 권위주의 정권 하에서 만들어진 '정부합동민원실'의 기능을 흡수했다. 기본적으로 국가 중심적 민원 해결의 기능을 지닌 두 기구의 단일화는 어찌 보면 당연한 귀결이기도 하다.

그런데 참여정부의 대안은 청와대에 국민참여수석실을 신설하는 것이었다. 국민고충처리위원회의 활동이 효과적이지 않다고 판단하여 청와대에 새로운 기구를 만든 것이다. 즉 청와대가 나서면 좀 더 개선되지 않겠느냐는 인식의 반영이었다. 물론 민원을 제도 개선으로 연결하기 위해서라는 취지가 있기는 했지만, 기본적으로 국가가 민원 처리의 주체라는 인식에서 크게 벗어나지 못했다고 볼 수 있다.

참여정부는 국민참여수석실이 사실상 유명무실해진 이후, 2005년 10월 30일부로 국민고충처리위원회의 소속을 국무총리실에서 대통령으로 바꾸었다. 이 역시 기본적으로 국가가 민원 처리의 주체이며, 청와대가 나서면 좀 더 개선되지 않겠느냐는 인식에서 크게 벗어나지 못한 대안이라고 할 것이다.

청원권의 적극적 보장을 위해서는 국민이 민원 해결 과정을 주체적으로 주도해 나갈 수 있는 제도와 환경의 마련이 중요하다. 그럼에도 그 같은 노력보다는 새로운 국가기구의 신설을 되풀이해온 것은, 청원권과 관련한 인식이 여전히 국가 중심적인 테두리에서 벗어나지 못하고 있음을 의미한다. 이런 점에서는 민주화 이후의 정부도 과거 권위주의적 권력과 크게 다르지 않다고 하겠다.

단지 국가에 민원을 제기하고 국가의 처분만을 기다리는 제도로는 청원권이 충분히 보장된다고 할 수 없다. 문제를 제기한 국민이 지속적이고 주도적으로 처리 과정에 참여할 수 있는 제도적 장치가 필요하다. 그러나 한국의 청원제도는 수요자인 국민이 그 처리 과정에서 지속적이고 주도적인 역할을 하는 제도와는 거리가 멀다. 그보다는 공급적인 측면, 즉 국가가 민원을 효율적으로 처리하고 관리하기 위한 절차나 제도, 기구를 마련하는 데 초점이 맞추어져 있다고 평가할 수 있다.

(2) 입법부의 청원제도와 한계

앞서 언급한 대로 국회는 청원과 관련한 별도의 법률을 가지고 있지 않다. 다만 국회법에 청원 관련 조항이 있어, 이를 근거로 국회청원심사규칙을 제정해 놓고 있다. 또 '진정 처리에 관한 규정'을 만들어 청원 이외의 민원을 처리하는 '진정제도'를 운영하고 있다.[4)]

4) 청원과 진정의 차이점은 무엇인가? 청원은 국회법에 근거하고, 진정은 별도의 법적 근거 없이 진정 처리에 관한 규정 및 동 시행 내규에 근거한다. 그러나 실제적으로 가장 큰 차이는, 청원의 경우 국회의원의 소개가 있어야 하고 일정한 양식에 의해 국회에 제출되어야 하는 반면, 진정의 경우 국회의원의 소개가 필요 없고 일정한 양식에 준하지 않는다는 점이다. 진정제도를 만든 이유는, 청원이 국회의원의 소개를 필수요건으로 하는 이상 국회의원의 소개가 없으면 그 내용의 중요도를 떠나 청원으로 성립할 수 없고, 따라서 이 경우 헌법에 보장된 국민의 기본권인 청원권에 중대한 제한이 발생하므로, 이에 국민의 청원권을 보호하려는 것이라고 설명된다. 청원과 진정은 각각 입법청원과 일반청원, 입법진정과 일반진정으로 나뉘는데, 일반청원이나 일반진정은 개인고충 등 민원의 성격을 띠고 있으므로, 입법부의 역할에 걸맞은 것은 입법청원과 입법진정이라 하겠다. 처리 절차에도 차이가 있다. 청원의 경우는 본회의에 상정되어 입법으로까지 이어질 수 있으나, 진정의 경우는 소관 상임위에서 판단하여 입법심사 시에 참고하는 수준으로 처리된다. 《'97 통계로 보는 국회 민원 : 분석 및 동향》(1998), 서울 : 국회사무처 법제예산실, pp. 115~124

국회사무처 의사국 내 의안과가 이를 접수하여 소관 위원회나 관련 위원회로 보내는 창구 역할을 한다.

문제는 현행 청원제도가 어떻게 기능하고 있는가이다. 여기서는 국회법 제123조의 규정에 의해 국회의원의 소개를 받아야 접수가 가능하고 또 본회의에 상정되어 입법으로 이어질 수 있는 청원을 중심으로 살펴보자.

청원의 접수 및 처리 현황을 살펴보면, 16대 국회의 경우 765건, 15대 국회 595건, 14대 국회 534건, 13대 국회 503건 등 총 2,397건의 청원이 접수되었다. 그러나 채택된 청원은 단 4건에 불과한 것으로 집계되었다.[5)] (표 3 참조)

청원 자체도 활발하다고 보기 어렵지만, 국회의원의 소개를 받아야 접수가 가능한 청원의 채택이 거의 전무하다는 것은 청원제도가 제대로 기능하지 못하고 있음을 보여준다. 청원 건수가 늘어나는 추세임에 비추어볼 때, 더욱 우려스러운 상황이다. 그 이유는 제도의 형식적 운영, 국민의 무관심으로 요약할 수 있을 것 같다.

참고로, 17대 국회에 들어서는 2005년 10월 10일 현재 209건 접수에 1건이 채택된 것으로 집계되었다. (국회 의안정보시스템 청원통계 참조)

첫째, 국회가 청원제도를 형식적으로 운영하고 있고, 특히 국민의 청원권을 적극적으로 보장하는 제도 마련에 소홀했다는 점을 지적할 수 있다. 국회청원심사규칙과 '진정 처리에 관한 규정' 역시 행정부와 마찬가지로 처리 절차만을 규정해 놓았을 뿐이다. 국민들이 자신들의 입법청원을 지속적으로 충분히 제기할 수 있는 적극적인

5) 무슨 이유인지는 모르겠으나, 국회의안정보시스템의 청원통계가 검색시점에 따라 달라지는 경우가 있다. 가령, 2005년 8월 6일 검색했을 때는 16대 국회에서도 청원채택이 전무한 것으로 집계되어 있었는데, 10월 10일 최종 확인을 위해 검색했을 때는 4건이 채택된 것으로 변경되어 있었다. 또 다른 사례도 있다. 그러나 어떤 경우에도 청원이 채택된 경우가 매우 적다는 사실을 벗어나지는 않는다.

의미의 제도는 마련하지 않은 것이다.

현행 제도로는 청원을 제기한 국민이 직접 국회의원들을 접촉하거나, 아무런 대가 없이 자신을 위해 일할 사람을 찾아야 한다. 아니면 청원을 소개한 국회의원이 청원이 반영되도록 적극적으로 움직여주기를 바랄 수밖에 없는 상황이다. 그러나 이 모든 경우가 현실적으로 용이하지 않다. 특히 일반 국민이 직접 나서기에는 입법 과정이 너무 힘들고 길다. 입법 과정 자체가 많은 시일과 노력을 필요로 하는데다가, 전문적 이해도 필요하기 때문이다.

〈표 3〉 국회청원 접수 및 처리 현황

(단위: 건)

	접수	처리					
		채택	본회의불부의	철회	폐기	위원회계류	계
13대 국회 (1988~1992)	503	0	264	61	178		503
14대 국회 (1992~1996)	534	0	196	33	305		534
15대 국회 (1996~2000)	595	0	182	16	397		595
16대 국회 (2000~2004)	765	4	316	19	425	1	765
계	2,397	4	958	129	1,305	1	2,397

설령 자신이 제기한 청원의 내용을 충분히 이해한다고 하더라도 입법에 대한 이해 부족으로 많은 시행착오를 겪을 수 있다.

청원 활동이 얼마나 어려운 과정인가를 보여주는 사례가 있다. 2004년 9월 참여연대가 창립 10주년을 맞아 펴낸 백서에 따르면, 참여연대가 창립 이래 국회에 낸 청원이 모두 110건에 이르렀으나 국회 상임위에서 본회의 부의 결정이 내려진 청원조차 단 1건도 없었다고 한다. 인적 자원이나 영향력 면에서 나름대로 평가받는 시민단체의 청원이 이 정도라면, 다른 청원은 더 이상 언급할 필요도 없지 않을까?

둘째, 국민의 무관심이다. 국민들이 국회의 청원제도가 실질적인 도움이 되지 못한다고 생각하는 것이다. 물론 이 같은 인식은 청원권을 충분히 행사할 수 없도록 되어 있는 제도의 탓도 있다.

가령 1995년에서 1997년까지의 청원 관련 통계를 보면, 전국경제인연합회(이하 전경련) 등 주요 사용자단체는 전혀 청원 활동을 하지 않은 것으로 나타난다. 이는 사용자단체와 이해관계가 대립되는 전국민주노동조합총연맹(이하 민주노총)과 한국노동조합총연맹(이하 한국노총) 등 노동자단체와 경제정의실천시민연합(이하 경실련) 등 시민단체가 1997년에 17건, 1996년 13건, 1995년 9건의 청원 활동을 한 것과 대비된다.[6)]

물론 사용자단체가 국회보다는 행정부를 통한 이익추구에 중점을 두고 있다는 점 등, 그들이 국회의 청원제도를 활용하지 않는 이유는 여러 측면에서 분석할 수 있다. 그러나 결과적으로는 국회의 현행 청원제도가 실제적인 역할을 하지 못하고 있다는 하나의 반증으로 삼을 수 있을 것이다.

결론적으로, 현행 청원제도는 개인 민원 해결 차원으로 주로 기능하는 등 형식적으로 운영됨으로써 청원권을 적극적으로 보장하지

---

6) 《'95 통계로 보는 국회 민원 : 분석 및 동향》(1996), p. 43. 《'96 통계로 보는 국회 민원 : 분석 및 동향》(1997), p. 34. 《'97 통계로 보는 국회 민원 : 분석 및 동향》(1998), p. 28. 국회 의안정보시스템을 통한 검색 결과, 1998년 이후에도 주요 사용자단체가 청원을 제기한 경우는 나타나지 않았다. 그렇다고 대기업이나 주요 사용자단체가 자신들의 이익을 위한 대국회 활동을 전혀 하지 않는다고 볼 수는 없다. 비공식적이지만 대기업의 임직원들이 수시로 국회를 출입하면서 동향을 파악하거나 자신들의 이해관계가 걸린 사안에 대해 적극적인 활동을 하고 있는 것은 공공연한 사실이다. 공개적으로는 2003년 당시 손길승 전경련 회장이 주 5일제 도입과 관련, 박관용 국회의장을 비롯하여 정세균 민주당 정책위의장, 이강두 한나라당 정책위의장 등과 오찬회동을 하기도 했다. "5일제 정부안 수정 땐 수용 못해", 《중앙일보》(2003. 7. 29), 5면.

못하고 있다고 하겠다. 현행 규정과 제도가 국민이라는 수요자 위주로 만들어져 있지 않기 때문이다. 민원 해결의 주체를 국민이 아닌 국가로 인식하는 제도이기 때문이다. 문제는 민주화 이후에도 국민의 청원권에 대한 권력 엘리트들의 인식에 본질적인 변화가 없다는 것이다.

이 같은 상황에서는 불법적인 물밑 거래 아니면 집단시위 같은 노골적인 압력행사 위주로 이익추구 활동이 이루어질 수밖에 없다. 이 모두가 사회의 문제 해결 구조를 왜곡시킬 뿐만 아니라 사회적 낭비를 초래하는 것이다. 그러므로 이제는 국민을 철저히 통제하던 과거 권위주의 시대의 산물인 현행 제도에 대한 개선이 필요하다. 민원 해결의 주체를 국민으로 인식하고, 수요자인 국민을 중심으로 한 제도로 바꾸어야 한다. 로비의 제도화가 이 같은 변화를 위한 대안이 될 수 있을 것이다.

3. 로비 제도화의 의의

앞서 살펴본 대로 현행법과 제도는 국민의 청원권을 제대로 보장해주지 못하고 있다. 이는 국민의 의사를 정책결정 과정에 지속적으로 반영할 수 있는 제도가 확립되지 못했음을 의미한다. 이 같은 상황에서 이익집단들은 은밀하고 불법적인 거래를 통해 유력 인사와 접촉하는 소위 '불법 로비'를 벌이거나, 아니면 정반대로 대규모 시위 같은 과격하고 전투적인 집단행동에 나서는 모습을 보이게 되었고, 결과적으로 '로비'를 검은 거래와 동일시하는 인식이 자리 잡게 되었다. 그러다 보니 로비의 제도화는 주로 정치인을 포함한 사회 지도층의 부패 방지라는 의미에서 부각되었다. 하지만 이제는 그 의미를 좀 더 여러 가지로 논의할 필요가 있다.

로비의 제도화가 지니는 정치적 의미만 해도 여러 가지다. 우선

청원권의 적극적인 보장과 국가의 정책결정 과정에 대한 국민의 알권리 증진이라는 의미를 지닌다. 투명성 제고를 통한 부패 방지라는 의미는 알권리의 일환으로 볼 수 있다. 아울러 로비의 제도화는 국가 중심주의적 청원제도에서 개인 중심의 다원주의적 청원제도로의 변화를 의미한다. 로비 제도는 기본적으로 다원주의적 정치사상을 바탕으로 한 제도이기 때문이다. 바로 이익집단 정치의 관점이다.

그런데 로비의 제도화가 정치적인 의미만을 갖는 것일까? 그렇지 않다.

앞서 언급한 전통적인 정치학의 시각은 정치적인 제도나 사안을 공정성이나 민주적 정당성을 기준으로 평가한다. 그 바탕에는 정치를 공공선의 구현 과정으로, 정치인이나 정부를 공익의 대변자로 생각하거나 최소한 그래야 한다는 사고를 깔고 있다. 그러나 국가의 정책결정이 민주적 정당성과 공정성만 충족하면 되는 것일까? 그렇지 않다는 입장이 있다. 그에 못지않게 사회적 효율성을 기준으로 정치적 행위를 평가해야 한다는 관점이 그것이다. 바로 정치경제학적 또는 공공선택론적 입장이다.

로비의 제도화도 마찬가지다. 이를 민주적 정당성이나 공정성의 잣대로 평가하는 것도 중요하지만, 이 제도의 확립이 사회적 효율성을 높이는 데 얼마나 기여할 것인가의 입장에서 보는 것도 매우 중요하다.

이 같은 견해를 바탕으로 한국에서 로비의 제도화가 가지는 의의를 다양하게 분석해보기로 한다.

(1) 정치 시장[7]의 자유화를 통한 자원 분배의 효율화

미국은 개인주의를 핵심으로 하는 자유주의 사상에 근거한 다원주의 사회다. 따라서 국민의 이익추구 행위를 당연한 권리로 여긴다. 헌법에도 청원권은 불가침의 권리로 명시되어 있다. 따라서 로비 행위 역시 (제3자에 의한 로비까지 포함하여) 청원권의 일환으로 향유되면서 이익추구 행위의 핵심적인 행태로 자리 잡게 되었다. 정치학은 이 같은 이익추구 행위를 자연스럽고도 바람직한 것으로 보았다. 민주적 정당성과 공정성의 측면에서 바라본 것이다.

그러나 정치경제학적 분석은 이익추구 행위를 새로운 시각으로 바라보고 분석한다. 전통적인 정치이론과 비교하여 정치경제학적 분석은 크게 두 가지 관점에서 새로운 문제를 제기한다. 첫째, 민주적 정당성이나 공정성의 측면도 중요하지만 사회적 효율성을 기준으로 하여 정치를 재조명할 필요가 있다는 것이다. 둘째, 정치 현상을 규명할 때 공익이나 공동선보다는 자기이익의 개념에 기초한 분석이 타당하다는 것이다. 따라서 정치경제학적 이론은, 이익집단의 형성을 극히 자연스럽고 바람직하게 바라보는 전통적 다원주의 정치학의 견해와는 다른 입장을 포함하고 있다.

정치경제학적 이론은 개별 집단들의 이익추구 활동이 사회적 효율이란 측면에서 바람직한가에 초점을 맞춘다. 그런데 여기에서도 정치 시장에서의 이익추구 활동이 사회적으로 바람직한 결과로 이어진다는 입장과, 개별 이익집단들의 이익추구 행위가 궁극적으로 사

---

7) 정치 시장 개념은 논자에 따라 다양한 관점에서 정의되고 있으나, 크게 다음과 같이 세 가지로 유형화할 수 있다. 첫째, 가장 넓은 의미에서 정치 시장은 정치 과정에서 행위자 간 상호작용이 이루어지는 영역으로 정의할 수 있다. 이러한 광의의 정치 시장은 전통적인 정치학이 분석의 대상으로 삼고 있는 모든 정치적 행위 영역을 포괄한다. 그러나 이러한 포괄적 정의는 '정치 시장'에 담겨 있는 독특한 개념적 함축을 드러내주지 못한다. 모든 정치적 행위가 경제학적 접근법에 따라 분석될 수 없을 뿐만 아니라, 경제 시장에 대비되는 정치 시장의 본질적 특성이 쉽사리 포착될 수 없기 때문이다. 둘째, '경제 시장'의 일반적인 개념 정의 방식에 따라 정치 시장을 "권력, 투표, 정책, 압력, 지지, 반대 등의 정치적 자원이 생산, 분배, 교환거래, 소비되는 행위 영역"으로 정의해볼 수도 있다. 셋째, 정치가 갖는 공공성에 초점을 맞추어 정치 시장을 "개별 행위자들이 집합적 의사결정을 통해 욕구를 충족하고 재화를 제공하며 자원을 할당해가는 공공 영역"으로 정의할 수 있다. 양운철 편(1995), 《렌트추구행위의 사회적 비용》, pp. 188~189. 여기서의 논의는 주로 세 번째 정의에 의한 정치 시장 개념을 바탕으로 이루어진다.

회적 효율을 저하시킨다는 입장으로 엇갈린다. 먼저 정치경제학적 견해를 로비 행위와 관련하여 간략히 정리해보기로 한다.(표 5 참조)

올슨: 올슨(Mancur Olson, Jr)은 이익집단에 관한 전통적인 정치학적 견해에 강력하게 도전한 최초의 인물이다. 그는 1965년에 출간된《집단행동의 논리(The Logic of Collective Action)》에서 "공식적인 이익집단의 형성과 그것에의 참여가 과연 그 집단의 잠재적 구성원들의 이익에 부합하는가?"라는 의문을 제기했다. 그의 견해는 사람들이 이익집단에 참여하는 것이 자신의 사익 추구가 아니라 그보다 더 고상한 동기 때문이라는 정치학자들의 견해와 배치되는 것이었다. 이어 그는 1982년에 출간된 저서《국가의 흥망(The Rise and Decline of nations)》에서, 개인적으로는 합리적으로 사익을 추구하는 이익집단들이 궁극적으로는 그 경제체계를 억압하게 되고 경제의 생명력을 위축시키며 다른 모든 개인들의 사회적 선택 메뉴를 제한시킨다고 주장했다.

그의 주장에 따르면, 민주주의 체제에서는 이익집단의 조직이 자유롭기 때문에 개인적으로 자신들의 사익을 합리적으로 추구하는 이익집단들이 조직되고, 시간이 지남에 따라 점점 많은 종류의 강력한 이익집단이 발생하게 된다. 그런데 이러한 이익집단들이 궁극적으로는 사회체제를 경직시켜 경제의 원활한 순환을 저해함으로써, 종국적으로는 경제성장에 부정적인 영향을 미치게 되고 다른 모든 개인의 사회적 선택권을 제한하게 된다. 즉 그는 이익집단 정치에 의한 사회적 효용 감축을 주장한 것이다.

그렇다면 이 문제를 해결하기 위한 올슨의 대안은 무엇이었을까? 올슨은 이익집단의 반사회적 행태를 길들이고 수정하는 수단으로 자유시장의 회복(restoration of free market)이라는 해결책을 제시했다. 즉 한 집단 또는 몇 개의 집단이 압도적이고 지배적인 위치를 차지하여 이익을 독점하지 못하도록 시장이 정상적인 기능을 되찾아야 한다는 것이었다.

시카고학파: 시카고학파 정치경제학의 지배적인 견해는, 민주적인 정치 시장이 부의 이전을 결정하는 데 효과적이며, 이익집단은 부의 이전 과정에서 나타날 수 있는 사회적 손실을 최소화하는 데 중요하고도 유익한 역할을 한다는 것이다. 이들은 정치적 메커니즘을 통한 부의 이전도 진입 제한 등의 인위적 규제 없이 집단들 사이의 자유로운 경쟁을 조건으로 한다면 얼마든지 효율적인 결과를 낳을 수 있다고 주장한다. 시카고 정치경제학자들의 주장은 민주정치 과정을 자유경쟁의 상품시장에 유추하여 설명할 수 있다는 그들의 기본 입장을 반영하고 있다. 자유시장경제의 효율성 패러다임을 정치 시장의 영역에까지 확대 적용한 것이다. 정치 시장도 자유시장화하면 경쟁적 상품시장처럼 효율적인 결과를 낳을 수 있다는 점에서 동일한 입장을 견지하고 있다.

민주정치 과정에서 정치적 영향력을 획득하기 위한 이익집단 간의 자유경쟁이 효율적 결과를 낳을 수 있다는 점은 특히 베커(Gary Becker)에 의해 강력하고도 체계적으로 주장되었다. 그는 이익집단 간의 경쟁적 로비 활동의 결과가 어느 한 유력 집단의 일방적인 우위로 끝나지 않는 것은 물론, 사회 전체적으로 자원 할당의 효율적 배분을 가져올 수 있다고 주장했다. 이익집단의 수가 많을수록, 그리고 이들 사이의 경쟁이 균형을 이룰수록, 집단 간 경쟁이 초래하는 정치적 결과는 효율적이라는 것이었다.

결론적으로 시카고학파는 부의 이전을 추구하는 이익집단들의 경쟁이 시장원리에 따를 수 있음을 상정하여 이익집단 정치의 결과가 효율성을 가질 것으로 전망한다.

버지니아학파: 이익집단 정치를 당연한 것으로 받아들이고 그 공정성 여부에만 관심을 가졌던 전통적인 정치학이나 이익집단 정치의 효율적 작동 가능성을 전망하는 시카고학파와 달리, 버지니아학파는 정치 시장이 가지는 비효율성의 원천을 밝혀내면서 이익집단 정치의 사회적 폐해에 주목한다.

이들은 이익집단 정치를, 정부의 의사결정 메커니즘에 영향력을 작용시켜 자신들만의 독점적 이익을 확보하려는 집단들 사이의 과당경쟁 행위라는 관점에서 정의한다. 그리고 이러한 독점적 이윤추구 행위를 렌트추구 행위로 개념화한다.[8] 여기서 렌트추구 행위는, 경쟁관계로부터 독점적 지위를 확보하기 위해 비시장적이거나 정치적인 방법까지 이용하는 행위로 상정된다.

따라서 정치 시장에서 이루어지는 개별적인 효용극대 추구자들의 렌트추구 행위는 생산에 투입되어야 할 많은 자원들을 정치적 경쟁 속에서 소진해버린다. 결과적으로 버지니아학파는 개별적 효용극대 추구 행위가 사회 전체적으로 보았을 때는 대규모의 사회적 낭비를 초래한다고 보는 것이다.

그런데 버지니아학파는 이처럼 사회적 낭비를 초래하는 렌트추구 행위가 특정 정치제도에서 더욱 조장된다고 본다. 여기서 특정 정치제도란, 국가가 정치적 할당에 직접적이고도 효과적으로 간여할 수 있는 제도를 말한다. 가령, 진입 제한이나 선택적 권리 부여 등과 같은 보호주의적 정책을 국가가 주도적으로 행할 수 있는 정부제도 등이 그것이다. 이 경우 시장은 결과적으로 국가의 간섭에 의해 왜곡·변형된다.

버지니아학파는 정부를 인위적인 지대를 창출하는 주체일 뿐만 아니라 집단 간 경쟁관계의 승패를 결정하는 존재로 본다. 또한 이 과정에서 스스로의 이익을 극대화하려는 효용 추구자로 간주한다. 국

8) 렌트(Rent)는 보통 지대(地代)로 번역한다. 이권이라는 개념으로 생각하면 무리가 없을 것이다.

가를 단순히 이익집단의 경쟁 결과를 정책에 반영하는 피동적 반영체로 보는 전통적 정치학이나 올슨, 시카고학파의 관점과는 확연히 구분된다. 따라서 버지니아학파는 이익집단 정치의 폐해를 줄이기 위한 대안으로, 정부의 자의적 개입과 불필요한 권한의 증대를 제도적으로 제한해야 한다고 주장한다. 그들의 기본적인 대안은 헌법적 처방을 통해 정부 행위자들의 지대창출 능력을 제거하는 것이다.

그러나 이는 현실적으로 불가능에 가까운 대안이다. 따라서 실현 가능한 대안으로, 정부의 공공정책 결정 과정을 좀 더 공개화하고 민주화하는 이른바 선라이즈(sunrise) 제도나, 정부의 프로그램을 규칙적으로 평가 · 심사하고 정치적 결정에 의해 제공되는 독점적 지위가 일정 기간이 경과되면 자동적으로 만료되도록 한 선셋(sun-set) 제도, 그리고 정부 기구의 결정이 철저한 사실관계 조사를 통해 이루어지도록 한 '준사법적 절차'의 도입 등이 제시되고 있다.

그러나 한편에서는 이러한 현실적 대안들이 과연 로비 행위를 포함한 이익집단들의 이익추구 행위를 완화하고 그 폐해를 감축하는 데 효과적일 것인가에 대해 적지 않은 회의를 제기하고 있다.

선라이즈 제도는 이익집단의 참여를 양성화하여 제도적으로 보장해주는 장치로 기능함으로써 오히려 이익집단의 로비 활동을 증폭시키는 계기로 작용했다. 선셋 제도는 만기가 끝나가는 정치적 편익을 둘러싸고 또 다른 로비 경쟁을 가열시킨다는 문제점이 지적되었다. 또한 정치적 압력의 차단을 목적으로 하는 준사법적 절차에 대해서도 마찬가지의 비관적 관측이 제시되었다.

따라서 정치 시장에 대한 정부의 간섭을 최소화하는 현실적 대안들을 시행하면서, 가령 로비 활동을 제도적으로 규제한다든지 하는 식으로 이익추구 활동의 폐해를 최소화할 수 있는 시스템을 구축하는 것이 보다 효과적인 대안이라고 하겠다. 정부의 간섭을 줄임으로써 정부에 의한 정치 시장의 왜곡과 변형을 최소화하고, 로비 활동의 규제 등을 통해 정치적 경쟁으로 소진되는 사회적 자원을 최소화할 수 있기 때문이다.

〈표 5〉 이익추구 행위에 대한 이론 비교

	정부 역할에 대한 입장	이익추구 행위에 대한 평가	대안
전통적 다원주의 정치학	시민사회에서 전개되는 여러 압력단체들의 경쟁의 결과로 이루어지는 힘의 균형을 정책으로 반영하는 역할을 함.	공동의 목적을 가진 개인들이 자신들의 이익과 가치를 증진시키기 위한 것이므로 자연스럽고 바람직하다고 봄.	이익집단들의 다양한 목소리를 보장해주는 것이 가장 효율적인 수단이라고 봄. 이를 위한 정치적 공정성을 강조.
올슨	이익추구 행위를 순수한 수요 현상으로 취급하여 정부의 역할을 배제함.	이익집단들의 합리적 이익추구가 사회 전체적으로는 부정적 영향을 미친다고 봄.	자유시장의 회복이 필요하다고 강조함(강력한 특정 이익집단에 의한 정치시장의 왜곡 방지에 초점을 맞춤).
시카고 학파	정부는 가격 책정, 진입 제한, 보조금 등과 같은 규제 서비스의 공급자임. 그러나 정부는 독자적 행위자가 아님. 이익집단들의 경쟁적 활동에 대한 심판자 또는 피동적 반영체.	민주적 정치 시장이 부의 이전을 결정하는 데 효과적임. 그리고 정치 시장에서 이익집단의 활동은 부의 이전 과정에서 나타날 수 있는 사회적 손실을 최소화하는 데 기여함.	정치 시장의 자유화(이익집단의 수가 많을수록, 그들 간의 경쟁이 균형을 잘 이룰수록 정치적 결과는 더 효율적이라고 주장함).
버지니아 학파	정부는 이권을 창출하는 능동적 역할을 행하며, 자신의 이익을 극대화하는 강력한 권위체임. 정치 시장에 대한 정부의 개입 확대로 자원 배분의 왜곡과 사회적 비효율이 초래됨.	개별적 이익추구 행위가 대규모의 사회적 낭비를 초래한다고 봄. 그 원인은 정부의 정치 시장 개입에 있음(정부의 실패).	헌법 개정을 통한 지출, 조세 등 정부 권한의 제한. 현실적 대안으로 이익추구 활동에 관한 정보공개를 통한 이익추구 행위의 규제, 선라이즈 제도, 선셋 제도 등과 같은 정부 권한 제한 방안이 제시됨.

물론 이 같은 정치경제학적 견해들에 대해 여러 가지 반론이 제기될 수 있겠지만, 이익추구 활동을 단순히 민주적 정당성과 공정성이 아니라 사회적 효율성을 기준으로 보았다는 점에서 나름의 의의를 찾을 수 있겠다.

올슨과 버지니아학파는 이익추구 행위가 사회적 효율을 감소시킬 것이라고 본 반면, 시카고학파는 이익추구 행위에 대한 긍정적인 시각을 바탕에 깔고 있다. 그러나 대안에 대해서는 서로의 입장이 엇갈린다. 올슨과 시카고학파는 이익추구 행위에 대한 서로 다른 시각에도 불구하고, 정치적 자유시장의 기능을 신뢰한다는 입장에서 동일하다고 볼 수 있다. 이들은 자유시장의 기능이 이익집단 정치의 폐해인 사회적 효율 감소를 막아줄 것이라는 믿음을 바탕으로, 이익추구자들이 공정하게 경쟁할 수 있는 자유시장의 필요성을 주장한다. 반면 버지니아학파는 수요 측면에서의 자유경쟁을 통해 사회적 비효율을 막을 수 있다는 견해에 회의적이다. 이들은 이익을 제공하는 공급 측면의 규제를 주장한다. 즉 정부의 지대창출 능력을 억제하는 방안을 제시한다.

그러나 정부의 역할에 대한 인식은 기본적으로 다르더라도, 바람직한 정치 시장의 모습에 대한 견해는 일치한다고 볼 수 있다. 이들은 모두 정치 시장 역시 정부의 간섭이 없는 상태가 가장 바람직하다고 보고 있다.

그렇다면 이들의 관점에서 볼 때 한국의 정치 시장은 어떻게 평가될까? 한국의 정치 시장은 자유경쟁 시장과는 거리가 먼 국가 독점적 시장이며, 따라서 국가적 자원 배분이 왜곡될 가능성이 많다고 평가할 수 있을 것이다.

버지니아학파의 시각으로 본다면, 한국의 정치 시장은 국가 주도에 의해 왜곡 · 변형된 상태라고 할 수 있지 않을까? 그리고 시카고학파의 입장에서 본다면, 이익집단 정치의 결과를 효율적으로 만들어줄 자유경쟁 시장과는 전혀 동떨어진 시장으로 볼 수 있지 않을까?

개발연대를 거치는 동안 한국은 모든 분야가 강력한 정부에 의해 좌우되어왔다. 이 같은 정부의 역할은 당시의 시대 상황을 고려하면 긍정적인 측면이 있을 수 있다. 문제는 상황이 엄청나게 달라진 지금도 과거와 같은 정부의 역할이 계속되고 있다는 점이다. 공무원들이 민간기업에 가서 교육을 받고, 국가보다 신용등급이 높은 민간기업이 등장하고 있다. "권력은 시장으로 넘어갔다."고 한 대통령의 말을 단순한 수사로 넘길 수 없는 시대가 되었다. 이처럼 민간의 경쟁력이 국가를 앞지르는 마당에, 국가가 여전히 정책결정 과정을 독점하는 것이 타당한 것일까? 이제 국가의 독점 상태는 '국가의 실패' 를 초래하는 원인으로 작용할 수 있다.

경제 시장에 대한 한국 정부의 개입은 국제적으로도 공공연한 사실이 되었다. 2005년 2월의 언론보도에 따르면, 국제통화기금의 "2004년도 한국 정부와의 연례협의 결과 평가보고서"는 "언제 어디서나 시장에 간섭하는 한국 정부 관료의 손"을 "유비쿼터스 핸드(The Ubiquitous Hand)"라고 표현했다. 이는 '언제 어디서나 컴퓨터 망에 접속할 수 있는 것' 을 의미하는 유비쿼터스와 애덤 스미스의 '보이지 않는 손(Invisible Hand)' 을 결합한 용어라 한다.

그런데 국가는 정치 시장도 독점하고 있다. 이 같은 위상이 경제 시장에서 정부의 유비쿼터스 핸드를 가능하게 만드는 것이 아닐까? 한국의 정치 시장은, 이권을 창출하고 그 이권의 공급을 결정하는 정부라는 공급자에 의해 좌우되는 독점적 또는 불공정 시장에 비유할 수 있다. 민주화 이후 끊임없이 문제가 제기되고 있으나 여전히 개선되지 않고 있는 정부 규제 문제도 정부가 정치 시장에서 독점권을 계속 유지하려는 사례로 지적될 수 있다.

그러니 로비가 제도화되지 못했다는 것은 정치 시장으로의 진입이 제한되거나 선택적으로 허용되는 상황을 의미한다. 국가에 의해 주도되는 정치 시장의 한 단면을 보여주는 것이라 할 수 있다. 이익집단정치의 결과를 효율적으로 만들어줄 자유경쟁시장체제와는 거리가 먼 것이다. 그러므로 은밀하고도 비공식적인 로비 행위는 시장이 제 기능을 하지 못할 때 나타나는 암시장의 비정상적 거래에 비유할 수 있다. 물론 거래의 목적은 정부가 창출하고 공급하는 이권을 차지하고 정부의 규제를 피해가기 위한 것이다.

문제는 이 같은 비정상적인 방법이 효과적 수단인 것처럼 인식되는 상황이다. 이런 경우 정치 시장의 독점 상황의 수혜자는 정부만이 아니다. 수요자 측에도 수혜자가 존재할 수 있다. 정부의 결정 과정에 안정적이고도 효과적인 접근 통로를 확보하고 있는 기득 이익집단이 그들이다. 그들은 사실상 정부 독점의 정치 시장에서 독점적인 혜택을 누리고 있는 것이다. 따라서 국가뿐만 아니라 현 상황의 수혜자들도 정치 시장의 자유화를 가로막는 걸림돌이 될 수 있다.

민주화 이후에도 국가가 스스로 정치적 자유시장을 만들 것으로 기대하기는 어려운 듯하다. 민주화 이후에 들어선 정부들도 정치 시장에 대한 인식은 과거와 크게 다르지 않은 것으로 보이기 때문이다. 본질적인 변화가 없다는 것은 각종 위원회를 양산하는 것에서도 알 수 있다.

정부는 각계의 참여를 높인다는 명분으로 각종 위원회를 만드는 데 열심이다. 하지만 이 같은 행위 역시 정치 시장의 자유화와는 거리가 멀다. 이 같은 위원회의 설치는 정부가 정치 시장에서 독점적이고 주도적인 위상을 그대로 유지하면서도 국민의 의견을 수렴하는 모양새를 갖추는 데 아주 좋은 대안일 뿐이다. 정부의 결정 과정에 국민이 참여하는 모양새에도 불구하고, 결정권은 여전히 정부의 몫이기 때문이다. 구성도 정부가 하며, 운영의 주체도 정부다. 따라서 위원회의 결론이 정부의 의사에 반하여 나오는 경우가 드물다. 설혹 그렇다 하더라도 칼자루는 여전히 실행권을 가진 정부에 있다.

오히려 위원회가 정치 시장을 왜곡하는 역기능을 초래한다고 지적할 수도 있다. 과도한 권력화와 과대 대표성에 대한 지적이 그것이다. 위원회에는 목소리가 크거나 정권과 가까운 개인과 집단들이 주류를 이룬다. 그 결과 정권이 바뀔 때마다 특정 집단들의 과대 대표성과 과도한 권력화에 대한 문제가 제기된다. 가령 시민단체들의 과대 대표성과 과도한 권력적 행위에 대한 비판을 한 예로 들 수 있다.

그렇다면 로비의 제도화가 어떻게 정치 시장의 자유화를 통한 자원 배분의 효율화에 기여할 것인가?

한국에서 로비의 제도화는 서로 다른 정치경제학적 이론들의 조건을 모두 만족시킴으로써 그것을 가능하게 할 것이다. 로비를 허용하는 것은, 특정 이익집단들에 의해 왜곡된 자유시장의 회복을 제시한 올슨의 견해와 이익집단들의 자유로운 경쟁을 통해 사회적 효율을 높일 수 있다는 시카고학파의 조건에 부합한다. 그리고 공개를 통해 로비를 규제함으로써 시장 왜곡을 막아 사회적 효율성을 높여야 한다는 버지니아학파의 조건에도 부합한다. 한국에서 로비의 제도화는, 그 동안 금지되었던 로비 행위를 허용하면서 공개를 통해 로비 행위를 규제하는 이중의 의미를 가지기 때문이다.

로비의 허용은 정치 시장에서 수요자의 의사가 지속적으로 반영되는 시스템의 마련을 의미한다. 따라서 로비의 제도화는 정치 시장에서 국가의 독점적 지위가 약화되고 시장의 자유화가 증대되는 계기가 될 것이다. 이는 시카고학파가 주장한 효율적인 결과를 낳기 위한 조건, 즉 정치 시장이 진입에 대한 인위적인 규제 없이 집단들 사이의 자유로운 경쟁이 이루어질 수 있는 조건을 충족시키는 계기가 되기 때문이다. 또한 허용을 통한 공개와 규제라는 측면에서 버지니아학파의 조건에도 부합한다. 왜냐하면 정치 시장에 대한 국가의 독점적 지배력을 약화하는 동시에 버지니아학파가 제기한 이익추구 행위의 문제점에 대한 현실적 대안이 된다는 점에서 그렇다.

첫째, 로비가 제도화된다는 것은 그 동안 정치 시장에서 독점적 위치를 유지해온 국가의 위상에 변화가 온다는 것을 의미한다. 해방 이후 지금까지 한국에서는 국가가 정치 시장을 지배해왔다. 따라서 정치적 자유 시장은 사실상 형성되지 못했다고 평가할 수 있다. 그런데 로비가 제도화된다는 것은 정치 시장에서 수요자의 활동이 보장되는 것이다. 따라서 그 자체만으로도 정부의 독점적 · 주도적 위치가 시장 기능에 의해 어느 정도 대체될 수 있을 것이다. 그리고 일단 정치 시장이 자유화되기 시작하면 수요자들은 더욱 활발하게 이익추구 행위를 할 것이고, 이를 통해 정치 시장은 더욱 활성화될 것이다. 이로써 시장의 권한은 더 커지고, 정부의 힘은 줄어들게 될 것으로 기대된다.

둘째, 로비의 제도화는 버지니아학파가 제기한 문제점에 대한 현실적인 대안이 된다. 버지니아학파의 주장을 단편적으로 이해하면 로비의 제도화를 부정적으로 볼 수도 있다. 왜냐하면 그들은 자유시장의 회복이 사회적 효율성을 담보할 수 없으며 지나친 이익추구 행위는 사회적 효율을 저하시킨다고 주장했기 때문이다. 하지만 앞서 설명한 대로, 과도한 이익추구 행위의 부작용을 막는 현실적 대안의 하나로 결국 로비 행위에 대한 규제가 제시되고 있다는 점을 간과할 수 없다. 따라서 버지니아학파가 제기했던 지나친 이익추구 행위의 문제를 해결하기 위한 현실적 대안이라는 관점에서 볼 때, 로비의 제도화가 버지니아 학파의 조건에도 부합할 수 있다.

이렇게 볼 때, 한국에서 로비의 제도화는 정치적 자유시장을 형성하게 되는 계기를 마련하여 사회적 효율을 높일 뿐만 아니라, 과도한 이익추구 행위로 인한 폐해를 막을 수 있는 현실적 대안으로서의 의미를 동시에 가질 것으로 기대할 수 있다.

(2) 국민적 권리의 증진과 다원화된 사회로의 변화

① 국민적 권리의 증진

로비의 제도화는 청원권 행사를 보다 적극적이고도 균등하게 보장하고, 국민의 알권리를 신장하는 데 기여할 것으로 기대된다.

로비에 대한 권리의식과 관련하여 필자의 경험을 잠깐 소개할까 한다. 1998년 9월, 2주에 걸친 미국 방문 기간 동안 많은 기업과 이익단체, 연구소 관계자들을 만날 기회가 있었다. 그들은 워싱턴뿐만 아니라 주 의회와 카운티에서도 자신들의 이익을 위해 열심히 활동하고 있었다. 그들의 소속은 다양했다. 직업로비스트도 있었고, 기업이나 단체의 직원도 있었고, 시민단체 회원도 있었다. 그러나 그들에게는 한 가지 공통점이 있었는데, 그것은 하나같이 자신들의 이익추구 활동을 당연한 권리로 인식하고 자랑스럽게 이야기한다는 점이었다. 어떤 사람은 청원권과 국민의 알권리로도 부족했는지 '표현의 자유'까지 인용하며 자신들의 의견을 입법부에 말할 권리를 강조했다.

이렇게 로비에 대한 권리의식이 대단해서인지 로비스트에 대한 인식도 매우 긍정적이었다. 필자가 만난 한 청년은 클린턴 대통령을 따라 1992년부터 시작한 백악관 생활을 마무리하고 대학연구소로 갈 예정이었다. 그는 백악관 경력을 연구에 활용하려는 한 대학으로부터 초청을 받았으며, 거기서 2~3년 정도 연구 활동을 할 예정이라고 했다. 엘리트 분위기를 물씬 풍기는 그에게 연구 활동 이후의 계획을 물었더니, 자신의 목표는 최고의 로비스트가 되는 것이므로 당연히 다시 워싱턴으로 돌아올 것이라는 대답이 돌아왔다.

청원권의 적극적인 보장: 민주화 이전의 권위주의 체제 하에서 국민의 권리는 다방면으로 침해되었다. 청원권도 예외가 아니었다. 국가는 반공과 경제발전이라는 명분 아래 강력한 권력으로 국민을 통제했다. 국가의 발전이 있고서야 개인의 삶이 보장된다는 논리가 압도적이던 시절이었다. 이토록 국가가 개인보다 우선하는 체제에서, 개인의 이익을 위한 청원권의 적극적인 행사는 사실상 어려웠다. 집단적인 이익추구는 더더욱 금기시되었다. 따라서 청원권의 행사는 개인적 민원 차원으로만 인식되었다. 그리고 민원을 제기한 이후 국민은 국가의 호의적 결론을 기다릴 수밖에 없었다.

그런데 로비는 다원주의적 사회의 산물이다. 그리고 다원주의는 개인을 우선으로 하는 자유주의적 사상을 그 기반으로 한다. 국가중심주의적 체제에서는 존재하기 어려운 이익추구 행태이다. 따라서 로비의 제도화는 그 자체로서 개인적 권리에 대한 인식을 높이는 계기가 될 것이다.

미국, 캐나다, 그리고 영국의 로비 규제 사례를 보면, 그들이 청원권을 얼마나 대단한 권리로 인식하고 있는가를 알 수 있다.(표 6 참조)

미국에서 청원권은 헌법에도 명시된 침해할 수 없는 권리지만, 청원권 행사의 대표적 행동양식인 로비로 인한 문제점은 끊임없이 제기되어 왔다. 그럼에도 로비 규제가 용이하지 않았던 것은, 청원권의 제약이라는 강력한 반대논리 때문이었다. 결국 1946년에 비로소 연방로비규제법(The Federal Regulation of Lobbying Act of 1946)이 제정되었다. 1876년 로비 활동 규제론이 의회에서 처음 거론된 지 무려 70년 만의 일이었다. 그리고 연방로비공개법(The Lobbying Disclosure Act of 1995)이 발효되기까지 무려 50년의 시간이 또 걸렸다.

캐나다는 1988년에 비로소 로비스트등록법(Lobbyist Registration Act)을 통과시켰다. 그 전에는 로비를 규제할 아무런 근거가 없었다. 그나마 만든 법도 로비 활동에 대한 공개 요구의 수준이 미국에 비해 낮아서, 가장 중심적인 내용이라 할 수 있는 로비 활동에 관한 재무보고서를 요구하지 않는다. 로비의 원조라 할 수 있는 영국은 미국이나 캐나다에 비해 로비 행위에 대한 규제의 정도가 더 약하다. 로비 행위를 공개하거나 규제하기 위한 별도의 법안이 없다. 그나마 로비와 관련된 규정들도 주로 의원들의 활동에 대한 규제에 초점을 맞추고 있을 뿐, 이익집단의 로비 행위에 대한 규제는 거의 없는 것이 특징이다.

캐나다와 영국이 미국에 비해 로비에 대한 규제의 정도가 낮다는 것은 그만큼 청원권 보장에 대한 인식이 강하다는 점을 의미한다. 로비 활동에 대한 규제가 덜하다는 것은 그만큼 자유롭게 행할 수 있음을 의미하는 것이기도 하다.

한국에서 로비의 제도화는 로비의 양성화를 의미한다. 미국 등과는 달리 사실상 금지되었던 청원권 행사의 대표적인 행동양식이 비로소 허용되는 것을 의미한다. 따라서 이것 자체로도 청원권이 더 보장되는 것이다. 더 나아가 로비의 허용은 자신의 권리를 능동적으로 주장하고 관철하도록 제도적으로 보장하는 것을 의미한다. 청원을 제기하고 국가의 처분만 바라는 지금까지와는 전혀 다른 형태의 이익추구 행위를 보장하는 것이기 때문이다. 그러므로 국민적 권리인 청원권이 더욱 적극적으로 행사될 수 있는 계기가 될 것이다.

또한 로비의 제도화는 국민에게 균등한 청원권 행사의 기회를 줄 것으로 기대된다. 로비가 제도화되지 않기 때문에 로비 행위가 없었던가? 아니다. 다만 로비 행위가 음성적으로 이루어졌을 뿐이다. 이 같은 현실에서는 한국 특유의 연고주의와 안면주의가 더욱 판을 치게 되어 있다. 합리적 설득과 제안은 무용지물이 되고, 권력에 연결고리가 있는 사람이나 이익집단만이 자원 배분이나 정책결정 과정에서 혜택을 볼 개연성이 더 높아진다. 이른바 '로비 행위의 독과점 현상' 이 나타나는 것이다.

이런 불공정한 상황은 로비가 제도화되지 않으면 더욱 심화될 것이다. 이는 국민의 청원권 행사에 불균형을 초래하고, 정부에 대한 국민의 신뢰를 약화하는 주요 요인으로 작용할 수 있다. 로비의 제도화는 이 같은 상황의 개선에 기여할 것이다.

〈표 6〉 3개국의 로비 제도화 관련 비교

	미국	캐나다	영국
사상적 배경	자유주의적 전통 하의 다원주의	자유주의적 전통 하의 다원주의	자유주의적 전통 하의 다원주의
국민적 권리의 근거	1791년 제정된 수정헌법 제1조	영국 대헌장, 권리장전, 1982년 제정된 헌법 제2항	대헌장(1215년), 권리장전 제5조(1689년)
제도화의 계기	이익집단들의 로비 활동의 부정적 측면이 부각되면서 규제를 위한 제도화가 추진됨.	로비의 폐단보다는 연고주의 · 정실주의에 의한 정부 요직 충원을 규제하려는 노력의 일환.	로비의 결과로 나타나는 의정 활동의 부정적 측면이 부각됨에 따라 규제의 제도화가 추진됨.
제도화의 초점	이익집단들의 로비 활동 공개에 초점을 둠(재무적 측면까지 포함).	이익집단들의 로비 활동 공개에 초점을 두나, 재무적 측면은 제외함.	로비 때문에 의원들이 부정적인 영향을 받지 않도록 하는 점에 초점을 둠.
제도화 개괄	1876년 하원 결의안 채택(로비스트 등록 의무화). 1938년 외국대리인 및 선전법 제정(1942년에 외국대리인등록법으로 개정됨). 1946년 연방로비규제법 제정 1995년 연방로비공개법 제정.	1985년 멀루니 수상의 제안. 1988년 로비스트등록법 제정.	1985년 하원결의안 채택(로비스트 등록 의무화). 1989년 노블 규정 제정. 1995년 하원의원의 세비 외 수입을 전부 공개하는 의원수입공개법 통과.
제도화의 주요 내용	- 로비 활동 범위 확장. - 로비 대상 범위 확대. - 로비스트에 대한 규정 구체화. - 금전지원 명세 보고. - 해외통상 로비 규제.	- 로비스트 등록 의무화. - 로비 대상 범위를 행정부 공직자까지 규정.	- 의원에게 영향을 주는 사람 등록 요구. - 이권 관련 법안 제출을 금지하는 노블 규정 제정. - 의원수입공개법 제정.
로비 활동 또는 제도화와 관련된 특징	의회에 로비가 집중되었음. 1995년 연방로비공개법에 비로소 행정부 공직자를 로비 대상에 포함함.	미국의 영향을 많이 받음. 그런데 미국과 달리 애초에 행정부 공직자를 로비 대상에 포함함. 재무보고서는 요구하지 않음.	정당을 로비 대상으로 포함함. 상업 로비(의원에게 봉사료를 받고 서비스를 제공하는 것)의 존재. 의원이 로비스트가 되는 현상이 있음.
로비의 집중화 유형	상대적으로 의회에 집중됨.	행정부에 집중됨.	의회와 행정부에 집중도가 비슷함.

국민의 알권리 증진: 국민은 정부가 결정한 정책의 내용은 물론 그 과정과 이유도 알권리가 있다. 따라서 국민은 정부의 정책결정 과정에서 어떤 이익집단이 어떤 목적을 위해 어떻게 영향력을 행사하고

있는지 알아야 한다. 이 같은 국민의 알권리를 위해서도 로비는 제도화되어야 한다. 왜냐하면 로비의 제도화는 로비 활동의 공개를 포함하기 때문이다.

미국에서 '로비의 제도화'는, 거의 무제한적으로 허용되어왔던 로비 활동의 부작용을 줄이기 위한 규제의 과정이었다. 반면 한국의 경우에는, 사실상 금지되어온 로비를 허용한다는 의미를 가진다. 이처럼 제도화의 의미가 다르지만, 로비 행위의 공개를 지향한다는 점에서는 일치한다.

'알권리'는 미국에서도 로비의 공개를 둘러싼 오랜 논란에서 가장 핵심적인 명분이었다. 로비 규제 반대론자들은 규제가 청원권을 제약하므로 가능하면 규제를 만들지 말 것을 주장한다. 반면 규제의 필요성을 강조하는 사람들은 정책결정 과정에 대한 국민의 알권리를 강조한다. 로비 행위 그 자체는 헌법이 부여한 당연한 권리이나, 국민의 알권리 또한 청원권만큼이나 중요하다는 것이다. 따라서 로비 행위가 공개되어야 함을 강조한다. 이런 논의의 결과, 기존의 연방로비규제법이 폐기되고 1995년에 연방로비공개법이라는 새로운 명칭의 법률이 제정되었다.

한국의 경우도 마찬가지다. 사회적 이슈가 되었던 여러 로비의혹 사례에서 볼 수 있듯이, 국가의 재정적 부담이 수반되거나 상당한 이권이 창출되는 입법 과정이 국민에게 제대로 알려지지 않는 경우가 적지 않다. 로비의 제도화는 정책결정 과정의 공개성을 높여 국민의 알권리 신장에 기여할 것이다.

② 다원화된 사회로의 변화

로비 제도화의 의의는 이익집단 정치의 관점에서도 찾을 수 있다. 이익집단 정치이론은 1987년 민주화 이전의 한국을 국가조합주의 모델로 설명해왔다. 간단히 말해, 국가가 이익집단을 강력히 통제하는 체제였던 것이다. 하지만 민주화 이후 한국의 이익집단 정치는 상당히 복합적 양상을 보이고 있다. 국가조합주의적 양상이 퇴조하면서 다원주의적 양상이 커지는 한편, 노사 문제의 경우는 사회조합주의적 모델에 대한 논의와 시도가 계속되고 있다. 먼저 이익집단 정치에 대한 이론적 논의를 간략히 살펴보자.

다원주의: 이익집단 정치에 관한 가장 고전적인 견해는 다원주의적 시각이다. 다원주의는 자유주의적 사상으로부터 연유한 것으로, 벤틀리(Arthur Bentley)와 트루먼(David Truman) 등에 의해 미국의 현대 정치학계를 중심으로 발전했다.

다소간의 차이에도 불구하고 이들의 주장을 관통하는 공통적 견해는 이런 것이다. 즉 자유주의적 정치이론에 따라 개인의 권리를 강조하며, 권력 분산에 따른 집단의 다양성을 기반으로 한 사회질서를 주장한다. 따라서 개인의 권리를 보호하기 위해 정부의 역할은 축소되어야 한다.

사회는 다양한 종교적 · 교육적 · 문화적 · 전문적 · 경제적 조직체로 구성되어 있으므로, 공공정책은 집단 간의 자유로운 상호작용의 결과다. 그러므로 정부는 집단 간의 조화에 의해 형성된 공통요소에 따라 행동하는 역할에 머물러야 한다. 정부는 주요 이익집단들의 갈등이 토의되고 해결되는 장이나 집단 상호간의 경쟁에 의한 균형 회복 과정에서 중립적인 지위를 지니는 심판자로 규정된다.

물론 이익집단들의 부정적인 영향에 대한 우려가 없는 것은 아니다. 그러나 정부의 규제를 통해 부작용을 해결하는 것에는 반대하며, 이익집단 간의 경쟁과 상호견제라는 메커니즘을 통해 해결할 수 있다고 주장한다. 따라서 정치 과정에서 중심적인 역할을 하는 존재는 이익집단이다. 그러므로 이익집단의 형성은 극히 자연스럽고 바람직한 것이다. 왜냐하면 공동의 목적을 가진 개인들이 공동의 이익과 가치를 증진하기 위해 조직을 형성하기 때문이다. 그리고 이익집단들은 경쟁구도에 의해 설정된 게임의 규칙에 따라 활동하게 되며, 이를 통해 민주정치 질서가 형성된다는 것이다. 정치적인 숲보다는 정치적인 나무를 더욱 중요시하는 다원주의는 자유주의적 개인주의와 합리주의적 사고에 기인한 정치모델이다.

그러므로 로비 행위 역시 극히 자연스러운 것으로 민주정치 질서에 주요한 요소로 여겨진다. 대표적 다원주의 국가인 미국에서 로비 행위는 이익집단 활동의 요체로 불린다. 당연한 결과로 이익집단이 스스로 행하는 로비 행위뿐만 아니라 직업적 로비스트를 통한 청원까지도 국민적 권리로서 보장된다.

물론 다원적 이익집단 정치의 부정적 측면을 간과할 수는 없다. 그 중에서도 가장 본질적인 문제는 국가의 정책결정이 강력한 이익집단에 종속될 염려가 있고, 이는 정치적 불평등의 정당화로 이어질 수 있다는 것이다. 또한 사적 이익을 추구하는 강력한 이익집단에 의해 공익이 침해될 수 있다. 바로 이런 점 때문에 국가의 주요 목적인 공공선의 추구가 다원주의적 이익집단 정치에 의해 침해되어 국가의 존립 목적까지도 문제가 된다는 극단적인 비판이 대두되기도 한다.

조합주의: 이익집단 연구와 관련한 조합주의는 1970년대에 주로 슈미터(Philippe C. Schmitter)를 중심으로 전개된 이론을 말하며, 그 등장배경은 앞서 언급한 다원주의의 문제점에 근간을 두고 있다. 조합주의는 크게 국가조합주의와 사회조합주의로 구분된다.

국가조합주의는 권위주의적 조합주의라고 할 정도로 라틴아메리카와 제3세계 국가 등 권위주의 정치체제를 지닌 국가에서 등장했다. 국가조합주의의 특징은 국가의 강력한 힘에 의해 통제되는 이익집단 체제라는 것이다. 국가는 법적·제도적 장치를 통해 이익집단을 통제하고, 이익집단은 일정한 정도의 국가 통제를 받아들이는 대신 그 대가로 독점적인 대표권을 부여받는다. 따라서 통제 범위를 넘어선 다원적 이익추구 행위는 억제되므로 이익갈등이 잠복하게 된다. 다원주의적 이익추구 행태인 로비 행위는 당연히 억제된다. 국가조합주의는 1987년 민주화 이전 한국 사회의 정치체제와 사회구조를 설명하는 데 유용한 분석틀로 이용되었다.

사회조합주의는 이익집단들의 자율성이 충분히 보장되는 체제다. 따라서 국가의 강력한 힘으로 이익집단을 통제하는 국가조합주의와 구별된다. 사회조합주의가 발달한 국가로는 선진화된 서구 자본주의 국가, 특히 북유럽 국가인 오스트리아와 스웨덴 등의 국가들을 꼽는다. 사회조합주의는 다원주의와 밀접하다는 이유로 자유주의적 조합주의 또는 민주적 조합주의로 명명되기도 한다. 하지만 사회조합주의는 사회적 균형과 협동, 합의의 발견을 이념적 요인으로 한다는 점에서 다원주의와 다르다. 그리고 사회조합주의는 주로 노사관계를 중심으로 발전했다. 이익갈등이 첨예한 노사관계에 국가가 개입하여 자율적 합의를 유도하는 양식을 대표적 형태로 꼽고 있다. 외환위기 이후 한국에서 만들어진 노사정위원회는 바로 사회조합주의적 모델이라고 하겠다.

사회조합주의 하에서 이익집단의 자율성은 충분히 보장된다. 하지만 로비 활동을 포함한 이익집단들의 개별적 이익추구에 대한 인식에서는 다원주의와 차이를 보인다. 다원주의에서 국가는 단순한 중립자의 역할에 머무르나, 사회조합주의에서 국가는 단순한 중립자 이상의 역할을 하는 것으로 상정된다. 그리고 정치적 나무보다는 정치적 숲을 더 중요하게 보는 이익집단 정치체제라고 할 수 있다.

민주화 이후 한국은 전환기적 이익집단 정치의 양상을 보이고 있다. 과거 권위주의 정권 하에서 확립되었던 국가조합주의적 요소가 아직 남아 있는 가운데, 개인의 권리를 앞세우는 다원주의적 양상과 사회조합주의적 시도가 혼재하고 있다. 특히 가장 첨예한 국가적 갈등 요소인 노사문제와 관련해서는 사회조합주의적 해결방식이 꾸준히 시도되고 있다.

앞으로 우리 사회는 국가조합주의적 요소가 점점 사라지고 다원주의적 모델과 사회조합주의적 모델이 혼재하는 상황이 될 것으로 예상된다. 앞서 살펴본 것처럼, 권위주의 시대에 정부의 일방적인 결정에 의해 만들어지고 분리되었던 협동조합들조차 이제 다원주의적 압력단체로 바뀌고 있다. 따라서 많은 분야에서 다원주의적 이익집단 정치의 형태가 자리 잡게 될 것이다. 한편 사회조합주의 모델은 주로 노사관계와 밀접한 모델로서, 국가가 문제 해결의 한 당사자 역할을 한다. 따라서 이 모델을 모든 갈등의 해결에 적용하기는 어렵다. 국가가 모든 사회갈등에 관여하는 것은 불가능할 뿐만 아니라 바람직하지도 않기 때문이다.

결국 갈등 해결을 위해서는 다원주의적 모델이 상당 부분 적용될 수밖에 없다. 하지만 다원주의적 갈등 해결 방식이 아직 자리를 잡지 못하고 있다. 따라서 다원주의적 갈등 해결 방식인 로비가 제도화된다는 것은 갈등 해결의 방식이 더 다양해짐을 의미한다. 역으로, 제도를 통해 다원주의적 갈등 해결에 사회가 더욱 익숙해지는 효과를 가질 수도 있다. 다원주의는 국가 간섭의 배제를 통한 개인 자유의 극대화를 요체로 하고, 로비 행위는 다원주의적 이익집단 활동의 주요 양식이다. 따라서 로비의 제도화가 다원주의적 기반을 확대하는 계기가 될 수 있다.

과거 권위주의 정부 하에서 안보와 경제발전을 명분으로 한 국가우선주의에 의해 국민의 권리는 지극히 제한되었다. 적극적인 권리추구가 제한받은 것은 물론, 소극적인 사소한 자유마저 제한받던 시기가 있었다. 하지만 이제 국민의 다원주의적 이익추구를 막는다는 것은 현실적이지도 않고 시도해서도 안 될 일이다.

로비의 제도화는 다원화되고 있는 현실을 반영하는 동시에, 다원주의적 이익집단 정치의 활성화에 기여할 것이다. 이를 통해 국가와 개인의 관계에서도, 국가의 과도한 권한을 줄이고 개인의 자유와 권리를 더욱 신장시키는 계기가 될 것이다.

Ⅲ. 마무리하며

로비의 제도화를 위한 지금까지의 논의는 활발하지도 못했지만 단편적인 수준을 넘지 못했다. 부패 방지책의 일환으로 로비를 제도화해야 한다는 주장과 제도화에 반대하는 원론적 논의만 이어져왔다. 제도화를 반대하는 쪽은 제도화를 전제로 문제점을 제시하는 것이 아니라 제도화 자체에 반대하는 입장에서 문제를 제기했다.

반대론자들은 한국의 정책결정과 집행구조가 미국과 다르므로 도입에 신중해야 한다면서, 한국의 정치 · 사회 풍토가 미국과 달라서 로비 제도가 우리 사회에 타당할지 의문을 표한다. 그리고 부정부패 방지는 기존의 제도로 충분하며 필요하다면 현행 제도를 보완하면 된다는 견해, 로비스트의 활동을 허용하게 되면 능력 있는 로비스트에 의해 정책이 결정될 것이므로 경제적 비용을 증가시키고 사회정의의 측면에서도 바람직하지 않다는 우려, 관료들과의 유착과 전관예우의 문제가 발생할 가능성을 제기한다.

결국 한국에서 로비를 허용하는 것은 그리 효율적이지 못할 뿐만 아니라, 현재 불법적으로 행해지고 있는 행태들이 적법을 가장하여 판을 칠 우려가 높다는 것이다. 그리고 제도화하더라도 어차피 불법적인 로비는 여전할 것이며 미국에서 제기되고 있는 로비의 문제점만 야기될 가능성이 크다는 것이다.

그러나 이러한 논리들은 별로 설득력이 없어 보인다. 한국과 미국의 환경이 다르기 때문에 미국적 제도인 로비 제도가 한국에 부적절하다는 논리는, 국가적 효율의 증대와 국민적 권리의 보장이라는 점에서 설득력이 떨어진다. 로비의 제도화는 단순한 부정부패 방지책이 아니라, 국가적 자원 배분의 효율화 및 청원권과 알권리 등 국민 권리의 증진이라는 측면에서 더욱 필요하기 때문이다. 그리고 이러한 필요성은 미국뿐만 아니라 모든 국가에서 보편적으로 요구되는 것이다.

치열해지는 국제경쟁 체제에서 국가적 효율의 증대가 얼마나 중요한 것인지는 새삼 언급할 필요가 없다. 또한 민주화 이후 다원화되어가는 사회에서 개인의 이익추구를 과거 권위주의적 제도와 시각으로 제한하는 것은 바람직하지도 가능하지도 않다. 한국 사회가 다원적으로 발전하면서 사회의 여러 방면에서 미국적 기준과 제도를 도입하고 있는 현실이 이를 말해준다. 이 같은 상황에서 로비 제도만 한국적 풍토를 내세워 반대하는 것도 설득력이 떨어진다.

부정부패 방지는 현행 제도로 충분하다는 논리 역시 마찬가지다. 국가 자원의 효율적 운영과 국민 권리의 향상이라는 입장에서 보면 논점 자체가 다르다. 게다가 한국의 부패 정도가 국제적 기준으로도 아직 심각한 상황임을 감안하면, 현행 제도로 충분하다는 주장 자체도 설득력이 떨어진다.

참고로, 부패감시 국제 민간단체인 국제투명성기구(TI, Transparency International)가 2006년 11월에 발표한 "2006년도 부패인식 지수(Corruption Perception Index, 이하 CPI)"에 따르면, 한국의 청렴성 순위는 조사 대상 163개국 중 42위(10점 만점에 5.1점)인 것으로 조사되었다. 이는 사회가 전반적으로 깨끗한 정도라고 평가받을 수 있는 수준인 CPI 7점대와는 아직도 거리가 멀뿐만 아니라, OECD 평균인 7.18에도 한참 떨어지는 수준이다.

불균형의 문제나 전관예우의 문제는 미국에서도 계속 제기되는 문제다. 그리고 이 문제는 심각히 검토되어야 한다. 그러나 이것 때문에 제도화 자체를 반대하는 것이 타당한지는 의문이다.

게다가 이 문제들은 직접로비는 허용되지만 공개의무가 없는 현행 제도 하에서 더 심각해질 수 있는 현상이다. 대기업 등 강력한 이익집단들은 행정, 입법, 사법부 출신 고위공직자들을 영입하여 사실상 로비스트로 활용하고 있다는 비판을 받고 있는 것이 현실이다. 전직 고위공직자들의 로비스트화 현상에 따른 사회적 논란이 끊이지 않는 것이 이를 말해준다. 그러나 이들의 행위는 현행 제도 하에서는 합법적일뿐만 아니라 공개의무도 없는 것이 현실이다.

따라서 현행 제도가 오히려 불균형이나 전관예우의 문제를 더욱 심화시킬 수 있다. 왜냐하면 고위공직자를 영입할 수 있는 역량을 가진 집단은 한정되어 있으며, 공개의무도 없기 때문이다. 따라서 강력한 일부 이익집단들의 영향력은 더욱 커지는 반면, 공개되지 않기 때문이다. 공개되지 않는 로비는 통제나 견제를 전혀 받지 않는다. 따라서 반대론자들이 염려하는 부작용을 줄이기 위해서라도 제도화가 더욱 필요하다.

로비를 제도화해도 여전히 불법 로비가 판을 칠 것이라는 논리 또한 설득력이 빈약하다. 여전히 불법 로비가 판을 칠 것이라는 예상 자체가 근거가 희박하다. 더욱이 이 같은 예상을 근거로 모든 로비활동을 금지하는 것이 과연 타당한 것인가? 가령 정치자금법이 있지만 불법적인 정치자금의 수수는 여전히 존재한다. 선거법이 있지만 선거위반 사범은 선거 때마다 양산된다. 그렇다고 정치자금법과 선거법이 불필요한가? 긍정적인 인식이 필요하다.

제 6 장 한국의 민주화와 감시권력의 변화 : 민주화 이행양식을 중심으로

고 성 학

Ⅰ. 서 론

'도청은 권력의 아편' 인가. 최근 검찰에서 발표한 국가정보원 도청사건 수사결과는 과히 충격적이다. 문민정부, 인권정부라고 자임하면서 개혁드라이브를 걸었던 김영삼, 김대중 정부조차 한편에서는 권력의 이너서클과 야당 정치인에 대해 상시적으로 도청을 실시했다는 것이다.

민주화 이후 한국사회에서 불법적인 도청과 합법적인 감청이 증가하면서 국민의 기본권을 심각하게 위협하고 있다. 민주화가 진전되고 있는 시기에 국민의 기본권을 무시한 채 국가권력에 의해 이루어진 감청과 도청정보는 결과적으로 정권의 재생산이나 정치적 목적으로 이용되고 있다. 이와 같은 현실은 한국의 정치적 민주화에 대한 분석을 다시 시도해야만 하는 중대한 위기로도 해석될 수 있다.

이 논문은 민주화된 이후의 정부에서 도청과 감청이 증가하고 기본권이 보호되지 않는 원인은 무엇인가? 라는 문제의식에서 연구를 시작하게 되었다. 한국의 정치적 민주화가 왜 감시권력에 대한 제도적 절차를 강제하지 못하는가, 그렇다면 그 원인은 무엇인가? 아울러 한국사회가 급격한 정보화 사회를 구축한 가운데 감시권력은 정보화를 어떻게 이용하고 있는가를 살펴봄으로써 감청문제를 정치권력의 본질 차원에서 접근하였다.

Ⅱ. 연구의 가설과 틀

2.1 연구의 가설

국가권력의 감시체제 분석을 위하여 감시 기술적 요인, 정치 제도적 요인, 정치 문화적 요인 등 세 가지 차원에서 접근하고자 하였다. 따라서 본 연구를 위한 연구가설은 감시의 양과 범위가 이 세 가지 요인에 의하여 영향을 받는다는 가정 아래 감시기술, 법적제도, 정치문화 등 세 가지 요인에 입각하여 설정하였으며 이를 통하여 각 정부의 감시체계를 비교 분석하고자 한다. 이를 차례대로 제시하면 다음과 같다.

〈가설 1〉

① 감시기술의 발전은 감청(도청)을 증가시키는 경향이 있다.

〈가설 2〉

① 감시를 통제하는 제도적 장치의 도입 및 정비는 감청(도청)을 감소시키는 경향이 있다.

〈가설 3〉

① 권위주의적 정치문화는 감청(도청)을 증가시키는 경향이 있다.

② 민주주의적 정치문화는 감청(도청)을 감소시키는 경향이 있다.

앞에서 제시한 가설과 관련하여 민주주의 체제 아래에서는 각 제도가 민주적인 가치를 반영하여 유지되기 때문에 민주주의적인 정치문화가 형성되고 이런 환경에서는 합법적인 틀을 벗어난 권력의 남용을 억제한다고 가정할 수 있다.

〈가설1〉은 감시체계가 정보화에 의하여 감시영역을 확장하고 감시수단의 고도화를 기할 수 있다는 가정 하에 제시된 것이다. 최근의 한국 사회는 세계 3위의 정보화 수준에 도달할 만큼 급격한 정보사회로 발전하였다. 이에 따라서 최근에는 주민카드 사업을 둘러싼 개인정보 보호 공방, 교육정보시스템(NEIS) 도입을 둘러싼 신상정보유출 위험성, X 파일 사건을 거치면서 감시기술의 발전이 감청과 도청을 증가시킬 수 있다는 인식을 확산시켰다.

역사적으로 보더라도 통신 비밀에 대한 문제는 새로운 감시기술과 밀접한 관련이 있다. 새로운 감시기술에 의한 도청사건이 노출되고 이에 관한 사회적 관심[1]이 첨예화되면서 제도의 개혁이 논의되었고, 또한 제도를 뛰어넘는 감시방식이 다시 등장하는 반복적인 사례를 갖고 있다. 따라서 〈가설1〉은 기술 결정론적 입장에서 정보화가 진전될수록 감시수단과 감시기술의 영역확장을 통하여 감청을 증가시키는데 기여한다고 가정할 수 있다.

1) 통신비밀의 보호법이 제정되고 개정된 계기는 항상 불법도청에 의한 폭로가 사회 문제화된 시기와 연관이 있다. 1993년의 통신비밀보호법 개정은 '초원복국집사건'이 법 제정의 계기를 제공했다. 이 사건은 1992년 12월 부산지역 기관장들이 당시 김영삼 대통령 후보의 지지발언이 정주영 후보의 통일국민당 측 인사들에 의해 도청하여 공개된 사건으로, 지역감정 발언보다 도청이 더 큰 사회적 파문을 초래했다. 『주간동아』, 2005년 6월 7일자. 한편, 통신비밀보호법 개정은 국회 국정감사에서 국가기관의 무분별한 도청방식에 이슈화된 이후에 이루어졌다.

〈가설 2〉는 국가 정보수사기관의 도청을 억제하기 위한 통신비밀보호법 등 감시권력을 규제하는 제도가 마련되면 이론적으로 감시의 양은 감소할 수 있다는 법적 · 제도적 전제 위에서 제시된 것이다.

한국사회는 분단체제의 형성이후에 국가안보, 권력유지 측면에서 인권을 침해하면서 각종 감시제도와 장치를 발전시켜 왔으며 법률적으로 규제를 받지 않았다. 그러나 민주화 이후에 자유로운 선거로 등장한 정부는 도덕성과 정당성을 확보한 만큼 인권을 비롯한 사생활 침해에 관한 법률을 제정하는 등 각종 개혁을 추진하여 제도적인 개혁을 추진해 왔다. 이에 따라서 〈가설 2〉는 감시에 관한 제도가 정비될수록 감청이 억제된다고 가정할 수 있고, 민주화될수록 감청이 억제되고 법률의 규정 내에서 감시체계가 유지된다고 가정할 수 있다.

〈가설 3〉은 민주주의적 정치문화에서는 감청이 억제되는 반면, 권위주의적 정치문화에서는 권력의 유지 혹은 장악을 위하여 민주적 절차와 수단을 무시하고 정보 수집을 위한 도청과 감청이 증가한다고 가정할 수 있다. 권위주의 체제에서는 감청을 조장하는 문화가 지배적인 반면, 민주화 이후의 정부에서는 감청을 억제하거나 법적인 규제를 준수하려는 문화가 지배한다고 가정할 수 있다.

2.2 연구의 틀

본 연구를 위한 비교분석의 틀로서 역대 정부를 1987년 이전의 권위주의 체제의 박정희 · 전두환 정부와 그 이후의 민주주의 체제의 김영삼 · 김대중 정부[2)]를 대비하여 사용하려고 한다. 그리고 각 정부에서 정당 및 시민사회의 역할을 감시권력에 대응하는 핵심적인 설명변수로 설정하였다.

이처럼 1987년 이전의 박정희 · 전두환 정부와 1987년 이후의 김영삼 · 김대중 정부를 비교분석대상으로 설정한 이유는 민주화 전후에 감시권력의 운영방식에 상당한 변화가 있으며, 이에 따라서 그 차이성을 찾아낼 수 있다고 보기 때문이다.

국가권력에 의한 감시는 시민권의 보장이나 개인의 존엄성에 대한 가치와 상호 대립적인 관계에 서 있다. 국가가 합법적인 폭력을 점유하고 감시와 통제를 위한 법적 제도를 갖고 있는 현실에서 공공의 목적을 위해 사용되는 개인정보의 수집과 이용은 개인의 기본권과 충돌할 수밖에 없다. 그러나 개인적 가치가 무시되는 감청과 도청의 증가는 권위주의 체제와 민주주의 체제에서 달리 나타날 수 있다.

왜냐하면 이론적으로 민주주의 체제에서는 정부의 도덕성과 정당성이 확보되어 있기 때문에 궁극적으로 정당성의 위기를 감수하면서까지 감시를 강화할 이유는 없다고 보기 때문이다. 따라서 한 사회에서 감시와 개인정보의 보호권 사이의 접합점은 정권의 성격, 정치적인 민주화의 수준[3], 그리고 시민사회의 대응활동 등을 변수로

2) 이 논문에서 사용되는 권위주의 체제는 1972년 유신체제가 성립된 이후부터 1987년 이전까지의 정부를, 민주주의 체제는 1987년 6월 민주항쟁을 계기로 등장한 정부를 지칭한다. R. G. 매크리디스에 의하면 민주주의 정치체제는 선거를 통한 동의에 의해서만 권력의 정당성을 부여하고 있는 체제이며, 또한 개인들은 자유롭고 독립적인 존재로서 자유라는 양도할 수 없는 권리를 갖고 태어났다는 가정으로부터 출발한다고 보았다. 반면 권위주의 정치체제는 설득과 합의보다 오히려 폭력과 강제력에 의하여 지배하는 체제를 의미한다. 권위주의 체제는 여러 형태로 나타나지만 공통적인 특징은 통치에 대한 책임이나 개인의 기본권에 대한 보호장치가 없다는 점이다. R. G. Macridis(김강녕), 1988, 현대정치체제론, 인간사랑, 38쪽; 한편 강민(1983), 한상진(1985), 임혁백(1987) 등은 한국의 관료적 권위주의 특징으로서 ①권력집중의 상층구조에 관 · 군 · 민의 기술관료진의 배치 ②민중을 정치 · 경제적으로 더욱 배제하는 정치제도 ③국가의 강압장치 비대화 ④과도한 국가자율성-시민사회의 축소 ⑤정치권력의 개인화와 경직화 등을 제시하였다. 강민, 1983, "관료적 권위주의의 한국적 생성," 『한국정치학회보』17집; 한상진, 1984, 『제3세계 정치체제와 관료적 권위주의』, 한울; 김영명, 1987, "한국의 정치변동과 유신체제," 한국정치학회편, 『현대한국정치와 국가』, 법문사; 임혁백, 1987, "The Rise of Bureaucratic Authoritarianism in South Korea," World Politics 34:2

설정하여 분석할 필요가 있다. 감시가 범죄수사와 사회질서 유지에 불가피한 측면은 인정하더라도 감시체계는 역대 정부의 성격에 따라서 기본권의 존중, 시민사회의 자율성, 합법적인 절차준수 등에서 서로 차이가 날 수밖에 없다.

그러므로 〈그림 1〉과 같이 국가권력을 직접적으로 담당하는 정부를 권위주의와 민주주의 체제로 구분하고 각 체제의 분석단위로서 국가 정보수사기구를 국가영역으로 설정하고, 국가의 감시권력을 견제하는 국회 · 정당, 그리고 통칭 NGO로 불리는 시민사회단체를 '시민사회 영역'으로 나누어 분석을 진행하고자 한다. 여기서 시민사회단체 개념은 연구자에 따라서 다양하게 나타나기 때문에 일반적으로 이슈에 대응하는 행위자의 측면에서 접근하는 의미로 사용하였다.[4)]

3) 한국사회가 민주화되면서 확대된 시민권은 정부의 조치로도 확인할 수 있다. 한국정부는 "시민적 · 정치적 권리에 관한 국제규약" 제40조 1항에 의거하여 1991년 7월 유엔에 보고서를 제출하였고, 1992년 7월 유엔 인권위원회에서 이 보고서를 심의하였다. 법무부, 1996, 『시민적 및 정치적 권리에 관한 국제규약 제2차 보고서』, 1-2쪽.

4) 시민사회가 행위자(시민운동)인가 아니면 영역(사회적 이데올로기적 영역)인가, 시민사회는 공공성을 띠고 있는가 아니면 사적 이익을 추구하는 장인가에 대하여 많은 견해가 있다. 김성국(1992)은 사회를 국가와 시민사회로 구분하였고, 유팔무(1993)는 시민사회를 정치사회 및 경제사회와 상호작용하는 독자적 영역으로 개념화하고 있다. 또한 시민사회의 성격과 관련된 논의로서 조효제(2000)는 시민의 해방적 공간, 직접민주주의를 위한 토대로 보았고, 정태석(1995)은 국가와 시장에 대한 저항과 감시의 영역으로 간주하였다. 사회적 관계를 국가-시장-시민사회의 3분 구도로 보는 오늘날의 보편적 시민사회관은 그람시에서 그 원형을 찾을 수 있다.
그람시는 시민사회를 시장과 국가 사이에 위치한 사회 문화적 공간으로 파악하였고, 교회 · 학교 · 각종 단체 · 노동조합 등이 시민사회의 영역을 구성한다고 보았다. 본 논문에서 사용하는 시민 영역은 이러한 3분적인 관념을 보편적으로 수용한 것이다. 김성국, 1992, "한국 자본주의 발전과 시민사회의 성격," 한국사회학회 · 한국정치학회편, 『한국의 국가와 시민사회』, 한울; 정태석 · 김호기 · 유팔무, 1993, "한국의 시민사회와 민주주의의 전망," 학술단체협의회 6회 연합심포지움 『한국민주주의의 역사적 과제』, 창작과 비평사; 조효제 편역, 2000,「『NGO의 시대』, 창작과 비평사; 정태석, 1994, "한국의 시민사회 논쟁," 한상진 외, 『현대사회의 이해』, 민음사; 정태석 · 김호기(1995). 한국의 시민사회와 민주주의의 전망. 유팔무 · 김호기 편, 「시민사회와 시민운동」. 한울.

〈그림 1〉 감시권력에 관한 분석의 틀

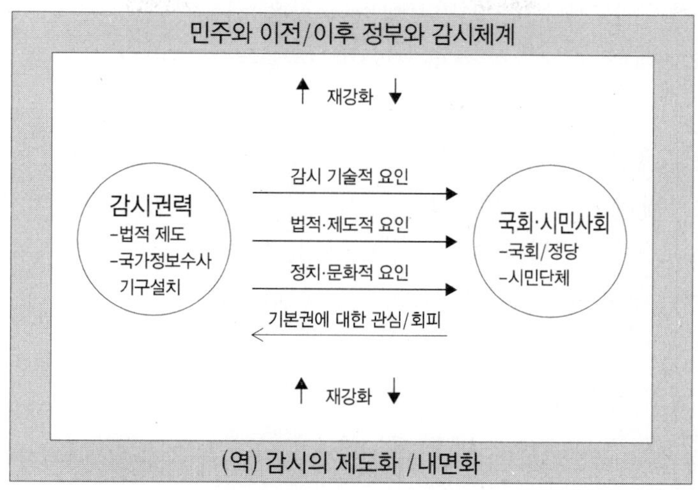

〈그림1〉의 분석 틀과 같이 비교분석의 단위로서 각 정부를 권위주의 체제와 민주주의 체제로 구분한 것은 감시권력에 있어서 각 정부의 유사성과 차이성을 살펴보는데 유용하기 때문이며, 두 체제는 다음과 같은 경향성을 전제로 하고 있다. 즉, 1987년 이전에 등장한 박정희, 전두환 정부는 〈그림 1〉의 상단에서 보는 것처럼 강압적이고 신체적인 감시체제를 시민사회에 부과하고 있으며 정당과 시민사회단체는 국가권력의 감시체제에 대하여 적극적인 비판과 대안을 제시하지 못하고 있는 정치적 구조라고 가정할 수 있다.

반면, 1987년 민주화 이후에 등장한 김영삼, 김대중 정부에서는 감시권력의 증가에 대하여 국회를 비롯한 시민사회가 적극적인 문제를 제기하고 국가권력 또한 이들의 비판을 수용하여 〈그림 1-1〉 하단의 설명처럼 역감시 체제를 만들어간다고 가정할 수 있다.

즉, 1987년 이전의 정부는 체제의 정당성 위기를 억압에 의한 방식으로 극복하려고 하기 때문에 국가에게 부여된 합법적인 강제수단을 동원, 개인을 물리적으로 통제 · 감시하고, 개인정보를 일방적으로 수집한다. 반면 민주주의 체제는 개인정보를 제한적으로 수집하고 감시제도에 대한 시민사회의 비판을 허용하며, 시민사회가 감시권력에 대항적 감시운동을 전개할 수 있는 체제라고 가정할 수 있다.

한편, 권위주의 체제와 민주주의 체제 내에서 각각의 정부가 구축한 감시체계를 세 가지 요인- 감시기술적 요인, 법적 제도적 요인, 정치 문화적 요인별로 분석하고자 한다. 세 가지 요인은 감시체계를 분석하는데 중요한 변인들이다.

(1) 감시 기술적 요인

한국에서 국가 정보수사기관이 감청의 범위와 수준을 확대하는 데 직접적인 관련이 있는 감시기술은 우리의 정보화 수준과 그 발전과정을 같이 한다고 볼 수 있다.

기술의 확산과 발전은 연구기관과 기업 이외에 국가가 중요한 역할을 하는 경우가 많다. 기술이 국가발전의 해결책으로 국가에 의해 주도되는 경우는 군사분야를 포함하여 다양하게 나타난다. 특히 한국은 경제발전을 이룩하는 과정에서 정부가 전략적 첨단기술에 대한 개발을 주도하고 관리하였다는 점은 이미 알려진 사실이다.

한국에서 감시기술이 비약적인 발전을 보게 된 계기는 정보화의 전제조건이 되는 통신기반이 구축되는 것과 그 시기를 같이 한다. 한국은 1970년대 100만대 미만의 전화보급률을 기록하였으나, 이에 대한 투자를 강화하면서 1987년에 이르면 전화회선이 1,000만 회선을 돌파하여 전화의 대중화 시대가 마련되었고, 동시에 전국적으로 자동화가 이루어졌다.

이것이 1단계 통신망 구축이라 할 수 있다. 1988년에는 pc통신의 효시인 천리안 서비스가 이루어졌고, 이 같은 통신망 구축을 배경으로 정부는 1987~1991년에 국가기간전산망사업 제1단계를 시작하여 자동차, 주민등록, 통관, 고용관리 등의 정보를 체계적으로 통합관리하는 계획을 추진하였다. 아울러 제1단계 국가기간전산망 사업이 진행되는 시기인 1988~1989년에는 감청장비의 개발과 불법도청 문제가 야당에 의하여 본격적으로 제기되었다. 그리고 1992년의 대통령선거를 앞두고 또다시 불법도청이 문제시되었으며, 1993년에 통신비밀보호법이 제정되었다.

또한 국가기간전산망사업 제2단계(1992~1996년)가 끝나면서 지방행정, 토지정보망 등이 종합 전산화되어 체계적인 정보관리가 가능해졌으며, 1996년 무선전화 분야에서 CDMA기술방식이 상용화되기 시작하였고 1997년 PCS휴대폰 서비스가 제공되기 시작하였다. 1999년 이후에는 이동전화서비스 가입자가 시내전화 가입자를 초과하는 수준에 이르렀는데 이것이 제2단계 통신망 구축의 변화이다.

그런데 제2단계 통신망 구축이 끝나는 시기에는 국가 정보수사기관의 감청과 도청 역시 급증하기 시작하였다. 국가 정보수사기관의 감청장비 수입과 감청기술 개발도 동시에 진행되어 통신망 구축의 질적인 변화와 더불어 감시기술의 개발도 동시에 이루어진 것으로 나타난다. 이처럼 국가의 감시기술은 기술혁신에 대응하여 함께 진보되는 특징을 보이고 있다. 따라서 국가기관에 의한 감시기술은 기술변화에 대응하여 그 수준과 범위가 확대되는 경향을 보인다고 할 수 있다.

(2) 법적 · 제도적 요인

제도는 그 사회의 모든 행위유형을 구속하는 틀이며, 행위자의 상황을 규정하고 환경에 따라 해야 될 일과 해서는 안 되는 일을 해석하는 틀이라 할 수 있다.[5] 따라서 감청과 관련하여 볼 때, 통신비밀보호법의 존재는 행위자 모두를 구속하는 규정으로서, 감청이 이루어진다면 이 법률에 의거하여 감청의 절차에서부터 감청결과까지 통제되어야 한다. 그러나 감청을 규제하는 제도에도 불구하고 국가정보수사기관의 감청은 법적인 규제를 벗어나서 진행되고 있거나 본질적으로 무시하는 도청이 진행되고 있다. 이것은 법과 제도가 국가 정보수사기관의 행위를 규제하는 필요조건임에도 불구하고 정부의 행위를 실질적으로 통제하지 못함을 보여준다. 그렇다면 감청과 도청을 규제하는 필요조건인 제도가 지켜지도록 하는 것이 중요하며, 아래에서 설명하는 것처럼 감청과 도청을 필요로 하는 정치문화적 요인에 대한 분석을 통하여 그 해결책을 강구하는 것이 필수적이라고 판단된다.

(3) 정치문화적 요인

행위를 규제하는 법적 제도가 설정되어 있더라도 어떤 제도들은 관습적인 이유, 정치 문화적 이유에서 개별 행위자들을 즉시 변화시키거나 강제시키지 못할 수도 있다. 정치문화는 정치체계의 구성원들 간에 정치에 관한 개인들의 심리적 태도를 결정하고 의미를 부여해주는 주관적인 정향(orientation)이다. 그리고 이러한 정향은 한 국가의 정치에서 사용되는 목적과 수단, 정치적 행위에 대한 평가기준, 정치적 행위에 부과되는 가치 등의 요소가 포함되며, 역사적 전통, 동기, 규범, 감정 등에 의해 결정된다.[6]

이러한 맥락에서 민주주의 체제는 국가구성원들 즉, 통치자에서부

5) Michel Gibbons, 1987, (eds.), Interpreting Politics, New York: New York University Press, pp.30-31.

6) Dennis Kavanagh, Political Culture, New York: Macmillan Press, pp. 10-11.

터 일반대중에 이르기까지 민주적 정향과 문화를 소유하고 있으며 정치활동영역 전반에 준법정신이 일반화된 것으로 규정한다. 그런데 만일 법적 제도가 앞서가고 정치문화가 이 제도를 따르지 못할 경우에는 민주주의를 정착시키지 못할 위험성이 많다고 할 수 있다. 그러므로 민주주의가 정착되려면 그 필요조건인 법적 제도뿐만 아니라 충분조건인 정치문화의 개선이 뒷받침되어야 한다.

법적 제도와 정치문화의 관계에서 중요한 것은 통치자의 정치행태라 할 수 있다. 민주적인 문화가 형성되고 정착되기 위해서는 제도의 운영이 민주적이어야 할 뿐만 아니라 그 제도를 운영하는 통치자들의 정치적 정향이 더 중요하다. 그러므로 정치문화적 요인의 분석은 충분조건으로서 매우 중요한 것이라 할 수 있다.

아울러 이러한 정치문화를 개선하는데 중요한 것은 〈그림 1-1〉에서 라이언이 주장한 것[7]처럼 역감시로서 일종의 사회운동과 같이 국가의 감시에 대하여 제기하는 시민사회의 활동이라 할 수 있다. 시민사회는 일상적인 차원에서 감시의 문제점을 감지할 수 있는 영역으로서 국가의 권력남용과 같은 사안에 대한 문제를 환기시키는 데 필요[8]하다. 그러나 시민사회의 활동은 일회성으로 그치는 경우가 많기 때문에 권력에 대하여 민주적 통제를 강화하기 위해서는 의회·정당과 연계되는 활동이 매우 중요하다고 할 수 있다.

7) Lyon, David, The Electronic Eye: The Rise of Surveillance Society, 1994: 258-259.

8) 대항 감시를 구체화시킨 권리가 국민소환권과 정보공개청구권 등이다. 소환의 원인이 넓게는 위임자의 이익을 배반하고 주민에게 불이익을 주었을 경우에도 해당된다. 아울러 알 권리 역시 대항적 감시의 권리로 해석될 수 있다. 그러나 우리나라에서 시행되고 있는 정보공개법은 정보공개 분야에서 외교, 국방, 안보 분야는 대부분을 공개하지 않고 있는 실정이다.

Ⅲ. 가설 검증

3.1. 가설 검증에 대한 요약

지금까지 앞에서 권위주의 정부와 민주주의 정부에서 감시권력의 사례로서 감청제도를 분석하였고, 두 체제의 감시방식을 비교 분석하였다.

감청과 도청문제를 비교 분석한 결론에 의하면 박정희 · 전두환 정부와 민주화 이후에 등장한 김영삼 · 김대중 정부에서 감시방식의 특징과 성격은 다르지만 감시범위와 감시능력이 증가하는 경향을 보여주었다. 박정희 정부에서는 유신헌법에서 개인의 권리를 잠정적으로 정지할 수 있는 긴급조치(제53조)를 허용하였기 때문에 동일하게 다른 정부와 비교할 수는 없으나, 민주화된 정부에서도 헌법과 통신비밀보호법에서 정한 민주적 절차와 개인의 기본권을 훼손하는 문제가 공통적으로 추출되었다. 지금까지 비교 분석한 연구결과를 바탕으로 가설을 검증하면 다음과 같다.

〈가설 1〉에 대한 검증요약

〈가설 1〉에서 감시기술이 발전할수록 감청과 도청의 수준도 증가할 것이란 가정 아래 다음과 같은 가설을 제시하였다.

가설1 ① 감시기술의 발전은 감청(도청)을 증가시키는 경향이 있다.

연구결과에 의하면 현재의 감시방식과 감시수준은 고전적인 우편검열과 미행, 유선전화의 감청에서부터 발전하여 무선전화 이외에 인터넷 통신 영역으로까지 확장되었고 감시의 양도 확대되었다.

감청이 확대되는 계기는 1987년 전화적체가 해소되고 1,000만 회선을 돌파하면서 국가기간전산망 사업을 통하여 주민등록에서부터 자동차관리, 통관, 고용관리, 공안전산망 등 5개부분에서 전산화를 추진하여 국가차원의 정보관리를 체계화한 이후부터였다. 그리고 김영삼 정부에서 국가기간전산망 사업이 완료되는 것과 때를 같이 하여 감청과 도청이 폭발적으로 증가하는 것을 볼 수 있다. 특히 1996년 CDMA의 상용화와 1997년 PCS 서비스 제공 등 정보화가 급격히 진행되면서, 이와 동시에 R2와 CAS 등 도청장비도 함께 개발되었다. 1996~1998년 사이에는 외국으로부터 감청장비 수입이 급증했다.

이처럼 권위주의 정부에서 시작된 정보화가 민주주의 체제에서 결실을 맺으면서 김영삼 · 김대중 정부에서 오히려 도청기술을 개발하고 감청장비를 수입하여 불법적인 정치사찰을 지속하고 있음이 확인되었다. 감시기술이 발전해 온 특징을 요약하면 다음과 같다.

① 1961년~1987년 중앙정보부 창설과 더불어 도청전담팀이 가동하였고, 1968년 이후 조직확대를 시도하였다.

② 1987년 전화의 대중화시대 아후, 국가가 개인정보를 집적하는 제1단계 국가기간전산망 사업을 추진하면서 행정의 효율성을 앞세워 개인의 정보보호 입장은 반영되지 않았다.

③ 1990년대 초까지는 국가안전기획부, 국군기무사령부에 의한 민간인 사찰 등 신체적 감시가 주된 감시방식이었다.

③ 1996~2000년 제2단계 국가기간전산망 사업을 추진하여 국가의 정보집적은 비약적으로 증가하였다. 1996년 CDMA 휴대전화가 상용화되고 1997년 PCS 전화서비스가 개시되면서 정보의 유통과 활용촉진이 강조되었다.

④ 제2단계 국가기간전산망 사업이 추진되는 시기에는 감청기술이 개발되어 휴대전화의 도청이 가능해졌다. 1996년 아날로그 휴대폰 도청이 시작되었으며 1998년에는 유선중계망 통신감청장비(R2)를 개발하였고 1999년에는 이동식휴대전화 감청장비(CAS)가 개발되어 도청에 사용되었다.

⑦ 감청수준은 정보기술이 한 단계 도약하는 시기인 1996년 6,002건을 기록하여 최고수준을 기록하였으며, 감청전화번호수를 기준으로 하는 감청건수는 지속적으로 증가하고 있다.

⑧ 2001년부터 기업의 개인정보를 국가 정보수사기관이 활용하는 빈도수가 급격히 증가하고 있다. 개인의 인적정보가 담긴 통신자료 제공건수는 2000년 160,485건에서 2004년 456,759건으로 불과 4년 만에 200%이상이 증가하여 기업자료를 국가정보수사기관이 수사와 감시에 활용하고 있다.

이처럼 1979년 박정희 정부에서 제정된 '통신시설확장에 관한 임시조치법'에 의하여 통신기반구축을 위한 재원이 마련된 이후 전두환 정부의 국가기간전산망사업 제1단계 사업 및 김영삼 정부의 제2단계 사업, 그리고 김대중 정부의 전자정부 정책을 통하여 국가주도의 개인정보 집적과 관리가 체계화되었다. 정보기술의 진전과 더불어 도청기술 또한 국가정보수사기관에 의해 비약적으로 진전되었다. 이와 같은 정보화 과정은 초기부터 국가가 주도하면서 개인의 기본권 보호입장이 반영되지 않은 채 행정의 효율적인 관리측면에서만 그 토대가 구축되었고, 개인정보의 집적과 유통과정에서 기본권 보호에는 소홀하였다.

따라서 〈가설 1〉은 사실로 채택할 수 있다. 정보화 추진과정에서 감시 범위를 국가가 일방적으로 정하고 시민사회가 개인의 기본권 보호를 반영할 수 없는 시대적 상황에서 민주화와 더불어 급격한 정보화 사회로 이행함으로써 전자 민주주의 체제에서 감시권력이 더욱 확대될 수 있는 환경에 놓여있다.

결과적으로 한국사회는 정보화 추진과정에서 국가가 적극적으로 정보기술을 개발하고 개발된 기술을 상업적인 영역으로 확산시키면서 감청기술 또한 그와 병행하여 발전하게 되었다. 이에 따라서 휴대전화와 인터넷의 확산은 감시권력의 수준과 범위를 한 단계 더 확장시키는데도 기여하였다.

가설 2〉에 대한 검증요약

〈가설 2〉에서 국가 정보수사기관의 감시를 억제하는 법률이 도입되면 국가감시체계의 행동에 제약을 가하여 감시가 감소할 것이란 가정 아래 다음과 같은 가설을 제시하였다.

가설2 ① 감시를 통제하는 제도적 장치의 도입 및 정비는 감청(도청)을 감소시키는 경향이 있다.

이 가설과 관련하여 비교 분석한 바를 요약하면 다음과 같다. 1993년 이후 통신비밀보호법의 제정과 개정이 4차례에 걸쳐 이루어졌고, 1994년 국회정보위원회가 설치되어 국가정보수사기관에 대한 국회의 통제제도를 도입하였다. 따라서 국가정보수사기관의 감청은 법률에 구속받게 되었고, 범죄율이 급격히 증가하거나 국가안보상 중대한 위협이 발생하지 않는 한 감청수준은 상당히 억제될 수 있을 정도로 제도적 환경이 정비되었다. 따라서 일상적인 상황이라면 감청수준은 감청제도의 규제강화에 의하여 감소되거나 신중히 행사되는 것으로 나타나야만 한다.

그러나 실질적으로 국가정보수사기관의 감시는 정반대로 나타났다. 감청제도를 도입하여 공식통계를 발표하기 시작한 김영삼 · 김대중 정부에서는 시간이 지날수록 감시의 양과 감시범위가 확대되는 것으로 나타났다. 전화번호 수로 기준으로 할 때 감청은 지속적으로 증가하고 있으며 2000년 이후에는 통신사업자가 축적한 개인정보(인터넷 · pc통신상의 인적 정보, 통신사실 확인자료)를 국가기관이 활용하는 경향이 급증하고 있다. 기업이 축적한 개인정보까지 국가가 확보할 수 있는 범위로까지 감시영역 또한 확대되었다. 이런 지표를 토대로 할 때 〈가설2〉는 기각될 수밖에 없다.

〈표 2〉 정보화 정책과 개인정보보호 제도의 도입 과정

구 분	기술 발전정책	감시권력의 강화를 위한 법적 제도의 도입	기본권 보호를 위한 제도도입
박정희 정부	통신시설투자를 위한 '통신시설확장에 관한 임시조치법' 제정(1979)	중앙정보부법(1961) 사회단체등록에관한법(1961) 예산회계에관한특례법(1963) 긴급조치9호(1975)	-
전두환 정부	5대전산망 전산화 전국자동전화 체제 '전산망보급확장과 이용 촉진에관한법률(1986)	국가안전기획부법(1980) 사회보호법(1981)	-
김영삼 정부	국가전산망사업(2) 정보화촉진정책 PCS전화서비스 정보화촉진기본법 제정(1996)	국가안전기획부의 수사권 부활(1996)	공직선거법, 지방자치법, 통신비밀보호법(1993) 공공기관의 개인정보보호법률(1994) 국가안전기획부의 수사권 폐지(1993) 국회정보위원회설치(1994)
김대중 정부	정보촉진기본계획 전자주민카드 R2 장비개발 CAS 장비개발	국가안전기획부의 수사권 존속	국가인권위원회법(2001) 통신비밀보호법개정(2001) 부패방지법 제정(2001) 인사청문회법 개정(2001)

〈표2〉에 의하면 권위주의 체제에서는 감시체계를 구축하기 위하여 중앙정보부법을 제정하고 특수활동을 명목으로 국가예산사용에

특례를 인정하여 국회의 통제를 받지 않도록 하였다. 그리고 각종 긴급조치와 시민단체의 활동을 규제하는 사회단체등록에 관한법률, 사회보호법 등을 제정하여 시민사회의 자유로운 활동을 억제하였다.

반면, 민주화 이후 도청과 미행에 의한 피해를 심각하게 인식한 김영삼 대통령 자신의 의지로 통신비밀보호법이 제정되었고, 김대중 정부에서는 국가정보수사기관의 감청을 엄격히 강화하는 방향으로 개정하였다. 인권위원회법과 부패방지법도 제정되어 민주적인 제도들이 어느 정도 도입되었다고 할 수 있다.

그러나 문제는 이런 제도들이 도입되었음에도 불구하고 감청수준이 줄지 않고 있고, 감청제도가 국가정보수사기관의 일탈행위를 규제하지 못하는데 있다. 김영삼 정부나 김대중 정부에서 국가는 국가정보수사기관을 통하여 직접적인 감시자인 동시에 기업의 상업적 가치까지 획득 가능한 권력을 행사하여 감시영역을 확장시켜갔다. 따라서 민주화 이후에 도입된 감청 규제법률이 법적인 실효성이 없는 것으로 확인되었다. 뿐만 아니라 통신비밀보호법의 조항이 감청을 정당화하는 법률로서 작용하는 결과가 되었다. 본 연구에 의하면 감청제도의 정비가 감청을 규제하거나 억제하지 못한 것으로 나타났고, 민주화이후의 급증하는 감청사례와 도청사례는 〈가설 2〉를 수용할 수 없는 기준이 된다.

감청과 도청이 증가하는 원인을 제도적 차원에서 분석하면 다음의 두 가지 해석이 가능하다. 하나는 권력자의 법 제도의 경시 풍조를 들 수 있다. 최고 권력자는 국민에 의하여 무한정의 권한을 위임받았고, 따라서 통치행위 차원에서 무엇이든지 할 수 있다는 가치관을 가졌기 때문에 법적 규제가 무용지물이 되었다고 해석할 수 있다.

둘째, 한편으로는 법과 질서를 강조하고 민주적인 제도를 도입하면서도 다른 한편으로는 과거의 권위주의 체제에서 국가 정보수사기관의 불법활동을 조장하는 예산회계특례법, 국가정보원법의 독소조항이 그대로 유지되었다는 점이다. 따라서 새로운 제도가 독소조항으로 인해 그 효과를 발휘하지 못하는 환경을 지적할 수 있다. 이 때문에 감청을 통제하는 필수적인 제도인 통신비밀보호법이 존재함에도 불구하고 감청과 도청이 조장되었다. 따라서 결과적으로 다음의 〈가설 3〉에서 언급되는 정치문화의 개선이 중요한 것으로 지적할 수 있다.

〈가설 3〉에 대한 검증요약

제1장에서 사회가 민주화될수록 국가제도가 민주적인 제도와 절차에 구속받는다는 가정 아래 〈가설 3〉으로 다음과 같이 두 개의 가설을 제시하였다.

① 권위주의적 정치문화는 감청(도청)을 증가시키는 경향이 있다.
② 민주주의적 정치문화는 감청(도청)을 감소시키는 경향이 있다.

지금까지의 연구결과에 의하면 권위주의적 정치제도는 물론 민주주의적 정치제도도 감청을 감소시키는 데 기여하지 못하였다. 〈가설 2〉의 검증에 의하면 민주화 이후의 정부에서 감청의 수준은 오히려 더욱 증가되고 그 범위 또한 확대된 것으로 드러났다. 김영삼 정부 이후에 법적 · 제도적 측면에서 감청제도가 강화되어 왔음에도 감시와 통제를 위한 기술은 계속 발전되었다. 민주화 이후의 김영삼 · 김대중 정부에서는 권위적인 정치문화와 정보화 수준의 고도화가 결합하여 감청이 증폭되는 현상을 낳은 것이다.

김영삼 정부의 예를 들면 1993년 6월 취임기자회견에서 5 · 16을 쿠데타로 규정하고 역사바로세우기를 선언하였다. 1993년 10월에는 국군기무사와 군내 사조직(하나회) 41개의 해체를 발표하였다. 그리고 1993년 12월에는 권위주의 시절의 정치사찰과 공작정치를 담당했던 국가안전기획부를 개혁하기 위하여 국가안전기획부의 수사권을 없앴고, 통신비밀보호법을 제정하였다. 국회정보위원회를 신설하는 개혁조치도 단행하였다. 그러나 통신비밀보호법이 제정된 이후에도 도청은 지속되었고, 1996년에는 국가안전기획부의 수사권을 부활하고 도청을 더욱 확대하기 시작하였다. 김대중 정부 역시 감사원 감사를 받을 정도로 통신비밀보호에 대한 법의식이 희박했다. 정보수사기관의 강압적인 요구에 불이익을 우려한 통신사 직원들의 불법적인 감청협조도 이를 부추겼다. 국가정보수사기관은 불법행위를 통하여 정치권의 정보를 수집하는 행위를 지속했다.

또한 정보화에 의하여 이룩된 현재의 감청방식은 간접적, 비가시적인 방법을 사용하여 감청과 도청이 일상적으로 일어나는 것이 확인되었고, 감시방식의 특징으로서 다음의 〈표 3〉과 같이 전자통신, 부호, 인터넷 등 첨단방식으로 이동하는 경향을 볼 수 있다.

이처럼 감청과 도청을 커다란 문제의식 없이 실시한 데는 관습적이고 권위적인 정치문화에 의한 요인이 더 크다고 할 수 있다. 한국사회가 민주화될수록 프라이버시권도 보호되어야 함에도 불구하고 이와 정반대 현상이 나타나는 이유는 제도를 무시하고 이를 지키지 않는 정치지도자들의 정치적 가치관에 있다고 할 수 있다. 결국 감시권력은 정치제도의 문제라기보다 정치문화의 문제로 권위주의 문화는 도감청을 증가시키고 민주주의 문화는 감소시키는 경향이 있음을 보여주고 있다. 따라서 〈가설 3〉은 채택할 수 있다.

이렇게 볼 때 한국사회는 조지 오웰이 말하는 '1984년', 푸코가 말하는 '원형감옥' 현상이 기술적으로 충분히 가능해진 현실에 놓이게 되었다. 정보화가 감시능력을 확장시키고 도청과 감청을 필요로 하는 권력이 있는 한, 도청과 감청은 감소되지 않는다. 민주주의가 정보사회를 긍정적으로 꽃피우는 것이 아니라 사회를 권력의 의지대로 감시할 수 있는 기술사회로 재편하는데 기여하는 역설적 상황이 되고 있다.

〈표3〉 감시 유형과 변수

		감시의 유형	
		직접적 감시	간접적 감시
감시의 가시성유무	가 시 적	전통적 · 인격적 감시(미행, 수색, 검열, 득문)	감시 이데올로기 강화 감시규율의 제도화
	비가시적	비인격적, 전자적 감시(전자통신, 부호,인터넷)	감시기구의 조직, 기능확대
감시의 변수		감시의 법적 제도× 정치문화 + 감시기술	

이렇게 볼 때 우리는 B. 바버(Benjamin Barber)가 말한 원칙으로 되돌아가서 그 해결책을 모색해야 한다. “만약 민주주의가 기술로부터 무엇을 얻고자 한다면 논의는 기술로부터 시작해야 하는 것이 아니라 정치로부터 시작해야 한다”[9]는 점을 상기할 필요가 있다. 즉 감시는 정보화나 감시기술의 속성 그 자체 때문이 아니라 감시가 사회세력의 이해관계에 의하여 어떤 방식으로 전개되느냐에 따라 결정된다고 할 수 있다. 따라서 감시제도를 어떻게 운영하느냐에 따라서 정보화가 민주화 사회에 편익을 제공할 수도 있고, 잠재적 위험성을 현실화시킬 수도 있다. 그러므로 문제는 제도와 그 제도를 준수하려는 지도자들의 정치적 가치관이라 할 수 있다.

감청과 도청은 영장에 의한 수사와 달리 본인이 인식하지 못하는 사이에 이루어지기 때문에 개인의 비밀침해가 크게 나타날 수 있으며 이 때문에 이를 허가하는 수사기간의 장 또는 통치권자의 민주적

9) 유석진, 2000, 『정보화로 인한 정치과정의 변화와 우리의 과제』, 한국정보통신정책연구원, 65쪽.

가치관이 매우 중요하다고 할 수 있다. 국가는 일반적으로 사회질서 유지와 안보관리 차원에서 감시를 하지 않을 수 없으며 그런 의미에서 감시의 수요는 결코 감소하지 않는다. 문제는 이러한 감시가 법적인 틀 내에서 이루어지도록 하는 법적 장치가 마련되어야 하고, 이를 지키려는 정보수사기관의 장, 대통령의 민주적 정향이 뒷받침되어야 한다.

감시는 따라서 통치자의 정치적 정향에 의하지 않고서 설명할 수 없는 요인이다. 감시의 영역을 확장시키는 기술적인 요인은 정보환경의 변화에 대응하는 국가결정자의 몫이며, 진공상태에서 진화되지는 않는다. 그렇기 때문에 감시기술은 정치사회적인 정책결정의 산물이며 그것을 결정하는 것은 결국 통치자의 몫이다.

3.2. 가설간의 관계

지금까지의 연구결과를 보면 감시수준은 감시기술, 법적 제도, 정치문화적 요인 세 가지에 의해 영향을 받게 됨을 알 수 있다. 역대정부는 통신의 비밀과 보호문제에 관해 상시적으로 감청과 도청이 진행되었고, 집권자의 정치적 목표를 위하여 도청범죄까지 합리화했다. 한국사회가 분단이란 특수한 상황에서 통신감청의 불가피성을 악용하여 정치적 목적의 감청까지 합리화하려는 경향이 짙다고 할 수 있다.

역사적으로 감시권력과 개인의 권리보호는 국가 및 시민사회와의 관계 를 반영하는 수준에서 그 접합점을 이루었다.

첫째로 감시를 규제하는 제도는 통치자의 필요성과 시민사회의 개인정보 보호요구가 만나는 일정한 공유점에서 결정된다. 그러나 지금까지 분석한 바에 의하면 한국의 감청제도는 국가 정보수사기관의 필요성이 반영된 제도였으며, 개인의 기본권 보호 측면에서 만들어진 것은 아니었다. 국회와 시민단체의 통신비밀보호법 개정요구가 있더라도 집권여당, 국가정보원, 대통령의 태도변화가 없는 한 개정되기 어려운 것임을 지금까지 통신비밀보호법 개정과정을 통하여 확인하였다.

둘째로 정치문화적 요인은 감시의 제도, 감시기술의 개발 등을 포함하여 감시방식과 수준을 결정짓는 핵심요인이다. 김영삼 · 김대중 정부 내에서 자신의 임기동안 불법적인 도청이 이루어졌으나 이 때문에 관련자를 처벌하는 일은 없었으며, 국가정보원장 또한 도청자료를 보고받고도 이를 중단하라는 지시는 없었다. 감청과 도청은 국가권력을 유지하는 핵심수단으로 간주되었다.

정치문화적 가치관의 중요성을 몇몇 사례로서 다시 확인하면 다음과 같다. 역대정부는 다음의 표에서 보는 바와 같이 국가의 정보화를 주도하면서 일반시민들의 정보를 국가기간전산망에 수록하고 이를 가공하는 구조로 정보사회의 틀을 형성하였다. 상업적인 이유나 민간부분의 기술발전에 의해 정보화가 이룩된 것이 아니고 국가 주도로 기술시장을 확보했다. 개인정보는 효율적인 집적과 이용 측면에만 관심을 두었고, 기본권 침해에 대해서는 논의조차 이루어지지 않았다. 이와 같이 국가주도의 정보화와 행정의 효율성이 강조된 결과가 오늘날 국가 정보수사기관의 무분별한 감시남용을 초래하는 구조와 원인이 되었다고 할 수 있다.

개인의 기본권을 보호하기 위한 노력과 과정도 없이 행정정보를 국가주도로 통합 운영하려는 목표가 우선시되었다. 이로써 민주적인 제도의 도입에도 불구하고 감시권력이 제약을 받지 않고 오늘날까지 법적 일탈을 야기하게 되었다.

민주화 이후에도 대통령 개인의 의사에 따라 국가개혁의 질이 결정되는 현상은 그의 심리적인 변화에 의해 언제라도 후퇴할 수 있다는 것을 의미한다. 감청과 도청 역시 이 같은 시각에서 이해되어야 한다. 대통령의 초법성과 인치에 의한 국가운영, 정치적 가치관 · 태도가 제도의 정착을 이끌어내는데 중요하다. 이들의 비민주적인 태도에 대한 시민사회의 압력은 민주주의를 질적으로 심화시키는 방법이다.

요약하자면, 감청의 증감여부는 정치지도자의 정치문화적 정향에 달려 있다. 제도의 정비가 우선적으로 해야 하는 필요조건이라면, 정치문화적 개선은 충분조건이 된다고 할 수 있기 때문이다. 필요조건으로서 감청을 규제하는 제도가 존속하고 있음에도 감청과 도청을 하는 것은 권력자(국가 정보수사기관)의 이기심이나 권력의 확대 등 관성적인 권위주의 문화가 제도를 압도하기 때문이다. 즉, 정치지도자가 가진 정치문화, 정치적 정향이 무한한 권력욕에 의해 목적과 수단을 구분하지 않는 권위주의적 태도에 갇혀있기 때문이다.

따라서 한국사회가 좀더 민주적으로 공고화되기 위해서는 시민단체가 감시권력에 대해 역감시를 적극적으로 전개할 필요가 있다. 그동안 권력이 감시의 수요자로서 위치해 있었다면 민주사회에서는 시민사회가 역감시자의 주체로서 그리고 역감시의 수요자로서 위치를 확보해야 한다. 그것이 감시권력을 제어하는 효과적이고 바람직한 방안이다. 이상의 논의를 도표화하면 다음의 〈표5-8〉과 같다.

〈표4〉 감시 수요자와 대항감시자의 관계

구분	민주화 이전의 정부	민주화 이후의 정부	향후 개선방향
감시 주체	국가(국가정보수사기관)	국가(국가 정보수사기관)	국가(감시자) 시민사회(대항감시자)
감시수요자	통치자(권력집단)	통치자(권력집단)	통치자(권력집단) (시민사회)
감시 대상	시민	시민	시민, 국가

결국 민주주의의 심화는 법적 제도적 장치가 반드시 구비되어야 하지만 이것만으로는 보장되지 못하는 한계가 있다. 정치 문화적 차

원에서 정치적 정향이 민주적으로 나타날 때 비로소 가능한 것이다.

민주화의 핵심이 국가제도의 민주적 재편이라고 할 때, 감시권력의 사례를 통해서 보면 한국은 여전히 느린 민주화 과정을 걷고 있으며 정치 문화적 측면에서는 여전히 개선해야 할 과제를 안고 있다. 그러므로 국가지도자들의 정치적 가치관이 권위주의적이라면 그 변화의 대안은 자율적인 시민사회에 기댈 수밖에 없을 것이다. 이들의 활동을 통해서 국가가 감시의 수요자가 아니라 시민사회 또한 역감시자 역할을 위한 수요자로서 기능이 작동되어야 한다. 그래야 권위주의적 감시권력을 개선할 수 있는 길이 된다. 이에 대해서는 다음 절에서 구체적으로 논의할 것이다.

Ⅳ. 감시권력에 대한 통제방안

제5장 2절에서는 한국의 감시체제를 비교 분석하고 가설을 검증하였다. 역대 정부는 정보화가 저 수준이거나 고 수준이거나를 불문하고 각종 정보를 체계적으로 수집하고 이용하여 왔으며, 그 방식은 정치적인 목표 아래 국민의 기본권을 파괴하는 수준에 이르기까지 진행되었다.

민주화된 사회일수록 국가 정보수사기관의 감청은 기본권의 보호조치를 수반하면서 일정한 조화 위에서 이루어져왔다. 영국과 미국은 국가 정보수사기관의 권한 남용으로 개인의 기본권이 침해되는 경우에 이에 대한 이의신청권과 손해배상권을 부여하여 일정 수준에서 감시권력과 기본권의 균형과 조화를 이루는 방식으로 감시체계를 발전시켜 왔다. 국가에 의한 감시가 국가사회의 질서유지, 공익을 위한 목적으로 정당화된다 하더라도 수집된 정보는 언제라도 정치적 지배를 위한 도구로 이용될 수 있다는 점 때문에 선진국에서는 프라이버시 보호를 위하여 개인에게 방어할 수 있는 대항권을 부여하고 있다.

이에 비하여 한국에서의 감시권력은 앞서 분석한 바와 같이 미국과 영국, 일본의 그것과 비교하더라도 과다하게 행사하였고, 민주주의 체제에서도 헌법과 통신비밀보호법 등 각종 규정을 남용한 것으로 확인되었다. 권위주의적인 정치문화에 의하여 감시를 규제하는 제도가 유명무실해지고, 정치권력의 권력유지를 위해 감청을 조장하는 문화가 더 강화되는 경향을 보이고 있어 이에 대한 대안마련이 긴요하다고 할 수 있다.

4.1. 법적 · 제도적 차원의 통제

민주화가 기존 정치제도의 잘못된 관행과 제도를 바꾸어 가는 과정이라고 본다면 법적 제도와 정치문화 수준을 높이는 것이 올바른 해결책일 것이다. 국가 정보수사기관이 제도를 일탈한 데는 권위주의적인 정치문화가 서로 융합되지 못한 데 있지만, 그럼에도 이를 조화시키려는 끊임없는 노력이 중요하다.

한국에서 통신영역의 프라이버시 보호수준은 민주주의가 공고화되는 역사보다도 뒤늦게 나타났으며, 현재에도 제1장에서 데이빗 헬드와 앤써니 기든스가 개념화한 네 개의 기본권 가운데 경제적 권리, 정치적 권리 이외에 시민적 권리와 사회적 권리는 향유하지 못하고 있다. 특히 김영삼 정부와 김대중 정부에서 불법적인 감청을 통하여 시민들을 일상적으로 감시했다는 사실이 국가 정보수사기관에 의해 확인됨으로써 감시에 대한 규제가 민주주의 체제로 이행한다고 해서 저절로 달성될 수 있는 것이 아님이 드러났다.

통신비밀의 자유가 확보되지 못하고 있는 배경에는 권위주의 체제에서 인권침해를 당연시해왔던 관행과 각종 제도들이 근본적으로 개혁되지 않고, 정치적인 필요성에 의하여 언제든지 살아 숨쉬기 때문이다. 국가지도자들은 마치 막스베버와 앤써니 기든스의 견해처럼 감시체제의 성장이 자유주의 체제와 자본주의의 합리성, 관료제적 합리화의 결과로서 성장하였고, 효과적인 감시수단을 확보하는 것을 당연한 국가행위로 받아들여왔다.

한국에서는 제3장에서 제시한 것처럼 국가정보원(중앙정보부, 국가안전기획부), 국군기무사령부, 국가경찰이 권위주의 체제에서 감시를 담당하는 조직으로 발전하였다. 그리고 이들은 검열과 도청·감청에 관한 새로운 기술을 발전시키며 감시범위를 확장시켜갔다. 제4장에서 인용하였듯이 국방부, 안전기획부, 체신부, 한국전기통신공사가 감시기술자들의 내부교육과 교류를 통하여 감시능력을 확장시키고 감시담당자들을 표창하는 사기진작을 통하여 감시기술을 확대 재생산하였다. 또한 정부예산을 통하여 정보를 제공하는 정보요원을 관리하며 정치정보의 획득에 주력하여 왔다. 도청을 확대 생산하는 구조는 이처럼 국가기관에 대한 자기통제 시스템의 부재와 책임지지 않는 정치구조, 개인에 대한 권리로서 부여하는 방어권 조치가 없는 데 큰 요인이 있다고 볼 수 있다.[10)]

불법적인 감시와 감청은 시민들에게 불안감을 조성하고 통상적인 강제수사인 압수 수색과는 비교할 수 없을 정도로 사회에 주는 충격이 크다고 할 수 있다. 따라서 국가의 감시기구에 엄격한 규제를 가하여 국가안보와 사회질서 유지를 위해서는 감청을 최소화하되, 정치적 차원의 감청을 차단시켜야 하는 이유가 여기에 있는 것이다. 통신의 자유와 비밀보호를 위해서는 다음과 같은 조치가 추진되어야 한다.

10) 린츠는 민주화의 이행기에 채택된 정부형태 가운데 의원내각제보다 대통령제가 민주화로의 이행과정을 위협하고, 더 방해가 되는 것으로 보았다. Linz, p. 153; 민주주의의 유지와 발전, 정치적 책임성과 민주제도에의 순기능에 관한 글은 신명순·조정관 (역), 1995, 『의원내각제와 대통령제』, 나남에서 잘 나타난다.

4.2. 국가정보원의 개혁과 국회의 통제권 확보

도청과 감청의 억제는 이를 담당해온 핵심기관인 국가정보원을 개혁하는 데서 출발점을 삼아야 한다. 국가정보원은 과거 권위주의 체제에서 불법적인 도청과 감시활동으로 인권을 억압해온 이래, 한국사회가 민주화 이후에도 그 조직이 폐지되거나 개선되지 않은 채 정권의 필요성에 의하여 감청과 도청활동을 증가시켜 왔다.

따라서 (1) 국가정보원은 해외정보수집과 수사권을 분리하도록 조직을 개편하고, 조직의 목적을 벗어나지 못하도록 최소한 국회와는 상호신뢰 속에서 긴장관계를 유지하는 구조로 개혁되어야 한다.

미국의 경우는 국가정보기관장이 정보관련 예산과 활동에 대해 의회에 완전하게 그 내용을 공개하는 원칙을 세우고 있다. 감청의 경우는 특히 그렇다. 감청비용의 투명성을 위한 공개가 곧 감청의 불가피성을 확인할 수 있는 수단이 된다. 미국의 감청제도를 예로 들면 제도의 투명성 확보가 얼마나 중요한지 확인할 수 있다. 미국은 법원을 통하여 매년 '감청백서'(Wiretap Report)의 발표를 의무화하고 있다. 이 백서에는 연방정부와 주정부가 유선전화, 구두통신, 전자통신을 통하여 감청(interception)[11]을 실시하게 된 배경, 평균 감청시간과 감청연장 시간 및 감청비용, 감청을 통해서 검거된 범죄 수 및 재판결과와 획득물 등을 구체적으로 밝혀서 감청-범죄수사-비용의 상관관계를 사회에 제시하고 있다.

〈그림 5-5〉를 통해서 확인하더라도 한국은 2002년까지 미국보다도 높은 감청 수준을 유지한 것이 국제비교로도 확인되고 있다. 미국의 감청수준은 2002년까지는 비교적 감청이 적은 것으로 나타난다. 그리고 9 · 11 테러 이후에 감청수준이 증가하는 것으로 나타난

---

11) interception은 '가로채기'란 뜻이지만, Title Ⅲ에서 가로채기를 '어떤 전자적, 기계적 또는 구두의 통신내용을 청각 또는 기타 다른 방법으로 취득하는 것'이라고 규정하여 도청(wiretap)과 같은 용어로 사용하고 있다.

다.

『2004년도 감청백서』(2004 Wiretap Report)에 의하면 〈그림 5-6/7〉과 같이 2004년도 감청건수는 주와 연방 모두를 합하여 1,710건으로 나타났다. 평균 감청기간은 28일이었고, 1,341건이 연장 감청되었으며 평균 연장 감청 일수 또한 28일이었다. 2003년보다 하루가 줄었다. 감청의 93%는 전화감청이며 나머지는 컴퓨터, 팩스, 무선호출기 등의 전자감시였다. 2004년도의 감청에 의하여 체포된 사람은 4,506명이며 체포된 자 가운데 14%인 634명이 유죄판결을 받은 것으로 나타났다.

〈그림 5-1〉 감청추세와 국제비교 현황(1)

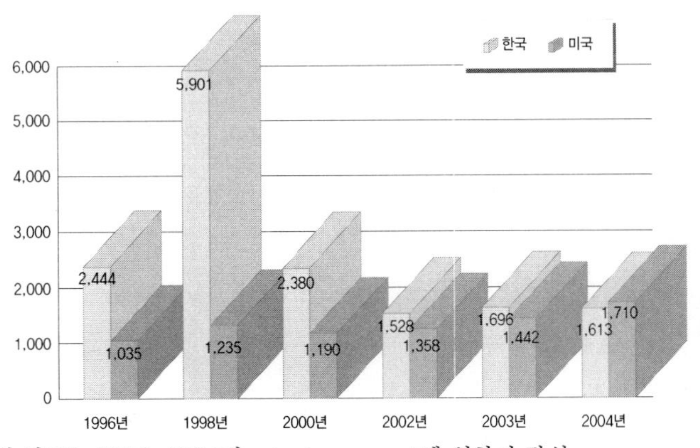

※ 미국의 자료는 1996-2004년 wiretap report에 의하여 작성

〈그림 5-2〉 감청추세와 국제비교 현황(2)

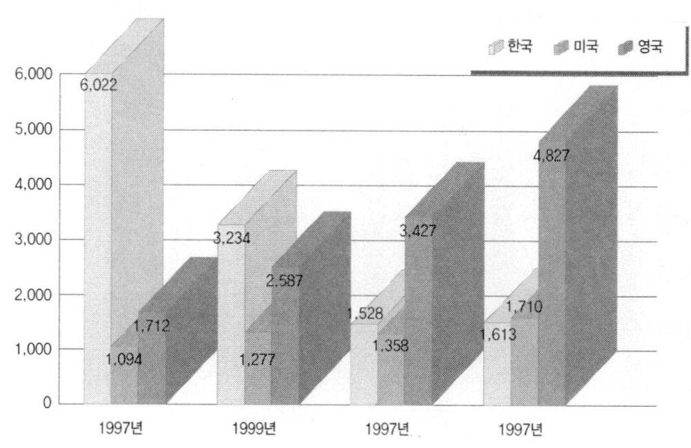

※ 2004년 비교자료 중 영국의 자료는 2003 기준임.

한편, 평균 감청 비용은 〈그림 5-8〉에서 보는 것과 같이 63,011 달러로 제시되었다.[12] 1994년부터 2004년까지 감청의 추이를 분석하면 감청건수는 10년 간 48%가 증가하였다. 미국의 감청은 연간 1천건 이하로 유지되었으나 2001년 9 · 11 테러가 발생하면서 감청비율이 급증하기 시작하여 최고치를 기록한 이래 감청이 강화되는 경향을 보이고 있다.

12) 2004 Wiretap Report, Administrative Office of the United States Courts, pp. 1-11.

〈그림 6〉연도별 평균 감청비용(달러)

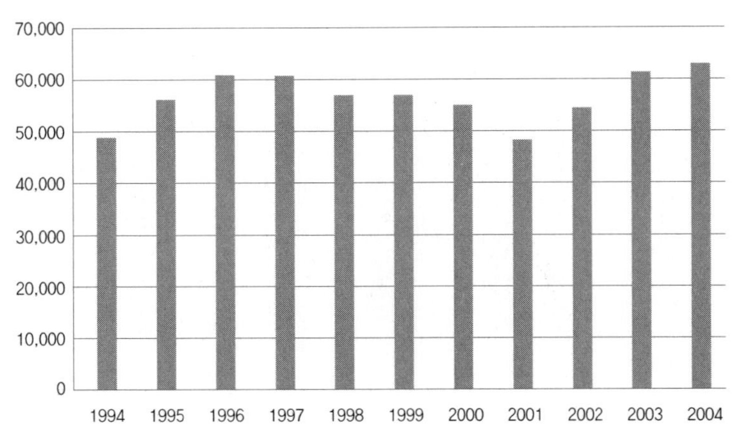

출처: 2004 wiretap report: 11

감청 가운데 마약관련 감청은 10년간 69%에서 78%로 증가하여 감청의 대부분을 차지하고 있으며 감청의 88%가 휴대용 감청장비에 의하여 이루어지는 것으로 밝혔다. 2004년도 감청에서는 특수한 감청 사례로서 이동하는 목표물을 감청하기 위하여 '이동감청'(roving wiretap) 6건이 포함되었다고 밝혔다. 이것은 범죄 목표물이 이동하면서 첨단 이동 감청장비가 사용되었음을 뜻한다. 2004년도 미국의 각주 및 연방 차원에서 실시된 총 감청 비용은 1,911만 달러, 약 2,000억원으로 나타났다.

일본 또한 2000년 8월부터 시행된 '조직범죄수사를 위한 통신방수(傍受)에 관한 법률'을 근거로 감청을 시행하고 있다.[13] 이 법에 의하여 감청결과를 구체적인 연관성에 의하여 제시하고 있다. 일본에서는 감청제도가 최근에 실시되었기 때문에 2003-2004년에 발

13) "監聽法 國會報告に 關する 聲明," 2003年 3月 13日, 盗聽法 廢止を 求める 署名實行委員會, 1쪽.

표한 것이 감청의 전부인데[14] 〈표 5-9〉와 같이 해상보안청과 후생노동성에 의하면 마약과 대마관리법위반으로 8건의 감청을 실시한 결과 모두 21명이 체포된 것으로 나타났다.[15]

〈표 7〉 일본의 감청 현황

연도	번호	청구	발부	방수영장(죄명)	통신수단	실시	체포인원
2003	1	2건 (해상보안청)	2건	마약특례법위반	휴대전화	10일간	3인
	2	2건 (해상보안청)	2건	마약관리법위반 대마관리법위반	휴대전화	8일간	4인
						4일간	
2004	1	1건 (후생노동성)	1건	마약특례법위반	휴대전화	9일간	8인
	2	3건 (후생노동성)	3건	마약특례법위반	휴대전화	1일간	6인
						12일간	
						10일간	

출처: 해상보안청, 후생노동성의약식품국, 『범죄수사를 위한 통신방수에 관한 법률 제29조에 의한 평성 14-15년(2003, 2004)에 있어서 통신방수에 관한 공포』, 1-3쪽.[16]

이에 비하여 우리의 경우는 국가정보원의 감시활동에 관한 그 어떤 투명성도 갖고 있지 않다.[17] 사법부와 감사원이 이들 국가 정보수사기관의 합법적인 활동, 예산사용을 효과적으로 견제하지 못하는

14) "監聽法 國會報告に 關する 聲明," 2003年 3月 13日, 盜聽法 廢止を 求める 署名實行委員會, 2쪽.

15) 일본의 감청법은 군사대국화 방향과 맞물려 있다. 일본은 1990년대 경시청에 생활안전국이 설치되어 'N시스템'이라는 감시카메라를 설치하였고, 감청법의 제정에 이어 2002년 일본국민의 개인정보를 네트웍화한 주민전산망이 가동되었다. 그리고 2003년 일본의 군사대국화를 겨냥하여 주변사태법, 유사관련 법안을 제정하여 군사화와 정보화를 진행시키고 있다. 田島泰彦, "監視社會と 市民的 自由," 『法律時報』, 2003年 11月號, 日本評論社, 30-32쪽.

16) 海上保安廳, 2003年, 『犯罪捜査のタめの通信傍受に關する法律題29條に基づく 平成14年における通信傍受に關する 公表』(2003. 2. 14); 2004年, 厚生勞動省, 『平成15年における通信傍受に關する 公表』.

것도 국가 정보수사기관의 개혁을 필요로 하는 요인이 된다.

(2) 국회가 국가 정보수사기관을 감시하는 기능과 역할을 강화하도록 관련제도를 개선하는 일이 중요하다. 특히 국회 정보통신위원회, 그리고 국가정보원으로부터 업무와 예산을 보고 받고 통제하는 정보위원회가 적극적인 역할을 할 수 있도록 국회법과 예산회계법을 개정할 필요가 있다.[18] 국회 정보위원회가 국가정보원 예산을 심의하도록 되어 있지만 국회법과 예산회계에 관한 특례법에 따라서 일반적인 절차를 생략한 채, 총액만을 심사하여 그 결과를 국회의장에게 보고토록 규정하여 국가정보원에 대한 실질적인 통제를 제외시키고 있다.

국가정보원에 관한 예산심의 규정을 살펴보면 다음과 같다.

---

17) 기본권의 침해시 구제에 필요한 법률이 선진국에서는 인권법이다. 한국의 경우도 2001년 5월에 국가인권위원회법이 제정되었으나 국가정보원과 같은 국가기구의 인권 침해를 실효성 있게 구제할 수 있을지는 알 수 없다. 국내·국외 정보를 한 조직이 관할하여 일어난 위험성은 독일의 게슈타포와 구동독의 슈타지(공안위원회)에서 찾을 수 있다. 민주주의를 침몰시킨 리바이어던으로 비판 받은 독일의 사례는 정보기관과 수사집행기관의 권한이 하나의 국가기구에 집중될 경우 자유권이 늘 위협 당한다는 사실을 가르쳐준다. 따라서 국가의 감시권력은 다른 임무와 권한을 갖고 있는 여러 기관에 분산시켜야 민주주의적 시스템이 실현될 수 있고, 민주적 통제를 보다 쉽게 하고 권한 남용을 사전에 방지할 수 있을 것이다.

18) 2005년 10월 월간중앙은 국가정보원에 관한 시민들의 인식을 조사하였는데 국가정보원을 불신하는 비율이 65.5%에 이른 것으로 나타났다. 국가정보원을 신뢰하지 않는 이유는 다음과 같다. 『월간중앙』,2005년 10월호, 74-75쪽.

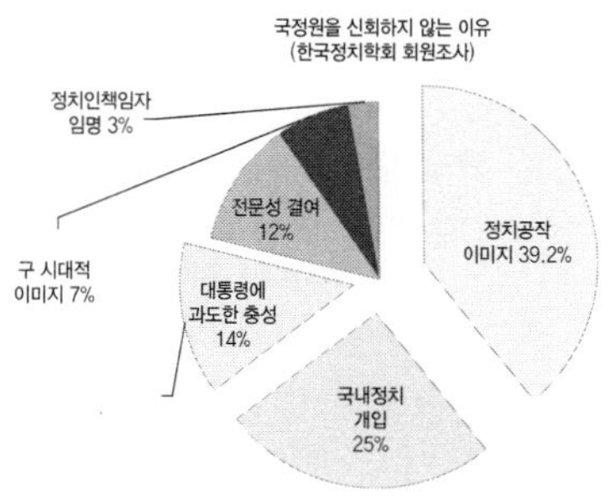

출처: 월간중앙, 2005년 10월호, 75쪽에서 재구성

(국회법 제84조의 4) 정보위원회는 (국회법 제84조 예산안 결산의 회부 및 심사) 제1항 및 제2항의 규정에도 불구하고 국가정보원 소관 예산안과 결산, 국가정보원법 제3조 제1항 제5호에 규정된 정보 및 보안업무의 기획 · 조정 대상부처 소관의 정보예산안과 결산에 대한 심사를 하여 그 결과를 해당 부처별 총액으로 하여 의장에게 보고하고, 의장은 정보위원회에서 심사한 예산안과 결산에 대하여 총액으로 예산결산특별위원회에 통보한다. 이 경우 정보위원회의 심사는 예산결산특별위원회의 심사로 본다.

국회법 제37조 제1항 16에서 정보위원회의 소관사항으로서 국가정보원에 관한 사항, 국가정보원법 제3조 제1항 제5호에 규정된 정보 및 보안업무의 기획조정 대상부처 소관의 정보예산안과 결산심사에 관한 사항 등 두 가지를 다루도록 규정되어 있으나 구체적인 예산결산 과정을 의제 시켰고, 예산회계에 관한 특례법은 제2조(예비비)에서 "국가의 안전보장을 위한 활동에 소요되는 예비비의 사용과 결산은 예산회계법의 규정에 불구하고 총액으로 하며 기획예산처 소관으로 한다"고 규정하여 아무런 통제도 가하지 못하고 있다. 정보위원회에서 예산과 국가 정보수사기관의 통제가 이루어지지 않는 것은 정보원이 보고와 심의 자체가 자세히 보고되지도 않고, 심의 또한 상세히 이루어지지 못하는 구조에 있다.[19)]

이처럼 국가기구의 기본권 침해는 국가정보원의 불법적인 감시, 도청이 주된 이유가 되고 있으며, 국내정치에 관여할 수 있는 예

19) 월간조선 2005년 9월호는 전 국회의장 박관용씨와의 인터뷰를 통하여 정보위원회의 문제점으로 "일반 현안은 '극비사항이니 양해해 달라는 말로 끝이며, 보고도 원칙적인 것 몇 가지만 하고 나머지는 보고조차 하지 않는다'며 국가정보원이 가지고 있는 기능 중에서 해외 정보수집, 해외공작활동, 국내 대공활동 등 반드시 해야할 임무를 중심으로 국가정보원을 발전적으로 해체하는 것이 가장 좋은 방법이라고 제시하였다." 김연광 · 김태완, "박관용 전직 국회의장 인터뷰," 『월간조선』, 2005년 9월호, 86쪽.

산·조직이 그대로 존속하고 있는 데다 "기술도 있고, 장비도 있어 언제든지 가동할 수 있기 때문이다. 결과적으로 김영삼 정부나 김대중 정부에서 국가 정보수사기관이 국내 정치사찰을 할 수 있는 인원과 기구, 예산을 삭감하지 못한 데 있다"[20]고 할 수 있다. 따라서 국가정보원 조직을 축소 또는 폐지하여 국외정보를 담당하도록 일부 기능을 유사기관에 이관하는 대책이 있어야 한다. 국회 정보위원회의 역할 또한 마치 상원처럼 인식되어 각 당 중진들이 겸직하고 있는 것에서 탈피하여 위원회 운영을 실질화하고 예산과 정보에 대한 통제를 강화하는 것이 시급하다고 할 수 있다.

따라서 국가권력기구 또는 대표기구간의 수평적 책임성(horizontal accountability)이 마련되는 것이 중요하다. 수평적 책임 개념은 입법과 사법, 행정 등 권력의 분립과 국가기구 사이에 견제와 균형을 통하여 권력의 확대나 남용을 억제할 수 있도록 하는 것으로 이런 제도들이 갖추어져야만 국가권력이나 지배엘리트에 대한 불신을 감소시킬 수 있을 것이다.[21] 특히 법에 의한 지배가 이루어져야만 국가권력의 자의적인 의사결정, 비정상적인 국가행위를 방지할 수 있다. 국가기구의 행위를 헌법과 통신비밀보호법에 구속시키고 법의 집행과 강제에 적법한 절차를 거치는 절차적 객관성, 투명성, 공정성이 확보되어야 시민들이 정부를 신뢰하고 민주주의가 장기적으로 유지될 수 있다.

20) 김연광·김태완, 윗글, 84쪽; 한편, 검찰은 2005년 8월 19일 국가정보원 압수수색에서 이동식 휴대폰 감청장비(CAS) 사용신청서 목록 5매 외에 유선중계통신망 감청장비(R2) 사용신청서 및 사용계획서 등을 확보한 사실도 공식 확인하고 김대중 정부에서 대공 수사나 안보 목적과 관계없이 정·관계와 재계, 언론계 인사를 도청한 정황이 있다고 밝혔다. 『한국일보』, 2005년 8월 26일.

21) O'Donell, Guillermo, 1999, "Delegative Democracy," in Counterpoints: Selected Essays on Authoritarianism and Democratization, Notre Dame: University of Notredame Press, pp. 165-166.

4.3 감청 사후통지 제도 강화

첫째, 감청의 최소화를 위해서는 감청대상 범죄의 축소가 선결과제라 할 수 있다. 이를 위하여 국가보안법 적용을 엄격히 하고 중대한 범죄에 한정시켜야 한다. 통신비밀보호법은 감청대상을 광범위하게 허용하여 처음부터 감청의 남용을 조정하는 법률로서 비판받아 왔는데, 그 일차적인 원인도 국가보안법 수사와 관련되어 있다.

국가보안법이 반공주의의 상징으로 기능하면서 때로는 비판적 생각이나 운동을 '좌경, 용공' 혐의와 연결시켜왔고, 때로는 북한의 도발위험, 안보불안과 연결시킴으로써 질서와 안정, 단결과 번영을 준강제적으로 강요시키는 심리를 만들어냈고, 또 이를 감청 남용의 명분으로 활용하여 왔다. 국가 안전에 대한 규정이 국가보안법과 통신비밀보호법에 불분명하게 남아 있는 한, 그 이름 하에 이루어질 수 있는 감청대상은 무한정 하게 허용된 것과 같다고 할 수 있다. 정치사찰을 위한 감청도 국가보안법의 적용에 의하면 가능한 것이 현실이 되고 있다.[22] 따라서 국가안보와 직접 관련이 있는 일정한 범죄로 감청대상을 국한해야 한다.

특히, 국가보안법의 경우에 찬양고무죄가 광범위하게 적용되는 데다 예비음모죄까지 처벌대상으로 하고 있어서 그 적용 과정에서 감청의 자의성을 의심받아왔다. 따라서 국회 주도로 (가칭)감청위원회를 구성하고 감청 항목을 추출한 후 이를 몇 년 동안 적용하여 최적의 결론을 이끌어낸 후에 감청 항목을 조정하여 시행한다면 감청에 대한 사회적 합의는 이룩할 수 있다.

22) 형사정책연구원, 윗글, 168쪽.

〈그림 8〉 통상 및 긴급감청 현황

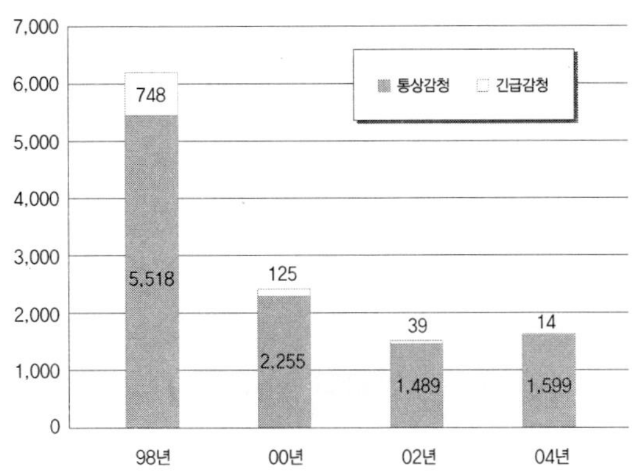

출처: 정부통신부 자료에 의해 작성

둘째, 긴급감청은 폐지하여야 한다. 정부는 유괴범처럼 긴급성이 요구되는 범죄수사를 이유로 긴급감청의 필요성을 주장하고 있다. 그러나 긴급감청은〈그림8〉에서 제시된 것처럼 1998년 748건에서 2000년 125건, 2002년 39건, 2004년 14건으로 계속 축소되었다. 2001년 이전의 긴급감청은 제한 규정이 허술하여 남용되어 왔으나 그 요건을 강화한 이후에 잘 활용되지 않는 것으로 보아 폐지가 가능하다고 판단된다. 일반적으로 형사소송법 상의 압수수색에는 긴급성을 허용하지 않으면서 사생활 침해가 큰 정보통신상의 수사에만 긴급성을 허용하는 것은 잘못되었다는 지적이다.[23)]

셋째, 감청통지제도의 엄격한 준수가 필요하다. 2001년 개정된 통신비밀보호법은 사후 통지제도를 신설하였으나,[24)] "국가의 안전보장 · 공공의 안녕 질서를 위태롭게 하거나, 통지할 경우 사람의 생

23) 형사정책연구원, 윗글, 175쪽; 1997-2000년 정보수사기관들은 1,529건의 긴급간청을 실시하였으며 이 가운데 법원으로부터 영장을 발부 받아 통상감청으로 전환한 것은 601건(39.3%)에 지나지 않는 것으로 나타났다. 진보네트웍, 윗글, 268쪽.

명 · 신체에 중대한 위험을 초래할 염려가 현저한 때" 그 통지를 유예시킴으로써 사후통지 제도가 유명무실할 수 있는 길을 열어놓았다. 사후통지제도가 준수되지 못하는 요인은 다음의 지적에서 잘 나타난다.

현행법은 국가 정보수사기관이 감청을 한 사건에 관하여 관련자를 기소하거나 불기소 또는 불입건 처분을 한 날로부터 30일 이내에 당사자에게 감청 사실을 통보하도록 정해 놓았다. 그러나 이 사후규정은 실효성이 없다. 국가의 안전보장이나 공공의 질서를 위태롭게 할 현저한 우려가 있을 때에는 통지를 유예할 수 있다는 조항 때문이다. 또 통지를 유예할 수 있는 기간이 별도로 명시되어 있지 않다. 실제로 정보기관이 감청사실을 당사자에게 제대로 통지한 경우는 거의 없다는 게 전직 국가정보원 직원의 증언이다. 검찰이나 경찰과 달리 국가정보원 등 정보기관은 그럴 의무조차 없다.[25)]

사후통지제도의 유예는 공권력에 의한 권리 침해 시, 쟁송수단을 통한 권리구제를 불가능하게 할 수도 있으며, 감청통지가 이루어지지 않은 상태에서 감청이 행해지고 또 감청을 통해서 수집된 정보를 증거로 채택될 수 있다는 점에서 기본권을 본질적으로 침해할 여지가 많은 것이다.

〈그림 9〉의 자료는 2002년부터 도입된 통신비밀보호법 제9조의2(통신제한조치의 집행에 관한 통지)에 의하여 검찰이 통신제한 조

24) 사후통지제도는 통신비밀보호법 제9조의2 (통신제한조치의 집행에 관한 통지) 에 의하여 검사 · 사법경찰관 · 국가 정보수사기관의 장이 "통신제한조치를 집행한 사건에 관하여 공소 등의 처분(기소중지 결정을 제외한다)을 한 때에는 그 처분을 한 날부터 30일 이내에 우편물 검열의 경우에는 그 대상자에게, 감청의 경우에는 그 대상이 된 전기통신의 가입자에게 통신제한조치를 집행한 사실과 집행기관 및 그 기간 등을 서면으로 통지하여야 한다"고 규정하고 있다.

25) 『동아일보』, 2005년 8월 9일.

치 허가서를 발부한 건수와 전화·우편검열에 대한 통신제한 조치가 끝난 이후 대상자 또는 가입자에게 보낸 통지현황을 나타내는 것이다. 이 자료에 의하면 사후통지제도는 2002년 19%, 2003년 29%, 2004년 51%, 2005년 상반기 30% 수준을 보이고 있다. 3.5년간 평균 이행률은 32.25%에 지나지 않는다. 법률에 의하여 검찰에서 사후통지를 유예한 건수는 2002년 3건, 2004년 2건, 2005년 1건 등으로 나머지는 감청대상자 본인에게 통보되지 않았다. 이처럼 사후통지의 예외규정을 악용하고 있는 것이다.

〈그림 9〉 감청후 대상자에 대한 통지율 현황

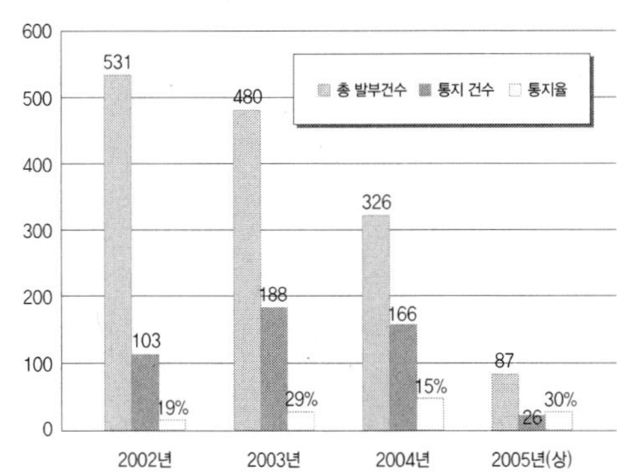

출처: 2005년 국정감사, 법무부의 김형오 의원실 제출자료

4.4. 감청 담당자의 책임부과 제도

한국의 감청은 정보수사기관의 임의적인 판단에 의하여 그 범위가 결정되는 구조로 되어 있으며[26)] 감청관리대장의 부실, 감청통계의

26) 한겨레신문 2003년 10월 6일-7일자에 따르면, 대검찰청 중수부가 수사 중 핵심사항의 보도를 이유로 출입기자들의 휴대폰 착·발신 번호 등 통화내역을 조회 해 온 것으로 밝혀졌다. 국민일보 2004년 1월 6일자에 의하면 "NSC-외교부 사사건건 충돌"이란 기사가 게재되자 국가안전보장회의(NSC)가 국가정보원에 보안사고 여부를 의뢰했고, 국가정보원은 통신비밀보호법을 적용하여 기

누락 등 그 어느 것 하나도 체계적으로 관리되고 있지 않은 것이 감사원 감사와 국정감사로 밝혀졌다. 이런 행태는 감청의 심각성을 인식하지 못하고 감청목적만 달성하면 된다는 국가 정보수사기관의 권위주의적 사고 때문이다. 이 때문에 민주화된 정부에서조차 기본권과 인권을 침해하는 수준까지 감청, 감시가 비약적으로 증가하였다. 직접 감청과 통신회사를 경유하는 간접적인 정보획득을 통한 인터넷 · pc통신, 휴대전화 감청 등 전체적으로 감청이 증가하고 있는 것이다.

따라서 국가기관의 감시체제로부터 개인을 보호하기 위한 장기적인 방법은 외부인의 감시, 감시 · 감청 당사자들의 책임성, 감시를 행하는 목적의 투명성을 확보하는 데 있다. 국가기관의 감시체제 남용을 방지하기 위해서는 다음과 같은 내부통제가 제도화되어야 한다.

첫째, 감청 장소를 제한하고 정보의 수집자에게 책임을 지워야 한다. 국가에 의한 개인정보의 수집은 국가가 일방적으로 가져가는 형태로 이루어졌음을 상기할 때, 개인정보의 '수집 장소와 정보 자체'에 대한 통제가 필요하다. 감사원의 감사결과 무분별한 감청, 도청에 대해서도 책임을 부과하지는 않았다. 불법감청에 대해서는 책임원칙을 분명히 정립할 필요가 있다.

그러나 지금까지의 분석에서 드러난 것처럼 김영삼 정부 이후 등장한 김대중 정부나 노무현 정부에 이르기까지 국가 정보수사기관이 도청설비 장치를 밀수입하고, 불법적인 감시에 수많은 예산을 낭비하면서 체제감시를 강화하는 수단으로 활용하여 왔음이 확인되었

자의 통화내역을 조회하였다. 물론 조사결과, 해당 기사가 보안사고에 해당하지 않는다고 통보하였다. 이처럼 국가 정보수사기관은 권한을 남용하면서까지 조직을 보호하기 위한 수단으로서도 통신 · 언론자유를 침해하고 있다. 이승선, "통신비밀의 보호와 취재 · 보도의 자유," 2004, 『정부의 기자통화내역 조회와 언론의 자유』, 한국기자협회 제35회 포럼, 1-3, 6-15쪽.

다.

정부를 비판하는 정치권은 물론 기자들의 통화내역을 수시로 조사하는가 하면, e-메일 · pc통신까지 광범위하게 조사하는 방법으로 감시영역이 확장되고 있다. 따라서 국가기관의 인터넷 · pc통신에 대한 무분별한 감시에 대한 규제로서 영장주의가 적용되도록 법개정이 이루어져야 한다.[27)]

4.5. 정치 문화적 차원의 개선

제2절에서 제기한 것처럼 민주화 이후의 정부에서도 통신영역에서만큼은 민주주의의 가치인 기본권이 지켜지지 않는 배경으로 정치적 목적을 위한 감청에 있음을 설명하였다. 김영삼 · 김대중 대통령이 집권했던 시기 중에서 1995년, 1997년, 2002년 등 지방선거 혹은 대통령선거, 집권 여당의 국회의원 탈당과 정당질서의 재편과 같이 정치환경에 변화가 있거나 선거주기에 따라서 불법도청과 감청이 반복적으로 되풀이되는 사실도 제기하였다.

이처럼 권위주의 체제와 유사할 만큼의 기본권과 프라이버시권을 침해하게 된 결과를 놓고 볼 때, 한국사회에서 진행되고 있는 민주주의는 대단히 보수적이고 최고 통치자의 교체라는 의미에 한정되어 있다. 따라서 정치문화의 개선을 위해서는 먼저 다음과 같은 요건들이 변화되어야 한다.

---

27) 2003년 7월 정부는 인터넷 매체가 급성장하면서 초상권 침해와 명예훼손, 국가보안법 위반과 관련된 글이 등장하자 인터넷의 실명제를 도입한다고 발표하였다. 그러나 2004년 1월 시민단체인 '인터넷 국가검열 반대를 위한 공동대책위원회'는 인터넷 실명제가 표현의 자유를 위축시키는 사전 검열행위로서 정보인권에 대한 중대한 침해라며 반대의견을 제시하였다. 『한겨레신문』, 2004년 1월 28일; 한편, 민주사회를 위한 변호사모임, 진보네트워크센터, 참여연대 등 시민단체는 2003년 12월 29일 통신비밀보호법 개정에 반대한다는 성명을 발표하였다. 이들은 정보수사기관이 통신사실 자료확인을 요청할 때에 영장주의를 적용해야 한다고 주장하였고, 2003년 10월 9일 법관의 영장을 받아 통화내역을 조회해야 한다는 내용을 담은 통신비밀보호법 개정 청원을 국회에 제출한 바 있다. 대한변호사협회, 2003, 『인권보고서』제18집, 164쪽.

첫째, 민주주의의 심화에 대한 성찰

한국의 정치지도자들은 민주화의 수준을 절차적 수준의 민주화 즉, 최소 수준의 차원에서 민주화를 이해하는 경향이 많다고 할 수 있다. 김영삼 · 김대중 대통령은 권위주의 정부와 달리 집권과정의 정당성을 확보한 권위를 과도하게 행사하고 민주주의를 편협하게 이해함으로써 사회의 각 제도들이 권위주의 체제로 회귀하는 것을 방지하지 못한 것으로 해석할 수 있다.

임혁백은 한국의 민주주의가 소극적인 의미에서는 1997년 선거를 기점으로 공고화 수준에 진입하여 경쟁세력간 정권교체가 정립되었다고 보았지만, 적극적인 의미에서 공고화 수준에 이르지는 못했다고 평가하였다. 그 요소들로서 모든 행위자들이 민주적 절차와 규범을 내면화하는 문제, 헌정주의의 정착, 민주적 책임성 등에서 아직 저 수준에 있기 때문으로 지적하였다.[28] 강정인 역시 한국에서 민주정부의 지도자들, 특히 김영삼 정부의 경우에 절차적 정당성을 과신하여 정권의 등장을 민주주의와 동일시하고 자신들의 행위가 민주적이라고 믿는 권위주의의 부정적 유산을 지니고 있기 때문이라고 진단하였다.[29]

따라서 사회의 민주화 수준을 사회 각 영역에 내면화하는 것이 중요하다고 할 수 있다. 무엇보다도 정치지도자, 즉 통치권자의 민주적 정향이 무엇보다도 중요하다. 정보화 사회가 긍정적인 방향으로 나가기 위해서는 기술이 놓여 있는 정치 사회적 환경을 민주적으로 심화시켜야 하며, 그렇지 못할 경우 권력에 의한 시민통제와 프라이버시 침해가 정보사회에 그대로 이전될 수 있다. 정보화가 자동적으로 바람직한 사회를 이끌어 가는 것은 결코 아니며, 인간의 의지와

28) 임혁백, 2000, 『세계화시대의 민주주의』, 나남, 268-270쪽.

29) 강정인, 1998, 『세계화, 정보화, 그리고 민주화』, 문학과 지성사, 304쪽.

노력에 의해서만 바람직한 방향으로 나갈 수 있기 때문에 감시체제를 억제하기 위해서는 감시권력을 운영하는 담당자들의 의식전환이 뒤따라야 한다.

둘째, 시민의 요구에 대한 수용

정권을 담당한 정치권력은 국가를 어떻게 이끌어가고, 국가의 활동이 어떠해야 하는가를 고려하면서 국가의 각 제도를 운영해야 한다. 따라서 국가 정보수사기관의 운영 또한 민주화 사회에서 시민들이 요구하는 민주적 가치를 국가운영에 반영하는 것이 필요하다.

김영삼 · 김대중 정부에서의 개혁조치가 위로부터 주도되면서 민주주의의 공고화에 기여하지 못한 것은 한편으로 시민의 동의와 협력 없이 국민을 KD대로 한 즉응적인 개혁을 시도할 경우, 그 지도자에 의하여 다시 허물어질 수 있다는 사실을 상기시켜준다. 중간집단을 배제한 위로부터 주도하는 개혁이 한계를 노정하는 사례는 신생국에서 충분히 발견할 수 있다. 따라서 민주주의의 공고화는 국가와 시민사회의 상호균형과 견제뿐만 아니라 이를 매개하는 다양한 집단과 개인들의 이해와 요구가 정치사회에 수렴되고 정책화하는 과정을 거쳐 정치사회가 활성화됨으로써 실질적으로 달성될 수 있다. 이에 대한 구체적인 대안은 제3항과 제4항에서 제시된다.

4.6. 국가권력의 대항권으로서 기본권 확대

감청은 개인의 프라이버시를 침해하는 바탕 위에서 실시되는 것인 만큼 최소 사용의 원칙, 비례성의 원칙, 감청비용의 최소화 등을 준수하도록 하는 조치가 필요하다. 미국과 영국, 일본의 감청제도에서 나타난 바와 같이 감청이란 '본인 동의나, 영장주의' 둘 중 요건 가운데 그 어느 하나가 충족될 경우에 이루어져야만 감청이 필요 최소 조건으로 실시될 수 있다. 그리고 국가가 그 수사권한을 남용하였을 때, 통신비밀보호법과 인권법 등 관련법으로 대항할 수 있는 기본권 확대가 국가의 감시권력 증가에 대비할 수 있는 유일한 제도임을 확인할 수 있다.

국가권력과 시민사회는 감시 · 프라이버시에 대하여 서로 다른 목표를 갖고 있으며 상호 대립적인 관점을 갖고 있다. 국가는 정치적 가치에 따라 개인정보를 수집하고 있으며, 내부적 · 기술적인 조절을 통하여 감시수준을 결정해 나가는 방법을 원하고 있는 반면, 시민사회 부문은 국가기구의 자의성을 방지하고 법적인 규제를 통하여 예측가능한 사전적 통제 등 보다 강력한 형태의 보호를 요구하고 있다.

1994년의 통신비밀보호법 제정과 2001년의 법개정은 국회와 시민사회의 개정요구를 반영하여 프라이버시 보호에 많은 진전이 있었다. 그럼에도 불구하고 또 다른 한편으로 국가는 〈표 5-10〉에서 보는 바와 같이 정보기술을 통해서 감시영역과 기술을 확장하는데 집중해 온 반면 개인의 기본권 보호에는 소극적이거나 수동적인 자세를 갖고 있다.[30] 국가적 측면에서 보면 개인정보를 독점하여 관리 · 감시하는 것은 행정의 효율성을 넘어서 언제나 권력관계로 전환될 수 있다는 것을 감청을 통해서 확인할 수 있다. 국가의 일차적인 관심이 개인정보의 획득과 활용을 통한 정치적 가치에 두기 때문이다.

---

30) 2003년 10월 6일 국회 정보통신위원회 국정감사에서는 이동전화의 도청 가능성에 대한 여러 가지 의혹들이 공개되었다. 권영세 의원은 한 휴대폰 제조업체의 비화 휴대폰(도청방지 휴대폰) 상용화 시도를 국가정보원이 가로막았다는 의혹을 제기했으며, 박 진 의원은 정부가 실제로 비화 휴대폰을 고위 공무원들에게 지급하기 위한 예산을 배정했다는 사실을 공개했다. 시민행동 또한 이미 지난 달 29일 기자회견을 통해 이런 의혹들을 제기한 바 있었다. 그럼에도 불구하고 정보통신부는 계속 불가능하다고 주장하였다. 있을지도 모르는 도청을 방지하기 위해서 기술개발을 하는데, 왜 지자체에 비화 휴대폰 구입 예산까지 책정하게 했는지도 의문이며, 정부는 기술 개발을 하면서도 민간의 비화 휴대폰 상용화 노력은 막는 것도 납득하기 어렵다. 시민사회단체 공동 기자회견, 『한국 프라이버시권, 위기에 처하다』 2003년 9월 29일자.

〈표 10〉 감시 및 프라이버시에 대한 각 부문의 관점

기 준	국가권력집단	시민사회부문
정보 사회관	국가능력 향상	경제, 생활에 기여
개인정보의 가치	체제관리적 · 정치적 가치	공익적 가치
프라이버시보호	수동적	적극적
보호방법	내부통제, 기술적 통제	외부 통제, 법적 통제

그러나 불법적인 도청과 감청의 남용은 기본권 침해와 직결되어 있으며, 시민들이 국가로부터 일방적인 감시와 피감시자의 관계에 놓여 있는 경우, 이를 침해당할 경우에 대항할 수 있는 수단을 갖고 있지 못하다. 따라서 본인이 감시당하는 사실과 그 결과를 알 수 있도록 감청기록의 열람, 이의신청권을 부여하고 프라이버시를 침해당한 데 대한 대항수단의 길을 마련하는 것이 프라이버시 침해를 근본적으로 억제할 수 있다. 이와 같은 방어권을 부여할 경우 국가 정보수사기관이 감청을 실시하면서 침해 최소화의 원칙, 비례성의 원칙을 준수하도록 강제하는 효과가 있기 때문에 그 남용은 적극적으로 억제될 수 있다.

따라서 통신비밀보호법 외에 인권위원회법을 개정하여 감청으로 인한 인권침해를 인지하였을 때 조사와 청원이 가능하도록 해야 한다. 유럽 각국이 통신감청으로 인한 피해구제를 인권법에서 명문화하는 것과 달리 한국에서는 이러한 제도가 사실상 폐쇄되어 있는 것과 같다. 따라서 영국과 같이 인권법을 통해서 침해구제를 받을 수 있도록 해야 한다. 물론 이러한 제도보완[31]으로 불법감청과 감청남용이 적극적으로 해소될 것으로 보지는 않는다. 인권위원회의 출발

31) 인권위원회법 제30조 (위원회의 조사대상)에 의하면 '국가기관, 지방자치단체 또는 구금 · 보호시설의 업무수행(국회의 입법 및 법원 · 「헌법」재판소의 재판을 제외한다)과 관련하여 「헌법」 제10조 내지 제22조에 보장된 인권을 침해당하거나 차별행위를 당한 경우, 법인 · 단체 또는 사인에 의하여 차별행위를 당한 경우'에 위원회는 진정이 없는 경우에도 인권침해나 차별행위가 있다고 믿을 만한 상당한 근거가 있고 그 내용이 중대하다고 인정할 때에 직권으로 조사할 수 있다고 규정하고

이 국제적 권고기준과는 다른 변형된 조직으로 출발했기 때문이다.

감청을 억제하는 일은 국민의 부담인 국가예산을 효율적으로 심의하여 적재적소에 집행되도록 감시하는 것과도 직결된다. 많은 감시비용을 소모하면서 국민의 프라이버시를 침해하고 밀착 감시하여 정치적 목적을 달성하려는 것은 민주주의 체제를 위기로 끌고 가는 것이나 다름없다.

프라이버시는 헌법(제37조)에서 규정한 것처럼 국가안전보장 · 질서 유지 또는 공공복리를 위하여 필요한 경우에 법률로써 제한될 수도 있다. 그러나 국민의 기본권을 본질적으로 침해하는 수준이 되어서는 안 된다. 따라서 날로 감시영역을 확장하는 국가권력에 대하여 프라이버시보호권도 확대되어야 하고 이런 발전은 다음에서 제기하는 시민단체 및 정당 등 사회적인 압력과 역할에 달려 있다 할 수 있다.

4.7. 시민사회의 역감시 역할확대

국가감시 체제에 대하여 시민사회 중심의 역감시체제가 확립되어야 한다. 앞서서 통신비밀보호법의 개정과 감청을 규제하는 야당의 역할을 살펴보았지만 국회의 견제만으로 국가의 감시활동이 감소하지 않는다. 국회는 다양한 의견을 반영하여 제도를 개선하지만, 그 과정은 항상 타협과 협의에 의하여 이루어지기 때문에 여당과 정부의 협조 없이는 불가능한 한계를 갖고 있으며, 위치가 뒤바뀌어 야당이 집권에 성공한다면 감청을 확대하는 유혹에 빠질 수 있음을 김영삼 · 김대중 정부의 사례를 통하여 반증할 수 있다. 따라서 다음과

있다. 그러나 법인, 단체 또는 사인의 행위에 의한 프라이버시의 침해 등이 발생한 경우에는 그것이 성별, 종교, 장애, 나이, 사회적 신분, 출신지역, 출신국가, 출신민족, 용모 등 신체조건, 혼인여부, 임신 또는 출산, 가족상황, 인종, 피부색, 사상 또는 정치적 의견, 형의 효력이 실효된 전과, 성적(性的) 지향, 병력(病歷)을 이유로 한 차별행위와 연관되는 경우에만 조사하는 한계가 있다.

같이 시민사회를 중심으로 정부의 감시권력을 역으로 감시하는 체제확립이 필수적이라 할 수 있다.[32)]

(1) 기술에 대한 통제

제5장 1절에서 감시기술은 사회적인 힘에 의하여 결정된다는 점을 언급하였다. 감시 영역을 확장시키는데 기여하는 기술적인 요인은 국가결정자의 몫이며, 진공상태에서 일어나지는 않기 때문이다. 그렇기 때문에 감시기술은 정치사회적인 정책결정의 산물이며 그것을 결정하는 데 있어서 시민사회의 역할이 반영되도록 해야 한다.

한국에서 국가기간전산망 사업이 완성되고 방대한 개인정보가 구축될 때까지 시민사회가 적극적으로 관심을 갖고 문제를 제기하지는 못하였다. 정보보호차원에서 문제를 제기한 것은 최근의 전자주민카드, NEIS 등에 국한될 정도로 국가의 일방적인 주도로 이루어져왔다. 따라서 정보의 주권 차원에서 국가의 감시기술 수준에 관하여 시민사회단체의 적극적인 참여가 필요하다.

민주주의가 불신을 받을 때 체제를 운영하는데 엄청난 비용과 인권침해가 뒤따른다는 사실은 불과 10년 전에 우리 사회가 겪은 바 있다. 민주화 수준을 공고화하지 않으면 우리는 정보화의 진전과 더불어 진행되고 있는 국가의 정보 집적과 통제의 고도화로 머지 않아 원형감옥의 등장을 맞이할 수도 있다.[33)]

---

32) 김영삼 · 김대중 정부에서 감청이 확대되고 불법감청이 제기된 사실은 민주화 과정에서 제도개혁이 뿌리를 내리지 못했음을 보여주는 역설적인 사건이다. 김영삼 정부는 1993년 통신비밀보호법을 제정한 당사자이며, 김대중 정부는.1988년 평화민주당 시절에 '우편 및 통신의 비밀보장에 관한 법률'을 주도적으로 제안했고 스웨덴의 '모두를 위한 컴퓨터'(computer for all) 정책처럼 1인 1pc 보급으로 정보격차 해소에 기여한 정당이다. 그러나 2001년의 9월 21일 정보통신위원회 국정감사에서 감청남용 사실을 확인하기 위하여 한나라당은 KT광화문전화국과 SK텔레콤 보라매 사옥에 대한 현장검증을 시도하였으나 정부 · 민주당의 반대로 무산되었다. 2001년도 국정감사, 『과학기술정보통신위원회 회의록』(2001. 9. 21), 5쪽.

정보화 시대에서 정치의 문제점은 “정보의 부족이 아니라 양적 과잉이 문제이며 지배권력은 시민생활을 원격조종하고 가정을 탐색하고 시민의 정치적 성향과 사생활에 관한 정보를 획득하여 정보를 조작할 가능성이 많다는데 있다. 정보혁명이 시민생활에 정보의 확산을 가져오기보다 감시기술의 발달, 기록의 집중화, 비밀의 독점을 통한 정보에의 접근통제를 초래할 가능성이 있는 것이다. 그러므로 감시권력에 대한 시민사회의 역감시가 필요한 것이다.”[34)]

(2) 감시의 법적 제도 확립

전체주의와 민주주의를 구분하는 가장 뚜렷한 특징은 감시의 합법성 정도에 달려 있다고 할 수 있다. 개인의 사상적 자유와 비밀보호와 같은 민주적 가치가 지켜지기 위해서는 시민사회에 의한 국가권력의 감시라는 일종의 ‘대항 감시’를 필요로 한다. 이것은 총체적인 감시자인 국가가 국민의 항상적인 감시의 대상이 될 때, ‘보호하기 위해 감시한다’는 주장 속에 감추어진 감시의 남용을 억제할 수 있을 것이다.

제2장에서 설명한 것처럼 기든스는 ‘통제의 변증법(dialectics of control)’이라는 개념을 통해서 국가기구의 감시전략에 대항하여 ‘공공 영역’에서의 토론과 문제제기를 통해서 국가에 영향력을 행사할 수 있다는 전략을 언급하였다. 권력의 남용을 억제하는 데 국가권력을 분립, 분산시키는 것이 대안인 것처럼, 국가기구에 의한 감시와 도청의 남용은 국가기구 내 다른 인권기구의 감시, 그리고 국가와 시민사회간의 민주적 역학관계를 재 구축하여 감시하는 방법도 가능하다.

피감시자인 시민들이 국가권력을 역(逆)으로 감시하는 대항감시는

33) 임혁백, 앞의 글, 190쪽.

34) 앞의 글, 190-191쪽.

국가제도 내에서 각각의 국가 정보수사기관들이 자기 조정적 기능을 상실하지 않도록 상시적으로 감시해야 하는 필요성 때문이다. 더욱이 국가기구는 새로운 권력자에 의하여 자기조정 능력이 언제라도 상실될 위험이 크기 때문에 정보를 독점하는 국가에 대해서는 시민사회의 대항감시가 필요한 것이다.[35)]

시민사회는 수동적인 시민을 공공의 문제에 더욱 더 적극적으로 참여하는 시민으로 거듭나도록 의사결정능력과 판단능력을 도와주어야 한다. 우리 사회가 정보화 사회로 이행하면서 첨단통신기술의 발전이 이론적으로는 시민들의 정치적 의식을 고취하고 직접민주주의를 실현시킬 수 있는 등 긍정적 측면을 강조하지만, 결정이 수반되지 않는 방관자적 참여(observer-participation), 소극적 참여자도 그에 못지않게 존재한다. 다시 말하면 일반 시민들이 행동에 옮기는 수단이나 의사결정 능력이 떨어지고 누가 해결해줄 것이라는 수동성을 가질 수도 있다. 따라서 시민사회단체는 정당체제의 외부에서 시민의 이익을 표출하고 정당과 정치사회를 보완하는 역할을 함으로써 불법적인 권력의 남용, 특히 국가 정보수사기관의 불법과 폭력을 모니터링하고 정치적 결정과정에서 투입기능을 강화할 수 있다.

사실 통신비밀보호법이 개정되는 과정에서는 정당이 주된 역할을 담당하였으나 시민행동과 경실련의 입법청원이 있었고, 또 진보네트워크 센터와 같은 단체들의 기여가 있었다. 이들 시민단체는 감시

35) 2002년 대선 직전 국가정보원 도청과 관련하여 참여연대가 통신비밀보호법 위반 등의 혐의로 고발한 사건 당시 국가정보원장 등에 대해 서울중앙지검은 무혐의 처분을 내렸다. 검찰은 휴대전화 감청 가능 여부 논란과 관련하여 '현 단계에선 기술적으로 불가능하다'고 결론을 내렸다. 『세계일보』2005년 4월 1일; 그러나 2005년 8월 국가정보원은 "기지국을 중심으로 반경 200m 이내에서는 도 · 감청이 가능하다"고 휴대전화 감청 사실을 시인하였다. 전문가들은 CDMA(코드분할다중접속)기술이 코드를 분할해서 암호화시킨 상태에서 상대 전화번호로 음성을 전송하기 때문에 이것을 중간에 가로채(intercept) 해독하는 것은 이론상 가능하다고 보고 있다. 『동아일보』, 2005년 8월 6일.

로 인하여 프라이버시권에 커다란 영향을 미칠 수 있는 사안에 대하여 사전에 그 영향을 평가한 후 도입여부를 결정하는 '프라이버시영향평가제도' 의 도입을 주장한다.[36] 이들은 시민들이 감시의 단계에 참여하여 민주주의와 인권에 부정적인 영향을 미치는 요인들을 평가해야 한다고 생각한다.

지금과 같이 도청과 감청으로 확산된 시민들의 불안심리를 극복하고 감청이 불가결한 제도라는 점을 일반국민들에게 확신시키기 위해서는 미국이 사용했던 검증방식을 활용해볼 필요가 있다.

미국의 감청법인 Title Ⅲ는 의회의 위임을 받은 '전국감청위원회' 가 1976년부터 6년 간 감청의 적용실태를 철저히 연구한 끝에 조직화된 범죄를 수사하고 증거를 확보하는데 필수적이라는 결론을 얻어 시행되고 있다. 1992년의 FBI 보고서에 의해서도 법에 열거된 감청 항목들이 뇌물, 유괴, 납치, 살인, 테러리즘 등 심각한 폭력적 범죄활동을 수사하는데 필수적이라는 결론을 얻었다고 밝혔다.[37]

따라서 이와 같은 방식을 통하여 감청에 필요한 항목을 추출하고 이렇게 추출된 항목이 국가안전과 사회질서 유지에 어느 정도의 효과가 있는지 '적용시험' 을 통하여 확정함으로써 우리 사회에 최소한의 감시사회를 구축하는 방법을 밟아야 할 것이다.

국회는 여야 간 대립이 격화되거나 정권 차원의 문제와 연결되어 문제의 핵심을 다루는데는 한계가 있다. 대안 제시 자체가 정치적인 대립에 의하여 효율적으로 이루어지지 못하기 때문이다. 따라서 국가안보라는 이름으로 불법적인 개인정보 수집활동과 감청 남용이 지적되고 있음에도 야당을 비롯한 국회의 대항 감시의 역할은 충분하지 않은 실정이다. 그러므로 국회가 행정부, 그리고 대통령의 지시와 명령을 받는 국가 정보수사기관에 대한 견제는 한계가 있으며

36) 진보네트워크센터, 2003, 『정보인권 사업백서』, 한국정보문화운동협의회, 31쪽.

37) 형사정책연구원, 앞의 글, 123쪽.

시민사회의 비판적인 견제활동이 함께 이루어져야 한다.

D. 라이언은 감시권력에 대항하는 하나의 방법으로 사회운동을 주장하였다. 그는 사회운동에 의하여 자신들의 메시지가 전달되어 자율성을 잃지 않고 정치적 의사결정에 반영될 수 있는 대중공간의 영역을 확대하는 것이 필요하다고 보았다.[38] 따라서 우리는 기든스, 휘태커, 라이언, 하버마스의 주장처럼 정당의 역할에 기대는 것 이외에 시민사회의 대항적 감시역할에 그 필요성을 부여할 수밖에 없다. 민주주의로 이행된 이후에는 시민사회의 자율성이 그에 비례하여 증가되기 시작하였고, 감시 문제에 관하여도 비판적을 활동을 개시하였다. 2000년 감사원의 통신감청 발표 이후 '함께 하는 시민행동' 성명서, 인권문제에 관심을 둔 '민주사회를 위한 변호사 모임', '참여연대' 등이 프라이버시 보호와 인권에 관심을 두기 시작했다. 인권과 감시에 관한 이들의 문제제기는 하버마스가 말한 토론정치의 가능성을 보여주는 것이기도 하다.

하버마스는 토론정치(deliberative Politik)라고 부르는 의사소통 행위를 통해서 주권과 인권 향상을 기대했다. 하버마스가 중요하게 본 것은 인권을 구체화하고 통제하는 의사소통적 과정과 절차였다. 공론 영역에서 누구나 자유롭게 참여하여, 모든 쟁점이 토론되는 의사소통적 구조가 확보될 것을 전제하며, 그러한 결과로서 나오는 합의나 타협만이 자본주의에서 정당성을 획득할 수 있다고 보았다. 시민사회는 생활세계의 문제를 제기하기 위하여 자유롭고 평등한 입장에서 자발적인 시민운동을 일으키거나, 사회문제를 언어적으로 표현할 수 있다.[39]

이에 따라서 시민사회가 감시권력을 통제하기 위하여 공론화할 수 있는 관련법안을 정리하면 다음의 〈표5-11〉과 같다. 감청을 효율적

38) 라이언(전자통신연구소 옮김, 1994), 앞의 글, P. 262.

39) Habermas(한상진, 박영도 역), 440쪽.

으로 규제하기 위해서는 일차적으로 통신비밀보호법과 국가정보원법 개정이 제일 중요하다. 이와 더불어 40년 이상 국가정보원이 불투명성을 조장한 예산회계특례법과 국회법, 그리고 기본권침해를 구제할 수 있는 인권위원회법을 '일괄 세트법안'으로 개정해야 국가감시권력을 효율적으로 통제할 수 있고 감시권력의 증대에 비례하여 기본권 보호도 가능할 것이다.

〈표 11〉 감시권력의 억제를 위한 개정법률 대상

법률 개정대상	관련조항
통신비밀보호법	전반적 개정(영장 혹은 본인 동의 원칙, 기본권보호조항 등)
국가정보원법	제3조(업무)의 수사권, 제12조(예산회계), 제13조(국회에서의 증언)등
국가인권위원회법	제2조(정의), 제30조(위원회의 조사대상)
예산회계에 관한 특례법	제2조(예비비)
국회법	제37조(상임위원회와 그 소관)의 제16항(정보위원회) 제84조(예산안, 결산의 회부 및 심사)제4항(정보위원회)
전기통신사업법	제54조(통신비밀의 보호)
공공기관의 개인정보보호에 관한 법률	제3조(다른 법률과의 관계)의 제2항 국가안보관련 예외조항

(3) 정치문화에 대한 통제

민주주의는 지배권력과 시민사회가 상호 불신의 위기를 극복하고 신뢰하는 구조가 되었을 때 비로소 한 단계 더 진전될 수 있다. 민주주의 절차는 작동하고 있으나 시민들을 강제하고 순응시키기 위하여 통제비용에 많은 비용을 지불할 경우, 시민들은 민주주의를 신뢰하지 못하고 그 결과 민주주의가 위협받게 될 수도 있다.

민주주의의 수준은 국가 기관간의 권한 남용을 방지하기 위한 견제와 균형, 행정의 책임성과 통제, 기본권 존중과 같은 각종 인식지표 등을 통해서 평가를 내릴 수 있다. 이와 함께 사회가 민주화되고 정치발전이 이루어지기 위해서는 시민을 위한 확고한 의지와 비전이 필요하며 잘못된 관행과 장치를 제거하는데 필요한 의식전환이 이루어져야 한다.[40)]

민주화 이후의 개혁이 취약하고 도입된 개혁조차 퇴행한 데는 시민사회를 배제하고 대통령이 직접 국민을 매개로 하는 대중정치를 펼쳐나갔기 때문이다. 국가와 시민사회가 상호균형을 이루고 다양한 시민사회의 의견을 바탕으로 정치사회가 활성화된다면 민주주의는 한층 더 공고해질 것이다. 집권자가 당파적 이익을 우선하여 당리당략적인 제도도입을 추진하는 것을 방지하고 권위주의적 문화를 탈피시키기 위해서는 매개집단이 정치를 활성화하는 것이 가장 바람직하다고 볼 수 있다.

더욱이 시민사회가 단체를 조직하고 여론을 형성하여 의사를 표현하는 것은 방어권으로서의 기본권 영역에 해당되며, 일방적으로 부과되는 국가감시체제로부터 민주적 가치를 보호하는데 어느 정도 기여할 수 있고 지도자의 권위주의적 정향도 변화시킬 수 있을 것이다.'[41)]

V. 결 론

국가가 사회질서유지 목적으로 폭력성을 내세우고 공개적인 감시활동을 시작하면서 정보활동의 추구가 곧 권력관계의 본질이 되었고 따라서 개인의 기본권과 명확히 대립되고 있다.

40) 정연선, 1997, 『한국정치사상』, 숭실대학교 출판부, 505쪽.

41) 강경근, 2004, "시민단체의 사회재판관으로서의 적법성," 『한국NGO · 한국비영리학회 공동춘계학술대회 발표자료집』, 한국NGO · 한국비영리학회, 6-7쪽; 한편 강경근은 총선시민연대의 낙선낙천운동에 대하여 시민단체의 행동은 방어권으로서 기본권을 지키는 정당한 행위이나, 한편으로 헌법재판소의 판결과 같이 그들의 법적인 행동은 사회적 재판권으로서 인정할 수 없는 불법적인 것임을 구분하였다. 그러나 기본권을 지키기 위한 활동은 여전히 유효하다는 입장이다.

권위주의 체제에서 관료제적 조직으로 태동한 감시기구가 이제는 민주화된 사회구조에서도 내적 생명력을 가지고 더욱 현대 시민사회를 압박하고 있다. 한국사회가 민주화로 이행한 이후에도 국가기구에 의한 감청과 도청은 법적 제도와 무관하게 이루어지는 현상을 지금까지의 연구를 통하여 살펴보았다.

본 연구의 결과를 종합하면 국가권력 정보수사기관은 법적 규제를 넘어서 감청과 도청을 남용하였고, 이를 규제하기 위해 만들어진 통신비밀보호법은 감시권력을 유효하게 통제하지 못한 것으로 드러났다. 감시권력의 불법성이 공공연하게 자행되었다. 이는 제도가 결코 개인의 자유나 통신의 비밀을 보장할 수 없다는 증거며 이를 무력하게 만든 결정적 요인은 권위주의적인 정치문화라 할 수 있다. 역대 정부는 권위주의든, 민주주의 체제이든 이와 무관하게 정치권력의 의지를 통하여 법적 제한 없이 개인정보를 획득하고 축적할 수 있는 힘을 보여주었다. 김영삼 정부는 물론 김대중 정부에 이르기까지 감청은 더욱 증가했으며 도청과 정보원을 동원한 정보취득은 국민의 자유와 정치활동을 통제하는 수단으로 오용되어왔다.

감시영역의 무차별적인 확대는 우리가 어렵게 만든 민주적 가치와 기본권을 송두리째 무너뜨릴 수도 있다. 이런 현상은 장차 시민사회와 국가권력의 갈등을 촉발시키고, 정부의 도덕성과 정당성에 위기를 초래하는 원인으로 작용할 수 있다. 국가의 불법적인 감시활동이 국민의 정치적 시민권, 기본권과 모순을 야기하고 또 충돌하기 때문이다. 뿐만 아니라 민주주의 체제에서의 통치능력, 국가운영이 절차적 정당성과 합리성에 의존하지 않고 억압적인 감시기구에 의존한다면 독재적 권위주의 체제와 다를 바가 없고, 정치불안을 야기하는 요인이 될 것이다.

한국사회는 이미 2004년에 정보화 수준으로 세계 7위, 2005년 세계 3위의 선진국 위치에 있으며, 향후의 과제는 비약적으로 진보하는 기술 속에서 감시권력을 어떻게 효율적으로 통제할 것인가의 문제로 집중되고 있다. 따라서 국가 정보수사기관의 감시권력의 남용에 대항할 수 있는 제도적 장치의 마련이 시급한 과제로 다가서 있다.

개인의 정보를 보호하고 통신의 자유를 확립하기 위한 과제는 결국 국가권력의 감시체제 방식을 정보화 사회에서 민주주의적 가치와 어떻게 조화시켜 나갈 것인가의 문제이기도 하다. 국가권력의 자의적인 행사에 의해서 국민의 기본권이 훼손되는 배경에는 한국의 민주화가 국가제도를 민주적으로 만드는 데 실패하였기 때문이다. 안보를 이유로 하는 비밀주의와 목적과 수단을 가리지 않는 권위주의적인 정치문화가 국회, 시민사회에 대한 책임을 망각하도록 만들었다. 감청영장의 승인권자를 최고 권력자인 대통령으로 정해 놓고 보고책임은 법무부장관도 아닌 수사 · 인권억압 문제와 무관한 정보통신부장관에 부과하여 책임기제를 회피하고, 국회 또한 실질적인 책임을 추구하지 못한 것이 감청을 간접적으로 조장한 결과가 되었다.

더구나 박정희 · 전두환 정부에서 시작된 국가의 정보화정책이 국민의 기본권을 인정하는 입장에서 추진된 것이 아니라 행정을 효율적으로 통제하고 관리하는 목표에서 추진된 결과, 정보화가 한 단계 확산되는 1996~1998년에는 정치지도자들의 정보욕구와 맞물리면서 폭발적인 증가로 나타났다. 이를 더 이상 통제하지 않으면 정부의 감시능력은 비약적인 증가로 나타날 것이 분명하다. 국가기관의 능력이 감시량, 정보획득량과 비례한다고 인식되는 한 감청과 도청은 결코 줄지 않을 것이란 전망이 역대 정부의 감시분석을 통해서 유추할 수 있다. 따라서 이를 규제하는 일이 시급한 과제가 되었고, 이에 실패할 경우 한국의 정보화 사회는 우울한 감시사회가 될 것이 자명하다 하겠다.

이에 본 연구는 지금까지의 비교분석결과를 바탕으로 감시권력을 통제하기 위한 정책적 대안으로서 다음과 같이 법적 제도의 강화 및 이를 담보할 수 있는 정치문화의 개선, 기본권 강화를 위한 관련법률 개정, 시민사회의 역할 등 세 가지 영역으로 제시한다.

(1) 법적 제도 및 정치문화의 개혁 차원에서는 감청과 관련하여 책임을 지는 정부조직을 분산시켜 개편하고, 민주적 책임성과 통제성을 강화하는 것이 필요하다. 이미 감청제도의 성패는 국가정보원 개혁이 관건으로 드러났다. 따라서 이를 위해서는 첫째, 국가정보원은 해외정보만을 담당하고 국내정보는 유사한 기능을 가진 기구로 분산시켜 정치에 관여할 수 있는 조직을 폐지시켜야 한다. 둘째, 국가정보원은 국회와 긴장관계 속에서 활동하는 구조가 되어야 한다. 그러므로 입법부 역할이 강화되어 국가정보원 활동의 투명성을 확보해주어야 한다. 그리고 투명성 확보차원에서 예산회계법, 국회법 등 관련조항을 개정해야 한다.

둘째, 대통령이 감청영장을 승인하는 구조가 불법감청을 조장하고 있다. 감청영장의 허가권자가 대통령이나 혹은 수상인 경우는 적어도 미국, 일본, 영국, 독일에서는 없는 일이다. 대통령에게 청구하는 감청영장이 몇 개월을 단위로 하여 무더기로 신청되는 현상은 정치적 목적의 감청을 법적으로 허용하는 구조가 된다. 이런 점에서 대통령의 영장허가는 국회와 국민에게 책임지지 않는 대통령제의 제도적 원리와 유사성을 갖고 있고, 감청제도의 불투명성을 조장하는 것이므로 그 책임을 물을 수 있는 구조로 바뀌어야 한다. 국가의 감청현황 국회보고 책임도 정보통신부에서 법무부로 이관하여야 한다. 아울러 감청영장의 발부주체도 법무장관으로 일원화하고 정기적인 국회보고를 통해서 책임을 부과해야 한다.

(2) 국가 정보수사기관의 권한 남용에 국민이 대응할 수 있도록 기본권을 강화해야 한다. 이를 위해서 감청관련 법률의 기본 틀을 바꾸어야 한다는 점이다.

먼저, '영장이나 본인 동의' 라는 두 가지 원칙이 구비되어야만 감청이 가능하도록 법 적용의 근본구조를 바꿀 필요가 있다. 한국의 감청은 본인 동의 없이 이루어지는 것을 전제로 하고 있다. 그러나 영국이나 미국처럼 '당사자 동의와 영장주의 원칙' 두 가지 사항을 감청의 사전조건으로 규정하여야 한다. 영국과 미국의 법정신에 다가간다면 한국의 감청은 실질적으로 감소할 수 있다.

둘째, 개인에게 감청사실을 확인할 수 있는 열람권, 이의신청 또는 손해배상 청구권을 부여해야 한다. 영국과 같이 감청을 당했다고 인식하는 때에는 감청법, 인권법에 기초하여 열람과 이의신청을 허용하는 방식으로 개인에게 대항수단을 부여할 경우 도청과 감청 남용은 상당히 억제될 수 있다. 이것은 또한 국가기구의 수사 필요성과 개인의 기본권 보호가 균형을 이룬 수준에서 작동되는 결과를 의미한다. 이와 관련하여 반인권 범죄를 처벌하거나 국가정보수사기관의 도청으로부터 입은 피해에 대한 소송 또는 배상이 가능하도록 인권법 개정이 뒤따라야 한다.

(3) 국가관리 능력은 정보수집과 비례한다고 인식하는 경향이 강하기 때문에 시민들이 네트웍을 구성하여 감시남용에 대항하여 국가기구의 행위를 통제할 필요가 있다. 국회에서의 제도개선이 타협과 정치적 이해 때문에 기대만큼의 제도개혁이 이루어지지 않는 이유도 시민사회의 참여를 필요로 한다. 국가의 감시능력은 사회질서 차원에서 필수 불가결한 측면이 있기 때문에 감청대상 범죄를 필수적인 항목으로 최소화하기 위한 검증작업이 이루어져야 한다.

민간 학자들을 참여시켜 감청항목과 범죄수사 · 국가안보를 위한 수사 실적, 예산비용과의 상관성을 검증하고 이를 입법에 반영하는 절차를 통해서 감청에 관한 사회적 컨센서스를 얻어야 할 것이다. 지금과 같은 방식의 감청제도는 필요한 감청조차 정당한 평가를 받기도 어렵고 신뢰성을 인정받지 못한다. 감시가 범죄검거와 기소 등의 유죄확정에 얼마나 기여하고 있는지 그 상관성을 밝혀야만 그 최소한의 불가피성을 인정받을 수 있을 것이다.

한국의 국회는 X-파일 사건 이후에도 그 내용이 밝혀질 경우에 각 정당이 입게 될 정치적인 피해를 우려하여 적극적인 대안을 강구하지 못하고 있다. 따라서 시민사회가 정당의 한계를 보완하여 역감시를 강화할 필요가 있다. 결론적으로 한국의 정치적 민주화는 사회전반에 민주적 제도를 뿌리내리는데 크게 기여하지 못하였다. 감청제도는 정비되었으나 이를 지키지 않는 정치권력과 국가 정보수사기관의 준법의식 실종과 비민주적 가치관이 제도정착을 방해하고 있다. 그러나 제도의 정착은 감청의 최소화를 위한 필요조건이며, 이를 뿌리내리기 위한 민주적인 정치문화의 형성이 충분조건이 된다.

국가기구의 감시권력의 남용은 선거 그 자체를 민주주의와 동일시하는 최소민주주의의 발상에 근거하고 대중을 정치의 주체로서가 아니라 오직 통치의 대상으로 인식하는 경향이 국가지도자들과 정치인들에게 존재하는 가치관 때문이다. 한국사회는 이제 감시권력의 통제를 위한 분기점에 서 있다. 닉슨 대통령의 워터게이트 사건으로 개인정보 보호제도가 마련되었듯이, 한국사회 또한 감시제도에 근본적인 변화를 시도할 때이다.

유럽국가가 개인의 정보보호를 정치적 권리차원에서 인정하고 법률로서 국가권력에 대응할 수 있는 이의신청권과 조사청구권을 부여한 것은 민주주의의 가치의 존중 이외에는 설명할 수 없다. 그리고 미국은 비록 개인에게 이의신청권은 부여하지 않았으나 자유의 침해에 따른 보상으로서 시장원리에 입각하여 실질적인 피해보상과 소송비용을 청구할 수 있는 권한을 감청법에 명시하였다. 개인의 권리가 그만큼 귀중하기 때문이다. 우리는 유럽식 모델이든 미국식 모델이든 감청규제법을 수용해야만 한다. 그것이 권위주의 체제와 민주주의 체제를 구분짓는 차이이며, 우리 사회가 가야할 방향이다.

한국과 같은 유교문화권 국가는 가부장적 질서와 유기체적 국가관이 강력하게 자리잡고 있기 때문에 민주화가 본질적으로 공정한 경쟁에는 이르지 못하고 있다는 헌팅턴의 평가는 절차적 수준의 민주화를 지적하고 있는 것이다. 따라서 사회 각 영역이 실질적인 민주제도로 정착되는 과정은 권위주의체제로부터의 해체, 행위와 의식의 변화 등을 통하여 한국사회 전 영역에서 새로운 원리를 구축하는 문제로 직결된다.

따라서 법적 제도의 정비와 정치지도자들의 민주주의적 정치문화의 정착이라는 두 가지 요소는 감시권력의 남용을 억제하기 위해 우리가 구비해야 하는 선결과제가 된다. 최근의 쟁점사항이었던 NEIS, 전자주민카드 도입을 둘러 싼 갈등의 핵심에는 '인권' 문제가 있었다. 이 논쟁은 효율성과 인권의 대립에서 인권이라는 훨씬 중요한 가치에 관심이 쏟아졌다는 사실만으로도 과거의 분쟁들과는 대조적이다.

지금까지의 사례분석에서 본 논문은 감시체계를 구축한 사람조차 피해자가 된다는 경험을 제시하였다. 전두환 전 대통령이 노태우 정부에서 감시되고, 김영삼 전 대통령이 김대중 정부에서 감시되는 체계에서는 권력자뿐만 아니라 국민 누구나 감시당할 수 있음을 예시하는 것이다. 정보화 초기에 국가가 시민사회를 배제한 채 안보와 행정의 효율성 명분으로 광범위한 정보수집과 관리를 도모하면서 팬옵티콘 사회로 접어들었고, 이것을 지금 개혁하지 않으면 우리가 그리는 민주사회는 부정적인 방향으로 나아갈 것이다.

X파일과 도청사건을 계기로 이제는 한국의 감시체계 전반을 조망하면서 국가유지에 불가결한 수준의 감청제도와 침해할 수 없는 개인의 기본권 보호를 조화시키는 과제가 우리 앞에 놓여있다. 본 연구는 이러한 의미에서 국가활동으로서 감시체계에 대한 제도적 규정, 이를 감싸고 있는 권위주의적 정치문화를 분해시켜 새롭게 제도화하고 권력의 탈법적인 감시에 시민사회가 역감시를 가할 수 있는 대안을 제시한 데서 그 의미를 찾을 수 있다.

제 7 장
국가위기관리체계 변화의 결정요인에 관한 연구 : 냉전기와 탈냉전기의 비교를 중심으로

정 찬 권

요 약

탈냉전은 냉전구조를 붕괴시켜 국제정치적 다극체제를 형성하였고, 세계화는 국가 간 상호의존을 증대시킴으로써 안보개념과 위협대상의 변화를 불러왔다. 그 결과 재래전쟁의 발생 가능성은 낮아진 반면, 대규모 테러, 재난, 전염병 등의 위협은 증대되었다. 본 논문은 안보환경의 변화에도 불구하고 현재 우리나라의 국가위기관리체계가 냉전기의 구조를 탈피하지 못하고 있는 원인은 무엇인가를 규명하는데 있다. 이를 위해 국가위기관리체계 변화를 결정하는 요인으로 안보개념과 위협대상, 대외관계, 의사결정체계, 정치리더십을 중심으로 냉전기와 탈냉전기를 비교하여 분석하였다. 그 결과 우리나라의 국가위기관리체계의 변화에 결정적으로 영향을 주는 것은 정치리더십과 의사결정체계 등과 같은 내부환경 요인이 크게 작용한 반면에, 안보개념과 대외관계와 같은 외부환경 요인은 비교적 적은 것으로 나타났다. 그러므로 현행 국가위기관리체계의 패러다임(paradigm)을 변화시키기 위해서는 기존 행정학적 집행구조 측면의 미시적 접근보다는 이들을 포괄하는 정치학적 측면의 거시적 접근방법이 더 효과적인 것으로 나타났다. 따라서 장차 우리나라의 국가위기관리체계의 발전을 위해 먼저, 국제정세와 안보 현실을 직시하고, 합리적인 정치 리더십 발휘와 의사결정체계의 지속성과 안정성을 담보해야 한다. 둘째, 외침을 통해 형성된 내일보다 현재를 중시하는 인식과 위기를 무릅쓰는 문화(crisis-taking culture)에서 위기를 관리하는 문화(crisis management culture)로 변환시켜야 한다. 셋째, 위기에 대한 개념을 새롭게 정의하여야 한다. 넷째, 위기별로 분산되어 있는 법률, 조직, 훈련 등을 통합성과 효율성을 발휘할 수 있도록 일원화시켜야 한다. 마지막으로 독자적인 위기관리능력을 구비하여야 한다.

Ⅰ. 머리글

1990년대를 전후로 발생한 탈냉전은 기존 이데올로기에 기초한 동서 양극체제를 와해시키고, 다극체제(multi-polar system)를 형성함으로써 대외관계를 비롯한 모든 분야에 커다란 변화를 불러일으켰다. 그리고 세계화의 진전은 국가주권의 쇠퇴와 상호의존(interdependence) 증대 그리고 무정부적 분쟁 등을 확산시켜줌으로써 초국가적 위협(transnational threats)이 증대되었다. 그 결과 재래전쟁의 발생 가능성은 줄어 든 반면, 9·11 사태와 같은 대규모 테러, 재난, 전염병 등과 같은 위협은 오히려 훨씬 높아지게 되었다. 이에 따라 안보개념도 과거 정치·군사(high politics)중심에서 정치 · 군사적 개념에 비정치 · 비군사적인 개념(low politics)을 포함하는 이른바 포괄적 안보(comprehensive security)개념(Barry Buzan 1991, 432-433)으로 변화되었다(Robert Mandel; 권재상 역 2003, 20-21). 또한 국내적으로는 적대적이었던 남북관계가 탈냉전기에 들어와서 대화와 협력관계로 변모하였으며, 정치민주화의 진전으로 정치리더십 발휘와 의사결정체계 등에 변화가 일어났다.

현재 세계 각국은 변화된 안보환경에 대응하기 위해 자국의 위기관리체계를 점검하여 취약점을 보완하고 있는 추세에도 불구하고, 우리나라는 아직도 과거 냉전기와 별다른 차이가 없는 수준의 위기관리체계를 유지하고 있다. 물론 2003년 국가안전보장회의사무처의 조직을 개편하고 "위기관리지침"과 "위기관리 표준매뉴얼"을 제정하고[1], 2004년에 재난전담기관인 소방방재청을 창설하는 등 변화된 안보환경에 나름대로 대응하고는 있다. 그러나 현행 국가위기관리위기체계의 분산형(分散型) 구조로 인하여 다양한 위기가 복합적으로 발생하는 경우에 통합성과 효율성의 발휘가 구조적으로 제한되는 문제점을 갖고 있다. 그러므로 국가위기관리체계를 변화된 안보상황에 부합되게 발전시키려는 논의는 반드시 필요하다고 할 수 있다. 더구나 전시작전통제권 이양에 한미양국이 합의했기 때문에[2] 장차 한국방위의 한국화는 더욱 가속화될 것이기 때문에 우리의 독자적인 위기관리 필요성과 중요성은 더욱 크게 제기된다고 할 수 있다.

본 연구의 목적은 탈냉전과 국내정치 민주화 등 안보환경의 변화

1) 대통령령 제17944호(2003. 3. 22), 국가안전보장회의 운영 등에 관한 규정 제14조 국가안전보장회의사무처의 직무, 국가안전보장회의 보도자료(2004.9.8), "새로운 국가위기 경보시스템 구축, 국가위기관리 기본틀 완성."

2) 한 · 미 양국은 10월 20일 안보협의회(SCM)를 통해 전시(戰時) 작전통제권을 오는 2009년 10월 - 2012년 3월 중 한국군에 이양키로 합의하였음.(문화일보 2006/10/23, 4).

가 크게 일어났음에도 불구하고 우리나라는 과거 냉전기의 위기관리행태와 그 체계의 운용 수준을 벗어나지 못하고 있는 원인이 무엇인가를 분석하는데 있다. 또한 그간 우리나라의 국가위기관리체계 연구 경향은 주로 행정학 차원의 집행구조 중심으로 이루어져 간과되었던 체계의 구축과 운영에 결정적인 영향을 미치는 정치학 요인을 중심으로 새롭게 시도해 보는데 그 의미가 있다. 따라서 이 글에서는 먼저 위기관리이론을 개관과 냉전기와 탈냉전기의 비교를 통한 국가위기관리체계의 변화 결정요인의 분석, 그리고 장차 우리나라가 지향해야 할 국가위기관리체계의 발전방향을 제시해 보고자 한다.

Ⅱ. 이론적 논의

위기관리와 관련된 논의는 크게 두 가지로 나눠볼 수 있는데 하나는 위기의 개념이고 다른 하나는 위기관리에 대한 것이다. 우선 이에 대해서 각각 살펴보기로 한다.

1. 위기

국제관계에서 위기가 국가간의 정치 · 외교 · 군사적 갈등 또는 전쟁과 매우 긴밀한 연관성이 있다는 것은 오래 전부터 널리 알려져 왔다. 특히 1962년의 쿠바 미사일 위기 사건[3]은 국제정치학계와 정책결정자들에게 위기에 대한 관심을 불러일으키는 계기가 되었다. 그 이후 위기에 관한 연구는 오늘날까지 비교적 지속적으로 이루어져 오고 있으나 위기(crisis)의 개념은 연구자의 시각과 방법에 따라

3) 1962년 10월 22일~11월 2일의 11일간 소련의 핵탄도미사일을 쿠바에 배치하려는 시도를 둘러싸고 미국과 소련이 대치하여 핵전쟁 발발 직전까지 갔던 국제적 위기.

상이하여 일치된 개념이 없는 실정이다. 다만 위기가 어떠한 위협을 받아 어려움에 처했음을 인식한 상황이라는 것에 대체로 공감을 하는 편이다. 여기서 위기의 개념이 중요한 까닭은 어떠한 상황을 위기로 보느냐의 판단기준을 제공하고 대처방안을 결정하는 의사결정자들 내부의 가치갈등의 최소화 그리고 위기관리체계의 설계와 운영에 영향을 주기 때문이다. 이러한 위기에 관한 연구는 대체로 세 가지의 이론적 시각으로 연구되어 왔다(김달중 외 1998, 148-152).

먼저 국제체제적 시각은 위기와 국제체제간의 상관관계에 대한 분석을 강조함으로써 위기를 "기존 국제체제구조의 급격한 변화와 붕괴를 야기할 수 있는 국가간의 적대적이고 불안정한 상호작용을 특징으로 하는 상황"으로 정의한다(김달중 외 1998, 149). 이 시각에서는 위기가 국제체제구조의 변화를 가져오거나 안정과 균형을 위협할 수 있는 반면, 국가간 동맹 유형이나 국제규범과 같은 국제체제의 구조는 당사국들의 속성과 위기의 성격, 진행과정에 영향을 주는 요인을 갖고 있다. 그러나 이 시각은 과거 냉전기의 위기연구에는 타당할 수 있었으나 탈냉전기의 안보상황과는 다소 거리가 있다고 보여 진다.

둘째, 정책 결정적 시각은 개별국가 수준에서 이루어지는 위기상황에서 위기관리정책결정과정에 의사결정자들의 인식과 행태 즉 위기정책결정자들이 경험하게 되는 스트레스가 위기정책결정에 영향을 미치는 것은 객관적인 대내외 환경이 아니라, 정책결정자가 주관적으로 인식되어지는 심리적 환경(psychological environment)이라는 시각이다. 대표적인 연구자인 허먼(Charles F. Hermann)은 위기를 “위기정책결정자들이 인식하고 있는 최우선의 목표가 위협을 받고(threat to high-priority goals), 대응을 위한 시간이 제한을 받으며(restricted amount of time available for response), 그리고 전혀 예상치 못한 상황”이라고 정의하고 있다

(Charles F. Hermann 1969, 29).

셋째, 적대적 상호작용(hostile interaction) 시각은 위기상황에서 진행되는 동안 국가간의 적대적 · 경쟁적인 상호 작용에 대해 분석의 초점을 두는 것으로 두 가지 부류의 연구들이 있다. 그 하나는 위기 당사국간 상호작용의 핵심을 매우 치열한 협상(bargaining)의 과정으로 보고 이러한 맥락에서의 국가들의 행위를 설명하려는 것과, 다른 하나는 국가간의 갈등과정 특히 적대행위의 증폭(conflict or hostility spiral)과정에 대한 분석을 시도하는 것이다(G. H. Snyder 1972, 217-256). 스나이더(G. H. Snyder)와 디싱(P. Diesing)등은 위기를 "전쟁발발의 가능성이 높다고 인식되어지는 심각한 갈등상태에 처해 있는 둘 이상 국가간의 일련의 상호작용"이라고 정의하고 있다(Glenn H. Snyder and Paul Diesing 1972, 6).

이와 같이 위기 개념은 연구자의 시각에 따라 다양하고 위기상황을 구성하는 조건도 여전히 이견(異見)이 존재하기 때문에 전 · 평시 위기관리체계의 통합과 운영에 어려움을 가중시키고 있다. 그러므로 변화된 안보환경에 부합되도록 위기관리를 하기 위해서는 위기 개념을 우리의 현실에 맞게 재정립하고 공감대를 형성할 필요가 있다고 본다. 따라서 본고에서는 지금까지 논의하였던 위기개념의 한계를 보완하여 포괄적 안보개념을 구현할 수 있도록 위기를 “적대행위나 대규모 재난재해 등으로 인하여 개인이나 국가의 생존이 심각하게 위협받을 가능성이 현저하게 증가하여, 의사결정자들이 시간적 제약을 받고, 불확실성이 높은 상황에서 중대한 결정을 해야 하는 상황이나 사태”라고 정의하고자 한다.

2. 위기관리

위기관리(Crisis Management)라는 용어는 1962년 쿠바 미사일 위기 이후부터 보편적으로 쓰기 시작했다고 보는 것이 통설이다(Richard Clutterbuck 1993, 7). 위기는 통상 당사자들이 서로 추구하는 목표들이 상호 양립하기가 불가능하다고 인식함으로써 나타나는 갈등으로부터 시작된다고 할 수 있다. 그러므로 위기를 야기(惹起)시킬 수 있는 요인이 미미하더라도 상황에 따라서 조직 전체에 미치는 잠재력(butterfly effect)이 크기 때문에 이에 대한 각별한 주의와 관리가 필요하다(이연 2003, 30). 따라서 위기관리는 위기발생 전후를 통해서 위기를 사전에 예방하거나 사후에도 그 위기를 최소화시키는 활동(篠江俊彦 1995, 272)을 의미하며 타국의 이익과 경쟁하고 절충하는 외교행태의 극단적인 형태의 하나로 볼 수 있다. 이러한 의미의 위기관리는 위기의 갈등 증폭, 또는 전쟁발발 등의 사태로 악화되는 것을 방지하기 위한 목적을 갖고 있는데 두 가지의 시각이 있다. 하나는 전쟁을 회피할 수 있는 방안을 정책결정자가 선택하도록 한다는 것으로 이는 '대결의 평화적 해결'을 의미한다. 다른 하나는 전쟁은 국가가 선택할 여러 가지 전략들 가운데 오직 하나에 지나지 않으며 위기시 승리가 목적이며 위기를 좋은 기회로 삼는다는 것이다(Gilbert R. Winham (ed.)1988, 4). 그러나 위기는 대결과 협력 요소를 동시에 포함하고 있기 때문에 위와 같은 관점들은 모두 비판을 받고 있다. 이와 관련하여 스나이더는 "위기시 정치적 수완의 문제는 자신의 전략에서 어떻게 강압과 유화를 최적으로 배합을 이루는가? 즉 배합은 전쟁회피와 자신의 이익 극대화 또는 손해의 최소화를 의미한다."라고 정의하고 있다(Glenn H. Snyder and Paul Diesing 1977, 10).

또한 윌리암스(Phil Williams)는 "위기관리는 위기상황이 전쟁으로 확대되지 않도록 위기를 통제하고 조절하는 과정임과 동시에 다른 한편으로는 위기가 당사국에 유리하게 해결되어 해당 국가의 사활적 이익(critical interest)이 보호되고 유지될 수 있도록 하는 모든 노력"이라고 정의하고 있다(Phil Williams 1976, 30). 이와 같이 위기관리는 어려운 판단이나 결정이 요구되는 두 가지의 상반된 목표를 어떻게 조화롭게 추구하는가의 문제이기 때문에 위기로 인한 갈등이 폭발하지 않도록 절제된 범위 내에서 이루어지도록 하는 것이 위기관리의 정책적 핵심이자 딜레마라고 할 수 있다. 따라서 성공적인 국가위기관리는 위협을 가하는 상대방을 제압하거나 적어도 자신이 확연한 패배자가 되지 않도록 해야 한다는 목표와 전쟁발발과 같은 파국으로의 확대되는 상황을 방지해야 한다는 목표를 동시에 추구해야 하는 어려움이 존재한다. 이러한 위기관리의 어려움에 대하여 부드(Simon Booth)는 "조직의 관리자가 위기의 인식과정에서 나타나는 '흡연자 증후군'(smoker's syndrome) 증상 즉 위기가 발생하고 있음에도 불구하고 대부분의 조직과 그 관리자들은 위기에 대비한 우발계획(contingency plan)을 수립하지 않고 구성원들에 대한 위기관리훈련을 실시하지 않기 때문에 위기관리와 정책결정을 연계하는데 어려움이 있다"고 지적하고 있는 것에 귀를 기울일 필요가 있다(Simon Booth 1991, 117-118). 그러나 기존의 위기관리에 대한 시각으로는 군사 · 비군사적 위협이 공존하고 전 · 평시 구분의 모호성으로 인하여 불확실성이 증대된 21세기 안보환경의 요구를 충족할 수없다는 한계가 있다. 더구나 위기가 시간대별, 강도(强度)별로 점차적으로 발생하는 것이 아니고 동시 다발적이고도 복합적으로 발생할 가능성이 높기 때문에 위기관리개념을 변화된 안보환경에 부합되게 발전시킬 필요성이 있다고 하겠다. 따라서 본고에서는 다양하게 논의되고 있는 위기관리의 개념을 "당면한 위기의 악화를 방지하기 위해 가용한 수단과 방법을 동원하여 사태를 수습함으로써 원상회복 또는 상황개선을 추구하는 행위"라고 정의하고자 한다.

Ⅲ. 연구의 분석틀

본 연구는 탈냉전이 우리나라의 국가위기관리체계의 변화에 어떠한 영향을 주었는지를 분석하기 위해 다음과 같이 연구 분석틀을 작성하였다. 이러한 분석틀이 필요한 것은 각각의 결정 요인들이 국가위기관리체계의 변화과정과 운용실태를 설명하고 그 인과관계를 경험적으로 살펴봄으로써, 과거 냉전기의 국가위기관리체계가 탈냉전기의 안보환경에 부합되도록 발전되었는지를 분석하고 그 문제점을 도출하는데 반드시 필요하고 또 유용성이 매우 크기 때문이다. 분석틀의 구성은 〈그림 1〉에서 보는 바와 같이 외부 요인으로 안보개념 및 위협대상을 그리고 내부 요인은 대외관계, 정치리더십, 의사결정체계로 되어 있다.

〈그림 1〉 국가위기관리체계의 변화 분석틀

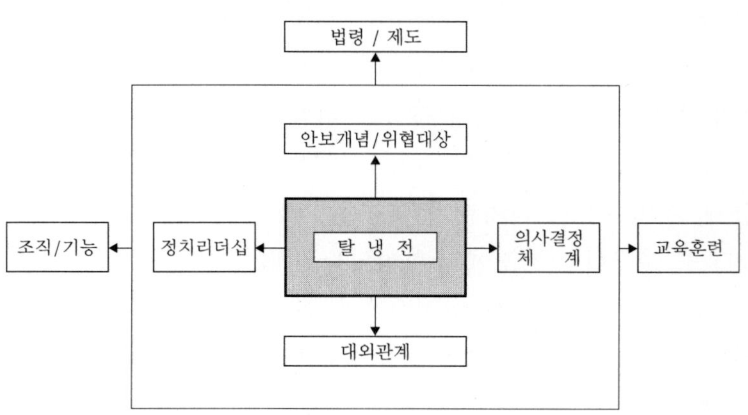

그러면 국가위기관리체계의 변화에 영향을 미치는 결정 요인에 대

하여 알아보기로 한다. 먼저, 안보개념 및 위협대상의 변화이다. 안보개념은 국가가 추구하는 가치 즉 영토와 정치체제의 보존, 경제적 번영 등은 시대적 상황에 따라 변화하고, 국가의 대응능력 즉 외부의 위협에 대응하기 위해 동원 가능한 정치 · 군사 · 경제적 자원이 변화한다(Charles F. Herman 1982, 20-21). 이러한 안보개념의 변화가 일어나는 원인에 대하여 미국의 정치학자 나이(Joseph S. Nye, Jr)는 봉쇄정책의 성공, 초강대국들의 제국주의적 팽창, 미하일 고르바쵸프(Mikhail Gorbachev)의 개혁(prestroika), 개방(glasnost) 등과 같은 역동적인 정책, 자유주의 신념의 확산과 국가간 교통통신의 접촉 증대, 그리고 계획경제에 비해 시장경제가 거둔 현저한 성공 등을 들고 있다(Joseph S. Nye, Jr. 1993, 116-119). 이러한 사항들을 종합하여 볼 때 안보개념은 고정된 상수(constant)라기보다는 해당 국가가 추구하는 가치, 대외안보환경, 그리고 해당 국가의 대응능력의 변화에 따라 달라질 수 있는 변수(valuable)라고 할 수 있다. 그리고 탈냉전으로 인해 정치 · 군사적 위협은 감소한 반면, 재난, 테러 등 비군사적 위협이 증대된 안보환경의 변화는 데이비드 이스튼(David Easton)이 제시한 정치체계분석과정 모형에 대입하면 투입요인(input factor)과 같은 역할을 하고 있다고 볼 수 있다(David Easton 1965, 110). 따라서 안보개념과 위협대상의 변화는 세계 각국의 위기관리체계의 조직과 운영에 커다란 변화를 가져오는 결과(output)를 가져오게 되었다.

둘째, 결정요인은 대외관계이다. 한나라의 대외정책은 자국의 국가이익을 추구하는 과정에서 형성되는 협력이나 갈등관계를 조절하는 것으로 국제사회에서 협력강화와 전쟁방지에 매우 효과적이다(전득주 외 2001, 39). 이러한 관점에서 볼 때 그간 우리나라의 대외정책은 국제정치적 냉전체제와 남북분단체제로 인해 폐쇄적이고도 제한적으로 안보정책의 틀 속에서 추진되어 왔다고 할 수 있다.

그러나 탈냉전으로 인하여 양극체제가 붕괴됨으로써 과거 국가간 적대적인 관계보다 현실적인 국가이익을 기초로 대외관계를 전개시키고 그 대상 폭을 크게 확산시켜 주었다(황병무 외 2000, 3-20). 이러한 대외환경의 변화는 우리나라도 구소련을 비롯한 사회주의국가들과도 수교를 할 수 있는 환경을 조성시켜 주어, 과거의 미국 일변도였던 대외정책의 편향성을 완화하고 다자적이고 전방위적(全方位的)으로 추진하는데 커다란 역할을 하였다. 이와 같이 국제정치체제와 국내 정치적 환경의 영향을 받는 대외정책은 국가의 사활적 이익(critical interest)을 기초로 수립되기 때문에 대외관계의 정도는 국가위기관리정책결정과 실행에 커다란 영향을 미칠 수밖에 없다.

셋째, 정치리더십이다. 국가의 정치지도자 리더십은 대중의 지지를 획득하고 국가목표를 실현해 나가는 기술이기 때문에 정치지도자 자신이 속한 정치 환경과 밀접한 연관성을 가진다(김호진 1992, 78). 특히 우리나라는 대통령중심제의 특성상 모든 권력이 대통령 1인에게 집중될 수밖에 없는 정치권력구조와 엄격한 유교적 질서문화라는 환경적인 특성은 역대 정치지도자들이 권위주의적 리더십을 발휘하도록 하는데 영향을 끼친 것으로 보인다. 정치리더십은 국가적 위기 발생시 정치지도자의 상황판단과 정책결정에 커다란 영향을 끼치기 때문에 국가위기관리체계의 운용에도 중요한 변수이다.

마지막으로 의사결정체계이다. 우리나라의 의사결정체계는 대통령, 국무회의, 안보관련 기관 등 다양한 기구로 구성되어 있으며, 최종적인 의사결정권은 대통령에게 있다. 이러한 의사결정체계는 각종 정책의 통합 · 조정, 위기관리 및 전쟁지도 그리고 정보의 수집 · 분석 · 제공 등의 기능을 수행하게 된다. 그러나 우리나라의 의사결정체계는 냉전기와 탈냉전기를 불문하고 대통령제의 특성과 권위주의적 정치리더십으로 인하여 정치지도자 1인에게 모든 권한이 집중되어, 그의 의도대로 의사결정이 이루어졌다고 할 수 있다.[4] 이런 관점에서 볼 때 의사결정체계를 어떻게 구성하고 운영하느냐에 따라 국가위기관리체계의 형태가 결정되기 때문에 중요한 결정요인 가운데 하나라고 할 수 있다. 다음은 지금까지 살펴 본 국가위기관리체계의 변화에 영향을 끼치는 결정요인을 중심으로 냉전기와 탈냉전기를 비교하여 분석하고자 한다.

Ⅳ. 냉전기와 탈냉전기의 비교를 통한 결정 요인 분석

앞의 연구 분석틀에서 국가위기관리체계의 변화에 어떠한 영향을 미치는 결정요인에 대한 논의가 개념적 수준에서 이루어졌다. 따라서 여기서는 외부 결정요인인 안보개념 및 위협대상, 대외관계를 그리고 내부 결정요인인 정치리더십, 의사결정체계를 중심으로 냉전기의 권위주의 정부와 탈냉전기의 문민정부를 비교하여 왜 우리나라의 국가위기관리체계가 변화된 안보환경에 부합되게 발전하지 못하였는가를 알아보고자 한다.

1. 안보개념 및 위협대상

탈냉전은 동서간의 이념·체제간의 갈등과 대결의 구조가 해체되고 민주주의와 시장경제원리가 확산되면서 안보환경은 급격한 변화를 맞이하게 되었다. 또한 세계화의 진전과 정보·통신의 발달은 국가간 상호의존(interdependence)을 심화시켜 대규모 테러, 재난, 환경오염 등과 같은 초국가적 위협(transnational threats)의 발

4) 남북관계의 전환점을 마련했던 사례는 1972년 '7.4 남북공동선언'과 2000년 '8.15 남북정상회담' 추진을 군사권위주의 정부와 민주화 이후 정부 공통적으로 비밀교섭을 통해 이루어졌다. 자세한 내용은 7·4남북공동성명관련해서는 김성준. 1997. 「역사와 회고」. 서울: 국학자료원. 그리고 2000년 남북정상회담관련사항은 김윤태. 2004. 「희망의 정치」. 서울: 새로운 사람들. 참조.

생 가능성이 더욱 증대되면서 상대적으로 과거와 같은 전면전쟁의 발생 가능성은 줄어들게 되어 안보개념의 변화가 자연스럽게 일어나게 되었다(한용섭 1995, 261). 이와 같이 탈냉전기는 국가안보를 위협하는 대상이 냉전기보다 훨씬 복잡하고 다양해졌음을 알 수 있다. 예컨대 1986년 체르노빌(Chernobyl)원전(原電)사고나 2001년 9 · 11 테러사태는 전 세계인들에게 커다란 충격과 경각심 그리고 안보불안심리를 확산시켜 주는 계기가 되었다(Robert Mandel; 권재상 역 2003, 59). 한편 국내에서도 안보위협에 대한 국민들의 인식이 북한의 군사적 위협보다 자연재해나 대형재난 등을 더 크게 느끼고 있는 것으로 나타났다.[5] 이러한 변화가 일어나게 된 배경은 여러 가지가 있겠지만, 국제정치적 탈냉전과 한국정부의 대북포용정책의 추진, 특히 2000년 6 · 15 남북정상회담 개최를 들 수 있다. 이러한 환경 변화는 과거 대다수 국민들이 북한을 6.25전쟁을 일으킨 적(敵)이라는 시각에서 벗어나 남과 북은 같은 민족이라고 인식하게 하는 계기를 마련하여 주었다.[6]

이와 같은 안보환경의 변화는 모든 국가들의 위기관리체계에 직접적인 영향을 주었다. 예컨대 미국은 9 · 11테러 이후 국토안보부(DHS: Department of Homeland Security)를 신설하고 본토 내의 테러, 재난, 불법이민 등의 위기에 대응할 수 있도록 조치하였다.[7] 물론 우리나라에서도 변화된 안보환경에 대비하여야 한다는 인식이 확산되어, 전 · 평시 위기관리조직의 통합에 대한 논의가 수없

---

5) 2005년 6월 15일 국무총리비상기획위원회가 (주)리서치 앤 리서치에 의뢰하여 전국 만 20세 이상 성인남녀 1000명을 대상으로 「비상시 국민행동요령」관련 전화여론조사결과 ▲자연재해(57.7%), ▲대형재난(44.5%), ▲북한의 군사적 위협(30.5%) 등으로 나타났음.

6) 2004년 9월 민주평화통일자문회의가 20세 이상 성인남녀 1000명을 대상으로 실시한 설문조사에서 ▲포용하고 함께 살아야 할 동포(58.4%) ▲동포이자 적(34.1%) ▲적(5.5%)으로 나타났다. (세계일보 2005/6/13, 6).

7) http://www.whitehouse.gov/infocus/homeland/(검색일: 2006. 6. 15)

이 이루어져 왔다. 그러나 국가안전보장회의사무처의 위기관리매뉴얼 작성, 재난대비기구인 소방방재청의 창설 외에 냉전기의 국가위기관리체계와 대비하여 변화된 사항이 거의 없는 실정이다. 이러한 현상이 발생하게 된 배경은 여러 가지가 있겠지만 냉전기의 정치지도자들이 안보를 정권유지의 수단으로 이용했던 소위 안보장사에 대한 거부감과 남북간 군사적 대치와 6·25전쟁을 비롯한 수많은 무력도발로 인한 피해의식 등이 아직도 잠재의식 속에 남아있다는 점이다. 또한 대북포용정책의 영향으로 북한에 대한 국민들의 인식변화 그리고 역사적으로 930여 회의 외침을 받으면서 형성된 위기를 무릅쓰는 문화(crisis-taking culture) 등이 복합적으로 작용하여 과거 냉전기와 같은 다양한 위기관리수단의 동원을 어렵게 하고 있는 것으로 보인다. 그 결과 변화된 안보환경에 부합된 국가위기관리체계의 구축을 지연시키거나 곤란하게 하는 요인으로 작용하고 있는 것으로 판단된다.

2. 대외관계

제2차 세계대전 이후 미소 양국을 축(軸)으로 형성된 냉전체제의 붕괴는 동북아시아 지역 국가 그 가운데 북·중·러의 북방삼각 동맹관계구도에 커다란 변화가 일어났다. 다만 한·미·일의 남방(南方)삼각 동맹관계는 미국이 현상유지라는 동북아 전략을 지향한 결과 본질적인 변화는 거의 발생하지 않았다. 이러한 한반도 주변상황은 1970년대를 거치면서 남한의 경제적 발전에 비하여 북한경제의 상대적인 침체로 인하여 남북간의 불균형을 초래하게 되면서 대외관계 환경은 전반적으로 한국에 유리하게 전개되었다. 또한 1987년 6·29선언을 계기로 촉발된 한국의 민주화의 진전은 수십 년 동안 군부 권위주의체제의 지속으로 정치적 후진국이라는 국제사회의 비난과, 북한의 선전공세 빌미를 제공했던 요인을 해소하는데 기여하였다(통일원 1990, 44). 이에 한국은 자신감을 갖고 남북간 교류와 협력, 남북대화 제의, 그리고 남북한 UN 동시가입 등과 같은 대북정책을 적극적으로 추진하게 되었다. 이와 같이 대외관계는 국가안보정책과 위기관리체계에 매우 큰 영향을 미치는데 여기서는 국제정치체제, 남북관계, 한 · 미 동맹관계를 중심으로 살펴보고자 한다.

첫째, 국제정치체제이다. 국제정치질서와 강대국들의 대외정책 등과 같은 대외환경은 모든 국가들의 대외관계에 직간접적으로 영향을 끼치게 되며, 대외정책결정에 영향을 미치는 정도는 개별 국가의 국력에 따라 다르게 나타난다. 그리고 유엔과 같은 국제기구의 역할, 국가간 동맹관계, 국제관습 및 국제법, 제3국에 의한 중재역할의 유무 등은 개별국가의 대외정책 수행에 영향을 미치는 중요한 변수로 작용한다. 그러므로 약소국의 대외정책은 국제체제의 성격에 보다 더 많은 영향을 받는 반면, 강대국은 국제질서체제의 영향을 적게 받는다는 편이다. 왜냐하면 약소국들에 비하여 국제정치체제의 성격을 바꿀 수 있는 능력을 보유하고 있는 강대국들의 대외정책이 약소국에게 어떤 형태로 어느 정도의 강도로 영향을 미치느냐에 따라 약소국의 대외정책의 기조가 다르게 형성되기 때문이다. 따라서 약소국의 대외정책은 통상적으로 국가를 둘러싸고 있는 외부환경을 잘 이용하여 자국의 주권보호와 생존보장을 목표로 설정하기 때문에 체제변수로서 안보분야는 타 분야보다 우선순위가 높고 또 비중이 클 수밖에 없다. 따라서 탈냉전은 우리나라가 대북포용정책을 추진하는데 좋은 여건을 조성해 주었다고 할 수 있다(백종천 외 1998, 115-117). 그러면 대외관계 측면에서 냉전기 권위주의 정부와 탈냉전기의 문민정부를 간략하게 비교하여 살펴보기로 한다.

먼저 냉전체제하에서 대외정책추진시 주요하게 고려되었던 것은 정책의 목표나 합리성보다 한 체제의 상대적 우위가 다른 체제의 정통성을 위협하게 하는 구조적 대립체제를 유지하는 것이었다. 예컨대 동서진영의 대리전인 6 · 25 한국전쟁을 치르면서 미국은 UN의 참전과 전후처리과정에서 주도적인 역할을 수행하였다. 그 결과 한국은 안보와 관련된 정책의 독자적 추진에 자율성이 제약받는 환경이 자연스럽게 조성되었으며, 특히 냉전기의 권위주의 정부는 정통성의 취약점 극복과 체제유지를 위해 정보왜곡과 대미(對美) 종속적인 대외정책을 추진하였다. 따라서 권위주의 정부의 위기관리정책은 국민들의 여론보다 당시 정치지도자의 일방적인 지시와 의도에 맞추어 추진한 것으로 판단된다.

반면에 문민정부는 국제정치적 탈냉전과 세계화 그리고 국내정치 민주화가 진전된 상황에서 과거 냉전기와 달리 대외관계의 대상을 확대할 수 있었고, 대북 화해와 협력정책을 추진할 수 있는 환경을 조성하여 주었다(백종천 외 1998, 42-43). 그러나 이러한 대내외적 환경 변화는 한국의 대외관계에 긍정적인 영향을 끼쳤지만, 국가위기관리체계의 발전 측면에서는 부정적인 요인으로 작용하였다. 왜냐하면 민주화의 진전은 위기발생시 시간적 제한과 심리적 압박 그리고 불확실성이 증가되는 상황에서 다양한 의사결정참여자(기구)들이 그들의 이해관계에 따라 의사결정이 지연되거나 국가이익에 상반되는 정책결정을 할 수 있는 가능성을 높여 주기 때문이다.

둘째, 남북관계로서 해방 이후 남북은 6.25 한국전쟁으로 인해 상호 적대적인 감정의 골이 더욱 깊어진 상황은 냉전체제와 잘 부합되어 첨예한 대립관계가 자연스럽게 형성되었다. 그러나 남한은 경제개발과 산업화의 성공으로 1970년대부터 북한을 압도하게 되면서 통일정책에 적극성을 띠기 시작하였다. 예컨대 1973년 6월 23일 '평화통일에 대한 외교정책 특별선언'을 통하여 남북간의 직접 대화제의와 공동성명 발표를 하였고(정일영 편 1993, 141-142), 1980년대 들어서도 남북 최고책임자 상호방문과 남북정상회담 조속한 개최 등을 촉구 하였다. 또한 90년대 전후로 발생한 탈냉전과 한 · 소(韓 · 蘇) 수교 등에 수반하여 남북 상호간에 남북 최고위급회담과 남북정상회담의 개최를 제의하였다(통일부 1999, 76). 그 뒤 1994년 6월 북한핵 문제가 국제사회의 관심사로 부각되면서 남북은 정상회담 개최에 합의하였으나, 그해 7월 김일성 주석의 갑작스러운 사망과 남한의 조문(弔問)거부로 남북정상회담은 무기한 연기되었다(동아일보 1994. 7. 12). 이와 같이 교착상태에 빠져 있던 남북관계는 2000년 6월 15일 역사적인 남북정상회담으로 그간 경색된 국면을 해소하고 협력기조를 유지하는데 커다란 영향을 끼쳤다(북한문제연구소 2001, 18-36). 그 결과 1999년 6월 연평해전이 발생했음에도 불구하고 금강산 관광을 지속하였고, 2002년 북한이 핵개발을 시인한 이후에도 경의선 철도 연결과 개성공단건설 등을 추진하게 되었다.[8)] 그러나 현재 남북간의 우호적인 협력과 교류 분위기에도 불구하고 북한은 여전히 우리의 안보위협 대상으로 남아 있으며, 그들의 도발 등으로 인해 남북관계가 경색되거나 단절될 수 있는 개연성은 여전히 높다. 그러므로 현재의 국가위기관리체계의 문제점을 규명하고 변화된 안보환경에 부합되도록 국가위기관리체계를 재설계할 필요성이 제기되는 것이다.

셋째, 한 · 미 동맹관계이다. 지난 50년 동안 한미동맹은 북한의 군사적 위협을 억제했을 뿐만 아니라 동북아지역에서 안정과 평화를 유지하는 보호막 역할을 해 왔다. 이러한 의미와 역할에도 불구하고 한미 양국은 방위비 분담금 지원 규모와 전시 작전통제권 문제, 그리고 대북정책에 대한 시각차 등으로 인해 갈등이 심화되는 것을 볼 때, 장차 한미동맹의 성격 변화는 불가피할 것으로 전망된다. 그간 우리나라는 위기발생시 양국의 인식차이로 인해 위기대응

8) 국정홍보처. 2002. "국민의 정부 4년 성과와 향후과제." 홈페이지(www.allim.go.kr(검색일: 2006. 5. 4)

방식이 상이하게 나타나는 문제점에도 불구하고, 한미동맹의 틀 속에서 위기관리를 해 왔다. 그리고 우리는 미국에 비하여 대북 정보수집능력과 군사력의 절대적인 열세로 인하여 미국에 의존할 수밖에 없었고, 그 결과 위기관리의 주도권을 행사할 수 없었다.[9] 이러한 위기관리환경은 우리의 부족한 능력을 보완해 준 긍정적인 측면도 있으나, 독자적인 국가위기관리체계의 인적 · 물적 인프라 구축과 능력 배양을 가로막는 요인도 적지 않았다고 할 수 있다.

3. 정치리더십

국가 위기사태 발생시에 정치지도자의 판단과 의사결정은 위기관리의 성패를 가늠하는 분수령이 될 뿐만 아니라 설혹 위기관리가 실패했을 경우에도 국가적인 희생과 피해 규모를 최소화할 수 있기 때문에 매우 중요하다. 그러므로 위기관리정책수립과 집행감독에 필요한 전문적인 지식과 자질을 바탕으로 합리적 리더십을 갖춘 정치지도자가 요구된다(신정현 1997, 153-155). 우리나라의 경우 대통령 중심제의 특성과 정치지도자의 개인적 특성 그리고 계서적(階序的) 유교문화가 결합되어 권위주의적 리더십이 더욱 강화되어 나타났다. 권위주의 리더십은 냉전기에서는 일방적인 통제와 억압을 하는데 효율성으로 작용하였지만, 탈냉전기의 문민정부시대에는 민주주의 질서를 제약하고 발전을 저해하는 요인이 되었다(김만흠 2004, 11). 왜냐하면 권위주의 체제하에서는 사회로부터 제기되는 다양한 요구를 일원화시킬 수 있는 강력한 권위가 존재하는 반면에, 민주주의 체제에서는 이러한 권위가 상대적으로 약화되어 있을 뿐

9) 조성태 의원은 정보수집 측면에서 "한국의 인간 및 통신정보 수집능력은 어느 정도 가능하나 영상정보 수집능력은 연합사에 의존하는 실정이기 때문에 연합사와의 협조는 필수적이다. 따라서 대북한 정보의 수집은 한미간 상호 보완적인 관계라고 할 수 있다."고 하였다.(면담일: 2006. 6. 29)

만 아니라 정치지도자들이 국민들의 요구를 받아들이지 않을 수 없기 때문이다(김정기 외 1992, 12). 그러나 우리나라는 냉전기와 탈냉전기에 정부가 공히 권위주의 정치리더십을 발휘하였음에도 불구하고 내면적으로는 상당한 차이점이 발견되었다.

먼저 냉전기의 군인출신 정치지도자들은 스스로 위기관리전문가로 인식하고 위기관리를 직접 관장하고 감독하는 이른바 해결사 역할을 하였다. 특히 군대식 위계질서와 상명하복식의 엄격한 권위주의적 리더십을 발휘하여 북한에 대한 강력한 응징보복의 표명, 미국과의 협상 등을 일사분란하게 지휘 · 통제하여 위기를 해결하였다. 예컨대 1968년 1.21 청와대 기습사건과 1983년 버마 랭군폭파 사건 당시 대통령들은 위기관리의 전 단계를 직접 통제하고 관리를 함으로써 UN을 비롯한 국제사회와 국민들의 지지를 얻었다.

한편 탈냉전기 정치지도자들은 냉전기의 정치지도자들과 다소 차이점이 나타나는데 이를 살펴보면 다음과 같다. 강릉 잠수함 침투사건의 경우, 당시 김영삼 대통령은 사건이 발생한 후 하루가 지난 9월 19일 국회의장과 여야 정당대표를 청와대로 초청해 사건현황에 대하여 설명하고, 대북경고와 국회의 대북 결의안을 채택키로 합의했다. 이어서 9월 20일에는 주변국들에게 대북경고와 유엔의 협조 그리고 한미공조체제의 강화를 공식적으로 요청하였다. 그 다음날에는 유엔 안전보장이사회에서 북한 잠수함 침투사건은 명백한 정전협정 위반이며, 한반도 평화와 안전에 대한 중대한 위협이 되고 있다고 공식적으로 문제를 제기하였다(비상기획위원회 1999, 208-210). 이러한 일련의 위기관리과정에서 나타난 김영삼의 리더십은 즉흥적이고 독단과 독선에 빠져 북한의 도발에 단호히 대처한다는 원칙적인 수준의 조치만을 취하면서도 뚜렷한 방향과 지침을 제시하지 못하였다.

또한 연평해전 당시의 정치지도자는 정치적 이유로 인하여 국가최

고통수권자의 고유직무인 위기관리를 국방장관 등에게 권한을 위임하였다. 그 결과 대통령으로서 적을 강력하게 응징하겠다는 결의를 국내외에 전달하고, 위기확대 방지와 주변국과의 협조 그리고 국제사회의 지원을 받기 위한 노력이 가시적으로 나타나지 않았다. 당시 우리는 북한의 도발의도를 정확하게 판단하지 못해 위기관리에 혼선을 빚었으며, 특히 북한에게 금강산 관광객의 안전을 담보로 흥정할 기회를 제공함으로써 대북협상의 주도권을 상실하였다. 이러한 비판에도 불구하고 김대중 정부는 대통령이 국가안전보장회의를 주재하지 않았지만, 안보회의상임위원회를 통해 위기관리를 한 것은 다른 정치지도자들과는 대조적인 모습을 보이고 있다. 이와 같이 탈냉전기 정치지도자들은 위기관리를 주도적으로 하지 않고 안보관련 장관들에게 위임하거나, 의사결정과정의 최종단계에서 자신의 의지를 피력하는 것과 같은 간접적인 위기관리를 한 공통점을 갖고 있다. 이러한 리더십 행태는 최고 통수권자의 직무를 제대로 이해하지 못하고, 안보에 관한 전문지식의 부족으로 적극적인 위기관리를 하지 못한 것으로 추정된다.

지금까지 살펴 본 바와 같이 냉전기의 군인출신 대통령들은 스스로 위기관리전문가라는 편견과 권위주의 정치리더십으로 인하여 하향적인(top-down)정책결정체계를 선호하였다. 이러한 현상은 대통령직(大統領職)의 역할보다도 정치지도자의 리더십 즉 개인적 환경이 우선적으로 나타나는 것을 보여 주고 있다. 반면에 민간인 출신 대통령들은 권위주의적 리더십 발휘는 과거 냉전기의 정치지도자들과 유사하나, 제도에 기초하여 절차적 민주주의를 이행하려고 노력하는 차이점이 발견되었는데 이것은 민주화의 진전으로 정치지도자 개인역할보다 정치적 환경변화의 영향을 받아 나타난 것으로 보인다. 즉 모든 국가정책을 법과 제도에 따라 수립하되 국민적 합의를 얻어 투명하게 추진하고, 정부재량권을 축소하라는 국민들의 요구가 압력으로 강하게 작용했기 때문인 것으로 보인다(이범준 외 1993, 144). 왜냐하면 민주정치에서 강력한 리더십의 발휘는 권력이 국민들의 동의와 지지에 의거한 정당성(legitimacy)이 확보될 때 가능하기 때문이다(한배호 외 1997, 76). 이러한 측면에서 볼 때 탈냉전기의 정치지도자들은 합리적인 리더십을 발휘할 수 있는 여건이 조성되었음에도 불구하고 이를 제대로 활용하지 못했다고 할 수 있다.

역설적이게도 민주화 투쟁을 선도한 문민정부의 정치지도자들의 권위주의적 리더십 행태는 과거 권위주의 체제로의 회귀를 가져와 민주주의의 발전을 저해하는 요인으로 작용하였다. 그 결과 민주적 절차와 규범을 내면화하지 못하고 비공식적인 정치공간에서는 비민주적 관행이 비일비재하여 공식적인 절차와 실제 정치 행태간의 괴리가 발생하게 되었다. 그러므로 국제정치적 탈냉전과 국내정치적 민주화의 이행이라는 환경적 변화에도 불구하고 정치리더십은 최고의사결정권자의 결정에 의사결정 참여자들이 단지 수명(受命)하여 이행만을 하는 권위주의적 행태가 냉전기와 탈냉전기 정부 공히 나타났다. 따라서 안보환경의 변화와 정치지도자들의 교체에도 불구하고 권위주의적 정치리더십의 행태는 국가위기관리체계가 제도적으로 발전하는데 걸림돌로 작용한 것으로 보인다.

4. 의사결정체계

우리나라의 의사결정체계는 대통령, 국무회의, 그리고 국가안전보장회의, 안보관련 부처 등 다양한 기구가 있는데, 여기서는 통일·외교·안보와 관련된 대내외 정책추진에 대하여 대통령의 자문을 하는 국가안전보장회의를 중심으로 살펴보고자 한다. 우리나라의 국가안전보장회의는 1963년에 신설된 이래 여러 차례의 조직 변화

과정을 거쳐 오늘에 이르고 있다. 우리나라의 국가정책결정에 있어서 대통령은 최종 의사결정권자이자 책임자로서 관료집단 내에서 하나의 행위자 이상의 의미를 지니고 있기 때문에 정책결정에 절대적인 영향을 끼친다. 앞에서 언급한 바와 같이 냉전기와 탈냉전기를 불문하고 우리나라 정치지도자들의 권위주의적 리더십 행태는 의사결정체계의 경직화와 집단사고(group thinking)의 오류를 범하기 좋은 환경을 조성하였다고 할 수 있다. 특히 냉전기의 군인출신 대통령들은 오랜 군대생활을 통해 체득(體得)된 안보에 대한 지식과 전문성에 대하여 스스로를 과신하여 법에 규정된 의사결정체계의 자문이 불필요한 것으로 인식했을 가능성이 높다. 왜냐하면 위기발생시 시국간담회, 비상 국무회의 등과 같은 임시회의체를 설치하여 위기관리를 함으로써 법에 명시된 국가안전보장회의를 유명무실화시키고 의사결정과정에서 제외된 기구와 관료들을 방관자로 만들었기 때문이다. 이와 같이 냉전기 권위주의 정부의 위기관리의사결정은 권위주의적 대통령 1인의 의지에 따라 자의적으로 이루어졌는데 이러한 행태는 그들이 물리적 폭력으로 정권을 장악하였기 때문에 국가권력을 자기 개인들의 전리품(戰利品)정도로 간주하였기 때문인 것으로 보인다. 그 결과 의사결정과정에서 합의제를 배격하고 1인 독점제를 선호하며, 하향적이고 위계적인 의사결정체계를 선택하게 되었다. 이러한 행태는 명령과 지시, 복종과 충성을 절대시하는 군대문화와 밀접한 관계가 있고, 정치지도자들의 리더십이 대통령의 역할보다 더 우선하여 의사결정과정에 반영되어 나타났다고 할 수 있다(김호진 1992, 279-282).

또한 탈냉전기 문민정부도 과거 권위주의 정부와 마찬가지로 국가안전보장회의를 적극적으로 활용하지 않는 경로 의존성(path dependence)을 보여주고 있다. 즉 한시적 회의체를 사안에 따라 설치하여 운용하며 제도의 안정성과 지속성을 파괴한 시행착오를 반복하였다. 그러나 내면적으로는 제한적이지만 절차적 민주주의의 적용과 제도에 기초하여 의사결정체계를 운영하려는 노력을 보여주고 있다. 예컨대 김대중 정부는 그동안 명목상의 기관에 지나지 않았던 국가안전보장회의를 범국가적 위기관리정책의 수립과 시행에 있어서 부처의 입장을 조율하고 조정 · 통제하도록 운영체계를 개편하고 이를 지원하기 위한 사무처를 부활시키는 등 활성화를 도모하는 조치를 취하였다(비상기획위원회 2002, 30). 이와 같은 배경에는 냉전종식 이후 한반도 문제의 국제화, 경제위기에 따른 안보정책의 위상변화, 대북정책의 목표와 우선순위의 변화 등으로 인하여 위기관리의사결정체계의 개편 필요성이 제기되었기 때문이다. 그리고 과거 권위주의 정부의 위기관리정책결정체계를 개선하고 안보와 통일문제를 정권안보로 이용하였던 악습 차단, 그리고 정부조직 내에 포괄적이고 장기적인 시각을 갖고 대북 및 안보정책의 추진에 구심점 역할을 하는 기구나 제도가 없었던 점도 고려되었을 것으로 판단된다(최종철 1999, 94).

위기관리정책에 대한 우리나라의 의사결정구조를 보면, 제도적 참여자는 대통령, 의회, 관료 등이 포함되며, 비제도적 행위자로는 이익집단, 언론, 여론 등이 포함된다. 이들 참여자는 우선적으로 위기관리정책에 대한 독자적인 전략적 목표와 다양한 정책적 우선순위를 설정하면서도 이와 관련된 국제환경적 변수를 반영하여 각각의 주장을 다양한 양식을 빌어 정치과정에 투입하게 된다(권영진 1998, 26-27). 이 과정에서 정부는 위기관련 정보와 전략적 우위를 선점하고 있기 때문에 주도권을 쥐고, 각 부처별로 상이한 전략적인 강조점과 우선순위를 설정하는 과정에서 긴장과 갈등이 야기될 수 있다. 예컨대, 외교통상부와 통일부 그리고 국가정보원간에 상이한 위기관리목표와 전략적 우선순위가 충돌을 빚을 수 있는 것이다. 조직은 구성원들의 이해관계에 따라 부단히 변동하지 않으면 생존을 위협받고 흔히 사라지기도 하기 때문에 조직구성원들이 갖는 이익을 지키기 위해 통상적으로 보수화의 경향을 띤다(조석준 1990, 84-85). 따라서 국가정책결정과정은 조직 간의 '밥그릇 싸움(turf war)' 즉 부처 이기주의로 인하여 합리적으로 결정되기 곤란한 여건과 환경이 항상 조성되어 있다고 볼 수 있다.

지금까지 논의한 바와 같이 냉전기와 탈냉전기를 불문하고 국가적 위기 발생시 대통령이 국가안전보장회의를 개최하지 않고 비상 국무회의, 당정협의회의, 통일안보정책조정회의 등과 같은 임시회의체를 시의적(時宜的)으로 설치하여 운영하는 과오를 범하였다. 이러한 관행의 폐단은 먼저 법에 명시된 조직을 방기(放棄)함으로써 제도의 안정성과 지속성을 저해하여 국가위기관리체계의 구축과 발전을 가로막았다는 점이다. 그 다음으로는 대통령을 중심으로 한 소수의 권력기관과 측근 인사들에 의해 비공개적이고 폐쇄적인 의사결정을 하는 구조가 형성되었다(이민룡 1996년 여름호, 117-122). 이러한 폐쇄적인 의사결정행태가 반복적으로 나타나게 된 배경은 정치지도자들이 안보의 중요성 인식과 전문지식이 부족한 면도 있겠으나 정치지도자 개인의 경험과 특성에 기인한 권위주의적 정치리더십의 영향이 컸던 것으로 추정된다(비상기획위원회 1999, 208-215). 그러나 국가안보와 관련된 의사결정과정은 국가이익과 직접 연관이 있기 때문에 비공개로 할 수밖에 없겠지만, 국민들의 알권리 충족과 지지를 얻는다는 차원에서 일정 부분 공개할 필요성이 있고 또 그렇게 되어야 한다.

지금까지 논의한 국가위기관리체계 변화의 결정요인을 냉전기와 탈냉전기를 비교하여 분석한 결과를 요약하여 정리하여 보면 다음의 〈표 1〉과 같다.

〈표 1〉 사례별 국가위기관리체계 변화의 결정요인 비교 결과

구 분	냉 전 기		탈 냉 전 기		비 고
	1.21 사태	랭군 사태	잠수함 침투	연 평 해 전	
안보개념/위협대상	• 특수부대침투 및 지도자 암살 • 군사안보중심	• 요인암살위한 제3국에서의 테러 • 군사안보중심	• 잠수함이용/대규모 군관침투 • 군사+재난 혼합된 개념	• 6.25 이후 최초 남북간해군교전 • 포괄안보개념	• 안보개념변화/위협대상확대됨. *主위협대상으로서의 북한 不變
대외관계	• 양극체제 • 대미일변도외교 • 경쟁적, 적대적 남북관계	• 대미의존에서 제3세계로다변화 노력 • 완화된 적대적 남북관계	• 일초다극체제 • 전방위 다자외교전개 • 힘에 기초한 강경한 대북정책	• 전방위외교 • 햇볕정책추진으로 교류와 협력 증대	• 대미일변도외교→다변화외교로 전환 • 적대적→대화와 협력관계
정치리더십	• 교도적(敎導的) 권위주의 –치밀, 냉엄하고 위기관리 직접개입	• 위계적 권위주의 –강한결단력과 추진력, 위기관리 직접관장	• 권위주의적 – 인위적 · 절차적 민주주의 – 위기관리에 간접적 개입	• 권위주의적 – 제도적 · 실질적 민주주의 –위기관리에 간접적 개입	• 권위주의적 리더십은 유사하나 발휘행태는 차이점 있음
의사결정체계	• NSC 미개최 – 정부여당연석회의 등	• NSC 미개최 – 비상국무회의 등	• NSC 미개최 – 통일안보정책조정회의 등	• NSC미개최 *상임위원회3회개최–절차적 민주주의 제도화 모색	• 공식적 의사결정기구 아닌 임시 회의체를 통한 의사결정→변화 가능성 발견

※ 세부 내용은 정찬권, " 국가위관리체계 변화의 결정요인에 관한 연구 –냉전기와 탈냉전기를 중심으로", 숭실대학교 박사학위논문, 2006. pp. 91-173. 참조.

Ⅴ. 결론 : 새로운 국가위기관리체계구축을 위한 제언

지금까지 국가위기관리체계 변화의 결정요인을 중심으로 냉전기와 탈냉전기를 비교하여 우리나라의 국가위기관리체계가 안보환경에 부합되게 발전되지 못한 원인을 분석하여 보았는데 그 발견점과 의미를 요약하여 정리하면 다음과 같다. 우리나라에서 탈냉전과 포괄안보개념에 대한 논의는 활발하게 이루어져 왔으나, 국가위기관리체계 변화의 투입요인(input factor)으로 결정적인 영향을 주지

못하는 것으로 나타났다. 그 원인은 정치지도자나 안보관련 종사자들이 실존하는 북한의 군사적 위협에 고착되어 대규모 테러, 재난 등과 같은 위협의 비중을 낮게 평가하거나 고려하지 못한 결과로 보여 진다. 그러나 정치리더십과 의사결정체계는 대통령중심제의 특성과 가부장적 유교문화가 결합되어 나타난 권위주의는 위기발생시 헌법에 명시된 국가안전보장회의보다 임시회의체를 선호함으로써 제도의 안정성과 지속성을 파괴하여 국가위기관리체계의 발전을 가로막은 결정요인으로 분석되었다. 끝으로 대외관계는 탈냉전에도 불구하고 한반도의 냉전적 대치구조와 한미연합위기관리체제의 특수성으로 인하여 다양한 위협에 대응할 수 있는 국가위기관리체계의 발전을 저해하였다. 이와 같이 우리나라의 국가위기관리체계 발전을 가로막은 주요 원인은 권위주의적 정치리더십과 정치사회적 환경 그리고 관료조직의 이해관계에 영향을 받는 의사결정체계와 같은 내부적 요인이 큰 것으로 나타난 반면, 안보개념과 위협대상 그리고 대외관계 등의 외부 환경은 상대적으로 결정 요인임을 밝혀냈다는 점에서 본 연구의 의미가 크다고 할 수 있다.

현재 우리는 탈냉전기의 안보환경에 부합되게 국가위기관리체계의 패러다임(paradigm)을 새롭게 전환시켜야할 절체절명의 시점에 있다. 따라서 장차 국가의 생존과 국민들의 안전한 삶을 보장할 수 있는 국가위기관리체계의 발전방향을 제시하여 보고자 한다. 먼저, 우리를 둘러싸고 있는 국제정세와 안보환경의 변화라는 현실을 직시하고, 합리적인 정치 리더십 발휘와 의사결정체계의 지속성과 안정성의 유지가 담보될 수 있는 내부환경부터 시급하게 개선해야 한다. 둘째, 수많은 외침을 통해 자연스럽게 형성된 내일보다 현재를 중시하는 인식과 위기를 무릅쓰는 문화(crisis-taking culture)를 과감하게 타파하고, 위기를 체계적으로 관리하는 문화(crisis management culture)로 변환시켜야 한다. 셋째, 위기에 대한 개념을 새롭게 정의하여야 한다. 현재 위기개념을 연구 분야별로 다르게 사용하고 있기 때문에 국가위기관리와 그 체계의 발전을 저해하고 있기 때문이다. 넷째, 위기별로 분산되어 법률 상호간 개념혼란과 중복 등 문제점을 안고 있는 현행 법령을 재정비하여야 한다. 정비방향은 2001년 10월 26일 제정된 미국의 애국법(Patriot Act)과 같은 형태로 제정하되 전시대비법령과 평시 재난관리 위기법령으로 나누어지는 이원적 구조도 검토해 볼 수 있다. 다섯째, 현재 전 · 평시 기능별로 운영되는 위기관리체계와 교육훈련체계를 수직 · 수평적으로 통합하여 네트워크화하여 이른바 총괄기능을 가진 컨트롤타워(control-tower) 기구로 재편되어야 한다. 또한 훈련체계도 전 · 평시 위기를 통합하여 년 1회 1주일 정도의 기간에 높게 실시하고, 평가하여 결과는 정부업무평가에 반영하도록 새롭게 「훈련 틀」을 재설계하여야 한다. 여섯째, 대통령의 자문기구라는 국가안전보장회의의 법적 지위와 한계를 보완하여 실질적인 최고 국가의사결정기구로서 자리매김하도록 운영체계를 개선해야 한다. 예컨대 미국의 국가안전보장회의(National Security Council)처럼 안보정책의 조정과 통합, 정책채택에 관한 평결(policy adjudication), 위기관리(crisis management), 정책 발굴과 기획(policy formulation), 그리고 결정된 정책의 변호(policy advocacy) 등의 역할을 수행하도록 변환시켜야 한다.[10] 마지막으로 독자적인 위기관리능력을 구비하여야 한다.[11] 주지하고 있는 바와 같이 우리나라는 현재 정보수집 수단과 능력의 미비로 인하여 대북정보의 95% 이상을 미국에 의존하고 있는 상황으로 시급한 과제라고 할 수 있다(이상현 외

10) http://www.whitehouse.gov/nsc/ (검색일: 2006. 3. 2).

11) 이와 관련하여 정종욱 박사는 "독자적인 정보수집과정에서 간과해서 안 될 점은 미국 및 일본 등 주변국과의 긴밀한 정보수집과 공유를 할 수 있는 협조체제의 구축이 현재 우리에게는 매우 중요하다"고 하였다.(면담일: 2006. 6. 20)

2005, 192). 최근 한미동맹의 성격의 변화와 전시 작전통제권 환수 등에 대한 논의가 현실화될 경우에 주권국가로서 독자적인 위기관리능력의 확보는 무엇보다도 중요하다고 할 수 있다.

독일의 정치학자 칼 슈미트(Carl Schmitt)는 국가안보의 중요성과 동맹의 불평등성 내지 비대칭성(asymmetric)에 대하여 "국민이 정치적인 것의 영역 안에 존재하는 한 적(敵)과 동지(同志)의 구별을 국민 자신이 하지 않으면 안 된다. 자신의 적이 누구인지, 누구와 싸워야 할 것인지, 만약 타인의 지시를 받게 된다면 그것은 이미 정치적으로 자유로운 국민은 아니며, 다른 정치체제에 편입되거나 종속된 것이다. …… 중략 …… 정치적인 것의 영역에서 자신을 유지할 힘이나 의사를 상실함으로써 정치적인 것이 이 세상에서 사라지는 것이 아니다. 다만 약한 국민만이 사라질 뿐이다."(Carl Schmitt; 김효전 역 1995, 62-64)라는 주장은 우리에게 시사하는 바가 크다.

참 고 문 헌

김달중 편. 1998.「외교정책의 이론과 이해」. 서울: 오름.

김호진. 1992.「한국정치체제론」. 서울: 박영사.

북한문제연구소. 2001.「국민의 정부 대북포용정책」. 경기 분당: 북한문제연구소.

백종천 · 김태현. 1998.「탈냉전기 한국 대외정책의 분석과 평가」. 경기 성남: 세종연구소.

비상기획위원회. 1999.「위기관리 사례(비상대비 30년사: 별책2」.

---------. 2002.「연혁집」.

이범준 · 김의곤 공편. 1993.「한국외교정책론 : 이론과 실제」. 서울: 법문사.

이상현 편. 2005.「한국의 국가전략 2020」. 서울: 세종연구소.

이연. 2003.「위기관리와 커뮤니케이션」. 서울: 학문사.

전득주 외. 2001.「대외정책론」. 서울: 박영사.

정일영 편. 1993.「한국외교반세기의 조명」. 서울: 나남출판.

조석준. 1990.「조직론」. 서울: 법문사.

통일원. 1990.「1990 통일백서」. 서울: 정문사.

통일부. 1999.「통일부 30년사: 평화 · 화해 · 협력의 발자취, 1969-1999」.

한배호 편. 1997.「한국의 민주화와 개혁」. 경기 성남: 세종연구소.

한용섭. 1995.「세계화 국가전략」. 서울: 21세기 정책연구원.

김만흠. 2004.「민주주의의 공고화와 대통령 리더십」. 2004년 한국정치학회 하계학술회의 논문집.

김정기 · 이행. 1992.「민주화와 한국외교정책.」국제정치논총 제32집 2호.

권영진. 1998.「북한핵 문제에 대한 한국의 정책결정과정 연구.」고려대학교 대학원 박사학위논문.

신정현. 1997.「국가안보 리더십의 강화방안.」국가안보정책연구소, 정책논단 제2권2호.

이민룡. 1996년 여름호.「한국안보정책의 정향분석과 발전적 구상.」IRI 리뷰 제1권 제2호.

최종철. 1999.「국가안보와 다자간 안보협력.」평화논총 제3권1호, 통권1호.

황병무 외. 2000.「세계안보정세 종합분석.」국방대학교.

Robert Mandel 저 · 권재상 역. 2003.「국가안보의 변모-개념적 분석」. 서울: 간디서원.

Schmitt, Carl 저 · 김효전 역. 1995.「정치적인 것의 개념」. 서울: 법문사.

篠江俊彦. 1995.「現代の廣報-戰略と實際」. 東京: 電通.

Clutterbuck, Richard. 1993. International Crisis and Conflict. New York: ST Martin's Press Inc.

Easton, David. 1965. A frame for Political Analysis. Englewood Cliff, New Jersey : Prentice-Hall.

George, Alexander L. (ed.). 1991. Avoiding War: Problem of Crisis Management. Boulder: Westview Press.

M. Brecher and J. Winkelfeld, eds. 1989. Crisis, Conflict and Instability. Oxford and New York: Pergamon.

Nye, Jr. Joseph S. 1993. Understanding International Conflicts. New York: Haper Collins.

Snyder, Glenn H. and Diesing, Paul. 1972. Conflict Among Nations : Bargaining, Decision-making and System Structure in International Crisis. Princeton: Princeton University Press.

Snyder, G. H. "Crisis Bargaining." in C. F. Hermann, ed. 1972. International Crisis: Insights from Behavior Research. New York: Free Press.

Williams, Phil. 1976. Crisis management: Confrontation and Diplomacy in the Nuclear Age. London: Martin Robertson.

Winham, Gilbert. (ed.). 1988. New Issue in International Crisis Management. Boulder: Westview Press.

Buzan, Barry. 1991. "New Patterns of Global Security in the Twenty-first Century." International Affairs, vol. 67.

Hermann, Charles F. 1969. " International Crisis as a Situational Valuable." Rosenau, James N. (ed.). International Politics and Foreign Policy. New York: The Free Press.

------. 1972. "Treat, Time, and Surprise: A Simulation of International Crisis." In International Crisis: Insights from Behavioral Research, edited by Charles F. Hermann. (ed.). New York : Free Press.

------. 1982. "Defining National Security." in John F. Rechart and Steven R. Sturm, eds. American Defense Policy, 5th ed. Baltimore: The Johns Hopkins University Press.

제 2 부

제 8 장
정치인 조만식의 사상과 리더십 : 민족통합의 바람직한 지도자상

정 연 선

I. 머리말

한민족의 20세기는 대한제국의 멸망, 일제식민통치, 제 2차 세계대전과 민족해방, 미 · 소 강대국 신탁통치, 분단국가건설, 6.25 동족전쟁, 휴전, 분단 상태 고착, 서울올림픽개최, 통일기운 상승 등 좌절, 암울, 환희, 분노, 참담, 실의, 극복, 소망의 소용돌이치는 긴 터널이었다. 그러한 와중에서도 우리민족의 긍지를 일깨워주고 삶의 의미를 세워준 많은 지도자들이 있었다. 그들 가운데는 정치적 지도자로 부각될 수 있는 인물도 적지 않다.

21세기를 시작하는 시점에서 우리 민족의 제일 큰 소망이라 할 수 있는 겨레의 평화와 번영을 위한 민족통합과 국토통일을 통한 단일국가의 건설에 가장 큰 상징적 의미를 제공해주는 인물로 고당 조만식이[1] 적합할 것으로 여겨 그의 삶의 행적과 생각들을 정리해 본다.

이승만, 김구, 조만식은 자유민주주의의 문화정신을 소지한 인물이며 정치체제의 최고지도자였다. 김구, 이승만이 상해임시정부와 대한민국의 최고정치지도자였다면 조만식은 분단 북조선의 인민위원회의 초대위원장이었으며 조선 민주당 초대당수였다. 조만식의 정치적위상과 권위는 김구나 이승만의 그것에 결코 뒤지지 않는다. 오히려 민족통일의 상징적 의미는 그들보다 더 크다고 볼 수도 있다. 조만식은 어쩌면 이승만 김구 안창호의 장점을 한 몸에 지니고 실천한 지도자라 할 수 있겠다. 그러므로 '정치인으로서의 조만식'에 대한 재조명은 매우 큰 의의가 있다고 여겨진다.

일제 식민지와 해방, 조국분단 전쟁의 소용돌이 속에서 개개인 삶의 과정을 추적, 정리, 분석, 평가하는 일은 매우 어려운 작업이다. 더욱이 조만식은 학자나 이론가 사상가가 아니라 오직 실천적으로 민족운동만을 했던 만큼, 그에게 사상이 있겠는가 하는 논의도 있을 수 있다. 그러나 반대로 엄밀히 보면 누구에게도 그 나름의 사고양식과 행동정향이 있게 마련이다. 영향력이 크면 클수록 그의 세계관과 행동노선은 분명해진다. 다만 그 생각과 행위가 다듬어지고 체계화될 필요성이 있느냐 하는 것은 그 자신의 관심과는 상관없다.

그와 동시대의 수많은 훌륭한 독립운동사상가 중에서도 특별히 조만식의 사상과 행적에 관심을 두려는 것은, 이 시대까지 그의 생각과 행적이 온전히 드러나지 못했고 체계화 되지 않은 부분이 많기

---

1) 조만식(1883. 2 1.~1950년)은 조선조 말엽인 1883년 2월 1일 평안남도 강서군 반석면 내동에서 창녕 조曹씨 경학景學, 경주 김金씨 경건敬虔을 부모로 하여 독자로 태어났다. 그 후 1919년 평남강서 3·1독립만세 운동 지도자, 1920년 조선물산장려회 조직(평양), 1927년 신간회 중앙 집행위원 및 평양지회장, 1945. 11월 조선민주당 창당, · 1950년 사망추정, 1970년 정부에서 건국훈장 대한민국장 추서했다. 이글은 남북분단과 북한정권의 이해에 적은 도움을 주고, 앞으로 분단극복과 민족통합을 위한 기대로 이미 발표했던 다음의 논문을 통합 재정리해 본 것이다. (1) 정연선,「조만식의 사상연구」,제5회 조선학주제학술토론회 발표논문자료, 오사카: 1997, 8.8, (2) 정연선, 정치인 조만식, 조만식 기념학술 심포지움, 숭실대사회과학연구원주관, 1998년. (3) 정연선, "조만식의 정치활동과 신념체계", 한국정치학회년말 학술발표, 1999.

때문이다.

실제로 정치인 또는 정치지도자로서의 조만식은 어떤 인물일까?

이에 답하기 위해서 먼저 조만식을 경험한 분들이 전하는 인물평을 중심으로 그의 이미지를 정리해[2] 보면 조만식이야말로 21세기 이 민족의 앞날을 새롭게 할 정치적 이상 모델이 될 수 있을 것 같다.

대체로 정치인들의 인물 평가는 객관성과 공정성이 요구된다. 정치인의 인격, 사고, 자질과 같은 가치 규범적 요소들이 객관적 합리성에 의해 엄격히 평가되었는가 하는 점과 그의 행동, 실천, 업적과 같은 경험적 행태요소들이 상대적 공정성을 결여하지 않았는가 하는 두 가지가 평가의 기준이 될 수 있다. 조만식의 경우도 가치 규범적 차원, 행태적이며 경험적 차원에 의한 통합적 기준에 따라야 한다.

인간의 정치행태는 그 개인의 인격과 분리될 수 없고 오히려 인격을 충실하게 반영하는 면이 강하다. 앨포오트(Allport)가 인격(personality)은 그의 개별적인 행동의 총계라기보다 통합된 태도의 체계라고 한 것으로 보아[3] 정치인 조만식의 평가도 그의 인격, 자질, 사상, 활동의 측면에서 종합적으로 검토되어야 할 것이다.

Ⅱ. 정치인 조만식의 이미지

1. 조만식의 약력

2) 고당기념사업회편, 고당조만식회상록, 조광출판사, 1995의 내용을 아래 장에서 간단히 정리해 본다.

3) Robert E. Lane, Political Life – Why People Get Involved in Politics (New York: The Free Press of Glencoe, 1959), p.97. "a congruent system of attitudes, each element of which is intelligible only in the light of total pattern", 한승조, 「정치과정과 정치적 인간」; 이영호외 공저, 「정치과정론」, 법문사, 1978, p. 39., 주2) 재인용.

그가 서당에서 한문을 수학하던 6세 때인 1888년에 경부선이 가설되었고 물산객주로 상업에 종사하던[4] 15세 때인 1897년에는「朝鮮」의 국호가 「大韓」으로 바뀌어졌으며 날 파름 명수이자, 싸움꾼이던 그가 기독교에 입교하여 술 담배를 끊은 22세 때인 1904 2월에는 노일전쟁이 일어났다. 28세인 1910년 8월 29일에는 한일합방으로 대한제국은 국권을 상실하게 되어 온 국민은「일본제국」의 식민지로 전락하게 된다. 3년 후 31세 되던 해인 1913년 3월에는 일본국 명치대학 전문부 법학과를 졸업한다. 그러므로 1983년에서 1913년까지 30년 동안 첫째, 한문, 기독교, 숭실중학교(1906-1908), 일본유학(1908-1913) 등의 한문수학[5]과 기독교 신앙과 신학문을 통해 인격을 쌓아갔고[6] 둘째, 그 기간 동안 열강국의 이해양상과 일본과 서양의 문물을 접하여 문화적 시계를 넓히면서도 민족적 정체성을 확립해 나가는 사상 형성기적 특징을 찾을 수 있다. 그 후 32세인 1914년 제1차 세계대전 발발, 33세인 1915년 5월 오산학교 교장 취임, 37세인 1919년 3월 1일 기미년 3.1 독립운동으로 인해 평양 형무소에 투옥되고 이듬해인 38세인 1920년 3월에는 인도의 간디가 대영제국에 맞서 비폭력 불복종 운동을 선언 한 것에 자극받아 같은 해 8월 23일 평양에서 조선물산장려회를 발기한다. 그로부터 2년

4) 당시 평양인의 기질은 현대 선진국 부모들이 자식들의 자주독립심을 길러주기 위해 했던 것 같이 부유한 집안의 자제들을 일찍부터 상계(商界)에 진출시켜 경험과 토대를 쌓게 하는 습관이 있었다. 홍성준洪聖俊 고당평양지간행회古堂·平壤誌刊行會, 고당 조만식, 서울 평남민보사平南民報社. 1966, pp. 9-14 참조.

5) 평양 관후리의 서당에서 한학자 장정봉張正鳳의 지도아래 10년동안 사서삼경四書三經의 기초과정을 전부 마쳤고, 한문학덕을 지닌 부친은 인애仁愛와 근엄謹嚴으로 아들을 교훈하였다. 고당의 강직한 성장과 단아한 인품은 부친을 닮은 점이 많았고, 현부인 모친의 사랑도 고당의 인격형성에 큰 영향을 주었다고 본다. 서당의 훈장이 자기부인에게「조만식은 공부도 잘하지만 신의가 있고 용맹한 의협심까지 있거든, 지혜와 언행을 보면 뱃속에 이미 어른이 들어있다니까...」하는 내용을 보더라도 어린 시절 조만식은 교육적, 경제적으로 좋은 가정에서 태어나 지혜롭고 건강하게 잘 자라났던 것 같다. 앞의 책 제1장 참조.

뒤인 1922년에는 조선물산장려회의 창립과 더불어 그 회장이 되었고, 민족자본의 형성과 독립주체성 확립을 위한 본격적으로 독립운동에 투신하였다. 이 운동은 그의 나이 55세인 1937년 6월 체포되어 서울로 이송될 때까지 계속되었다. 1927년 45세에 신간회[7] 중앙위원 겸 평양지회장으로 민족단일 정치건설 구축에 앞장섰다. 그 후 1939년 9월 1일 제2차 세계대전과 1945년 8월 15일 민족해방 때는 이미 그의 나이 63세였다. 해방되던 해 9월 중순부터 조선 민주당조직에 착수하여[8], 11월 3일에는 평양에서 조선 민주당을 창당하고 그 당수가 되었다. 3개월 만에 수십만 당원을 확보하였다.

선생의 나이 68세 되던 1950년 6월 25일 한국전쟁이 일어났고,

---

6) 숭실학교는 북 장로교 미국선교사 배위량 박사가 창립하였다. 10년 후인 1907년 숭실대학을 병설하여 한국최초의 대학문을 열게 된다. 처음에는 배박사가 사저에서 한학자 朴子重과 함께 13명의 학생에게 성경, 사서삼경, 수학, 음악, 체조 등을 가르쳤고 그 뒤 천문, 지리, 생물, 논리학 등을 가르쳤다. 숭실학교는 단순히 신지식과 기독교 정신만을 가르치던 것이 아니라 일상생활에 영어를 사용하지 못하게 하고 한글을 사용하게 함으로써 민족정신을 깨우쳐 주고 정체성을 확립 시켜주는 기독교 정신과 민족정신을 조화시킨 교육기관이었다. 앞의책 pp. 21-23. 대체로 사상가는 논리적 설계에 만족하지 않고 그것을 현실세계에 구체적으로 축조하려는 의지를 갖게 된다. 이점에 있어서 고당은 사상가로서 손색이 없는 자질을 갖추었다. 그는 학문이나 종교를 새로운 지식이나 신앙으로 삼는데 그치지 않고 그것들을 곧 자기의 생활로 삼았다. 그가 남긴 선행은 매우 많다. ① 추운겨울밤 얼어 죽기 직전의 길거리 거지를 자기 집에 데려와 더운밥 따뜻한 잠자리를 제공하였던 일. ② 동경유학시절 학비를 아껴 친구 학비를 도와준 일. ③ 평양교외의 목화밭 판돈을 친구의 어려움을 돕고자 희사한 일. ④ 3.1운동으로 감옥생활 하는 동안 밥을 남겨 배고픈 죄수에게 나누어 준일 등 그 예화가 많다. 이러한 지행일치의 일은 매우 단순하고 쉬운일 같지만 생각할수록 결코 쉬운 일이 아니다. 앞의 책 참조.

7) 1926년 늦은 봄 한국 역사상 최초의 민족단일당의 성격을 띤 신간회가 창립되었다. 민족주의 진영과 사회주의 진영이 공동전선형에 성공하여 1. 정치적 경제적 각성을 촉구하고 2. 공고한 간결을 도모한다. 3. 기회주의를 배격한다는 3대강령을 채택하였다. 이것은 "전 민족이 한데 뭉쳐서 싸워야 한다"는 고당의 신념에 합치되는 조직이었다. 신간회의 이름은 주역周易문자 고목신간古木新幹이었다. 신간회는 다른 직능단체 즉 여성계의 각 단체를 근우회槿友會로 통합시키고 청년계를 통합해서 조선청년동맹으로 만들었다. 그리고 조선형평사朝鮮衡平社, 조선노동총동맹, 조선농민 총동맹, 조선프로레타리아 예술동맹(KAP)등도 신간회 노선에 따르게 되었다. 앞의책 pp.138-139.

8) 발기인 105인은 105인 사건을 기념하는 것이고 11월 3일로 창당일을 잡은 것은 광주학생사건을 기념하는 뜻이다. 또 33인을 중앙상집위원으로 선출한 것은 3.1 독립만세운동의 33인 민족대표를 기념하는 뜻이었다고 한다. 앞의 책 p.219.

그 후 그의 정확한 생사를 알 수 없게 되었다. 이렇게 보면 31세까지의 그의 생애의 전반부는 역사인식과 문화능력을 기른 사상형성기라면 그 후 68세까지 그의 생의 중반부 내지 후반부는 일제로부터의 민족독립저항운동과 민족통일운동의 사상적 실천기라 할 수 있다.

2. 조만식의 이미지

1) 조만식의 긍정적 이미지

시인 김소월은 "자그마한 키와 다른 쇠끝 같은 지조가 휘어 날듯 타는 눈동자만이 유난히 빛나신 민족을 위하여 더도 모르시는 열정의 그님 제이, 엠 에쓰"라고 하였고, 시인 박남수는 "검은 두루마기는 무릎을 덮는 일이 없고 당신의 옥 같은 몸은 비단에 감겨본 일이 없다. 한국의 촌부가 짠 씨 날이 굵은 무명으로도 족히 자랑을 만들었다. 실 눈섭에 서리는 자부러움 뒤에서 작은 눈은 늘 타고 있었고 옳은 일이면 부러질지언정 구부려 휘는 일이 없었다. …머리에 붕대를 감고 세상을 앓던 사람.. 십자가를 스스로 지고 지금 어디서 은전에 팔려간 형제를 굽어보시는가… 더 고달픈 어디에서 지금도 머리에 붕대를 감고 세상을 앓고 계시리라" 하였고, 시인 주요한은 "등불을 드셨네 어둡고 험한 길 홀로서 맞섰네… 민주와 자유를 품속에 지녔나" 라고 하였다. 또 고당의 영원한 동지 오윤선 장로의 아들 오영진은 그를 '인도의 마하트마 간디'에 비긴다. 그는 두 지도자가 다 같이 비살생, 비폭력, 무저항, 불복종을 민족해방과 조국독립방안의 기본원칙으로 했고, 특히 종교적인 신앙을 그 바탕으로 했다는 점과 '토산품 전용'을 몸소 실천했다는 유사점이 있다고 했다. 뿐만 아니라 고당은 특히 청년들과 대화하기 좋아했다고 술회하면서 그의 부드럽고 인자한 성격과 독특한 해학과 기지와 풍자 그러다가 가끔 화산처럼 폭발하는 웅변은 젊은이들을 열복케 하고 감동시켰다고 한다. 그래서 청년들은 다른 선배지도자에게서는 거의 찾아볼 수 없는 젊음과 매력과 세대를 초월한 친화력을 느꼈다고 한다.[9)]

다음은 함석헌(咸錫憲)의 회상이다.[10)] 자그마한 키에 무릎을 치는 무명 두루마기, 머리는 박박 깍고 수 물 수 물 얽은 얼굴에 수염도 별로 없고, 눈은 작고, 음성은 나지막하면 조만식 선생인줄 거의 안다고 한다. 남들이 조만식 조만식해도 솔직한 말로 나는 무엇이 위대한지 몰랐다. 그런데 해방 후 죽음을 앞둔 선택에 '그러마'가 아니고 '아니다'라는 죽음의 선택을 하는 것을 보고 역사의 인물, 조만식의 값을 알았다. 비겁한 민중을 깨우기 위해 '아니'라고 말할수 있는 용기를 죽음으로 보여준 민중의 참지도자이다.

김동길(金東吉)은[11)] 고당은 시원한 바람처럼 와서 겨레의 가슴을 한번 시원하게 스치고 사라진 성서의 실천자이다. 국권회복의 꿈을 가슴속 깊이 간직하고 꾸준히 활동하신 인물이다. 남북통일은 고사하고 동서화합도 하기 어려운 현실에서 자기희생의 지도자가 그리워진다고 했다. 홍만춘(洪萬春)목사는[12)] 1945년 8월 18일경 백선행기념관에서 평남 건국준비위원회 창립소식을 듣고 청년치안대로 복무 중 8월 24일경 목총을 들고 서있는데 고당이 "우리 민족에게 총칼이 필요 없어요, 총칼을 휘두르는 자는 제 총칼에 망하거든.... " 라고 얘기했다. 돌이켜 보면 고당은 철저한 평화공존주의자인 것이다. 특히 동경유학시절 송진우가 호남 다화회(茶話會)를 교회 안에

---

9) ① 홍성준洪聖俊 편집, 앞의 주 1)의 책. ② 고당기념사업회편古堂記念事業會編, 고당 조만식회상록, 조광출판사朝光出版社, 1995 참조. 김소월金素月,『제이 · 엠 · 에쓰』, 앞의 책.pp.346-347. 박남수朴南秀,『세상을 앓던사람』, 앞의책.pp.348-349. 주요한,『고당의 노래, 샛별의 눈망울』, 앞의 책.p.350.

10) 함석헌咸錫憲,『'아니'라고 말할 수 있는 용기』, 사상계思想界, 1956년 6월호 참조.

11) 김동길金東吉,『지금 더욱 그리워 지는 사람』, 고당조만식회상록, 앞의 책 pp.281-284 참조.

12) 홍만춘洪萬春,『총칼 휘두르는자 제 총칼에 망한다』, 앞의 책 pp.98-106 참조.

따로 만들자, "고향을 묻지 말자" 또 그리고 장로교 감리교 신자들이 분열되는 것을 막기 위해 "교회도 하나, 나라도 하나"라고 한 말은 너무도 유명하다. 이러한 행위로 그는 그리스도의 사랑에 기초하여 민족부활의 신념을 불태운 민족의 사도라 할 수 있다고 술회한다.

안도명(安道明) 목사는[13] 평양 산정현 교회가 신사참배 거부로 주기철 목사는 순교하고 조만식, 오윤선, 박정익, 유계준, 정재윤, 다섯 장로와 한원준, 김승기, 김경진, 김성식의 네 청년집사 모두 9명이 창씨개명을 하지 않은 탓으로 폐교되었다고 했다. 신사참배라는 시련에 하나님의 뜻이, 산정현 교회라는 장(場)에서 정치적인 면의 조만식 장로와 종교적인 면의 주기철 목사의 양립과 조화로서 영광의 승리가 성취되었다. 산정현 교회와 조만식장로는 우리 민족역사에 길이길이 횃불이 될 것이라고 한다.

박재창(朴在昌) 고당선생 기념사업회 상임위원장은[14] 고당의 말씀 중에서 "높이 봐라! 멀리 봐라! 크게 봐라!"하신 말씀을 잊을 수 없다고 한다. 또 고당이 북한에 생존하였다면 베트남의 호지명 같이 민족의 영웅이 될 수 있을 것이다. 고당은 물산장려운동, 신탁통치 반대운동 등 모든 정치적 사회적 활동 과정에서 제일먼저 민중의 안위를 생각하였다. "만인이 모두 지사가 되게 할 수 없다"는 생각에서 대중에게 무엇을 강요한 일이 없다. 다만 스스로 깨달아 따를 수 있는 방법을 선택했다. 반탁운동 때도 조선민주당에 붙인 표어는 오직 "침묵" 하나뿐이었다. 그러나 선택의 마지막 순간에는 어느 누구도 따를 수 없는 결정적인 과감한 선택을 하는 분이라고 술회한다. 특히 그는 일제 조작신문기사와 최근의 좌파 또는 진보 지식인들이 고당을 증거나 분명한 논리도 없이 모함하고 음해하는 것에 대해 신

13) 안도명安道明목사의 글 중에서, 앞의 책, pp. 175-178.

14) 박재창朴在昌,『높이봐라! 멀리봐라! 크게봐라!』, 앞의 책 pp.203-222 참조.

념과 무결점의 지도자 고당선생의 폄하에 분개한다.

문봉제(文鳳濟) 조선민주당 개천군 당 사무총장은[15] 고당이 "신탁통치는 우리 민족 욕되게 하는 제도이다. .... 나마저 평양에 없으면 38 이북 천지에는 민주주의가 사멸할 것이 아닌가"는 말을 전하고 그의 모습과 굳은 의지 그리고 한마디 한마디가 나라와 민족을 우선하고 자기의 몸의 안위는 뒤로 미루는 그의 민족정신을 돌이켜 보면 그의 일생은 사리사욕에 매이지 않고 살아왔던 것 같다고 술회한다.

최승만(崔承萬) 교수는[16] "고당은 나와 만날 때 마다 냉면집 데려가신 따뜻한 분이셨지만, 신앙심을 기초로 한 기독교 인생관을 가지셨기 때문에 옳지 않고 바르지 않은 일에는 추호도 용서가 없으신 어른으로 거짓을 싫어하고 꾸미기를 싫어하셨다"고 술회한다. 그러면서 사람은 4등급으로 나누어 제1급은 다른 사람을 보호하기 위하여 자기를 돌보지 않는 사람이요, 제2급은 다른 사람을 보호도 하고 자기도 보호하는 사람이고, 제3급은 자기를 보호할 줄은 알되 다른 사람은 어찌되건 아는 체 아니 하는 사람이며 제4급은 자기나 다른 사람을 수호하지 못하는 사람이다. 고당은 단연 제1급의 인물이었다.

양호민(梁好民)은[17] 단언한다. "고당의 죄목이라면 단 하나, 그가 평안남도 인민 정치위원회 위원장의 지위에 있으면서 소련군정당국이 요구하는 신탁통치 안을 거부했다는 사실 뿐이다. ... 그 후 그를 기소하거나 재판에 회부하거나 죄를 언도하지 못하고 5년 동안 감금했다가 극비리에 어떤 처리를 하고만 것이다. 3.1운동 당시 1년의 옥고를 치루고 또 분단북한에 자유민주주의적인 조선민주당을 창

15) 문봉제文鳳濟,『월남하기 직전에 뵈온 고당 선생님』, 앞의 책, pp.238-242. 참조.

16) 최승만崔承萬,『향기로운 행적을 남기신 분』, 앞의 책, pp.179-183 참조.

17) 양호민梁好民,『한 역사적 애국자의 비운』, 앞의 책, pp.190-192 참조.

립, 그 당수로 선출되었다. 선생은 참으로 고결한 인격자요, 독실한 기독교신자요, 진보적 민족주의자였다. 그가 '조선의 간디' 로 추앙을 받고 있던 데서 그의 높은 인품의 일단을 엿볼 수 있다."

홍성철(洪性澈)은[18] 북한 동포와 고통을 나누시기 위해 월남을 거부한 유일한 지도자 고당선생을 추모하면서 고당의 두발을 국립묘지에 안장하고 동상을 건립할 수 있었던 데에 큰 보람을 느낀다고 했다.

한근조(韓根祖)조선물산장려회 부회장과 신간회 평양지부 부회장은[19] 통일이 되면 선생님이 하시던 일이 온 나라에 알려져 북한 동포들의 정신적 지주가 되실 것이고 또 통일의 후유증을 줄일 수 있는 유일한 정신적 지도자로 추앙 되시리라 믿는다고 한다.

김광수 목사는[20] '한국의 간디' 하고 사람들이 부르는 까닭은 그의 옷차림과 생활태도가 애국운동의 방향을 제시하는 하나의 상징처럼 되었기 때문이다. 물산장려운동을 전개한 공적행위는 말할 것 없고, 조만식의 가정살림과 주변에서는 한 조각의 일제물품이나 외래품을 찾아 볼 수 없었다. 그리고 금주회, 단연회를 만들어 민족정기를 바로 세우려 하는 모든 행동이 마치 '인도의 간디' 그 이상이었다고 한다.

안병욱(安秉煜)은[21] 고당은 민족운동의 투사, 신앙의 의인, 교육자의 사표, 수양인의 거울, 무실역행의 실천자, 자력갱생의 기수로서 용기 · 양심 · 근면 · 신의를 대표하는 위대한 실행의 인격자이자 위대한 한국인이라 한다.

---

18) 홍성철洪性撤,『북한동포와 고통을 나누신 지도자』, 앞의 책 pp. 303-307 참조.

19) 한근조韓根祖,『조만식 선생의 해방직후의 3개월』, 앞의 책, pp.223-232 참조.

20) 김광수金光洙, 한국기독교인물사韓國基督敎人物史, 한국교회사연구회韓國敎會史研究員, 1981. pp.221-222 참조.

21) 안병욱安秉煜,『비폭력의 통감한 투사』, 고당조만식회상록, 앞의책 pp.285-286 참조.

조만식은 숭실학교 출신이다.[22] 주색잡기의 팔방미인이었던 청소년시절을 청산하고 새로이 민족지도자로서의 인격과 정신으로 성장변화시킨 것은 오로지 기독교의 힘이며 숭실학원(1887년 배위량 선교사가 설립)의 교육 때문이다.

이승훈이[23] 오산학교의 설립자이자 이사장이고 조만식은 교장이었던 때의 일화이다. 당국이 인정하는 정식 중학교로 인정받기 위한 때에 일본인 도지사가 학교방문 한다는 소식을 듣고 남강은 고당이 의복을 바꾸어 입고 그들의 눈에 그슬리는 일이 없도록 종용하였다. 그러나 고당은 본래의 모습-본래의 뜻을 바꾸지 않았다. 모든 일이 잘되어 끝난 후에 남강이 우스개소리로 고당을 두고 "벽창호"라고 했다.

오기영(吳基永)은[24] 1931년 1월 동광에 기고한 글에서 민족운동자로서의 일관한 30여년의 고행, 그의 실천중행은 이제 와서 엄연히 서도(西道) 민중의 주석(柱石)을 이뤘다고 조만식을 평가하면서 다음과 같이 실감나게 표현한다. 날파름의 명수 술 담배 잘 먹고 수심가를 잘 부른 팔방미인의 젊은 난봉꾼에서 작심하여 눈물 섞인 유머 허례허식을 개혁하고 생명보다 귀한 지조를 바친 그리스도의 십자가를 홀로 진 모지랑 빗자루라고 한다. 모지랑 빗자루 같은 노랑수염을 달고 무명속에 싸여있는 남이 따르지 못할 온정과 겸손을 상징한 표현이다.

이윤영(李允榮)은[25] 3.1운동 때문에 고당과 함께 평양형무소에서 옥살이를 같이하였다고 한다. 이때 선생은 군자요 성자에 가까운 분

22) 유영열,『민족의 지도자 조만식曺晩植선생』, 숭실대학교, 인물로 본 숭실100년, 숭실대학교출판부. 1992, pp.487-503 참조.

23) 홍성준洪聖俊, 편編, 고당조만식회상록, 앞의 책, 1966. pp.69-78 참조.

24) 오기영吳基永,『조만식의 이꼴저꼴』, 고당조만식회상록, 앞의 책, pp. 57-62 참조.

25) 이윤영회고록, 1984의 내용은 앞의 책 pp.188-189 참조.

이었다. 감옥 안에서 자기 밥을 반 갈라서 남에게 주는 분이었다. 감옥에서 만난 이후 건국준비위원회, 평남인민정치원회, 조선민주당의 정 부위원장과 당수, 부당수로 함께 일했다.

최태섭(崔泰涉)박사는[26] 교장선생님이 학교 주변을 직접 청소하셨고 특히 화장실을 청소하시던 모습은 너무도 진지해 보였다고 하면서 그는 평생 크고 작은 일을 주장하기에 앞서 몸으로 실천하셨다고 술회한다.

지금까지의 내용들을 보면 어떤 부분은 그의 인격(사명감, 선의지, 실천력, 사랑, 겸손...)을 나타냈고, 어떤 부분은 그의 실천력(용기, 의무, 능력, 인내, 지혜...)를 표현했고, 또 어떤 부분은 그의 사상(기독교적 인간관, 교육관, 민족관, 세계관...)을 드러냈던 것 같다.

그처럼 조만식의 사람 됨됨이에 관한 기록은 적지 않다. 그에 대한 이미지는 철저하게 긍정적이다. 그는 무결점의 정치지도자로 회자되고 있다. 그는 청년기의 싸움꾼, 난봉꾼, 술 · 담배에 찌든 세속적 방황을 기독교의 입신과 더불어 과감히 단절 청산하였다. 단순히 자기결점을 고쳐서 보여주었을 뿐만 아니라 후일 금주회, 금연 모임을 선도하고, 국산품 애용운동을 전개하고 일체의 폭력을 배척하는 비폭력주의를 주창하는데 이른다.

그래서 고당은 결점마저도 극복하여 그의 장점을 이루는 도구로 삼은 민중의 참스승이었다.[27] 이 하나의 예만 보아도 그의 용기 · 지혜 · 절제 · 힘 · 의지력 · 실천력 · 판단력 · 책임감 · 민첩성 · 사명감 · 위기관리능력 · 정열 · 도덕성 · 인간적 매력 등 많은 지도자적 요소를 두루 갖추었다고 할 수 있다. 또 유학시절 "고향을 묻지 말

26) 최태섭崔泰涉,『주장하기에 앞서 몸으로 실천』, 앞의 책 pp.300-302 참조.

27) 오영진吳榮鎭, 앞의 책, pp. 25-25 참조.

라"는 그의 시대정신과 성실성은 객관적 타당성을 지닌 생산적 사랑의 실천을 호소하는 조직능력이 있는 뚜렷한 표징이라 할 수 있다. 더욱이 3.1운동으로 인한 투옥, 신간회 발기, 만보산사태 수습, 관서체육회창립 및 활동, 을지문덕묘보수회, 백선행 기념관, 김인정 도서관건립추진, 조선일보경영, 조선건국 평남준비위원회 창립, 평남인민정치위원회수립, 조선민주당창당, 신탁통치반대, 연금, 사망에 이르는 조만식의 사회적 정치적 활동의 모든 과정을 개관해 보면 그의 인격과 능력은 기독교적 정신이라 할 수 있는 그 자신의 사랑-절제-정의-관용-겸손-희생으로 일관된 생의 과정에서 빛나고 있다.

민중과 민족을 사랑하고 그들을 위해 목숨마저 바친 실천적 봉사정신을 그의 인격의 바탕으로 삼았던 것이다. 예수가 그랬고 간디가 그랬던, 극단적 봉사헌신의 정신이 한국의 조만식에 이어졌던 것이다. 이 비범한 카리스마적 능력은 하나님이 주신 신앙의 선물일 것이다.

환언하면, 조만식의 정치적 인격과 자질은 기독교 신앙에 기초하는 청도교적 도덕성과 실천적 사랑으로 표현할 수 있다. 학생을 가르치거나 민중을 가르칠 때도 그는 실천적 교육을 보여주었고 정치활동을 함에 있어서도 오염된 정치자금을 용납하지 않는 금전적 청렴성을 견지하였고, 기독교의 교리에 충실하면서도 민족의 소망을 그 속에서 일구어 내재시킨 민족정신의 표상이 되었고, 남녀노소 신분의 귀천을 따지지 않고 함께 동숙하고 논의하고 상담하는 열린 가슴, 인정이 풍부한 민주적이며 대중적인 인격과 매력을 잃지 않는 신선한 인성을 견지했다. 허물과 상처를 멋과 영광으로 돌릴 수 있는 정치적 신통력을 발휘한 지도자였음을 앞의 시인들이 예민하게 감정해 준다.

2) 조만식의 부정적 이미지

고당에 대한 비판자 시각의 논점은 다음 두 가지이다.

첫째, 1943년 11월 16일자 평양 매일신보(每日新報)에 게재된 조만식 이름의 '학도(學徒)에게 고(告)함' 이란 기사의 진위 문제이다.

둘째, 1944년 평양에서의 '조만식 시국강연' 의 진위문제이다. 처음 문제는 최근 출간된 일본사학자 강덕상(姜德相)(64세, 사가현 교수)의 '조선인학도출진(朝鮮人學徒出陣)' (암파서점岩波書店)[28)]과 친일문제 연구가 정운현(鄭雲鉉)(38세)이 엮은 '학도여 성전에 나서라' (도서출판 없어지지 않는 이야기)의 두 권 학도병관련 연구 단행본에서 논의되고 있다. 정운현의 책에는 친일인사들의 기고문, 연설문, 시가 실려 있다. 특히 단 한편의 친일문장도 없던 인물로 알려진 가람 이병기(李秉岐)의 '12월 8일' 의 친일성향 시와 민족인사 조만식, 안재홍(安在鴻)의 학병 권유문을 포함하여 최남선, 오근선, 김성수, 양주삼, 현상윤, 김팔봉, 주요한 김동인, 박종화, 김동환, 김용제, 유진오, 김소운, 최린, 신흥우, 이종린, 장덕수, 이병도, 김활란, 윤일선 등 실로 수많은 사람들이 어용 매문으로 일제의 학병징집에 협조됐다는 증거자료를 제출하였다. 연구의 단계에서 제기된 문제 치고는 매우 심각한 부분이 있다. 정말 그러한가? 참으로 그들이 쓴 글인가? 그들이 어떠한 환경조건에서 그러한 글을 쓰게 되었나?

우선 매일신보의 '학도(學徒)에게 고함' 이란 기사는 날조된 기사

28) 1997년 5월 20일자 중앙일보는 강덕상姜德相의「조선인朝鮮人 학도출學徒出」의 학도병연구서와 친일 문제 연구가 정운현씨가 엮은「학병권유 친일문장선집」그권이 한국과 일본에서 출간되었다는 소개와 함께 이책에는 민족진영인사 '친일親日문장' 등이 소개되어있다고 한다. 즉 1943년 9월 일본총리 도조 히테키 동조영기東條英機가 전시하 비상체제를 공포하여 조선인 대학생 총 4,385명을 동원하였다고 하면서 당시의 지원은 강제였다는 것이다. 그 근거로 지원령이 시행된 그 주일이 지났으나 연희전문은 293명 중 4명 보성전문은 268명중 단3명만이 지원한데 그쳤다. 지원율이 저조하자 총독부는 조선내 지식층과 친일어용단체를 총동원하여 지원권유와 독려에 나섰다는 것이다. 그런데, 각계의 수많은 인사 중에서 조만식도 학병 권유문을 실었다는 것이다.

라는 주장이 있다. 전 매일신보 기자 김진섭(金鎭燮)의 증언에 의하면[29] "이 글은 조 선생이 쓴 것이 아니고 그 당시 조선 총독부 기관지인 매일신보 평양지사장이던 고영한(高永翰)이 가짜로 쓴 것이다."라고 한다. 그 경위는 다음과 같다.

고영환이 나를 불러서 '경성본사에서 연락이 왔는데, 진섭군 자네가 조만식을 만나 학도병 출전 격려 기사를 받아 오라고' 하였다. 그래서 '알았습니다' 하고는 그 당시 조선생의 딸네 집에 연락을 하니까 거기에 계시는거에요. 그래서 찾아가 뵈었더니 '어 자네 평양에서 왔다며!' '예 인사드리러 왔는데 안 계서서 이곳까지 왔습니다. 혹시 제가 오늘 찾아 뵌 이유를 알겠습니까?' '알만하이,' '선생님 그냥 시골로 내려가 계십시오, 저는 오늘 못 만나 뵌 것으로 하겠습니다.' 하고 돌아왔다. 그리고 신문사에 돌아와 '조선생이 안계서서 못 만나 뵈었습니다' 고 보고했다. 오후5시쯤 동료기자 김창문이 오자 고영한 지사장은 그에게 '김(진섭)군이 가서 못 만나 뵈었다는데 그러면 당신이 조만식을 만나고 와' 그러니까 김창문은 나에게 '어디 가서 술 한잔하러 가자' 하여 따라 갔더니 '고영한이 조선생 만나고 오라는데 어떻게 하지?' '야 임마, 미쳤다고 거기 가냐.' '그럼 어떻게 하나, 출장비까지 주는데,' '그 돈 가지고 술이나 먹자, 그래 술이나 먹자, 그리고 고영한에게 갔었다고 거짓말하자.' '그래도 갔다는 와야지...' 그래서 갔더니 마침 안계셨다. 할 수 없이 거기서 하루자고 다음날 올라왔다. 김창문이 고영한에게 '강서에 갔는데 조선생이 평양 가셨다고 해서 못 만나고 왔습니다' 하니까 '기자가 뭐 그래, 그래가지고 무슨 글을 쓰겠어' 하고 역정을 냈다. 잠시 후 사진기자가 내게 말하기를 '나보고 조선생 만나러 같이 가자는데' 한다. 결국

---

29) 김진섭金鎭燮, (전前 매일신보每日新報 기자記者), 1943년 11월 16일자 매일신보에 실린 조만식선생의 글에 대한 증언 (자료 1943. 11. 16 매일신보), 고당기념관 사무실, 1997년 6월 3일(화) 16:30.

사진기자하고 고영한이가 그 다음 다음날 간 것이다. 조선생이 완강히 거절하니까 갔다 와서 고영한이 직접 써서 서울에 기사를 적어 보냈고 그 다음에 그 기사가 난 것이다. 그 기사가 실리자 신문사 사람은 물론이고 당시 평양 기독계에서도 말이 많았지만 아무도 그것을 조선생이 쓴 것으로 믿지 않았다. 왜냐하면 본사에서 자꾸 재촉이 오니까 고영한이가 제멋대로 썼다는 이야기가 널리 퍼졌었다. 그리고 내가 알기에 조선생이 이렇게 시시콜콜하게 글을 쓰시는 분도 아니다. 해방직후 김창문 기자가 평양에 다녀와 고영한을 만났더니 고영한이가 친일파로 몰려 경찰서에 잡혀가 열흘 만에 나왔다는 것이다. 그러면서 '조만식선생 글을 자기가 쓴 것이다. 지금도 가슴이 아프다' 고 했다. 그 다음날 고영한이 집에 갔더니 30분 전에 면도칼로 자살했다고 그 집 할머니가 말했다는 것이다. 고영한은 조만식의 글을 날조하였고, 그로인해 양심의 가책을 받고 결국 여러 가지 복합적 요인으로 자살했다는 것이다. 내가 지금까지 한 말은 신문기자, 언론인의 양심을 가지고 이야기 한 것이고 어느 때 어느 장소에서도 확실하게 증언할 수 있다는 것이다."

또 '조만식의 글이 아니다' 라는 논거로는 친일세력을 철저하게 숙청, 응징했던 공산당 진영에서 분단 후 조만식에 대한 그간의 행위와 사상을 엄밀히 검증했다는 점이다. 그 기사나 시국 강연이 날조된 것으로 밝혀진 그 후에 인민위원장으로 민족진영과 공동으로 추대했다는 사실이 그것을 반증한다는 것이다. 문제의 기사를 보면 금방 그것이 조만식이 쓴 것이 아님을 알 수 있다. 만약 그 기사가 조만식이 쓴 것이 사실이라면 그 당시 그와 함께 활동했던 많은 우국지사들이 그것을 그대로 묵과하지 않았을 것이라는 점이다. 왜냐하면 평양에서의 고당의 위치가 그만큼 확실했던 것은 그의 정직성과 성실성에 의한 신의와 지조가 다각도로 계속 검증되었기 때문이라는 점이다. 당시의 지식인, 학생, 신앙인, 사회인사중에 그것이 조만식의 글이 아님은 다 아는 사실이라는 것이다. 이처럼 여러가지 정황을 조금만 유의한다면, 그 친일글이 조만식의 글이 아님을 알 수 있는데도, 불순한 의도로 위작된 친일기사만을 토대로 조만식을 비판하는 연구자들이 있다.

사실 과거의 기록을 검토하는 과정에서 기록자의 진위나 그 기사내용의 진실성을 규명하는 작업은 매우 어려운 일이다. 그렇다고 무턱대고 믿을 수도 없다. 때문에 검토 검증과정은 반드시 필요한 절차다. 그러므로 어떠한 역사적 사건, 사실에 대한 의구심과 논의의 여지가 있다는 것은 그 논의 자체보다 논의의 필요성 때문일 것이다. 논의되지 않거나 더 이상 논의될 필요가 없는 기록은 기록되었을 뿐 기록되고 있는 것이 못된다. 역사적 생명력을 잃었거나 잃어가고 있다는 점이다. 따라서 은몰된 가치를 새삼 규명하는 작업은 규명하려는 시간과 공간에서 새로운 생명력으로 부활시키는 경건한 의식이다. 논의자체를 거부하거나 거부감을 가질 필요가 조금도 없다고 본다. 어떤 가치나 인물에 대한 신화적 요소나 신앙적 대상으로서의 존엄성은 수없이 반복되는 이러한 논의의 결과로 그 무한한 생명적 가치를 부여 받기 때문이다. 제한된 검토를 시도해 보자.

1. 김진섭 기자의 증언내용에 신빙성이 있다고 본다.

2. 그때 이래 아직 많은 관계 인사들에게서 고당의 이미지가 조금도 손상되지 않고 오히려 그를 기리는 정, 신뢰의 마음, 존경의 뜻이 더 깊어 가고 있다는 사실에 그 반증의 논거로 삼고 싶다. 가치판단이 경험에 우선 할 수는 없다.

3. 그렇다면, 매일신보 기사의 진위 문제만 남았다. 그 날자 매일신보는 "일사보국(一死報國). 나갈 길은 하나다"란 슬로건이 굵은 글씨로 내려써 있고 조만식의 사진과 함께 "학도(學徒)에게 고(告)한다"는 글이 6단 박스로 실려 있다.

요컨대 이 신문은 마치 전쟁전야, 혁명 전야의 공포분위기를 담은 선동선전문 같은 기사로 가득 차있다. 그리고 조만식선생의 사진이나, 문맥, 문장, 어휘 그 어느 것도 조만식의 것이 아님을 짙게 풍겨준다. 고당의 글은 대부분 간결체, 건조체로 구성된다. 그런데 이 기사는 오히려 만연체, 화려체 형식으로 작성되어 있다. 조만식의 글에는 일관되게 기독교적 정신과 사상이 흐르고 있는데 이 글에는 오히려 불가(佛家)의 일여(一如) 운운하는 불교적 정신과 사상이 드러나고 있다. 그의 글은 비폭력적, 미래에 대한 섭리적, 희망적 역사관이 있기에 전투적, 애상적인 심리적 기복이 심한 문체로 형성된 이 기사는 그의 것이 아니다. 쓰기 싫은 글을 썼다고 해도 그렇다. 조만식의 사상은 나로부터 가족-국가-민족-인류에 이르는 자기 긍정의 논리가 확연히 경계선을 긋고 있다. 조만식은 자신의 희생에는 인색하지 않지만 남의 귀한자식의 희생을 강요하고 미화하지 않는다는 점이다. 그런데 그 글에는 자식들이 전쟁에 참여함으로써 대동아 공영에 이바지 할 것이라는 논리가 과장되어있다.

전장에 참여한다고 다 죽는 것이 아니라는 무책임한 논리전개는 조만식의 것이 아니다.

"...나는 금년 61세로 오래전부터 병석에 누어 별로 세상사에 관여하는 바 없으며 또 고등교육을 받은 청년학도제군에게 나의 이 같은 외침이 무슨 소용이 있을까 생각되나 청년학도제군들은 물론 나와 같은 사람의 말을 기다릴 것도 없이 모두 자진하여 남아답게 나아갈 것을 나는 굳게 믿고 있다. 나는 병석에서 반도청년학도가 나라의 부르심을 받잡게 되었다는 소문을 듣고 고요한 이 방 가운데서 가만히 눈을 감고 제군의 그 씩씩한 군장과 우렁찬 보조(步調)를 가만히 머리에 그려 보았다. ~「무인출현(武人出現)」 이것만으로도 ~반도의 영광을 끝까지 완수할 것을 나는 의심치 안는 바이다~ 그런데 나의 가정에서도 반도(半島) 남아(男兒)가 한사람 있음을 제군에 소개한다.

나의 둘째 자식은 현재 연희전문학교 상과 2년에 재학 중인데 내가 병석에 누어있기 때문에 이번 특별 지원에 대하야 어떠한 태도를 취하는가 보고서 가만히 그대로 기다리고 있다. 그러하였더니 그는 자기 개인의 결의로 지원한 후에 자기 형(연명)에게 그 뜻을 전보로 알려왔다고 한다. 나는 이 말을 듣고 나의 기대가 어그러지지 않는 것을 기뻐하는 동시에 자기 일신이라든가 가정 사정은 조금도 생각할 것 없이 오직 진충보국의 정신을 가지고 크게 활약하여 달라는 뜻을 편지로 격려 하였다..."

이 글은 늙은 우국지사가 전장에 자기 아들을 보내놓고 자신이 못한 애국충정을 자식이 대신해 주길 바라는 내용이다. 이 글에도 몇 가지 중대한 결함이 있다.

첫째, 조만식은 학도병을 반도의 명예를 걸머진 '무장출현(武人出現)' 으로 표현하지 않는다. 우리 반도(半島), 황군(皇軍), 황국(皇國), 반도청년학도(半島靑年學徒), 황국(皇國)의 남아(男兒), 반도(半島)의 영예(榮譽)등 이것은 평소 조만식의 표현이 아니다.

둘째, 일본인의 야심을 충족하기 위한 무모한 전쟁에 나가는데 이것을 진충보국의 정신을 갖고 크게 활약하여 달라고 격려했다니 가능한 일인가. 조만식이 죽기로 작정했다고 하더라도, 반대로 살기로 작정했다고 하더라도 이것은 결코 조만식의 글이 아니다. 조만식은 비폭력, 무저항의 정신을 강조했지 남의 나라 남의 민족을 싸워서 이기라고는 하지 않는다.

셋째, 북한에서는 친일파가 발붙일 수 없었다. 해방직후 국내 사정을 모르는 좌익 측에서는 고당의 매일신보 기사를 문제 삼으려고 했다. 그러나 그것이 일제가 허위로 그런 기사를 썼다는 것을 인쇄소 식자공이나, 당시 매일신보사 기자 및 관계자의 증언을 듣고 고당을 모함하려다 역효과가 올 것을 우려하여 취소했다는 것이다. 조작된 신문기사 하나만으로 아직도 생존해 있는 당시의 매일신보

지식인 그리고 평양 주민들의 눈과 귀 그리고 입을 호도할 수 없다. 그것이 사실이라면 이미 그 당시 북한에서의 고당은 존재하지 않았을 것이며 친일 조만식의 두발을 국립묘지에 안치할 만큼 우리정부가 그렇게 무모하지는 않을 것이다. 왜냐하면 500만 월남 인사들과 그 가족들이 그것을 용납하지 않았을 것이며 또 이승만이 당사를 기증하면서 까지 그의 정신을 기리지는 않았을 것이다. 반탁사건 직후 최용건이 고당을 민족반역자로 매도하여 조선민주당 당수직을 차지하기까지 그러한 기사들이 때늦게 원용되었다는 것은 당시의 정황으로 보아 그것을 반증해 주는 좋은 자료이다.

이상의 몇몇 사례로 보아 이 글은 기사전문가의 날조된 글임을 알 수 있다. 즉 인정의 기미가 통하지 않는 기독교적 사랑의 정신이 없고, 그리고 이성과 정서 어느 것도 닮지 않은 대리인의 전형적인 글이다.

둘째 문제는 학병지원권유 시국연설의 날조에 관한 것이다. 이 문제에 대해 의사인 김선명(金鳴善) 교수는 당시의 상황을 한마디로 날조라고 기록한다.[30] 그 까닭은 그가 어느 날 신문을 보다 고당의 시국강연기사를 보고 놀라서 직접 확인해 본 결과 선생의 뜻과는 전연 달리 일본인들이 멋대로 강연장소와 날짜를 잡아 공고를 했기 때문에 어떻게 하면 좋겠느냐고 상의했다는 것이다. 그러므로 강연회 일정 1주일을 앞두고 만성신장염의 진단으로 평양 기독교 병원에 입원하여 그 위기를 모면시켰다는 것이다.

당시 고당의 나이 62세이므로 총독부도 이것을 고려하여 그대로 넘어간 것 같다. 그때 고당이 하게 되었던 시국 강연은 본인 의사와는 상관이 없는 것이고, 최소한 자의적 협조가 아니었던 것만은 분명하다. 매일신보사 기사 사건 전후에도 일본당국은 고당의 힘을 끌

30) 김명선, 김명선 교수 일화집, 1992. 고당 조만식 회상록. 고당 조만식선생기념사업회, 1995. pp.164-165 참조. 그는 밤중에 몰래 조만식을 방문하여 직접확인 하였다고 기록한다.

어들이기 위해 끊임없이 압박 했던 것 같다. 실례로, 그 뒤에 학병문제(學兵問題)로 평양 경찰서 고등계주임 마쓰모도가 통역 김호우 경부(金虎羽 警部)를 동반하고 찾아왔다. 내용인즉 둘째 아들 연창(然昶)의[31] 학도지원을 친권자로서 승인하라는 것이었다. 반일지사인 고당의 승인은 학도병 징집선전의 극대효과를 가져올 수 있었을 것이다. 그러나 고당은 단호히 반대했다. 즉 "당신들은 소위 내선일체를 해서 한국인에 대한 차별대우를 철폐한다고 하지만, 우선 그 방법이 무리하고, 또 목적이 한국인을 위하는 데 있지 않소. 조상 때부터 내려오는 성명을 못 쓰게 하고, 제 글로 신문을 못 내게 하고, 어린 학생이 제 말을 쓴다고 학교에서 때리고 벌금을 받는데, 이것부터 차별대우가 아니고 무엇이오. 우리로선 억울한 개죽음이 아닐 수 없소. 나는 내 자식에게 그런 개죽음을 하러가라고 도장을 찍을 수 없소. 내 생각이 그러하니 더 말하지 마시오."라고 한 위의 글에서도 두 가지 점을 유의할 필요가 있다.

첫째, 한국청년이 학도병에 나간다는 것은 명분이 없다. 왜냐하면 태평양전쟁과 중일전쟁은 일본인의 싸움이지 한국인의 싸움이 아니다.

둘째, 일본과 조선이 내선일체의 한 나라라고 하지만 그것은 이치에 닿지 않는다. 왜냐하면 창씨개명, 언어 및 문화말살정책을 쓰는 적대국일 뿐 친선동료 국이 아니다. 즉 한국인의 싸움도 아니고 그렇다고 한국의 우방국의 싸움도 아닌 곳에 강제로 끌려가 싸우다가 개죽음을 할 수 없다는 논리이다. 그리고 또 하나 특이한 점은 일본유학으로 명치대학 법과를 졸업한 고당에게 통역인이 대화를 통역한다는 사실이다.

31) 당시 연창군은 서울 연희전문학교에 재학 중이었다. 후일 연창군이 아버지의 어려운 점을 감안하여 상의도 없이 학도병에 지원하였던 점은 아들이 아버지에 대한 효성으로 알려지고 있다. 앞의 책 p.159.

이것만 보아도 그의 정절과 지조를 확인 할 수 있다. 고당은 귀국 후 일본말을 일체 사용하지 않았다. 이런 점은 오늘날에도 깊은 생각을 일으키는 대목이다. 요컨대, 이미 앞에서 거명 되는 많은 명사들에 대해서 고당과 마찬 자기로 억울한 부분이 있을 것이고, 또 아직도 논의 자체가 어려운 부분도 있을 수 있겠다. 흔히들 '열 도둑을 놓치더라도 한사람의 억울한 사람을 만들어서는 안 된다' 는 말을 한다. 요는 이문제의 연구접근도 금기의 차원이 아니라 '보다 신중히, 보다 철저히' 라는 차원에서 논의되어야 할 점이다.

친일 반일의 지렛대에 올려놓고 함부로 민족의 귀중한 자산을 손상시킬 수는 없다. 당시 일본은 태평양전쟁이 장기화 되고 일본의 폐색이 짙게 되자 전시물자의 궁핍현상. 전투 병력의 결핍현상이 증대되어 이른바 물자 총동원령, 전투 병력의 획기적 충원이 불가피하였다. 건물의 철문, 밥그릇, 요강, 철교난간 등 닥치는 대로 거두어 드리는 철저한 물자수탈 정책이 가속화되었고, 이에 더불어 반일 인사들의 강압적 지지유도, 학생들, 농민들의 전투인력화를 유도하는 공작정책을 공공연히 자행하였다. 그러므로 '조만식도 자발적으로 유기를 헌납하고 성전(聖戰)에 적극 협력하였다. 이 사람도 마침내 전비(前非)를 깨닫고 전향(轉向)하였다.'[32] 라는 조작쯤은 일본 당국으로서는 오히려 당연하고도 남는다.

회유가 안 되면 강압하고 그것이 어려우면 조작하여 궁지에 몰고 그것도 어려우면 폐기처분해 버리는 인간의 추악한 한 측면이 일본이라는 매개체를 통해 극명하게 드러난데 불과하다. 오죽하면 고당이 평양을 떠나 선대의 안식처인 안골에 피신하였고. 또 그러한 때에 부인 전애실(田善愛) 여사에게 "내가 여기서 죽을지 모르오. 내가 죽은 뒤에 조그만 비석을 세우고, 그 비석에 내 눈을 하나 새겨주시

32) 앞의 책 p.161.

오. 죽은 뒤라도 일본이 망하는 꼴을 볼 작정 이오"[33] 하고 유언처럼 절규하였을까. 비석에 눈을 그려 적국 일본이 망하는 것을 보고 싶은 그 한 많은 인생, 그처럼 심신이 철저하게 핍박을 받은 민족지도자들의 경우 더욱 정성스럽게 과학정신으로 연구 검토해야 될 것이다.

Ⅲ. 조만식의 정치사상

사상이란『이미지』의 한 부분이다. 한 사람의 사상이란 그 사람의 내면적인 옷이다. 그의 사상은 그에게 있어 특히 중요하여, 그가 옹호하고 선전하려고 하는 세계의 이미지의 일부분인 것이다. 그러므로 명시적 묵시적으로 조만식 스스로 표현했거나 아니면 조만식에 대해 인식한 다른 사람들의 그에 관한 이미지 중에서 가장 강조되는 그의 사고와 실천을 연결시켜 주었던 일련의 관념체계를 정리해 보면 다음과 같다.[34]

1. 생활관 · 윤리관

1) 생활관

조만식의 생활과 윤리관념은 기독교적 생활관과 기독교적 윤리관에 기초한다. 조만식은 기독교와 우리의 실제생활 관계를 아래와 같

33) 앞의 책 p.162.

34) 필자가 보기에 "고당, 그는 하나님의 사람이다." 익민주의益民主義 : Humancracy는 인간적 민주주의 (Human Democracy), 진정한 민주주의 (Realistic Democracy)의 우리말식 용어이다. 이 용어는 필자가 찾아서 쓰는 용어이다. 보다 자세한 설명은 정연선鄭然渲『21세기 한국정치이념연구』, 한승조 교수 정년기념논문집 간행위원회, 변혁기의 한국정치, 두레시대, 1995, pp.497-530 참조.

이 규정한다.[35)]

종으로 역사적 사실과 횡으로 경험적 사실에 참고하여 보면 일반문화에서 기독교를 제외하고는 그 근지(根地)를 잡을 데가 없다.

유럽의 경우 고대부터 중세까지 기독교의 지배하에 있었다. 종교혁명, 산업혁명, 문예부흥도 기독교의 영향을 받았다. 우리나라도 상투를 자르고 모자를 쓰게 되고 의복이 바뀌어 진 것도 그 영향 때문이다. 그러므로 우리는 이 문제에 대해 바로 인식할 필요가 있다.

기독교인의 생활은 예수와 같이 자신을 떠나 다른 사람과의 관계에서 그들과 고락을 나누는 실행의 삶을 살아야 한다. 그렇다고 경제관념을 갖지 말라는 뜻은 아니다. 경제적 토대위에 교회를 건설하고 헐벗은 이웃을 도와주어야 한다. …내가 믿기는 "부자는 천국에 들어갈 수 없다"고 가르친 예수가 금일 조선에 왔다면 '너희는 산업방면에 노력하라'는 말을 반드시 하였으리라고 생각한다. 소극적으로 의복과 검약한 생활을 하고 적극적으로 경제정책을 연구하고 교육제도를 개선하여 현실에 필요한 유익한 생활을 하여야 한다.

2) 윤리관

고당은 일반자녀들을 위해 해야 될 일과 하지 말아야 될 생활윤리를 다음과 같이 제시한다.[36)]

첫째, 해야 될 일로 용서 하는 일(서恕), 참는 일(인忍), 부지런 하는 일(근勤)이다. 고당은 이것이 무슨 일에나 성공의 기초가 된다고 한다.

둘째, 하지 말아야 될 일은 고리대금, 양조 매매업, 채무보증, 축

35) 정치학 대사전, 박영사, 1983. pp.1326-1327 참조. 이극찬, 정치학(제5전정판). 법문사 1993. pp.280-284 참조.

36) Kenneth E. Boulding, The Meaning of the Twentieth Century : The Great Transition, George Allen and unwin, 1965, 박판영 역, 서문당, 1976.p. 159.

첩, 문중인 끼리의 송사, 사사로이 원수 맺는 일, 남에게 피 아픈 일을 하는 일 등이다. 이일은 실생활에 그치지 않고 영적 생명에까지 영향을 미치는 중요한 것이라고 한다. 그러므로 영적 생명을 얻을 수 있는 신앙생활을 강조하였다.

2. 학생관 · 청년관

1) 학생관

조만식은 경제적으로 정치적으로 문란한 당시의 조선 사회에 필요한 참된 기독교인으로서의 학생들의 태도와 사명을 말한다. 기독교적 정신은 여러 가지 형태로 나타난다.

"조선 기독교 청년들은 종교사업, 농촌사업, 물산운동, 소비조합을 통한 경제운동에 적극 나서야 한다. 예수와 같이 사랑과 인내의 마음으로 민중을 보자, 신앙주의를 굳건히 가지자, 참만 알고 실행하자. 만약 우리 조선사회에 이 세 가지 조건을 잘 지키는 청년이 100명만 있다면 능히 비참한 지경에 빠진 우리 2천만 민족을 행복의 낙원으로 인도할 수 있을 줄 믿는다"고[37] 강조한다. 기독청년의 할일 중에 경제운동이 제일 급선무라고 인식했고 그러므로 다음과 같은 구체적인 경제운동방법론을 제시한다.

첫째, 조합운동으로서 소비조합, 저금조합, 신용조합, 이용조합 등을 조직하는 일

둘째, 물산운동인데, 대소규모의 제품생산을 자급 자작할 것이며

셋째, 절제운동인데, 금주단연과 소비절약 등이며

넷째, 농촌운동인데, 농사개량, 원예, 관개, 목축 등이며

다섯째, 상공운동인데, 특히 공업장려 소상인 보호 등이며 기타, 광업 전기사업, 수산업, 임업, 토지개간, 무역 등 사업이다.

---

37) 조만식. 기독교와 생활, 청년, 1927. 9.

이상의 운동을 위해 인술로는 과학 기술자, 이지적 연구경영자가 필요하고 경제적으로는 자본금 20억 원의 재력이 있어야 한다. 그러므로 남녀청년회 소년회 부인회 체육회 상공단체 발명협회 과학연구회 농우회 잡지사 구락부 사교기관 농촌지도자 교육기관 등 실로 허다한 종교, 교육, 문화 사업이 필요하다고 역설한다.

위의 내용을 보면 5.16군사 혁명 정부가 내세운 경제개발 계획 같은 느낌을 준다.

고당은 예수의 "너희는 먼저 그의 나라와 그 의를 구하라. 그리하면 이 모든 것을 너희에게 더하시리라"(마 6:33)는 성경구절을 청년들에게 강조한다. 그리고 경제운동을 성공시키기 위해서는 견고한 의지, 면밀한 두뇌, 성실한 행동의 인격적 소유자가 되어야 하며, 물욕 명예욕 권세욕 같은 장애요인을 극복하여 예수가 제자훈련을 시켰던 것 같이 이지(理智), 의지(意志), 활동수족(活動手足) 등 각각 재능 있는 동지들을 결합하여야 한다고 강조한다. 특히 유산자 무산자의 사상문제, 세력문제에 관심을 두기보다 무엇보다도 먼저 신앙생활과 물질생활에 착실하며 교회를 중심으로 농민 대중을 상대로 활동할 것을 촉구하였다.[38)]

2) 청년관

고당은 생각 있는 청년들에게 미래에 대한 비전을 품으라고 요구한다. 그러면서 다음 세 가지를 강조한다.

첫째, 절제생활 : 심사 · 행동 · 의복 · 음식 · 기타 무엇이든지 사회에 조그마한 공헌이나 조그만 한 이익이 될 것이면 봉사하라고 한다. 일의 성패와 비난에 용기를 잃지 말고 희생하여 봉사 할 것을 촉구한다.

38) 조만식, 서恕, 인忍, 근勤, 조광, 1935. 5.

둘째, 직업 : 자기 생활문제는 스스로 해결할 수 있도록 정당한 직업을 가지기 바란다.

셋째, 봉사 : 자기의 기능 노력 재산 기타 무엇이든지 사회에 조그마한 공헌 조그마한 이익이 될 것이면 봉사하라고 한다. 일의 성패와 비난에 용기를 잃지 말고 희생하여 봉사할 것을 촉구한다.[39)]

3. 사회관 · 정치경제관

1) 사회관

「신동아」지는 1930년 4월 고당의 고견을 묻고자 질의서를 보내왔다. 이에 대한 고당의 응답 내용은 다음과 같다. 귀 지방 주민 전체의 당면문제는?

첫째, 개인주의 사상이 팽창하여 민족의식이 박약하여 가는 것.

둘째, 여론이 확립되지 못하여 일정한 목표가 없어 사회가 부패할 염려가 있는 것.

셋째, 사회 지도자의 연화(軟化)되는 기분이 보이고 청년계급의 타락자가 많은 것.

넷째, 외화(外貨)와 허영을 잘 하는 것 등이 당면의 큰 문제로서, 무엇보다 건전한 단체가 조직되어 민족의식을 계발하여 훈련과 지도가 있어야 할 것입니다.[40)]

고당은 당시의 평양사회에는 지도자나, 주민, 청년들 모두 개인의 이기심 때문에 민족이나 사회정의와 책임감 사명감이 없이 사치허영에 들떠 있기 때문에 문제라고 인식하고 그렇기 때문에 건전한 단체의 역할이 중요해졌다고 보았다. 그러므로 건전한 사회관을 가진 사회의 지도층, 청년 학생, 주민 모두가 건전하고 건강한 사회 구성

39) 조만식, 조선 기독교 학생의 태도와 사명, 청년, 1929. 9.

40) 조만식, 기독청년의 이상, 삼천리. 1937. 1.

원이 되어야 한다는 것이다. 그러기위해 부단히 근본적으로 민족의식을 개혁 개발하여야 민족독립이 가능하다고 강조한다. 먼저 건전한 지도자가 건전한 단체에서 건전한 일꾼들을 양성하여 민족정기를 배양하여야 자주독립도 실현될 수 있다는 주장이다.

2) 정치경제관

조만식의 정치경제관념은 기독교적 윤리관에 기초한다. 그는 '부자는 천국에 들어갈 수 없다고 가르친 예수가 금일 조선에 왔다면 너희는 산업방면에 노력하라는 말을 반드시 하였으리라' 고 생각 하고 조선 기독교 청년들은 종교 사업에 못지않게 농촌사업, 물산운동, 소비조합을 통한 경제운동에 적극 나서야 한다고 역설했다. 경제적 토대위에 교회를 건설하고 헐벗은 이웃을 도와주어야 한다고 믿었던 것이다.

특히 "너희는 먼저 그의 나라와 그 의를 구하라. 그리하면 이 모든 것을 너희에게 더 하시리라"(마 6 : 33)의 성경구절을 강조하면서 경제운동을 성공시키기 위한 구체적 방법까지 제시한다. 첫째, 예수가 제자들을 훈련시켰던 것과 같이 훌륭한 동지를 길러내고 조합운동, 물산운동, 절제운동(금주, 금연, 소비절약 등), 농촌운동(농사개량, 원예, 관개, 목축 등)과 같은 다양한 방법을 통해 농촌경제와 사회 산업을 일으켜야 된다고 강조했다.[41]

고당에게 있어서 정치란 곧 경제요 경제란 곧 정치이다. 그는 민족자주독립의 기본 힘은 무엇보다 경제력에 기초한다고 인식했던 것 같다. 그러므로 생의 상당한 부분을 조선물산장려운동에 온 힘을 쏟았다. 그는 조선물산장려회 설립이유를 다음과 같이 말한다.

"우리 조선 반도는 천부의 흙이요 부원(富源)의 땅이다. ... 그러나

41) 조만식, 청년이여 앞길을 바라보자, 삼천리, 1935. 10.

헐벗고 굶주림을 면치 못하는 이유는 무엇인가... 개인과 단체의 경제력의 유무가 ... 생활... 지식... 세력의 우승열패(優勝劣敗)케 된다. ... 그 원인은 ... 정치, 교육, 제도, 습관이 부패하고 해이하여 농공상(農工商)을 천시하고 오직 사(士)만을 존중한 때문이다. ...그러나 이것은 빈곤의 원인(遠因) 일뿐 근인(近因)은 아니다. ... 그러므로 조선 물산을 장려하면 다음과 같은 실익이 있으리라 확신한다. 1. 경제계의 진흥 2. 사회의 발달 3. 실업자의 구제 4. 국산애중(愛重) 5. 근실 검소의 미풍확립과 용감성 진작 ...이렇게 되면 직접으로 실업계의 진흥과 융창을 도모하고 간접으로 일반 사회의 발전과 진보를 가져와 삼천리 2천만 민족의 참된 낙원, 참된 에덴이 될 수 있다. "[42]

그 후 조선일보기사에 조선의 활로는 오직 조산물산장려뿐임을 계속 강조한다. 즉 "우리는 조선 물산을 먹고, 입고, 팔고, 사고 씁시다. 싸든지 비싸든지, 곱든지 밉든지 어떻든지 우리의 물산으로 살겠다는 각성이 있어야 하겠습니다."

위의 내용에서도 조선경제의 빈곤원인분석이 있었지만 고당은 쉬지 않고 그 경제적 처방전에 골몰한다. 그의 언설(言說)을 시기별로 소개하면 다음과 같다.

첫째, 농촌경제를 피폐케 하는 주요원인은 관혼상제에 많은 돈이 들고 술로 인해 폐가 패촌되는 경우가 많다. 그러므로 금주운동은 물론 생활개선과 소비절약운동을 전개해 나가야 하다. 결국 생활개혁을 통한 생활정치를 강조한다.[43] 전국적, 포괄적인 물산장려운동을 뒷받침하기 위해 그는 각 지역에 조합운동을 병행 추진한다.

---

42) 조만식. 설문에 대한 고당 선생의 답변(Ⅰ). 신동아. 1930. 4. 4. 위의답변은 신동아 기자의 귀 지방 주민 전체의 당면 문제는? 라는 질문에 대한 것이다.

43) 조만식을 위원장으로 하는 1920년 8월 23일 임시사무소 평양부 남문동 서정목, 야소교서원에서 조선물산장려회 설립취지서에서 발기인 일동으로, 동아일보, 1920. 8. 23 . 고당기념사업회편, 고당 조만식회상록, 조광출판사, 1995.

둘째, 관서협동조합운동을 추진하는 이유는 다음과 같다.

이 운동은 중간 이익까지 착취당하는 모든 소비자를 위하여 평양을 중심으로 하여 농촌에 있는 일반민중의 중간 이익착취를 면케 하는 동시에 단체적 훈련을 주자는 것이 우리의 본의가 되겠다.[44)]

셋째, 현재 조선이 당면한 문제 중에서 실현 가능한 다섯 가지 긴급사항은 이것이다.[45)]

1. 우리의 방직회사의 출현 2. 견실한 발명 장려기관의 조직 3. 조산물산의 애용정신과 생산운동 4. 학생들과 청년들의 방종생활의 금단, 극기하라, 가치 있는 생활, 청년다운 생활을 하라 5. 타락신사의 반성과 지도계급의 활약이다.

넷째, 이러한 문제들을 구체적으로 해결하기 위해서는 조직체계를 갖출 필요가 있을 것이다. 그래서 고당은 중심기관의 재조직을 제시한다.

1. 도시에서 영위할 사업

1) 기관시설 ① 산업기관 ② 교육기관 ③ 사회사업기관

2) 생활개선 ① 소비절약 ② 생활검소 ③ 허례폐지(연하장, 축문, 축전, 각종 청첩장, 화환, 만장 등)

2. 농촌에서 영위할 사업

1) 지도자 양성기관

2) 이상촌 건설 ① 조합조직 - 소비, 구매, 판매, 신용, 저축, 이용조합 등 ②농사개량 ③ 부업장려 - 가정방 직장 ④ 문화운동 - 교육기관, 사회사업기관 설치운동[46)]

다섯째, 1920년 조선물산장려회 설립취지서에서 민중의 원인을 다시 한 번 제기하고 그 해결의 희망, 가능 방안을 제시한다.

44) 조만식, 조선의 활로는 오직 조선물산장려에 있다. 조선일보, 1925. 1. 26. 우리물산으로 살자, 조선일보 1927. 2. 18. 고당조만식회상록, 앞의 책 pp.356-358.

45) 조만식, 생활개선과 소비절약, 동광, 1931. 4. 앞의 책 pp.372-374 참조.

46) 조만식, 오직 우리의 경제적 단결체, 동아일보, 1931. 4. 4. 앞의 책. p.375.

즉, 조선의 빈궁한 원인은 1. 금전대출의 무한성 2. 일반 민도의 미급(未及) : 농민지도개발 즉 농촌 진흥책 3. 제산(製産) 사업의 부작(不作) 4. 남용, 사치, 과도의 풍(風) : 절약검소 관념의 결핍현상 5. 인구자연 증가의 경향이 다섯 가지 때문이다. 이러한 원인에 대한 대책으로는 희망안과 가능안이 있다.[47)]

희망안은, 조선본위의 정책으로서 조선인의 각종 사업기관의 보호, 조장, 설치자유 등인데 예컨대 상업기관의 보호 금융기관의 조장 및 설치자유, 언론기관 설치자유, 교육기관 설립자유, 일본재벌 침입제한, 관세제 시행, 각종 세금 및 공과금 경감, 관공리 등용 및 은급, 가봉 등 개정문제 등을 들 수 있다. 이렇게 되면 이미 자주독립국가가 다 된 것이다.

가능안은, 농촌진흥책개발, 복음전도, 한마을 1교회, 지도자 양성, 이상촌 건설, 섬유산업의 주도권을 찾아오는 일, 생활필수품 국산화 및 국산애용, 관혼상제, 허례허식, 사치, 비용절약, 검소, 사회 각 단체의 연합실천, 지도자급(교원, 목사, 사회기관인, 청년인도자 등)이 솔선하여 실천 감행하는 일 등이다.

여섯째, 1936년 민족경제수립을 위해 토산애용이 시급하다고 다시 한 번 강조한다.[48)]

토산 애용이라는 것은 개인에게 있어서는 수지(收支) 생활을 영위하는 것이요, 나아가서는 민족경제를 수립하자는 것이다. .... 인도의 간디가 말 한 바 정치가 파괴되고 경제가 파괴된 위에 문명은 무슨 소용이 있는가라고 한 말과 같이 오늘날 조선 사람의 처지에서 눈과 정신이 온통 외국 것에만 좋다고 하야 코 씻는 종이로부터 이쑤시개 까지 외국 것만 사서 쓰고 있으니 민족경제가 어떻게 수립되리오. 조선 물산을 사용하는 것이 못나 보이고 불쾌하다는 것은 그

47) 조만식, 긴급한 다섯가지 신동아, 1935. 1, 앞의 책. pp. 387-389.

48) 조만식, 중심기관의 재조직, 신동아, 1936. 1, 앞의 책 pp.406-411.

것이 변태심리가 아닌가 한다. ... 지도자는 물론, 학생층, 기타 일반 민중이 토산애용의 인식을 갖게 되고, 토산애용을 한 사람 두 사람 실행하면 그 실현은 민중화될 것이다. 일곱째, 지금까지 토산품 장려운동의 주체를 일반 민중으로 삼았던데 비해 이번에는 토산품을 만드는 주체에 역점을 두고 농촌을 살리는 의무를 농촌청년에게 기대한다.

고당은 농촌청년의 의무에 대해서 다음과 같이 말한다.[49)]

"농촌을 지키고 살리라. 심신을 부으라, 온몸을 바치라 그리고 값있고 뜻 깊은 이상적 생활, 인격적 생활을 하라. 농촌사업은 곧 조선사업이며 농촌운동은 곧 조선운동이다. 이 사업에 운동에 봉사하는 제군은 과연 가장 위대한 자요 가장 존귀한 일일 것이다."

이상과 같이 고당이 공식적으로 발표한 경제 관련의 글 내용들을 검토해 보면 오늘날 대외 수출의존도가 날로 증대되는 현상을 경험하지 못한 그 당시에, 우리 민족이 할 수 있는 것은 직접적 정치행위보다는 근원적으로 민족경제기반을 구축해서 점진적으로 자립적, 주체적인 정치공간을 확대해 간다는 매우 현실적 정치 전략을 설계했던 것 같다.

4. 국제질서관 · 전쟁관

1) 국제질서관

1932년 1월 신동아의 두 번째 질문에 대한 응답은 다음과 같다.[50)]

만일 고당이 세계의 독재자라면 세계를 어떻게 개조(改造)해 나갈 것인가 그 개인적 방법을 알고 싶다는 질문에 대한 답변이다. 그 구체적 질문은 1. 사회제도 개혁안으로 국가문제 인종문제 인구문제 인구증가문제를 어떻게 할 것인가. 2. 경제제도 개혁안으로서 불경

49) 조만식, 생산과 소비와 우리의 각오, 삼천리, 1936. 4. 앞의 책, pp. 412-419.

기 타개책은 무엇인가 3. 이상 계획의 실시 및 자책이 있다면 무엇인가 4. 반역자는 어떻게 취급할 것인가 등이다.

이에 대한 고당의 대답은 다음과 같다.

우선 특정계급을 배제하는 동시에 국제적으로는 강폭한 민족을 억제하여 평등과 평화를 유지하겠다. 사유재산을 제한하여 일가족이 10만원 이상의 치부를 금하고 총 산업기관을 민중화하겠다. 세계적 불경기 타개책으로 국제 간 개인 간을 물론하고 일체의 공사채(公私債)를 절대로 해방하겠고 일부 국가에 편재(偏在)한 금(金)을 약소국가에게 최저 이부로 대부하도록 명할 터이다. 이상의 계획을 실시하기 위하여는 박애주의를 기초로 하여 적당한 법령들을 발포하겠고 이당치세주의(以黨治世主義)로 나가겠다.

이것은 군비철폐와 모순 같으나 불법의 전쟁을 하는 나라를 제재하기 위하여 부득이 설치함인데, 그 방법은 각국으로부터 군인을 징출(徵出)하되 그 징출하는 군인의 수는 나라의 대소 강약에 따라 비례하여 징출하고 군사는 세계 중 가장 필요한 맨 끝에 배치하여 불법의 전쟁을 감시케 해야 한다. 반역자가 있으면 개전(改悛)할 때까지 금고(禁錮)해 둘 수밖에 없겠다.

인구가 너무 증가하는 것이 병통(病痛)이니까 물론 산아제한을 즉각 실시하고 교양하며 선전할 것이다. 예나 지금이나 국제문제는 전쟁억지와 경제문제가 중심이었던 것이다.

2) 전쟁관

1932년 6월 신동아지의 세 번째 질문에 대한 고당의 답변은 다음과 같다.[51]

---

50) (1) 조만식, 토산애용의 근본문제, 농민, 1936. 6, 앞의 책 pp.381-383. (2) 조만식, 「조선 기독교 학생의 태도와 사명」, 청년, 1929. 9; 「기독교 청년의 이상」, 삼천리, 1937. 1. (3) 조만식, 농촌청년의 의무, 조광, 1937. 1, 앞의 책, pp. 426-429.

귀하께서는 전쟁을 시인하십니까? 반대하십니까? 1. 침략전쟁과 방어전쟁을 구별하십니까? 2. 전쟁을 이(利)하다고 보십니까? 3. 전쟁은 해(害)로우나 불가피하다고 보십니까? 4. 전쟁을 폐지할 수 있다고 보십니까? 있다면 구체적 방법은 무엇입니까?

고당은 나는 전쟁을 반대한다. 1. 침략전쟁은 물론 방어전쟁도 정당방위 이상으로는 부인하겠다. 2. 전쟁은 백 가지 천 가지로 불리하다. 3. 제1문은 대답한 말과 같이 방어하기 위하여 불가피하다고 할 수 밖에 없다. 4. 폐지할 수 있다고 본다.

또 전쟁을 방지하는 방법은[52] ① 군비철폐를 단호히 실행할 것 ② 부전조약(不戰條約)을 엄격히 준수케 할 것 ③ 국제중재재판 기관을 절대의 권위가 있게 할 것 ④ 국제연합군대를 설치하는 것이다. 위의 답변은 현대 국제 정치적 시각에서 보아도 전쟁 억지방책으로서 무난한 답변이다.

5. 정치교육관

후진 약소국의 국민은 근대적 개화의식이 발달하지 못하였기 때문에 공과 사의 구분은 물론 자아정체의식이나 국민주체의식이 발달하지 못한 경우가 많았다. 그 이유는 전통사회의 폐쇄적이고 획일적인 가치의식이나 빈곤 그리고 낮은 교육수준 때문이다.

대체로 교육은 개인과 전체의 합리적 조화가 어려운 상태나 자신을 개발하고 환경을 개선해 나가는 힘을 길러주고 그러한 가능성을 추구하는 마음을 갖도록 자극해 준다. 이렇게 보면 조만식의 교육활동은 정치적으로 많은 의미를 지니게 된다. 그는 자유, 평등, 사랑의 기독교적 가치를 학교교육을 통해 몸소 국민의식으로 확산시켰고,

51) 조만식, 세계개조사안 : 설문에 대한 고당의 답변(II) 신동아, 1932. 6. 15.

52) 조만식, 설문에 대한 고당선생 답변, 신동아. 1932. 1

물산장려운동을 통해 서민 대중이 빈곤에서 벗어나도록 앞장섰다. 또 주체의식을 확립시켜 민족독립과 미래의 민주사회건설을 위한 비전을 제시하고 나아가 실천적 교육의 사표가 되었다는 점에서 탁월한 정치지도자였음을 확인시켜준다.

실은, 학교 설립자 이승훈 선생의 "일본어 과목을 국어라 부르지 말라"는 배일 민족교육의 실천적 요람인 오산학교 교장에 두 번씩이나 취임한 고당은 학생들에게 민족주체성과 발전적 비전을 제시하려는 노력을 게을리 하지 않았다. 그는 "우리는 먼저 조선 사람임을 분명히 인식해야 한다. 우리는 현재 구차하게 살고 있으며 남에게 압제 당하고 있는 백성이라는 사실을 솔직히 인정할 수밖에 없다. 조선 사람은 천성이 선량하고 평화를 사랑하며 또 재주가 있고 용감한 민족이다. 그럼에도 불구하고 오늘날 우리의 처지가 이처럼 구차해지고 남에게 대접을 받지 못하게 된 원인은 민족끼리 단결하지 못하고 애국 애족하는 정신이 부족하기 때문이다. 이러한 책임을 자기가 질 줄 모르고 호언장담하기에 앞서서 조그만 일부터 실천궁행(實踐躬行)하여 나가는 길밖에 없다. 자기만 잘 되겠다는 이기심을 버리고 동족을 아끼고 사랑하자. 남의 흠을 잡아서 욕하기보다 남의 좋은 점을 칭찬하고 본받자. 형제로부터 도움을 받으려 하지 말고 자기부터 형제를 도와주는 일을 실천하자."고 역설하였다.

위의 내용을 보면 훈화로 끝을 맺는 일반 지도자와는 달리 학생과 함께 기거하면서 실천해 보이는 표본이 되고자 하였다. 그 같은 교육정신과 실천으로 수많은 훌륭한 제자들을 배출하였던 것이다.[53]

고당의 인격은 강직한 반면 동지와 제자에게는 지극히 관대하고 은유하였다. 검소한 생활은 자기희생의 일면이며, 신행일치(信行一

53) 고당의 오산학교 5년여 동안 배출한 제자 중에는 김억, 김소월, 박남후 등 민족시인과 신앙의 상징 주기철 목사, 민중의 대변자 함석헌, 독립전쟁의 영웅 김홍일 장군, 한국 목회자의 스승인 한경직 목사 등 학계, 문화계, 종교계 등 여러 부문에서 괄목할 만한 제자들을 길러냈다. 앞의 책, pp.78-83.

致)의 애국교육자였다. 그는 젊은 제자나 교사들의 감정과 심리의 속까지 파고들어가서 이해하고 그들의 마음을 긁어주는 식의 위로와 고무를 통해 각자의 개성에 맞게, 인정기미(人情機微)에 적합한 처우를 함으로써 아무리 어려운 문제도 간단히 심복하여 해결할 수 있었다고 한다.[54]

고당은 오산학교를 떠난 후에도 숭인상업학교를 경영하거나 숭실대학에서 법제(法制), 경제를 강의하거나, 민립대학의 건립추진운동을 하는 등 끊임없이 교육활동을 전개하였다.

고당에 있어서 교육은 민족독립과 해방, 그리고 독립국가 건설을 위한 하나의 정치적 이데올로기였다. 교육으로 민족의 정체성을 확립하고, 그를 통해 민족통합을 위한 민족성원의 연대감을 형성해 나가려는 이데올로기적 성향을 강하게 풍기고 있는 것이다. 즉, 고당의 교육은 바로 민족정치교육이었다. 그러므로 일제의 끝없는 감시와 탄압에도 굴하지 않고 때로는 교육일선에서 때로는 후위에서 교육자로, 경영자로 학교설립추진운동자로서 쉬지 않고 민족 교육의 장을 마련하고자 하였다. 그는 종교적 신앙을 위해서는 스스로는 엄격하고 타인에게는 인내와 관용을 견지하였다. 그의 사회개혁사상은 점진적 개혁주의 노선을 견지한다. 즉, 과실이 익거나 썩으면 자연히 떨어져 버리는 이치와 같은 숙과자락주의(熟果自落主義)[55]의 진화적 접근법을 추진하였던 것이다.

고당의 정치교육은 학교교육, 사회교육, 종교교육을 통해서도 광범위하게 전개되었다.

54) 고당조만식회상록, 앞의 책, pp. 84-85. 실제로 직원봉급이 몇 달째 밀려도 학생들의 여러 가지 어려운 사항도 그러한 사랑의 치유책으로 해소했다.

55) 앞의 책, pp.99.

6. 민주정치관

조만식이 공식적으로 추구한 민주정치사상의 기본 골조는 1945년 10월에 발표된 조선민주당 선언문과 강령정책에서 찾을 수 있다.

선언문은 "… 우리는 죄악의 원인인 일본제국주의와 파시즘을 근본적으로 타파하고 … 우리는 조선 건국의 일대 장애물인 일체의 파벌을 근절하고 정치 · 경제 · 문화 · 사회생활의 각 부분에서 일본 제국주의를 구축 소탕하자. 그리하여 확고한 민족적 자각과 열렬한 애국정신 밑에 분산된 각계 대중의 총의 총력을 결집통합하야 대동단결을 요하는 동시에 목적과 취지가 같은 단체와는 우의적으로 상교하야 중앙정부의 신속한 출현을 기대한다. 우리는 대중을 본위로 한 민주주의 정체로서의 자주 독립 국가를 수립하자. 그럼으로써 종래의 모든 전제와 구속을 철저히 배격하는 동시에 국민계몽 계도의 철칙을 실현하여 국민 일반의 교양을 향상시키며 특히 근로 대중의 복리를 급속히 증진시키기를 도모한다. …" 이를 위한 구체적인 6대 강령과 12대 정책은 다음과 같다.

〈 6대 강령 〉

1. 국민의 창의에 의해 민주주의 공화국의 수립을 기함.
2. 민권을 존중하여 민생을 확보하여 민족전체의 복리증진을 도모함.
3. 민족문화를 앙양하여 세계문화에 공헌함.
4. 종교, 교육, 노동, 실업, 사회각계 유지와 결합을 요함.
5. 반 일적 민주주의 각 당파와 우호 협력하여 전민족의 통일을 도모함.
6. 소련 및 민주주의 제 국가와 친선을 도모하여 세계평화의 확립을 기함.

〈 12대 정책 〉

1. 국민은 언론, 출판, 집회, 결사 및 신앙의 자유와 선거 및 피선거권을 보유함. 민족 반역자는 5대 자유와 공권을 박탈함.
2. 의회제도와 보통선거제의 실시.
3. 보건교육의 기회균등.
4. 문화 및 사회사업기간의 확충.
5. 문화인 및 과학기술의 육성과 우대.
6. 국제무역의 진흥과 국내 상업의 발전촉진.
7. 물가와 통화를 적정 조절하야 국민생활의 안정기도.
8. 소작제도의 개선, 자작농 창정의 강화, 농업기술의 향상.
9. 균형 간편한 세제의 확립.
10. 노동운동의 정상적 발전을 조성함.
11. 노 · 사문제의 일치점을 얻어 생산의 지장이 없기를 기함.
12. 실업자의 대책수립, 공장법, 생명보험, 보건보험, 최저임금제의 제정.

위의 내용은 새로운 정치질서를 확립하기 위해서 과거의 일제잔재를 청산하고, 민족주의와 자유민주주의의 정치이념 아래 독립적인 대중민주정치체제를 건설하겠다는 것이다.

실천 정강정책의 방향은 국민의 기본권적 자유를 보장하고, 보통선거에 의해 대의제 체제를 구성하며, 노동자와 사용자 간의 화합을 통한 경제정의를 구현시키겠다는 것이다. 즉, 다원적 가치 아래 자유선거에 의해 전국이 하나가 되는 통일된 민주국가 건설이 그 목표이자 추진 방향이었다.

Ⅳ. 조만식의 민주적 리더십

1. 정치인의 인격과 자질

한마디로 정치지도자의 능력과 기능을 가늠하기는 쉽지 않다. 정치지도자의 자질이나 능력 그리고 역할과 기능에 관한 학자들의 견해는 매우 다양하다.

고금동서의 시대적 공간적 구별도 있을 수 있고 정치적 상황이 안정기냐 불 안정기냐에 따라 정치적 요구가 다를 수 있다.[56)]

더욱이 집단 문화나 구성원들의 자질 그리고 발전 또는 생존 상황의 절박성에 따라서 기능상 명분상 필요에 적합한 지도자의 차원이 다를 수 있다.

정치지도자도 사회과학적 개념규정의 일반적 특성에 비추어 똑같이 일의적으로 정의할 수 없는 문제다. 그렇다면 사회의 다양한 이해, 요구, 활동을 폭넓게 근원적으로 조정, 통합하여 보다 많은 구성원에게 실질적 이익을 줄 수 있는 능력은 무엇인가? 극단적인 대립, 갈등, 투쟁을 통제할 수 있는 힘은 무엇이며 어떻게 형성되는가? 이 문제의 답은 실로 간단치 않다. 인류의 성인 현자들은 보다 근원적, 규범적 가치들을 제시한다. 사랑, 어짐, 자비, 희생, 경건, 선의지, 정의, 조화의 가치들이 그것이다.

이에 대해 고금의 학자들 예컨대, 플라톤, 마키아벨리, 미첼스, 메리암, 베버, 다알, 라스웰, 프롬 등은 지도자 능력의 필요성을 구체적으로 또 다양하게 강조한다.

용기, 지혜, 절제, 힘, 의지력, 지식, 화술, 사회적 감수성, 친화력,

---

56) 정치적 상황이 안정기에는 상징적, 명목적 정치지도자에 만족하거나 대표적, 관리적 지도자를 필요로 하나 불 안정기에는 초체제적인 창조적 지도자나 개혁적 지도자가 요구되는 경향이 많다. 이와 같은 점에서 단절의 시대라 하는 현대에는 극히 엄격한 조건을 고루 갖춘 정치가를 요구하게 된다. 「정치학대사전」, 박영사, 1983, pp. 1326-1327 참조.

인간적 매력, 단체교섭력, 사상적 창의성, 책임감, 직관, 업무집중능력, 조직력, 올바른 정치력(목표수행능력), 생산적 사랑(배려, 책임, 존경, 적극적, 긍정적, 살리는, 지식을 통한 주는 사랑), 자신감, 민첩성, 독립성, 객관성, 정직성, 유연성, 사명감, 정책구상력, 위기관리 능력, 국민통합능력, 시대정신에 남 먼저 앞서 희망을 제시 하는 비전, 판단력 , 업무추진력, 행동력, 설득력, 성실한 열정, 도덕성(공사구분 분명, 청렴, 투명성, 열린 마음 ,개방적 사고, 여론을 경청하는 겸허함, 명확한 진퇴) 인격(건강, 사명감, 선의지, 실천력, 사랑, 겸손)과 능력(정치, 경제, 사회, 문화적 여러 분야의 능력) 등 이다.[57)]

위의 내용들을 종합해보면 훌륭한 정치지도자는 인격(건강, 사명감, 선의지, 실천력, 사랑, 겸손)과 능력(정치, 경제, 사회, 문화적 여러 분야의 능력)을 고루 갖춘 성숙한 지성인일 것이다.

정치지도자의 기능은 집단 성원의 능력과 의지를 모아 문제해결을 해 나가는 것이다. 그러므로 지도자는 과거로부터 현재에 이르는 역사적 인식능력, 현 사회에 대한 각 부문의 통합적 평가능력을 갖춘 다음 그 수행해야 할 당면과제와 그 해결방법을 제시하여야 한다. 그리고 여러 가지 방법을 동원하여 그 과제와 해결책을 일반대중에게 선전, 홍보, 설득시켜 지지를 끌어내야 한다.[58)] 그로써 분열된 국민을 통합시켜 나가는 비전과 실천능력을 갖춘 사람이 이른바 정치적 리더십이 있는 정치지도자이다.

리더십의 유형은 일반적으로 전통적(신분적), 대표적, 투기적(선동적), 창조적 리더십으로 구분하지만 현대의 정치적 리더십에서는 민주주의, 전체주의적, 권위주의적, 관료주의적 리더십으로 구분한다. 이들 중에서 고당의 리더십과 연관시켜 볼 수 있는 것은 창조적

57) 정치학대사전 , 앞의 책, p.1326 , 이극찬, 정치학(제5전정판), 법문사, 1993, pp.280-284 참조.

58) 이극찬 , 앞의 책, pp.285-287 참조.

리더십과 민주적 리더십이다.

창조적 리더십은 현재 조건에서는 어떤 희망도 가질 수 없고, 앞으로 어떻게 해야 될지 모르는 암담한 절망적 상황에서, 종래의 가치체계나 생활양식에 대신하는 새로운 비전을 제시하고 체제 변혁과 그에 따른 과제와 해결방법을 제시하는 실천적 리더십이다. 더욱이 민주적 리더십의 지도자는 피지도자 속에서 선출되어 공개적으로 행동하며, 항시 비판을 받으며, 책임을 지며, 피지도자와의 윤리적인 인격교감관계를 그 지주로 삼는다.

민주적 리더는 상황에 따라 적합한 플랜을 작성하여 일반대중과 교류하여 비판을 받으면서 착실히 계획을 수행해 나가야 한다.[59)]

즉, 민주적 리더십은 민주적 인격으로부터 형성된다. 그러므로 조만식의 민주적 리더십을 올바로 이해하기 위해서는 민주적 인격과 대비되는 인격적 특성을 비교해보고 민주적 인격의 정신상태 생활태도 행동정향을 살펴볼 필요가 있다.

1) 민주적 인격의 특성

라스웰(Lasswell)은 전체주의 독재체제의 인간형의 특성과 민주주의적 인격의 특성을 다음과 같이 비교한다.[60)]

첫째 전체주의적 인격의 특성은 ①폐쇄된 자아구조 ②일원화되고 독점된 가치관 ③인간의 잠재적 능력에 대한 불신 ④불안감과 위기의식 그로 인한 강박감이다. 전체주의 독재체재는 그러한 심리특성에서 발생한다고 본다.

둘째 민주주의적 인격 특성은 ①개방된 자아구조(the open ego system) ②다원적이며 보편화된 가치(the value multiple and

59) 앞의 책, pp. 289-293 참조.

60) Harold D. Lasswell, "Democratic Character: The Political Writings of H.D. Lasswell" (Glencoe, Ill; The Free press. 1951), pp. 495-503., 한승조, 앞의 책, 주55) 재인용.

shared) ③인간의 잠재적 능력에 대한 자신(the confidence in human potentiality) ④불안으로부터의 자유(freedom from anxiety) 등이다. 위의 두 가지 인격유형은 정반대의 특성을 나타낸다.

한편 아도르노(T.W. Adorno)는 전체주의적 인간형에 근접하지만 또 민주적 인간형의 요소도 아닌 권위주의적 인간형의 특징을 다음과 같이 지적한다.[61)]

① 외부집단(out groups)에 대한 극도의 적개심이 있다
② 자기집단(in groups)에 대한 극도의 복종심이 있다
③ 그가 속하는 집단과 타 집단과의 넘지 못할 경계선을 긋는다
④ 사람을 어떤 특정성격으로 분류하여 흑백으로 판단 한다
⑤ 세상을 투쟁의 마당으로 안다
⑥ 순수한 이론이나 사색적 활동을 경멸 한다
⑦ 자기나 자기집단이 어떤 지배조작의 대상이 되어있으며 그들이 남들을 지배 조작해야 생존할 수 있다는 의식이 있다
⑧ 감정표현 특히 애정표현을 기피 한다
⑨ 많은 알력과 갈등이 있다는 의식 아래서 이와는 반대로 평화스럽고 조화된 사회의 이상을 그린다.

2) 민주적 인격의 정신자세와 생활태도

민주주의를 신봉하는 사람들의 정신요소는 다음과 같다.[62)]
① 사회적 변화를 두려워하지 않는 개방적 성격

---

61) T.W.Adorno et al, The Authoritative personality(New York: Harper, 1950); Fred I. Greenstein, personality and Politics(Chicago: Markham, 1969), pp. 103-114., 앞의 책, 주 63) 재인용.

62) Zervedei Barbu, Democracy and Dictatorship : Their psychology and patter of life (New York: Grove press, 1956), pp. 70-82., 앞의 책, 주 40) 재인용.

② 자유로운 창조 의욕에 충만한 마음
③ 상대주의적인 세계관
④ 인간의 이성과 능력에 대한 깊은 신뢰 등이다.

그리고 이러한 민주주의 정신이 있는 사람은 일상생활에서 다음의 실제적 행위의 특징을 보여준다.[63)]

① 언제나 안정감과 여유를 가지고 움직이며
② 모든 문제를 재치 있고 융통성 있게 다루며
③ 모든 사람에게 정중하고 예의 바르며
④ 모든 행동에 있어서 언제나 점잖은 품위를 유지하며
⑤ 자신감이 충만하여 공포나 강박관념에 사로잡히지 않으며
⑥ 풍부한 유머를 간직하고 생활하며
⑦ 그에게 동의하지 않는 모든 사람들에게도 관용성을 보여준다.

서구 민주주의는 강한 개성과 자유정신의 소산이다. 서구 자유민주주의자들은 강력한 정부권력의 우산아래 누릴 수 있는 개인적 안정성과 통치의 능률성을 거부하고 말썽 많고 힘겨운 자치 · 자율 · 자조를 추구해왔다.

그들은 비판이 허용되지 않는 정부에서 살기보다는 언론의 자유 · 비판 · 저항이 허용되는 정부 아래서 살기를 원한다. 개인의 자유와 권리가 박탈된 후에 정부의 통제와 보호에 의하여 잘 먹고 잘 입고 잘 산다는 것은 민주시민의 수치이다.

이러한 개성존중과 자유정신에서 다음과 같은 민주주의적인 행동 정향이 드러난다.[64)]

첫째, 자유로운 결사의 중요성에 대한 믿음(belief in the all

---

63) Ibid., pp. 94–99; 앞의 책, 주) 41 재인용.

64) William Eberstein, Today's Isms (New York: Prentice-Hall, 1972), 앞의 책, 주42) 재인용.

important of free association)

둘째, 사회, 문화, 정치적인 다양성과 관용성에 대한 강조(belief in tolerance and diversity)

셋째, 국가를 수단 · 도구시 하는 태도(belief in the instrumentality of the state)

넷째, 폭력수단의 배척(the depreciation of force)

다섯째, 자발적 활동원칙의 고양(the exaltation of voluntary principle) 등이다.

2. 조만식의 민주적 리더십

1) 교육현장의 리더십

고당은 32세 되던 1913년 메이지 대학을 졸업한다. 같은 해 4월 남강 이승훈의 초빙으로 오산학교의 교사로 취임하고 2년 후 교장이 되었다. 그 후 1919년 2월 3.1운동을 준비하고 상해로 망명하기 위해 사임할 때까지 4년간 교장직을 수행했다.

그는 평양에 가족을 둔 채 기숙사에서 학생들과 점심을 같이했다. 교장과 사감을 겸직한 주야 근무의 헌신적 교육실천의 생활이었다. 단순한 지시와 감독자의 생활이 아니라 학생과 함께 일어나서 함께 체조하고 뛰고, 청소하는 근로봉사의 희생의 사도를 실천한다. 먼저 일어나서 기숙사 화장실을 청소하고 힘든 일을 대가없이 수행하면서도 기독교의 희생정신을 가르치기를 게을리 하지 않았다.[65)]

이 당시 그의 교장으로서의 리더십은 이미 일반사람이 흉내 낼 수 없는 섬김의 사도, 청지기의 사도를 실천하는 민주적인 인격의 상징

65) 고당조만식회상록, 앞의 책, pp. 62-69. 참조. 고당은 예수의 인품을 닮으려 노력했던 것 같다. 사랑에서 희생까지의 전과정을 예수의 인격으로 본다면 고당의 교육정신은 예수의 정신이 교육현장에 살아 숨쉬는 그러한 모습으로 그려볼 수 있다. 말은 쉽지만 실천하기 여간 어려운 일이 아니며 또 그러한 행동을 지속적으로 견지하기란 더욱 어렵다.

으로 평가될 수 있다.

민주적 자치적 운영을 통해 교육효과를 달성하려한 오산학교의 기숙사제도는 이미 고당의 정신이 드러난 열매로 보아야할 것 같다.

빡빡 깍은 머리에 갓을 쓰고 무명두루마기를 입고 갓신을 신은 국산품애용의 학교장의 모습은 사치와 허영을 자기부터 없애려는 굳건한 민족교사의 자세 바로 그것이었다.

이러한 신념과 실천의 지성인이 3.1 운동 후 조선물산장려회를 설립하고 민족자본을 육성하려했던 행동은 지극히 자연스러운 진화과정으로 해석해야 될 것이다. 여기서 고당은 사상과 행동이 일치되는 인물임을 다시 확인할 수 있다.

고당은 3.1 운동을 일으킨 3일후, 상해망명실패로 1년간 투옥생활을 마치고 두 번째로 오산학교 교장으로 초청된다.

전술한바와 같이 교주인 남강 이승훈이 "일본어 과목을 국어라 부르지 말라"고 공언 할 만큼 배일교육(排日教育)이 강한 오산학교의 건학정신을 교장인 고당 조만식이 실현해 나가야 하는 동지적 사명이 있었다.

당시 일본 총독부는 조선 교육령을 실시하여 보통학교는 4년제에서 6년제로 고등보통학교는 4년제에서 5년제로, 3년 또는 4년제의 전문학교를 두도록 하였다.

이러한 학제개편을 통한 학사통제과정에서 고당의 교장취임을 저해한 일이며 이에 맞서 동맹 휴학한 학생들의 저항정신은 익히 전해진 바 있다.[66)]

66) 동맹휴학을 주모한 다섯명 학생을 제적시키고 또 고당이 교장취임후 보결시험으로 다시 복학시킨 눈물겨운 사제의 정과 민조적 고난을 함께 하려는 동지자적 관계는 고당조만식회상록, 앞의 책, pp.69-77 참조.

2) 사회현장의 리더십

(1) 사회사업행적

고당의 주도로 1920년 8월 제 2의 3.1운동이라 할 물산장려운동회가 조직된다.

민족의 사기가 크게 손상되었던 시기에 '내 살림 내 것으로' 하면서 민족의 정기를 새롭게 북돋은 이 운동은 실로 많은 의미가 있다.

각 곳 사정에 따라 물산장려회, 토산장려회로 이름을 달리 했으나 그 목적은 국산품을 장려하고 애용하자는 것이었다. 또 이 운동은 도덕적 성격을 띤 금주회(禁酒會), 단연동맹(斷煙同盟) 등의 조직으로 확산되었다.[67)]

당시 조선시장은 왜색 일변도의 일본 상품시장이었다. 조만식은 경제적 실력양성이 민족독립운동의 물질적 토대가 된다고 믿고 경제자립을 위한 거족적 애국 운동을 전개한다.

물산장려운동은 국산품장려의 운동인 동시에 하나의 정치운동이었다. 즉 고당은 3 · 1운동, 조선민립대학 기성회운동, 국산품애용운동의 3대 정치 문화 경제운동에 직 · 간접적으로 가담하여 중요한 역할을 수행했다. 그 중에서도 물산장려운동은 조만식 방식의 독특한 민족독립운동이었다고 할 수 있다. 소년기에 경험한 무명, 삼베의 포목점 경영이 후일 주부에서 기생에 이르기까지의 모든 여성들에게 무명치마 저고리를 입히고 또 남자들에게 무명옷, 무명천 모자, 무명 두루마기를 입게 함으로써 국산 직조물의 생산과 거래를 활발히 촉진시켜 민족자본을 육성할 수 있는 가능성을 일깨워 주는 민족독립운동의 기초가 될 줄은 그도 그 당시에는 몰랐던 일이다. 고당의 물산장려 운동의 취지는 간단하다.

"한국 사람의 생활이 이렇게 궁핍하게 된 것은 민족이 무자각(無

67) 앞의 책, p.102.

自覺)하여 제 것을 천시하고 사랑하지 않기 때문이다. 그래서 외국의 경제 침략을 자기도 모르는 사이에 당하고 있다. 일본의 자본주의적 경제침략은 사소한 일용품에서부터 우리의 심장부를 범하였다. 이 침약을 막는 데는 우리 손으로 국산품을 많이 생산하자. 생산하기 위해서는 그 생산품을 애용해서 생산을 증대시키고 우수화시키는데 있다. 그리해서 민족 경제의 자립을 도모해야 한다."[68] 이 운동의 여파로 한국 옷감이 많이 팔렸다. 그 이면에는 무책임한 상혼에 의해 불량한 물품이 남발되는 폐해도 컸다. 이를 개탄하여 고당은 "국산품 애용이라고 해서 아무렇게나 만들어서 소비자를 속이고 제 돈 벌이만 하는 것은 도리어 국산품 모독 행위다. 물건보다 먼저 민족의 마음을 고쳐야 한다."고 지적한다.

물산장려운동은 한마디로 "우리 것을 우리가 잘 만들어서 가용하자."는 운동이었다.

이 속에는 애국심과 민족양심을 일깨우자는 민족교육의 지표가 담겨있다. 그 결과 평양에서는 양말공업, 고무공업, 메리야스공업을 일으켜 민족자본육성에 크게 공헌하였다. 그렇지만 운동 과정에는 난관이 적지 않았다. 1937년 4월 평양 경찰서는 고당을 호출하여 장려회의 해산을 촉구하였고, 불응시 강제해산시키겠다고 위협했다. 결국 물산장려회는 최종간부회의를 열고 15년 전통의 간판을 내렸다. 그동안 일제의 탄압은 물론 내부적으로는 "국산장려운동이 조선 토착자본가가 무산대중을 착취하는 기만 술책에 불과하다"는 일부 좌익세력의 비판 탓도 있었고, 또 의식 없이 한때의 유행정도로 인식하였던 모질지 못한 민족성 때문에 차츰 그 열기가 식고 말았다.[69]

68) 앞의 책, pp. 102-103.

69) 앞의 책, pp.106-107. 지방의 열기가 식어간데 비해 평양 YMCA회관에 사무실을 둔 본부는 평양 YMCA 중심으로 장감 연합저축조합을 조직하였다. 그리고 회원 3천명이 매달 25원씩 J축해서 1만 5천원을 모아 양말 공업을 시작하였다. 이것이 평양 양말공업의 시발점이 되었다.

고당은 평양 20만 시민의 공회당이 되는 백선행 여사 기념관과 또 많은 수험생, 교원, 학생의 공부방인 김인정 여사의 도서관 건립을 성공적으로 추진하였다.

백선행 기념관은 백여사의 거금 20만원으로 지어졌고, 한 번에 일천 명을 수용할 수 있는 대강당을 갖춘 이층 양옥건물이었다. 이곳에서 강연회 · 음악회 등 문화행사가 개최되었다. 인정도서관은 본관 150평, 별관 180평의 150명 열람실과 소강당으로 이루어진 3층 벽돌양옥이었다. 이곳은 의사 · 변호사 시험 준비생과 교원 · 학생들이 공부할 수 있는 좋은 시설이었다고 한다. 고당은 그의 인품을 믿고 맡겨준 독지가들의 뜻을 받들어 훌륭한 공공시설을 만들어냈다. 그는 1921년(40세)부터 1932(51세)까지 평양 YMCA 총무로 12년간 봉사하는 동안 생애에서 가장 많은 일을 하였다.[70)]

3.1 운동 이후 일제는 무단정치에서 문화정치로 정치 전략을 수정하게 된다. 그래서 종전에 허용되지 않던 한국인의 신문, 잡지의 발행도 허용되고 제약된 집회와 결사의 자유가 허락되었다. 3.1 운동의 대가로 기독교 카톨릭 불교 천도교의 청년 종교조직이 결성되었고 각지에 민간 사립학교와 강습소 설립운동이 허용되었다. 정치적 · 사회적 상황의 변화에 따라 고당의 움직임은 더욱 활발해졌고 전국적 규모의 강연과 봉사로 그 폭을 넓혀나갈 수 있게 되었다. 고당 역시 조선인구 2천5백만 명이 각 50원 씩 모아 총계 1천만 원으로 민립대학을 설립하려는 운동에 적극 가담하여 열심히 순회강연회도 개최하고 호별방문도 하였다. 이 운동이 단순한 민립대학 설립에 있지 않고 그 동기와 목적이 민족사상 및 민족적 신문화 수립에 있다고 단정한 일본당국의 방해로 끝내 무산되었으나 그 운동과정에서 민족주체성을 일깨우고 그 자립정신을 고취시키려는 소기의

70) 고당은 이 기간 동안 조선물산장려회 창립(1922년), 산정현교회 장로취임(1923년), 오상고등보통학교 교장(1925년), 평양숭인학교장(1926년), 관서체육회장(1930년) 등 많은 공직을 거쳤고, 백선행 기념관, 인정도서관 등 공공건물을 추진하였다.

목적을 달성할 수 있었다고 평가되었다.[71)]

(2) 조선일보사 경영

1932년 6월 평양거리에 "조만식 선생은 은인자중 10년, 마침내 궐기하여 조선일보 사장에 취임하였다."는 벽보가 붙었다. 이것은 조선일보 평양지사에서 내붙인 속보였다.[72)]

당시 조선에는 항일민족정신을 고취하고 민족문화창달에 기여한 동아일보와 조선일보 중외일보 세 신문이 전부였다. 일본은 서울에 세 신문사를 허가해 준 이외에 평양은 물론 어떤 지방에도 언론사를 허가해 주지 않았다. 총독부의 언론정책은 언론 대 언론의 견제 정책이었다. 동아일보를 견제하기 위해 친일파 송병준에게 조선일보를 허가해 주었고, 육당 최남선에게 시대일보를 허가해 주면서 친일파 민원식 주도의 국민협회에 국민일보를 허가해 주는 식이었다. 송병준은 자기 소작인을 회원으로 조선소작인상조회(朝鮮小作人相助會)라는 일종의 농민조합을 조직하고 조선일보의 선전에 주력하였으나,[73)] 신문사 경영은 반일지(反日紙), 친일지(親日紙)를 막론하고 수난사로 기록될 만큼 어려운 실정이었다.

조선일보는 송병준-안재홍으로 사장이 바뀌었으나 역시 운영이 어려운 실정이었다. 고당은 인수가격 50만원, 계약금 2만원으로 조선일보를 인수하여 스스로 사장이 되었다.[74)]

그러나 얼마 못가 경영난으로 인해 금광으로 성공한 방응모에게

---

71) 그가 봉사활동에 업적을 쌓은 것은 그의 기독교 신앙생활과 정치적, 경제적, 문화적 민족운동이 그 정신과 목적에서 혼연일체가 되어 있었던 것이다.

72) 고당조만식회상록, 앞의 책, p.129.

73) 앞의 책, p.132.

74) 조선일보 인수자금 50만원의 출자자는 평양의 한원준 이었다. 고당은 평양 유지들의 뜻을 대변하여 경영일선에 나섰을 뿐이다. 다시 조선일보도 사장 안재홍, 판권 소유자인 발행인 임경래, 영업국장 이승복 이었고 그 사옥은 견지동에 있었다. 인수 후 고당은 판권소유자 임경재를 부사장, 조병옥전무, 주요한 편집국장, 사장 비서격으로 김병연으로 진영을 갖추었다. 앞의 책, p.133.

경영권을 양도하고 평양으로 돌아갔다[75] 이 과정에서 고당의 진면목이 드러난다.

방응모는 조선일보 인수조건으로 고당이 그대로 사장에 있을 것을 요구하였다. 고당은 그 뜻을 고맙게 받아들여 자기 손으로 모든 잔무를 깨끗이 정리한 후 신문사가 정상궤도에 오른 뒤에 넘겨주려는 공인으로서의 책임을 다했다.

고당이 신문사 일로 서울에 있은 기간은 14개월 이었다. 이 기간 동안 조선일보사의 사운이 튼튼해지자 미련 없이 방응모에게 모든 것을 맡기고 평양으로 돌아갔다.

고당이 조선일보를 인수 경영한 것은 단순한 언론인이나 언론경영인이 되기 위한 것은 물론 아니었고 언론을 통해 민족을 깨우치고 결속시키며 미래에 대한 소망을 갖도록 쉬지 않고 교육하는 정치교육의 장치를 제도적으로 마련하려 했던 것이다. 고당은 한 지역의 일부 연령층에 국한되지 않는 광범위한 국민정치교육의 필요성을 인식하였고 그 방법으로 민족의 정치적 사회화를 위하여 언론의 힘을 절실히 깨달았던 것이다.

(3) 만보산 사건

1931년 봄 만주에서 소위 만보산사건(萬寶山事件)이 발생하였다. 이 사건은 일본이 만주사변을 일으켜 괴뢰 만주국(滿洲國)을 세우기 3년 전 일이다.

만보산은 만주 장춘(長春)과 공주령(公主領)사이에 있는 농촌이다. 우리 교포들이 벼농사로 생업을 삼고 사는 곳이었다. 중국인과 교포간의 물길 싸움이 일어나 중국인들이 교포들의 논에 물을 대지 못하

75) 당시 고당은 "내 머리가 갑자기 하예진 것 같다."고 탄식할 정도로 신문사 경영은 그에게 매우 힘든 일이었던 것 같다.

도록 차단해 버린 것이다. 농촌에서 흔히 있는 이 싸움이 민족감정으로 대립하여 우리 농민 몇 사람의 사상자가 발생했다. 만주침략을 노리던 일본은 "조선인을 보호 한다"는 명분으로 싸움을 부추겼고, 마침 한국 내 중국인에 대한 가해를 유도하는 불상사가 일어났다. 당시 뜻있는 지사나 동아일보 등 민족지의 논조는 "한중친선을 해치는 어떠한 일도 해서는 안 된다"는 입장이었다.

당시 식자들은 상호간의 실력투쟁은 두 민족의 피해만 초래할 뿐이며 그 어부지리는 일본만이 갖게 될 것임을 누누이 강조했다.[76] 고당도 같은 맥락에서 오윤선 장로 등 동지들과 위험을 무릅쓰고 거리에 나가 격분한 군중들을 직접회유하고 삐라를 만들어 살포하는 등 적극적으로 그 만류에 앞장섰다. 그리고 평양의 중국인 보호에도 위험을 무릅쓰고 앞장섰다. 이로 보면 그의 불의에 맞서 용감히 저항하는 의식은 민족적 편협성을 넘어선 보편적인 것임을 입증할 수 있다.

(4) 태평양전쟁 전후

중일전쟁이 장기화되자 태평양 전쟁 준비에 광분한 일본은 조선민족탄압을 더욱 강화시켰나갔다. 때문에 민족문화 운동은 점점 위축되었다.

1937년 4월 평양 경찰서에 호출된 고당은 조선물산 장려회(1922년 창설)해체를 요구받게 된다. 뒤이어 관서체육회(1930년 창설)와 을지문덕장군묘수보회(乙支文德將軍墓修保會)(1936년 창설)도 선택의 여지없이 해산되었다. 6월에는 동우회(同憂會)(당시 흥사단의 국내 명칭)회원들이 모두 검거되었다. 이때 애국투사였던 고당의 동지들도 거의 투옥되었고 고당도 20일간 투옥되었다. 동우회 총책임자

76) 이 때의 평양에는 조만식, 오윤선, 김동원, 김성업, 한근조, 김병연 등 일군의 유지들이 힘을 합하여 한중친선 도모와 중국인 보호에 앞장섰다. 고당조만식회상록, 앞의 책, pp.141-153 참조.

인 도산 안창호도 이 사건으로 수감되고 그로 인해 1938년 3월 10일 사망한다. 고당은 도산장례위원장 격으로 상경하여 망우리묘지에 무사히 안장시켰다. 이즈음 일제의 말기적 현상들이 속출한다. 내선일체(內鮮一體)라는 미명아래 창씨개명 국민복 착용 황거요배(皇居遙拜)나 신사참배(神社參拜)를 강요하는가 하면, 숭실학교 등 미션스쿨들을 폐교시키는 구체적인 한민족 말살 정책을 본격적으로 실천한다.

한번은 평남 도지사가 고당과 오윤선 장로에게 국민총력연맹(國民總力聯盟) 평남지부 고문이 되어 주도록 제의하자 "우리 두 사람에게 그런 지위를 주려는 뜻은 고맙소. 그러나 우리가 민중에게 무슨 영향력을 갖고 있다면 우리가 일본의 조선통치에 대해서 비판적 태도를 취해온 점일 것이오. 그런데 지금 갑자기 당신들 정책에 협력하고 나선다면 민중은 우리의 언행을 믿지 않을뿐더러 우리의 조그만 개인적 명예라는 것도 근거를 잃게 될 뿐이오. 따라서 우리가 비록 총력연맹에 협력하더라도 도리어 연맹의 해가 될지언정 이익은 되지 못할 것이오. 이것은 쌍방이 모두 불리한 방식일 뿐이니 철회하여 주시오 오윤선 장로도 나와 같은 생각일 것 이오" 하고 단호하면서도 부드럽게 거절 했다. 그들의 회유공작은 수포로 돌아갔다. 이처럼 그의 대화법은 부드러우나 매우 분명한 것이었다.

3) 정치현장의 리더십

(1)건국준비위원회

건국준비위원회의 사명은 "…이 위원회가 생긴 것은 치안유지를 사명으로 하려는 것이다. … 일본인에게 육체적인 박해나 정신상 상대의 인격이나 자존심을 상하는 것 같은 가해는 금물이다. …우리가 정치적 속박을 벗어나 자유롭게 건국 할 이때 무엇보다도 피차 곱게 분리하는 이상의 좋은 길은 없다. …가령 조선에 있는 일본인은 군인을 합하여 1백만 내외에 불과한데 그들에게 가해를 하고 보면 일본에 가 있는 7백만 동포의 입장이 어떻게 되겠나. …또 만주에 가 있는 조선동포를 생각해 보자. …그리고 생명뿐만 아니고 신궁, 불각, 사원, 건물, 은행, 회사, 점포, 선박, 철도, 교량, 일반시설에 대하여도 절대로 소각 파괴하는 일이 없도록 피차 엄금키로 하자. 그것이 이제 우리의 것이 될 것이 아닌가. 다음은 조선인끼리 동료가 피차 서로 해치지 말자. 가령 관공직, 기타 직에 있을 때 단체적 또는 개인적으로 쌓인 원한을 보복해서는 안 된다. … 서로 자숙하여 위선 분리를 곱게 함으로서, 독립국 인으로서의 금도를 보이고 오로지 광명과 희망에 찬 나라를 건설하자"[77] 는 내용에 담겨져 있다. 이것은 평남건국준비위원회 위원장이었던 조만식의 민족사상, 인류사상이 잘 드러난 글이다.

(2) 3 · 1 운동

평양 기독교의 3.1만세 시위운동은 남강 이승훈이 직접 지휘하여 이루어졌다. 1919년 3월 1일 서울 종로 태화관에서 33인의 이름으로 독립선언이 선포되는 거의 같은 시간에 평양의 장대현교회 옆 숭덕학교 교정과 남산현교회의 뜰 안 두 곳에서 독립선언문이 낭독되었다.

3월1일 정오 두 곳 예배당에서 종을 울리고 그것을 신호로 일제히 활동하였다.[78] 평양시민 5천명이 참석한 평양초유의 대 민중집회였다. 당시 고당은 이승훈 이사장이 세운 오산학교의 교장이었다. 평양 3.1운동의 주역들의 이름 속에 고당의 이름은 숨어있다. 그러나

77) 평양건국 분비위원회 위원장조만식, 「과거의 소사는 천산하여 동포여, 건국에 돌진하자」 (1945, 8. 17,) 《평양 매일신문》 호외, 1945, 8. 18.

그 '자유의 종소리'가 울리기까지 그리고 한 달여 동안 각 지방의 곳곳에서 일어난 계획된 시위, 숭실·광성·숭의 등 사립학교와 평양여고보 등 공립 학생들의 두 달여에 걸친 시위의 배경에는 막후의 프로듀서가 있었던 것으로 보아야 한다. 아마도 고당의 역할과 리더십이 작동했던 것으로 볼 수 있다.[79] 남강의 지시에 의한 상해망명 기도가 실패하자 바로 10개월 동안 투옥 감금된 사실이 그것을 반증하기 때문이다.

(3) 신간회 운동

1926년 늦은 봄 한국역사상 최초의 민족단일당(民族單一黨)의 성격을 띤 신간회(新幹會)가 창립되었다. 신간회는 민족독립을 위한 효과적 항일투쟁을 목적으로 민족주의 진영과 사회주의 진영이 공동전선형성에 성공한 작품이다.

이상재를 회장, 권동진을 부회장으로 하여 출범한 신간회는 전국 149개소의 지회와 4만여 명의 회원을 헤아리는 거대한 단체로서 지방 순회강연과 활발한 지회활동을 통하여 노동운동, 농민운동, 학생운동을 적극 지도하고 식민지 정책에 대항하여 민중의 정치의식을 높여갔다.[80] 특히 1929년의 광주학생운동을 강력히 뒷받침하였다.

---

78) 장대현 집회는 남강의 지시를 받은 윤원삼이 총책임을 지고 사회를 보았고 김선두 목사의 기도, 정일선 목사의 독립선언서 낭독, 강류찬 목사의 연설 후 시가지로 행진했고 남산현 집회는 김찬웅 목사 사회, 주기원 목사 선언문 낭독, 박석훈 목사 연설을 순서로 역시 평화적으로 평양역 광장으로 행진했다. 당시 평양 인구 4만면 중 1/8인 5천명이 참가한 대대적 민중 시위였다. 이 당시 장대현 교회 미국인 선교사 모페트 박사와 숭실학교의 배위량 목사 등은 당시의 정황을 세계 언론에 알린 특별한 공헌을 하였다.

79) 고당의 뚜렷한 행적은 보이지 않는다. 그러나 남강 이승훈의 암묵적인 특벽한 지시를 수행했었다고 본다. 예컨대 독립선언문 입수 및 반포, 교회, 학교 학생, 시민동원의 계획과 지원 등 실무적인 일들이 은밀히 수행되었을 것이다. 그러므로 그는 3.1운동 직후 도인권都寅權과 함께 상해로 망명하려다 발각되어 투옥되었던 것이다.

80) 이영균, 「신간회지회의 설립과 활동」, 『윤병석 교수 회갑기념 한국근대사 논총』, 간행위원회, 1990, pp. 666-687 참조.

신간회의 삼대강령은 다음과 같다. 1. 정치적 경제적 각성을 촉구하고 2. 공고한 단결을 도모한다. 3. 기회주의를 배격한다.

총독부의 탄압을 피하기 위해 추상적인 슬로건을 내세웠으나 특히 '기회주의의 배격' 은 합법적 세력의 요구를 수용한 부분이 있다. 전국 부군(府郡)에 지회 망을 펴는 동시에 민족주의자 사회주의자 거의 전부를 망라한 거족적 조직으로 전개해나갔다. 고당도 신간회 중앙위원이며 평양지회장으로서 처음부터 이 운동에 적극 참가했다. 신간회는 바로 고당의 신념인 "조국이 일제의 압박에서 해방되기까지는 전 민족이 한 데 뭉쳐 싸워야한다"는 그 이념적 구현과 일맥상통하였기 때문이다.

조만식은 1927년 12월 평양 신간회를 조직하고 그 집행위원장이 됨으로써 적극적으로 정치활동을 하게 된다. 약 300명으로 구성된 평양 신간회는 평양기독교 청년회 사무소에 사무소를 두고 강연 등을 통해 민족단합과 계몽활동에 앞장섰다.

그러나 정치 환경의 제약으로 투쟁실적이나 활동평가에 부정적 의견이 대두되었다. 특히 계급 의식적 사고정향을 가진 집단에서 소부르조아 집단이니 적극적 투쟁이 없느니, 노동대중의 투쟁의욕을 말살시키느니 하는 비판이 대두되자 고당은 '신간회해소 반대론'[81]의 글을 실어 사상을 초월한 민족화합을 촉구하였으나 여의치 않았다.

결국 신간회는 코민테른의 노선을 신봉하는 자들이 민족진영과의 제휴를 거부하고 노동계급 중심의 투쟁으로 전환함에 따라 좌익진영의 주장에 의해 1931년 5월 서울의 중앙본부가 해체되면서 각 지방지회도 해체되었다.

신간회는 1926년부터 1931년 일본이 만주사변을 일으키고 한반도에서의 민족해방운동에 대한 탄압을 강화 시킬 때까지 약 5년간 계속된 제도적인 정당정치행위였다.

(4) 평남건국준비위원회

1945년 8월 15일 정오 일본 천황은 연합국에 무조건 항복 선언을 하였다. 같은 날 서울의 여운형, 안재홍 등은 조선건국준비위원회를 조직하였다. 평양에서는 이틀 후 이승만, 김구와 함께 조선 민족주의 운동의 3대 거목으로 불린 조만식의 주도로 우익세력 중심의 평안남도 건국준비위원회가 조직되었다. 강서 안골에 피난하던 조만식은 평양의 오윤선 장로 집에 돌아와 서울의 김성수, 송진우와 연락을 취하면서 동지들과 함께 조선 건국준비 평남위원회(약칭 건준) 결성에 착수했다.

평남 건준은 8월 17일 오후 2시 백선행 기념관에서 위원장 조만식 부위원장 오윤선, 조직부장 이주연을 비롯한 치안 선전 교육산업 재정 생활 지방 외교의 9개 부장과 김병연을 비롯한 각계의 무임소위원으로 구성되었다.

당시 사회주의'계열에 비해 민족주의 계열은 일본의 철저한 언론통제로 말미암아 정세 파악에 뒤늦었다. 그래서 서울과는 달리 위원장인 조만식을 비롯하여 오윤선(吳胤善), 김병연(金炳淵), 이윤영(李允榮), 홍기주(洪基疇) 등 태반이 민족주의 또는 기독교 계통의 인사로서 평양에서만 자주적인 독립국가 수립을 위한 조선건국 평남준비위원회[82]가 설치된다. 이것은 일본인 지사로부터 행정권을 이양받아 북한의 실질적 권력 중심이 되었다. 그 당시 공산주의자들이 지하나 감옥에서 나오지 않았기에 민족주의자들이 쉽게 주도권을 잡을 수 있었다. 8월 15일이 지난 10일 후 미 · 소 양국 군대가 38선을 경계로 남과 북에 진주하였다. 소련군의 평양 진주 후 소련군 당국과 현준혁 등 북한지역 공산주의 지도자들은 뜻밖에도 현재의 조

81) 조만식, 『신간회 해소 반대론』, 삼천리, 1932. 2. 5.

82) 고당조만식회상록, 앞의 책, p.211.

선은 부르조아 민주혁명단계라고 규정하면서 평남 건준의 대표자인 조만식의 리더십을 존중하였다. 사실 조만식을 무시하기에는 그의 북한 내 비중이 너무 컸던 때문이다.[83)]

1945년 8월 24일 소련군의 평양 입성과 함께 소련계 한인과 김일성일파도 정치행정요원으로 뒤따라 왔다. 국내의 세력기반이 없이 외세에 의존하는 김일성과 그 일파는 처음부터 집권의 한계를 느끼고 국내 기반이 튼튼했던 조만식 등 우익 세력과 전략적 공존을 모색하게 된다. 조만식 역시 정치현실을 감안하여 소련군정 당국과의 협력이 불가피하였다.

즉 공산측은 민족주의자들에 대한 지지 세력 확보를 위해서도 그의 협조가 필요했고, 반면 조만식도 그들의 협조 없이는 자신의 정치활동이 불가능했다. 공존은 길지 않았다. 공산세력의 전술적 행보에 따라 평남건국준비위원회는 해체되고 공산주의자와 비공산주의자가 반반씩 참가하는 인민정치위원회가 조직된다. 즉 양측 각 15명 위원으로 조직된 이 위원회는 건국준비위원회의 명칭을 무엇으로 변경할 것인가 하는 명칭문제부터 대립하기 시작했다. 우익계는 정치위원회로 하자고 했고 공산측은 인민위원회로 하자고 서로가 양보를 하지 않고 버티다가 인민정치위원회로 타협을 보았던 것이다.

그러나 실상은 고당의 위상 때문에 평양에서만 타협이 이루어진 것이고 다른 지방에서는 대개 인민위원회로 개칭된 것으로 보아야 한다.

(5) 평남인민정치위원회

8월 26일 소련군 총사령관 치챠코프 대장, 정치부사령관 로마넨코 소장의 간섭으로 건준의 민족진영 16명 공산당 16명의 32명으로

83) 앞의 책, p. 210,.및 pp. 218-219 참조.

구성된 평안남도 인민정치위원회가 결성되고 위원장에 조만식, 부원장에 현준혁과 오윤선 2인으로 하는 건준 위원의 명단이 발표된다. 공산당의 주도로 인민정치위원회 시정대강 20여 조항 중 제 1조는 조선 인민공화국 수립을 지지한다고 규정하고 산업 · 경제 · 문화 · 보건 분야에 걸쳐서도 이른바 신민주주의(新民主主義)라는 모택동식 용어를 채용하였다. 양 진영의 이념과 정책상의 갈등과 대립이 심각해지자 오윤선 부위원장은 토지정책에 반대한 끝에 부위원장직을 사임하게 된다. 공산세력은 조만식의 인격과 권위를 무시할 수 없게 되자 그들의 토지정책을 일시 철회하고 정국수습을 고당에게 위임하였다. 그러나 그것도 잠시뿐이었다. 모스크바 삼상회의의 결정에 의한 신탁통치문제가 전면으로 대두되자 민족진영과 공산진영은 반탁과 찬탁으로 확연히 갈라서게 되고 마침내 고당도 위원장을 물러나게 된다. 1946년 1월부터는 인민정치위원회라는 절충식 명칭도 인민위원회로 변경되고 완전한 공산계 일색으로 되었다.

각 지방 행정기관에도 공산당의 세포조직망을 형성하고 각급 인민위원회에 소련한인 제2세가 배치되고 검열 감시 통제를 강화해 나갔다. 이때부터 북한은 언론 집회 결사가 전연 용납되지 않은 그들만의 세상이 되어갔다. 뿐만 아니라 소련군의 저질적 행패와 야만적 수탈행위로 인해 북한 주민들은 새로운 공포정치를 경험하게 되었다.[84]

이러한 상황에서 고당의 고충은 이루 헤아릴 수 없을 정도로 매우 컸을 것이다.

(6) 조선민주당 창당과 반탁

ㄱ. 창당경위

84) 앞의 책, p. 209.

북한에 진주한 소련군정은 1945년 10월 14일 조만식에게 조만식을 당수, 김일성을 부당수로 하는 정당 설립을 제안하였다. 조만식은 처음에 남북 분단 상태에서 정당을 만드는 것은 남북분할을 영구화시킬 위험이 있다는 생각에 반대하였으나, 김일성의 계속된 압력으로 인해 1945년 11월 3일 평양에서 '조선민주당'을 창당하게 된다. 북조선 주민들의 호응이 뜨거워 조선민주당은 창당 3개월 만에 북조선 전역에 지부를 구성하였으며, 당원의 수는 30만(김일성의 계산)에서 50만(조선민주당의 집계)에 이르렀다.

조선민주당은 조만식(曺晩植)을 당수로, 이윤영(李允榮) · 최용건(崔鏞健)을 부당수로 선출하고 105 명의 중앙집행위원과 33인의 상무집행위원을 선출하면서 기관지 조선민주보(朝鮮民主報)를 발행한다. 조선민주당의 창당 배경은 바로 공산진영과 우익진영 간의 동상이몽 합작품이라 볼 수 있겠다. 공산당이 소련 코민테른의 국제 공산화 프로그램과 사회주의 프로레타리아트 계급혁명의 이론 체계아래 모든 정책수행을 기도한 데 비해 민족진영은 해방조국의 건국 프로그램이 구체화되지 않은 상태였다.

현실적으로 독자적인 세력이 없이 소련군정의 후원밖에 믿을 수 없던 김일성은 연안파가 주축인 조선공산당과 조만식의 조선민주당을 적당히 조정하여 자신의 권력 기반을 강화시키려는 의도에서 자기 사람인 최용건과 김책을 각각 서기장과 정치부장으로 추천했다. 이에 비해 조만식을 비롯한 오윤선 이윤영 한근조 김병연 이종현 백남홍 등의 우익 민족진영은 어떻게 하든지 북한의 공산화를 막고 남북의 자유로운 정치적 민주통일 기반을 확보하려는 것이다. 당시의 정황을 보면 조선민주당 지방조직은 주로 기독교 계통의 자발적인 조직이었다.

애초 조선민주당을 공산당의 산하정당 정도로 할 심산이었는데 이와 같이 당세가 요원의 불길처럼 일어나고 각 지방마다 공산당의 만행에 대한 대항투쟁이 벌어지면서 많은 문제가 발생하는 것을 보자 이에 당황한 소련 당국은 은연중에 조선민주당의 활동을 방해하고 탄압하기 시작하였다. 고당은 그때마다 "끝까지 조선민주당의 등불은 꺼서는 안 된다. 불이 약해지더라도 불을 꺼서는 안 된다. 그러면 우리의 노력은 후세가 평가해 줄 것이다"라고 입버릇처럼 강조했으나 이미 대세는 결정되어갔다.

1945년 12월 27일 모스크바 삼상회의에서 신탁통치가 결정되었다. 즉 당장 독립할 형편이 못 되니 5년 동안 국제 신탁을 받아야 한다는 것이다. 처음에는 양 진영 모두 반대하였다. 그러나 공산당은 모스코바의 지령에 의해 하룻밤 사이에 찬탁으로 돌변했다.

1946년 1월 소련군정은 반탁주장을 이유로 조만식을 당수직에서 사임시켰다. 곧 부 당수 최용건이 당수로 취임한다. 이어 좌익세력의 열성자 대회를 개최하고 당을 개편하여 공산당과 보조를 맞추면서 결국 노동당의 산하기관이 되었다. 이로써 조선민주당은 본래 의도와는 다르게 변질되어 북한지역에서의 독자적인 활동은 사실상 중지되었다. 한편 이윤영을 중심으로 한 우익 측은 1946년 초 월남하여 서울로 본거지를 옮기고 평안청년회를 조직하여 월남한 북한 청년들을 모으고 반공조직으로서의 활동을 전개하였다. 우익세력은 1948년 5 · 10선거에서 이윤영을 국회의원에 당선시키고 월남동포의 생활안정과 이익을 위해 이북특별선거구설정운동을 전개하기도 하였으며 당 체제를 정비하는 등 활발한 활동을 전개해오다가 1961년 5 · 16으로 해체되었다.

실제로 조선민주당(朝鮮民主黨)은 소련군정당국이 김일성을 통해서 고당을 설득하는 과정에서 창설된 정당이었다. 당시 김일성은 "지금 공산당도 대중의 지지를 받지 못하고 있으니 선생님을 지지하는 대중을 집결시켜서 좋은 정당을 조직해 주시오. 그것이 하나의 튼튼한 정치적 안정 세력이 되는 것입니다. 이외에 이 혼란된 시국을 수습할 방도가 없습니다. 이것은 소련군정당국의 희망 안이자 저의 희망입니다. 선생님이 정당을 조직하시면 저도 도와드리겠습니다."[85]하고 간청하였다. 그러한 결과 조선 민주당은 고당을 중심으로 창당되었다. 당시 고당은 소련 군정당국의 정식 요청을 전제로 한다. 첫째, 흉흉한 민심이반을 막고, 둘째, 공산당 일당을 견제하고 셋째, 민주 복수정당의 창당 필요성을 인식하는 이 세 가지 원칙을 제시하면서 당 창설에 나섰던 것이다. 즉, 민족의 독립, 남북통일, 민주주의의 확립이 그것이다.[86] 고당은 이 원칙을 기필코 준수하려 할 것이고 또 그에 대해 소련군정당국은 당시의 정황을 보아 겉으로나마 찬성하지 않을 수 없는 상황이었다. 그러므로 처음부터 조선민주당의 진로는 순탄하지 않을 것이 자명했다.

고당은 원칙에 따라 반탁운동, 행정제도, 정당조직, 토지개혁 같은 중대한 정책결정과 시행은 남북한이 동시에 똑같이 이루어져야만 하고 북한 단독으로 해서는 안 된다는 확고한 신념이 있었던 것이다. 북한 단독의 정당조직은 고당이 원하는 바도 아닐 것이다. 그러나 38선이 고착되어가는 시점에서 소련의 전횡을 막고 공산당을 견제할 필요성을 차츰 느끼기 시작했던 차에 그의 선택 입지는 좁아질 수밖에 없었다. 그것이 어쩌면 불가피한 최선의 선택 방법이 아니었을까 여겨진다.

조선민주당은 외견상 위원장 조만식 부위원장 이윤영, 최용건(고당의 오산학교 제자이자 공산당원)으로 아무런 이상 없이 첫 출발을 하게 되었으나 신탁통치문제로 고당과 소련 측이 결렬된 순간부터 최용건은 태도를 돌변한다. 스승인 조만식을 용서 못할 민족 반역자로 규탄하고 마침내 위원장을 차지하고 만다. 공산진영은 조선민주당을 송두리째 장악하여 합법적으로 북한 민심을 수습하고 정통성

85) 고당조만식회상록, 앞의 책, p.210 및 pp. 218-219 참조.

86) 앞의 책, p.211.

을 확보 할 수 있는 교두보를 마련한 셈이다.

한편 조만식 위원장은 당운영에 있어 늘 재정의 투명성을 강조하였다. 해방이 되자 대부분 친일하던 사람들과 일본인한테서 뇌물과 같은 현금이 많았다. 그래서 깨끗한 재정을 강조하던 고당의 지혜와 선견지명이 돋보인다. 그는 차츰 조선민주당 내부의 좌우익 대결이 노골화 되자 천시(天時), 지리(地理), 인화(人和)를 강조하였다. 우리가 천시와 지리를 얻지 못했다고 하더라도 인화로서 모든 것을 극복해 나가자는 행동강령을 역설한 것이다.

이미 언급한 바와 같이 반탁의 책임으로 고당이 공산당에 의해 감금되어 자유롭지 못하게 되자 민족진영의 조선민주당 간부급 전원은 자유를 찾아 월남했다. 그 후 1946년 1월 부당수인 이윤영은 서울에서 조선민주당을 재창당하게 되었던 것이다.

한편 북한의 김일성은 1956년 조선민주당 당수인 최용건을 노동당 부위원장에 임명함으로서 조선민주당은 조선로동당에 예속되었다.

1958년 이후 조민당의 지방조직은 점차 해체당하기 시작했으며, 1960년대에 이르러 도당조직마저 해체당해 상부조직만 남은 이름뿐인 당이 되었다. 1980년 조선로동당 제 6차당대회에서 당명이 현재의 '조선사회민주당'으로 개칭되었다. 부주석 강양욱이 1983년 2월 사망한 후 당중앙위원회 위원장이 6년이 넘게 공석으로 남아 있다가 이계백이 1989년 4월 17일 위원장으로 선출되었고, 1998년 8월에는 김영호가 당중앙위원회 위원장이 되었다.

1990년의 조선사회민주당은 중앙위원회 위원장: 이계백 부위원장: 김룡준, 김태섭, 김택준, 염국열, 김성율 정치위원회위원: 염국열, 김성율, 김태섭, 김석준, 고기준, 송영국 조직부부장: 고기준 선전부부장: 김재연 부부장: 박노영 국제부부장: 송영국 등으로 구성되었다.

ㄴ. 반탁과 강퇴

1945년 12월 27일 모스크바 3상 회의에서 한국신탁통치 실시안이 발표되자. 전국적으로 반탁운동이 전개되었다. 해방의 기쁨이 채 가시기전 신탁통치로 인한 조선국민의 좌절감과 환멸감은 이루 말할 수 없는 정도였다. 남한에서는 이승만, 김구가 북한에서는 조만식이 반탁운동의 선봉에 섰다. 이들도 민중들도 사전에 아무런 연락도 없었다. 단지 신탁통치는 조선에 대한 사형선고로 인식하고 더 이상 외국의 굴레에 갇히고 싶지 않은 민족적 양심에 따라 즉각적으로 공동 투쟁을 전개했던 것이다. 그 당시 '북한 대통령' 등의 유혹과 갖은 회유를 일축하고 반탁에 앞장섰던 고당은 이미 순교의 각오가 서 있었던 것 같다.

이 문제로 소련군 사령관과 김일성이 번갈아 가며 고려호텔로 몇 차례씩 조만식을 찾아와 신탁통치가 아니라 '보호' 하는 것이라는 등의 감언이설로 회유도 하고 강요도 하면서 찬탁을 종용했다. 12월 30일경 치챠코프 사령관이 고당을 사령부로 불렀다.

"모스크바 삼상회의에서 결정한 한국에 대한 5개년 간 신탁통치안은 한국을 독립국가로 만드는데 있어서 가장 정당한 국제적 지도노선이오, 따라서 당신이 영도하는 조선민주당은 다른 정당 사회단체와 함께 모스크바 삼상회의 결정을 지지한다는 태도를 표명해 주시오"하고 요청했다. 이에 대해 고당은 "이 문제는 내가 개인적으로 가부의 대답을 할 성질의 것이 아니오 당의(黨意)에 따라야 하겠으니 당으로서 필요한 절차를 거쳐서 결정할 때까지 시간의 여유를 주시오"[87]라 답하고 곧 최고 간부와 당 중앙 집행위원회를 소집하였다.

신탁통치문제가 너무 중요하기 때문에 중앙위원 전원의 참석을 독

87) 고당조만식회상록, 앞의 책,pp.235-236. 참조. 다른 정당 사회단체란 것은 조선공산당 북조선북국, 독립동맹, 북조선여성동맹, 북조선 직업동맹, 북조선농민동맹 등이다

려하였지만, 공산계열의 중앙위원이던 홍기두 목사는 끝내 참석하지 않았다. 서울에서 신탁통치문제에 대해서 어떤 태도를 취하고 있는지 하는 자세한 정보를 알 수 없었던 정황에서 고당은 어디까지나 중앙의 단독 통일 정부가 설 때까지 우리는 지방의 조직으로 유지해야 된다고 강조했다.

따라서 중앙위원회는 '조선민주당은 신탁통치에 대해서 우리가 모든 것을 완전히 알 때까지는 침묵을 지킬 것' 을 결정하였다. 이는 공산당과 투쟁하면서 각 지방에서 용기와 희망을 가지고 활동하던 50만의 당원들의 신변까지도 생각하며 결정하였던 것이다.

당시 중아위원회가 오랫동안 심사숙고하여 내린 결정사항은 다음과 같다.

1. 조선이 완전독립국으로서 자유정부가 출현되지 못하는 것을 유감으로 생각한다.
2. 신탁통치는 찬성할 수 없다.
3. 우리 당으로서는 국내 정세의 추이를 정관 성찰한 뒤에 완전한 태도를 표명하기로 한다.

이러한 당의 결정은 조선민주당의 확고한 노선을 천명한 것임과 동시에 소련당국과 공산당에 대한 선전포고와도 같았다.[88]

고당은 1월 2일 조선민주당의 반탁결의를 치챠코프 사령관에게 정식 통고했다.

공산당은 1월 3일부터 모든 어용단체를 동원하여 '신탁통치 절대지지', '모스크바 삼상회의 결정 전면지지' 등, 판에 박은 듯 선전선동을 하기 시작했다.

소련군정은 고당에게 당신이 신탁통치를 지지해 주면 당신은 한국의 제1인자 카레스키 워가 되고 김일성은 군부를 맡기는 것으로 하

88) 앞의 책. p.242 평남 인민정치위원회 회의실에서 찬탁결의를 통과시키자는 전략을 세웠던 것이다. 앞의 책, p.237.

겠다고 제의까지도 하지만 고당은 이것을 완강히 거부했다. 그들은 조선민주당의 신탁통치 찬성을 얻는 데 실패하자 다음에는 인민정치위원회에서 찬성 결의를 시키자는 전술로 변경하였다.

1946년 1월 5일 무장한 소련군인의 임석아래 소집된 인민정치위원회에서 조만식 위원장은 의장 사퇴에 앞서 다음과 같은 최후의 발언을 남겼다.[89)]

"우리가 해방의 은인 연합군 만세! 해방의 은인 붉은 군대 만세! 하며 환영한 것은 우리를 일본 제국주의로부터 해방시켜 자주독립국가를 수립하도록 했기 때문이었는데 또다시 5년간 신탁통치를 한다는 것은 우리를 모독하는 처사이며 일제도 우리를 보호해 준다면서 찬탈한 것과 같은 반민족적 행위이므로 나는 이 안건을 의제로 상정할 수 없다. 그 이유는

1. 신탁을 찬성하거나 반대하거나 모든 의사는 우리 한국인의 자유이어야 한다. 그런데 신탁통치를 찬성만 하라는 것은 도대체 무슨 뜻인가?

아무리 군정이라 해도 언론이나 의사표시를 제한하는 것은 민주주의 원칙에 어긋난다.

2. 무슨 구실을 붙이더라도 신탁통치는 어떤 나라가 남의 나라 정치에 대해서 간섭하는 것이다. 그렇기 때문에 우리나라의 주권과 이익을 주장하는 것은 당연하다. 후원제 통치라고 변명하지만 그 내용이 신탁통치와 완전히 다르지 않는 이상 결국 마찬가지가 아니냐.

3. 우리나라의 완전독립을 진실로 원조하려는 호의라면서 신탁통치는 왜 강요하는가?

카이로 선언이나 포츠담 선언에서도 우리나라에 신탁통치를 실시한다는 조건이 있었다는 말을 듣지 못했다. 모스크바 삼상회의 결정

89) 고당조만식회상록, 앞의 책. p.242.

은 이런 의미에서 잘못 된 국제 협정이다."고 선언한 후 결연히 자리를 박차고 퇴장하여 고려호텔로 돌아갔다. 뒤따라 온 소련군인은 조만식 위원장의 친위대를 무장해제 시키고 이 날부터 연금을 시작한다. 연금 후에도 최용건 부위원장이 조 위원장에게 여러 가지 감언이설로 신탁통치안을 지지 찬성해 주면 영도자로 모시겠다고 간곡한 설득을 했지만 실패하자 이삼일 후 부터 거리에는 '민족 반역자 김구, 이승만, 조만식'이라는 새로운 벽보가 또 하나 나붙기 시작했다.

그 극적인 최후의 반탁연설과 의장 사임사를 끝으로 고당의 공식적인 정치행위는 종결되고 만다. 이때 그의 나이 64세였다. 그 후에는 고려호텔에 억류 연금되고 후일 민족의 악질 반역자로 매도되어 처형되었다. 조선민주당 청년당원들은 조만식 구출계획을 세우고 몇 차례 걸쳐 연금중인 조만식과 비밀리에 접촉하고 북한 탈출을 권유했으나 그는 "나 혼자만의 안일을 위해서 북한 동포를 이대로 두고 나 혼자 월남 할 수 없으니 남아서 끝까지 공산당과 싸울 수밖에 없다"고 하며 거절했다고 한다. 그 후 조만식은 고려호텔에서 다른 곳으로 옮겨졌다. 그런데, 오히려 그의 정치생명이 그가 인신 구속되고 처형된 이후에 지금까지 더욱더 강한 생명력을 견지하고 있는 까닭은 무엇일까? 일반적으로 정치가들의 정치생명은 현실 정치 무대에서 퇴장하면 그것으로 끝난다. 그런가하면 어떤 정치가들은 그 반대인 경우도 있다. 아마도 고당 조만식은 흔치않은 후자의 경우가 확실하다.

주지하듯, 1946년 2월 8일 북조선 임시 인민위원회가 설립되었고 위원장 김일성, 부위원장 김두봉, 서기장 강양욱의 지도부가 구성되었다. 이후 이 위원회는 인민공화국 정부로 발전해 나갔다. 공산주의자들의 입장에서 볼 때 고당은 민중의 반소 · 반공운동을 무마하는 방패로서의 이용가치가 끝났던 것이다. 그들에게서 신탁통치를 반대하는 고당은 더 이상 필요치 않은 매우 귀찮은 존재였을 것이다.

이미 기독교 신앙인 조만식은 다만 예수의 십자가의 희생정신을 본받고자 했던 것 같다.

"나는 북한 일천만 동포와 운명을 같이 하기로 결심 하였소" 그가 남긴 최후의 이 한 마디 말로 그의 인격과 사상과 실천 그 모두를 상징할 수 있다. 신앙인 「벽창호」는 "내 죽거든 비석에 눈을 새겨 일본이 망하고 조선이 독립하여 번영하는 것을 보게 해 달라"는 유언으로 미루어 보거나 "북한 동포와 운명을 같이 하겠다는 결심"은 모두 예수의 희생정신과 연결되어 있다고 본다. 이 점에서 그는 이미 보통 사람이 아니다. 그 어느 누구도 진정으로 그를 비난할 수는 없다. 왜냐하면 그러한 마음 그러한 언행의 실천을 아무나 흉내 내고 싶다고 흉내 낼 수 있는 것이 아니기 때문이다.

결국 위의 내용들을 총체적으로 살펴보면 조만식은 결코 권위주의적 인간형이거나 전체주의적 인격의 소지자가 아니다. 정당하게 평가한다면, 정치인 조만식이나, 개인 조만식은 오히려 민주주의적 인격의 특성을 가장 많이 보여주는 보기 드문 사람이라 할 수 있다.

V. 맺음말

대한민국정부에서는 그의 공훈을 기리기 위해 1970년 '건국훈장 대한민국장' 을 추서했다. 조만식의 정치사상은 한마디로 민족 자유 민주 평화 독립국가 사상으로 정리할 수 있겠다. 그의 애국계몽운동과 실력양성운동은 도산과 같이 정치교육과 민족의식 혁신활동으로 점철되어졌고, 목숨을 건 저항정신은 이승만 김구 안창호와 같이 민족독립 저항운동으로 뻗어 나갔다. 또 그때 마다 예수나 간디와 같은 비폭력 무저항정신은 평화운동으로 계승되어 갔던 것이다. 조만식은 "고향을 묻지 말고 국권회복을 위해 인화 단결하자"고 하여 우리 민족의 지역감정 문제를 사려 깊게 통찰하였고 분단으로 인한 남북 갈등과 지역주의 고립문화를 청산하고 세계 평화를 지향하는 자유민주주의 정치문화를 강조하였던 점에서 통일 민주시민교육의 선각자였음이 분명하다.

조만식은 1950년 10월 18일에 처형되었다고 전해지나 분명치는 않다.

아마도 그해 초겨울쯤 UN군이 북진할 때, 인민군에 의해서 총살당한 것으로 추정된다.

조만식이 추구하였던 가치세계와 신념실천의 민족사적인 위치는 유별나다.

정치인 조만식은 민중의 참지도자, 지역통합 민족통합의 대표적 지도자, 철저한 평화주의자. 성서의 실천적 지도자, 자유 민주주의자, 진보적 민족주의자, 청교도주의자, 기독교사회주의자, 민족통일의 상징적 지도자 등 다양한 측면의 긍정적 평가가 가능하다.

요약하면 조만식은 일생토록 인간사랑 · 겨레사랑으로 실천하다가 북한에 떨어진 한 알의 밀알로서 헌신한 하나님의 사람이었다. 그의 민족주의, 기독교정신, 생명주의, 민주주의, 인간주의, 평화주의 사상과 실천은 민족주의자, 기독교신앙인, 자유 민주투사, 평화애호가 등 여러 가지 모습으로 조명될 수 있고, 또 현실적으로 교육자, 정치인, 신앙인, 경제인, 언론인, 체육인 등 이념적, 기능적으로 분화시켜 논구 할 수도 있다. 그러나 조만식은 그 모두가 통합된 인격체이며 그러한 인격으로부터 다양한 역할기능을 수행했다고 보는 것이 옳다. 연역적이든 귀납적이든 어떤 방법으로 보든 그의 인물됨은 우리 현대사의 위대한 유산이다.

왜냐하면 사상과 행동에 있어서 그처럼 일치된 인물은 좀처럼 찾아지기 어렵기 때문이다. 이것은 늘 그가 역설하였던 '태산을 움직이는 것은 이론이 아니라 신념이다(성경 히브리서 11장 1절)' 을 삶으로 실천한 증거이다. 권력 야심도 명예도 재물도 없었다. 이해타산이나 권모술수는 더더욱 없었다. 화려한 상징 조작도 정치적 제스처도 없다. 그래서 현실에서 찾아 볼 수 없으나 분명 존재해 있었던 꼭 필요한 이상적 정치가가 아닌가 싶다.

가끔 언론에서 지적하지만 외국산 담배 수입으로 한해 1조 원의 외화가 연기로 날아가고, 외국산 수입양주로 인해 훨씬 더 많은 외화가 마셔서 없어지는 현실을 개탄하는 국민자각 운동을 상기해 보면 물산장려운동도 이미 지나간 운동이 아니라 어제, 오늘은 물론 내일에 있어서도 우리 국민들이 잊지 말아야 할 무시간적(timeless)인 실천운동이라 할 수 있다.

조만식은 언제나 머리에 붕대를 감고 세상을 앓았다. 민중보다 한 걸음 앞서서 민중이 미처 명확히 느끼지 못하고 생각하지 못했던 의식과 태도 및 행동을 주입하여 솔선수범 몸 바쳐 십자가를 진 희생의 지도자이다.

그는 역사의 흐름을 정확히 인식하였고 현실상황에 대한 명확한 평가와 판단을 통해 실현가능한 목표를 제시했으며 그것을 몸소 실천한, 사고와 행동을 연결시킨 사상적 실천가였을 뿐만 아니라 그러한 행위들을 나름대로 논리적으로 체계화시키려한 정치 사상가였다.

실제로 조만식은 그러한 목표들을 실현시키기 위해 봉건적 권위질서 안에서는 좀처럼 찾기 어려운 개혁적인 민주주의 생활규범을 실천했고 극좌 극우의 이데올로기적 첨예한 상극과 대립을 넘어선 온건하고 점진적인 진보적 민족주의의 사상체계를 형성하였을 뿐만 아니라, 나아가 민주주의적 지도자상의 특성인 절제와 관용, 공존, 조화, 발전을 추구하였으니 그의 책임 있는 자유주의적 정신이 새삼 빛난다. 특히 조선 민주당의 편성과 운영과정을 통해 되도록이면 민족분열의 참극을 방지하려는 '지조와 책임의 리더십'을 주목할 필요가 있다. 그는 뛰어난 지성과 선의지를 고루 갖춘 경건한 사람이었다. 그는 양심 있는 실천가였고 행동하는 사상가였다. 그러므로 만약 어느 누가 그의 사유가치와 정치적 신념형태를 섣불리 일언으로 단언하거나, 이상과 현실, 진보와 보수 등의 그 어떤 획일적 이데올로기적 스펙트럼에 제한적으로 규정해 버리려 한다면 매우 옳지 않은 시도가 될 것임이 분명하다.

제 9 장
김정일 정권의 대남정책 : 1994-2005

이 성 구

Ⅰ. 서 론

1.1. 문제의 제기

역사가 가속적으로 변하고 있다. 대변동을 겪고 있는 이 세계에서 변하지 않는 것이라고는 아무것도 없다. 낡은 지정학적 세계질서는 사라지고, 새로운 세계질서가 태동되고 있다. 21세기 인류의 운명은 새로운 승자와 패자에 의해 틀 지워질 것이다. 세계적 차원에서의 냉전해체는 1990년을 전후하여 소련 및 동구 사회주의권의 붕괴를 계기로 전면화 되어 빠른 속도로 진행되어 왔다. 동북아의 국제관계에도 이분법적인 대결보다는 공존과 공동이익을 추구하는 새로운 흐름이 형성되어 가고 있다. 북한도 1994년 7월 김일성 사망 후 많이 변화해 왔다. 소위 김정일정권이 들어서 11년이 지나는 동안 많은 변화가 수반되었다.

남북한은 냉전의 굴레에서 벗어나지 못한 채 적대적 대결과 공존의 관계라는 이중적 성격을 갖고 있다. 아직도 한반도는 지구상에서 "유일한 냉전의 섬"으로 남아있다는 점이 숨길 수 없는 현실이다.[1)]

결국 세계적 공간과 한반도의 공간사이에 어떤 시대적 괴리가 존재한다는 것을 의미한다. 바로 이 두 공간이 지니는 비동시성을 우리가 어떻게 이해하고 분단의 해소 즉 통일이라는 이정표를 향해 나아가느냐 하는 점이다. 남북 분단은 지난 60여 년 동안 남북한 체제에 중첩적으로 내화되어 오늘에 이르고 있다.

적대적 의존관계[2)]와 거울영상효과를 통해서 남북한 양 체제는 상대방에 끊임없이 유무형의 영향을 미쳐왔다. 특히 적대적 의존관계와 거울영상효과는 남북한 정권이 반사적 이익관계에 놓이게 함으로써, 남북관계에 직접 연관이 없는 상대방 내부에서 발생한 각종 돌출사건들도 '반대쪽'의 정권안정화에 이용될 수 있는 구조를 만들어 놓았다는 점이다.

여기서 우리는 남북한 내부에 존재하는 냉전구조를 혁파하고 남북관계를 냉전적 적대관계에서 평화공존[3)]의 화해협력관계로 바꾸고 더 나아가 평화통일 시대로 전환시키는 역사적 과제를 안게 되는 것이다.

본 연구는 김일성시대의 대남정책이 김정일 정권 등장과 함께 지속성은 무엇이며 특이점은 무엇인지를 찾아내고 향후 전망을 추론해 보고자 한다.

김정일의 대남정책은 현시점이나 앞으로의 한국의 안보, 한반도의

---

1) 전득주, 『남북한 통일정책 비교』, 숭실대학교 출판부, 2000, pp. 137-139 참조. 존 설리번, 로버타 포스 공편 (최대봉 역), 『두개의 한국, 하나의 미래?』, 청계연구소, 1987.

2) 이상우, 『함께 사는 통일』, 나남, 1993, pp.340~343. 이 글에서는 적대적 공존이라는 표현을 쓰고 있음.

3) 평화공존은 후르시초프가 미국과의 관계 정상화를 추구하며서 사용되었고 동독이 서독과의 관계를 추구할 때 이데올로기적으로 사용되었음. 그러나 북한은 평화공존이라는 이데올로기를 사용하지 않고 「협력」이라는 용어를 사용한다.

안정과 평화에 중요할 뿐만 아니라 동북아 안보에도 매우 중요하기 때문에 이 논문에서는 과거 김일성의 대남정책과 관련하여 김정일의 대남정책의 목표가 어떻게 지속되고, 달라졌는지를 살펴보는데 역점을 둘 것이다.

김일성은 통일문제에 역점을 두고 통일문제를 못다 이룬 민족해방의 완성으로 보고 「일제」에서 「미제국주의」로, 「항일」에서 「반미」를 기제로 삼았으나 김정일은 체제안보, 정권안보에 역점을 두고 「통일」보다는 「사회주의」체제보존을 추구하고 「민족공조」론을 김일성 민족, 반미, 대남실리추구의 기제로 삼게된 시기와 정책투입수단 등을 논구하려는 것이다.

더 구체적으로 말하자면 이 논문은 다음과 같은 근본문제에 대한 해답을 찾고자 한다.

첫째, 김정일정권은 정권세습의 정당화, 선거없는 군주제도를 정착화시키기 위해 체제안보와 정권안보를 그의 대남정책의 제 1차적 목표로 삼고 있는가?

둘째, 김정일 정권은 김일성 정권과는 달리 대남정책 목표로 경제적 실리추구에 두고 있으며 그 원인은 무엇인가?

셋째, 북한은 왜 그의 생존문제와 한반도 문제를 국제정치 문제화하여 국제주의적 틀 속에서 풀려하는가?

넷째, 왜 김정일정권은 대남문제를 '민족'을 담론화하는 차원에서 풀려고 하는가?

다섯째, 김정일은 왜 남한의 노동자, 농민, 청년, 학생들에게 하층통일전선전술 차원에서 접근하려고 하는가?

Ⅱ. 북한의 대외정책과 대내정책의 변화

2.1. 북한의 대외정책의 기본노선

2.1.1. 대외정책의 원칙과 목표

북한의 대외정책, 외교정책은 북한의 대내정책의 연장선상에서 이해해야 하며, 대남정책은 북한의 국내정책과 매우 밀접한 연관성을 지니고 있다. 먼저 대외정책의 원칙과 목표를 검토해 보고자 한다.

북한의 대외정책은 자주, 평화, 친선을 기본 이념 또는 원칙으로 하고 있다. 북한의 대외정책 원칙은 북한 헌법에 명확하게 다음과 같이 규정해 놓고 있다.

"자주, 평화, 친선은 조선인민주의인민공화국의 대외정책의 기본리념이며 대외활동의 원칙이다. 국가는 우리나라를 우호적으로 대하는 모든 나라들과 완전한 평등과 자주성, 상호 존중과 내정불간섭, 호혜의 원칙에서 국가적 또는 정치, 경제, 문화적 관계를 맺는다. 국가는 자주성을 옹호하는 세계인민들과 단결하여 온갖 형태의 침략과 내정간섭을 반대하고 나라의 자주권과 민족적 · 계급적 해방을 실현하기 위한 모든 나라와 인민들의 투쟁을 적극 지지 · 성원한다."[4)]

북한의 대외정책은 50년대 중반에 이르러 제3세계 나라들과의 관계발전에 주력하였고, 1960년대를 거쳐 1970년대에 이르러서는 비동맹운동에 적극적으로 참여하였다. 1980년 10월에 개최된 노동당 6차 대회에서는 대외정책의 기본 이념으로 자주, 친선, 평화라는 3가지 원칙을 제시하게 되었다. 이 3가지 이념 중에서 '자주' 문제를 가장 중요한 이념으로 강조했는데, 그것은 국제정세에 대한 북한 나름대로의 평가에 기초한다고 볼 수 있다.

다시 말해서 오늘의 시대를 자주의 시대라고 규정하고, 각 나라

4) 사회주의헌법(1998년판) 제17조.

등은 이를 위하여 자주성을 유린하는 세력으로서의 현대 제국주의를 반대해야 한다는 논리에서 자주문제를 특별히 우선시 했다고 볼 수 있다.

현대 제국주의가 국제적인 연대 속에서 약한 나라의 자주성을 유린하고 신식민주의 노선을 추구하고 있기 때문에 이를 극복하기 위해서는 무엇보다도 反제국주의 역량을 결속해야 된다는 주장인 것이다. 여기서 말하는 反제국주의 역량은 사회주의 나라들과 국제 공산주의 운동, 식민지 민족 해방운동, 비동맹운동, 세계 평화옹호 운동 등을 포함한 모든 세력을 의미한다고 볼 수 있다. 따라서 북한의 대외정책의 첫째가는 이념이 '자주'로 되어 있었으며, 그와 동시에 상호평등, 호혜원칙에서 자본주의 나라 등까지 포함한 모든 나라들과 친선관계를 가진다는 친선의 원칙이며, 그 셋째가 세계 평화를 위한 모든 운동을 적극 지지하고 참여한다는 입장을 갖는다는 평화의 원칙이다. 이들 대외정책의 기본 원칙들은 제 6차 당 대회에서 채택되었다.[5)]

그리고 이러한 3대 이념은 1986년 12월 최고인민회의 8기 1차 회의의 김일성 시정연설에서 재확인되었는데, 김일성은 이 연설에서 "우리 공화국 정부가 대외관계 분야에서 일관되게 견지하고 있는 기본리념은 자주, 친선, 평화이다. 자주, 친선, 평화의 리념은 자주적이고, 친선적이며, 평화로운 새 세계를 건설하려는 우리 인민과 세계 진보적 인민들의 공통된 지향을 반영하고 있다. 공화국 정부는 자주, 친선, 평화의 리념을 대외활동의 확고부동한 지침으로 삼고 그것을 철저히 구현해 나갈 것이다."라며 대외활동의 기본이념이 자주, 친선, 평화에 있음을 강조하였다.

그러나 1980년대 후반기부터 시작된 소련, 동구권의 변화와 그 나라들의 사회주의 몰락, 그리고 냉전적 국제질서가 붕괴되고 새로운

5) 김남식, "북한의 권력구조와 대외정책", 『통일문제연구』 제4권 2호 (통일원, 1992), pp.127.

협력과 화해질서로 재편성되는 과정에서 나타난 이라크 사태와 같은 국제분쟁, 동북아 지역에서의 냉전구조가 상존하는 상황이 초래되자, 북한은 대외이념의 우선순위를 자주, 평화, 친선으로 바꾸었다. 이는 북한으로 볼 때 친선보다는 평화문제가 더 중요하다는 인식하에서 그와 같이 순위를 바꾼 것으로 볼 수가 있다 하겠다.

1990년 5월에 개최된 최고인민회의 9기 1차 회의에서 김일성은 "자주, 평화, 친선은 우리 공화국의 대외정책의 기본 이념이며, 이것은 온 세계의 자주화의 요구에 맞게 발전시켜 나가는 데서 보편적인 의의를 가진다. 우리 공화국 정부는 앞으로도 자주, 평화, 친선협조의 대외정책을 일관성 있게 관철해 나갈 것이다."라며 대외정책의 이념을 자주, 친선, 평화로부터 자주, 평화, 친선으로 바꾸었음을 재차 강조하고 있는 것이다.

김정일도 1991년 5월에 발표된 김정일 담화인 '인민대중 중심의 우리식 사회주의는 필승불패이다'에서 "우리인민은 자주, 평화, 친선의 이념 밑에 자주성을 지향하는 세계 모든 나라 인민들과 국제적 연대성을 강화하고 친선, 협조관계를 발전시키고 있으며, 우리나라를 우호적으로 대하는 세계 모든 나라들과 평등과 호혜의 원칙에서 다방면적인 교류를 진행하고 있다."라고 하여 외교이념이 자주, 평화, 친선임을 재확인 했다.[6)]

즉 '프롤레타리아 국제주의 원칙' 대신에 '완전한 평등과 자주성, 호상존중과 내정불간섭, 호혜의 원칙'에서 대외관계를 맺는다고 수정하였다. 이는 80년대말의 사회주의 붕괴와 세계질서의 변화를 반영한 것으로서, 북한외교의 전략적 수정을 보여주고 있다. 냉전시대의 북한외교전략은 진영외교였다. 이후, 1960년대 비동맹세력이 강화되는 시기에는 진영외교와 더불어 비동맹외교를 중심으로 외교전

6) 김남식, p.128.

략을 세웠었다. 그러나 냉전이 종식되고 진영외교의 조건이 더 이상 없어진 조건에서 북한의 대외정책은 바뀌지 않을 수 없었다.[7)]

2.1.1. 대외정책의 전개

북한은 정권형성 이후 지금까지 국제 공산주의 운동, 민족해방 운동, 자주화 운동 등을 내세우면서 이른바 3대 혁명 역량의 강화, 특히 국제혁명역량 강화를 위하여 대외활동을 전개해 왔다. 북한의 외교활동은 국제정세의 변화, 대남관계의 변화, 북한의 상황변화에 따라 그 형태를 변형해 왔는데 대체로 진영외교기, 다변외교기, 실리추구외교기, 대서방외교 강화기 등으로 나눌 수 있다.[8)]

2.1.1.1. 진영외교기(1948~1950년대 초)

북한의 대외관계는 분단초기부터 소련의 영향력 속에서 시작되었고, 1953년 휴전이 성립될 때가지만 해도 소련의 영향권 안에 있는 공산주의 국가들과의 관계가 거의 전부였다. 수교한 국가 역시 소련, 중국, 동구 여러 나라 등 12개 국가에 불과했다. 특히 6.25 전쟁 도발로 유엔에서 침략자로 규정된 북한은 전적으로 소련을 추종하면서 중-소로부터 전쟁수행을 위한 군사적, 경제적 지원과 함께 휴전 협상과 관련한 외교적 지원 획득에 치중하였다. 이처럼 소련의 영향력 속에서 대외 관계 의존외교를 수행하는 것이 고작이었다고 볼 수 있다. 이 시기를 가리켜 진영외교기라 부를 수 있을 것이다.

---

7) 북한외교정책변화에 대해 정규섭은 다음과 같은 단계로 구분하고 있다. 1948-1954 진영외교, 1955-1965 외교정책 다변화, 1966-1970 자주노선수립, 1971-1979 외교정책의 세계화, 1980-1988 외교정책이념의 체계화와 대외개방의 모색, 1989-1994 세계질서변화에의 적응, 1994-현재 김정일 정권의 외교정책, 정규섭, 『북한외교의 어제와 오늘』(서울 ; 일신사,1997)

8) 『북한의 이해』 (통일원, 1996), pp.267-271.

2.1.1.2. 다변외교기(1950년대 중반-1960년대 말)

1950년대 중반에 접어들면서 중-소 이념분쟁, 스탈린 사망 후 흐루시초프에 의한 비스탈린화 운동, 평화공존 정책이 표방되자, 북한은 등거리 외교와 함께 신생독립국가들을 대상으로 하는 다변외교를 전개했다. 1955년 4월 아시아-아프리카 지역의 신생독립국 29개 국가가 참가한 인도네시아 '반둥회의'에서 '평화 5원칙'이 발표되자, 북한은 지금까지 중-소, 동구제국 등에 국한되었던 진영외교를 탈피하여 다변외교로 전환하지 않을 수 없었던 것이다.[9]

북한이 제3세계 비동맹 국가들에 대한 외교적 접근을 시도한 것은 1956년 4월에 개최된 제3차 당 대회에서 다변외교로의 전환방침을 밝힌 때부터이다. 김일성은 총화보고에서 "상이한 사회제도를 가진 나라들과의 평화공존에 대한 레닌적 원칙을 견지하며 자주권의 상호존중과 평등권에 입각하여 세계의 모든 평화 애호국들과의 정치적 및 실무적 관계를 맺기 위하여 노력하여야겠습니다."라고 발언하였다.[10] 이 발언을 토대로 북한은 1956년 4월 당의 외곽단체로 대외문화 연락위원회를 만들어 제3세계 비동맹 국가들에 대한 외교활동의 전개에 매우 적극적으로 임하였다. 이것은 아시아-아프리카 지역의 신생독립국가들이 대거 유엔에 가입하고, 1960년 제15차 유엔총회에서 남북한 동시초청 문제가 제기된 데서 비롯된 것이다.

1961년 9월 제4차 당 대회에서 김일성은 첫째, 사회주의 국가와의 단결, 둘째, 제국주의 진영에 대한 반대투쟁, 셋째, 신생독립국가에 대한 접근 등을 강조하였다.[11] 뿐만 아니라 1961년 6월과 7월 소련과 중국을 방문하여 '조-소 우호협조 및 호상 원조조약'과 '조-

9) 평화 5원칙이란, 영토주권의 상호존중, 상호 불가침, 내정불간섭, 평등호혜, 평화적 공존 등이다.

10) 『조선노동당 제3차대회 주요문헌집』 (평양 : 조선노동당 출판사, 1956), p.12. 재인용.

11) 『김일성 저작선집 - 제3권』 (1968), pp.195-196. 재인용.

중 우호협조 및 호상 원조조약'을 각각 체결하였으며 이는 사실상의 군사동맹 조약이라 하겠다. 그러나 중-소 분쟁이 격화되자 북한은 중-소 양다리 외교를 시작하였고, 1966년 8월 '내정 불간섭과 호상 평등'을 표방하면서 자주노선을 선언하고 이를 비동맹국 외교의 지침으로 삼기도 했다.

2.1.1.3. 실리외교 추구기(1970년대)

북한은 1971년 11월 당 중앙위 제5기 3차 전원회의에서 '국제정세에서 제기된 몇 가지 문제에 대하여'라는 의제가 토의되면서 실리외교가 본격화되었다.[12)]

북한이 실리외교를 추진하게 된 배경으로는 1971년 9월 중국의 유엔가입과 1972년 미-중간의 핑퐁외교의 결실로 미-중 간에 관계가 개선되고, 일본, 중국 관계정상화 등 국제적 화해분위기가 성숙되면서부터이다. 대내적으로는 새로운 6개년 계획(1971~1976)의 추진에 필요한 자본과 기술의 도입을 위해 서방제국과의 경제 협력이 필요했기 때문이었다.

한국이 1973년 6.23 평화통일 외교정책을 선언하자 북한은 이를 즉시 "두개의 조선을 고착화하고 분단을 영구화하려한다."고 비난하면서도 서방국가들과의 외교관계 수립에 적극 나선 점을 들 수가 있다. 미국에 대해서도 이른 바 '인민외교'를 시도하는 한편, 1974년 3월에는 미국에 평화협정체결을 제기하기도 하였다.[13)] 그리고 비동맹외교를 적극 전개한 결과 1975년 8월 페루의 리마 비동맹 정상회의에서 회원국으로 가입하게 되었으나, 월남전 결과 월맹의 승리

12) 『조선중앙년감』 (1972), pp.269-270. 재인용.

13) 북한은 1974년 3월 25일 최고인민회의 5기 3차 회의에서 '미합중국에 보내는 편지'를 채택하여 미국과의 평화협정체결을 제기하였다. 『북한최고인민회의 자료집 - 제3집』 (국토통일원, 1988), pp.857-859.

에 고무되어 1970년대 중반이후 북한의 호전적인 대남 전략의 추구, 과중한 군사비 지출 등으로 초래된 외채상환문제, 외교관 밀수사건 등으로 국제적 위신이 크게 손상되어 별다른 효과를 보지 못하고 말았다.

2.1.1.4. 대서방외교 강화기(1980년대~1990년대)

북한은 '조선혁명의 전국적 승리'라는 외교목표를 변함없이 견지한다는 입장에서 전술한 바와 같이 1980년 10월 제 6차 당 대회에서 대외정책의 기본원칙으로 '자주, 친선, 평화'를 표방하였다. 이러한 명분을 내세워 공산주의 국가와의 단결강화는 물론 우호적으로 대하는 자본주의 국가와도 친선관계를 맺는다는 대서방 외교 강화 방안을 제시하였다.

한편 1984년 9월 북한의 최고인민회의 상설회의는 만성적인 경제침체를 탈피하기 위한 제도적 장치로 '합영법'을 제정하고 서방국가의 기술과 자본을 유치하기 위해 다각적으로 노력하였다. 그러나 별다른 실효를 거두지 못하였다. 북한사회주의 경제체제는 고도의 중앙집권화와 통제적 스탈린주의, 그리고 주체사상에 의한 자력갱생의 원칙을 지나치게 강조함으로써 경제 발전의 원동력이 될 수 있는 주민들의 근로의욕 고취와 해외자본 및 첨단기술의 유치에 실패하였고, 결과적으로 빈곤과 저발전의 악순환만이 지속될 뿐이었다.

2.1.1.5. 대미외교 강화기

북한은 세계 질서가 1990년대 이후 급격히 재편되고 있는 상황을 다음과 같이 인식하고 있다.[14)]

---

14) 김일성이 1991년 9월 26일 일본 이와나미 사장이 제기한 질문에 대한 답변 『로동신문』, (1991. 11. 11).; 1992년 9월 1일 '메디아 인도네시아' 신문사 책임주필의 질문에 대한 대답 『로동신문』 (1992. 9. 4).; 1993년 6월 15일 제 4차 비동맹국가 공보상회의에서 행한 연설 『로동신문』 (1993. 6. 16).

첫째, 냉전의 종식에도 불구하고 국제 정세는 여전히 긴장과 대립 상태에 있으며, 현대 제국주의는 힘의 정책과 평화적 이행전략의 양면전술을 통해 사회주의 국가, 제 3세계 국가들을 정치, 군사, 경제적으로 지배, 통제하려 하고 있다는 것이다.

둘째, 북한은 냉전 종식 이후, "현대 제국주의가 주인노릇을 하며 판을 치는 서방화된 세계"인 1극화 세계가 등장하고, 이러한 1극화 세계에서 "미국은 다름 아닌 군주의 역할"을 하려한다고 주장함으로써 미국이 세계질서 재편의 주도권을 장악하고 있다는 점을 인정하고 있다.

셋째, 북한은 나토(NATO) 및 美-日 안보체제를 근간으로 지배주의를 추구하는 새로운 세계권의 등장가능성과 남북문제가 심화되어 가는 점을 우려하는 한편, 냉전 이후 활발히 진행되고 있는 다자간 경제, 안보 협력기구 편성 논의에 거부 반응을 나타내고 있다. 북한은 특히 동북아 지역에서의 다자간 안보 협력기구 구상에 대해서는 미국이 아시아에서 사회주의 국가들을 말살하고 이 지역에서 지배권을 확립하려는 것으로 규정하는 한편, 다자간 경제협력기구 창설 논의에 대해서는 일본이 이 지역에 대해 경제적 지배를 추구하는 것으로 간주하고 있다.[15)]북한이 지속적으로 WTA, APEC 회담을 비난하고 있는 것도 같은 맥락이라 하겠다.

세계 질서 재편에 대한 이러한 부정적 인식과는 달리 북한은 냉전 종식에 따라 對美 직접협상의 명분을 확보할 수 있다는 점과 "국제사회의 민주화, 자주화"를 실현할 수 있는 여건이 성숙하고 있다는 점을 긍정적으로 평가하는 한편, 과학기술의 발전에 따른 국제적 상호의존성의 증대현상을 명백히 인식하고 있다.[16)] 따라서 대서방 외

15) 정규섭, "북한의 대외정책과 통일 환경", 한국정치학회 주체 '통일문제 포럼', (1996. 5. 31-6.1), p.4.

16) 『로동신문』 (1992. 4. 18.), (1992. 4. 16.).

교 가운데 특히 대미외교 개선을 위해 지속적으로 진력하는 모습을 보이고 있다.

2.1.2.1. 핵카드의 활용

북한이 왜 핵 개발을 추구했는가?

1948년 한반도가 분단된 후 김일성은 사회주의 정권인 북한이 한반도의 유일한 합법정부임을 내세우며 전 한반도의 사회주의화를 국가목표로 설정하였다. 김일성은 이 목표의 달성을 위해 소련과 중국의 지원 하에 1950년 한국전쟁을 일으켰다. 그러나 미국의 참전으로 김일성의 무력통일 기도는 무산되었고 한반도는 다시 분단 상태로 남게 되었다.

남한 및 미국과 비록 필요에 따라 제한적인 접촉을 시도하였으나 기본적으로 적대적 대립관계를 유지하여 왔다고 볼 수 있다.[17] 소련 및 중국이 북한을 지원하고 미국과 남한으로부터의 위협을 막아주는 한 김일성은 미국을 주적으로 그리고 한국을 종적으로 규정하여 이들과의 긴장관계를 유지하는 것이 국가안보는 물론 정권안보에도 도움이 되었던 것이다.

그러나 1980년대 말부터 시작된 대내·외적 환경의 변화로 말미암아 김일성은 기존의 정책노선을 수정하지 않을 수 없게 되었다. 대내적으로 북한도 동구, 소련과 마찬가지로 사회주의 경제체제의 경직성 및 비효율성의 증가와, 동구사회주의 시장의 소멸 등으로 인한 경제의 마이너스 성장, 식량·에너지·외화의 부족과 같은 경제난에 직면하게 되었다.

냉전체제의 와해와 함께 김일성이 직면하게 된 보다 중대한 문제

17) 김계동, "북한의 대미정책,"『국제정치논총』제34집 2호(1994), pp. 71-97; 허문영, "북한 외교정책 변천사," 한국정치외교사학회 편, 『한국외교사 II』(서울: 집문당, 1995), pp. 481-530.

는 북한안보에 대한 외부로부터의 위협이었다. 우선 국제적 차원에서 동구 사회주의체제 및 소련이 붕괴되면서 북한이 지난 50년간 적대국으로 간주해 왔던 미국 주도하의 신 국제질서가 형성되었다.[18] 대남관계에 있어서는 남한이 정치 · 경제 등 모든 면에서 북한을 앞질렀으며, 특히 남한이 러시아, 중국 및 구동구 사회주의 국가들과 국교정상화를 이룩함으로써 북한은 외교적으로 고립되었다. 따라서 북한은 고도의 안보위기 의식을 느끼게 되었을 것이다.[19]

김일성은 불리한 한반도 주변 역학관계를 회복하고 안보위기를 해소하기 위한 주요 수단으로써 핵문제를 활용하였다. 즉 자체 핵무기 개발에 박차를 가하는 한편, '한반도 비핵지대화' 및 북한에 대한 '핵 불사용 보장' 요구를 통하여 남한 및 미국으로부터의 위협을 감소시키려고 하였다.

1953년 휴전협정에서 질적으로 새로운 무기의 도입을 금지했음에도 불구하고 미국은 전쟁이 끝난뒤 한국에 핵무기를 도입했다. 미국은 핵무기를 한반도에 배치함으로써 남북관계를 안정시키기 위한 과감한 수단으로 사용하였다.

이승만은 자주 남한의 군사령관들과 회동을 가졌는데, 미국인들은 이를 두고 그가 북침을 준비하는 것이라고 생각했다. 덜레스는 핵무기의 도입이 휴전협정-특히 13조-위반임을 분명히 알았지만, 그에게는 한국에서 새로운 전쟁의 발발가능성이 더 우려할만한 사항이었다.[20]

---

18) Zbigniew Bresinski, "The Consequences of the End of the Cold War for International Security," Adelphi Papers 256 (Winter 1991/92), Joseph S. Nye, Jr., "What New World Order?" Foreign Affairs, Vol. 71, No. 2 (Spring 1992).

19) Andrew Mack, "The Nuclear Crisis on the Korean Peninsula," Asian Survey, Vol. 33, No. 4 (April 1993), p. 344.

20) Cumings, Parallax Visions, Making Sense of American-East Asion Relations(1997), 5장 참조.

남북 간에 내전을 억제하기 위해, 덜레스는 한국전쟁 이전에 국무장관 에치슨이 적용한 방식을 추종하여 양측 모두를 자제시키고자 했다. 이승만과 김일성 같은 성미가 급한 지도자라도 한반도에 핵무기가 쏟아진다면 전쟁버튼을 누르기 전에 두 번 이상 고려할 것이 틀림없다. 하지만 덜레스의 핵무기는 미국의 배타적인 통제아래 있었고, 북한이 전면적으로 침략해 오는 경우에만 사용될 것이었다.[21)]

북한은 이미 1956년경부터 원자력 개발에 관심을 갖기 시작하였으며, 1980년대에 들어와서는 핵무기 개발을 본격적으로 추진하기 시작하였다.

우선 북한은 1980년대 중반 이후 남한에 대한 재래식 군사력의 우위를 상실해 갔으며, 소련 및 중국이 더 이상 군사동맹국으로서 기능할 수 없게 되었다. 따라서 북한은 핵무기 개발을 통해 독자적으로 대남 군사력 우위를 유지할 필요성을 느끼게 되었다. 또한 북한 정권은 핵개발을 군부의 환심 확보, 주민들의 내부동요 방지, 김일성 역량의 대내외적 과시 등 국내정치적 목적으로 활용한 것으로 평가되고 있다.

우선 북한은 1990년 4월부터 일련의 남북고위급회담을 시작하는 등 남북관계 개선을 모색하는 한편 한반도 비핵지대화를 추진하였다.

북한은 「조선반도의 평화를 위한 군축제안」(1990. 5), 「한반도 비핵화를 위한 제안」(1991. 7) 등을 통하여 남한 배치 핵무기의 즉각적인 철수, 핵무기의 생산 · 구입 금지, 핵무기를 적재한 외국 항공기 및 함선의 한반도에로의 출입 · 통과 금지, 한반도의 비핵지대화에 대한 미 · 중 · 소 등 주변 핵보유국의 법적 보장 등을 제안하였다.[22)] 북한의 비핵지대화 주장은 한반도 내에서의 핵의 제조 · 보

21) Cumings, North Korea: Another Country(2002), 4장 참조.

22) 『로동신문』, 1990. 6. 2, 1991. 7. 30.

유 · 반입 금지 외에 제3국 핵의 영해 · 영공 출입까지도 금지시키는 것으로서, 미 해 · 공군에 의한 핵 출입마저 봉쇄하여 남한에 대한 미국의 핵우산 효력을 완전히 소멸시키려는 의도를 담고 있는 것이었다.

「비핵화 공동선언」은 12월 13일 남북한 간에 서명된 「남북사이의 화해와 불가침 및 교류 · 협력에 관한 합의서(남북기본합의서)」와 함께 1992년 2월 9일 발효되었다.[23]

또한 국가안보 문제와 관련하여서도 김일성 정권은 실제 핵무기 보유자인 미국으로부터 직접 북한에 핵안전보장을[24] 확약 받고자 하였으며, 이를 위하여 남북대화보다는 북 · 미 협상에 비중을 두기 시작하였다.

1993년 3월 IAEA가 북한 핵시설에 대한 특별사찰을 요구하자 북한은 이를 미국의 사주에 의한 북한에 대한 "핵위협과 내정간섭"이라고 비난하며 NPT 탈퇴를 선언하였다. 이후 북한은 NPT 탈퇴 번복의 조건으로 핵 불사용 담보 공약 등을 제시하며 미국과의 직접협상을 촉구하였다. 북한은 미국에게 NPT 복귀를 위한 보다 구체적인 조건으로 ①한 · 미 합동군사훈련의 중지, ②한국 내 핵 기지에 대한 사찰, ③핵공격 불사용의 약속, ④한국에 대한 핵우산 정책포기, ⑤북한 사회주의에 대한 존중 등을 제시했다.[25]

이를 위하여 NPT 탈퇴라는 '협박외교'를 구사한 것이다.

핵확산 저지를 탈 냉전기 신 국제질서 유지를 위한 중요 정책 목표로 설정한 미국으로서는 북한의 NPT 탈퇴 위협을 무시할 수 없었으며, 결국 1993년 6월 북한과의 제1차 고위급회담을 뉴욕에서 개최하였다. 이 회담에서 북한은 단지 NPT 탈퇴 유보를 선언하는

23) 『남북기본합의서 해설』(서울: 통일원, 1992).

24) 『1995년 NPT 연장회의와 한국의 대책』(서울: 민족통일연구원, 1994), pp. 184-189 참조.

25) 『중앙방송』, 1993. 3. 29; 『세계일보』, 1993. 4. 22.

대가로 미국으로부터 핵무기를 포함한 무력의 불사용 및 불위협 보장, 상호 주권 존중 및 내정 불간섭 등의 수확을 얻을 수 있었다. 또한 북한은 미국과의 대화지속을 합의함으로써 대미 채널개설이라는 외교적 성과를 이끌어 내었다.[26] 한 달 후 제네바에서 개최된 제2단계 북·미 회담에서 양측은 핵안전보장에 대한 합의를 재확인하였을 뿐만 아니라 북한 핵문제의 궁극적 해결의 일환으로 경수로 도입을 모색할 것임을 합의하였다. 이후 북미회담은 북한의 '벼랑 끝 전술'로 말미암아 위기에 봉착하기도 하였으나 북한 정책의 기본방향은 대미관계개선 방향으로 나아갔다.

북·미 양국은 마침내 1994년 10월 21일 제네바에서 「북·미 기본합의문」을 체결하였다. 김정일은 「제네바 합의문」채택을 통해 김일성이 생존 시 안보위기 탈피를 위해 가장 역점을 두었던 미국으로부터의 핵안전보장을 공식적으로 확보할 수 있었다. 즉, 미국은 북한에 대해 "핵무기 불위협 또는 불사용에 관한 공식보장을 제공"한 것이다. 김정일은 또한 경수로 지원 및 중유공급, 그리고 무역 및 투자제한 완화라는 경제적 실리, 연락사무소 개설합의라는 외교적 성과를 거둘 수 있었다.[27]

2.1.2.2. 미사일 카드의 활용

미사일 개발 전략을 들 수 있다. 초기 스커드미사일의 개발은 주로 대남전략의 차원에서 적화통일을 위한 군사적·공격적 목적을 지니고 있었다. 그러나 1980년대 말부터 대내외 환경이 악화되면서 북한의 미사일 개발 전략도 바뀌기 시작했다. 북한의 미사일은 또 다른 사안이다. 1998년 8월 북한언론은 정권창립 50주년을 맞는

26) 『중앙방송』, 1993. 6. 19.

27) 허문영, "북한의 대외관계 현황과 전망," 민족통일연구원, 『북한의 대외관계 변화와 남북관계 전망』 (서울: 민족통일연구원, 1996), p. 17.

9.9절 축하행사준비에 초점을 맞추고 있었다. 8월말 북한은 지구궤도에 인공위성을 보내기 위해 3단계 로케트를 발사했다고 발표했다. 로켓이 발사됐을 때 모든 이들은 북한이 일본의 주권을 침해한 것으로 여겼다. 그런데 주권이란 한국가가 쏘아서 떨어뜨릴 수 있는 범위 이내에서만 존재한다. 이것이 현실적인 해석이다. 아니면 시카고 대학의 퀸시 라이트가 언급했듯이 "영공을 벗어나면 어느 나라의 주권도 미치지 못하는 외계"라고 정의해야 한다.[28)]

북한의 미사일 성능은 우수하다. 실제 미국의 우방국이 아닌 나라에서 거래하는 세계시장에서는 최고로 꼽힌다. 1993년 5월에 실험한 스커드-C형의 개량형은 1천 킬로미터에서 1300 킬로미터의 사정거리에, 적재 중량 1톤을 자랑한다. 그 후 계속 개발에 박차를 가해 왔으며, 사정거리도 적재능력도 훨씬 증가했으리라 분석되고 있다.

북한의 미사일 개발과정의 특징을 종합적으로 도출하면 다음과 같다.

첫째, 북한은 오랜 동안의 미사일 개발과정을 통해 자체기술을 개발, 축적해 왔다. 특히 1980년대 Scud C 미사일을 개발할 때까지 북한의 자체 기술에 대한 의존도는 매우 높았다. 북한은 1970년대부터 미사일 개발을 시작하여 국가지원을 우선적으로 배정하면서 미사일사업을 중점적으로 추진해 왔다. 그 결과 탄도미사일 개발을 시도하는 국가들 중에서 기술 수준이 가장 높은 것으로 추정된다.

둘째, 북한은 자체 기술 개발에 주력하면서 소련과 중국으로부터 주요한 기술을 전수받은 것으로 알려져 있다. 냉전시대에 우방으로서 북한은 중국과 소련의 기술지원을 받았을 것이다. 최근에는 탈냉전시대에 소련이 붕괴하자 구소련 미사일 관련 과학자들이 북한에

28) 부르스 커밍스 지음/ 남성욱 옮김, 『김정일 코드』, p.192.

유입되어 탄도미사일 개발을 도왔을 가능성이 제기되고 있다.[29] 북한이 중국 위성발사기술원으로부터 지원을 받았으며 중국으로부터 우주가속도계, 조정기, 특수강, 고급기술 수준의 기계부품 등을 공급받았다고 보도한 바 있다.

셋째, 북한은 탄도미사일 개발도상국가와 기술 및 재정측면에서 협력하면서 미사일을 개발해 왔다. 미사일 개발 초기에 이집트로부터, Scud B 2기를 도입하였으며 이란으로부터 재정지원을 받아 Scud B를 개발하였다.

북한의 직접적인 군사적 목표는 일본과 주일 미군 기지들이라고 할 수 있다. 무엇보다도 한반도 유사시 일본이나 미국의 대응에 영향을 줄 수 있다. 한국에 증파될 일본 오키나와 및 여타 기지 주둔 미군이 사전에 북한의 미사일로 제압될 경우 이들이 군사적 기동성과 효율성을 발휘하기가 어렵기 때문이다.

이와 관련 황장엽 씨는 탈북 이전에 기술하였다는 『조선 문제』라는 글에서 북한의 대량살상무기 개발이 조기에 남한, 특히 수도권 지역을 석권한 다음 주일 미군과 미 본토 출발 증원군의 도래를 저지하기 위한 수단으로 추진되고 있다고 지적한 바 있다.[30] 그러나 1990년대 북한의 중·장거리 미사일 보유 동기는 이러한 공격적 차원보다 방어적 차원의 고려가 더 크게 작용하였을 것으로 보인다. 즉, 미국 또는 미·일연합군이 북한에 군사적 행동을 취할 경우 북한도 전략 미사일로 일본 본토는 물론 주일 미군 기지를 공격할 수 있다는 위협을 통해 대미·일 억제력을 확보하겠다는 의도를 가지고 있는 것이다.

29) 브라고보린 러시아 국가안보전략연구소 소장은 "최근 북한 미사일 능력의 비약적 발전을 볼 때 구소련 기술자들이협력했을 가능성이 높다."고 언급한 바 있다. 즉 북한 미사일 기술이 스커드미사일에서 대포동 미사일로 발전한 사실을 주목하고 있다.

30) 『조선일보』, 1997. 4. 21.

또 다른 측면은 북한의 이와 같은 행동은 미사일 개발을 자제하는 조건으로 한 · 미 · 일로부터 최대한 반대급부를 얻어내기 위한 계산된 행동이라고 할 수 있다. 즉, 북한은 미사일 발사 위협을 통해 이미 1998년 대포동 발사로 강화된 자신의 협상력을 더욱 높이면서, 북한의 미사일 프로그램을 중단시키려면 페리가 제시한 것보다 더 큰 '선물'을 준비해야 된다는 메시지를 보낸 것이다.[31)]

2.2. 대내정책의 전개

북한은 대내정책의 구현의 일환으로 북한내부의 정비 및 정리를 위해 방어적 민주기지론과 3대혁명 역량 강화 중 북한혁명역량강화에 역점을 두고 실천하였으며 수차례의 헌법개정, 법률개정을 통하여 북한 내부의 변화와 공고화를 모색해 왔다.

2.2.1. 방어적 민주기지론

북한은 통일문제의 발생 원인에 대하여 처음에는 "쏘미량국군대의 진주"[32)]에 기인하는 것으로 설명하다가, 점차 '미군의 남한 점령'[33)]만을 강조하였다.

북한은 새조선 건설, 북한체제 강화를 목표로 하는 노선으로서 '혁명적 민주기지' 노선을 제시하였다. '혁명적 민주기지' 노선은 1945년 10월 10일 북조선 공산당 중앙조직위원회 창립대회에서 채택되었고 1946년 8월 29일 북조선 공산당과 조선신민당 합동의 북조선 노동당 창립대회에서 좀 더 명확히 제시되었다.

31) 홍용표, 『북한의 전략문화와 안보 정책』, 통일연구원, 2000, pp. 25-40.

32) 김일성, "북조선 노동당 제2차 대회에서 한 중앙위원회 사업 총화보고(1948. 3. 28.)", 『김일성 저작선집』(평양 : 조선노동당 출판사, 1967), p.206.

33) 상게서, pp.262-263.

'민주기지론'은 일반적인 근거지 개념과 일치하는 것으로서 북한의 경우 분단된 민족국가의 한 지역에서 혁명과 건설을 추동하기 위한 스탈린의 1국 사회주의론의 원용의 한 형태로 제시되었다고 할 수 있다. 다시 말해서 '민주 기지론'은 통일을 향한 적극적인 개념이라기보다는 한 지역에서 일방적으로 추진하고 있는 혁명건설을 통일의 관점에서 정당화시키기 위한 매개개념의 성격이 더 강하다고 할 수 있다. 해방 후 북한에서 '민주기지'라는 용어가 쓰인 것은 분명히 분단된 단일민족국가의 한 지역에서 우선적으로 혁명을 진행시키면서 이 혁명과정을 전체 민족구성원의 절대 염원인 통일과 매개시키기 위해서였다고 할 수 있다. 이러한 사실은 초기 북한에서 민주기지론이 직접적인 통일문제보다는 민주개혁이나 당 건설, 경제발전의 성과를 통일문제와 연결시키는 과정에서 제시되고 있다는 데서도 확인할 수 있다.[34)]

북한의 정치사전 역시 '혁명적 민주기지'를 설명하면서 김일성이 "미제의 남조선 강점으로 말미암아 전국적으로 혁명을 밀고 나갈 수 없게 된 조건에서 공화국 북한부에 조선혁명의 강력한 보루, 혁명적 민주기지를 창설한 데 대한 독창적인 노선을 내놓았으며", "공화국 북반부에 혁명적 민주기지를 창설하기 위하여 우선 당을 창건하고 당의 령도 밑에 인민정권을 세워 그를 혁명적 무기로 하여 반제반봉건 민주주의 혁명 과업들을 철저히 수행하였다"[35)]고 쓰고 있다. 이는 명백히 '민주기지론'이 '통일을 위해서 어떻게 할 것인가'라는 것보다는 '한 지역에서의 혁명건설이 어떻게 통일과 연결될 수 있는가'라는 물음에 대한 답변으로 제시되고 있음을 보여주는 것이다. 요컨대 북한에서 '민주기지론'은 분단국가의 한쪽에서만 진행되고 있는 혁명과정을 통일과 매개시키기 위한 개념으로 등장하였다고

34) 대표적인 예로는 『김일성 선집』 제2권(1953년 판), pp.49-68, 318-344 참조.

35) 『정치사전』 1973, 지양사 번각 발행, p.1235.

볼 수 있다.

이렇게 볼 때 '민주기지론'은 총체적 역량의 압도적 우월을 통해서 통일에 접근해야 한다는 시각으로 적극적인 단기적 공격형의 발상이라기보다는 장기적인 대비론적 발상에 가깝다고 할 수 있다. 그렇기 때문에 1960년대에 나온 북한의 '남조선 혁명론'에도 끊임없이 '북반부 혁명적 기지의 가일층 강화'가 강조되고 있는 것이다.

북한은 이 노선의 주요내용을 두 가지로 설명하고 있다.

첫째, "미제의 남조선 강점으로 말미암아 전국적으로 혁명 등 밀고 나갈 수 없게 된 조건에서… 항일 무장투쟁시기에 이룩된 혁명근거지 창설방침을… 새로운 정세에 맞게 발전시킨…로선"이라는 것이다. 따라서 북한은 "혁명적 민주기지를 창설하기 위하여" 당을 창건하고 북한 인민정권을 세웠다는 것이다.[36]

둘째, "미제의 침략에 대처한 반제 반미 투쟁 로선이며 나라의 북반부를 강력한 혁명기지로 꾸리고 그에 의거하여 조선인민이 자체의 힘으로 미제를 남조선에서 몰아내고 조국의 통일과 혁명의 전국적 승리를 이룩하려는 주체적이며 자극적인 로선"이라고 설명하는 것이다.[37]

통일전선사업을 먼저 북한에서 잘 추진함으로써 '민주기지'를 강화하고, 이후 남북한 전체에 걸쳐서도 통일전선사업을 잘 결성강화하게 되면' 통일된 민주주의 완전 자주국가'를 세울 수 있는 것으로 보았다.[38]

김일성은 '민주기지론'의 이론적 내용을 다음과 같이 설명하고 있다.

---

36) 북한은 북한인민군창설(1948. 2. 8), 북한정부수립(1948. 9) 등을 통해 '민주기지론'을 실천에 옮겼다.

37) 『정치사전』, pp.1235-1236.

38) 김일성, "모든 힘을 민주기지 강화를 위하여:조국통일 민주주의 전선 함경남도 열성자회의에서 한 연설 1953년 10월 23일", 『김일성 저작집』 8권(평양:조선노동당출판사, 1980), p.109.

"조국을 평화적으로 통일하기 위하여서는 또한 공화국 북반부의 민주기지를 강화하여야 합니다. 민주기지를 강화하면 미제국주의자들과 리승만괴뢰도당이 함부로 공화국 북반부를 먹겠다고 덤벼들지 못할 것입니다. 민주기지를 강화하여 정치, 경제, 문화의 모든 부문에서 남북 간의 차이를 하늘과 땅 같이 만든다면 남조선인민들은 미제와 리승만괴뢰도당을 반대하고 우리를 적극 지지하게 될 것입니다.[39)]

이런 의미에서 한국전쟁 직후 북한의 '민주기지론'에 기초한 통일정책은 「선건설 후통일론」의 한 형태라고 할 수 있다. 즉 이 정책은 '민주기지론'에 의한 혁명과 통일의 추구라는 적극적 의미보다는 민주기지건설 자체에 치중하는 방어적 의미를 보다 강하게 보여준다.

'민주기지론' 발상은 장기적인 것이며 거기에는 평화적 전도와 물리적 전도를 다 포괄되어 있다고 할 수 있다. 다만 평화적 전도의 길은 쉽게 정책화 시킬 수 있으나 전쟁이라는 물리적 수단을 동원하는 길은 압도적 역량의 우세와 유리한 국제환경 조성이라는 조건들이 갖추어지지 않으면 안 된다. 이러한 의미에서 1960년대 북한이 '남조선 혁명론'을 내세우며 실천에 옮기려 했던 '민주기지론'은 전쟁을 수반하지 않은 (이런 의미에서 평화적인) '남조선 혁명 후 조국통일'이라는 전도(前途)였다고 볼 수 있다.

민주기지의 건설과 강화를 통해 조선혁명을 진척시키고 남한을 해방시킨다는 전략은 한국전쟁 이후에도 계속 견지된다.

북한의 「방어적 민주기지론」에 기초한 사회주의 경제건설 계획은 전쟁기간동안 형성된 동원체제의 효율성과 파괴된 낡은 생산시설들의 근대적 생산시설로의 급속한 대체로부터 오는 생산성의 증대에

39) 김일성, "모든 힘을 민주기지 강화를 위하여:조국 통일 민주주의 전선 함경남도 열성자회의에서 한 연설, 1953년 10월 23일," 『김일성 저작집』 8권(평양:조선노동당출판사, 1980) p.109.

의해 성공적으로 달성될 수 있다[40]는 논리인 것이다. 요컨대, 북한에서 민주기지론은 분단국가의 한쪽에서만 진행되고 있는 혁명과정을 통일과 매개시키기 위한 개념으로 등장하였다고 볼 수 있다.

2.2.2. 3대 혁명 역량의 강화

북한도 1964년 2월 27일 당 중앙위원회 제 4 기 8차 전원회의에서 '미제'를 몰아내고 민족해방 혁명을 완수하기 위해서는 세 가지 혁명역량 즉 "북조선 혁명역량, 남조선혁명역량, 국제적 혁명역량"을 잘 준비해야 할 것임을 주장하였다. 북한은 지역혁명노선과 3대 혁명역량 강화노선에 기초한 통일전략으로서 '선 남조선 혁명 후 합작통일' 전략을 채택하였다.

김일성의 주도하에 3대혁명 역량의 강화운동이 강력하게 전개되는데 이 운동을 통하여 북한의 경제건설을 앞당기고, 혁명의식을 고취시켜 남북통일기반을 확충하는데 주력하게 된다. 혁명역량을 강화하는데 있어서 북한혁명역량과 남한혁명역량 그리고 국제혁명역량을 조화롭게 강화시키는데 두고 있다.

김일성은 결국 통일은 ① 북한에 사회주의를 성공적으로 건설함으로써 북한의 혁명 기지를 정치적, 경제적, 군사적으로 더욱 강화하고 ② 남한의 「인민들은 정치적으로 깨우치고 밀접히 제휴시킴으로써 남한에 있어서 '혁명세력'을 강화하고」 ③ 「조선인민과 국제혁명역량간의 유대를 강화하는데 달려 있다」고 주장했다.

「조선혁명을 위한 기지」(=북한)를 더욱 강화하기위해 북한정권은 북한의 모든 경제계획가운데 가장 야심적이라고 할 수 있는 7개년 경제계획(1961~67년)을 시작했다. 이 계획은 북한의 공업과 농업부문의 대규모 근대화를 꾀하고, 두 부문에서 양과 질에 있어서 생산

40) 김일성, "통일전선사업을 개선 강화한데 대하여:조선노동당 중앙위원회 제7차 전원회의에서 한 결론 1953년 12월 18일 『김일성 저작집』 8권 참조.

의 현저한 증가를 목표로 하고 있다.

이 계획은 또한 총 공업산출에 있어서 년 18%의 증가를 목표하고(따라서 이 계획대로 추진된다면 1967년의 공업총산출은 1960연의 3.2배가 된다)있고, 농업생산도 자급자족의 수준에서 600~700만 톤을 상회하도록 목표하고 있었다.

김일성은 이처럼 경제건설을 계속 추진하면서 권력의 공고화를 계속 추구했다. 1961년 9월 제4차 당 대회가 소집되었을 때, 이른바 「항일 게릴라 그룹」으로 불리는 김일성그룹의 주요정책결정기관으로의 상승은 뚜렷했다. 당중앙위원회의 의장과 5명의 부의장 가운데 3명이 이 그룹에서 선출되었다. 당정치위원회의 다수와 중앙위원회의 위원 26명 가운데 14명이 이 그룹에서 선출되었다.[41)]

이와 동시에 군사적 준비도 강화했다. 남한에서의 군부쿠데타 2개월 뒤인 1961년 7월 김일성은 소련과 중공을 각각 방문, 양국과 「상호방위계약」을 체결했다. 북한은 또한 자신의 군사력을 증대시키기 위해 1962년 11월 군사사절단을 모스크바에 파견, 새로운 군사원조를 요청했다. 그러나 서방과의 데탕트를 추구하는 소련에 의해 냉대를 받은 것으로 보인다.[42)]

소련으로부터의 냉대와, 1962년 10월 「쿠바 미사일위기」에서의 흐루시초프의 대미「유화」정책은 북한으로 하여금 중·소 분쟁에 있어서 보다 「전투적」인 입장을 견지한 중공의 입장에 기울게 했다. 이와 동시에 「4대 군사로선」을 택하게 되었다.[43)]

1965년 중반부터 북한정권의 대남자세는 더욱 경화되었다. 그 요

41) Dae-sook Suh, "North Korea: Emergence of an Elite Group," in Richard F. Staar (ed.), Aspects of Modern Communism (Columbia, S.C.: University of South Carolina Press, 1969), p.322. 재인용.

42) B.C. Koh, "North Korea: Profile of a Garrison State," Problems of Communism, Vol. XVIII, No. 1(January-February, 1969), p.24.

인으로 대개 다음과 같은 점들을 지적할 수 있을 것이다.

첫째, 1965년 2월 20일 한·일 기본관계조약이 가조인되고 6월 22일 정식 조인되었는바, 북한은 이 조약의 체결을 위한 교섭당시부터 이 조약을 미·일·남한 3개국의 「군사동맹」의 출발이라고 비난해 왔다. 북한은 한·일 기본조약이 일본의 재무장을 전제로 남한에 대한 미국의 방위역을 일본이 대신 맡을 것이라고 예측하면서, 한·일 조약의 체결을 계기로 일본의 「동북아침략」이 개시될 것이라고 경고해 왔다.

「일본의 군국주의는 이미 부활되었으며, 미제의 한반도침략의 돌격부대로 사용될 것」이라는 북한의 주장[44]은 한·일 기본관계조약에 대한 북한의 두려움을 어느 정도 반영한 것이라고도 볼 수 있다.

둘째, 북한은 1964~65년에 있어서 남한의 정치적 상황이 북한이 표방해온 「민족해방전쟁」을 개시하기에 좋을 만큼 악화되었다고 판단했을지 모른다. 1964년 3월부터 1965년 9월 사이의 1년 6개월 동안 남한정부는 한·일 조약의 교섭과 체결에 반대하는 「가두에서의 장기적이며 격렬하고 광범한 대중투쟁」에 극도로 시달렸다.[45] 이 시기에 약 연 3백만 명의 대학생들과 최소한 50만 명의 국민이 시위, 집회, 절식동맹, 시론, 항의성명에 참여한 것이다. 이러한 소란들은 북한지도층으로 하여금 남한이 베트콩형의 전복운동에 취약하다는 인식(perception)을 갖게 했는지 모른다. 사실 「남조선혁명」을 수행할 목표 아래 「통일혁명당」이 비밀리에 남한에 조직된 것은 바로 이 때였다[46]. 특히, 미군의 상당수가 베트남에 묶여 있는 실정

43) 高秉喆교수는 北韓이 공격적인 意圖에서 이러한 路線을 택할 것인지 또는 방어적인 立場에서 택한 것인지 판정하기 어렵다고 쓰고 있다. B. C. Koh, "Dilemmas of Korean Reunification," *Asian Survey*, Vol. XI, No.5(May, 1971), p.483.

44) Selected Writings of Kim Il Sung, p.112.

45) Kwang Bong Kim, *The Korea-Japan Treaty Crisis and the Instability of the Korean Political System* (New York: Praeger Publishers, 1971), p.109.

에서 남한에서 게릴라전을 개시하는 것도 완전히 무모한 실험이라고만 생각할 수는 없었을 것이다.

셋째, 남한의 경제상황에 있어서의 개선이 북한의 대남자세의 경화를 가져왔다고 할 수 있을 것이다. 북한이 오래 기다리면 기다릴수록 남한의 경제는 더 강해질 것이며, 북한의 남한에 대한 호소력은 점차 사라질 것으로 판단했을 것이다.[47)]

넷째, 북한의 호전성은 김일성의 국내정치적 수요와의 함수관계에 있을 가능성이 있다. 이 무렵(1965년 중반)까지에는 북한의 7개년 계획(1961~67연)이 그 목표를 달성하기가 어렵다는 것이 거의 확실해졌다. 따라서 남으로부터의 점증하는 군사적 위협과 일본의 군국주의를 강조함에 의해, 김일성은 동 계획의 명백한 실패에 대한 책임을 내적 요인에서 외적 요인으로 전환시킬 수 있었을 것이다. 바꾸어 말하면, 그의 정책과 리더십은 정확하였으나, 군사적 준비가 자원(resources)의 분산을 불가피하게 만들었다는 논리를 전개할 수 있었을 것이다.

그러므로 북한은 남북 간에 똑같이 「혁명기지」를 강화할 노력을 가중해야 한다고 말했다. 그런데 「혁명능력」은 「경제능력」에 달려 있으므로, 북한은 결코 7개년 경제계획을 절대로 늦추어서는 안 된다고 주장했다. 따라서 김일성은 『군사건설과 경제건설을 함께 하자』는 슬로건을 제시하고, 군사비를 증액해야 하기 때문에 7개년계획을 3년 더 연장하지 않을 수 없다고 말했다.[48)]

이처럼 「군사로선」을 강화하면서 대남공비침투작전을 감행했다. 1968년 1월의 청와대공비기습사건, 푸에블로호 납북사건, 11월의

46) Byong Sik Kim, Modern Korea: The Socialist North, Revolutionary Perspective in the South, and Unification (New York: International Publishers, 1970), pp.261-267.

47) B. C. Koh, "The Pueblo Incident in Perspective", Asian Survey, Vol.IX, No.4 (April, 1969), p.271.

48) 金日成, "현 정세와 우리 당의 과업", 『근로자』, 1966년 10월, pp.2-54.

동해안침투사건 등이 그 예들이다.

이러한 노력들은 모두 실패로 끝나고 말았다. 김일성은 북한내부의 권력체제정비를 완료, 강화하였으나 혁명역량의 강화에 지나치게 주력한 나머지 경제건설과 군사건설이라는 두 마리 토끼를 쫓다가 모두 놓치고 마는 우를 범하고 말았던 것이다. 만약 북한이 그들의 모든 역량을 계속 경제건설에 치중했다면 상당기간동안 즉 1980년대까지도 대남 경제우위에 서 있을 수 있었을 것이며 그들이 바랬던 대남혁명역량강화에도 도움이 되었을 것이다. 요컨대 북한혁명역량 강화론도 민주기지론과 마찬가지로 김일성이 통일실현을 명분혹은 목적론으로 연결시켜 군사 및 동원을 통한 경제건설에 박차를 가했다고 분석된다.

1970년대에 들어와 김일성은 김정일 후계체제를 확실히 준비하게 된다. 1973년부터 1974년에 걸쳐 자기 아들 김정일을 지도적 위치에 안착시킨다. 1973년 9월 당중앙위원회 제5기 제7차 전원회의에서 당비서로 내세우고 1974년 2월 당 중앙위원회 제5기 제8차 전원회에서 정치위원회 위원으로, 그리고 로동신문은 그를 '당중앙'으로 호칭하게 된다. 1978년에 이르러 당 중앙위원회 부장, 당 비서, 당 정치국 후보의원에 대한 독자적 추천권을 행사할 권한을 갖게 되고, 1980년 제6차 당대회에서 2인자로서 공개적으로 활동하며 1982년 제7기 대의원이 된다. 이 때부터 김정일을 찬양하는 각종 출판물이 간행되고 김정일 저작물도 나오게 된다.

1986년 5월 31일 김일성 고급 고등학교 창립 40주년 기념연설에서 마침내 김정일 후계작업이 성공적으로 진행되었음을 밝히고 1990년 5월 최고인민회의 제9기 제1차회의에서 국방위원회 제1부위원장 선출, 1991년 12월 24일 조선인민군 최고사령관으로 추대되고, 1992년 4월 2일 원수로 취임함으로써 김일성 유고를 대비한 김정일 군권장악이 마무리된다. 약 20여년에 걸친 치밀한 김정일 후계체제정비가 이루어져 사실상 모든 부문에 김정일 통치가 이루어졌으나 1994년 7월 25일 미국 전대통령 카터를 매개로 하여 역사적인 남북정상회담이 예정된다. 김영삼 대통령과 김일성 국가 주석과의 정상회담예정이었다. 그러나 그것은 실현가능성이 거의 없는 정상회담이었다. 그 이유는 크게 두 가지이다.

첫째 정상회담은 최고실권자간의 회담인데 북한은 이미 김일성은 명목상 지도자요, 김정일이 실권자였다. 그 회담 테이블에 김일성이 나오는 것은 자연스럽지 못한 부분이었다. 특히 독재권력의 경우, 더욱 그러하다.

둘째, 김일성은 통일지향적인 입장에 서 있었으나 김정일은 정권안보, 체제안보에 심혈을 기울이고 있었기 때문에 정상회담에 대한 기본입장이 전혀 달랐다는 것이다. 결국 1994년 7월 8일, 김일성의 돌연 사망으로 인해 회담이 무산되었지만 사망원인에 대한 이유도 분분한 실정이다.[49)]

2.2.3 유훈통치와 체제정비(1994-1998)

2.2.3.1. 체제안보추구

경제위기, 체제위기에 직면해 북한은 군장성을 인플레해가며 김정일의 체제기반 구축에 나선다. 1991년 12월 김정일이 군 최고사령관에 취임한 후 북한은 1992년에만 무려 644명의 장군 승진을 단행

49) 1994년 7월 7일, 김정일은 최측근들을 대동강 초대소에 불려들여 다음과 같은 질문을 하였다..“통일이 중요한가, 사회주의가 중요한가, 누가 한 번 말해봐.” 라고 하자, 누군가 “장군님, 수령님대에 우리는 기어이 통일을 이룩하고야 말 것입니다.” 라고 하였다. 그러자 김정일은 매우 언짢아하였다. 그 때 연형묵이 통일보다 사회주의가 더 중요하다고 강조하자, 김정일은 다음과 같이 역설하였다. “맞단 말이야. 우린 사회주의를 지켜야 돼! 동독이 먹힌 것처럼 우리도 당장 흡수되고 말아. 그러면 당신들이 이 자리에 살아나 있을 것 같아서 그 따위 소릴해! 통일, 통일하는 놈들은 다 노망한 놈들이야!” 그 때부터 간부들은 통일이란 소리를 한마디도 꺼낼 수 없었으며, 더욱이 김일성 사후에는 조선작가동맹 중앙위원회에 통일을 주제로 문학을 일체 창작하지 말 것을 당 중앙 선전부 내적 지시가 떨어졌다고 한다.(신동아, 2005년 8월호)

하는 전세계 초유의 사건을 만들어냈다. 현재 144명의 장군 중 1166명의 인사는 김정일이 인민군 최고사령관으로 추대된 1991년 12월 이후에 이루어진 인사임을 알면 수긍이 갈 것이다. 이는 군 장악과 사기 진작을 위한 측면도 있지만 최고인민회의 대의원 687명보다 수적으로 2배 이상이 되어야겠다는 김정일의 깊은 정치구조에 의한 것으로 본다.

1980년대와 1990년대 북한의 병력증강은 군사안보보다는 대내적 안보를 목적으로 하고 있다. 1993년 후방에는 각 도별 정규군단이 창설됐고, 중국 국경지역에는 국경 경비여단이 새롭게 조직 편성됐다. 이것은 북한체제가 생존을 위해 더욱 군에 의존하게 됨을 여실히 보여준다. 실제로 전방에 몇 개의 군단이 전쟁수행 목적을 위해 배치되고, 후방에 나머지 군단들이 예비해 형식으로 주둔하지만 정부의 치밀한 목적은 주민봉기나 쿠데타 진압용으로 볼 수 있다.

북한은 국가의 기본 주력군도 전에는 인구수가 가장 많은 노동자로 선정했던 것이, 이제는 기본 알맹이인 군의 청장년들을 제일 전면에 앞세우는 선군정치를 내세워 청장년들의 어깨에 힘을 실어주는 척하며 불안한 내외상황을 조정하느라 점점 국가를 항시 준전시 상태에 몰아넣는 방식을 취하고 있다. 북한당국은 이러한 '선군정치' 와 '전쟁 일보직전' 정책의 덕분에 몇 년 동안은 좋은 결과를 많이 얻기도 했다. 또한, 국내의 어려운 사정을 '미국과 자본주의 때문' 이라는 핑계를 들이대어, 주민의 민심을 외부로 돌리기도 했고, 그래서 체제를 고수할 수도 있었다.[50]

북한의 현역 장성은 정전협정 50주년을 맞아 단행한 24명의 승진자를 포함해 모두 1,444명인 것으로 알려졌다. 현역 북한군 장성은 ▲원수 2명, ▲차수 13명, ▲대장 15명, ▲상장(중장) 47명, ▲중장(소장) 239명, ▲소장(준장) 1,128명 등이다.

---

50) 임홍군, 흔들리는 북한군, 신서&생명의 숲, 2005, pp. 245-246.

1995년, 동시에 차수로 승진한 조명록 총정치국장과 김 총참모장은 인민군을 지휘하는 실질적인 주역들이기도 하다. 조 총국장은 해방되기 전 빨치산 2세로 잠깐 뒤꼬리를 따라다녔다가 공군사령관으로 부임되어 온 인물이다. 그는 사령관 시절 북한의 장성들 중에서 차려지는 장성복을 매해 절약하여 국가에 기증했고, 물질적 탐욕심이 제일 없는 장성으로 이름났었다. 더욱이 김위원장이 제일 싫어하는 동료관계, 주변인물들과의 대인관계가 거의 없고, 술좌석도 피하는 '막대기' 라는 별명을 들었다. 이것이 김위원장의 마음에 들어 일약 군 총책임자로 발탁된 것이다.

일선 군단장 중 차수는 전재선 제1군단장과 장성우 제3군단장이다. 장성우는 그 후 그의 아우 장성택 파동으로 민방위 대장이라는 한직으로 물러났다. 해군사령관 출신인 김일철 인민무력부장은 2000년 9월 제주도에서 열린 제1차 남북 국방장관 회담에 북측 단장으로 참가했다.

인민군 대장 가운데 현철해 총정치국 조직담당 부총국장, 박재경 선전담당 부총국장, 리명수 총참모부 작전국장, 김하규 포병사령관, 김명국 기계화군단장, 원응희 보위사령관 등이 핵심 실세로 꼽힌다. 이 중 현철해는 1995년 10월 대장 승진과 함께 총정치국 부총국장에 임명됐고, 1997년 2월 승진한 박재경은 2000년 9월 추석 때 김위원장이 보낸 '송이버섯' 을 싣고 서울에 왔었다. 40여 명의 '상장' 가운데 선두주자로는 오금철 공군사령관, 김기선 작전국 국장, 리찬복 판문점대표부 대표 등을 들 수 있다.

한편, 김위원장이 지난 1991년 12월 군 최고사령관에 취임한 이후 단행한 장성급 진급인사는 ▲1992. 4(664명), ▲1993. 7(99명), ▲1995. 10(14명), ▲1997. 2(6명), ▲1997. 4(123명), ▲1998. 4(22명), ▲1999. 4(79명), ▲2000. 10(44명), ▲2001. 4(19명), ▲2002. 4(54명) 등, 모두 10차례 줄줄이 단행하여 총 1,124명에 달

한다.[51]

2.2.3.2 유훈통치기간 설치

우리식 사회주의를 부각시키면서 시간을 벌고 모든 공공언론기관을 통해 김일성, 김정일 후계체제를 부각시킨 것을 볼 수 있다. 그것은 〈표 14〉 1995년 신년사의 어휘에도 잘 나타나고 있다. 1996년에 이르러는 '붉은기 사상' 이 크게 강조되고 있다.

붉은기 사상은 1995년 8월 28일 로동신문 정론을 통해서 본격적으로 강조되었는데, 동 정론에서는 붉은기를 "굴종을 모르는 인간의 높은 존엄과 불타는 정열이 진한 피로 물들여져 있는 붉은기는 공산주의자들의 가장 아름다운 리상과 희망의 표대이며 그 실현을 위하여 청춘도 생명도 서슴없이 바쳐 싸우는 굳은 신념의 상징이다"라고 정의하고 있다.[52]

이후 붉은기는 정치적 구호나 슬로건으로 발전하였다.[53] 또한 "위대한 령도자를 따라 혁명을 끝까지 하려는 신념의 표대이고 일심단결의 상징이며 승리와 영광의 기치"[54]로 붉은기를 정의하기도 하였다. 이러한 과정을 거쳐서 붉은기는 북한사회의 지배담론으로 자리를 잡게 되고,[55] 1996년에 들어서 더욱 본격화되었다.

1996년 "붉은기를 높이 들고 새해의 진군을 힘차게 다그쳐 나가자"는 신년 공동사설에서는 "혁명의 붉은기를 더욱 높이 치켜들고 위대한 영도자 김정일 동지의 주위에 철통같이 뭉쳐…"라고 하면서 김정일의 직접통치를 예고하였다.

---

51) 임홍군, 흔들리는 북한군, 신서&생명의 숲, 2005, pp. 293-296.

52) 사회과학원 언어학연구소 편, 『조선문화어사전』(사회과학출판사, 1973, p. 458.

53) "혁명의 붉은기를 높이 들고 억세게 전진해 나가자,"『로동신문』사설, 1995년 10월 4일.

54) "위대한 당의 기치 따라 주체혁명위업을 끝까지 완성해 나가자,"『로동신문』, 1995년 10월 10일.

55) "붉은기를 높이 들고 힘차게 전진하여 온 승리와 영광의 한 해,"『로동신문』, 1995년 12월 30일.

"붉은기 철학은 주체사상에 기초하여 혁명전기를 밝힌 것"이라고 하여 주체사상의 하위개념임을 분명히 했다. 당시 북한은 붉은기 사상의 전위대를 만드는 작업에 전력을 기울였는데, '김일성사회주의청년동맹(청년동맹)'이 그것이다. 김일성이 사망하자 '조선사회주의로동청년동맹(사로청)'은 1996년 1월 19일 대표자회를 개최하여 동맹의 명칭을 바꾸고 김정일에게 충성을 맹세하고 일부조직을 개편했다.[56] 이는 붉은기 사상이 과거지향적인 담론이라는 것을 알 수 있다.[57]

둘째, 우리식 사회주의 강조를 들 수 있다. 김일성이 사망한 이듬해인 1995년 신년사에 보면 우리식 사회주의를 7번이나 반복하여 역설하는 내용이 등장한다. 이것이 사회주의권 붕괴에 대응하여 사회주의를 우리식으로 이끌어 가겠다는 논리를 개발하려는 강한 의지를 표명하고 있으며, 왕조체제를 건설하려는 장기적 논리전개라고 할 수 있다. 주민의 결속을 위하여 일심단결과 주체사상을 강조하는 것도 체제안보를 위한 담론으로 이해될 수 있다. 1995년 사설에서 김정일을 중심으로 당 중앙위 영도의 확고한 보장에서도 체제수호의지를 엿볼 수 있다.

56) 배성인, "김정일 정권의 위기극복을 위한 정치담론과 담론의 정치,"『통일정책연구』제12권 2호, 통일연구원, 2003, pp. 203-204.

57) 상게서, p. 206.

〈표 2-1〉 1995년 신년사 어휘빈도수

김일성	김정일	남남협조	남조선	미국	사회주의	우리식	우리식사회주의	인덕정치	일심단결	제국주의(반제)	조미	조미대결	주체	총대
16	20	1	7	2	22	1	7	1	5	5	5	1	14	1

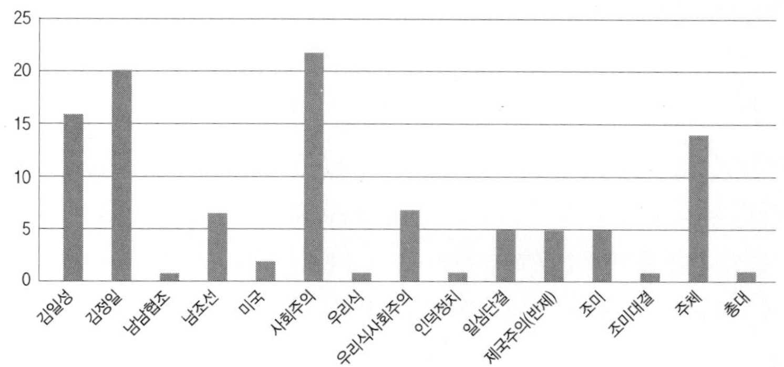

1995년 공동사설에는 〈표 3-2〉에서 나타내듯이 사회주의와 김정일이 가장 부각되고 있다. 사회주의가 22번 언급되었으나 김정일에 대한 호칭이 20번이나 반복 언급되고 있는 것이다. 김일성이 생전에는 김일성 스스로 신년사를 연설 형식으로 발표하였으나 1995년부터는 당, 군, 청년 기관지의 공동사설 형식을 빌어 김일성, 김정일이 호칭되고 사회주의 실현에 김일성, 김정일 부자의 이름이 병렬적으로 나오고 특히 김정일이 단연 부각되고 있는 것이다. 김일성의 상징으로 주체에 대한 표현이 14회에 걸쳐 나오고 김일성이 15회 호칭되면서 주체가 강조되고 있는 것이다.

이때부터 중요한 변화는 통일에 대한 언급이 거의 사라지고 '우리식' 혹은 '우리식 사회주의' 표현이 8번이나 호칭되면서 북한이 과도하게 '우리식' 혹은 '우리식 사회주의' 이데올로기를 강조하고 있는 사실을 확인할 수 있다. '일심단결'이 강조되고 '총대'에 대한 언급이 공동사설에서 나오고 한국에 대한 직접 호칭 못지않게 미국(2), 조미(2), 조미대결(1) 호칭으로 남한에 비해 미국 호칭이 더 늘어나고 있다는 사실이다.

김정일을 인덕정치의 인물로 부각시키면서 김정일 호칭을 강조하고 있는 점에서 북한이 새 지도자에 대한 부각에 고심하고 있다는 사실도 입증되고 있다.

전년에 비하여 우리식 사회주의를 더욱 강화하여 주민들의 동요를 막고 앞으로 선보일 북한 정치체제의 성격을 예고하기 위한 준비기적 성격이 강하게 배어 있다고 본다.

대남문제, 대남전략의 구사도 애써 남한에 대한 호칭보다는 미국, 조미관계의 관점에서 문제를 풀려는 전략적 전환을 엿볼 수 있다. 즉 통일이데올로기를 퇴조시키고 우리식 사회주의를 앞세워, 조미관계, 조미대결 방식으로 문제를 풀어나가고 남남협조를 논급함으로써 남남갈등을 부추기고 상부 통일전선전술 구사를 통해 남북문제를 해결하려는 의지가 엿보인다 하겠다.

〈표 2-1〉 김정일시대 공동사설의 제목과 주요내용

년도	제 목	주 요 내 용
1995년	"위대한 당의 영도를 높이 받들고 새해의 진군을 힘있게 다그쳐 나가자"	- 김정일을 중심으로 한 당중앙위 영도의 확고한 보장 - 농업, 경공업, 무역제일주의 전략 관철 - 당의 군사노선 철저 관철, 혁명무력의 정치 · 군사적 위력 강화 - 자주, 평화통일, 민족 대단결의 조국통일 3대원칙과 전 민족 대단결 강령, 연방제 통일 - 대미 평화보장체제 수립 및 남북간 첨예한 군사적 대치상태 해소
1996년	"청년기를 높이 들고 새해의 진군을 힘차게 다그쳐 나가자"	- 김정일을 수반으로 한 당중앙위 두리에 굳게 뭉쳐 투쟁 - 사회주의 3대 진지인 정치사상진지, 경제진지, 군사진지의 구축 - 국가보안법 철폐, 콘크리트 장벽 해체를 위한 전민족적 투쟁 촉구 - 대미 평화체제 수립 촉구

년도	제 목	주 요 내 용
1997년	"위대한 당의 영도 따라 내 나라 내 조국을 더욱 부강하게 건설해 나가자"	- 붉은기 사상으로서의 일색화를 통한 김정일 중심의 단결 - 농업, 경공업, 무역제일주의 경제전략 지속 - 혁명적 영군 체계화 군풍확립 - 한반도 통일문제가 민족문제이며 국제문제 - 미국, 일본에 대북 압살정책, 대북 적대시 정책 포기 요구
1998년	"위대한 당의 영도 따라 새해에 총진군을 다그치자"	- 혁명과 건설의 모든 분야에서 김일성 유훈 관철 - 인민경제의 선행부문을 추켜세우고 농업생산을 늘일 것 촉구 - 전 부대에 오중흡 7연대화와 군민일치 강조 - 남한에 연북 화해정책으로 전환요구 - 자주, 평화, 친선의 대외정책 기조 표명
1999년	"올해를 강성대국 건설의 위대한 전환의 해로 빛내자"	- 김정일은 곧 당이고 국가, 군대이며 인민으로서 유훈 통치를 종결하고 모든 분야에서 김정일 사상과 노선 구현 - 사상강국, 군사강국, 경제강국의 목표 제시
2000년	"당창건 55돌을 맞은 올해를 천리마 대고조의 불길 속에 자랑찬 승리의 해로 빛내이자"	- 김정일 두리에 굳게 뭉쳐 새해 총 진군을 다그쳐 나가자 - 강성대국의 3대 기둥으로 사상중시, 총대중시, 과학기술중시 제시 - 혁명적 영군체계, 군풍의 확립과 관병일치, 군민일치 확립 요구
2001년	"고난의 행군에서 승리한 기세로 새 세기의 진격로를 열어 나가자"	- 우리의 자주권을 존중하는 나라들의 경우 그 어떤 나라와도 대외관계 개선 강조 - 올해 인민생활을 향상시키는 데 최대의 힘을 넣을 것 강조 - 21세기에 상응한 국가경쟁력을 다져 나가는 것보다 더 중대한 과업은 없다 - 현 시기 조국통일을 이룩하는 데 중대하고도 원칙적인 문제는 6 · 15 남북공동선언을 철저히 이행하는 것 강조
2002년	"위대한 수령님 탄생 90돐을 맞는 올해를 강성대국의 새로운 해로 빛내이자"	- 4대 제일주의(우리수령, 우리사상, 우리군대, 우리제도 제일주의) 강조 - "강성대국 건설의 비약의 해" 강조 - 정치적으로 사회주의 강성대국 건설을 강조 - 경제적으로 과학기술과 교육사업, 공업기술개선, 현대화사업 추진 강조 - 군사적으로 선군정치 강조 - 6 · 15 북남공동선언의 기본 정신 존중 - 자주통일 구호(주적론 포기, 국가보안법 폐지, 외세와의 고조

년도	제 목	주 요 내 용
2003년	"위대한 선군기치 따라 공화국의 존엄과 위력을 높이 떨치자"	- 강성대국 건설에 매진할 것을 촉구 - 〈우리끼리〉이념 고수 - '민족공조'를 통한 조국통일 강조 - 선군정치 강조 - 국방공업 중사, 농업강조 - 경제관리개선, 과학기술발전 촉구 - 6·15북남공동선언의 기본 정신〈우리민족끼리〉 강조 - 자주통일 이룩 - 전쟁위협 막고 평화 수호
2004년	"당의 령도 밑에 강성대국건설의 모든 전선에서 혁명적 공세를 벌려 올해를 자랑찬 승리의 해로 빛내이자"	- 유훈통치, 선군정치 강조 - 정치사상, 반제군사, 경제과학의 3대 전선에서 강성대국을 건설하기 위하여 혁명적 공세를 펼칠 것을 강조 - 모든 사상교양사업을 선군사상교양으로 일관 - 인민군대에서는 오중흡7련대칭호쟁취운동을 강조 - 국방공업 발전시킬 것을 강조 - 우리 민족제일주의 기치 밑에 민족 공조로 주통일의 활로를 열어나갈 것을 강조 - 6·15북남공동선언의 기본 정신 존중 - 반미·자주화 투쟁 강화

※ 출처 : 연합뉴스, 「김일성 사후 공동사설 비교」, 2001년 1월 2일. 2002년~2004년은 이은미가 추가[58], 2005년은 본인이 추가하였음.

〈표 2-2〉 1996년 신년사 어휘빈도수

김일성	김정일	남조선	미국	백두	붉은기	사회주의	우리식	우리식사회주의	인덕정치	일심단결	정치사상진지	제국주의(반제)	주체	총대	현지지도
22	24	8	4	3	12	38	2	7	1	10	4	14	9	1	1

58) 이은미, "김정일시대 신년사 특성 연구," 이화여대 대학원 석사학위 논문, 2003.

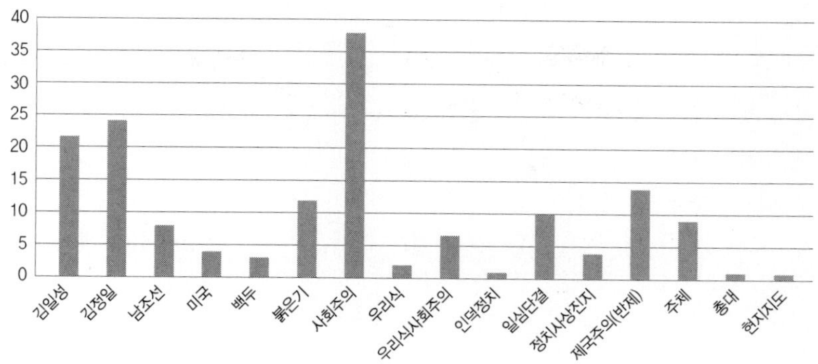

1996년의 신년사는 〈표 3-4〉에서 보는 바와 같이 사회주의가 38번이나 강조되고 김일성, 김정일 호칭이 전년에 비해 더욱 강조되고 있음을 알 수 있다. 김일성 신년사까지는 지도자 스스로의 언명을 한 바 없으나 1996년에 이르러서는 김일성, 김정일의 호칭이 22회, 24회 계속 거론되는 것은 왕조세습의 제도화에 얼마나 혈안이 되어 있는가를 알 수 있다. 식량난이 더욱 기승을 부리고 평양 이북 지역에서 사실상 식량배급이 중단되고 탈북 난민수가 더욱 급증하면서 사회주의 이데올로기가 더욱 강조되고 있는 사실을 보여준다.

김정일 시대를 열어가면서 붉은기 사상이 12회에 걸쳐 강조되고 반제국주의를 강조하는 바 14번에 걸쳐 주장되고 있고, 우리식 사회주의, 우리식이 9회에 걸쳐 주장되고 있으며 주체에 대한 9회에 걸친 언급과 특히 일심단결이 10회나 반복되고 있음은 사상해이를 가장 두려워하여 일심단결을 더욱 강조하고 있음도 알 수 있다.

비로소 김정일의 현지지도가 언급되고 정치사상진지를 강화해야 한다고 주장하는 점과 백두, 인덕정치 표현으로 김정일에 대한 우상화를 더욱 강화하기 시작했음도 알 수 있다.

〈표 2-3〉 1997년 신년사 어휘빈도수

김일성	김정일	남조선	미국	미제	백두	붉은기	사회주의	우리식	우리식사회주의	일심단결	정치사상진지	제국주의(반제)	주체	현지지도
8	29	6	1	2	1	12	52	3	18	3	2	9	13	1

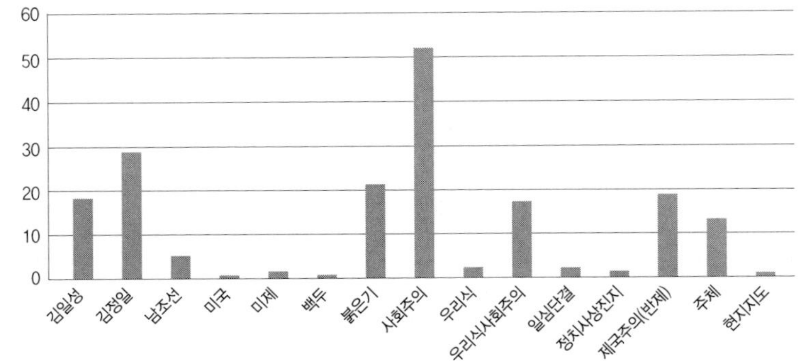

김일성 왕조를 세우는 마지막 결정기인 1997년에 우리식 사회주의가 18차례가 강조되고 있음을 주목할 필요가 있다.

〈표 3-5〉에서 보면 1997년의 경우 사회주의를 크게 주장하면서(52회) 우리식 사회주의를 다음으로 크게 부각시키고 있음을 볼 수 있다.

이것은 김정일이 공식적으로 권력승계를 받지 못한 속에서 권력승계 방식은 남한과 같은 선거가 아닌, 다른 방식으로 채택되어야 한다는 함의를 크게 담고 있다고 본다. 김일성과 김정일의 호칭 빈도가 6:29로 김정일을 크게 부각시킴을 볼 수 있다. 주체와 붉은기사상을 아울러 주장함으로써 김정일의 정치담론 '붉은기'를 통해 김정일 리더십 승계를 준비하고 있음을 알 수 있다. 처음으로 '현지지도'라는 단어를 사용함으로써 자기 아버지 김일성의 고유 영역인 '현지지도'를 계승했음을 드러내고 권력 세습을 명확화하려는 시기임을 알 수 있다. 드디어 97년 7월 12일에 주체연호가 시작하게 된다. 김일성 왕조체제를 시작하겠다는 의지의 표현이다.

1997년 조선중앙통신에 의하면 "민족의 우수성은 곧 수령의 위대성이라고 말할 수 있으며 민족의 우수성에 대한 긍지와 자부심은 위대한 수령을 모신 긍지와 자부심에서 집중적으로 표현된다. 우리 인민은 경애하는 수령 김일성동지를 모시어 위대한 민족으로 되었으며 김일성동지의 영도 밑에 우수한 민족성을 지니게 되었다. 오늘 세상 사람들은 우리 민족을 경애하는 수령 김일성동지의 존함과 결부시켜 부르고 우리 인민의 민족성을 김일성민족의 우수성으로 칭송하고 있다. 김일성민족의 민족성에서 핵을 이루는 것은 자기 수령에 대한 충효심이다."라고 주장하고 있다.[59]

김일성 주체년호와 태양절을 제정할 데 대한 공동결정서를 지지환영하는 평양시 군중대회가 7월 12일 김일성광장에서 진행되었다. 조선중앙통신사는 10만여 명이 참가한 가운데 1912년을 원년으로 하여 주체년호를 제정하며 민족 최대의 명절인 4월 15일을 태양절로 제정하였다. "어버이수령님의 위대한 혁명생애와 불멸의 업적을 억만 년 길이 빛내이며 경애하는 김정일장군님을 충효일심으로 받들어 김일성민족의 영예와 존엄을 만방에 떨쳐갈 결의들을 피력하였다.[60]"고 주장하면서 1997년 7월 12일을 기하여 주체연호와 김일성민족을 선언하게 된다. 이것의 목적은 김정일이 조선왕조체제를 시작하는 선언으로 보아야 한다.

59) 『조선중앙연감』1998, 조선중앙통신사, 1998, pp. 10-12.

60) 상게서, p. 179.

〈표 2-4〉 1998년 신년사 어휘빈도수

김일성	김정일	남조선	미제	붉은기	사회주의	우리식	우리식사회주의	일심단결	제국주의(반제)	주체	현지지도
7	28	8	1	3	44	3	13	1	8	21	1

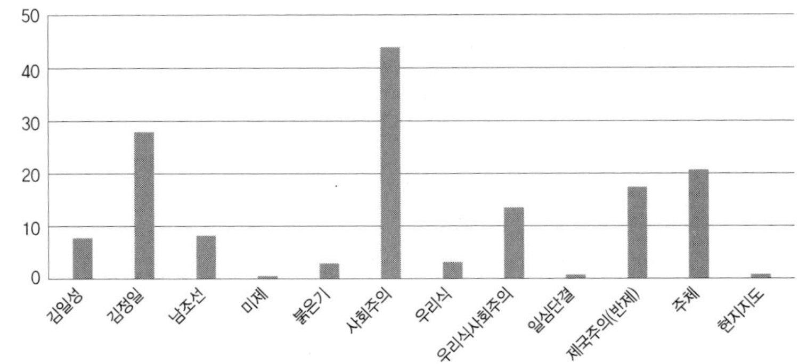

〈표 3-6〉에서 보듯이 1998년은 사회주의가 강조되면서 '주체' 가 크게 부각되고 있음을 볼 수 있다. 무려 21회에 걸쳐 '주체' 가 강조되는 이유는 무엇일까?

첫째로 '주체연호' 를 사용하고 처음으로 맞는 김정일로서는 주체를 정치사상화하여 흔들리는 민심을 다잡아야 할 절박한 상황에 처했음을 반증한다. 북한 주민이 수없이 죽어가고 식량 고갈로 인해 농민시장이 불법적으로 생성되고 주민들의 이반이 커지면서 우리식 사회주의 차원에서(빈도 13번) 정치사상을 굳게 하고 '주체' 담론을 통해 위기정국을 극복해 보려는 안간힘을 엿볼 수 있다. 김일성에 비해 김정일 호칭을 더욱 많이 하고 사회주의 이데올로기를 우리식, 우리식 사회주의를 통해 건설하자는 정치담론을 지속적으로 구사하고 있는 것이다. 김정일 체제를 공고히 하려는 의도에서 '우리식 사회주의', '주체' 를 정치담론화하여 극복하려는 시기였다고 하겠다.

또한 주체 연호를 사용하면서 김정일이 자기 아버지 당위를 승계했다는 이데올로기적 정당성을 확인하고자 함에도 목적이 있다고 본다.

Ⅲ. 북한의 대남정책과 결정기구

3.1. 북한의 대남 정책의 목표와 전략전술

3.1.1. 김정일 대남 정책의 핵심목표

김정일의 대남 정책 목표는 다음으로 정리할 수 있다.

첫째, '북한식 사회주의' 확산이다.

북한이 추구하는 궁극적 목표는 '전한반도의 공산화' 임은 의문의 여지가 없을 것이다. 이것은 북한의 지배정당인 노동당 규약 전문에 분명히 적시되어 있다. 당규약 전문에는 "조선로동당의 당면목적은 공화국북반부에서 사회주의의 완전한 승리를 이룩하며 전국적 범위에서 민족해방과 인민민주주의혁명과업을 완수하는 데 있으며 최종목적은 온 사회의 주체사상화와 공산주의사회를 건설하는 데 있다" 라고 되어있다.[61)]

그리고 1998년 수정헌법 제11조는 "조선민주주의인민공화국은 조선로동당의 령도 밑에 모든 활동을 진행한다"[62)]라고 규정하고 있어서 결국 조선민주주의인민공화국은 노동당의 통일전략인 '전한반도의 공산화' 를 최종목적으로 삼고 있다고 보아야 할 것이다.

북한이 전한반도를 공산화시키려는 이유는 크게 2가지일 것으로 생각된다.

첫째, 계급론적 입장에서 전한반도를 사회주의화하는 것이다. 북

61) 1980년 당규약 前文 참조.

62) 1998년 9월 5일 개정된 '김일성헌법' 참조.

한은 아직도 사회주의 이념을 신봉하고 있다. 즉 북한은 평등주의를 주장하고, 사적 소유를 인정하지 않으며, 계급타파를 주장하고 있다. 가장 크게 변한 것으로 평가되는 '7·1 경제관리개선' 조치도 공공부문 정상화를 통한 사회주의체제 강화에 목적이 있다는 것을 분명히 하고 있다.[63] 아울러 북한은 '경제관리 개선'을 '개혁·개방'으로 보는 서방세계의 시각에 대해 강한 반발을 보이고 있다. 물론 사회주의 고수 의도가 얼마나 지켜질지는 의문이지만 북한이 어떤 이념을 택하고 있느냐는 것은 북한의 제반 정책을 전망하는 데 매우 중요한 척도가 된다고 할 수 있을 것이다. 김정일은 "사회주의 사상은 계급해방의 무기인 동시에 민족해방의 무기이며 참다운 애국주의 사상이다"[64]라고 말하여 '사회주의식 통일'을 분명히 하고 있다.[65]

북한이 대남정책을 성공하기 위해서는 다음과 같은 조건이 성숙되어야 할 것이다.

① 북한자신이 압도적인 군사력 우위를 확보해야 할 것이다. 현재로서 북한 군사력은 남한에 비해 우위에 있는 것만은 사실이다. 그러나 남한에는 주한미군 3만 7천명이 주둔하고 있고 이로 인해 한·미 군사력은 북한을 압도하고 있다. 일반적으로 공격자는 방어자의 3배에 달하는 군사력을 가져야 성공할 수 있는 것으로 알려지고 있다. 따라서 북한도 군사적인 적화통일을 위해서는 최소한 남한 및 미국 군사력의 3배 수준은 되어야 할 것이다.

② 남한국민의 절대다수가 적화통일을 원해야 할 것이다. 그러나 현재로서 이러한 가능성은 거의 전무하다고 할 수 있을 것이다. 비

---

63) 『로동신문』2002. 8. 6.

64) 김정일, "사상사업을 앞세우는 것은 사회주의위업수행의 필수적 요구이다(1995년 6월 19일)," 『김정일선집 14』(평양: 조선로동당출판사, 2000), pp. 68-69.

65) 전현준, 『북한의 대남 정책 특징』, 통일연구원, 2002, pp, 19-20.

록 극소수의 남한국민이 '친북세력'으로 분류될 수 있겠지만 대다수 국민들은 공산화를 반대하고 있다. 그 동안 북한이 통일전선전술 차원에서 많은 진보적 인사들을 밀입북시켰으나 이것은 오히려 남한의 '반공 분위기'만 고취시키는 결과를 가져온 것으로 평가된다. 북한이 지난 아시안게임 시 북한 팀을 응원하고, 북한응원단에 대한 관심이 고조된 것을 김정일에 대한 흠모로 해석하는 것은 북한이 아직도 남한사회의 다원성을 파악하지 못한 것으로 판단할 수밖에 없다. 따라서 만일 북한이 남침한다면 대부분의 일반주민들은 물론 친북인사로 분류된 사람들까지 맞서 싸울 가능성이 높다.

③ 중국과 러시아가 적극적으로 북한의 대남 도발을 지원해야 할 것이다. 북한의 적화행동은 중국과 러시아의 군사적, 경제적, 외교적인 적극적 지원 없이 독자적으로는 불가능한 것이 현실이다. 1950년 한국전쟁도 김일성의 강한 적화의지가 주원인이었겠지만 소련과 중국이 끝까지 반대했다면 불가능했을 것이다.[66] 현대전은 '총력전'이라는 점에서 경제력의 중요성은 아무리 강조해도 지나치지 않을 것이다. 그러나 현재 북한 경제력은 공장가동률이 20%를 밑도는 등 최악의 상황인 것은 공지의 사실이다. 군수공업부문도 50%정도만 가동되는 것으로 알려지고 있다. 따라서 현재 북한의 국방력은 자위적 차원의 수준에 불과하다고 평가할 수 있겠다. 따라서 북한이 군사적 대남 적화를 시도하기 위해서는 중국이나 러시아의 지원이 필수적이라는 것은 상식이다. 그러나 현재 북·러 간에는 자동개입 조항이 빠져있을 뿐만 아니라 비록 그렇지 않다 하더라도 러시아가 북한의 남침을 용인할 이유는 없을 것이다. 중국 또한 자국의 현대화에 매진하고 있는 상황에서 동북아 전체를 전쟁의 소용돌이 속으로 몰아넣을 북한의 군사적 남침을 용인할 상황은 아니다.

66) 김학준, 『한국전쟁』 (서울: 박영사, 1993) 참조.

어떻든 북한의 대남 정책은 현재까지는 '전한반도의 사회주의화'에 맞춰져 있는 것이 사실이다. 이것은 능력여부와 관계없이 의지의 문제이다. 북한이 어떤 이유에서건 전한반도를 사회주의화하겠다는 의지를 포기하지 않고 있는 것이 중요하다. 이러한 의지에서 북한의 대남정책이 수립되기 때문이다. 필자가 경험한 바에 의하면 북한의 관료들은 민족주의적 입장에서 남한의 고유성이 상실되기 전에 통일이 되어야 한다는 확고한 의지를 가지고 있었다.[67)]

둘째는 남한 고립화이다.

김정일 정권 수립 후 두드러진 사항은 공식적인 부문에 남한에 대한 언급을 전혀 하지 않는다는 사실이다. 북한 대남 정책의 최대 현안 중의 하나는 남한 고립화일 것이다. 해방의 대상인 남한이 미·일 등과 밀접한 관계를 유지하는 것은 결코 바람직한 일이 아니기 때문이다. 이러한 이유에서 가장 강력한 동맹체제인 한미동맹을 비난하고 한미동맹의 상징인 주한미군 철수를 요구하고 있는 것이다.[68)]

그러나 대남 혁명 상황을 유리하게 조성하려는 노력은 남한의 강력한 '반공전선'에 막혀 난관에 봉착하였다. '반공전선' 즉, '한·미·일 공조'의 파괴를 통한 한반도 적화 분위기 조성은커녕 북한 자신의 안보까지 위협받게 되었다. 따라서 반공연결고리를 차단하는 것은 북한의 최대현안일 수밖에 없다. 과거 북한은 한·미·일 공조에 맞서 북·중·소 공조를 이룩하였다. 한·미·일 공조 파괴와 관련 김일성은 '갓끈전술'을 주장하였다. 남한은 갓과 같아서 양쪽 갓끈인 미국과 일본이 끊어지면 갓으로서의 역할을 못하고 무너진다는 주장이다.[69)]

---

67) 북한 '민화협' 서기국장 류완철과의 대담, 2002년 5월 9일.

68) 2003년 '신년공동사설' 참조.

69) 김일성, "당, 정권기관, 인민군대를 더욱 강화하며 사회주의대건설을 더 잘하여 혁명적대사변을 승리적으로 맞이하자(조선로동당중앙위원회 제5기 15차전원회의에서 한 결론 1975년 2월 17일)," 『김일성저작집 30』(평양: 조선로동당출판사, 1985), p. 44.

이러한 논리에서 북한은 한 · 미 공조 및 한 · 일 공조 파괴를 위해 지대한 노력을 경주하였다. 특히 북한은 남한 내에 반미 · 일 분위기를 조성하기 위해 노력하였다. 해방 직후 일정기간 반일 분위기를 조성한 것을 제외하고 북한은 반미 분위기 조성에 매진하였다. 북한이 이러한 노력을 기울이는 데는 앞에서도 언급한 바와 같이 '미제식민지론' 때문이다. 남한을 '식민지 반(半)봉건사회' 로 규정해 왔는데, 1970년 11월 제5차 당대회 이후부터는 '식민지 반(半)자본주의사회' 로 규정, 혼용해 오다 1980년 이후부터 식민지 반(半)자본주의사회 '로 규정해 오고 있다. 이는 남한이 정치체제 면에서 미제국주의에 종속된 식민지사회이며, 사회경제구조는 지주, 소작제도 등 봉건적 잔재와 자본의 전근대성, 매판성 등이 중첩되어 있는 반(半)자본주의사회라는 것이다.

북한은 남한이 '미제' 와 남한 인민 간의 '민족모순' 과 자본가와 노동자, 지주와 농민, 예속자본가 · 반동관료배들과 피착취 · 피압박 근로인민 사이의 '계급모순' 이 중첩되어 있다고 본다. 또한 남한의 기본모순은 '미제' 와 그와 결탁한 지주, 예속자본가, 반동관료배들과 노동자, 농민, 도시 소시민 및 민족자본가들 사이의 모순이라고 규정하며, 특히 주요모순은 '미제와 남한 인민' 사이의 모순이라고 밝히고 있다.

이에 근거하여 북한은 남조선혁명에서 타도되어야 할 1차 대상(주적)으로 '미제' 를, 2차 대상으로 '미제' 와 결탁한 파쇼(남한정권 지칭) 지주, 예속자본가, 반동관료배 등을 설정하고 있다. 이는 주요모순과 기본모순 규정에서 비롯된 것이다. 따라서 북한은 '선 미제축출, 후 파쇼 타도' 라는 전략목표를 설정하고 있다. 김정일 체제에 들어서서 2000년 6 · 15 공동선언 이후에는 한국정부와는 외면하고 교류와 협력은 민간차원 간에 하려는 노력이 두드러지고 있다.

셋째, '민족공조' 확대이다.

북한이 주장하는 '민족공조'는 전통적인 통일전선 전술의 다른 표현이라 할 수 있을 것이다. 통일전선이라는 용어는 1972년 '7·4 남북공동성명'을 기점으로 '민족대단결'로 개념화되었다. '민족대단결론'은 2000년 6월 남북 정상회담 및 '6·15 공동선언'을 기점으로 '민족공조' 논리로 바뀌었다. 북한이 '민족공조'를 강조한 이유는 이 용어가 남한으로부터 나왔기 때문이다. 즉, 이 용어를 사용하는 것이 대남 통일전선을 수행하는 데 유리하다고 판단한 것 같다. 물론 북한이 공식적으로 민족을 강조하기 시작한 시기는 1986년 김정일이 '우리민족 제일주의'를 강조하기 시작한 때부터이다. 이 시기에 북한이 민족을 강조하기 시작한 이유는 다음과 같을 것으로 분석된다.

첫째, 국제적 요인으로서 미국 레이건 행정부의 대소 봉쇄정책이 지속되는 가운데 고르바쵸프 소련 서기장의 페레스트로이카 선언, 중국의 개방 지속 등으로 인해 북한의 고립이 점증하는 상황에서 남북한 공조가 필수적이라고 인식했기 때문인 것으로 보인다.

둘째, 김정일은 사실상 권력 장악을 마무리한 상태에서 민족의 염원인 통일문제에 대해 어느 정도 업적을 남겨야 할 필요가 있었기 때문인 것으로 분석된다. 김일성은 1986년 김일성 고급당학교 졸업식에서 '후계구도가 성공적으로 마무리되었음'을 확인하였다.[70] 따라서 최소한 1986년부터는 김정일이 대남사업에까지 전권을 행사하기 시작했음을 알 수 있다.[71]

김일성 사후 권력을 승계한 김정일 역시 1998년 4월 '민족대단결 5대방침'을 통해 "북과 남은 서로 다른 사상과 제도의 존재를 인정하는 기초 위에서 화합을 이룩하고 공존, 공영, 공리를 도모하면서

---

70) 김일성, "조선로동당건설의 력사적 경험(김일성고급당학교 창립 50돌에 즈음하여 집필한 강의록 1986년 5월 31일)," 『김일성저작집 40』(평양: 조선로동당출판사, 1994), p. 101.

71) 전현준, 『북한의 대남 정책 특징』, 통일연구원, 2002, pp, 21-29.

조국통일의 길을 함께 열어나가야 한다"고 주장하였다.

국민의 정부의 대북 포용정책을 통한 꾸준한 노력의 영향으로 북한은 대남전술에서 많은 변화를 보이기 시작했다. 가장 두드러진 변화는 첫째, 남측과의 대결구도 종식 및 평화공존 추구이다. 이렇게 해서 역사적인 남북정상회담이 분단 55년 만에 성사되고 남북공동선언이 채택되기에 이르렀다. 북한은 남북정상회담 이후 지속적으로 남북공동선언의 이행 의지를 강조하고 있다. 둘째, 남북대화와 교류협력에 보다 적극적인 자세로 나오고 있다. 장관급회담을 비롯, 적십자회담, 국방장관회담, 경제협력추진협의회 개최, 군사실무회담, 경협실무접촉, 전력실무협의회, 임진강수해방지 실무협의회 등이 잇따라 열렸으며 5차체 걸쳐 남북이산가족방문단이 교차 방문했다. 셋째, 민간분야의 교류에도 지속적으로 나오고 있다. 2002년 부산 아시안게임에 참가한 것을 비롯 각종 통일행사의 공동개최, TV 방송사 방북취재, 연예인의 평양공연 등이 이뤄졌다. 넷째, 대남비방 및 선전선동을 중지했다. 통일전선전술차원의 대남제의나 행사를 자제하고 있는 점도 눈에 띈다.[72)]

북한의 대남인식은 2000년 6월 분단 이후 최초로 남북정상회담을 계기로 큰 변화를 보이기 시작하였다.[73)] 당시 남북합의로 발표된 '6 · 15남북공동선언'을 구체적으로 이행하기 위해 남북 간에는 정치, 군사, 경제, 체육, 인도 등 분야별로 수십 차례의 회담이 개최되었으며 경의선 · 동해선 철도 · 도로 연결 및 금강산 관광 등 경제협력이 증대되는가 하면, 민간 차원에서도 교류협력이 활발히 추진되고 있다. 또한 북한은 과거 수십 년 동안 지속해오던 휴전선 일대에서의 대남비방을 중단하였으며 각종 보도매체를 통한 대남비난 및 선전선동을 자제하는 모습도 보여주고 있다.

---

72) 『북한연감』2005 개정증보판, 서울신문사, 2004, pp. 148-150.

73) 상게서, p. 150.

이 같은 북한의 태도는 체제생존과 심각한 경제난을 극복하기 위해서는 무엇보다 남한과의 관계개선이 절대적으로 필요하다고 인식했기 때문이다. 중요한 사실은 민족공조를 통해 정부로부터는 경제적 예산 지원을 최대한 끌어내고 민간으로부터는 경제적 지원뿐만 아니라 김일성 민족화에의 선전선동과 반미구국전선을 확대하려는 통일전선전술과 연계되어 있다고 본다.

3.1.2. 대남전략전술

3.1.2.1. 통일전선전술

북한은 대남혁명전략의 수행을 위해 공산주의자들의 가장 기본적인 조직전술인 통일전선전술을 사용해 왔다. 이는 공산당이 일정한 혁명 단계에서 주적을 타도하는 데 공산당 세력의 힘만 가지고서는 불가능할 때 필요한 동조세력을 획득하고 그들과 잠정적인 동맹체를 형성하여 투쟁하는 전통적인 투쟁기법이다.

통일전선의 개념에 대해 김일성은 "통일전선이란 로동계급의 당의 령도 밑에 일정한 혁명단계에서 해당한 혁명의 승리에 리해관계를 같이하는 여러 정당 · 사회단체 및 개별적 인사들이 공동의 원쑤를 반대하기 위하여 무은(조직한) 정치적 련합을 말한다"고 정의하였다.[74)]

전술상의 원칙으로는 하층 통일전선을 위주로 하되 상층 통일전선을 유기적으로 결합시키고, 낮은 형태의 공동투쟁에서 점차 높은 형태의 공동투쟁으로, 부분적인 연합에서 전면적인 연합으로 발전시킬 것을 제시하고 있다. 이에 대해서는 후술하도록 하자.

74) 『정치용어사전』(평양: 사회과학출판사, 1970), p. 615.

3.1.2.2. 민족대단결론

1990년대 이후 북한의 대남전략 수행과정에서 핵심은 '반미 · 자주와 연공 · 연북'을 주요 내용으로 하는 '민족대단결론'이다. 북한의 민족대단결 주장은 1972년 7월 4일 채택한 '남북공동성명'에서 처음 거론되었으나 그다지 강조해오지 않았다. 그러나 1990년 5월 최고인민회의 제9기 제1차회의 김일성 시정연설에서 제시한 '조국통일 5대방침'에서 다시 주장되었으며, 1991년 8월 1일 조국평화통일위원회와 조국통일범민족연합 북측본부 간부들과의 담화를 통해 보다 구체적으로 제시되었다.

이후 북한은 1993년 4월 6일 김일성이 제시한 '조국통일을 위한 전민족 대단결 10대 강령'과 1998년 4월 18일 김정일의 '민족대단결 5대방침'을 통해 이를 이론적으로 체계화하였다. 북한이 이처럼 민족대단결 주장을 강조한 것은 동구권 붕괴로 인해 국제정세가 불리하게 전개됨에 따라 대남 전략 구사에 일대 수정이 불가피한 국면이 조성되었기 때문이다.

이 같은 북한의 민족대단결 주장은 '민족'이라는 혈연적 동질성을 내세워 남한 내에 광범위한 통일전선조직을 구축하면서 반미자주화 투쟁을 선동하여 한 · 미간 안보협력체제를 약화시키려는 것으로 대내외 정세 변화에 따른 전술적 변경이라고 할 수 있다.

지금까지 논의된 내용은 대체로 김일성 체제 하에 제기된 내용으로 평가할 수 있다.

3.1.2.3. 민족공조론

김정일 시대에 들어서 6 · 15 공동선언에 나타난 '우리민족끼리'라는 표현을 계기로 민족공조론을 정치담론화하고 있다.

북한이 '민족공조'를 주장하게 된 계기는 남북정상회담에서 채택된 '6 · 15 남북공동선언' 이다. 동 선언 1항에서 "나라의 통일문제를 그 주인인 우리 민족끼리 서로 힘을 합쳐 자주적으로 해결해 나갈 것"을 명시하였다. 북한은 '우리 민족끼리' 라는 표현을 '민족공조' 로 개념화하였다.

북한이 '민족공조 '란 용어를 처음 사용하기 시작한 것은 2001년 1월 10일 개최한 ' 우리 민족끼리 통일의 문을 여는 2001년 대회 '에서였다. 이 대회에서 북한은 "외세와의 공조를 배격하고 민족공조로 통일문제를 우리 민족 자체의 힘에 의하여 해결해 나가자"고 제의하였다.

북한이 민족공조를 본격적으로 제기한 것은 2002년 10월 북핵문제가 다시 대두되면서부터이다. 북한은 핵문제 해결의 유일한 방법은 북 · 미 불가침조약 체결이라고 하면서 "민족공조로 조 · 미 불가침조약 체결을 위한 운동과 투쟁을 벌이는 것은 핵전쟁 위험을 막고 민족자주통일을 가져올 수 있다"고 주장하였다.[75)]

북한은 2003년 신년 공동사설에서 한반도 정세를 '조선민족 대 미국 간의 대결' 이라고 규정하면서 "민족공조를 통해 미국의 대북압살책동을 분쇄해 나갈 것"을 주장하였다.

북핵문제를 해결하기 위한 북한 · 미국 · 중국 간 3자회담이 2003년 4월 23일부터 25일까지 베이징에서 개최되었으나 별다른 성과를 거두지는 못하였다.

북 · 미 간 입장 차이로 핵문제 해결의 실마리를 찾지 못함에 따라 동북아 정세가 긴장된 국면으로 접어들게 되자, 북한은 각종 사회단체 및 보도매체 등을 동원, 미국의 대북압박정책에 대항하기 위해 민족공조를 지속적으로 강화하였다.

'조국전선' 과 '조평통' 은 2003년 5월 28일 '전체 조선민족에게

75) 『로동신문』(2002. 10. 29)

고함'을 발표하고 "지금이야말로 전 민족이 단합하여 미국의 핵전쟁 책동을 저지하고 민족의 운명을 지키기 위한 거족적인 투쟁을 할 때"랴고 주장하였다. 또한 "민족공조는 미국의 대조선 침략전쟁 도발책동으로부터 나라의 평화와 안전을 지켜나가는 데서 필수적인 요구"라고 강조하였다.[76]

북한은 민족공조가 통일을 이루어나가는 데서도 필수적인 요인임을 강조하고 있다. 노동신문은 '우리 민족끼리 힘을 합쳐 조국통일의 문을 열어 나가자' 제하의 글을 통해 "우리 민족끼리는 조국통일의 생명선이다. 민족공조로 북남관계 문제, 나라의 통일문제를 슬기롭게 풀어나가야 한다"라고 주장하였다.[77]

이와 같이 북한이 민족공조론을 내세운 것은 핵문제로 인한 긴장된 정세하에서 미국의 대북압박정책에 맞서 남북이 공동으로 대처해 나갈 명분을 확보함과 더불어 교류협력을 더욱 활성화하여 남북간 화해협력관계를 지속적으로 유지하기 위한 수단으로 활용하려는 데 있으며,[78] 다른 한편 한국 정부, 정당들로 하여금 김일성민족이라는 차원에서 대북지원의 정당성을 확보하고 대북지원과 협력이 당연한 민족 내부의 문제라는 논리로 활용하고자 하는 데 있다.

76) 『평양방송』(2003. 5. 4)

77) 『로동신문』(2003. 6. 13)

78) 『2004 북한개요』, 통일부, 2003, pp. 446-454.

3.2. 사민당과 청우당의 주요 활동(통일전선과 선전)

1940년대 이래 사민당[79]과 청우당[80]의 변함 없는 공통된 역할은 대남 부문에 있다. 대남 차원에서의 당 활동은 창립 이래 꾸준히 이루어져 왔으며, 당시 남북관계, 이슈에 따라 선전활동의 강화와 약화가 반복되는 특징이 있다.

이와 관련, 『조선중앙년감』의 항목 구분을 보면 흥미로운 변화를 발견할 수 있다. '우당' 관련 내용이나 표현이 시대에 따라 변모의 과정을 보여온 것이다. 먼저 1940~1950년대는 '조국 통일 민주주의전선(조국전선) 및 정당 사회 단체' 항목에서 사민당과 청우당을 다루며 관련 회의 및 내용을 세세히 언급했다면, 1960년대는 이전과 분명한 변화가 있다. 1960년대 중반까지는 조국전과 구별하여 '정당, 사회단체' 항목에 포함되고 창립연도와 위원장 명칭만 서술한 반면, 1966년 이후에는 창립일만 나와 있을 뿐 이제는 위원장의 이름도 나타나지 않는다.

이런 표현은 1970년에 또다시 일부 변화를 보인다. 이전에 '정당, 사회단체' 항목 중에 조선로동당 뒤에 이어서 나왔다면, 1970년 이후는 '기타 정당 및 사회단체' 항목에서 다른 외곽단체와 함께 창립

---

79) "조선사회민주당 중앙위원회 정치위원회 회의 진행", 『사회민주당』1988년 1호; "북남련석회의는 반드시 소집되여야 한다", "조선사회민주당 중앙위원회 정치위원회 확대회의 진행", 『사회민주당』1988년 2호; "조선사회민주당 중앙위원회 비상전원회의 진행", "민족대단결을 이룩하기 위한 당활동의 강화대책에 대하여 토의: 조선사회민주당 중앙위원회 전원회의에서", 『사회민주당』1992년 1호; "북남합의서를 성실히 리행하도록 당활동을 강화할 데 대하여 토의: 조선사회민주당 중앙위원회 전원회의에서", 『사회민주당』1992년 1호 별책부록; "조선사회민주당 중앙위원회 정치위원회 회의 진행", 『사회민주당』1996년 1호; "조선사회민주당 중앙위원회 전원회의 진행", 『사회민주당』1996년 2호.

80) 국토통일원, 『南北韓 統一 · 對話 提議比較』제1권(1945-1987); 제2권(1988-1991. 3); 제3권(1991. 4-1993. 10); 제4권(1993. 11-1997. 4); 제5권(1997. 5-2001. 6. 3); 『내외통신』597호(1988. 7. 15), 632호(1989. 3. 24), 보8338호(1990. 4. 8), 보8504호(1993. 7. 26), 보8726호(1993. 12. 17), 보9283호(1994. 12. 21), 보10490호(1997. 3. 3), 보10783호(1997. 8. 16), 보10840호(1997. 10. 21).

일만 표기된 것이다. 그러다 또 다른 변화는 1980년대에 볼 수 있다. 1987년 '당 및 국가기구' 항목에서 조선로동당 다음에 위치하며 관련회의 내용도 간략히 정리되어 있다. 그리고 1994년 이후는 '정치' 부분에 포함되며, 1999년에는 중앙위원회 전원회의 등 관련 회의내용이 다시 자세히 기술되고 있는 것이다.[81)]

이런 변화에서 우리는 '우당'의 부침과정을 읽을 수 있다. 어느 항목에서 어느 정도의 비중으로 다루는가는 곧 북한사회에서 당시 '우당'의 역할 및 위상이 반영된 결과인 것이다. 특히 민전의 부침과 연관되어 있다는 점에서 주목할 필요가 있다. 민전의 활동이 활발했던 1940~1950년대에는 사민당과 청우당이 조국전의 일원으로 대남 부문에서 중요한 역할을 했다면, 조국전의 활동이 뜸해짐에 따라 사민당과 청우당은 중앙조직만 명맥을 유지하였다. 그리고 1970년대 남북대화, 1980년대 이후 통일방안의 제시와 1990년대 핵문제의 등장 등 남북관계가 급박하게 돌아가고, 대외적으로 관련 단체들의 움직임이 활발해지자 다시 사민당과 청우당은 활동을 재개하게 되는 것이다. 즉 '우당'의 주요 역할은 대남 부문에 있는 것이다. 예컨대 청교도 청우당 위원장은 유미영이다. 그는 대한민국 외무부 장관 출신 최덕신의 처로서 북한에 남편과 월북한 인사다. 1988년 정착한 후 최고인민회의 상임위원으로 다양한 명칭으로 활약하고 있다. 예컨대 1991년 1월 조통연합 북측본부 중앙의원, 1991년 4월 범민련 북측 중앙위원, 조선종교협의회 부회장(현)이며, 1995년 2월 10일 8·15대민족회의 개최 관련, 천도교중앙총부 교령(김재중)과 단군대종교 총전교(안호상)에게 편지를 전달하였으며 1997년 9월 단군민족통일협의회 회장(현)에 피선되어 지금까지 현직으로 활동한다.

81) 세종연구소 북한연구센터, 『조선노동당의 외곽단체』, 한울, 2004, pp. 249-295.

또한 1998년 11월 판문점에서 열린 밀입북 한총련 대표 황선의 환송 군중집회에 참석하였으며 1999년 2월 3일 정부 정당 단체연합회의에서 내놓은 제안지지 담화를 발표하였고 4월 10일 조평통 전원회의에 참석하였고 2000년 9월 5일 비전향장기수 환영 평양시 군중대회에 참석하였으며 12월 2일 서울 방문 2차 이산가족상봉단의 귀환을 마중하였으며 2001년 1월 12일 '우리 민족끼리 통일의 문을 여는 2001년 대회' 제안지지 담화를 발표하였으며 6월 24일 '6·25 반미투쟁의 날' 평양시 군중대회 및 반미시위에 참석하였다. 10월 3일 개천절기념 민족공동행사 참석(단군릉)하여 인사말을 하였고 6월 25일 6·25미제반대투쟁의 날 평양시 군중대회에 참석[82]하는 등 대남 통일전선전술활동에 적극 참여하고 있다.

사민당[83]과 청우당[84]의 간부구성에 어떠한 공통점과 차이점이 있을까? 여기에서는 대표성을 가지는 당 위원장을 중심으로 살펴보도록 한다.[85] 사민당의 당 대표는 조만식, 최용건에 이어 강량욱(1959년-1983년 1월 사망), 리계백(1989년 4월-1993년 1월 사망), 김병식(1993년 7월-1998년 8월), 김영대(1998년 8월-현재)가 중앙위원회 위원장직을 맡고 있다. 그런가 하면 청우당은 김달현(1946-1958년 숙청), 박신덕(1959년 1월-1973년 8월), 강장수(1973년 8월-1977년 6월), 정신혁(1977년 6월-1989년 3월), 최덕신(1989년 3월-1989년 11월 사망), 정신혁(1989년 11월-1993년 7월), 류미영(1993년 7월-현재)에 이르고 있다.

---

82) 『북한인명사전 2005』, 서울신문사, 2004, pp. 613-616.

83) 현재 중앙위원회에는 제1부위원장 강병학, 부위원장 김룡준, 김석준, 김성률, 김이현, 김태섭, 렴국렬, 문병록 등 8명, 위원으로는 선우령, 손종철 등이 있다.

84) 현재 부위원장은 강철웅, 김철민, 리득엽, 리창도, 림선태, 최희준, 한영수, 한영읍, 한일섭 등 9명이며, 상무위원은 김정호, 리득엽, 정신혁, 조상호, 최희준 등 5명이고, 그 외에 서기장 김정호, 고문 장효섭, 정금석 등이 있다.

85) 『조선대백과사전』 제21권, 백과사전 출판사, 2001; 통일부, 『기관, 단체별 인명사전 2001』, 통일부, 2001.

이들에게는 우선 대남관련 기구 간부를 역임하였다는 공통점이 눈에 띤다. 예를 들어 조국전선 중앙위 위원(강량욱), 의장(정신혁), 공동의장(류미영), 조평통 부위원장(강량욱, 정신혁, 박신덕, 최덕신), 민주전선 의장(김달현), 중앙위 부위원장(김병식, 정신혁), 조국통일범민족연합 북측본부 부의장(김영대), 중앙위원(류미영), 민족화해협의회 회장(김영대)등이 그것이다. 최덕신의 이력은 남다르다. 남한에서 육사 교장(1951), 외무부장관(1961-1963), 주서독 대사(1963-1967)를 역임했던 인물로 미국이민 후 입북(1986)했던 것이다.

또 다른 공통점은 이들이 국가기구에서 고위직을 차지한 경험이 있다는 점이다. 부주석(강량욱, 김병식), 최고인민회의 상임위원회 부의장(김달현, 김영대), 위원(류미영, 박신덕), 대의원(최덕신) 등을 역임하였다. 그 외에 강량욱은 대외문화연락위원회 위원장도 역임하였다. 특이한 점은 리계백과 김병식이 조총련 중앙위 출신이며, 김달현은 해방전 함남 고원군 종무원장, 최덕신은 남측 천도교 교령을 역임하는 등 실제 천도교와 밀접한 관련을 갖던 인물이었다는 것이다.

이러한 경력에서 우리는 사민당과 청우당의 주요 활동이 대남 부문에 있으며, 표면적으로나마 국가기구에서 이들을 예우하고 있음을 알 수 있다. 그런데 청우당 간부는 다른 종교단체의 간부도 맡고 있다는 점이 흥미롭다. 그들이 조선종교협의회의 간부를 맡는 것은 하등 이상할 이유가 없다. 최덕신, 정신혁과 류미영은 각각 1989년, 1990년, 1991년에 조선종교협회 회장 및 부회장을 역임한 바 있다. 이는 북한 종교단체에서 천도교가 비중있는 위상을 차지하고 있음을 말해준다.[86]

86) 세종연구소 북한연구센터, 전게서, pp. 286-287.

'우당'의 대남 선전활동에는 몇 가지 특성이 있다. 첫째, 특정 현안이 제시되거나 부각된 후 관련회의가 활발히 개최되면서 활동이 이루어진다. 예를 들어, 1988년 김일성이 신년사에서 '북남련석회의'를 제시하자, 사민당은 이를 실현시키기 위해 노력할 것을 다짐하는 기사를 실었다. 그리고 기념일을 즈음하여 관련제의 등을 회상한 후 그 실현을 독려하는 내용도 게재되고 있다.

둘째, 선전방식으로는 성명서나 담화, 그리고 선전편지가 활용되고 있다. 사민당과 청우당은 단독 활동에도 나서지만, 1970년대까지는 조국통일민주주의전선, 1980년대 들어서는 조국평화통일위원회나 조선종교인협의회, 그리고 1990년대는 조국통일범민족연합(범민련)이나 민족화해협력위원회(민화협) 일원으로 참가하여 남측 정당들과 쌍무적·다자적 접촉을 시도해오고 있다.

셋째, 선전 내용은 그들 주장을 설명하고 남측 주장이나 정책을 비난하는 내용이 주류를 이룬다. 예를 들어, 연방제 통일방안, 남북한 사회단체 및 정당들의 연석회의 개최, 3자회담 등 북측 제의내용을 설명하거나 불가침협정 등 남북간 합의내용의 이행을 강조하는 내용을 볼 수 있다. 또한 민간차원의 대화를 주장하는가 하면, 통일환경을 조성한다는 명목 하에 국가보안법 폐지, 팀 스피리트 반대, 남측 '진보'인사들에 대한 탄압 비난, 미국과의 평화협정체제 주장, 그리고 반핵 및 군축 주장도 하고 있다.

넷째, 선전 대상은 남북한 주민과 단체, 그리고 해외 정당 및 각계 인사들을 포함하고 있다. 1940~1950년대는 주로 대상이 남한 주민들에 한정되었다면, 1980년대 이후는 남한 주민들과 정당, 종교단체, 사회단체들로 범위가 확대된다. 청우당의 경우, 정당, 사회단체뿐 아니라 조선종교인협의회 등 종교단체와도 공동 보조를 취하고 있다.

선전 대상에서 사민당과 청우당 간에는 차이가 있다. 청우당은 남측 천도교청우당을 주 대상으로 하고 있다. 천도교를 매개로 남북 천도교인 간 통일문제 협의(1989. 3. 16)나 종교인회담(1989. 6. 2), 교령초청(1989. 6. 6, 1996. 9. 3), 동학혁명 남북공동기념 협의(1994. 1. 24) 등 상당히 적극적인 대남 교류를 제의하고 있다. 반면, 사민당은 야당(평화민주당, 민주당 등), 진보적 정당(민중당)을 대상으로 하고 있으나 청우당에 비해 별반 성과를 거두지 못하였다.[87] 2005년 열린우리당 당중앙위 상임의장이 북한 사민당 김대영 위원장을 통해 북한 방문을 요구하고 있지만 아직 이루어지지 않고 있다. 사민당 위원장 김영대는 민족화해협의회(민화협) 회장 자격으로 민족을 앞세워 통일전선전술을 구사하고 있다. 전술한 바와 같이 98년에 대남통일전선단체를 급조하여 활동하고 있다. 남한과 해외 여러 단체 및 인사들과 내왕, 접촉하는 일을 진두 지휘하고 있다.

Ⅳ. 김정일 정권 대남정책의 전개과정

4.1. 통미봉남기(1994-1998)

소련, 동구라파 멸망과 경제위기가 심화되는 가운데 김일성 사망 후 북한은 체제보존과 후계체제건설이라는 막중한 과제를 안게 되었다. 북한은 이때의 대남정책은 통미봉남, 즉 남한을 봉쇄하고 미국과의 교류를 통하여 북한체제보존과 왕조체제건설을 위한 시간을 버는 기간이었다고 본다.

4.1.1. 핵카드의 활용

4.1.1.1 핵무기 개발 전략

냉전체제의 와해와 함께 김일성이 직면하게 된 보다 중대한 문제

87) 세종연구소 북한연구센터, 『조선로동당의 외곽단체』, 도서출판 한울, 2004, PP. 293-295.

는 북한안보에 대한 외부로부터의 위협이었다. 우선 국제적 차원에서 동구 사회주의체제 및 소련이 붕괴되면서 북한이 지난 50년간 적대국으로 간주해 왔던 미국 주도하의 신국제질서가 형성되었다.[88] 대남관계에 있어서는 남한이 정치/경제 등 모든 면에서 북한을 앞질렀으며, 특히 남한이 러시아, 중국 및 구동구 사회주의 국가들과 국교정상화를 이룩함으로써 북한은 외교적으로 고립되었다. 따라서 북한은 고도의 안보위기 의식을 느끼게 되었을 것이다.[89]

김일성은 불리한 한반도 주변 역학관계를 회복하고 안보위기를 해소하기 위한 주요 수단으로써 핵문제를 활용하였다. 즉 자체 핵무기 개발에 박차를 가하는 한편, '한반도 비핵지대화' 및 북한에 대한 '핵 불사용보장' 요구를 통하여 남한 및 미국으로부터의 위협을 감소시키려고 하였다. 북한은 이미 1956년경부터 원자력 개발에 관심을 갖기 시작하였으며, 1980년대에 들어와서는 핵무기 개발을 본격적으로 추진하기 시작하였다.

우선 북한은 1980년대 중반 이후 남한에 대한 재래식 군사력의 우위를 상실해 갔으며, 소련 및 중국이 더 이상 군사동맹국으로서 기능할 수 없게 되었다. 따라서 북한은 핵무기 개발을 통해 독자적으로 대남 군사력 우위를 유지할 필요성을 절실히 느끼게 된다. 또한 북한 정권은 핵개발을 군부의 환심 확보, 주민들의 내부동요 방지, 김일성 역량의 대내외적 과시 등 국내정치적 목적으로도 활용한 것으로 평가되고 있다.

우선 북한은 1990년 4월부터 일련의 남북고위급회담을 시작하는 등 남북관계 개선을 모색하는 한편 한반도 비핵지대화를 추진하였

88) Zbigniew Bresinski, "The Consequences of the End of the Cold War for International Security," *Adelphi Papers* 256 (Winter 1991/92), Joseph S. Nye, Jr., "What New World Order?" Foreign Affairs, Vol. 71, No. 2 (Spring 1992).

89) Andrew Mack, "The Nuclear Crisis on the Korean Peninsula," *Asian Survey*, Vol. 33, No. 4 (April 1993), p. 344.

다. 북한은 「조선반도의 평화를 위한 군축제안」(1990. 5), 「한반도 비핵화를 위한 제안」(1991. 7) 등을 통하여 남한 배치 핵무기의 즉각적인 철수, 핵무기의 생산 · 구입 금지, 핵무기를 적재한 외국 항공기 및 함선의 한반도에로의 출입 · 통과 금지, 한반도의 비핵지대화에 대한 미 · 중 · 소 등 주변 핵보유국의 법적 보장 등을 제안하였다.[90] 북한의 비핵지대화 주장은 한반도 내에서의 핵의 제조 · 보유 · 반입 금지 외에 제3국 핵의 영해 · 영공 출입까지도 금지시키는 것으로서, 미 해 · 공군에 의한 핵출입마저 봉쇄하여 남한에 대한 미국의 핵우산 효력을 완전히 소멸시키려는 의도를 담고 있는 것이었다.

「비핵화 공동선언」은 12월 13일 남북한간에 서명된 「남북사이의 화해와 불가침 및 교류 · 협력에 관한 합의서(남북기본합의서)」와 함께 1992년 2월 9일 발효되었다.[91]

또한 국가안보 문제와 관련하여서도 김일성 정권은 실제 핵무기 보유자인 미국으로부터 직접 북한에 핵안전보장을[92] 확약 받고자 하였으며, 이를 위하여 남북대화보다는 북 · 미협상에 비중을 두기 시작하였다. 즉 핵을 매개로 하여 미국과 통하고 한국을 봉쇄하는 통미봉남 전략의 구현이다.

1993년 3월 IAEA가 북한 핵시설에 대한 특별사찰을 요구하자 북한은 이를 미국의 사주에 의한 북한에 대한 "핵위협과 내정간섭"이라고 비난하며 NPT 탈퇴를 선언하였다. 이후 북한은 NPT 탈퇴 번복의 조건으로 핵불사용 담보 공약 등을 제시하며 미국과의 직접협상을 촉구하였다. 북한은 미국에게 NPT 복귀를 위한 보다 구체적인 조건으로 ① 한 · 미합동군사훈련의 중지, ② 한국내 핵기지에 대

---

90) 『로동신문』, 1990. 6. 2, 1991. 7. 30.

91) 『남북기본합의서 해설』(서울: 통일원, 1992).

92) 『1995년 NPT 연장회의와 한국의 대책』(서울: 민족통일연구원, 1994), pp. 184-189 참조.

한 사찰, ③ 핵공격 불사용의 약속, ④ 한국에 대한 핵우산 정책포기, ⑤ 북한 사회주의에 대한 존중 등을 제시했다.[93] 이를 위하여 NPT 탈퇴라는 '협박외교'를 구사한 것이다.

핵확산 저지를 탈냉전기 신국제질서 유지를 위한 중요 정책 목표로 설정한 미국으로서는 북한의 NPT 탈퇴 위협을 무시할 수 없었으며, 결국 1993년 6월 북한과의 제1차 고위급회담을 뉴욕에서 개최하였다. 이 회담에서 북한은 단지 NPT 탈퇴 유보를 선언하는 대가로 미국으로부터 핵무기를 포함한 무력의 불사용 및 불위협 보장, 상호 주권 존중 및 내정 불간섭 등의 수확을 얻을 수 있었다. 또한 북한은 미국과의 대화지속을 합의함으로써 대미 채널개설이라는 외교적 성과를 이끌어 내었다.[94] 한 달 후 제네바에서 개최된 제2단계 북·미회담에서 양측은 핵안전보장에 대한 합의를 재확인하였을 뿐만 아니라 북한 핵문제의 궁극적 해결의 일환으로 경수로 도입을 모색할 것임을 합의하였다.

이후 북미회담은 북한의 '벼랑끝 전술'로 말미암아 위기에 봉착하기도 하였으나 북한 정책의 기본방향은 대미관계개선 방향으로 나아갔다. 김일성은 1994년 신년사를 통하여 "자주권을 옹호하는 자본주의 나라들과도 선린 우호관계를 발전시켜 나갈 것"이라고 천명함으로써 대미관계개선 의사를 분명히 하였으며, 4월에는 정전협정을 평화협정으로 대체할 것과 현 군사정전기구를 대신하는 "새로운 평화보장체계"의 수립을 제의하였다.[95]

김일성이 7월 8일 갑자기 사망하였으나 북한은 북·미회담의 조기속개의사를 밝히는 등 대미관계개선을 적극적으로 추진하였다.

북·미 양국은 마침내 1994년 10월 21일 제네바에서 「북·미 기

93) 『중앙방송』, 1993. 3. 29; 『세계일보』, 1993. 4. 22.

94) 『중앙방송』, 1993. 6. 19.

95) 『로동신문』, 1994. 1. 1;『중앙방송』, 1994. 4. 28.

본합의문」을 체결하였다.

김정일은 「제네바 합의문」채택을 통해 김일성이 생존시 안보위기 탈피를 위해 가장 역점을 두었던 미국으로부터의 핵안전보장을 공식적으로 확보할 수 있었다. 즉, 미국은 북한에 대해 "핵무기 불위협 또는 불사용에 관한 공식보장을 제공"한 것이다.[96] 김정일은 또한 경수로 지원 및 중유공급, 그리고 무역 및 투자제한 완화라는 경제적 실리, 연락사무소 개설합의라는 외교적 성과를 거둘 수 있었다.[97] 그 후 북한은 1996년 2월에 평화협정의 과도적 조치로서 잠정협정 체결을 주장하였다. 또한 북한은 1996년 4월 한반도 문제의 평화적 해결을 위해 남북한, 미국, 중국이 참가하는 4자회담 제의를 수용하기도 하였다.

1998년 8월부터 다시 제기되기 시작한 핵 문제와 관련하여 북한은 미국과 4차례의 협상 끝에 평안북도 금창리의 지하 핵 의혹시설에 대한 국제적 현장 조사를 허용하였다. 이어 11월 미국은 북한이 핵 및 미사일 등 대량살상무기 생산을 포기할 경우 외교적, 경제적 이익을 제공할 수 있는 틀을 마련함으로써 협상 분위기를 더욱 좋게 하였다.

1999년 9월 미사일 문제와 관련한 북 · 미 베를린 합의에 따라 미국은 북한에 대한 경제제재 조치의 일부를 해제하였고 북한도 미사일 재 발사를 유보함으로써 북 · 미 관계는 보다 긴장이 완화되었다. 그리고 2000년 10월 조명록 북한 특사의 미국 방문과 매들린 올브라이트 미 국무장관의 북한방문으로 외교대표부 설치, 실종미군 신원 확인, 한반도 긴장완화를 위한 구체적인 조치 등이 심도 있게 논의되었다. 적어도 미국 민주당 클린턴 정부 시절에는 북미관계가 순

96) pp. 25-32.

97) 허문영, "북한의 대외관계 현황과 전망," 민족통일연구원, 『북한의 대외관계 변화와 남북관계 전망』(서울: 민족통일연구원, 1996), p. 17.

조로와 북한의 통미봉남정책이 적절히 구사되었고, 북한이 가장 어려웠던 시기인 1994년에서 2000년까지의 기간을 무사히 넘길 수 있었다.

그 후 2005년 9월 19일 남북한과 미국, 일본, 중국, 러시아 등 6개국은 북한의 모든 핵 포기와 그에 따른 북-미 관계 정상화 추진, 한반도의 비핵화 등을 주요 내용으로 하는 공동성명을 채택했다. 합의된 공동성명은 다음과 같다.

① 한반도 비핵화 원칙 확인
② 북-미, 북-일 정상화 노력
③ 5개국, 북에 에너지 제공
④ 한반도 평화체제 논의
⑤ 합의 실현할 조치 강구
⑥ 5차회담 11월 베이징서 재개

이로써 한반도 안정의 최대 위협요소였던 북한의 핵문제 해결의 실마리를 찾게 되었다.

1) 경수로 문제는 적절한 시기 논의

6개국은 적당한 시점에 북한에 경수로를 제공하는 문제를 논의하기로 했다. 북한과 미국은 서로 주권을 존중하기로 약속하고 평화공존과 양국 관계정상화 조치를 취해 나가기로 합의했다. 한편 북한과 일본은 (2002년 9월 17일의) 평양선언에 따라 불행했던 과거를 청산하고 남은 현안들을 해결한다는 기초에서 양국관계 정상화 조치를 취하기로 했다.

미국을 포함한 5개국은 에너지, 교역, 투자 분야에서 양자 그리고 다자 사이에서 북한과의 경제적 협력을 증진시키기로 했다. 이들 국가는 또 대북 에너지 제공 의사를 밝혔다. 한국이 북한에 200만 kW의 전력을 제공한다는 중대제안도 공동성명에 포함됐다.

한편 모하메드 엘바라데이 IAEA 사무총장은 오스트리아 빈에서 발표한 성명에서 "북한의 우려와 북한 핵위협에 대한 국제사회의 두려움을 모두 감안한 균형 잡힌 일괄타결"이라며 "(사찰단의 복귀시점은) 빠르면 빠를수록 좋다"고 밝혔다.

2) 北의 모든 핵무기-핵프로그램 포기 문제

이 부분은 미국의 주장을 북한이 수용한 것이다. 당초 북한은 '핵무기 및 핵무기 관련 프로그램'만 포기하겠다고 맞섰다. 평화적 핵이용을 위한 민수용 핵 시설 및 관련 프로그램은 남겨놓겠다는 것이었다. 그러나 '모든 핵 포기'는 1단계 회담 초반부터 북한을 제외한 5개국이 의견접근을 한 문제여서 북한으로서도 이를 거부하기가 어려웠다.

미국은 북한이 핵동결 약속을 위반한 전례가 있기 때문에 '현존하는 모든 핵무기 및 핵 프로그램'을 폐기대상에 명시해야 한다는 입장에서 한 발짝도 물러서지 않았다. 대신 평화적 핵 이용 및 경수로 부분에서 북한의 주장을 일부 수용했다.

북핵 문제의 해결을 위해 북한이 핵확산금지조약(NPT)에 조속히 복귀하고 국제원자력기구(IAEA)의 안전의무를 준수해야 한다는 데 대해선 일찌감치 6개국의 공감대가 형성돼 있었다. 김정일(金正日) 북한 국방위원장도 핵문제가 해결되면 NPT에 복귀하겠다고 공언한 바 있다. IAEA 측도 핵 사찰 문제를 협의하기 위해 어떤 식으로든 앞으로의 협상과정에 참여하게 될 것으로 보인다. 그러나 핵 폐기를 확인하기 위한 검증 절차, NPT 복귀 시기, 보상과의 선후(先後) 문제 등을 놓고 적지 않은 갈등이 재연될 가능성이 크다.

3) 美의 對北 안전보장-관계 정상화 문제

공동성명은 미국의 불가침 약속 외에도 한반도 평화체제를 논의하는 별도 포럼과 동북아 안보협력 증진을 위한 방안 모색을 명시함으로써 북한의 생존위협을 이중 삼중으로 의식한 흔적이 역력했다. 북-미 양자 간 안전보장뿐만 아니라 일종의 다자간 안전보장도 함께 언급된 셈이다.

미국과 한국이 '한반도에 핵무기를 갖고 있지 않다' 고 확인한 대목은 북한의 '남한 핵무기 존재 의혹' 제기에 대한 문서상 답변인 셈이다. 이로써 공동성명은 한반도 비핵화 대신 한반도 비핵지대화를 강조한 북한의 주장도 우회적으로 반영한 셈이 됐다.

대북 안전보장의 구체적인 방식은 앞으로 북한과 미국이 관계정상화를 논의하는 과정에서 주요 문제로 다뤄질 것으로 보인다.

4) 다자간 對北 경제협력 증진 약속의 문제

에너지, 교역 및 투자 분야에서 북한과의 경제 협력을 증진하는 데에는 한국과 일본이 중심 역할을 할 것으로 관측된다. 이번의 2단계 회담과 동시에 평양에서 열린 남북장관급회담에서 경협 확대에 합의한 것은 이와 밀접히 연관돼 있다. 한국은 이미 남북관계 차원에서 경협을 착착 진행시키고 있기 때문에 앞으로 주목되는 것은 일본과 북한과의 경제협력 관계다. 이와 관련해 눈에 띄는 대목은 '북한과 일본이 관계정상화를 위한 조치를 취할 것' 을 공동선언에 명시한 점이다.

북한이 1단계 회담에서는 일본과의 양자협의에 한 번도 응하지 않았으나, 고이즈미 준이치로(小泉純一郎) 총리가 총선에서 압승한 직후인 2단계 회담에서는 북-일 양자협의를 수차례 가진 것도 이를 염두에 둔 것으로 보인다. 일본도 북한과의 관계정상화를 위해 경제 지원 등을 제공할 준비가 돼 있다는 관측이 있다.

5) 北의 평화적 核 이용과 경수로 문제에 관한 부분

북한이 회담 전부터 "경수로 문제는 회담 타결의 관건"이라고 압박하자 미국은 "경수로는 논의조차 할 수 없다"고 맞섰다.

북-미 간 타협에는 한국의 중재가 빛을 발했다고 할 수 있다. 한국은 북한의 NPT 복귀와 IAEA 사찰을 전제로 평화적 핵 이용권 및 경수로 문제를 해결하자는 절충안을 내고 북한과 미국을 설득했다.

공동성명이 평화적 핵 이용 권리에 대해서는 '존중'을 표하고, 경수로 문제는 '적절한 시기에 논의한다'는 어정쩡한 형태로 봉합된 것은 첨예한 북-미 의견차를 절충한 결과다.

그러나 한국이 200만 kW의 전력을 북한에 제공한다는 중대 제안이 함경남도 신포의 경수로 건설 종료를 전제로 한 것인 데다 전력과 경수로 문제가 모두 공동성명에 담겨 있어 향후 협상과정에서 논란이 될 가능성이 높다.

한국과 미국은 신포 경수로와 전력을 함께 줄 수는 없다는 입장이다. 하지만 정부 고위관계자는 "6자 합의에 따라 새로운 경수로가 어디에 지어질지 결정될 것"이라고 말해 신포 경수로 건설의 검토 가능성을 열어 놓기도 했다.

북한은 핵 포기의 보상은 핵에너지 제공이 돼야 한다는 점을 분명히 하고 있다. 북한이 한반도에너지개발기구(KEDO) 차원의 신포 경수로 대신 6자회담 차원의 경수로 제공을 언급한 것은 이를 의식한 것이다.

북한이 '모든 핵 폐기' 부분에서 양보한 이유는 경수로 때문이다. 따라서 북한은 이후 협상에서 이 문제에 더욱 집착할 전망이다.

6) 韓美日中러, 北에 에너지 제공

이번 타결을 통하여 북한에 에너지를 제공할 용의를 표명한 나라 중에 미국이 포함된 것은 상당히 의미 있는 대목이다. 미국은 그동안 핵문제를 일으킨 나라에 직접 경제적 보상을 해주면 다른 나라의 유사한 경우에 나쁜 선례가 될 수 있다는 이유에서 에너지 지원 주체가 되길 꺼려 왔기 때문이다.

미국이 다른 6자회담 참가국과 함께 에너지 제공에 동참하게 됨으로써 북한은 만성적인 에너지 부족 문제를 해결하는 데 실질적 도움을 얻을 수 있게 됐음은 물론 '미국에서 핵 포기에 대한 직접 보상을 받는다' 는 명분도 얻게 됐다.

당면한 에너지 지원은 중유가 될 것으로 보인다. 미국 등은 1994년의 북-미 제네바합의에 따라 매년 50만 t의 중유를 제공해 오다 2002년 제2차 북핵위기가 터지자 이를 중단했다. 이번 합의로 중유 제공이 재개될 가능성이 매우 높아졌다.

또한 200만 kW의 전력 제공이 공동성명에 담겨 있고 이를 위한 준비조치들이 진행된다고 할 경우, 전력이 실제 제공되기까지 2년 반~3년 동안 중유를 제공하는 데에도 미국, 일본, 중국, 러시아 등이 공동으로 참여할 가능성이 높다.

7) 북한과 미국과의 관계에서 인권 문제 등이 관계 정상화 변수

북-미 관계의 앞길에는 수많은 돌발 장애요소가 잠복해 있다. 양국은 이미 1994년 북-미 간 제네바 기본 합의문에 △합의 3개월 내에 통신 금융거래 및 무역 투자제한을 완화하고 △양국 관계를 대사급으로 격상하기로 합의한 바 있다.

그러나 이후 기본 합의문 후속 의정서의 합의가 미뤄지고 1998년 북한의 미사일 실험과 금창리 핵시설 의혹이 불거지면서 관계 정상화는 한 발짝도 내딛지 못했다. 빌 클린턴 행정부 말기 북-미 관계 정상화를 이루려던 시도도 있었으나 미국의 정권 교체로 이 논의는 '없던 일'이 돼 버렸다. 또 이번 합의문에서는 2차 북한 핵 위기를 촉발했던 농축우라늄(HEU) 프로그램 문제가 명시되지 않았다. 향후 북한 핵시설에서 진행될 '폐기 검증 작업' 때까지 HEU 문제가 해결되지 못하면 베이징 합의가 원점으로 돌아갈 수도 있다.

무엇보다 조지 W 부시 행정부는 '북한과 핵 문제는 협상하되, 인권 문제는 타협하지 않는다'는 두 갈래 대북 정책을 세워 놓고 있다. 특히 인권과 민주주의 신장을 통해 북한의 '체제 변형'을 도모하겠다는 미국의 정책은 향후 협상과정의 기류를 바꿔 놓을 수 있는 핵심 요인이다.

더구나 워싱턴의 분위기로 볼 때 미국의 북한 인권 정책은 3년 뒤 부시 행정부가 물러나더라도 달라질 가능성이 크지 않다.[98)]

5차 6자회담이 중국 베이징에서 열렸으나 별 논의 없이 다음으로 미루었다.

북한의 핵 개발은 핵으로 끝나지 않고 핵 카드를 이용하여 북한 주민에게는 안보 불안을 해소하고 미·일에는 체제보장과 경제지원 확보라는 실익을 추구하고 한국을 국제 사회에서 고립시키고 대남 안보 위협장치로 사용할 수 있는 다목적 전략의 산물이라고 하겠다.

98) 『동아일보』, 2005. 9. 20.

4.2. 새로운 모색기(1999-2002)

4.2.1 상호주의와 정경분리

북한이 우여곡절 끝에 남한에 의한 흡수통일을 극복하고, 오히려 남한과의 협력, 지원을 모색하게 된다. 1999년 신년사에서 강성대국건설을 주장하며 선군정치를 강력히 실현하게 된다.

남한으로부터 경제지원을 얻기 위해 한국의 대표기업인 현대와 금강산 관광과 대북경협의 물꼬를 트면서 소중한 달러 획득의 창구를 만들고, 현대를 매개로 하여 남북정상회담을 모색하게 된다. 남북정상회담을 준비하면서 김대중정부로부터 대대적인 경제지원을 받게 된다. 그것이 바로 햇볕정책이다.

김대중 대통령은 「평화, 화해, 협력을 통한 남북관계의 개선」을 햇볕정책의 목표로 설정하고 「북한의 무력도발 불용」, 「흡수통일 배제」, 「남북간 화해협력 적극 추진」 등 3대 원칙을 천명했다.[99] 김대중 정부는 햇볕정책을 '북한에 대한 환상을 갖고 있거나, 북한의 저의를 간과하는 것이 아니라 우리의 힘을 바탕으로 주도적, 능동적 입장에서 북한의 변화를 이끌어 냄으로써 평화공존의 남북관계를 정착시키고 통일을 지향해 나가려는 것' 으로 개념화하고 있다.[100]

햇볕정책의 원칙으로서 상호주의 원칙을 들 수 있다. 상호주의는 쌍방이 자신의 일방적인 주장만을 고집하지 않고 상대방의 의사를 이해하고 존중함으로써 상호이익을 증진시켜 나가기 위한 것이다.

서로가 명분을 앞세워 상대방에게 일방적인 양보를 강요하는 과거의 접근방식으로는 더 이상 남북관계 개선을 기대할 수 없음은 자명한 이치이다. 지난날의 경험이 보여주듯, 이인모의 무조건 송환, 쌀

99) 통일부(1999), "98년도 대북정책 평가," http://www.unikorea.go.kr/kr/load/ c31/c31116.ktm 참조.

100) 외교부(1999), "정부의대북정책기조와남북환경협력," www.unikorea.go,kr/kr/load/c31/c3120.htm 참조.

15만톤 무상지원 등 남한의 일방적이고 시혜적인 대북 지원이 남북관계 개선에 큰 도움이 되지 못했다. 오히려 이는 일방의 승리로 포장되어 선전되고 다른 일방의 실패로 인식됨으로써 남북관계를 악화시키는 결과를 초래했다.[101)]

이러한 상호주의가 개념적으로 햇볕정책과 상충된다는 지적도 있다.[102)] 남한정부가 포용적 입장에서 대북정책을 추진하고 있는 것은 북한의 변화를 유도하여 남북관계를 실질적으로 개선하기 위한 것이다. 상호주의 원칙도 남과 북이 주고받는 실사구시적 관계를 통해 상호신뢰를 쌓아 나감으로써 북한의 변화와 남북관계 발전을 촉진시키기 위한 것이다. 따라서, 햇볕정책과 상호주의는 남북관계 개선이라는 공통된 목표를 지향하고 있으며, 상호주의에는 포용적인 입장이 바탕에 깔려있기 때문에 서로 모순되는 것은 아니라고 할 수 있다. 문제는 상호주의를 견지하되 등가성원칙을 엄격히 적용해야 하느냐 하는 것이다. 김대중정부는 상황논리에 따른 탄력성을 강조했다.

상호주의 원칙의 엄격성과 탄력성은 효율성에 따른 정책의 선택문제이다. 그 동안 정부는 탄력적인 상호주의를 대북정책에 적용해왔다. 긴급구호 차원의 대북 지원은 인도적 견지에서 다른 문제와 연계시키지 않고 추진해 왔다. 또한, 민간차원의 대북지원은 지원하는 개인이나 단체의 자율적 의사에 따라 결정될 사안이므로 상호주의 원칙의 엄격성이 반드시 적용되지는 않았다.[103)]

햇볕정책에서 정경분리의 원칙이다. 정경분리를 통해 얻을 수 있는 효과는 남과 북이 경제적 이익을 증대시키기 위해 상호보완적이

101) 전득주 외, 『대외정책론』, 박영사, 2003, pp. 218-219.

102) 이에 대한 논의는 이우영, "국민의 정부의 대북정책: 햇볕정책 논의를 중심으로," 대전대학교 동북아연구소 통일문제세미나, 1998.11.12, pp. 16-19 참조.

103) 전득주 외, 전게서, pp. 219-220.

며 실리적 입장에서 협력하기 때문에 민족전체에 이익이 될 것이라는 점이다. 확산효과에 따라, 경제교류, 협력이 확대되면 인적 교류의 확대를 수반하게 되고, 나아가 정치적 관계개선으로 이어질 수 있다. 아울러 북한이 남한정부의 남북관계 개선 의지를 신뢰하고 '보다 많은 협력'에 응함으로써 궁극적으로 유리한 통일환경을 조성할 수 있다.

정경분리 원칙의 부정적인 효과도 간과할 수는 없다. 북한이 남한당국을 배제한 가운데 민간기업들만 상대하면서 정경분리 원칙을 그들의 정치적 목적을 위해 악용할 우려가 있기 때문이다. 정부는 민간기업들이 시장경제원리에 입각하여 경제협력을 추구하므로 북한의 정치적 공작은 통하지 않을 것이며, 본격적인 경험을 위해서는 당국배제전략도 한계를 가질 수밖에 없는 것으로 판단하고 있다.[104)]

아무튼, 정부는 이윤을 추구하는 경제적 주체가 아니며, 국민의 세금을 사용하여 공익을 추구하는 기관이기 때문에 정경분리 원칙이 정부정책에 그대로 적용될 수 없는 딜레마를 안고 있다.[105)] 즉, 정부는 국민의 세금을 사용함에 있어 국민의사를 존중하고 공익을 실현하기 위해 정책적 판단을 우선으로 하기 때문에, 시장경제원리에 따라 활동하는 기업에 적용되는 정경분리 원칙을 정부의 대북정책 추진에 그대로 적용할 수 없다는 점이다.

이러한 김대중 정부의 입장은 한국으로부터 경제협력과 지원이 절실히 필요했던 김정일에게 중요한 메리트로 작용하게 된다.

4.2.2. 한국의 대북지원

우리의 대북정책에 있어 인도적 분야에 본격적인 관심이 제기되기

104) 상게서.

105) 상게서.

시작한 계기는 1990년대 중반 사회주의 계획경제체제의 구조적 모순과 계속된 자연재해 등으로 인한 북한의 열악한 식량사정과 경제악화 사실이 외부에 알려지게 되어, 동포애적 · 인도주의적 차원의 대북지원문제가 대두되면서부터이다.

북한에 대한 지원은 무엇보다도 인류보편의 가치인 '인도주의' 정신과 북한주민이 우리와 같은 민족이라는 '동포애'의 정신을 구현한다는 당위적 측면과 함께 남북화해협력의 실현이라는 실용적 측면을 동시에 지닌다.

북한은 계속된 수해와 가뭄 등으로 식량사정이 극도로 악화되자 1995년 국제기구에 처음으로 식량지원을 요청하였으며, 우리 정부가 이에 호응해 나서면서부터 본격적인 대북지원이 시작되었다.

정부차원의 지원은 국제기구나 적십자사를 통한 간접지원과 당국간 협의를 통한 직접지원이라는 두 가지 형태로 진행하여 왔다. 직접지원은 1995년 쌀 15만 톤 지원을 시작으로 1999년 이후에는 매년 식량증산을 위한 비료지원 등을 실시하고 있으며, 2000년과 2002년에는 차관공여방식을 통해 식량을 지원하기도 하였다. 간접지원은 WFP, WHO, UNICEF 등 국제기구의 대북지원에 참여하는 방식으로서 이루어지고 있다.

4.2.2.1. 정부차원의 대북지원

1980년대 말 이후 계속된 경제여건의 악화와 홍수 등 자연재해로 인해 북한에 극심한 식량난이 대두됨에 따라 1995년 6월 쌀 15만 톤 지원을 계기로 북한주민을 돕기 위한 인도적 대북지원사업을 시작하였다. 이후 1998년까지는 세계식량계획(WFP)과 유엔아동기금(UNICEF) 등을 비롯한 다양한 국제기구에서 추진하는 대북지원 활동에 현금 또는 현물로 기여하는 방식으로 지원을 실시하였는바, 국제기구를 통한 지원 첫해인 1996년에는 WFP, UNICEF 등을 통해 혼합곡물, 분유 등 24억원(305만 달러) 상당을 지원하였다.

1997년 들어서는 6월 20일 UN의 제3차 어필에 참여키로 결정하고 WFP를 통해 옥수수 5만 톤과 국산 분유 300톤을 지원하였으며, 8월 29일에는 UN의 제3차 어필에 추가 참여를 결정하고 WFP · UNICEF · 세계보건기구(WHO) 등에 현금을 기탁하는 방식으로 혼합곡물, 옥수수 등 지원을 실시하였다.

1998년에는 UN의 제4차 어필 참여를 결정(4월 30일)하고 WFP를 통해 옥수수 3만 톤, 밀가루 1만 톤 등을 지원하였다. 1998년까지 정부가 대북지원 활동에 참여한 국제기구는 WFP, UNICEF, WHO, 유엔개발대회(UNDP), 유엔식량농업기구(FAO) 등이었으며, 지원내용은 옥수수, 혼합곡물, 분유 등 식량을 위주로 하여 의약품, 수해복구 등 긴급구호물자들이었다.

1999년에는 4월 23일부터 6월 3일간 북경에서 남북 당국간 접촉을 개최하여 비료 20만 톤의 지원에 합의하고 이중 11.5만 톤을 지원함으로써 1995년 쌀 지원 이후 국제기구를 통한 간접지원 방식에만 의존해오던 지원방식을 당국간 직접지원으로 전환하는 계기를 마련하였다.

2000년 들어서는 비료 20만 톤을 5월~6월에 걸쳐 지원하였으며, 8월에는 웃거름용 비료 10만 톤을 추가로 지원하여 총 30만 톤의 비료를 지원하였다. 한편 2000년도에는 남북장관급회담에서 식량차관 제공에 합의하고 10월부터 쌀 30만 톤과 옥수수 20만 톤을 차관방식으로 지원하였다.

2001년 들어서도 5월~6월에 걸쳐 20만 톤의 비료를 지원하였으며, WFP를 통해 옥수수 10만 톤을 지원하였다. 또한 아동용 내의 150만 벌과 WHO를 통한 말라리아 치료약품 및 방역장비 등의 지원도 실시하였다.

2002년에는 4월~6월에 걸쳐 20만 톤의 비료를 지원하였으며, 8월 27일부터 30일까지 열린 남북경제협력추진위원회 제2차 회의에서 식량차관 제공과 비료지원 등에 합의함에 따라 비료 10만 톤을 추가로 지원하였다. 아울러 WFP를 통해 옥수수 10만 톤과 WHO를 통해 말라리아 방역약제 및 장비 등도 지원하였다. 식량차관은 국내산 쌀 40만 톤을 2002년 말부터 2003년 초에 걸쳐 전달하였다.

1995년 쌀 15만 톤 지원 이후 2002년 말까지 정부차원에서는 긴급구호차원의 식량과 농업생산성 향상을 위한 비료품목을 중심으로 총 5,539억 원(5억 3,380만 달러)을 지원하였다.

4.2.2.2. 민간차원의 대북지원

첫째로, 초기 대북지원에 대해 살펴보자.

1995년 9월 14일에는 대한적십자사를 창구로 하는 민간의 대북지원 허용조치를 발표하여 민간단체의 대북지원 참여가 가능하도록 하였다. 다만, 대북지원이 초기단계임을 감안하여 전문구호기관을 통해 질서있고 효과적으로 추진될 수 있도록 지원창구를 대한적십자사로 일원화하였다. 이러한 조치를 계기로 대한 적십자사가 국내 민간단체 등으로부터 기탁받은 물품을 국제적십자연맹(IFRC)을 통해 전달하는 간접채널방식이나마 민간차원의 대북지원이 가능하게 되었다. 그 결과 1995년 당시 국내 민간단체들이 대한적십자사에 기탁한 지원금은 2억 9,500만원 상당에 달하였다.

1996년에는 범종단 사회단체인 「우리민족서로돕기운동본부」가 발족되는 등 종교단체들을 중심으로 북한수재민돕기운동이 전개되어 민간차원의 대북지원 활동이 활성화되는 계기를 마련하였다.

한편, 국제적십자연맹을 통하는 간접 전달방식의 지원은 비용과 시간이 많이 소요되는 비효율적인 방식임을 고려하여 남북간 직접 전달 방법을 추진하기로 하고, 1997년 4월 18일 강영훈 총재 명의로 남북적십자간 대표접촉을 제의하였다. 그 결과 두 차례의 남북적십자 대표접촉을 개최하여 5월 26일 「남북적십자 사이의 구호물자 전달절차에 관한 합의서」에 서명하는 한편, 옥수수 기준 5만 톤의 식량을 7월말까지 지원하기로 하였다.

그간 국제적십자연맹을 통한 간접지원 방식에 의존해 온 민간차원의 대북지원이 남북적십자간 직접전달 방식으로 전환되었으며, 남북간 구호물자의 직접 전달, 수송경로 및 대상지역 확대, 지원주체 명기, 지정기탁 등에 합의함으로써 민간차원의 대북지원과 관련된 제도적인 틀을 마련하게 되었다.

둘째로, 대북지원 활성화 조치에 대해 살펴보자.

1998년 3월 18일에는 대북지원에 참여하는 민간단체들의 자율성을 최대한 존중한다는 기본방침에 따라 민간단체들의 △대북 지원 협의 및 분배확인 목적의 방북을 허용하고, △협력사업 방식의 대북지원을 허용하며, △언론사 및 개별 기업체의 협찬/후원 및 이벤트 개최를 통한 모금행사를 허용하는 것 등을 내용으로 하는 대북지원 활성화 조치를 발표하였다.

이러한 조치에 따라 1998년 한 해 동안 대한적십자사를 통한 민간단체 개별지원 방식을 통해서 「우리민족서로돕기운동」 등 15개 단체가 35억여 원 상당의 물자를 북한에 지원하였다.

이러한 창구 다원화 조치는 민간단체의 자율성을 확대하여 대북지원 활동의 활성화 및 효율성을 제고하기 위한 것으로서, 이번 조치에 따라 필요한 물품을 적기에 지원하는 것이 가능하게 됨으로써 농업개발 등 민간단체의 개발지원사업이 좀더 용이하게 추진될 수 있게 되었다. 또한 대북지원 절차의 간소화로 준비기간 단축 등의 효과도 가져오게 되었다. 이번 조치 이후 1999년 12월말까지 「한국이웃사랑회」 등 10개 단체가 개별 독자창구로 지정되어 67억원 상당의 물자를 지원하였으며, 한적창구를 통해서 24개 단체가 157억원을 지원하여 1999년 한 해 동안 224억원(1,863만 달러) 상당액을 민간차원에서 지원하였다.

셋째로, 남북협력기금 지원 조치에 대해 살펴보자.

1999년 하반기에 접어들면서 민간단체의 대북지원 방향은 단순 식량지원에서 나아가 구호 및 개발사업을 통해 자생력 확보에 도움을 주는 방식의 지원을 실시하는 추세로 바뀌었다. 특히 어린이, 임신수유부 등 특수 취약계층에 대한 집중지원 프로그램을 개발하는 등 민간단체별로 지원분야를 특화해가면서 지원의 효율성과 전문성을 제고시켜 나가기 시작하였다.

2001년 2월 8일 「인도적대북지원사업처리에관한규정」을 개정하여 "대북지원사업자" 지정절차와 무상기증 농수산물 수송비 등 지원근거를 신설하고, 남북협력기금 지원사업에 대한 심사기준 및 자금 집행절차 등을 구체적으로 규정하였다.

예컨대 2002년 12월말 현재 남북협력기금 지원총액은 14개 단체의 18개 사업에 대해 124.6억원이며, 농수산물 지원 관련 수송비 지원액은 2001년 24.2억원, 2002년 15.8억원 등 40억원이 집행되었다.

2001년 민간차원 지원액은 19개 독자창구를 통한 558억원과 한적창구를 통한 286억원 등 총 844억원(6,494만 달러)이며, 2002년은 25개 독자창구를 통한 551억원과 한적창구를 통한 90억원 등 총 641억원(5,117만 달러)이다. 1995년 이후 민간차원의 대북지원 총액은 2,601억원(2억 1,308만 달러)에 이르고 있다.[106)]

106) 북한경제연감편찬위원회, 북한경제연감 2004, 2003, pp. 47-52 참조.

4.2.2.3. 북한의 미국 고립시키기

2001년 미국의 부시 행정부의 출범은 2000년 10.12 '조미 공동선언'의 이행을 사실상 불가능하게 만들었다. 2000년 말 울브라이트의 평양 방문과 조명록의 워싱턴 방문 그리고 북한과 미국의 '공동코뮈니케'의 발표에도 불구하고, 부시 정권의 출범은 클린턴 행정부의 대북정책을 원점에서 재검토하는 것으로 진행되었다. 일반적으로 정권이 바뀌면서 대외정책의 방향이 바뀌는 일은 자주 있는 일이지만, 그 전반적인 기조는 대체로 유지되어 왔다. 그러나 클린턴에서 부시로 이어지는 정권교체는 대북 정책의 방향을 180도 바꾸어 버렸다. 부시 행정부의 출범 이후, 미국 국무부는 2001년 3월 9일 '북한정권에 대한 정확한 현실인식', '전체 대북정책에 대한 재검토', '대북 검증과 점검', '북한의 무기확산활동 주목' 등 '대북정책6대원칙'을 발표했고, 이에 북한은 부시 행정부의 대북정책에 대한 강한 불신감을 갖게 되었다. 3월 9일의 미국 발표를 접한 북한은 3월 14일 대중매체를 동원하여 하루에 40회가 넘는 미국 비난의 방송을 내보내는 등 민감하게 반응하였다. 더구나, 3월에 열린 '한미정상회담'에서 김대중 정부의 대북정책에 대해 부시행정부가 강하게 제동을 걸면서, 남북관계 개선의 지속도 사실상 어렵게 되었다.[107] 또한 9.11이후, 북한이 미국에 성의를 보이는 행동 즉, '테레자금 조달억제에 관한 국제협약'과 인질억류방지에 관한 국제협약에의 가입(2001.11.12)에 대해서도 미국은 이를 평가절하하고, 오히려 북한을 아프칸 다음의 제2의 공격 대상으로 거론하는가 하면,

107) 2001년 3월의 김대중 대통령의 방미는 햇볕정책에 대한 지속을 보장받기를 원했던 것이나, 결과적으로 대북정책이 한미관계에 더욱 종속되는 상태를 가져왔다. 그 이후, 남북관계 역시 북미관계에 연동되어 진행되어 나가는 불안정한 상태가 지속되었다. 이는 햇볕정책이 미국을 제외한 여타의 국제적인 동의를 얻는데는 성공하였으나, 자주화에는 실패하였음을 의미한다. 또한, 남한 내의 보수세력들의 햇볕정책에 대한 지속적인 비판이 부시 행정부의 등장으로 더욱 더 강화됨으로써 남북 관계 전반에도 부정적인 영향을 가져오게 되었다.

2002년 부시의 연두교시에서는 북한을 '악의 축' 으로 포함시킴으로써 북미관계를 긴장으로 몰아갔다.[108)]

결국 북한은 통미봉남정책에서 통남봉미정책으로 전환하는 계기가 된다. 그러나 그 배후에는 시대와 상황에 따라 실리를 추구하는 기본 전략이 내재되어 있다. 북한을 가리켜 실리사회주의 국가 라고 성급하게 논하는 자도 있지만, 기본적으로 북한의 대외정책, 대내정책(7.1조치), 대남정책에는 실리추구라는 기본전략이 내재되어 있는 것이다. 1999년에서 2002년에 이르는 김정일의 새로운 모색기를 요약하면 실리외교, 실리추구로 정리할 수 있겠다.

4.3. 민족공조강화기(2003-2007현재)

4.3.1 민족개념에서의 두 시각

한국 사회는 다른 사회와 구별되는 다음과 같은 특이성을 가지고 있다.

①동일 혈연의 단일 민족 구성체로 존재해 온 역사적 실체라는 점이다.

②한국에서의 민족은 처음부터 국가적 구성체로서 존립해 왔기 때문에 다른 민족 사회에서처럼 여러 민족이 합쳐서 민족 국가로 결집되었거나 또는 흩어진 민족이 새롭게 결속되어 민족 국가를 형성한 것이 아니다. 그 보다는 처음부터 단일 민족으로 존속되어 왔고 그것을 바탕으로 하여 민족 국가를 형성하였다.

③한국에서의 민족은 문화사적인 동질성이나 관념적 가치 체계의 동일화적인 상황보다는 혈연적인 결속에 의하여 민족으로 존립되어 온 특징을 가지고 있으며 이러한 혈연적인 동질성도 쉽사리 조성될

108) 정영철, 전게서, pp.103-104.

수 있었다.[109)]

한국 민족의 이러한 인종적인 단일성과 문화적인 일치성은 쉽사리 민족 국가로 발전해 감과 동시에 민족 사회 내부에 별다른 갈등을 일으키지도 않았고 경험하지도 않았다. 이러한 민족적 역사성은 다만 타 민족 사회와의 대립을 통하여 비로소 민족으로서의 인식이 형성되기 시작하였다. 이러한 성격 즉 민족적 의식이 형성되기 시작했던 시기를 정확히 구분한다는 것은 대단히 어려운 일이다. 왜냐하면 처음부터 한국 민족은 민족으로 존재해왔기 때문이다.

한민족은 한국 민족의 혈연적 연대성을 가지면서 한국 사회에서 전통적인 가치관과 문화적 생활 양식을 직접, 간접으로 수용하고 있는 민족이라고 할 수 있다. 다만 민족은 한반도에서만 거주하고 있다는 제약적인 조건을 부여할 필요가 없다. 미국에 거주하고 있어도 심지어 소련에 거주하고 있어도 스스로 한민족으로서의 연대성을 가지고 있다면 한민족이라고 할 수 있다.

북한의 철학사전은 민족을 "언어, 지역, 경제생활, 문화와 심리 등에서 공통성을 가진 역사적으로 형성된 사람들의 공고한 집단이다"[110)]라고 규정하고 있다. 이러한 민족에 대한 정의는 스탈린의 민족관과 아무런 차이가 없다. 그런데 그 후 출판된 정치사전에는 "언어, 지역, 경제 생활, 혈통과 문화, 심리 등에서 공통성을 가진 역사적으로 형성된 사람들의 공고한 집단"[111)]이라고 하여 혈연을 민족의 특징 중 하나로 첨가하고 있다.

이처럼 혈통을, 민족을 특징짓는 조건의 하나로 첨가시킨 것은 스탈린의 민족 이론으로부터 제도 이탈일 뿐만 아니라 철학사전에 대한 자기 수정이기도 하다. 그러나 곧이어 민족의 개념을 규정한 뒷

109) 이상우,『통일 한국의 모색』, 박영사, 1988, pp.62-63.

110) 사회과학출판사, 철학사전, 평양, 1970, p.256.

111) 사회과학출판사, 정치사전, 평양, 1973, p.423.

부분에서 "민족은 생물학적 표징에 의하여 구분되는 인종과 다르다"[112)]라고 변의함으로써 혈통 조건을 스스로 부인하였던 것이다. 북한의 정치사전은 사회주의적 민족에 대하여 다음과 같이 정의하고 있다. "사회의 참다운 주인으로서 자주적이며 창조적인 생활을 누릴 수 있는 민족, 사회주의적 민족은 노동계급이 주권을 잡고 생산 수단의 사회주의적 소유에 기초하여 노동자, 농민, 근로인테리 등 사회의 모든 성원들이 서로 협조하고 방조하는 사회주의적 사회 관계의 기본을 이루고 있는 민족이다. 사회주의적 민족은……근로자들 사이에 정치사상적 통일이 이루어진 민족이다."[113)]

즉 사회주의적 민족은 노동 계급이 주권을 잡고 생산 수단의 사회주의적 소유에 기초한 사회주의적 사회 관계 속에서 정치사상적 통일이 이루어진 민족이라는 것이다.

이처럼 북한의 민족관에 의해 본다면 남북으로 분단된 우리 민족은 민족 구성의 공동성 문제를 논하기 이전에 이미 남한 주민은 부르조아 민족이고 북한 주민은 사회주의적 민족이라는 구분에 의해 같은 민족일 수 없다는 결론에 도달할 수밖에 없다. 이처럼 남북간에 상호이질화된 민족개념을 극복하고, 바람직한 열린 민족주의로 나아가려면 민족공동체를 형성해 나가는 또 다른 노력이 필요하다.

여기서 남북한간에 존재하는 공동체 형성을 위한 인식의 조정과 공동체적 삶을 함께 창조해가는 노력이 매우 요청됨을 알 수 있다.

북한이 남한에 의지하고 남한을 최대한 이용하면서 내세우고 있는 명분은 '민족공조'(民族共助)이다. 민족공조는 6·15 남북공동선언에 뿌리를 둔 것으로, '우리민족끼리' 공조해서 자주적인 대화를 하고 민족 공동의 이익과 번영을 위한 협력교류 및 내왕을 추진하며 '우리 민족끼리' 힘을 합쳐 단결된 힘으로 외부 세력에 공동대처하자는

112) 상게서, p.425.

113) 문화사, 사회과학강의, 1965, p.415.

것이다. 특히 핵 문제가 불거져 나온 이후부터 남한과의 '민족공조'를 유달리 강조하며 남한에 매달리고 있는 형국이다.

'민족공조 ' 논조의 시기별 변화를 살펴보자.[114)]

1980년대까지 북한의 '민족' 은 민족개념에 대한 스탈린의 정의에서 크게 벗어나지 못하였다. 1960년대 발행된 『조선말사전』에 의하면, 민족은 "언어, 지역, 경제생활 및 문화의 공통성에 의하여 표현되는 심리적 상태" 위에서 발생된다는 스탈린의 정의를 그대로 따르고 있다. 1964년의 『대중정치용어사전』에 따르면, "전 세계에서 공산주의가 실현되고 모든 민족들이 유일한 공산주의적 경제체제를 가지게 되면 점차 민족들의 합류가 실현될 수 있다."

민족의 개념은 1980년대 들어서 「고려민주연방공화국창립방안」과 함께 통일문제에 있어서 핵심적인 지위를 차지하게 된다.[115)] 1985년판 『철학사전』은 "민족이란 핏줄과 언어, 령토와 문화의 공통성에 기초하여 결합되면서 형성되기 시작하였다"고 정의하였다. 이와 같은 '민족' 의 중요성이 증대되는 경향에도 불구하고 80년대 중반까지 김정일은 "우리 공산주의자들이 민족주의자로 될 수는 없습니다. 공산주의자들은 참다운 애국주의자인 동시에 참다운 국제주의자입니다"라고 강조함으로써 민족주의자로서 인식되기를 거부하였다.[116)]

이처럼 민족개념을 중요시 여기지 않고 있던 김정일이 1990년대 들어서부터 변하기 시작했다. 90년대 들어서 김정일은 민족의 기본 징표로서 핏줄, 언어, 지역의 공통성을 제시하고, 이 가운데서도 언어와 핏줄이 가장 중요하다고 하였다. 즉, 같은 지역에서 살아도 핏

114) 이성구,『민족통일론』, 법문사, 2001, pp.349-352 참조.

115) 정영철, "북한 민족주의의 전개와 그 특징: 1980년대와 1990년대를 중심으로," 『현대북한연구』4권 2호(2001), p. 239.

116) 상게서, p. 244.

줄과 언어가 다르면 민족이라 할 수 없고, 해외에서 살아도 동포들은 다 같은 조선민족이라고 말하였다.[117] 즉, 김정일은 민족이란 "사회력사적으로 형성된 사람들의 공고한 결합체이며 운명의 공동체"라고 규정하면서, 혁명과 건설은 나라와 민족을 단위로 하여 실현된다고 주장하였다.[118]

김일성 사후 김정일의 '민족'에 대한 강조는 더욱 강화되었음을 1997년부터 연이어 나온 김정일의 문헌에서 찾아 볼 수 있다. 김정일은 체제위기의 현실을 감안, 계급문제 해결보다 민족성을 부각하면서 민족주의가 체제의 중요한 이념적 좌표임을 강조한 바 있다.[119] 김정일은 민족은 영원하지만 계급은 영원하지 않다고 인식함으로써, 사회가 발전하고 공산주의 사회에 이르면 민족 자체가 소멸될 것이라는 스탈린의 주장과 반대편에 서게 된다. 요컨대, 계급과 계층은 사회에서 차지하는 지위와 역할에 따라 변할 수 있어도 사람들의 운명 공동체인 민족은 영원하다는 것이다.[120]

김정일은 "사상과 신앙의 차이, 자본가, 군장성, 집권 상층여부와 관계없이 지난날 민족 앞에 지운 죄를 뉘우치고 통일의 대오에 나설 것을" 촉구하면서,[121] 조건부의 남북관계 개선 및 대외관계 개선을 주장하였다. 즉 남한에게는 반북대결정책을 연북화해정책으로 바꿀 것과 국가보안법 철폐 등을 주장하였다.

1998년 신년 공동사설에서도 북한은 "남조선에서 근본적인 변화

117) 김정일, "민족문제에 대한 올바른 리해를 가질 데 대하여(김일성종합대학 학생들과 한 담화, 1960. 10. 4)," (평양: 조선로동당출판사, 1999).

118) 김정일, "인민대중중심의 우리식 사회주의는 필승불패이다(1991.5.5.)."『김정일선집 11』(평양: 조선로동당출판사, 1997), p. 47.

119) 김정일, "혁명과 건설에서 주체성과 민족성을 고수할 데 대하여(1997.6.19)"『김정일선집 14』(평양: 조선로동당출판사, 2000).

120) 조성박, 『김정일 민족관』(평양: 평양출판사, 1999), p. 233.

121) 김정일, "위대한 수령 김일성 동지의 조국통일 유훈을 철저히 관철하자(1997.8.4)"『김정일 선집 14』(평양: 조선로동당출판사, 2000), p. 350.

가 일어나야 한다"는 것을 재차 강조하였다. 4월 18일 "온 민족이 단결하여 조국의 평화통일을 이룩하자"(세칭 「4.18서한」)에서 김정일은 「민족대단결 5대방침」제시를 통해 김대중 정부의 대북 3원칙에 대응하고 김정일의 통일의지를 과시하려고 하였다.

요컨대 북한이 「10대강령」과 「5대방침」 등에서 강조하고 있는 '민족대단결'은 통일의 맥락에서이며, 반미·반정부 투쟁을 위한 통일전선의 확대를 의미하는 것이라고 할 수 있다. 체제유지적이고 방어적인 입장에서 민족주의를 사회주의와 결합하여 '우리식 사회주의'와 '조선민족제일주의'로 상징되는 민족주의적 사회주의를 전면에 내세우기 시작한 것이다.

1998년 김정일의 공식승계 이전 북한은 미국과의 관계개선 노력 속에서 남한을 철저히 배제하는 소위 '통미봉남' 정책을 유지하였다. 그러나 김정일의 공식승계를 계기로 전술적 변화를 보였다. 즉 시급히 필요한 식량과 외화의 획득을 위해 기존의 전투적인 대남전략보다는 유연한 대남전략을 전개하여 왔다.

'민족대단결' 역시 통일의 맥락에서 크게 벗어나지 않았고 반외세적·반정부적인 것이었으나, 통일전선전술의 개념을 확대하여 남한 자본가들과의 협력을 위한 명분을 확보하고자 하였다. 즉 공산주의 특유의 평화공존논리를 경제지원을 획득하기 위한 경제협력 논리로 전환하였다.

북한은 「6·15남북공동선언」이 "민족자주통일선언으로 민족끼리 힘을 합쳐 자주적으로 조국통일을 이루자는 것을 온 세상에 천명한 것이다"고 주장하면서 남북관계의 진전을 강조하였다. 무엇보다 통일의 방법과 형태 및 남북협력에 대한 당국간 공조의 가능성을 열었다.

2001년 부시 행정부의 등장 이후 북·미 관계가 긴장되면서 북한은 보다 적극적으로 민족공조를 주장하기 시작하였다.

2002년 신년공동사설에서 북한은 '민족공조'란 용어를 처음 사용하였으며, 2002년 2월 한미정상회담에서 논의된 대북문제와 테러문제 등에 대한 한미협력에 대하여 불만을 표시하면서 한국의 국제공조에 대하여 반발하였다.

2002년 핵위기 이후 북한의 '민족공조'론은 보다 적극성을 띄기 시작하였다. 이전의 민족공조가 남북통일의 맥락과 남한으로부터의 경제적 지원확대를 위한 것이었던 데 반해서, 핵위기 이후는 보다 적극적으로 반미를 위한 민족공조를 강조하였다.

선군정치와 우리민족제일주의가 북한뿐만 아니라 남한까지도 대상으로 확대되었다. 정부, 정당, 단체 연석회의(2004.1.19)에서 "올해 민족제일주의 기치 밑에 조선민족 대 미국의 대결구도를 실천으로 해결하고 자주통일의 활로를 열어나가기" 위해 우리민족제일주의 고취, 미국의 민족 이간 책동에 맞서 민족공조 실현, 민족의 안녕과 평화를 지키기 위한 반미성전, 6 · 15공동선언의 철저 구현, 선군정치 지지 등 5개 항목을 제시하면서, 민족공조를 강조하였다.

요컨대, 북한의 '민족공조'론은 당국간의 공조까지도 포함되는 등 그 범위가 확대되었고, 노골적으로 한국의 반미를 요구하는 데까지 이르게 되었다.[122)]

이처럼 민족공조전략이란 북한이 지속적으로 추진해 온 통일전선전술의 일환으로 통일문제를 남북의 우리민족끼리 해결할 수 있다는 심리를 고양함으로써 미국의 한반도 문제에의 개입여지를 축소시키는 동시에 한 · 미 관계를 이간하고 남한의 국론분열을 도모하는 대남전략으로 정의할 수 있다.

2000년 6월 남북정상회담과 6·15 남북공동선언은 북한의 복합적인 전략의 소산으로 볼 수 있다. 북한은 이를 통해 김정일의 지도력과 체제우월성 선전에 활용할 수 있는 좋은 소재를 얻었을 뿐만 아

---

122) 최진욱, 『김정일 정권과 한반도 장래』, 한국외대 출판부, 2005, pp. 268-275.

니라 남북관계의 주도권 확보 및 남한으로부터 경제지원을 도출할 수 있는 근거를 마련함은 물론 대외관계 개선을 가속화하고 국제사회로부터 경제지원을 도출할 수 있는 여건을 확보하였다. 이와 함께 북한은 한반도 평화에 대해서는 미국과 해결한다는 기존 입장을 고수하여 공동선언에 '평화' 조항을 의도적으로 제외시켰고, '자주통일'을 내세워 언제든지 외세배격과 주한미군 철수를 주장할 수 있는 근거를 확보하였다. 특히 북한은 공동선언 제1항에 북한이 금과옥조로 견지해 온 '자주통일'을 명시함으로써 김정일이 통일문제를 주도하고 있음을 내세우고, 민족공조전략의 새로운 토대를 마련하게 되었다.[123]

북한은 2000년 12월 6·15 공동선언 발표 6개월을 총화하면서 남북정상회담과 공동선언에서의 김정일의 주도적 역할을 부각하고, 6·15선언의 본질을 민족자주선언으로 규정하는 한편, 남한의 보수세력이 공동선언의 이행을 저해하고 있다고 비판하였다. 북한은 2001년 공동사설을 통해 "6·15 북남공동선언은 조국통일3대원칙에 기초하고 있는 자주, 평화통일, 민족대단결 선언이며 21세기 조국통일의 리정표이다"라고 규정하고, 외세와의 공조가 아닌 동족과의 공조, 연방제방식의 통일 지향, 민족대단결에 저촉되는 제도적·법률적 장애 제거를 주장하였다.[124]

북한은 당국간 대화에는 소극적인 입장을 보였으나, 2001년 3월 정주영 사망시 조문단 파견, '5·1절 통일대회', 7월 '남북통일농민대회', 8월 '2001년 민족통일대축전' 등 민간차원의 행사 개최에는 적극적인 입장을 보였고, 6월 2일과 3일에는 정전협정 체결 이후 처음으로 북한 상선의 제주해협 무단 침범도 야기하였다. 북한이 남북정상회담 이후 남북당국간 대화의 지속 또는 단절과 관계없이 남한

123) 박영규, 『김정일 정권의 안보정책: 포괄적 안보개념의 적용』, 통일연구원, 2003, pp. 86-87.

124) 『로동신문』, 2001년 1월 1일.

과 민간차원의 각종 대회와 행사 개최에 적극적인 입장을 보이고 있고, 이를 통일운동이 고양된 것으로 평가하고 있는 것은 민족공조전략 추진을 입증하는 예이다.[125)]

'민족공조'라는 말이 남북관계에서 이따금 오르내리기는 했지만 본격적인 화두로 등장한 때는 2002년 10월 28일이다. 미국 측의 일방적인 '북한 핵개발 계획 시인' 발표에 대해 줄곧 침묵을 지켜 온 북한은 2002년 10월 25일 외무성대변인의 담화를 통해 미국의 '선(先) 핵개발 계획 포기' 요구를 거부하면서 공세적인 태도로 돌아선데 이어 10월 28일 조국평화통일위원회의 담화를 통해 핵문제를 거론하며 '민족공조'를 본격적으로 언급하기 시작했다. 담화는 핵개발 파문에 대해 "민족최대의 위업인 조국통일도 가로막고 좋게 발전하는 북남관계도 뒤집어 엎으려는 간악한 흉계로부터 나온 것"이라며 "남(南)이 불편할 때 동족인 북(北)이 편안할 수 없고 북이 불편할 때 동족인 남이 편안할 수 없다"며 민족공조를 강조했다. 이는 북한 핵문제에 대해 남한과의 민족공조를 주장한 것이다. 북한은 미국이 핵문제를 빌미로 남북관계 개선에 제동을 걸고 있으므로 통일을 반대하는 미국에 공조하는 것은 우리 민족의 이익을 침략자에게 맡기는 매국적 행동이라고 비난하면서 '온 민족이 선군정치를 옹호할 것'을 주장하였다.[126)]

이러한 북한의 민족공조전략은 남한을 끌어들여 핵문제에 대처하려는 의도에서 나온 것으로 북한은 남한 내부의 반미분위기 확산을 위해 적극적으로 노력하였다.[127)] 이를 입증하는 예로는 북한이 2003년 신년공동사설을 통해 "온 겨레는 〈우리 민족끼리 힘을 합쳐 자주통일을 앞당기자〉라는 구호를 높이 추켜 들고 조국통일운동을 더욱

125) 박영규, 상게서, pp. 89-91.

126) 『로동신문』, 2002년 11월 25일.

127) 박영규, 전게서, pp. 93-94.

활성화해 나가야 한다"고 강조하고, 한반도의 대결구도를 '북과 남의 조선민족 대 미국' 이라고 규정한 점을 들 수 있다.[128)]

민족공조는 한국 정부가 북핵 문제 해결을 위해 미국 등과 공조하는 이른 바 '외세공조'와 대비되는 개념으로, 조평통 조충환 부국장은 2003년 6월 조선신보와의 회견에서 남한 정부가 외세공조로 나간다면 남북관계에 장애가 조성될 수도 있다고 경고한 바 있다.

북한은 조평통 담화 이후 2003년도 대내외 정책을 밝히는 1월 1일 신년공동사설을 통해 '민족공조'를 대남정책의 기조로 사실상 공식화했다. 신년공동사설은 "우리민족이 조국통일운동에서 높이 들고 나가야 할 표대는 어제도 오늘도 앞으로도 6·15 북남공동선언"이라고 내세우고 "조국통일운동의 성패는 북남공동선언의 기본정신인 '우리민족끼리'의 이념을 어떻게 고수하고 구현해 나가느냐에 달려 있다"고 강조했다. 공동사설은 이어 "조선반도에서 전쟁위험을 막고 평화를 수호하는 것이 절박한 민족적 과제"라고 강조하고 "현시기 조선반도에서의 대결구도는 북과 남의 조선민족 대(對) 미국이라고 볼 수 있다"며 핵문제 해결 구도를 '남북한' 대 미국으로 규정지었다. "미국이 우리에 대한 핵 선제공격을 공공연히 떠들면서 반(反)공화국 압살책동을 광란적으로 벌리고 있으며 이로 인해 북남 화해분위기가 흐려지고 평화가 엄중히 위협당하고 있는 만큼 북과 남, 해외의 전체 조선민족은 미제의 무분별하고 모략적인 전쟁책동에 온 민족의 단합된 힘으로 단호한 반격을 가해야 한다"는 것이다. 또 "북과 남이 화해와 단합, 통일의 길로 나가고 있는 오늘날에는 동족이 동족을 반대하여 정세를 긴장시키고 평화를 파괴할 그 어떤 이유와 조건도 없다"고 강조했다. 사설은 "핏줄도 하나, 언어도 하나, 문화도 하나, 역사도 하나인 우리민족에게 있어서 민족공조는 당연한 이치이며 생존방식"이라면서 "우리는 민족공동의 이익을 첫 자리에

128) "위대한 선군기치 따라 공화국의 존엄과 위력을 높이 떨치자,"『로동신문』, 2003년 1월 1일.

놓고 모든 것을 여기에 복종시켜나가자"고 강조했다.

〈표 4-1〉 2003년 신년사 어휘빈도수

김일성	김정일	강성대국건설	경제강국건설	미국	미제	민족공조	민족의자주권	민족자주	반미	백두	붉은기	사회주의	사회주의강성대국건설	선군	우리민족끼리의이념	우리식사회주의	일심단결	제국주의(반제)	주체	현지지도
4	11	11	2	3	3	2	1	1	2	3	2	21	2	24	1	2	6	14	12	1

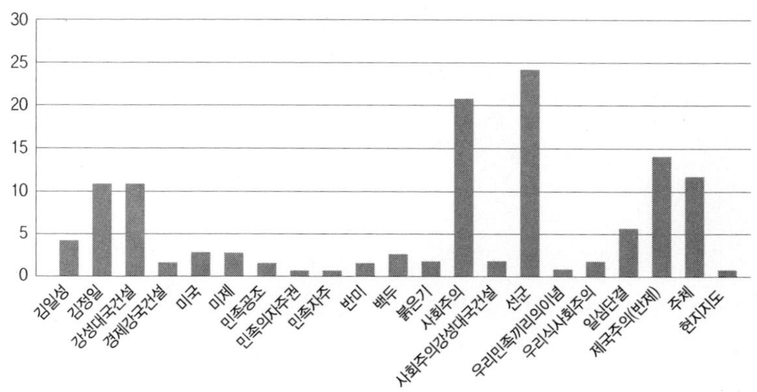

2003년 신년사를 분석해 보자. 〈표 5-1〉에서 보면 드디어 '사회주의' 담론이 '선군' 담론에 추월당하는 형국을 보게 된다. '붉은기', '우리식 사회주의'가 퇴조하고 '선군'이 무려 24회로 어느 담론보다도 가장 빈도수가 많은 사실을 볼 수 있다. 또한 김일성, 김정일의 호칭도 빈도수 면에서 크게 위축되고 있으며 '강성대국', '반제국주의', '주체' 담론이 간헐적으로 사용된 사실을 보게 된다. 이것은 사회주의 이데올로기보다 '군 우위' 정체는 물론 '군부 우위'의 정체로 가고 있는 증좌라 하겠다.

〈표 4-2〉 2004년 신년사 어휘빈도수

김일성	김정일	강성대국건설	경제강국건설	미국	미제	민족공조	민족의자주권	반미	백두	사회주의	선군	우리민족끼리의이념	우리식사회주의	우리식의국가정치체제	일심단결	정치사상진지	제국주의(반제)	주체	총대
7	13	13	1	8	1	3	3	2	1	14	40	1	1	1	4	1	12	18	3

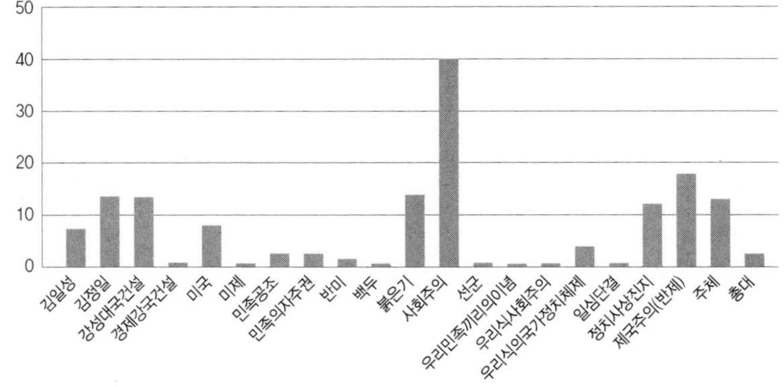

2004년에 오면 더욱 그 특징이 두드러짐을 알 수 있다. 즉 '선군'이 무려 40회나 반복되고 단연 우위에 서게 된다. 그것을 뒷받침하는 '주체'가 그 다음인 18회나 반복되고 있음은 '주체'에 기초한 왕조건설+군국체제 건설을 목표로 하고 있음을 알 수 있다. 그러면서 한국에 대한 호칭은 사라지고 미국 8회, 미제, 반미 등 미국에 대한 언급이 지면서 남한은 민족공조, 민족자주권 등의 표현으로 은유될 뿐이다. 여기서 주목할 것은 '우리식 사회주의'가 한 번 거론되었을 뿐이며 우리식 국가정치체제로 강성대국(14회 호칭)건설을 위한 선군(39회 반복)의 정치가 되어야 한다며 '주체'를 부각시키고 있다는 사실이다. 강성대국 담론보다도 김정일에 대한 호칭을 퇴조시킨 것은 이제 어느 정도 왕조체제건설에의 자신감의 표현이라고 보며

2005년 김일성, 김정일 호칭을 동등화(7:7), 동질화시킴으로써 당, 군, 청년의 차원에서는 그 왕제를 정립시키고자 하는 강한 욕구를 볼 수 있겠다.

죽은 김일성을 헌법상 영원한 국가주석으로 존치시키고, 김정일 자신은 강성대국건설 역조인 국방위원장으로 대비시켜 2왕제적 군국정치의 구축을 강력히 주창하고 있다고 본다. 스파르타의 2왕제 군국정치를 닮아가고 있다기보다는 스파르타 군국체제적 성격과 궤를 같이하는 측면이 많다 하겠다.

〈표 4-3〉 2005년 신년사 어휘빈도수

김일성	김정일	강성대국건설	광폭정치	남조선	미국	미군철수	미제	민족자주공조	반미	반전평화공조	백두산	선군	어머니당	어머니조국	우리민족끼리	인덕정치	일심단결	제국주의(반제)	주체	통일애국공조
7	7	10	1	1	3	1	3	3	1	4	1	44	1	1	2	1	12	4	14	5

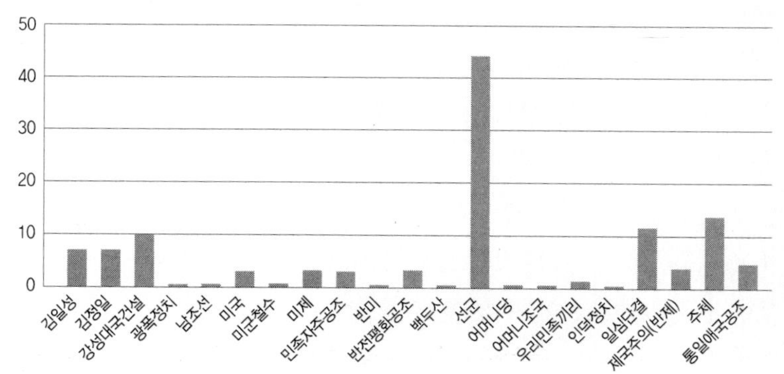

2005년 비로소 북한은 선군에 기초한 군국주의를 완비하고 2왕제의 균형을 추구하게 된다. 강성대국건설이라는 담론을 통하여 강력한 군사체제 하에서 경제변혁을 추구하기 위하여 이제는 김일성

시대 때 이데올로기 기제로 사용된 사회주의는 수식어가 되어 버렸다. 예컨대 사회주의 강성대국이라는 표현이 그것이다. 이제는 구차하게 '우리식 사회주의'란 이데올로기도 자취를 감추고 있고, 통일 대상국으로서의 남조선이란 표현도 호칭으로서가 아니라 「남조선의 주한미군」이라는 주한미군을 설명하려는 수식어로 전락해 버렸다. 남한에 대한 호칭은 '미국', '미제', '미군철수', '반미'의 수식어일 뿐 민족공조라는 블랙홀에 용해되었다.

이제는 버젓이 김정일은 '백두' 광폭정치, 인덕정치의 '위대한 지도자'로 부각되고 남한은 북한을 통일애국공조하는 들러리로 변신된다. '민족자주공조', '반전평화공조', '통일애국공조' 차원에서 간접적으로 기술되고 있을 뿐이다.

2005년 신년사는 농업제일주의를 강력히 주창하고, 경제영역에서는 유독 농업문제를 부각시키고 있다. 이는 식량 문제의 해결 없이는 지속적으로 국제사회나 한국에 대해 구걸행각을 하지 않을 수 없고, 식량, 농산물이 물가 교란의 가장 중요한 원인으로 파악했기 때문이다. 비교적 다른 계층보다 그래도 사정이 나은 농민들의 임금이 2003년 기준으로 2,300원인데 이는 2002년 7월 1일 경제조치로 19배 인상된 가격이다. 당시 1달러가 북한 화폐로 670원이면 19배 인상된 월급으로도 약 3.43달러에 불과하다.

평양 농민시장에서 북한 달걀 1알이 23원으로 칠 때 한 달 월급으로 100알을 살 수 있는데 7·1조치 이전에는 한 달 월급으로 3알의 달걀밖에 못 샀으니 일러 무엇 하랴.

현재 북한은 1달러에 북한 돈으로 3600원 정도가 된다고 하는데 북한의 주요 숙련근로자 월급이 2300~2400원이니 계산해 보면 유추할 수 있다. 실제로 식량이 부족하여 중국에서 수입해 오고 있는 실정이다.

아직도 '주체'를 9번이나 언급하고 있는데 이는 '주체'를 연호로 사용하는 북한에게는 김일성, 김정일 왕조 체제를 지속하려면 어쩔 수 없는 이데올로기 명분으로 볼 수밖에 없다.

〈표 4-4〉 2005년 중앙보고대회 어휘빈도수

김일성	김정일	강성대국건설	미국	미제	반미	백두	사회주의강성대국	선군	일심단결	정치사상진지	제국주의(반제)	주체	총대
6	29	2	5	2	3	3	8	80	3	3	10	3	7

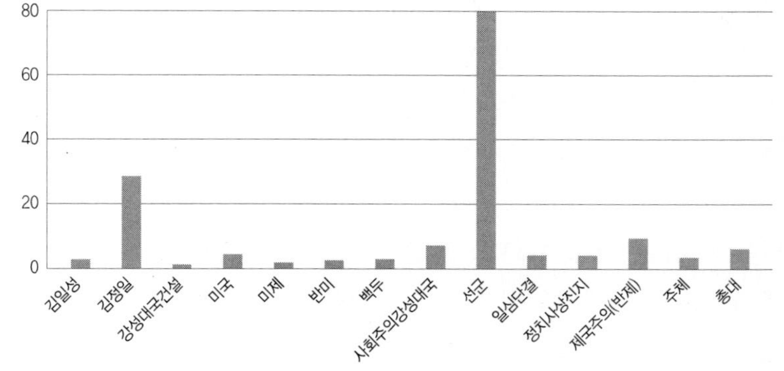

전술한 〈표 5-4〉 노동신문, 조선인민군, 청년전위에 의한 공동사설을 보고 지금 분석하려는 중앙보고대회 담론의 빈도수를 비교해 보면 〈표 4-13〉에는 42회의 선군담론이 제기되나 중앙보고대회에서는 무려 80번이나 나타난다.

대체로 신년사의 정신을 계승하여 중앙보고대회의 보고도 하기 마련인데 특이한 점이 두 가지가 드러난다. 첫째로 '선군'에 대한 용어가 배나 차이나며 김일성, 김정일 호칭이 공동사설에서는 균형을 이루나(8:8) 중앙보고대회에서는 6:29로 김정일이 크게 우세하다는 사실이다. 금년에는 특이하게 예년에 없던 중앙보고대회를 국방위원회 위원이며 조선인민군 차수, 인민무력부장 김일철이 기념보고 형식으로 보고를 했다는 사실이다. 노동신문, 조선인민군, 청년전위의 공동사설을 뒤로 하고 또다시 같은 1월 1일 다른 강도의 연설을 어떻게 평가할 것인가? 지금까지 '선군'은 군을 중시하는 의미로 해석하고 아직도 북한은 당우위국가라는 논리는 매우 나이브한 분석이라 아니할 수 없다. 북한은 군부우위의 사회가 되었음을 알 수 있다. 혹자는 군인이니까 선군을 강조할 수 있다고 변명할지 모른다. 그렇다면 김일성, 김정일 호칭 빈도수 8:8과 6:29를 어떻게 설명할 것인가?

북한의 경우, 단어 하나 언어 하나에도 어떤 합의 없이는 사용할 수 없는 나라다. 예컨대 '일편단심' 단어 하나만 보더라도 단순한 말이 아니라 그 말을 이데올로기화해서 사용하며 매년의 빈도수 하나하나 칼로 재듯 사용하고 있다. 하물며 당을 기조로 하는 공동사설에서 김부자 호칭을 8:8로 균형을 이루어 놓은 것을 6:29로 바꾼 것은 북한 군부의 위상 강화는 물론 군부가 탈권을 어느 정도 실현했다는 해석이 가능하겠다. 북한 군부가 김정일을 가리켜 몇 차례 원로라는 칭호를 하고 있음은 김정일을 앞세워 군부가 정치일선에 나섰다는 해석도 조심스럽게 예단할 수 있다.

다른 사설에 총대란 표현은 써도 2005년 공동사설에는 총대란 표현을 애써 자제했는데도 김일철 인민무력부장은 총대란 표현을 7차에 걸쳐 반복 사용하고 있는 것이다.

북한의 핵문제를 핵카드로 활용, 경제적 실리를 챙겨 온 북한인데, 군부의 책임자가 당의 수준을 뛰어넘어 총대, 선군을 강조한 것은 군의 정치화가 제도화되지 않고는 북한과 같은 이데올로기 국가에서는 엄두도 내기 어렵다고 본 것이 지금까지의 한국학계의 대체적 견해였다고 본다. 따라서 '군의 정치화', 즉 군국체제의 정착의 한 예로 볼 수 있다. 또한 군 중시 속에 경제성장을 추구하겠다는 결의로도 해석할 수 있다.

이제 북한은 김일성 시대 때 추구해 온 사회주의, 통일의 이데올로기는 이상주의로 치부되고 김정일 시대로 넘어와 김일성 사후 10년이 지나면서 김정일 왕조를 제도화하면서 군부체제를 통한 경제건설에 치중하게 되었다. 민족공조를 앞세워 한국정부와 한국 국민들에게 김일성 민족에 기초한 통일 추구를 위해 상부통일전선전술과 하부통일전선전술을 집요하게 구사하고 있음도 유념해야 한다.

북한의 권력 서열 2위인 김영남 최고인민회의 상임위원장은 8월 16일 8·15 민족대회에 참가한 남측 인사들을 면담하는 자리에서 "이번 대회는 대외의 정세와는 관계없이 우리 민족끼리 힘을 합치고 단결된 힘을 합쳐 통일의 길을 따라 전진하고 있다는 것을 내외에 과시한 행사"라며 민족대단결을 통한 '민족공조'의 필요성을 강조했다.

북측은 2004년 들어서도 '우리민족끼리'와 민족공조를 강조하고 있다. 6·15공동선언 발표 4돌을 맞아 서울에서 열린 국제토론회에 참석하기 위해 서울에 온 이종혁 조선아시아태평양평화위원회 부위원장은 6월 14일에 있은 환영만찬에서 만찬사를 통해 "그동안 6·15의 닻을 올린 통일의 배는 거치른 풍랑과 폭풍우를 뚫고 '우리 민족끼리'의 항로를 따라 멀리 전진해 왔다"며 "외세에 의해 강요된 대결의 시대는 막을 내리고 6·15시대, 자주통일의 시대가 열렸다"고 주장했다.

10월 12일 평양방송은 한반도의 대결구도는 '조선민족 대 미국'이라고 주장하면서 "민족제일주의의 기치 밑에 민족공조로 자주통일의 활로를 열어나가야 한다"고 강조했다. 북한은 또 한미공조 등을 이유로 남한을 비난하는 동시에 다른 한편으로는 남북공조를 촉구하는 이중성도 보이고 있다. 10월 5일자 노동신문은 "오늘 조선반도에서 현실화되고 있는 조선민족 대 미국의 대결은 평화옹호세력 대 전쟁세력의 대결이며 민족의 공조는 조선반도에서 평화애호 역량의 힘을 강화하기 위한 강력한 수단"이라면서 "평화를 지키자면 '친미공조'가 아니라 '민족공조'를 해야 한다"고 말했다. 조평통도 10월 1일 한미관계가 "평등한 동맹이나 진실한 우방관계가 아니라 정치경제 군사 등 모든 분야에서 철저히 지배하고 지배당하는 주종관계, 종속관계"라며 "망국과 분열의 공조관계이자 전쟁공조관계인 남조선미국 사이의 관계를 60년을 넘겨서는 안된다"고 주장했다. 북한이 이렇듯 대남 비난과 민족공조를 동시에 내세우는 것은 한미공조에 대한 불만의 표시로 볼 수 있다.[129)]

또한 한국으로 하여금 한미동맹, 한미공조를 하지 말고 남북공조를 통해 북한의 반미, 반제국주의 노선에 협력할 것을 촉구하는 의미가 있다. 또한 한미동맹을 균열시켜 반미노선을 강화하고 유사시에 한민족공조를 통해 반미통일을 실현하겠다는 장기적 포석으로 볼 수 있다.

경쟁이 열려있지 않은 사회는 쇠퇴한다. 소련이 그러했고 동구라파가 그러했다. 서비스가 상품이 되는 사회가 21세기이다. 중앙의 통제기제와 계획이 아무리 완벽해도 국민의 자율적 선택이 보장되고 지도자를 내 손으로 뽑는 선택의 자유가 없이는 민주주의도 경제도 제대로 작동되지 않는 것이다.

국가도 마찬가지로, 되도록 많은 사람들에게 성공할 수 있는 길을 열어주는 나라가 성공한다. 히틀러가 패배한 원인은 바로 폐쇄적 민족주의에 몰두한 폐쇄적 시스템 때문이다.

민주공동체, 민족공동체와 같은 열린 사회, 열린 민족주의로 나아갈 때 인류와 함께 평화 공동체도 실현될 수 있는 것이다.

지역주의를 극복하고 군대화를 실현시키기 위해 민족자각을 통해 민족공동체 형성을 통한 민족통일을 실현해야지, 우리민족끼리, 김일성민족에의 공조라는 왕조세습적 폐쇄 민족주의체제는 발전형시

---

129) 『북한연감』2005 개정증보판, 서울신문사, 2004, pp. 100-102.

관이 아닌 과거 군국주의로의 도피적 행태를 낳고 전쟁상태 속의 도피형 시관을 강요하는 결과를 초래하고 결국 국운의 쇠퇴를 결과할 뿐이다.[130)]

이러한 의도와 함께 북한은 민족공조전략을 내세워 남한으로부터의 경제지원 획득에도 주력하고 있다. 북한은 경제회생뿐만 아니라 재도약을 통한 강성대국 건설을 위해서는 외부의 경제지원이 불가피하다는 인식 하에 남한으로부터 대규모 경제지원을 획득하고자 하는 경제적 실리추구를 적극 추진하고 있다. 북한은 6·15공동선언 4항에 "경제협력을 통한 민족경제의 균형발전"을 명시함으로써 남한으로부터 경제지원을 도출할 수 있는 근거를 마련한 바 있다. 북한의 민족공조전략의 목표 가운데 하나가 남한으로부터의 경제지원 획득에 있다는 것은 앞에서 논의한 김용순의 글에서 "협력과 교류, 래왕을 해도 민족공동의 리익과 번영을 위한 협력과 교류, 래왕을 추진시켜야 한다"는 입장에서 유추할 수 있다. 또한 북한은 2003년 9월 27일 '아태평화위' 대변인 담화를 통해 "앞으로 우리 민족끼리의 이념에 기초하여 남측 민간경제단체들과의 협력사업을 계속 힘있게 추진시켜나감으로써 민족의 단합과 통일을 앞당기는데 적극 이바지할 것임"을 밝히기도 하였다.[131)]

북한이 2002년 11월 금강산관광지구법, 개성공업지구법을 채택한 것은 남한으로부터의 자본 유입을 절실히 필요로 하고 있다는 점을 나타낸다.[132)]

북측은 이런 저런 이유를 들어 당국간 접촉과 민간교류를 중단시키면서도 개성공단개발과 금강산관광개발 등 실리가 있는 민간분야

130) 이한빈, 『국가발전의 이론과 전략』, 박영사, 1969, pp. 29-35.
Finer, Herman, Theory and Practice of Modern Government (New York: Henry Holt, 1949), pp. 23-24.

131) 『조선중앙방송』, 2003년 9월 28일; 통일부, 『주간 북한동향』, 제670호, p. 12.

132) 박영규, 전게서, pp. 95-96.

에서는 문호를 열어놓고 있다. 북측은 2004년 10월 11일 개성공단 지구 보험규정과 금강산관광지구 부동산 규정을 발표했다. 북한이 개성공단에 이어 금강산관광지구 부동산 규정을 발표함에 따라 금강산 내 투자가 활성화될 전망이다. 그동안 합의서 차원에서 이뤄지던 금강산 관광지구내 토지이용 및 건물 소유 등에 관한 내용이 규정으로 정해져 국내와 마찬가지로 부동산 취득, 매매, 임대, 상속, 양도, 저당권 설정 등이 가능해지게 됐기 때문이다. 또 금강산에 건물 등을 지어 투자할 경우 이에 대한 담보권이 국내에서도 효력을 발휘할 것으로 보여 투자를 위한 자금 조달도 용이해질 것으로 예상된다. 이처럼 개성공단 건설 사업이나 금강산관광 활성화, 대북 식량차관 제공 및 비료지원 등 자신들의 수요와 필요에 따른 경협이나 지원에는 비교적 적극적으로 나서고 있는 것이다. 이는 남북 당국간 회담이 열리지 않고 있는 가운데 북측이 이 같은 규정을 발표함으로써 경협을 축으로 한 남북관계는 지속하겠다는 의지를 보여주는 것으로 볼 수 있다. 북측은 기피대상 중 하나로 알려진 군사당국간 접촉을 먼저 제의했으며, 이에 따라 10월 7일 남북은 경의 · 동해선 임시도로를 운행하는 개성공단 업무 차량과 금강산 관광버스를 비롯, 인원 출입승인 개선 방안 등을 논의했다. 비록 이렇다할 성과는 없었지만 접촉 자체만으로도 의의가 있는 만남이었다. 북한은 또 남측 민간단체의 방북을 일체 허용하지 않으면서도 각종 지원물자는 전부 받아들이고 있다. 북한은 9월초와 10월 들어 3차에 걸쳐 가을비료 10t의 지원을 한적에 요청해 왔다. 이에 한적은 북측에 면회소 설치문제를 논의할 남북 적십자사 총재급 회담을 제의했으나 북측은 전화통지문을 통해 회담 개최에 대해서는 언급을 하지 않은 채 비료지원만을 요청하고 있는 것으로 전해졌다. 10월 20일에 있은 개성공단 관리위원회 개소식 및 시범단지 입주기업 공장 착공식에서 북측의 주동찬 중앙특구개발지도총국장은 격려사에서 “새로 창설된 개성공업지구관리위원회가 민족공동의 번영을 도모하는 입장과 자세로 공업지구를 빨리 건설하고 실리 있게 관리 운영해 통일을 앞당기는데 이바지해야 한다"면서 "올해 중 공업지구에서 민족공동의 첫 시범생산물이 나오기를 바라는 온 민족의 한결같은 염원대로 사업을 적극적으로 다그쳐 나가기 바란다"고 밝혔다. 대남 관계에서 정치 · 사회 · 문화 분야 교류와 경제협력을 구분해 나름대로의 정경분리 대응원칙을 세워놓고 있음을 짐작할 수 있다.

북측의 움직임 가운데 주목되는 것은 북측이 개성공단 등을 통해 당장의 돈벌이에만 급급한 인상을 주고 있다는 점이다. 개성공단 보험규정을 보면 보험 사업을 '공업지구 보험회사'가 하며 보험회사 지정은 '중앙공업기구 지도기관이 담당한다'고 밝히고 반드시 공업지구 보험회사의 보험에 가입하도록 하고 있다. 이는 남측의 개성공단 입주 기업으로부터 보험료를 챙기겠다는 의도로 볼 수 있다.[133]

〈표4-5〉 북한의 경제특구

구분	개성공업지구	신의주특별행정구	금강산관광지구	라진-선봉 자유경제 무역지대
위치	황남(동남부)	평북(북동부)	강원(동남부)	함북(북동부)
면적	66㎢	132㎢	약100㎢	746㎢
특구 지정일	2002. 11	2002. 9	2002. 11	1991. 12
특구 개념	공업단지	특별행정구	관광특구	경제무역지대
특구 설립	목적공업, 무역, 상업, 금융, 관광지 개발	금융, 무역, 상업, 공업, 첨단과학, 오락, 관광지구 개발	국제관광지	무역 및 중계수송, 수출가공, 금융서비스

133) 2005 개정증보판 북한연감, 서울신문사, 2004, pp.97-99.

구분		개성공업지구	신의주특별행정구	금강산관광지구	라진-선봉 자유경제무역지대
자치권	범위	독자적 지도 및 관리	입법, 행정, 사법	독자적 지도 및 관리	행정
	입법	–	입법회의	–	–
	사법	–	구재판소, 지구 재판소	–	–
	행정	지도 및 관리기관	행정부(장관)	지도 및 관리기관	지대당국
토지	소유주체	국가	국가	국가	국가
	개발주체	개발업자	행정구	개발업자	지대당국
	임차기간	50년	50년	–	–
사용화폐		외화	외화	외화	북한원
기업 소득세		14% (장려분야 10%)*	미정 (혜택 부여 예정)	면세	14%
비자 여부		무비자, 출입증명서 필요	비자발급	무비자, 출입증명서 필요	무비자, 초청장 필요

* 장려분야는 인프라 건설, 경공업, 첨단과학기술 분야

출처 : 『연합뉴스』, 2002년 12월 2일.

지금까지 민족공조론에 대해 분석한 결과 북한의 한미 간의 이중전략을 보게 된다. 한국을 배제하기 위해서 국제정치무대에서는 통미봉남을 추구하고, 이데올로기적 반제국주의 노선으로서 미국에 대항하기 위해서는 민족공조에 기초한 이남압미(以南壓美)정책을 추구하고 한국 정부와 국민으로부터 부족한 부분은 후르시초프가 구사했던 평화공존론을 한국에는 남북협조론에 기초하여 의남정책을 추구하고 있는 것이다.

1998년 헌법개정으로 북한은 김정일 체제를 본격적으로 출범시켰다. 김정일은 선군정치로 사회기강을 바로 세우고 경제개선조치를 통해 경제를 회복하려는 노력을 펼쳤다. 또한 1998년 8월 대포동미

사일 시험발사, 1999년 6월 서해교전 등으로 안보위기를 증대시키기도 했다.

이 시기동안 김대중 정부는 베를린 선언을 통해 남북경협을 시사했고 경제회복이 급선무였던 북한은 남측의 지원에 크게 고무돼 있었다고 할 수 있다. 그것은 2000년 6 · 15 남북정상회담을 가능케 했고 남북 양 정상은 통일문제를 자주 · 평화의 원칙 하에 점진적 · 단계적으로 추진하고 긴장완화와 교류협력의 활성화를 위해 노력하기로 합의했다.

전향적인 남측의 대북정책으로 남북관계는 화해협력 단계로 바뀌기 시작했다. 남북공동선언문에 따르면 남북은 첫째, 나라의 통일문제를 그 주인인 우리 민족끼리 서로 힘을 합쳐 자주적으로 해결해 나간다. 둘째, 나라의 통일을 위한 남측의 연합제 안과 북측의 낮은 단계의 연방제 안이 서로 공통성이 있다고 인정하고 앞으로 이 방향에서 통일을 지향시켜 나간다. 셋째, 올해 8 · 15 즈음해 흩어진 가족, 친척 방문단을 교환하며 비전향장기수 문제를 해결하는 등 인도적 문제를 조속히 풀어 나간다. 넷째, 경제협력을 통해 민족경제를 균형적으로 발전시키고 사회, 문화, 체육, 보건, 환경 등 제반 분야의 협력과 교류를 활성화하여 서로의 신뢰를 다져 나간다. 다섯째, 이상과 같은 합의사항을 조속히 실천에 옮기기 위하여 빠른 시일 안에 당국사이의 대화를 개최하기로 한다.

남북공동선언은 또한 김대중 대통령이 김정일 국방위원장을 서울에 방문토록 정중히 초청하였으며 김정일 위원장은 앞으로 적절한 시기에 서울을 방문하기로 한다고 밝히고 있다. 남북공동선언문에서 북한은 '우리민족끼리'라는 말을 계속 이념화(이데올로기화)하고 있음을 주시해야 한다. 남북공동선언 후 민족공조론을 부추겨 김일성민족을 주체 연호 사용과 함께 공공연히 사용하고 있음을 주목해야 한다.

미제국주의에 대항하기 위해 '민족대단결' 차원에서 우리민족끼리 단결하여 싸워야 한다는 논리로 사용되고 있는 것이다.

정상회담 이후 남북한 당국간 회담은 급속도로 재개되기 시작했다. 그러나 2002년 미국 부시대통령의 '악의 축' 발언과 함께 북한을 정권교체와 선제공격의 대상으로 선언하면서 한반도의 긴장이 고조되었다. 이후 2002년 10월 제2차 북핵문제가 발생하면서 남한은 북한의 핵개발 계획 포기, NPT 탈퇴선언 철회 등을 강력히 북한에 요구했다. 이에 북한은 미국의 대북 적대시정책 철회용의에 따라 안보상의 우려사항을 해소할 준비가 돼 있다고 입장을 밝힘으로써 남북관계는 또다시 냉각기를 걷게 된다.

당초 김대중 정부의 햇볕정책을 계승하겠다고 공약했던 노무현 대통령이 당선되자 남한은 통일정책으로 평화번영정책을 제시했다. 북핵문제의 악조건 속에서 노대통령의 평화번영정책은 한반도 평화증진과 남북한 공동번영 실현 및 동북아 공동번영 추구라는 두가지 목표를 설정하고 있었다. 여기서 한반도 평화증진은 북핵문제 해결이라는 토대 위에서 남북간 군사적 신뢰구축을 통해 한반도의 영구적인 평화체제 전환을 의미하는 것이었다.

그러나 남측의 의미와는 달리 북한은 2003년 10월 개최된 제12차 장관급회담에 무리수를 던지면서 회담의 진전을 기대하기 어렵게 했고, 2004년 7월 김일성 사망 10주기 조문불허, 집단탈북, 미 의회의 북한인권법 채택 등으로 남북관계는 1년 이상 중단된다.

이후 자카르타에서 열린 '아세안+3회의'에 참석한 이해찬 총리가 북측 김영남 최고인민회의 상임위원장에게 우리 정부의 입장을 설명하고 그 연장선상에서 2005년 5월 16일 개성에서 남북차관급회담을 개최, 평양에서 열리는 6·15 5주년 기념 민족통일대축전 행사에 장관급을 단장으로 하는 당국대표단 파견과 제15차 남북장관급회담 개최에 합의함으로써 중단된 남북관계의 새로운 돌파구가 마련됐다. 특사자격으로 북한을 방문한 정동영 통일부 장관은 김정일 위원장과 면담해 남북관계의 현안을 협의하고 12개항에 합의하기에 이른다.

1년여 동안 남북간 회담은 정치, 군사는 물론 경제분야까지 폭넓게 이뤄지고 있으며, 그것은 비단 정부뿐만 아니라 기업이나 민간 등으로 확대되고 있다. 특히 경협분야에 있어 개성공단에서 첫 시제품이 출시되는가 하면 금강산 관광객이 100만명을 돌파했고, 금강산에 이산가족면회소가 설립, 이산가족들의 화상상봉도 가능해졌다.

인권과 상호주의를 살펴보자. 최근 유엔에서 북한인권신장문제가 통과되었고, 한국정부는 이 문제에 기권하였다. 노대통령은 링컨대통령이 미국 노예문제를 시간을 두고 처리했다는 논리로 북 인권은 문제가 있지만, 시간을 두고 해결하자는 논지를 폈다. 노무현 정부는 김대중 대통령 때의 햇볕정책보다 물량면에서 더 엄청난 지원을 북한에 제공하고 있다. 평화와 번영을 위해서라고 한다. 2005년 북한에 비료와 식량 지원은 말할 것도 없고, 북한의 에너지 지원을 위해 남북기금 6500억원과 국채로 빌린 4500억원을 추가 제공하겠다고 한다.

인권신장은 민주화의 기초적 문제다. 무엇을 위해 마구 지원하는가에 대한 답변이 있어야 한다. 독일의 콜 수상이 동독과 통일할 때 철저한 상호주의를 견지한 것을 거울삼아야 한다. 공산주의 어느 나라에도 없는 왕조세습체제에, 그로 인해 북한 국민이 고통 속에 있는데, 무조건 지원하는 것 같은 인상을 국민에게 주어서는 안 된다.

끝으로 정경분리원칙에 대해 살펴보자. 김정일은 정경분리원칙에 의해 대남정책을 전개하고 있다. 김정일은 남한정부의 지원이 필요할 때에만 한국정부와 회담을 하고 그 외의 민간경제부문은 남한당국을 배제한 채 민간차원의 경제교류협력에 치중해 왔다.

V. 결론 및 전망

본 연구를 통해 북한의 대남정책은 대외정책, 대내정책과 밀접히 연관되어 있음을 본 연구는 입증되었다. 전체주의 독재정권의 특징이기도 하지만 오랫동안 권력세습을 완성하고, 당권과 군권을 장악해 운영해 온 김정일 정권이기에 더욱 가능하다고 본다.

김정일 대남정책의 제1목표는 역시 체제안보, 정권안보였음이다. 국제환경변화에 능동적으로 대응한 것이 북한의 핵카드였다. 핵문제를 다자안보틀인 6자회담으로 수렴시켜 결국은 북미구도로 수렴시켜 통미봉남정책을 구현하고, 안보를 구실로 선군정치를 제도화하여 사회주의 강성대국건설, 군국정치실현을 목표로 삼는다. 부시정권때는 악의축에 북한이 포함되자 반제국주의노선을 다시 들고나와 실패한 내정불만을 밖으로 전환시키고 민족공조론으로 남한국민들을 반미대열에 줄세우는 전술을 구사하고 국가보안법 철폐유도를 지속하고 있다.

김정일의 대남정책은 둘째로 실리외교, 실리추구로 볼 수 있다. 2000년 남북정상회담을 통해 북한경제의 어려움을 같은 민족이라는 공감대로 남한의 정부, 민간의 지원을 이끌어냈고, 정경분리를 내세워 북한은 정부당국이 대남기구의 이름으로 변신하여 나오고, 한국은 순수민간인이 나오도록 하여 사실상 한국정부를 배제하고 실리를 확대, 극대화시키는 정책으로 일관하고 있다. 한 예로 이산가족상봉을 대가로 비료, 쌀의 지원을 받는다든가, 이산가족상봉을 금강산으로 확정하여 외화벌이의 기회로 활용하는 이중전략을 구사하고 있다. 북한이 2002년 7.1조치로 정부의 부담을 줄이고 경제의 실리에 치중하는 것도 같은 맥락이라 하겠다.

김정일의 대남정책의 세 번째 특징은 민족공조론의 활용이다. 반공의식이 아직도 강한 남한의 실정을 감안하고 북한의 왕조세습을 제도화하기 위해 우리는 같은 민족으로 김일성 민족에 공조해야 함을 이론화하여 반복하고 있다.

대남 공산화가 아니라 김일성 민족으로의 귀일을 촉구하여 김정일 정권안보에 이바지함은 물론 연방제 통일까지도 예상할 수 있는 담론으로 사용하고 있다는 것이다.

장기적으로 김일성 김정일 왕조체제를 제도화하여 김일성 왕국을 건설하는데 민족공동체가 아닌 민족공조론이 강화되고 있다.

김정일의 대남정책은 선군정치에 기초한 민족공조론으로 정리할 수 있다. 당보다는 군의 정치, 힘의 정치를 우선시하여 본인이 국방위원장으로서 통치하며 김일성민족에의 공조, 반미남북공조를 우선시하는 선민족공조 후통일이라는 목표를 추구하고 있음을 확인하였다.

김정일로서는 남한의 공산화보다는 정권세습의 정당화와 선거없는 군주제도의 정착을 위해 1998년 9월 8일 북한 헌법개정을 통해 김일성을 시조로 한 2왕적 군국정치제도의 수립을 목표로 하고 있음이 확연히 드러났다.

당과 군 중에 누가 우위냐는 논쟁이 한국 학계에서 아직까지도 지속되고 있으나 한국의 국회의원 수 299명, 북한의 최고인민회의 대의원 687명, 북한의 장군의 수 1500명이 넘는 수를 만들기 위해 한 해(1992년)에 664명의 장군을 승진시킨 것도 장군을 수적 우위로, 주석단 서열 20위권 안에 다수의 장군기용과 현역 최고인민회의 대의원에 수많은 현역 정치군인을 선임해 놓은 것도 그 한 예라 하겠다.

넷째, 김정일은 한반도 문제를 국제 정치문제화하여 국제주의 시각에서 접근하고 있음을 알 수 있다.

김정일은 한반도에서 남한을 봉쇄(limitation zero)하려 하고 있음을 알 수 있다. 이미 연구를 통해 드러났듯이 김일성은 비록 이념적 차원에서 민족해방론을 통해 통일 문제를 접근할 때도 남한을 호칭하며 함께 통일을 추구하려 한 노력이 엿보이나 김정일은 남한을 종속변수는 커녕 아예 무시해 버리는 전술적 차원에서 한반도 현안 문제는 모두 미국과 협의하고, 결의하려 하거나 국제정치의 장에서 관련 강대국이나 UN의 이름으로 해결하려는 것을 신년사 담론을 통해, 그리고 6자회담 진행을 통해 알 수 있다.

다섯째, 남북한 정치 문제는 당국간의 협의를 통해 하지 않고 정당, 사회단체 등 대민족회의나 군중집회를 통해 해결하려는 상부통일전선전술을 지속적으로 구사하고 있음도 입증되었다.

예컨대 2000년 6 · 15 공동선언회의에서도 우리측은 정부대표단만으로 구성되었으나 북한은 북한 최고인민회의 위원장 김영남을 비롯한 정당, 사회단체장의 참여 방식으로 회의를 개최했으며, 지금도 사이비정당인 사회민주당 김영대위원장, 천도교청우당 유미영위원장을 격상시켜 대남 창구로 활용하는 등 상부통일전선전술을 그대로 지속하고 있음을 알 수 있다.

한편 북한의 식량 요구나 비료 요구 등 북한이 부족한 부분만 남북 협력이라는 변형된 평화공존노선을 견지 협력, 혹은 민족공조의 이름으로 지원받고 있음을 알 수 있다. 철저한 실리외교노선에 입각하여 이산가족 상봉도 금강산에서 함으로써 경제적 실익을 철저히 챙기는 정책을 구사하고 있다.

넷째, 남한의 농민, 노동자, 청년, 학생 등을 대상으로는 〈조평통〉 성명이나 조선중앙방송을 통해 끊임없이 혁명과 선동 구호를 외치며 노동신문 등을 통해 선전구호를 제시하고, 〈조평통〉 성명을 통해 선전구호를 끊임없이 선동하고 있음도 확인하였다.

많은 논문들이 북한은 체제보전 차원에서 대남적화보다는 현상유지와 교류협력에 치중할 것으로 분석하고 있다.

그러나 김정일이 군을 현대화 · 강화하고, 노동을 군사화하고, 북한 경제시스템을 군사화하기 시작한지 10년이 지났다. 그리고 주체 연호를 사용한지 8년이 지났다. 전체주의체제는 좌익 이데올로기를 표방하고, 권위주의체제는 우익 이데올로기를 표방한다.

북한은 지금까지 노동자, 농민, 근로 인텔리를 인민의 테두리에, 주체, 진보, 혁명, 좌파 이데올로기를 김정일의 군국체제 이데올로기에, 모든 공장, 기업소, 명산, 길거리에 김일성 우상화 석탑을 만들어 세웠다. 그리고 2005년 노동자, 농민, 청년, 군을 대표하는 세 신문 공동사설에 선군정치에 기초한 강성대국 건설의 슬로건을 앞세우고 김일성, 김정일이 똑같이 8차례 호칭되는 균형점을 찾았다.

북한은 민족공조론을 내세워 한국의 내정을 간섭할 가능성이 있으며 한국에서 이루어지는 선거에 북한의 코드에 맞는 정당이나 특정 인사를 당선시키려 상하층 통일전선전술을 강화 할 가능성이 있다. 그리고 개별정당, 사회단체를 대대적으로 초청하여 대민족회의, 군중집회 등의 형식으로 개최하여 반미선전선동이나 김정일 우상화에 활용하려 할 것이다. 김정일은 한국민의 통합을 저해시키고, 국가보안법 철폐, 주한미군 철수 등을 위한 통일전선전술을 강화할 것이다. 김일성의 대남정책이 선남조선혁명 후 통일이라면, 김정일의 대남정책은 요컨대 선민족공조 후통일론으로 정리 할 수 있다.

따라서 바람직한 민주시민상의 교육과 북한을 바로 알고 통일로 가는 바른 길을 교육하고 다가오는 17대 대통령 선거를 비롯하여 참다운 민주선거를 정착시키는 길이 민족통일의 초석이 될 것이다.

제 10 장 북한인권문제 : 한국과 국제사회의 역할

경 규 상

Ⅰ. 서 론

2006년 11월 17일, 유엔 총회 제3위원회에서 유럽연합(EU)과 미국, 일본이 제출한 북한인권 결의안이 찬성 91표, 반대 21표, 기권 60표로 통과되어, 오늘날 북한의 인권문제가 국제적 차원에서 심도 있게 다루어지고 있음을 보여주었다. 그러나 북한인권 문제의 심각성은 이미 1980년대부터 표출되었다. 1983년 국제엠네스티(AI)의 연례보고서에 북한인권 문제가 수록되기 시작한 이래 국제사회는 북한의 인권상황을 관심 있게 지켜보았다. 1988년 아시아워치와 미네소타 변호사 국제인권위원회가 공동으로 『북한의 인권』[1] 이라는 북한의 인권문제에 대한 최초의 체계적 보고서를 발표하면서, 북한인권 문제의 실태는 국제사회에 더욱 알려지기 시작하였다.

1) Richard Kagan, 1988, *Human rights in the Democratic People's Republic of Korea (North Korea)* (Minneapolis, MN: Minnesota Lawyers International Human Rights Committee; Washington, D.C.: Asia Watch), 참고.

1995년 이후 북한에서 계속된 자연재해는 식량난을 가져왔고 북한 내부의 위기상황과 함께 탈북자가 급격히 증가하면서 국제사회는 북한인권의 심각성은 중대한 문제로 부각되었다. 이때부터 국제사회와 우리나라는 북한인권의 실태와 현상에 관심을 가지고 북한인권 문제에 접근하였는데, 각각의 행위자는 행위 주체가 인권에 대해 갖는 기본적인 속성과 태도에 따라 다른 방식으로 북한인권 문제를 바라다보며 반응하고 있다. 그러나 국제사회에 있어 북한인권 문제에 대한 행위자의 상이한 접근방식과 태도는 국가 간의 갈등 또는 미약한 보완관계로 이어지며, 효과적인 북한인권 개선의 방향을 마련하지 못하였다. 따라서 국제사회가 북한인권 문제를 다루어 나가는데 있어 북한 인권문제의 본질을 파악하고 북한의 인권문제를 해결하기 위한 실질적 방안은 무엇인가 하는 문제가 제기된다.

국제사회에서 인권문제는 중요한 사안이지만 정치적으로 '뜨거운 감자' 이며 현실적으로 다루기 어려운 미묘한 문제임이 틀림없다. 그러나 국제사회는 냉전이 끝나고 이전에는 명백하게 '작은' 문제로 다루어졌던 인권을 점차 큰 비중으로 다루기 시작하였다.[2] 그런데 우리나라는 북한인권에 대응하면서 사회적 합의를 이루지 못하고 내부적 갈등에서 벗어나지 못하고 있다. 북한인권 문제라는 단일한 주제를 놓고 보수 쪽은 북한의 불합리한 지배체제에 문제가 있다고 보고 인간의 자유권적 기본권에 중점을 두는가 하면 진보 쪽은 북한이 처한 입장과 특수성을 바라다 볼 것을 강조하고 있다. 이러한 시각의 이분화로 한국은 북한인권 문제가 같은 민족이 직면한 인도적 차원의 중대한 이슈로 부각 되었음에도 불구하고 그 해법에 있어서는 구체적인 대응방향을 찾지 못하는 상황에 놓여 있다.

2) Stefan Kirchnerl, 2004, "The Human Rights Dimensions of International Peace and Security: Humanitarian Intervention after 9/11," http://www.jha.ac/articles/a143.pdf (검색일 : 2006년 10월 1일).

오늘날 국제사회와 우리나라는 북한인권 문제를 분명하게 중요한 사안으로 다루고 있지만 각각의 행위자는 서로 다르게 반응한다. 이에 본 연구는 이러한 주제를 바탕으로 북한인권 문제를 둘러싸고 나타나는 쟁점과 국제사회의 역할에 대한 유형화를 통한 대안을 찾고자 한다.

북한인권 문제에 있어 각각의 분석요소(자유권, 생존권, 보편성, 특수성)를 단위로 하여 국제사회에서 나타나는 국가나 또는 비정부기구의 일반적 유형화는 체제개선형, 체제중립형, 체제유지형으로 모델로 나타나는데, 행위주체가 북한인권 문제에 대해 반응하는 내용에 따른 그 성격을 일반화하여 보기로 한다.

Ⅱ. 북한인권 쟁점과 한국의 대응

1. 북한의 인권 논리

북한인권의 특성을 면밀하게 분석하기 위해서는 북한의 지배 이데올로기라 할 수 있는 주체사상에 대한 이해가 먼저 필요하다. 북한의 「조선말 대사전」은 인권을 "온 사람이 사람으로서 마땅할 권리, 곧 사람의 자주적 권리"라고 정의를 내리고 있다.[3] 북한의 정치용어사전은 "인민이 가져야 할 정치적, 경제적, 문화적 및 사회적 제반 권리", "인권은 온갖 착취와 억압이 청산되고 인민이 나라의 주인으로 된 사회주의 제도하에서만 철저히 보장된다"고 인권을 설명한다.[4]

북한에서의 인권은 개인의 자유권에 기초한 개념이 아니라 사회적 구성원으로서 추종하여야 할 집단적 개념에 불과하다. 집단성을 강

3) 사회과학출판사, 1992, 『조선말 대사전 2』 (평양 : 사회과학출판사), p. 1696.

4) 사회과학원, 1970, 『정치용어사전』 (평양 : 사회과학출판사), p. 718.

조하는 북한식 인권논리는 당에 대한 충성심을 요구하는 것이며 보편적 가치가 아닌 특수한 선전체계로 인권을 정치도구화한 것이라 하겠다.

북한이 주장[5]하는 '우리식 인권'은 특징은 다음과 같이 정리된다.

(1) 인권은 집단주의에 기초한다.

(2) 인권은 사회주의 체제 완성 하에서 가능하다.

(3) 인권은 소수의 계급적 원수들에게 제재를 가하는 것이다.

(4) 서방에서 주장하는 인권은 북한을 붕괴시키려는 제국주의적 발상으로 받아들일 수 없다.

2. 한국 정부와 북한인권

국제인권 문제에 있어 국가는 윤리적 측면에 있어 제1차적으로 책임을 지며, 이것은 각국의 해당 정부의 판단에 의해 결정된다.[6] 즉 정부만이 국제사회에 있어 국제인권조약의 가입·비준을 결정할 수 있고, 가입 이후의 실천에 있어서도 정부가 중요한 역할의 수행을 담당한다. 그러므로 북한인권에 대한 정부의 인식은 노무현 정부의 역대 통일·외교를 맡고 있는 정부 당국자의 발언을 통해 알 수 있다.

5) "인권문제로 말하면 그것은 인간의 자주적 권리행사에 관한 문제"이며 "좋고 나쁜것은 그 나라 인민들이 판단할 문제이며 인권조건을 개선할 당사자도 다름아닌 그 나라 인민", "미국이 말 하는것과 같은 인권문제란 애당초 존재하지도 않는다", "미국이 우리의 인권문제를 걸고들며 대조선 인권공세를 강화하는 것은 그들이 조미관계개선에는 전혀 관심이 없고 오직 제도전복만을 추구하고 있다는것을 보여준다", "미국은 핵문제와 함께 인권문제를 우리의 제도전복을 위한 2대기둥의 하나로 삼고 있다", "미국이 지금처럼 핵문제와 함께 우리의 있지도 않는 인권문제를 내들고 대조선 적대시정책을 강화한다면 조미관계는 더욱 악화되게 될 것"; 『로동신문』 2005년 9월 27일.

6) Hurst Hannum, 1992, *Guide to International Human Rights Practice* (Philadelphia : University of Pennsylvania Press), pp.11-12.

정세현 통일부장관(2003. 2. 27 ~ 2004. 6. 30) 은 북한인권 문제에 대해 “북한은 해마다 200만t의 식량 부족 등 인권보다 먹고 입는 문제가 더 중요하다”며 “우리 정부는 이런 생존권적 인권문제에 우선 주력하는 것”이라고 했다.[7)]

정동영 통일부장관(2004. 7. 1 ~ 2005. 12. 31)은 “비료를 줘서 탈북하지 않아도 되는 상황을 만드는게 인권 개선이라고 생각한다”고 하였다.[8)] 이와 같이 볼 때 대북정책의 주무부서인 통일부는 북한인권의 문제를 생존권적 차원에서 다루고 있다는 것을 알 수 있다.

이종석 통일부 장관은 재외공관장 회의(2006. 2. 16)를 통하여 “북한에 대해 공개적으로 인권개선을 하라고 요구하면 한반도 평화와 안정에 부정적 영향을 미칠 것이라고 판단하고 있기 때문에 전략적으로 공개적 요구를 하지 않는 것”이라고 공식적인 노무현 정부의 북한인권 태도를 정리하였다.[9)]

이재정 통일부장관은 국회의 인사청문회(2006. 11. 17)를 통하여, 북한에서는 고문, 공개처형, 여성 인권 침해, 외국인 납치 등도 벌어지고 있는 내용들을 “검증할 수 있는 방법이 없고, 사실인지 판단할 수 없다”는 유보적 입장을 보여 북한인권 문제에 대한 소극적 태도를 보였다.[10)]

통일부장관들의 이러한 발언과 정부의 북한인권에 대한 의견을 종합하여 볼 때 북한의 인권문제의 본질은 ‘생존권적 차원’이고 이것을 거론시에는 ‘남북관계에 부정적 영향’을 초래한다는 인식을 가

7) 『연합뉴스』, 2004년 5월 17일.

8) 정동영 장관, 서강대 공공정책대학원 특강내용, 『연합뉴스』, 2005년 10월 31일.

9) 2006년 5월 3일, 이종석 통일부 장관은 관훈클럽 초청토론회에서 “한국정부는 (미국의) 북한체제 변동시도에 대해 어떤 것도 반대한다”고 하였는데, 인권 관련 대북압박이 체제변동 시도로 확대돼서는 안 된다는 의미로 해석된다. 『한국일보』, 2006년 5월 4일.

10) 『조선일보』, 2006년 11월 18일.

지고 있음을 알 수 있다.

한편 반기문 외교부장관은 2006년 6월 19일 유엔인권이사회에서 북한인권을 우려하고 국제사회와의 보조를 분명히 한다고 하였다. 발언의 골자는 "한국 정부는 북한의 인권상황에 대한 국제사회의 우려를 전폭적으로 공유하고 남북 각료회담을 통해서도 이런 우려를 전달한 바 있다"는 것이다.[11] 그러나 반기문 외교부장관의 연설의 내용은 한국이 2004년과 2005년 유엔 인권이사회의 전신인 유엔 인권위원회에서 북한 인권 결의안 표결에 기권하며 그 배경을 설명한 것과 유사하며 실질적으로는 큰 차이가 없다는 점을 발견할 수 있다.

북한인권 문제에 대한 정부의 소극적 자세는 또한 국가인권위원회가 북한인권에 대해 입장을 유보하고 있음을 통해서도 나타난다.[12] 국가인권위원회는 2003년 4월 북한인권연구팀을 만들었으나 북한인권에 대해 계속 침묵하였다. 더욱이 2005년에는 북한인권 문제에 대한 조사를 하였음에도 불구하고 북한을 자극한다는 이유로 공식 발표를 하지도 않은 바 있다.[13] 또한 북한인권 문제를 놓고 책정된 예산에 따른 활동도 미진하였다.[14]

11) 『연합뉴스』, 2004년 6월 19일.

12) 국가인권위 회의록 (의안번호1 제11호 : 북한인권에 관한 논의), 2005년 9월 26일.
국가인권위는 북한인권에 대한 논의에 대한 입장에 있어 "북한 사람들의 인권에 관해서는 말도 못하고 있는데 북한 인권에 대해서도 의견표명을 하면 좋겠다" 그리고 "북 인권에 대해 빨리 의견표명 하자", "계량화된 정보는 없지만 유엔 결의안까지 나온 상황에서 우리가 북한인권을 외면할 수는 없다"는 적극적 의견도 제시되었으나, 위원들은 ①북한 인권 실상을 정확히 알지 못한다는 점, ②정부의 남북한 평화번영정책에 역행한다는 점을 들어 북한 인권 문제에 대한 인권위의 의견표명에 부정적 의견을 밝혔다. 이 회의록에 따르면 김창국 당시 인권위원장은 북한 인권 문제에 의사표명을 하는 것에 대해 '지금 당장은 부적절하다'는 취지의 발언을 했고 또한 "북한인권 문제를 거론함으로써 시민단체로부터 버림을 받을 수 있다"는 언급을 하여 논란이 야기된 바 있다.

13) 국가인권위원회는 동국대 북한학연구소에 의뢰, 탈북자 100여명을 대상으로 북한 당국의 인권 유린 실태에 대한 설문조사 '북한의 인권에 대한 보고서'를 제출받았으나 '북한을 자극할 우려가 있다'며 발표를 취소하였다. 『세계일보』, 2005년 8월 9일.

북한인권에 대한 노무현 대통령의 인식은 북한에 대한 지원을 통하여 인권문제를 해결할 수 있다고 보고 있으며, 북한인권에 대해서는 미국과 다른 시각, 즉 '인권 문제로 북한을 압박한다'는 입장에는 동의하지 않는다는 태도를 분명히 하고 있다.

"한국 정부는 북한의 체제에 대해서 문제를 제기하고 압박을 가하고, 또 때로는 붕괴를 바라는 듯한 미국 내의 일부 의견에 대해서는 동의하지 않고 있습니다. 미국 정부가 그와 같은 방법으로 문제를 해결하려고 한다면 한 · 미 간에 이견이 생길 것입니다."[15]

한편 정부는 북한인권에 대하여 다음과 같이 기본적 논리를 제시한 바 있다.[16]

인권은 인류가 지향하는 보편 타당한 가치로서 우리 정부는 북한인권문제에 대해서도 많은 관심을 가져왔다.

(1) 정부는 북한 인권문제를 실질적이고 효과적으로 개선하는 데 있어서 나라마다 처한 상황에 따라 다양한 접근방식을 전략적으로 검토 · 선택할 수 있을 것으로 보고 있다.

(2) 정부는 평화번영정책을 통해 남북간 긴장완화와 화해협력을 실

14) 국가인권위원회가 북한 인권 연구를 위해 책정된 예산을 상당 부분 쓰지 않은 것으로 나타났다. 국회 법제사법위원회가 2005년 11월 4일 발표한 '2006년 국가인권위 예산안 검토 보고'에 따르면 인권위는 2005년 북한 인권 연구사업에 책정된 1억5000만원 중 9월 말까지 41%인 6400만원을 썼다. 이 같이 인권위의 북한 인권 관련 예산집행 실적이 부진한 데 대해 "북한 정권의 눈치를 보느라 북한 인권 연구활동을 제대로 하지 않은 것 아니냐"는 지적이 국회에서도 제기된 바 있다. 『중앙일보』, 2005년 11월 5일.

15) 청와대 대변인실, [보도자료] 노무현 대통령 신년 내외신 기자회견, 『연합통신』, 2006년 1월 25일.

16) 이봉조 통일부 차관은 2004년 10월 1일, 국회 남북관계발전특위에 출석하여 정부의 '북한 인권문제에 대한 3가지 기본입장'을 밝혔다. 『연합뉴스』, 2004년 10월 1일; 통일부, 2005, 『국정감사 요구자료 Ⅳ』256회 국회(정기회) 통일외교통상위원회, p.192.

현하고, 그 과정에서 북한 인권의 점진적, 실질적 개선을 도모하는 정책을 견지할 방침이다.

(3) 정부는 북한인권 문제에 대한 국제사회의 관심과 노력이 6자회담 진전과 남북관계 개선 등 한반도의 평화와 안정을 위한 우리의 노력과 조화될 수 있도록 계속 노력해 나갈 것이다.

지금까지 나타난 정부의 대북인권 입장은 [그림 Ⅱ-1]과 같이 도해할 수 있는데, 정부의 북한인권에 대한 정책이 대내외적 갈등으로 상호작용되고 있음을 알 수 있다.

[그림 Ⅱ-1] 정부의 북한인권 정책표

정책노선	기본방향	대북정책	대외정책
평화번영정책	先지원 後인권	북한체제 안정	조용한외교
	인권의 특수성	남북관계 중시	
	↕	↕	↕
	인권의 보편성	남남갈등	국제갈등

3. 한국 주요정당과 북한인권

열린우리당은 〈햇볕정책〉의 골간을 그대로 이어 받어 〈평화번영정책〉[17]이라는 대북정책을 추진하고 있는데, '남북공동 번영'이라는 기치 아래 ①평화, ②화해, ③협력의 실현을 통한 남북관계 개선을 대북정책의 목표로 설정하고 있다.[18] 따라서 햇볕정책을 바탕으로

17) 평화번영정책의 4가지 추진원칙은 ① 대화를 통한 문제해결, ② 상호신뢰 우선과 호혜주의, ③ 남북 당사자 원칙에 기초한 국제협력, ④ 국민과 함께하는 정책이다. 통일부, 2003,『참여정부의 평화번영정책』, pp.2-3.

18) http://unibook.unikorea.go.kr/chammadang/cham_faq.jsp#2 (검색일 : 2006년 9월 23일)

한 열린우리당의 대북정책에 있어서는 북한인권 개선문제가 주요한 내용으로 다루어지지 않고 있음이 발견된다. 북한인권법 제정의 움직임이 구체화되던 2004년 9월 2일 열린우리당 소장파 의원 26명[19]은 미국 상원 국제관계위원회 리처드 루거 위원장에게 '북한인권법' 제정에 대한 우려'를 표시하는 서한을 주한 미대사관을 통해 전달했다. 또한 2004년 9월 30일 북한인권법이 미 상원에서 통과되면서, 열린우리당 이부영 의장은 "북한인권법이 남북관계나 북핵 6자회담에 어떤 영향을 미칠 것인지 심각하게 볼 수밖에 없다"고 공식입장을 밝혔다.

한나라당은 북한인권 문제에 있어 자유권과 보편성을 중시하며, 법 · 제도적 방법을 통하여 북한인권 개선에 대한 적극적 태도를 보이고 있다. 한나라당은 북한 주민의 인권개선을 위한 방안을 강구하면서, 북한 정권을 자극한다는 이유로 북한 주민의 인권문제를 언제까지 외면할 수 없다는 입장을 보이고 있다. 북한인권에 대한 한나라당의 관심은 타당과 달리 제17대 총선(2004) 공약, 제4회 전국동시지방선거(2006) 공약을 통해서도 북한 주민의 인권개선을 강조하는 것으로 나타났다.[20]

한나라당은 미국의 북한인권법 제정에 발맞춰 국내 및 해외 탈북자 처리 문제를 위한 예산반영은 물론 국내 제도정비 등 대량 탈북자 시대에 대비한 준비를 본격화해야 한다며 탈북자 지원을 위한 제도적 정비에 나설 것을 촉구하였다. 한편 한나라당은 납북자및탈북자특별위원회(위원장 황우여)를 구성하여 북한인권 개선 활동으로 법 · 제도적 개선 방안을 마련하는가 하면, 북한인권 NGO 단체와도

19) 서한에 서명한 의원은 열린우리당 구논회 김교흥 김태년 김현미 김형주 백원우 복기왕 선병렬 오영식 우원식 유승희 이광철 이기우 이상민 이인영 이철우 이화영 임종석 정봉주 정청래 지병문 최재성 한병도 홍미영 의원과 민주당 김효석 의원 등이다.

20) 한국정책학회, 2004, 『제17대 국회의원선거 정책공약 비교분석집』, p.267.

연계적 협력을 강화하고 있다.[21] 국회에서 북한인권을 개선하고자 하는 입법과정을 살펴보면, 2004년부터 2006년 9월까지 북한의 인권의 개선과 직접적으로 관련되어 제출된 대표적인 법안의 제·개정안이 대다수 한나라당에 의하여 발의되었다. 한나라당은 국회에서의 북한인권 개선을 위한 입법화 활동 뿐만 아니라 국제사회 및 기구와의 연대를 통한 활동도 강화하고 있다는 점이 특징적이다. 이와 같이 볼 때 한나라당은 북한인권 문제에 전반적으로 국제사회의 논의에 있어 대북압박적 태도에 동참하며, 북한인권 문제를 풀어 나가는데 있어 자유권을 중시하며 북한 주민의 시민적·정치적 자유의 권리를 중시하는 방향으로 나타났다고 평가할 수 있다.

민주당은 김대중 전 대통령이 내세웠던 햇볕정책의 기조 아래 북한인권 문제에 있어 소극적 입장이었으나, 국제사회의 요구를 수렴하여 인권의 보편성 원칙을 받아들여 이전과는 다르게 변화될 수 있는 가능성을 보이고 있다. 열린우리당이 창당(2003. 11.11) 되기 이전 민주당은 여당으로서 김대중 전 대통령의 햇볕정책과 노무현 대통령의 대북포용정책을 지지하는 관점에서 북한인권 문제를 다루었으나, 점진적으로 북한인권에 비판적 태도를 보이고 있다. 이러한 민주당의 태도는 김대중 전 대통령의 햇볕정책을 당 대북정책의 기조로 삼고 있는 가운데 나타난 북한인권에 대한 전반적인 입장으로 해석된다. 그러나 민주당은 북한인권에 대한 태도를 서서히 입장을 달리하게 되었다.

2006년 11월 유엔 총회의 대북 인권결의안 통과에 대해 민주당 유종필 대변인은 구두논평을 통해 “대북인권결의안 통과는 당연한

21) 북한이탈주민문제의 현실적인 방안 마련을 위한 공청회(2004. 8. 23), 납북 김동식 목사 구명대책 토론회(2006. 1. 6) 및 중국 현지피랍 현장 방문(2005. 1. 10), 북한의 공개처형 동영상 상영 및 토론회 (2005. 3. 25), 납북자문제 해결을 위한 정책간담회(2006. 2. 21) 등 지속적인 북한인권 개선활동을 펼치고 있다.

것으로, 인권은 인류의 보편적인 가치이기 때문에 북한이라고 예외가 될 수는 없다"며 "북한 주민의 실질적인 인권향상에 기여하기를 바란다"고 발표했다.[22] 또한 민주당 이상열 대변인도 "긍정적인 결정이다. 북한의 인권이 개선되도록 한국 정부가 국제 공조에 참여해야 한다"[23]고 발표하여 인권의 보편성을 강조하였다. 그런데 이러한 민주당의 북한인권에 대한 입장 변화는 북한의 인권문제 개선에 대한 국제사회의 요구에 따라야 한다는 것으로 민주당의 태도가 점진적으로 변화되는 방향에 있다고 해석된다. 이러한 양상은 북한 핵실험 이후 북한이 햇볕정책에 의해서도 달라지지 않았다는 비판에 따른 국민적 부담감과 북한인권에 대한 여론의 증대에 의한 변화라고도 할 수 있다. 그러나 민주당이 김대중 전 대통령의 햇볕정책의 기조를 완전 폐기하지 않고 있으며, 근본적으로 북한인권 개선을 위한 가시적인 정책을 제시하지 않고 있다는 점에서는 이전과 크게 달라진 것이라 평가하기는 어렵다.

민주노동당은 북한인권 문제에 있어 생존권과 보편성을 중시하는 쪽이다. 민주노동당은 부시 행정부와 미 의회가 대북강경책으로 탈북자에 대한 지원과 북한주민의 인권문제를 개입의 수단으로 활용하고 있다고 보고 있다. 민주노동당은 북한인권법을 통해 북한 내 민주주의, 법치, 시장경제 증진 프로그램에 대한 예산지원을 승인함으로써 미국식 정치제제와 시장경제체제로의 전환을 북한에 강요한다고 보았다. 민주노동당은 인권의 실현은 특정한 경제, 정치체제를 전제로 하지 않으며, 체제에 관한 결정은 해당 인민들 스스로 해야 한다고 보면서, 미국의 북한인권법의 의도가 북한체제를 붕괴시키려는 의도가 있다고 판단하고 있다.[24]

22) 『연합뉴스』, 2006년 11월 18일.

23) 『중앙일보』, 2006년 11월 17일.

24) 민주노동당, [보도자료] 북한인권법의 내용과 문제점 브리핑자료, 2004년 7월 28일.

2005년 11월 유엔 총회에서 대북인권결의안이 통과되자 민주노동당은 이에 대한 이의를 제기하였다.[25] 민주노동당은 미국 부시 정권이 북한의 인권문제를 북한 붕괴전략을 위한 도구로 사용하려고 한다고 보았다. 또한 2006년 11월 유엔 총회에서 대북 인권결의안이 통과되었을 때 민주노동당은 북한의 인권 보장은 유엔결의가 아니라 남북, 북미 관계개선으로 해결해야 한다고 보았다.[26] 민주노동당은 정부가 대북인권결의안 찬성 입장을 철회할 것을 요구하고, 북한의 인권에 관심이 있다면 남북관계 개선을 통해 접근할 것을 주장하였다.[27] 아울러 유엔을 비롯한 국제기구들이 미국의 패권정책 인권유린 정책에 이용당해서는 안 된다는 입장을 보였다.

민주노동당은 미국이 유엔을 앞 세워 대북 적대정책을 하고 있다고 보면서, 미국이 유엔인권결의안을 주도한 이유가 진정한 인권보호에 있지 않다는 부정적 태도를 보이고 있다.

4. 한국 시민단체와 북한인권

국내에서 보수단체는 정치적으로는 우파의 성격을 띠며 사회 내에서 기존 가치의 보존을 중시한다. 따라서 북한인권 문제에 있어 인권의 자유권과 보편성을 강조하며 시민적 · 정치적 권리로 접근하고 있다. 보수단체는 북한문제에 있어 중대한 원인이 북한의 잘못된 지배체제에 있다고 보며, 북한인권 개선을 위해서는 북한의 체제 변화가 있어야 된다고 본다.

25) 민주노동당, [논평] 유엔 북한인권 결의안에 던지는 의문. 2005년 11월 18일.

26) 민주노동당, [브리핑] 북 인권 보장은 유엔결의가 아니라 남북, 북미 관계개선으로 해결해야 한다, 2006년 11월 17일.

27) 민주노동당, [성명] 정부는 대북인권결의안 찬성 입장을 당장 철회해야 한다; 그러나 민주노동당이 2006년 11월 17일 발표한 정부가 대북 인권결의안 찬성을 철회하라는 내용의 성명은 지도부 전체의 동의를 거치지 않은 것으로 전해졌고, 민주노동당내 NL계와 PD계 사이에는 북한인권에 대한 내부적 논란이 있었다.

북한인권 개선활동과 관련된 시민단체들은 주로 보수단체가 주축을 이루고 있다. 한국기독교총연합회 산하 탈북난민 보호운동 본부, 피랍납북인권연대, 북한이탈주민후원회, 북한민주화운동본부, 두리하나 선교회, 납북자가족모임, 납북자가족협의회, 탈북자동지회, 자유북한방송 등 북한과 관련된 많은 민간단체들이 북한인권과 관련된 활동을 하고 있다. 이러한 보수단체들은 각 단체의 고유한 특성에 따른 기본적인 활동을 포함하여 북한의 민주화 및 김정일 독재지배체제의 부당성을 강조하며 정권교체의 요구까지 하는 등 다양한 활동으로 영역을 확산하고 있다.[28)]

보수단체의 대북인권 동향은 북한인권 문제에 관한 심각성에 있어 무엇보다 북한인권 문제를 해결하기 위해서는 자유권과 보편성을 중시한다는 쪽으로 나타난다. 이러한 성향은 많은 보수단체가 미국의 북한인권법에 대해 찬성과 지지의 태도를 보여준다. 그러므로 북한인권법에 대해서는 국제사회의 노력과 공동보조를 취할 것을 주요한 것으로 보면서, 국내 보수단체는 한국에서도 북한인권법 제정에 대한 적극적 입장을 가지고 있다.[29)]

우리 사회에 있어 진보단체는 북한인권 문제를 놓고 경제적 · 사회적 · 문화적 권리 차원에서 접근하고 있다. 따라서 북한인권에 있어 생존권과 특수성을 강조한다.

참여연대를 비롯한 진보단체는 2005년 2월 15일 성명서를 내고 북한인권 · 난민 문제 국제회의에서 북한 인권 문제가 정치적으로

---

28) "한반도의 통일은 결코 북한의 '독재체제'를 파트너로 삼아 이루어질 수 없으며 분단 체제개혁, 보다 엄밀히 말한다면 개혁과 개방을 통한 북한의 민주화와 인권보장이 실현되지 않고서는 정치적 성과와 상호권력기반 강화를 위한 남북정권의 단순한 공조에 그칠 뿐"; 한반도 인권실현 네트워크(박창규 공동대표), "북한해방, 북을 살리고 남을 구하는 길" 창립 기념 세미나, 『연합뉴스』, 2005년 9월 2일.

29) 바른사회를위한시민회의와 북한민주화네트워크, 자유주의연대' 등 시민단체는 2005년 8월 9일, '광복 60주년 북한인권선언'을 발표하여 정부가 북한인권에 진지한 관심을 가질 것과 '북한인권법' 제정을 촉구하였다. 『동아알보』, 2005년 8월10일.

악용될 가능성을 우려하면서, 북한인권 문제를 다룰 때는 북한 인민의 생존권 보장을 최우선시하고 국제사회의 개입이 한반도 평화를 위협하지 않는 방식으로 이뤄지게 해야 한다고 주장한다.

북한인권법 제정 그리고 국제사회에서 북한인권 문제가 중대한 이슈가 계속 제기되면서 우리나라 진보단체의 일각에서 북한 인권 문제를 다루지 않을 수 없다는 지적이 제기되었다. 통일, 안보 및 남북경제협력 정책을 인권의 관점에서 통합적으로 접근하는 방식을 개발할 필요가 있다는 주장이 나오기 시작했다.[30] 그리고 '북한의 인권 문제를 더 이상 외면해서는 안된다'는 인식이 진보세력 내에서도 조금씩 팽배되었다.[31] 그러나 진보단체의 입장에서는 미국의 북한인권법의 목적이 궁극적으로 북한 정권을 붕괴시키는 쪽에 있다고 본다. 이러한 가운데 "북한 인권문제에 대해 염려한다면, 경제제재를 해제하고 파괴된 나라의 경제적 재건을 지원하는 것"[32]이라는 논리를 연결한다.

북한인권법이 제정되기 이전 참여연대를 비롯한 진보단체들은 인권을 보편적으로 실현하기 위한 수단으로서의 정치·경제 체제는 북한주민들이 스스로 결정해야 할 몫으로, 외부 행위자가 북의 체제 변화를 꾀하는 것은 주권국가에 대한 내정간섭적 성격을 띨 수 있다

30) 대표적 인권단체인 인권운동사랑방은 '북 인권 문제의 대안적 접근'이라는 주제로 토론회(2005. 11. 30)를 열고, '북 인권 문제의 대안적 접근을 위한 선언문'에서 "남과 북 인권의 상호 증진을 위해 남과 북의 인권 주체들이 만나 '인권 대화'를 시작하기를 희망한다"고 밝혔다. 평화네트워크도 2005년 11월 초부터 북한 인권 관련 토론회를 열기 시작하였다. 또한 한국기독교교회협의회도 '한반도 평화정착과 북한인권법 관련 대토론회(2005. 11. 1)'를 열어 북한인권과 관련된 각종 활동을 개시하기 시작하였다.

31) 한겨레 신문이 2005. 12. 20~23간 진보·개혁 성향 학자 100여명을 대상으로 '북한인권문제에 대한 진보진영의 입장'을 묻는 설문 조사를 벌인 결과, 응답자의 76.8%가 '조심스럽게 제기해야 한다', 12.1%가 '적극적으로 제기해야한다'고 답했다. 『한겨레』, 2006년 1월 2일.

32) 유정애, 미국의 '한반도 안보와 자유법안', 과연 한반도 안보와 북한 인권을 위한 것인가, 쟁점토론회, 이화여대 한국여성연구원 개최 (2003년 10월 23일).

며 반대입장을 분명히 하였다.[33] 즉, 진보단체들은 북한인권법안이 북한인권 문제에 있어 도움이 되지 않는다는 입장이며, 북한인권법의 제정에 대해서도 반대한다는 분명한 태도를 지니고 있다. 유엔의 대북인권결의안에 대한 국내의 진보단체의 동향을 보면, 북한인권을 생존권과 특수성 차원에서 바라다보고 있음이 확연히 드러난다.

5. 체제개선형과 체제유지형의 갈등상태

국내에 있어 대북인권에 대한 입장은 중첩적이고 갈등적이며 복잡한 양상을 띤다. 북한인권 문제를 놓고 정부, 정당, 시민단체 등은 쟁점에 있어 서로 다른 입장을 보이고 있는데 이념적으로 상이한 대북관과 가치관의 상충 속에서 북한인권 문제를 둘러싸고 갈등 상황이 벌어지고 있는 것이다.

국내의 대북인권 상황은 자유권과 보편성을 중시하는 한나라당과 보수단체 그리고 생존권과 특수성의 관점에서 북한인권을 강조하는 정부와 열린우리당, 민주당, 민주노동당, 진보단체 등으로 이분화된 구도를 지니고 있다. 그러나 북한인권에 대한 정책결정 권한을 정부 · 여당이 갖고 있고 또한 진보단체가 가세하여, 국내에서 북한인권에 대한 접근은 북한의 경제적 · 사회적 · 문화적 권리를 중시하며 북한의 체제를 그대로 인정하는 쪽으로의 비중이 높다고 할 수 있다. 따라서 북한인권에 대한 한국의 대응은 체제개선형과 체제유지형이 복합되어 [그림 Ⅱ-2]와 같이 심각한 갈등상태로 나타나고 있다.

---

33) 민주사회를위한변호사모임, 인권운동사랑방, 좋은벗들, 참여연대 평화군축센터, 천주교인권위원회, 평화네트워크, 평화인권연대, 공동성명 (2004년 7월 22일).

[그림 Ⅱ-2] 한국의 대북인권 접근모델

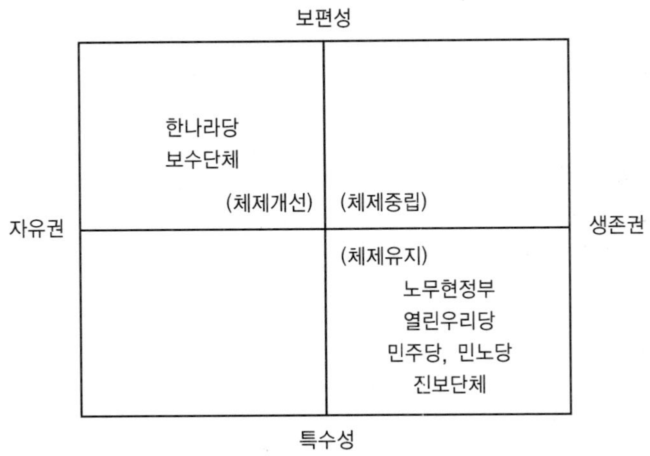

Ⅲ. 북한인권과 국제사회

1. 유엔과 북한인권

유엔의 북한에 대한 인권 비판은 1993년부터 유엔인권위원회와 유엔인권소위원회에서 본격적으로 제기되기 시작했다.[34) 이후 1997년 8월 21일 유엔인권위원회 산하 인권 문제 전문연구기관인 인권위원회는 제49차 회의에서 북한인권 상황의 전면 개선을 촉구하는 결의안을 채택하였다.[35) 이것은 유엔기구가 최초로 북한인권 문제를 제기한 것으로 북한의 인권상황이 국제문제로 부각되는 계기가 되었다.[36)

이어서 1998년 8월 19일 유엔인권위원회는 제네바에서 전체회의

34) 최의철, 2003, 『북한의 인권부문 외교의 전개 방향』 (서울: 통일연구원), p.47.

35) 김병로, 1997, 『북한문제문제와 국제협력』 (서울: 민족통일연구원), p.71.

36) 제49차 유엔 인권소위 결의안(1997)은 Louis Joinet 프랑스 위원이 상정하였는데, 동 결의안의 주요 내용은 다음과 같다. 북한의 수용소 내 대규모의 구금을 포함한 인권위반 사실과 북한인권

를 열고 북한의 인권개선을 위해 국제인권감시기구의 북한 인권상황 조사를 허용해 줄 것을 촉구하는 결의문을 공식으로 채택하였다.[37)]

국제사회는 인권문제를 국제적 주요 현안으로 인식하면서, 북한의 인권문제 역시 간과할 수 없는 중요한 사안으로 다루기 시작하였다. 유엔인권위원회는 2003년 제59차, 2004년 제60차, 2005년 제61차 회의를 통하여 연속 북한인권 실태를 우려하고 북한의 인권개선을 촉구하는 결의안을 채택하였다.

유엔에서는 2005년 유엔 총회 제4차 대북 인권결의안(2005. 11. 17)을 다루고, 이어 2006년 유엔 총회 제5차 대북 인권결의안(2006. 11. 17)을 다루었다. 2005년에 이어 2006년 유엔 총회 차원에서 대북인권결의안이 채택된 것은 국제사회에서 북한인권 문제를 지속적으로 다루고 나가고 있음을 반증한다. 유엔의 대북 인권결의안에 대한 찬반 분석을 보면, 2006년 인권결의안은 전년도에 비해

관련 정보 입수 및 북한방문의 어려움에 대한 심각한 우려(전문), 거주이전의 자유에 대한 보장 촉구(제1항), 국제인권규약에 관한 북한의 제2차보고서 제출 촉구와 유엔이 규정한 각종절차에 협력 요청(제2항), 북한 인권문제에 대해 국제사회의 관심을 촉구하고 북한 주민들에 대한 식량지원 등 고립을 탈피하는 데 대한 국제사회의 지원요청(제3, 4항). 최의철, 2002, 『북한 인권과 유엔 인권 레짐 : 시민적.정치적 권리를 중심으로』, 연구총서 2002-06 (서울: 통일연구원), p.70; 이에 북한은 1997년 8월 28일 상기 결의안이 주권을 침해하였다는 이유로 '시민적 · 정치적 권리에 관한 국제규약'으로부터 탈퇴를 전격적으로 선언하였으나, 유엔 인권이사회는 1997년 10월 북한에게 규약 탈퇴가 불가함을 통보하였다.

37) op., 최의철, p.7; 유엔 인권소위가 채택한 두 번째의 결의안 내용은 다음과 같다. 북한 내 인권정보 취득의 어려움과 북한 당국이 독립적인 인권운동가들과 언론인들에 대한 탄압에 대해 우려를 표명하고, 또한 불법처형, 실종 및 수천 명의 정치범 억류와 이들에 대한 학대에 따른 질병, 기아 및 유기로 사망하고 있다는 보고에 우려를 표명(이상 전문), 주민들의 국내외 여행의 자유를 보장할 것을 촉구하고, 인권문제에 대한 유엔의 절차 및 활동에 협력할 것(제2항, 제3항), 독립적인 국내 및 국제 인권감시기구의 북한 인권상황에 대한 조사 허용 및 편의 제공을 요구하고 그 결과를 북한 내에서 간행, 배포하는 것을 허용할 것을 촉구(제4항), 국제인권기구 및 인도적 구호기구가 북한의 인권에 관심을 기울여 줄 것과 기아와 경제난을 겪고 있는 북한 주민에 실질적이고 효과적인 지원 제공 요청(제5항, 제6항), 유엔 인권위 또는 인권소위에서 북한의 인권상황을 계속 토의할 것을 결정(제7항).

찬성국가는 7개국이 증가하였으며 반대국가는 1개국이 감소하고 기권국가 또한 2개국이 줄어 전반적으로 북한인권에 대한 국제사회의 압박 동향이 증가하고 있다.

이와 같이 유엔은 북한의 인권문제에 대해 국제적 감시와 압력을 통해 서서히 강화하고 있음을 보여준다. 따라서 현재는 유엔의 대북 인권결의안이 북한의 인권상황 개선을 촉구하는 권고조치의 수준이기는 하지만, 향후 북한의 인권 개선의 변화가 계속 없을 경우에는 국제사회의 대북 인권압력은 보다 구체적으로 강화되어 나타날 여지도 있다고 볼 수 있다.

2. 미국과 북한인권

북한인권에 대하여 미국은 국제사회의 행위자 유형에 있어 가장 큰 영향력을 가지고 있다. 미국의 인도적 개입주의는 냉전 종식 이후 국제 인권문제를 새롭게 조명하는 틀로 작용 되었는데 부시 행정부가 들어서면서 미국은 북한인권 문제에 한층 개입적 태도의 모습을 보였다.

2001년 1월 출범한 부시 행정부는 전 클린턴 행정부의 대북정책 기조를 「북한에 끌려다니는 정책」으로 파악하고 전반적인 재검토에 착수하였다.[38] 부시 행정부는 '북한 체제 및 지도자에 대한 회의', '북한과의 합의에 대한 검증 필요성 등 강경한 대북관의 입장을 가졌다.[39] 또한 미국은 북한의 명칭을 불량국가, 관심대상국, 악의 축,

---

38) Larry Niksch에 의해 작성된 CRS 리포트를 보면, 당시 미국의 대북인식을 알 수 있다.
CRS Issue Briefs IB91141, North Korea's Nuclear Weapons Program.
http://www.opencrs.com/rpts/IB91141_20020516.pdf (검색일 : 2006년 11월 26일).
CRS Issue Brief IB98045, Korea: U.S.-Korean Relations - Issues for Congress.
http://digital.library.unt.edu/govdocs/crs//data/2004/upl-meta-crs-6384/IB98045_2004Apr28.pdf (검색일 : 2006년 11월 26일).

39) 외교통상부 북미국, 2004, 『한반도 문제 주요현안 자료집』, p.190.

폭정의 전초기지, 범죄정권 등으로 표현하여 북한을 부정적으로 보고, 북한의 인권문제에 있어 시민적 · 정치적 권리 차원에서 자유권과 보편성을 중시하며 접근하였다.

미국은 북한인권 문제에 있어 다음과 같은 특징을 갖고 대응하였다.

첫째, 대북압박에 대한 빈도와 강도가 다양하게 자주 나타나고 있다.

둘째, 미국은 의회를 비롯하여 인권단체, 언론 등 여론형성 단체를 통해서도 보다 심각하게 북한인권 문제를 보다 이슈화시키고 있다.[40)]

셋째, 전방위적 시스템으로 북한인권 문제가 미국의 외교정책의 핵심으로 자리 잡아 가고 있다.

미국은 2004년 북한인권법이 제정되기 이전부터 국무부를 통하여 각국 인권보고서(Country Reports on Human Rights Practices)[41)], 인권 및 민주주의 지원 보고서(Supporting Human Rights and Democracy)[42)] 등을 발간하여 먼저 북한 인권의 실태를 상세히 평가하였다. 이와 같은 보고서를 통한 인권평가 활동은 북한인권법이 제정된 이후에도 계속 되고 있다. 미국은 보고서를 바탕으로 북한인권에 대한 평가와 함께 인권문제에 대하여 도덕적 압박을 하는 동시에 국제여론의 지속적인 관심과 형성을 유지하고 있다.[43)]

---

40) 2006년 3월 28일 미 라이스 국무장관은 "레프코위츠 대북 인권 특사를 따로 두는 것은 북한의 인권상황과 관련해 국제 여론을 동원해야 하기 때문"이라고 밝힌 바 있다. "미국은 핵 문제만이 아닌, '북한 문제'의 궁극적 해결을 원해," 『주간조선』, 2006년 5월 15일 (1904호).

41) 미 국무부는 국가별인권현황보고서를 작성하여 의회에 제출한다. 이 보고서는 세계인권선언에서 규정하고 국제적으로 인정된 개인의 권리, 민권, 정치적인 자유, 근로권을 주제로 다룬다. http://www.state.gov/g/drl/hr/c1470.htm (검색일 : 2006년 10월 14일).

42) http://www.state.gov/g/drl/rls/shrd/2003/ (검색일 : 2006년 10월 14일).

미국의 북한인권법 제정은 국제적 관심의 차원에 머무르고 있던 북한인권 문제를 행동의 차원으로 이행한 것이다. 즉 이것은 북한인권 문제에 대한 구체적 접근과 함께 해결방안을 모색하는 직접적인 조치라고 할 수 있다. 북한인권법의 법조문을 놓고 볼 때 그리고 미국이 다른 불량국가(이라크, 이란, 쿠바 등)를 대상으로 하는 제재법안과 비교하면 북한의 주민의 인권 개선에 그 주요 목적을 두고 있음을 발견할 수 있다. 그러나 북한인권법의 효력적 발생에 따라 북한의 인구이동 요인이 작용한다는 점에서, 북한의 체제변화를 유도할 수 있는 정교하고 세밀한 법안으로 평가된다.

3. 일본과 북한인권

일본은 한반도의 주변국으로 북한의 인권문제와 밀접한 관계를 가지고 있다. 일본은 자국민의 납치문제를 중심으로 북한인권 문제에 대하여 긴밀하게 접근하고 있다.[44] 일본은 1970년대부터 1980년대에 걸쳐 많은 자국민이 부자연스러운 형태로 행방불명이 되었다고 보고 당국에 의한 수사나 또는 망명 북한 공작원의 증언에 의해, 이러한 납치사건의 상당수는 북한에 의한 혐의가 농후하다고 보고 있다.

1991년 이래 일본은 기회가 있을 때 마다 북한에 대해서 납치 문

43) 2006년 4월5일 발표된 미국의 연례 '인권 및 민주주의 지원 보고서'를 보면, 북한인권 문제와 관련, 북한을 여전히 '특별 우려국가'(Country of Particular Concern)에 해당된다고 지적하면서 '특별 우려국가'는 미국이 인권문제에 관해 계속 감시대상으로 삼아 각종 제재조치를 취해야 한다고 보았다.
http://www.state.gov/documents/organization/64057.pdf (검색일 : 2006년 10월 14일).

44) 일본은 2006년 11월 20일 '납북 피해자 인정에 관한 관계 부처 연락 회의'를 열고 1977년 돗토리현 요나고시에서 실종된 마쓰모토 교코(松本京子.당시 29세)를 납북 피해자로 정식 인정했다고 발표하였다. 이로써 일본 정부로부터 정식 인정을 받은 일본인 납북 피해자는 총 17명으로 집계됐다. 『교도통신』, 2006년 11월 20일.

제를 제기했으나 북한은 계속 완고하게 부정했다.[45] 그러나 2002년 9월 북일정상회담을 통하여 북한은 그동안 일본인 강제납북자에 대한 존재 자체를 부인하였던 태도를 벗어나 사과를 하고 일본인 납북자 문제에 대해 일본이 요구한 11명 이외에 추가로 3명을 포함, 총 14명의 생사에 관한 정보를 전달했다.[46] 결국 북한에 의한 납치문제 해결을 압박하기 위한 수단으로 일본 국회는 대북 경제재재에 나설 것을 촉구하는 내용의 「북한인권법」을 2006년 6월 16일 가결하였다.[47]

일본의 북한 인권에 대한 입장은 미국과 궤를 같이하면서 이루어진다고 볼 수 있는데, 이러한 동향은 미국과 일본의 동맹관계의 강화 차원에서도 북한인권 문제에 대한 양국의 이해관계가 부합되는 결과라고도 할 수 있다.[48]

따라서 일본은 자국의 납북자 문제를 중대한 이슈로 부각시키며 안으로는 자국민의 관심을 끌고 밖으로는 최대한 국제사회의 공조를 얻어 북한인권 문제에 적극적으로 접근하고 있다는 점을 알 수 있다.

---

45) http://www.mofa.go.jp/mofaj/area/n_korea/abd/rachi_mondai.html (검색일 : 2006년 10월 1일).

46) 북한은 김정일이 직접 납치사실을 인정하고 "70~80년대 특수기관의 일부 망동주의, 영웅주의가 저지른 일"이라고 설명하면서 "내가 이를 알게 돼 책임자들을 처벌했다. 지금부터는 이런 일이 절대 없다. 유감스러운 일이었으며 솔직히 사죄 한다"고 말했다. 『문화일보』, 2002년 9월 18일.

47) http://www.shugiin.go.jp/itdb_gian.nsf/html/gian/honbun/g16401038.htm (검색일 : 2006년 10월 15일).

48) 2005년 11월 16일, 부시 대통령은 일본을 방문하여 고이즈미와의 정상회담을 통하여 자민당의 총선 압승을 축하하고 일본의 최우선 과제인 납치 문제에 대한 우려를 공유하고 있음을 알리고 "한반도 자유에 관심있다"며 북한인권도 비판하였다. 『한겨레』, 2005년 11월 17일.

4. EU와 북한인권

유럽연합(European Union ; EU)[49]은 1995년부터 전반적으로 제3세계 국가들과 양자간 교역이나 협력협정을 체결할 때 인권에 관한 조항들을 포함 시켜왔다. EU는 공동외교안보정책(Common Foreign and Security Policy)의 주요 목적으로 인권과 기본적 권리들을 규정하였으며, 인권과 기본적 권리 및 민주주의 가치를 EU의 기본원칙으로 마련하였다.[50] 즉 무엇보다 EU는 최우선적으로 추구해야 할 보편적 가치로 인권존중과 민주주의 원칙의 확대를 강조하고 있다.[51]

EU는 기본적으로 인권에 대하여 상당한 관심과 정책적 지향성을 가지고 있다. EU의 인권정책은 대내외 정책의 주요 정책 지침이라는 점에서 EU 국가들이 북한과의 수교문제를 논의하는 것 자체가 바로 북한의 인권문제와 연결되는 것이라 하겠다.

EU의 노력에 따라 2001년 6월(11~13) 북한은 사상 처음으로 외부 세계와 인권 문제를 논의하기에 이른다. 북한은 스웨덴과 인권세미나(2001. 6. 11)를 여는 데 이어 브뤼셀에서 유럽연합(EU)과 인권대화(2001. 6. 13)를 갖고, EU와 북한은 인권에 관한 기본원칙, 유엔인권기구, 유엔인권기구와의 협력 등에 대해 시각을 교환했

---

49) EU는 자유(liberty), 민주주의, 법치와 함께 "인권과 기본자유(fundamental freedom)에 대한 존중"을 창설 원칙으로 하여 EU 정통성의 근간으로 하고 있다. 이러한 점은 1992년에 채택되어 1993년에 발효된 마스트리히트조약(EU조약)에 반영되었고, 마스트리히트조약은 EU주민들에게 유럽시민권의 개념을 소개하고 유럽 의회에 추가권한을 부여하였다. Jeremy Rifkin, 2004, The European Dream (U.K.: Polity Press), p. 207.

50) http://eur-lex.europa.eu/en/treaties/dat/12002M/htm/C_2002325EN.000501.html#anArt11 (검색일 : 2006년 9월 23일) TITLE I, COMMON PROVISIONS, Article 6
1. The Union is founded on the principles of liberty, democracy, respect for huma n rights and fundamental freedoms, and the rule of law, principles which are common to the Member States.

51) http://europa.eu/pol/rights/overview_en.htm (검색일 : 2006년 9월 23일).

다.[52] 그러나 EU가 북한과의 관계 개선을 추진하였지만 북한의 인권상황이 전혀 개선되지 않았고, EU가 무역협정에만 관심을 두고 인권을 소홀히 한다는 비판이 국제인권단체 HRW(Human Rights Watch)의 연간 보고서를 통해 지적되었다.[53]

EU는 2003년과 2004년에 각각 열린, 제59차 및 60차 UN 인권위원회에서 북한의 인권 상황에 관한 일련의 결의안을 주창했다. EU는 대북지원과 함께 북한인권에 대해 비판할 것은 비판하면서 북한이 인권개선을 할 수 있도록 UN 차원에서는 문제를 제기하고 있다는 점이 특징적이다.[54]

EU는 북한에 대하여 인권, 핵확산 금지, 안보문제 등 다각적 측면에서 심각한 우려의 대상이 되고 있다는 점을 정치대화를 통하여 북한 정부에 분명히 밝혔음에도 불구하고 개선이 없을 경우 북한과의 관계 증진에는 한계가 수반될 것이라는 원칙을 가지고 있다.[55] 따라서 EU는 북한에 대한 인도적 지원에 있어 적극적 의사를 가지고 있는 반면 국제사회에서도 지속적으로 북한의 인권문제의 해결을 위한 동시 접근을 하고 있다고 하겠다.[56]

---

52) EU는 북한과 유사한 대화와 만남을 지속함으로써 장기적으로 북한 인권개선을 유도한다는 방침이다. 안나 린드 스웨덴 외무장관은 성명에서 "인권은 EU가 모든 제3국과 관계를 형성하는 데 있어 기본적인 요소를 구성한다"고 밝혔다. 『연합뉴스』, 2001년 6월 14일.

53) HRW said: "North Korea continues to be one of the most repressive countries in the world, with its citizens lacking even basic civil freedoms" http://news.bbc.co.uk/2/hi/europe/4624578.stm (검색일 : 2006년 9월 24일).

54) 북한의 홍수피해가 발생한 95년 인도적 지원을 시작한 이래 EU는 2005년 12월 까지 식량원조(농업구조개선), 인도적 지원 등 약 3.5억 유로를 지원하였다. http://www.koreanmissiontoeu.org/eu_korea/eu_korea_d01.php (검색일 : 2006년 9월 24일).

55) 2001년 5월, 유럽연합 의장국이었던 스웨덴의 요란 페르손 총리가 평양을 방문하고 대북관계개선을 위해 상당한 노력을 기울였음에도 불구하고 별다른 진전이 없는데 대해 유럽연합내에 반북여론이 상당히 강한 것으로 알려지고 있다. 『연합뉴스』, 2003년 3월 14일.

56) EU측의 주도에 의해 제 61차 유엔 인권위(2005. 4월) 에서 북한인권결의안과 제60차 유엔총회(2005. 11월) 에서 북한인권결의안이 채택된 바 있다.

5. 중국과 북한인권

중국은 북한인권 문제를 탈북자에 대한 관리의 차원에서 접근하고 있다. 중국정부는 탈북자를 경제적 동기의 불법입국자로 간주하고 탈북자 문제는 기본적으로 중국 북한 양자 간 문제라고 보면서도 탈북자를 국제법 · 국내법 인도주의 원칙에 따라 처리한다고 공식적으로 표명하고 있다.[57)]

중국 내 탈북자들은 총 5만명에 달하며, 이중 최대 5,000명이 중국 당국에 의해 강제송환되는 등 탈북자들의 인권이 열악한 수준 이라고 미국의 비정부기구인 난민 및 이민위원회(USCRI)는 '2006년도 보고서' 를 통하여 밝히고 있다.[58)]

중국 정부는 지속적으로 증가하는 외국 공관을 통한 탈북자 문제가 커지면서 자국내 외교공관에 진입한 탈북자에 대해 전원 신병인도를 요구키로 방침을 정하였다. 한편 중국은 탈북자 문제를 중국 내 소수민족 문제와 연관하여 고려하고 있다. 언어와 민족을 달리하는 56개 다민족 국가인 중국으로서는 소수민족 정책으로 자치정책을 추진하고 있지만, 탈북자를 난민으로 간주시에는 티베트와 위구르 등 소수 민족 등도 불만을 표시하며 난민 신청을 주장할 수 있기에 탈북자의 난민자격 문제는 내부적으로 민감한 사안이라 하겠다. 또한 탈북자를 난민으로 인정할 경우 북한 주민의 대거탈북시 중국으로서는 북한과의 관계를 고려하지 않을 수 없다.

중국은 탈북자 처리에 있어 부정적 태도를 보이고 있지만 한편으로는 국내법과 국제법, 그리고 인도주의라는 3가지 원칙을 내세워 탈북자 처리를 온건하게 하고 있다. 그런데 이러한 중국의 태도는

57) 외교통상부, 2005년도 국정감사 위원요구 답변 자료.

58) http://www.refugees.org/uploadedFiles/Investigate/Newsroom/Headlines/Financial.Times.Yonhap.China.NKoreans.6.15.pdf (검색일 : 2006년 9월 24일).

천안문 사태를 거치고 불거진 자국의 인권문제 그리고 2008년 북경 올림픽 등을 염두에 두고 있다. 또한 국제사회의 일원으로 책임있는 자격 여부에 대한 국제여론을 의식한 면이 크다고 볼 수 있다.

6. 체제개선형의 압박상태

국제사회의 북한인권에 대한 입장은 점진적이며 압박적인 추세로 나가고 있는 가운데 미국, 일본, EU 등이 중심적 역할을 하고 있다. 유엔 대북인권결의안에 있어서도 2005년 보다 2006년에 찬성을 하는 국가가 늘었고 반대와 기권을 하는 국가가 줄었음에서도 이러한 동향을 알 수 있다. 따라서 국제사회에 있어 각 국가별 행위자의 분포는 북한의 인권개선과 북한의 체제문제를 함께 다루는 체제개선형이 주도적이라 하겠다.

유엔, 미국, 일본은 공통적으로 자유권과 보편성을 강조하는 체제개선형 모델로 투영되었다. 한편 EU는 체제중립형 모델에서 체제개선형 모델로 이동중이며,[59] 중국은 체제유지형 모델로 나타났다.

시민적 · 정치적 권리로 자유권을 강하게 주장하고 보편적 가치로 인권을 받아들이는 체제개선형 행위자는 무엇보다 북한인권 문제에 있어 북한의 체제가 개선되어야 한다는 공통점을 지닌다. 따라서 북한인권 문제를 둘러싼 행위의 총체적인 내용은 북한의 압박과 연결이 되며, 강경한 입장을 가지고 있다.

체제유지형 행위자는 북한 체제의 내부적 안정을 우선적으로 고려하고, 상대적 문화주의 차원에서 특수한 환경에 처한 북한의 입장을 이해하고, 체제와 인권의 문제를 별개로 다루어야 한다고 본다. 또한 국제사회의 인도적 개입도 반대하는 입장을 갖는다.

59) EU는 북한의 핵실험에도 불구하고, 대북지원을 계속 유지할 것임을 공식화하였다. 『매일경제』, 2006년 10월 10일.

[그림 Ⅲ-1] 국제사회의 대북인권 접근모델

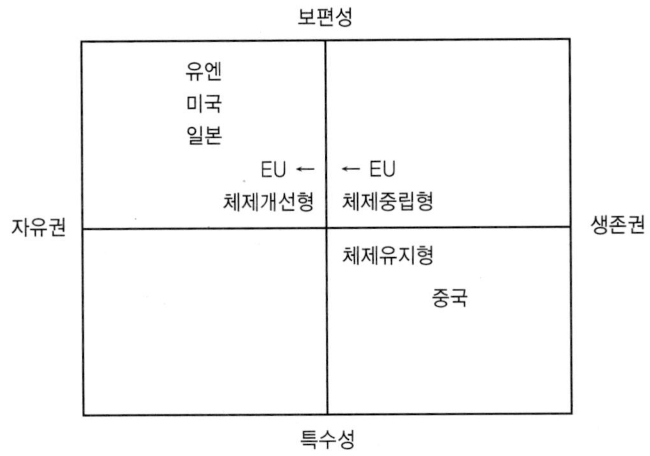

Ⅳ. 북한인권과 비정부기구

1. 국제 NGO의 인권 압박

과학과 기술 · 정보사회로의 발전과 함께 공공분야에 대한 민간기구의 관심이 커지면서 국제사회에서 주도적인 역할을 하던 국가의 독점적인 행태는 무너지고 쟁점을 공유하는 차원으로 비정부기구(이하 NGO)의 기능이 강화되었다.[60] NGO는 국가와의 사이에 있어 주권의 원칙으로부터 탄력적이고 자유롭게 반응할 수 있다는 점에서, 인권 문제에 대한 NGO의 활동은 상대적으로 효용성 높다. 따라서 북한인권 문제에 관한 한 국제 NGO의 인도적 차원의 활동은 다

60) NGO라는 용어가 쓰이게 된 것은 UN이 헌장 제71조를 통해서 정부 이외의 NGO와의 협력관계를 규정함으로써 비롯되었다. NGO와 UN의 관계에 대해서는 다음을 참조. Dianne Otto, 1996, "Non governmental organizations in the United Nations system : The emerging role of international civil society," Human Right Quartely, Vol.18.

양하게 전개된다고 하겠다.

국제 NGO 활동에 있어 북한인권 문제가 처음 강조된 것은 1983 AI 연례보고서를 통해서이다. 그 후 1988년 12월 Asia Watch[61]와 미네소타변호사 국제인권위원회가 공동 발간한 북한인권보고서가 국제사회에 알려지면서 북한인권 문제에 대한 심각성이 드러나기 시작하였으며, 이에 따른 국제적 관심이 촉발되었다.

국제사회에 있어 NGO 차원에서 북한인권 문제를 공론화시키는데 있어 국제엠네스티의 활동이 대표적이다. 국제엠네스티는 1983년 북한 정치범 실태에 대한 간단한 정보를 발표한 이후 1993년에는 북한의 정치범 50여명에 달하는 명단을 공개하였다. 또한 1999년 재러시아 탈북 문제에 관한 보고서를 발표한 후, 2000년에는 탈북자 인권문제를 국제적인 과제로 선정하고 항의서한 보내기 운동도 전개한 바 있다.[62] 2001년 국제엠네스티는 중국의 장쩌민(江澤民)주석 앞으로 편지를 보내 중국이 북한으로 강제송환한 수 백 명의 북한주민들에 대해 심각한 우려를 표명한 바 있다. 또한 2006 연례보고서를 통하여 북한에서는 정치적 반대자에 대한 공개처형, 고문과 부당한 대우, 여성에 대한 강제구금, 표현과 결사의 자유에 대한 억압이 있고 중국에서 탈북여성의 성적 착취 등 비인간적 대우가 만연하고 있다는 사실을 공개하였다.[63]

북한인권 개선을 위한 민간단체의 연대적 협력활동이 증진되고 있는 가운데, 2003년 6월 26일 허드슨 연구소와 디펜스포럼, 미국을

61) Asia Watch (Human Rights Watch/Asia)

62) AI, 'Democratic People's Republic of Korea Persecuting the Starving: The Plight of North Koreans Fleeing to China'. http://web.amnesty.org/aidoc/aidoc_pdf.nsf/index/ASA240032000ENGLISH/$File/ASA2400300.pdf (검색일 : 2006년 10월 3일).

63) http://www.amnestyusa.org/countries/north_korea/document.do?id=ar&yr=2006 (검색일 : 2006년 10월 3일).

걱정하는 여성들(CWA) 등 종교단체 들은 북한의 인권 및 민주주의 향상을 목표로 북한자유연합(NKFC, North Korea Freedom Coalition)이라는 합동연합체를 결성하였다.[64]

북한인권 문제에 있어 프리덤하우스(Freedom House)의 활동은 적극적이다. 프리덤하우스는 2000년 12월 연례보고서(Freedom in the World)를 발간하여, 세계 192개 국가를 자유국가, 부분적 자유국가, 전혀 자유가 없는 국가로 분류하고 마지막 하위등급 국가에 북한, 쿠바, 아프가니스탄, 버마, 체첸, 이라크, 리비아 등 11개국을 '최악의 인권국가' 로 선정한 바 있다.[65]

국제 NGO들은 통합적으로 북한인권에 대한 대응의 수위를 높이고 있다는 것을 알 수 있는데, 이것은 북한이 국제 NGO에 대하여 협력적 태도를 취하지 않는 것에 대한 강력한 연계적 활동으로 볼 수 있다.[66] 따라서 국제 NGO는 상당히 조직적으로 북한인권 문제에 접근하고 있으며, 이러한 단체들은 전문적 NGO 활동을 통하여 북한인권의 국제적 해결을 모색하고 있다고 하겠다.

한편 일본의 대북인권 NGO 단체는 일본 정부가 자국의 납북자를 대상으로 활동을 하는 것과 맥을 맞추는 한편 북한의 인권문제에 대하여 비판적 태도를 취하고 있다. 북조선귀국자의 생명과 인권을 지

64) 미국의 인권과 종교 단체 20여개로 구성된 북한자유연합(NKFC)은 2004년 2월 24일 조지 W. 부시 미 대통령에게 서한을 보내 베이징 6자회담에서 북한인권 문제를 의제로 다룰 것을 촉구했다. 이 서한은 "미국의 북한에 대한 경제지원은 남북 이산가족 상봉 진전과 북한의 종교 자유 확대, 정치범 관련법 개정, 정치범 수용소에 대한 외국인 감시 허용 등의 조치가 취해질 때 단행돼야 한다"고 주장했다. 『세계일보』, 2004년 2월 25일.

65) 『동아일보』, 2000년 12월 21일.

66) 북한은 국제NGO의 활동에 대하여 인권문제 자체가 거론되는 것이 하나의 서구적 전략이라 보며 극도로 폐쇄적인 입장으로 국제사회의 식량원조에 대한 감시체제를 거부하는 태도를 보이기도 하였다. 북한은 2006년 수해를 입었을 때 'WFP가 후속 방문을 통해 구호식량이 제대로 수해민들에게 전달됐는지 여부를 확인하겠다'는 조건 때문에 이재민들에게 긴급구호 식량을 제공하겠다는 세계식량계획(WFP)의 제의 자체를 선뜻 받아들이지 못하였다.

키는 회, RENK[67](Rescue The North Korean People ! Urgent Action Network: 1993년 설립), 북조선귀국자의 생명과 인권을 지키는 회 등은 일본의 대표적인 대북인권 NGO 단체들이다.

2. 국제 NGO의 인도적 지원

북한인권의 심각성을 해결하고자 활동하는 비정부기구 중에는 북한 주민의 삶의 수준을 인간답게 살아가는 방향으로 지원하는 지원단체도 있다. 이러한 기구는 국제기구를 비롯한 여러 국제인권 NGO 등이 포함된다. 이들 NGO 단체는 북한의 식량난 호소 요청에 따라 이를 돕고자 하는 차원에서 긴급지원과 구호사업을 병행하고 있다.

이러한 국제기구로는 세계식량계획(WFP)[68], 세계보건기구(WHO)[69], 국제적십자사연맹(IFRC),[70] 유엔아동기금(UNICEF)[71] 스위스개발협력청(SDC)[72] 유럽공동체인도지원사무소(ECHO) 등이 있다. 이러한 NGO는 북한의 인권문제를 놓고 정치적 개입이 없이 북한의 체제를 문제 삼지 않으며 대북인도적 지원에 참여하고 있다.

---

67) http://www.bekkoame.ne.jp/ro/renk/koreanhome.htm (검색일 : 2006년 10월 5일).

68) 북한 핵실험을 감행했다고 발표한 가운데 국제사회의 대북 식량 지원 창구인 세계식량계획 (WFP)은 분배 투명성이 보장되는 한, 취약계층에 대한 식량지원은 중단되어서는 안된다고 발표하였다. 『자유아시아방송』, 2006년 10월 10일.

69) 세계보건기구(WHO)는 2006년 부터 한국 정부와 공동으로 북한 영·유아, 산모보건 지원계획을 실시키로 했다. WHO는 사업 첫해엔 2006년에는 30개 군(郡)에 의료 장비 키트를 전달하고 향후 5년 안으로 지원대상을 전체 군단위로 확대할 계획이다. WHO는 의료 장비 키트 외에도 왕진 가방과 긴급 환자를 수송하기 위한 구급차, 실험실 장비, 인력 교육 등도 사업 계획에 포함시키고 있다. 예산내역은 장비 구입(77%), 북한 의료인력교육(11%), 모니터링과 관리비용(12%) 등이다.

70) 국제적십자사는 유엔 안보리 대북제재 결의안 통과 이후에도 "대북 지원 계획을 변경하거나 규모를 축소할 계획이 없다"는 의견을 보였다.『연합뉴스』, 2006년 10월 20일.

71) 유니세프(UNICEF 유엔아동기금)는 2006년 대북 지원사업에 1천120만 달러를 책정한 것으로 밝혀졌다. 『연합뉴스』, 2006년 1월 24일.
http://www.unicef.org/ (검색일 : 2006년 11월 26일).

또한 유럽에서는 국경없는 의사회(MEDICIN SANS FRONTIER)[73]를 비롯한 여러 단체들이 북한인권 상황을 모니터링 하고 있는데 유럽의 인도적 지원 국제 NGO들은 기본적으로 북한의 정치적 인권상황에 대해서 비판적인 시각을 가지고 있으나 인도적 차원에서 보건, 의료, 구호 등 인간의 기본적 삶의 질 향상을 위한 노력을 기울이고 있다.

인도적 지원을 중점적으로 하는 북한인권 관련 국제 NGO로는 CESVI, Triangle **Génération** Humanitaire, Concern World Wide, Handicap International 등의 활동이 돋보인다. 이외에도 Caritas Internationalis, ADRA 등을 포함한 다양한 NGO가 대북지원을 하고 있다.[74]

3. 체제개선형과 체제중립형의 혼합상태

국제사회에 있어 비정부기구의 활동은 미국을 중심으로 대북 압박을 행사하면서 체제개선적 요구를 하는 NGO가 있는가 하면, 북한의 체제와 인권상황과는 별도로 분리하여 인도적 지원활동에 역점

---

72) 스위스 외무부 산하기구 스위스 개발협력청 (SDC, Swiss Agency for Development and Cooperation) '2000년부터 영농인 연수와 자문, 농산물 가공기술 이전, 기타 기술 지원 등 대북개발 원조사업 한다. 1996년부터 1999년까지는 평양에 상주사무소를 두면서 긴급구호 성격의 원조사업을 하였다. 『자유아시아방송』, 2005년 10월 12일. http://www.sdc-dprk.ch/ (검색일 : 2006년 11월 26일).

73) 1971년 일군의 프랑스 의사들에 의해 설립된 국경없는의사회(이하 MSF)는 세계 최대의 국제인도주의 의료구호단체로 매년 80여 개국에 2,500여명의 자원활동가를 파견하고 있다. MSF는 인도주의가 모든 가치에 우선한다는 신념하에 국경, 이념, 종교, 인종에 관계없이 각종 자연재해, 인재, 무장갈등으로 인해 고난 받는 이들을 돕고 있다.

74) American Friends Service Committe, http://www.afsc.org/ (검색일 : 2006년 11월 26일). Humanitarian Information Centres, http://www.humanitarianinfo.org/ (검색일 : 2006년 11월 26일). Reliefweb, http://www.reliefweb.int/ (검색일 : 2006년 11월 26일). The Tumen Programme, http://www.tumenprogramme.org/ (검색일 : 2006년 11월 26일). MercyCorps, http://www.mercycorps.org/countries/northkorea (검색일 : 2006년 11월 26일). Gain (Global Aid Network), http://www.globalaid.net/dprk.html (검색일 : 2006년 11월 26일).

을 두는 NGO도 있다. 인권의 보편적 가치와 자유권을 중시하는 미국형 NGO가 전자에 속하는 경우가 많다. 반면 인권의 보편적 가치를 중시하되 생존권적 차원에서 북한에 대하여 순수한 지원활동을 하는 국제기구와 NGO도 있다. 이와 같이 살펴볼 때 국제사회는 [그림 Ⅳ-1]과 같이 체제개선형과 체제중립형의 혼합상태로 북한인권에 대응하고 있음을 알 수 있다.

[그림 Ⅳ-1] 국제 비정부기구의 대북인권 접근모델

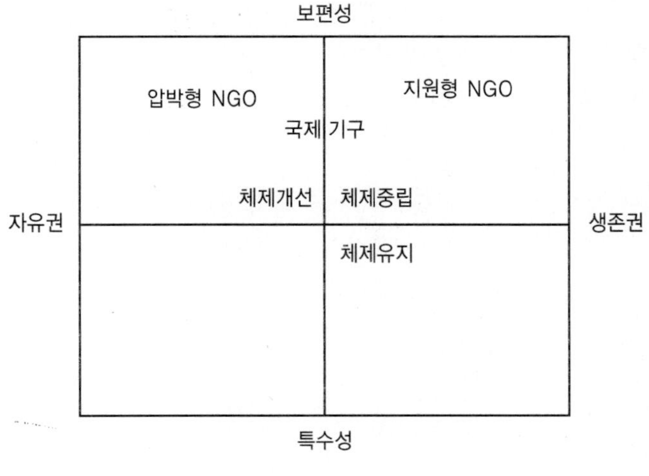

국제사회에 있어 다원주의가 확대되고 인권레짐의 역할이 갈수록 증대되는 상황에서 NGO는 북한인권 개선에 있어 중요한 행위자라고 하겠다. 체제개선형 NGO가 국제사회에서 북한인권 문제를 압박하거나 또는 체제중립형 NGO가 인도적 지원을 하여도 당장에 직접적으로 북한의 인권이 개선이 되기는 어렵다는 면이 있다. 그러나 NGO 단체의 인권 활동은 북한으로 하여금 국제인권규범의 이행을 촉구하며, 북한 주민의 인권을 보호 증진시키는 역할과 인권에 대한 감시 기능을 하고 있다는 측면에서 유용하고 긍정적이라고 평가할 수 있다.

Ⅴ. 결 론

1. 북한인권에 대한 한국과 국제사회의 역할 모델

북한인권 문제에 대한 국제사회의 반응을 고찰한 결과, 인권의 중요한 가치가 되는 보편성과 상대성 그리고 자유권과 생존권을 기본 요소로 할 때 그 행태가 북한에 대하여 체제개선형, 체제중립형, 체제유지형 등 다양한 역할 모델이 [그림 Ⅴ-1]과 같이 종합적으로 나타나고 있음을 알 수 있다.

[그림 Ⅴ-1] 북한인권문제에 대한 한국과 국제사회의 역할

보편성

자유권 / 생존권	자유권	생존권
보편성	체제개선형 UN, 미국, 일본 압박형 NGO 한국 (한나라당, 보수단체) EU ←	체제중립형 인도적지원 NGO ← EU
특수성	없음	체제유지형 중국 한국 정부 (열린우리당, 진보단체)

특수성

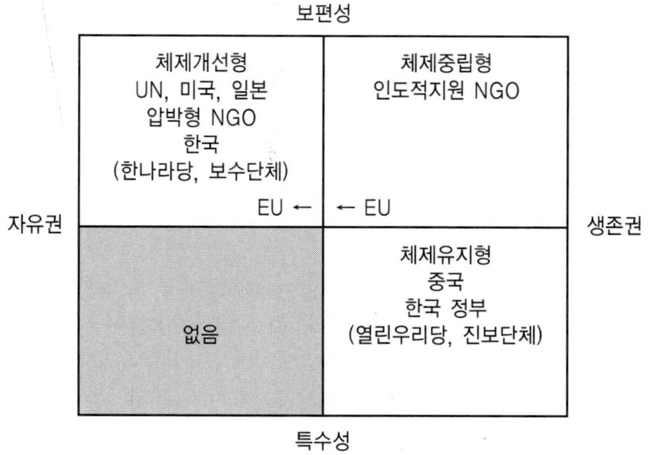

1) 체제개선형 모델의 활동 평가

체제개선형 모델은 인권의 자유권과 보편성을 중시하면서, 압박적 대북인권 개선정책을 추진하고 있다. 체제개선형 모델의 주안점은 시민적 · 정치적 권리의 확대 차원에서 인권을 강조하면서 북한의 인권 문제 해결에 있어 북한의 정치체제가 변화되어야 할 것을 우선시 한다는 것이 결정적 요인으로 작용한다.

2) 체제중립형 모델의 활동평가

체제중립형 모델은 국제 NGO들이 주축이 되어 인권의 생존권과 보편성에 중점을 두고 북한에 대한 인도적 지원을 하면서, 북한의 인권개선이 이루어지도록 하고 있다. 압박보다는 대화로 북한의 인권개선에 대한 접근을 하고 있다는 점이 특징적이다. 체제중립형 모델의 주안점은 사회적 · 문화적 · 경제적 권리의 차원에서 인권을 강조하면서 인권의 보편성 차원에서 북한의 정치체제의 개선 또는 유지와는 상관없는 형태를 지닌다. 이 모델의 특징은 인간의 기본적 삶에 필요한 인도적 지원활동을 우선시 한다는 것이 결정적 요인으로 작용한다.

3) 체제유지형 모델의 활동평가

체제유지형 모델은 인권의 특수성과 생존권이 무엇보다 중요하다고 본다. 체제유지형은 인권의 특수성과 사회적 · 문화적 · 경제적 권리를 제일 중요한 요소로 보면서, 북한의 인권문제를 내부적 체제 안정과 경제적 지원을 통한 안정적 해결을 모색하는 쪽으로 접근하고 있다.

2. 북한인권 문제에 대한 국제사회의 합의 도출

국제사회에서는 북한의 인권문제를 놓고 체제개선 목표가 논의의 중심에 있음을 알 수 있다. 반면 북한은 국제사회에서 북한의 인권문제를 거론하거나 또는 이에 대한 개선을 요구하는 것에 대하여 체제에 대한 중대한 개입이라 여기고 있다. 북한은 북한의 인권문제에 대한 국제사회의 모든 관심과 노력을 체제전복에 이용한다며 강력한 반발을 보이고 있다. 그러나 2006년 11월 30일, 국가인권위원회와 경남대 극동문제연구소가 공동 주최한 북한인권 국제심포지엄에서 중국과 러시아 학자가 "북한 인권문제 해결책은 체제 전환뿐"이라고 해법을 제시한 것은 의미 있게 볼 수 있다. 즉 이것은 북한인권 문제 해법에 대한 국제사회의 컨센서스에 있어서도 결국 북한의 체제를 개선하는 방향으로 그 흐름이 모아지고 있다는 것을 알 수 있다.[75]

이와 같이 볼 때 우려되는 북한의 인권상황을 '어떠한 방향으로 개선시켜야 하는가' 하는 대안의 목표 설정이 요구되지만, 실질적으로 북한이 변화하지 않는 한 북한의 인권개선의 한계성도 또한 주어진다고 할 수 있다. 그러나 북한인권 문제에 대하여 국제사회가 많은 관심을 갖고 공론화 과정에 있다는데 먼저 주목을 하여야 한다. 따라서 당장 북한의 인권상황을 바꾸어 놓을 수는 없으나 점진적이며 다각적인 차원의 접근을 통해 북한인권 개선의 가능성을 높여 나

75) 중국과 러시아 정부의 공식 입장은 아니지만 북한과 동맹국으로 분류되고 있는 나라의 학자들도 북한의 인권문제를 제기하며 북한의 정치체제와 연결지어 레짐의 문제를 거론하였다는 사실에 주목한다. 중국의 김경일 베이징(北京)대 교수는 "인권문제는 그 사회 제반 시스템 문제로서 땜질식으로 해결되는 문제가 아니다"면서 "계획경제와 집단화를 실시하던 나라들에서 인권사업의 발전은 체제의 전환과 밀접한 관련이 있다"고 주장했다. 또한 러시아의 바실리 미히에프 국제관계·국제경제연구소 부소장도 북한 인권에 대한 러시아의 입장을 설명하며 "북한 정권이 민주주의와 시장경제로 돌아서는 체제 전환이야말로 북한 인권문제를 해결하는 유일한 방법"이라고 밝혔다. 『연합뉴스』, 2006년 11월 30일.

가야 한다.

북한의 인권상황이 최악에 놓여 있고 개선되어야 한다는데 국제사회의 행위자 대부분 동의한다. 그러나 북한인권 문제라는 '하나의 현상'을 놓고 행위자별로 각기 '다른 접근'은 북한인권 문제를 더욱 복잡하게 만든다. 북한인권 문제에 대해 압박을 선도하는 미국은 한국과 중국에 대해 좀 더 적극적인 역할을 같이 할 것을 요구하기도 한다.[76] 따라서 국제사회에서 고조되고 있는 북한인권에 대한 관심을 모아 기본적인 합의를 먼저 도출할 필요성이 있다. 이러한 합의 도출을 위하여 다음의 사항을 검토하여 본다.

첫째, 국제사회의 일관성 있는 접근이 요구된다.

둘째, 북한인권 문제에 대한 정밀성 있는 판단이 요구된다.

셋째, 한국이 북한인권 문제의 당사자국으로 주도적 활동이 요구된다.

일관성이 따라야 하는 이유는 북한인권 문제가 거론되는 것이 정치적으로 오해를 받지 않도록 하는 것이며, 국제사회에서 공정하게 북한인권 문제가 다루어 북한이 이것을 수용하여야 하는 정당성을 확보하게 만든다. 또한 정밀성이 요구되는 것은 북한의 인권문제의 실상과 근본적 원인에 대한 정확한 조사를 통해 객관성을 높이고 국제사회의 일치된 방향성을 갖기 때문이다.[77] 아울러 한국이 북한의 인권문제를 남북관계의 특수성을 내세워 외면해서는 안되며, 분명하고 확실한 태도로 국제사회와의 적극적인 공조로 북한인권 개선

76) 2006년 12월 7일, 미국의 북한인권특사인 Jay Lefkowitz는 중국과 한국이 북한인권 문제에 있어 좀 더 적극적인 역할을 할 것을 제시하였다. "북한에 대하여 상당한 레버리지를 갖고 있는 중국과 한국이 북한에 대한 압력을 가하는데 있어 최대한의 부담을 같이 나눠야 한다"는 미국의 요구는 북한인권 문제를 둘러싸고 국제적인 합의가 쉽게 이루어지지 않고 있다는 사실을 반증하는 것이다. http://americancorners.or.kr/e-infousa/wwwh5632.html (검색일 : 2006년 12월 12일).

77) 북한의 인권문제를 놓고 일관성과 정밀성 있게 다루어야 미국이 이중적 기준을 갖고 접근한다는 오해와 국제사회에서 그 객관성이 문제된다는 논란을 불식할 수 있다. 북한의 인권문제가 야기된 근원적 원인을 찾아 국제사회가 공동으로 타켓화 된 목표를 가져야 한다.

활동에 참여하여야 효과성을 높일 수 있다.[78)]

3. 북한의 시장화 · 개방화 · 민주화

북한 인권문제 해결을 위한 국제사회의 노력도 중요하지만, 이에 못지않게 반드시 북한도 내부적인 변화가 있어야 한다. 인권개선을 촉구하는 유엔과 국제사회의 요구에 대해 북한이 인권은 국가주권 내의 문제라고 지속적인 태도를 견지할 것은 자명하나, 점진적으로 북한의 북한인권 상황이 개선될 수 있도록 북한의 내부적 변화를 유도하여야 한다. 이러한 차원에서 볼 때 북한을 개방과 개혁으로 이끌어 내는 전략은 유효한 면이 있다.[79)]

북한의 내부는 낮은 시민의식, 정보의 차단, 시장경제의 무지 등으로, 헬싱키 협정과 같은 인권개선 모델이 주어져도 내부적으로 변화의 흐름을 이끌기에는 역부족이다. 따라서 북한의 내부적 변화를 강조하는 방향으로 먼저 나가야 하는데 이러한 이유는 다음과 같다.

첫째, 북한인권 개선을 위해서는 북한이 경제적으로 내부변화를 가져야 한다. 북한이 중국이나 베트남같이 시장화 원리를 도입하여야 근본적으로 북한주민의 인권이 개선될 수 있다는 논리이다. 이러한 북한의 시장화는 북한인권 문제에 있어 생존권의 확대와 직결되

78) 노벨상을 받은 바츨라프 하벨 전 체코 대통령은 "WFP의 식량분배 감시노력은 한국과 중국의 「직접지원」으로 인해 방해받고 있다"며 한국, 중국이 하고 있는 대북 직접지원의 문제점을 강조한 바 있다. 또한 "한국의 대북 햇볕정책은 아무리 취지가 좋다고 해도 끊임없는 양보와 달래기에 기반을 둔 것"이고, "한국은 이 정책에 수억 달러를 쓰고 있으나 무고한 생명을 구하는 데는 도움이 되지 않으며 결국은 김정일(金正日) 정권의 유지만 돕는 것"이라고 주장하였다. 『연합뉴스』, 2004년 6월 19일. 이러한 내용은 오늘날 한국의 대북인권정책에 있어 유의있게 살펴 볼 사항이다.

79) 1975년 미국, 소련, 유럽 국가 등 35개국이 서명한 헬싱키 협정은 서방국가들이 소련 및 공산권 국가들의 체제를 인정하고 경제지원을 해주는 조건으로 이들 국가의 인권개선을 요구했다. 당시 미국의 키신저 국무장관은 공산권국가에 대한 지원을 인권에 연계하는 정책이 東西동서간의 데탕트(긴장완화) 분위기만 해칠 뿐이라고 비판했다. 실제 단기적으론 역효과도 발생했다. 그러나 잭슨-바닉 수정조항과 헬싱키 협정은 소련 및 공산권국가의 인권문제를 국제사회에 부각시키며 장기적으로 동구권의 개혁 · 개방을 촉진시켰다. 『조선일보』, 2006년 11월 25일.

는 사항이다.

둘째, 북한의 인권문제는 북한의 개방화를 통해 가능하다. 이것은 북한이 외부세계와의 연결을 통해 북한 주민들이 인간다운 삶에 대한 자각과 보다 좋은 사회로의 의식의 변화를 가져올 수 있다.

셋째, 국제사회에서 대북 인권개선의 요구가 체제개선 방향으로 선회하고 있다. 이것은 바로 북한의 정치체제가 개선되어야 한다는 것이며 민주화와 직결된다. 북한의 민주화는 바로 자유권의 확대와 연결되는 의미가 있다.

따라서 이러한 방향으로 나가기 위해서는 [그림 V-2]과 같이 한국과 국제사회가 북한의 ①시장화, ②개방화, ③민주화라는 공동의 파라다임을 가지고 대응하여야 한다.

[그림 V-2] 북한인권 개선도

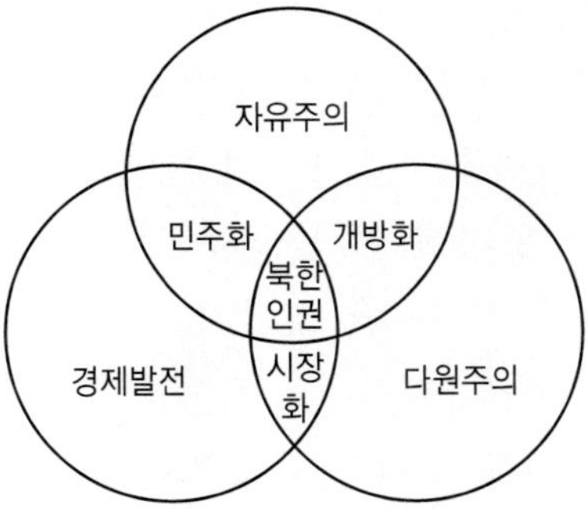

북한의 식량난은 북한 사회 전반을 변화시켰다. 기존에 식량배급제에 익숙하였던 북한 주민들은 기아의 공포와 혼돈 속에서 생존에 대한 열의를 찾고 살기 위한 권리를 추구하였다. 그러나 식량난이 악화 될수록 북한 주민들의 인권수준은 열악해지는 상태에 이르게 되었다는 것을 알 수 있다. 이러한 기아의 책임은 국가에 있다고 볼 때 북한은 자구책으로라도 북한 주민들의 이동, 장사, 개인영농 시도 등을 통해 시장경제적 정책을 인정하는 조처를 취해야 할 것이다. 따라서 북한이 실질적인 인권개선을 하려 한다면 경제적으로 〈시장화〉 원리를 도입하여야 한다는 논리가 수반된다.

또한 북한의 인권문제가 이처럼 심각함에도 불구하고 북한 주민들이 동유럽 국가의 주민들과 같이 체제에 반항하지 못하고 소극적으로 일관하는 이유는 무엇일까? 북한 주민들은 사상적으로 통제를 받으면서도, 통제의 심각성을 전혀 인식하지 못하고 있다는 점에 주목한다. 즉 집단주의라는 틀 속에서 전체의 지배논리에 매몰되어 북한 주민은 인간의 존엄과 권리에 대한 자각을 하지 못하고 있다. 한편 북한이 철저한 정보 통제를 하고 있기에 주민 간 정보교류가 자유롭지 않고 또한 지정학적으로 볼 때도 쉽게 인접국가와 노출되기 어려운 상황에 처해있다. 따라서 북한 주민은 체제에 대한 불만, 불평이나 또는 시위를 통한 항의도 할 수 없는 상황이라 하겠다. 즉 이것은 북한인권 개선을 위해서는 외부세계와 연결되는 〈개방화〉가 자유롭게 이루어져야 한다는 것을 의미한다.

북한주민들은 정치체제에 대한 비판의식이 없으며 나아가 정권교체에 대한 경험조차 없기에 '어떤 정부' 가 과연 '좋은 정부' 인지 판단하고 선택하기에도 어려움을 겪고 있다. 즉 이것은 북한 주민 스스로 개인에 대한 자아의 발견을 하지 못하고 있으며 민주화에 대한 시민적 권리의식 자체도 찾지 못하고 있다는 것이다. 따라서 북한인권 개선을 위해서는 〈민주화〉도 반드시 따라야 한다. 북한의 인권개선을 위해서는 근본적으로 북한 내부가 자유주의, 다원주의, 경제발전으로의 변화를 갖는 가운데, 서로 연쇄효과를 가져야 북한인권의 개선의 가능성은 극대화될 수 있다.

북한에 대하여 시장화, 개방화, 민주화로의 변화를 유도하는 것은 자유권 뿐만 아니라 생존권 차원에서도 인권을 개선하는 효과를 동시에 가져온다. 즉 이러한 원리는 인권의 시민적 · 정치적 권리뿐만 아니라 경제적 · 사회적 · 문화적 권리도 향상시킬 수 있는 동력이라 하겠다.

북한에 대한 단순한 지원이 북한을 변화시키는 요인은 아니며 또한 북한에 대한 지원의 분배 투명성이 확보되지 않은 상태에서 대북지원은 북한인권의 개선효과와는 무의미하다고 볼 수 있다.[80] 또한 북한에 대한 강제적 압박을 하더라도 북한의 체제를 변화시킬 수 있도록 그 효과를 극대화하는 방향으로 주어져야 할 것이다.

서구의 시민혁명 그리고 동유럽의 민주화를 비롯한 역사적 선례를 보더라도 체제 자체가 스스로 변화했다고 하기보다는 체제 내부의 사회 환경적인 여건의 성숙도에 따라 체제가 달라졌다는 사실을 직시해야 한다. 따라서 북한인권 개선에 대한 한국과 국제사회의 전략적 역할도 이러한 맥락에 맞추어 진행이 되어야 할 것이다.

80) Stephan Haggard and Marcus Noland, 2006, "The North Korean Refugee Crisis: Human Rights and International Response," (U.S. Committee for Human Rights in North Korea). 2006년 12월 7일, 미국의 북한인권위원회가 탈북자 1,346명을 대상으로 조사해 발표한 보고서 "탈북자 위기: 인권과 국제사회의 대응"에 따르면 북한내 생활과 관련, 조사대상자의 67%는 지난 2년간 북한 식량사정이 개선되지 않았다고 밝혔다. 또한 10여년간 국제사회가 북한에 식량지원을 하고 있음에도 불구하고 국제사회가 북한에 식량을 지원하다는 사실을 아는 탈북자는 57%에 불과했으며 이들 가운데 식량지원 혜택을 받았다는 답변자는 3%에 불과해 대북지원 식량의 분배 문제에 의문을 낳았다. http://www.hrnk.org/refugeesReport06.pdf (검색일 : 2006년 12월 12일).

제 11 장

군부 쿠데타의 성공요인에 관한 연구 : 북한에 대한 적용 가능성을 중심으로

송우근

Ⅰ. 서 론

1. 문제의 제기

이 논문은 많은 사람들이 바라는 남북한의 교류 협력과 평화통일의 문제나 억압받는 북한 동포의 자유해방과 인권문제와 같은 인류의 보편적 가치를 주된 관심으로 하여 그 문제를 직접적으로 연구 검토한 것이 아니다. 그렇지만 어떻게 하면 21세기의 시대정신에 어긋난 "잘못된 정치체제로 부터 발생되는 수많은 문제들을 근원적으로 해결할 수 있는 방법은 없는 것인가?" 또 "인류의 평화와 번영은 물론 민족의 앞날을 새롭게 할 수 있는 길은 어디에 있는가?" 하는 문제에 관심의 초점을 맞추어 보았다.

클라우제비츠(Karl Von Clausewitz)가 '전쟁은 정치의 연속'이라고 하였듯이 원래 정치와 군부는 본질적으로 불가분의 관계에 있

다.[1)]

실제로 저발전국가의 근대화과정에서 조직력과 응집력으로 특징되어지는 군 문화(military culture) 특성상 군부의 정치개입은 어느 면에서 매우 자연스러운 현상이기도 하다.

일반적으로 각 국가마다 사회적 경제적 정치적 발전이 이루어지는 정도에 따라 쿠테타와 같은 군부의 직접적인 정치개입 가능성은 차츰 줄어 들 것으로 본다.

그러나 세계 각 국의 군부 쿠데타의 사례들을 개관하면 쿠데타를 사전에 예상하지 못한 상황에서나 군부 쿠데타의 가능성이 낮은 상황에서도 쿠데타가 빈번히 발생했다는 엄연한 사실(fact)은[2)] 모두가 수긍할 수 있는 군사 쿠데타에 관한 일반이론(general theory)을 형성하는 것이 얼마나 힘든 작업인가를 실증적으로 반증하는 좋은 자료가 되고 있다.

무릇 인간은 정치권력을 소유하고자 하는 끊임없는 열정을 지닌 존재이다. 때로는 권력을 지향하는 인간의 지배적 욕구 그 자체가 사회변혁의 한 동인이 되기도 한다.[3)]

특히 군부 지도자나 군부 내 영향력을 행사할 수 있는 유력한 집단은 권력획득과 유지라는 두 측면 모두에서 제도적 접근성이 유력

1) 클라우제비츠 저, 강영구 역,『전쟁론』(서울: 병학사, 1989), 상권 p.49.
1827년 폴 클라우제비츠는 저서『전쟁론』에서 "전쟁이란 다른 수단을 가지고 하는 정치의 계속에 지나지 않는다. 즉 전쟁은 단지 하나의 정치적 행동일 뿐이며 실로 또 하나의 정치적(내정이 아닌 외교) 수단이기도 하고, 정치적 교섭의 계속이며 다른 수단에 의한 정치적 교섭의 계속에 지나지 않는다."라고 하였고 1500년 초 마키아벨리(Niccoli, di Vernardo Machiavelli)는 戰術論(Arte della-guerra)에서 "한 국가의 정치적 활동은 지속적으로 성장하고 팽창한다는 생존경쟁적 차원의 노력으로서 자국의 정책을 무력으로써 실현시키고자 하는(달리 말하면 정치 활동의 가장 심각한 표현이 전쟁)이다." 라고 하였다.

2) 한국의 경우 1979년 중앙정보부장에 의한 10.26사태 및 1980년 5.17 쿠데타를 예견한 사람은 없었으며, 2006년 9월20일 태국에서 쿠데타가 발생하기 직전까지 집권세력이나 쿠데타 주도세력 모두 쿠데타 발생 가능성을 부인하였음. 『연합뉴스/조선일보』, 2006. 9. 20 일자 보도내용.

한 세력이다. 이 같은 현실은[4] 투명성과 개방성을 지향하는 현대정치문화에서도 종종 상상을 넘어 군부 쿠데타의 성공으로 이어지고 있다.

한국의 군부는 창군 이래 2차례나 쿠데타를 성공시켜 30여 년간 막대한 영향력을 행사해 왔다. 북한의 경우도 김일성 정권으로부터 김정일 세습정권이래 군부 쿠데타설이 수차례 회자된 바 있다.

지금까지 국내외를 막론하고 전문가들은 그 필요성에도 불구하고 북한군부 쿠데타에 관한 종합적 체계적 연구실적을 내놓지 못했다. 아마도 정보접근이 원천적으로 봉쇄된 폐쇄체제를 대상으로 하는 연구 작업의 한계가 가장 큰 이유가 아닌가 싶다. 그리고 평화적 남북 교류협력에 장애요인으로 비판 받지 않을까 하는 정치적 우려도 있을 것이고 , 무엇보다 그렇다면 학문적 업적으로 평가될 수 있는 객관적 타당성이 있는 연구실적을 산출할 수 있을 것인가 하는 학자

---

3) 순자는 "사람의 본성은 악한 것으로 본성에 방종하고 사람의 성정을 쫓으면 반드시 쟁탈이 일어나 사회등급의 구분을 무너뜨리고 예의 이치를 어지럽혀 끝내 폭동으로 귀결된다"고 하였다. (안외순 옮김, 『순자』제7장, (서울: 책세상, 2006), p.113).) 맹자는 "군주에게 큰 과오가 있으면 간하고, 반복 간해도 군주가 듣지 않으면 군주의 자리를 바꾼다"고 했고(안외순 옮김, 『맹자』 만장 하 제9절 (서울: 책세상, 2006), p.123.) 마키아벨리는 "필요하다면 전통적 윤리를 포기하고 비행을 저지를 수 있어야 한다"고 하였다.(강정인 외 역, 니콜로 마키아벨리 저『군주론』(서울: 까치글방, 2006), pp.123~25). 군부의 쿠데타를 포함한 사회변혁은 인간의 본성에 의해 시도되고, 때로는 인간본성의 유지와 보장을 위해 사회변혁의 필요성이 제기되거나 될 수 있다는 것이 근대 동 · 서양 정치 사상가들의 견해임을 알 수 있는데 이에 대한 내용은 본 논문연구를 위해 연구자가 별도로 연구하여 '숭실대학교 학술지에 기고한 논문 "인간의 본성과 사회변혁의 관계에 관한 연구" 참조'
상기 논문에서 쿠데타의 근본적인 원인이 될 수 있는 인간의 본성과 사회변혁의 관계에 대하여 아리스토텔레스, 플라톤, 마키아벨리, 마르크스, 니체, 그리고 맹자, 순자 등 동서고금의 정치 사상가들의 견해를 입체적으로 비교분석하여 정리하였음.

4) Morris Janowitz, The Military in the political Development of New States : An Essay in Compara tive Analysis, (Chicago University Press, 1964), pp.31~32.
자노위츠(Janowitz)는 군부가 국내정치에 개입하게 되는 원인을 조직 자체특성, 즉 폭력을 관리할 목적에서 고안된 조직이기 때문에, 사회내의 어떤 조직보다도 내부적으로 고도의 결속력을 유지하고 있을 뿐만 아니라 지휘관의 정신(ethos)이나 이데올로기에 의해 정치적인 잠재력을 갖는 조직으로 발전하기 쉽다고 주장했다.

적 양심상의 제약도 매우 크다고 본다. 많은 제약정황이 있다고 해서 언제까지 마냥 그대로 있을 수는 없는 일이다.

북한도 사람이 사는 체제이다. 북한정권의 형성 및 전개과정에서도 소위 '아리스토텔레스의 빈민 정체적'[5] 요소가 다분히 있는 것으로 보이며 그 만큼 혁명발생의 동기가 충분이 있을 수 있는 정치체제라는 점에서는 예외가 될 수 없다.

특히 북한은 마르크스-레닌 식 사회주의의 기반위에 주체사상이라는 독특한 이데올로기를 표방하고 있으나 다음의 지적을 유념할 필요가 있겠다. 즉 "시민사회의 변화욕구가 일시 폭발할 경우 군대는 정치적으로 개입하면서, 체제전환 과정의 결정적 행위자가 될 가능성이 크다. 소련처럼 변화를 거부하는 쿠데타를 시도할 수도 있고, 루마니아처럼 향후 개혁의 주도권을 쥐기 위해 구체제를 공격할 수도 있다는"[6] 것이다. 최근 북한의 핵개발 시험이후 '반 김정일 쿠데타' 가능성에 대한 일련의 언론의 보도들은[7] 이 같은 사실을 확인시켜주는 사례가 될 수 있을 것 같다.

하여튼 북한 정치사를 보더라도 강력한 주체인 군부를 배제하고, 일상적인 정치현상만으로 북한 사회의 기본적인 정치적 동력과 구

5) 아리스토텔레스 저, 이병길 외 역, 『정치학』(서울: 박영사, 2006), pp.189~190.
"정치에 있어서 그들의 참여권에 그들이 가지고 있는 선입관과 일치하지 않는다고 생각되는 경우에는 언제든지 반란을 일으키게 되는 것이며……. 열등한자들은 평등한 사람이 되고자 반란을 일으키고 평등한 사람들은 우월한 자가 되기 위해 반란을 일으킨다.……. 혁명을 일으키는 동기는 이득과 명예에 대한 욕구 또는 불명예와 손실에 대한 공포이며…….라고 언급하고 있고 영문본에는 "This is the reason why either side turns to sedition if it does not enjoy the share of constitutional rights which accords with the conception of justice it happens to entertain……. Thus inferiors become revolutionaries in order to be equals, and equals in oder to be superiors. This is the state of mind which creates sedition. The objects which are at stake are profit and honour. They are also their opposites - loss and disgrace; for the authors of political sedition may be simply seeking to avert some disgrace, or a fine, from themselves or their friends. : ERNEST BARKER 『The Politics of ARISTOTLE』 Oxford University Press,1966, pp204.207.)로 적고 있음.

6) 이대근,『북한군부는 왜 쿠데타를 하지 않나?』, (서울: 도서출판 한울, 2003), p.306.

도를 이해하는 것은 적절치 않을 것 같다.

따라서 가능하다면 군부의 정치개입이 작동하는 현실적 기제와 그 영향에 대한 연구와 검증이 필요할 것 같다. 같은 맥락에서 북한 군부 쿠데타의 가능성에 관한 전망적 검토 작업의 중요성은 아무리 강조해도 지나침이 없을 것이다.

2. 연구의 목적

이 논문의 연구목적은 '북한도 군부 쿠데타가 가능할 것인가? '라는 주제에 대해 실제로 이러한 환경 조건이 충족된다면 가능 할 수도 있겠다는 조건부적 긍정론의 입장에서 체계적으로 논리를 구성해 보려는데 있다.

이를 위해 다음과 같은 논의 절차로 분석의 실마리를 풀어보고자 한다.

① 군부의 쿠데타 가능성에 대한 기존의 논리를 원용하여 군부쿠데타를 가능케 하는 유인은 무엇인지에 대한 가설을 설정하고, 그에 따라 하나의 예비적 틀(The preliminary framework)을 제시해본다.

② 예비적 틀에서 도출된 공식에 세계주요 쿠데타 성공국가 12개

---

7) 뉴스위크』, 2006.10.30. 『월간신동아』, 2006. 11월호. 『조선일보』, 2007. 1.4 ~1.6. 『연합뉴스』, 2007. 5.16.
미 시사주간지 '뉴스위크' 최신호 보도에 의하면 "유엔이 대북 군사제재를 가할 경우 중국이 북한 편에 설 이유가 없다는 '북한 군사개입 회의론' 이 제기되고 있는 가운데 친중 성향의 북한 인사들이 '반(反)김정일 궁정쿠데타' 를 일으킬 가능성이 있다는 분석이 잇따라 제기되어 관심이 쏠리고 있다."고 했고, 월간 신동아 2006.11월호에서는 평양내부의 권력투쟁 징후와 핵실험 이후 고조되는 미국의 강경분위기 등을 고려하여 1950년대 남로당파의 김일성 제거 쿠데타와 5.16군사쿠데타 당시의 상황을 바탕으로 평양에서의 쿠데타를 가상한 글을 소개 하였으며, 조선일보 2007년 1월4일자에 동아시아 연구소에서 연재한 글에서는 북한의 군부쿠데타에 대한 가능성을 주장했다. 또한 연합뉴스 2007년 5월 16일자에는 워싱턴 타임지의 보도내용을 인용하여 북한 경제 전문가인 브래들리 밥슨 세계은행 관리가 "최근 북한내부에서 쿠데타나 사회적 소요 등 '정치적 와해' 가 일어날 수 있다"고 보도 하였다.

국과 한국의 5.16 및 5.17 쿠데타의 성공요인들을 지수화(점수화)하는 작업을 토대로 그 지배적인 영향요인이 무엇인가를 살펴본다.

③ 북한에 있어서 지배적 영향요인을 식별해 내고

④ 북한의 경우 지배적 영향요인의 수준 변화에 따른 쿠데타 가능성을 예측해 보고자 한다.

첫 번째 절차는 선행연구와 이론으로부터 도출 가능할 것이나 계량적으로 공식화시키는 데는 무리가 있는 것이 사실임으로 최대한 각 가설을 변수로 하고 각 변수의 하위요소들을 구체화함으로써 점수화의 객관성을 높이고자 한다.

두 번째의 절차는 지수를 선정함에 있어 연구자의 임의성이 전제되기 때문에 객관성을 높이기 위해 지수를 점수화 하여 5단계로 강제분포 하기로 한다.

여기서 객관성 결여 문제는 연구자가 동일한 인식의 기준으로 점수화 했다는 점과 점수화 자체가 지배적인 영향요인을 식별해 내는 과정이라는 점을 감안하면 어느 정도의 가치를 지닌다고 하겠다.

세 번째의 절차는 사회주의 국가에서의 군부의 역할과 북한에서의 군부쿠데타와 관련된 특성을 살펴보는 것이다.

여기서는 북한에서의 당 · 군 관계와 북한체제의 특성 고찰을 통해 북한 군부의 쿠데타 가능성과 관련된 지배적인 영향요인을 식별해 내는 것으로 어렵지만 유추가 가능할 것으로 본다.

마지막 절차는 세 번째 절차에서 식별된 북한 군부의 쿠데타 가능성과 관련된 지배적인 영향요인들을 점수화 하여 두 번째 절차에서 얻어진 세계 주요 쿠데타 성공국가들과 한국의 두 차례 쿠데타에서의 점수와 상호 비교함으로써 북한 군부의 쿠데타 가능성을 예측하는 것이다.

논란의 소지가 될 수 있는 객관성 제고를 위해 델파이 기법[8] 조사

결과와 한국군 군부 전문가 및 탈북자를 대상으로 한 설문결과를 제시하여 비교해 보겠다.

3. 연구방법과 범위

이 연구를 위한 분석 방법으로는 세계 각국의 쿠데타 발생 상황과 여건이 다양함을 감안하고, 특히 북한의 경우에는 사회주의체제의 특성과 한국적 민족주의 특성 등 비교적 상이한 특성들이 있음을 감안하여 '비교 가능한' 사례에 초점을 맞추는 방법 '을 적용 하였다.

'비교 가능한' 사례에 초점을 맞추는 방법은 '너무 많은 변수들'의 문제를 해소하기 위한 것으로 변수의 전체 숫자는 줄일 수 없다 하더라도 많은 변수들을 상수로 만들어 우리가 관심을 가지고 있는 종속변수에 영향을 미치는 변수들의 숫자를 줄이는 방법이다.

구체적으로 이 방법은 "어떤 현상이 나타나는 상황들을, 다른 많은 점에서는 비슷하면서도 그런 현상이 나타나지 않는 상황들과 비교하는 방법이다. 따라서 이 방법은 '다른 많은 점에서 비슷한' 사례들만을 대상으로 하는 것이기 때문에 최대유사체계 분석방법과 같은 것"[9]이라 하겠다.

이 논문에서는 세계의 각 국가들이 가지고 있는 쿠데타 성공요인 중 비슷한 특성들을 극대화시켜 몇 가지 면에서 다른 특징을 가지고

8) 노화준 『정책분석론』,(서울:박영사,2006), pp.101~105. 델파이 기법 (Delphi technique)이란 미래를 예측하는 질적 예측방법의 하나로 여러 전문가의 의견을 되풀이하여 모으고 교환하고 발전시켜 미래를 예측하는 방법이다. 이는 1948년 미국 랜드연구소에서 개발되어 군사 · 교육 · 연구개발 · 정보처리 등 여러 분야에 적용된 이 기법은 다양한 분야의 미래예측에 이용되고 있다. 일반적인 델파이 기법은 전문가들의 '전문적 견해를 묻는 초기단계에서 익명성을 강조하고, 그 결과를 통합하여 다시 되돌려 줌으로써 이전의 견해를 수정할 수 있게 해 준다는데 그 특징이 있다.

9) 신명순,『비교정치』(서울: 박영사, 2006), p.14~22.
여기서 최대유사체계(most similar system) 분석방법은 가능한 한 여러 가지 면에서 비슷한 체계들을 모아 비교하는 방법이다. 이 분석방법은 국가들의 가지고 있는 비슷한 특성을 극대화시키는 방법이다. 만일 많은 면에서 비슷한 성격을 가지고 있는 국가들만을 모아 놓았는데 이 국가들 사이

있는 다른 국가에 적용해 보는 방법을 적용 할 것이다.

따라서 세계 주요국 12개국의 특징적인 사례들과 한국의 두 차례 쿠데타 사례로부터 북한이라는 비교적 상이한 국가에 적용해 본다는 측면에서 최대유사체계 분석방법을 원용하였다고 할 수 있다.

이에 따라 제 1장에서 쿠데타와 군부 등에 대한 용어를 한정하고

제2장에서 군부쿠데타의 이론적 고찰을 통해 군부쿠데타의 일반적 성공요인을 고찰해 볼 것이다.

제3장에서 군부 쿠데타 유인요인 중 보편적이라 할 수 있는 군부쿠데타 성공요인을 10가지의 가설로 제시하고 이에 대한 타당성을 검증해 볼 것이다. 다음에 각 가설의 하위요소를 설정하고 하위요소들을 평가하는 지수를 선정하여 백분율에 의해 점수화 할 것이다.

이 후 각 가설들의 총화를 쿠데타 성공의 수준으로 가정하여 쿠데타를 실행하여 성공한 세계주요 12개국과 한국의 5.16쿠데타 및 5.17쿠데타의 경우에 대입하여 점수화 해 보기로 한다.

제4장에서는 북한의 사회주의적 특성을 고려하여 사회주의국가들에서의 군부 역할을 고찰해 보고 여기서 북한군부가 선택 가능한 정치적 역할을 조망해 보며

제5장에서 북한군부의 쿠데타 가능성에 대한 지배적인 영향 유인을 식별하는 분석의 예비적 틀을 제시하고 북한의 당 · 군 관계를 기초로 하여 지배적인 영향요인들과 관련된 북한의 특성을 고찰해 보기로 한다.

에서 어떤 다른 점이 나타난다면 그 다른 것을 야기시키는 원인은 이 국가들이 가지고 있는 비슷한 성격 때문은 아닐 것이다. 이 국가들은 많은 면에서 비슷한 국가들이지만 각 국가는 몇 가지 면에서 다른 특징들을 가지고 있을 것이며 원인은 바로 이러한 다른 특징들 중의 하나일 것이다. 애초에 많은 면에서 비슷한 국가들만을 뽑아 놓았기 때문에 이 국가들이 가지고 있는 다른 특징들이라는 것들의 수는 많지가 않을 것이며 그 중에서 무엇이 원인인지를 찾기는 어렵지가 않을 것이다. 최대유사체계 분석방법은 국가(체계)들이 공통으로 가지고 있는 유사성과 그러면서도 국가(체계)들이 가지고 있는 상이성에 초점을 두는 방법이다.

제6장에서는 기 설정된 쿠데타 성공 지수 공식을 북한군부의 지배적인 영향요인을 중심으로 대입하여 점수화 해 볼 것이다.

여기에 추가하여 델파이 기법에 의한 국내 전문가의 견해와 한국군 군사전문가 및 한국 내 탈북주민을 대상으로 하는 설문 결과를 비교하여 제시함으로써 성공지수의 점수화에서 나타난 결과의 객관성을 높일 수 있다고 본다.

이 논문을 연구함에 있어 핵심적인 용어는 군부와 쿠데타이다. '군부' 라고 하면 매우 추상적인 용어로써 듣는 이의 입장에 따라 다양하게 해석될 수 있고, '쿠데타' 역시 그 한계가 모호하기 때문에 이 논문에서 다루고자 하는 범위에 적절한 개념을 다음과 같이 설정하였다.

군부에 대한 정의와 개념은 관점에 따라 다양할 수 있으나 연구자는 군부의 정의와 개념에 대해 펄뮤터(Amos Perlmutter)의 견해[10]를 인용하고자 한다. 그 이유는 연구자와 개념이 일치하기 때문이다.

즉 「군부」란, ① 계급과 역할 때문에 다른 직업군인들에게는 필요하지 않은 정치적 기술을 명백하게 발휘하는 장교, ② 정치적 숙련

10) Amos Perlmutter, The Military and Politics in Modern Times, (New Haven and London : Yale University Press, 1977), p.17.
원문내용: " When I speak of the "military", I have in mind the following : (1) mostly senior officers (above the rank of colonel) ; (2) corporate-oriented officers (any rank) ; (3) professional officers (any rank) ; (4) officers whose rank, status, position, and orientation link them to the civilian sector in matters of policy and of politics. A routine senior officer, a general commanding a corps, is of less concern for this study than would be, for instance, a scheming staff officer who may rank anywhere between captain and colonel but whose political ambition and, eventually, influence is not equal to his rank. I short, this study focuses on those officers (1) whose rank and role place them in a position where they have to manifest political skill outweighs their rank, position, and role ; (3)whose aspiration is to protect corporateintegrity ; and (4) whose ambitions are political.

도가 계급, 위치 및 역할을 능가하는 장교, ③ 군부의 조합적인 완전성(integrity)을 보호하려는 장교, ④ 정치적 야망을 가진 장교들의 총칭이라고 본다.

북한의 경우「군부」는 대좌급 이상 군 고위 장교단 전원을 대상으로 하되, 조직으로서의 군을 칭할 때에는 '조선인민군' 만을 대상으로 하기로 한다.[11)]

「군부 쿠데타」란 군이 무력을 통해 기존의 정권을 무너뜨리고 정치권력을 장악하는 행위[12)]를 지칭한다.

군부의 정치개입은 대체로 여러 가지 형태로 나타날 수 있으나 이 논문에서는 메덴(F.R.Mehden)이 분류한 직접개입 형태중의 지배자형[13)]과 화이너(S.E.Finer)가 제시한 배제수준[14)]으로 군부가 민간정권을 일소하고 그 자리를 차지하는 군부 쿠데타에 의한 정치개입을 고려하며 쿠데타 이후 정권이양 여부에 관해서는 논외로 한다.

11) 공산권국가들의 전체주의적인 특성상 많은 관료 기구나 準군조직(para-military)이 존재하며, 이들 역시 군 장교들의 통제를 받는다. 군내에도 일반적인 지휘계선의 장교 이외에 정치장교들이 존재한다. 또한, 국가안전보위부 등의 대군 사찰기관의 간부들 역시 군 장교들이 담당한다. 이는 군 고유의 영역을 담당하는 장교단 이외에 군의 조합적 이익을 견제하는 장교단을 '군부'에 포함시킬 경우 군의 정치적 영향력이나 지향에 대해 왜곡이 생길 수 있는 가능성을 암시한다. 그러나 고위 군 장교단의 경우에는 정규군과 인민보안성, 그리고 인민군 총정치국 등 다양한 조직들에 있어 경력상의 중첩이 존재한다는 점에서 이들을 반드시 별도의 집단으로만 평가할 수는 없다. 또한 대부분의 시기에 있어 북한의 공식적 권력서열 내에 대군 사찰기관의 장교들은 포함되어 있지 않았음을 감안 하였다.

12) 김호진, 『한국정치체제론』(서울: 박영사, 2006), p.143.

13) 메덴(F.R.Mehden)이 제시한 지배자형은 군부가 현존하는 정치제도를 근본적으로 개혁 하거나 앞으로의 효과적인 민주정치 수립을 위하여 또는 이미 존재하고 있는 정치, 경제, 사회전반에 걸쳐 개혁을 시도하기 위하여 군부가 정권을 장악하고 새로운 정치제도를 창조하고자 혁명적으로 민간정부의 정치구조와 대체해 버리는 형태이다. 세부내용은 본 논문 제2장 3절 참조.

14) 화이너(S.E.Finer)는 정치문화를 성숙한 정치문화, 선진 정치문화, 낮은 정치문화, 최저 정치 문화 등 4등급으로 분류하여 최저정치문화 풍토에서는 배제(supplantment)수준으로 민간정권을 일소하고 군부가 그 자리를 차지하는 가장 완벽한 수준의 개입이 이루어진다고 보았다. 세부내용은 본 논문 제2장 3절 참조.

Ⅱ. 군부 쿠데타의 일반 이론

이 장에서는 군부쿠데타의 개념과 분류 그리고 군부의 정치개입 본질과 형태에 대하여 논의해 본다.

1. 군부 쿠데타의 개념 정의

쿠데타란 "프랑스어로서 국가에 대하여 일격을 가한다는 뜻이다 개인 또는 집단이 보통은 제한된 폭력을 행사하여 정부당국의 지위를 기습적으로 탈취하는 행동을 가리킨다."

즉, 쿠데타란 그 어원이 보여주고 있는 것처럼 국가에 대한 일격이며, 개인이나 집단이 폭력적으로 정권을 탈취하는 기습적인 행동이다. 다시 말하면 쿠데타란 자각적으로 훈련된 지배적 세력의 일부가 이미 장악하고 있는 권력을 보다 더 강화시키기 위하여(친위쿠데타), 또는 새로 정권을 탈취하기 위하여 동일한 지배세력의 다른 부분을 향해 비합법적 · 무력적인 수단으로써 기습을 감행하는 것을 말한다.[15)]

쿠데타라는 것은 비합법적 방법에 의한 통치기구 내의 수뇌부의 교체, 즉 정치권력의 이동을 의미한다. 이와 같은 의미에서, 쿠데타도 역시 일종의 정치변동으로서 다루어지고 있는 것이다. 쿠데타는 ① 지배자의 내부대립에 의한 궁정혁명 ②교조주의적인 전투정당에 의한 대중적 급습 ③ 군부쿠데타 등 크게 세가지로 나눌 수 있다.[16)]

홍철[17)]은 '원래 군대는 평온한 시기, 즉 지배자와 피지배자 또는 각 계층 간에 심각한 대립이 없는 경우에는 정부기관의 단순한 일부

15) John H. Kautsky, Politlcal change in Underdeveloped Countries : Natipnalism and Communism (New York : John Wiley and Sons,1962), pp.41~45.

16) 이극찬,『정치학』(서울: 법문사, 2006), p.288.

17) 홍철, 『군부정치개입의 이론과 사례분석』, (대구: 중문출판사, 2004), pp.2~4 참조.

로서 정치적으로 무관심한 것 같은 모습을 취할 수 있다. 그러나 정부 내부나 각 정당 · 정파 사이에 심각한 대립이 생기고, 사회적 혼란이 증대되면 군대가 실력행사로써 일당일파를 지원할 가능성은 그만큼 커지게 된다. 그것이 쿠데타의 경우에는 가끔 쿠데타파의 지도자와 군부의 지도자가 손을 잡게 된다. 위에서 언급한 바와 같이, 쿠데타는 비합법적인 정권의 기습적인 탈취이므로, 군대와 같은 무력으로써 단번에 일을 결판내어야 할 필요가 생기게도 되는 것이다.' 라고 하였다.

이러한 군부쿠데타의 유형을 정치세력의 변화와 쿠데타의 방법, 동기 및 집권담당세력의 인적변화 그리고 쿠데타의 결과 등을 기준으로 분류[18]해 보면 다음〈표 #1〉와 같이 방법상 소수식 쿠데타는 주로 사회주의체제 국가들에서 발생 가능한 형태이다. 그러므로 사회주의체제에서도 쿠데타가 가능함을 용어 자체에서 전제하고 있다 할 것이다.

북한의 경우

첫째, 정치변화 면에서 정책상의 큰 변화 없이 정권 담당자만 교체될 가능성이 있고, 자본주의 시장경제의 획기적 도입 등 경제적인 측면의 대변혁도 가능하다. 따라서 정책상의 급격한 변화를 초래할 가능성이 동시에 고려될 수 있기 때문에 궁중쿠데타와 혁명적 쿠데타의 중간적인 형태인 개혁쿠데타의 가능성을 염두에 둘 수도 있겠다.

둘째, 방법 면에서는 사회주의체제국가들의 전형인 조직된 소수정예의 무력에 의한 소수식 쿠데타가 가능할 것이다.

셋째, 집권담당 세력의 인적 변화에 따라 특정 인물이나 집단의 집권[19]을 방지하기 위한 거부 쿠데타를 고려할 수 있을 것이다.

18) 홍철, 상게서, pp.9~24의 내용을 연구자가 재정리 하였음.

〈표 #1〉 군부 쿠데타의 유형

분류 기준	유 형	대표적 사례	사 례
정치 변화	1. 궁중 쿠데타 2. 혁명적 쿠데타 3. 개혁 쿠데타	· 정책상의 큰 변화 없이 정권담당자만 교체 · 정권담당자는 물론 정책상의 급격한 변화를 초래하는 쿠데타 · 궁중쿠데타와 혁명적 쿠데타의 중간적인 쿠데타	태국, 2006 이집트 1952 에티오피아, 1974
방법	1. 의회식 쿠데타 2. 소수식 쿠데타	· 국회를 힘에 의해서 위협하여 국권을 장악하는 쿠데타 · 조직된 소수 정예의 무력에 의한 쿠데타	의회제도 사회주의국가
방법	3. 내란식 쿠데타 4. 모략식(혼합식)쿠데타	· 국가 및 사회의 각종 기관에 파시스트 세포를 조직하여 내란을 적극적인 규모로 일으켜 국권을 장악하는 쿠데타 · 의회식 쿠데타와 내란식 쿠데타를 혼합한 형태로서 내란을 일으키는 한편, 의회를 장악하여 국권을 탈취하는 쿠데타	스페인
동기	1. 구국 쿠데타 2. 혁신 쿠데타 3. 응징 쿠데타 4. 침체 쿠데타	· 무능한 정권으로 인해 국가안보가 위태로울때 구국을 위한 쿠데타 · 부정부패와 위헌에 대한 숙정을 기도하여 일으키는 쿠데타 · 군대가 정치인들로부터 무시당했다고 느껴질때 행하는 쿠데타 · 전쟁 및 긴장의 장기간 부재에서 오는 권태감에서 발생하는 쿠데타	일본, 1971
집권담당 세력의 인적변화	1. 감수 쿠데타 2. 예방 쿠데타 3. 정권연장 쿠데타 4. 복고 쿠데타 5. 거부 쿠데타	· 쿠데타 가담세력내부 불화로 잇달아 발생되는 쿠데타로 집단구성원의 숫자가 감소되는 경우 · 국가수반의 불법적 임기연장기도를 방지목적으로 일으키는 쿠데타 · 국가수반의 임기연장을 기도하기 위해 일으키는 쿠데타 · 거세된 전직 국가수반을 복귀시킬 목적으로 일으키는 쿠데타 · 특정 인물이나 집단의 집권을 방지하기 위한 쿠데타	

19) 국민일보 쿠키뉴스(www.kukinews.com) 2007. 5. 24일 검색. 자료에 의하면 북한을 40여차례나 방문하는 등 미국내 대표적인 북한 전문가인 박한식 조지아대 국제관계학과 교수는 5월24일〈자유아시아방송〉과의 인터뷰에서 "김정일 위원자의 가족 가운데 후계자가 나올 것으로 생각하지 않으며 북한은 필연적으로 군부 집단지도체제가 될 것"이라고 주장.

분류 기준	유 형		대표적 사례	사 례
쿠데타의 결과	음 모		실행에 옮기지 못한 경우	
	거사된 쿠데타	성공사례	쿠데타 기도자의 목적이 달성된 쿠데타	
		실패사례	쿠데타 기도자의 목적이 실패한 쿠데타	
		타 협	친정부세력이나 반란군 중 어느 쪽도 상대세력을 완전 제거할 수 없어 장기내전 또는 타협으로 끝나는 쿠데타	
기타	예상된 쿠데타		장기간 계획과 준비를 통해 이루어진 쿠데타	

* 자료출처 : 홍철, 『군부정치개입의 이론과 사례분석』, (대구: 중문출판사, 2004), pp.2~4를 참고하여 연구자가 재정리한 내용임

2. 군부 쿠데타의 본질과 구조

1) 군부 쿠데타의 본질

군부 쿠데타의 본질에 관한 연구는 학자들의 견해에 따라서 다소의 차이는 있으나 이에 대하여 심층적으로 연구한 장성호의 글[20]에 의하면

「자노위츠(M.Janowitz)는 군대가 폭력을 관리할 목적에서 생성된 조직이므로 사회내의 어떤 조직에 비하여 내부적으로 높은 결속력을 유지하고 있을 뿐 아니라 지휘관의 에토스(ethos)나 이데올로기에 의해 정치적 잠재력을 갖는 조직으로 발전하기가 쉬워 국내 정치에 관여한다고 주장하였다. 그러나 헌팅톤(S.P.Huntington)은 군대의 정치 간섭 이유를 군대조직상의 특징에서 찾는 것을 반대하여 "군부개입은 군사제도의 사회적·조직적 성격을 반영하는 것이 아니라 사회의 정치적·제도적 구조를 반영하는 것"이라고 하였다. 이처럼 자노위치는 촉발요인(push factor)을 강조하고, 헌팅톤은

20) 장성호, "군부정치개입의 배경 비교분석," 『사회과학 총서』(상명여대 사회과학연구소, 1998), pp. 2~4 참조.

유인요인(pull factor)을 주장하지만 군부의 정치 개입 원인은 촉발요인과 유인요인이 복합적으로 작용한 결과로 보는 것이 일반적 경향이다.

또한 화이너(S.E.Finer)는 '군부의 정치개입이 개입의 성향과 기회가 동시적으로 존재할 때 발생 한다' 고 하여 전자는 촉발요인, 후자는 유인요인으로 각각 설명하고 있다. 즉, 개입의 성향은 의식적인 동기와 행동하고자 하는 의지로서 ① 국가이익, ② 계급이익, ③ 조합주의적 이익, ④ 지역적 이익, ⑤ 개인적 이익 등 5가지 차원의 동기가 있으며, 개입의 기회는 개입행위가 발생하게 되는 객관적 조건으로서 국내적 정치상황이 ① 명백한 위기상황, 정치적 진공상태가 되어 ② 군부에 대한 민간정보의 의존성이 중대하거나 군부의 인기와 명성이 높아질 때 온다고 하였다. 즉, "군부가 국가적 · 계급적 · 조합주의적 이익의 동기로 인해 불만이 팽배되었을 때 국내 정치적 상황이 혼란해져 군부가 대중의 지지와 호응을 받는 경우 군부의 정치개입이 이루어 진다"고 정리 하였다.

이러한 내용들을 종합해 보면 군부정치개입의 유인요인은 ① 민간정부의 정통성과 정책수행력, ② 사회 · 경제적 근대화의 수준, ③ 노동자 · 농민의 정치적 활성화 수준, ④ 정치제도화 및 사회 · 경제적 갈등수준 등을 고려할 수 있고, 여기에 군부 내부의 사정들, 즉 군부의 군사작전적 응집력이나 대정부 불만 그리고 군부 내 실력자의 정치의식 등이 촉발요인이 될 수 있을 것으로 본다.

파이너(Finer)[21]는 다른 사회집단이 지니고 있지 않은 몇 가지 특성을 군부가 지니고 있다고 지적한다. 「첫째, '고도의 중앙집권적 지배체계'(a highly centralized command)를 지닌다. 둘째로 민간집단에서 볼 수 없는 '엄격한 위계질서'(strict hierarchy)와 '강력

21) S. E Finer, Comparative Government, (New York: Basic Books Inc, 1971), p.542 참조.

한 규칙'(formidable discipline)을 지닌다. 셋째, '광범위한 연계망'(extensive intercommuni cation)과 '집단정신'(an esprit de corps)을 가지고 있다. 넷째, 외부의 적에 대해 국가를 수호하거나 희생정신, 자기수양, 용맹성 등 상징에 유리한 위치를 갖고 있다. 마지막으로 무기를 독점한다.」

펄뮤터(Permutter)는 군부 내부에서 쿠데타가 발생하는 요인을 네 가지로 보았다[22)]

「첫째로는 군부조직 내부의 정치적인 행위자의 존재, 둘째는 군부조직 내부의 정치적 음모집단의 존재, 셋째로 현재 또는 미래에 정치적인 야망을 지닌 장교들의 존재, 마지막으로 직업으로서의 군대를 고려하지 않은 장교들의 존재」가 그것이다.

자노위츠(Janowitz)[23)]는 군부가 국내정치에 개입하게 되는 원인을 「조직 자체특성, 즉 폭력을 관리할 목적에서 고안된 조직이기 때문에, 사회내의 어떤 조직보다도 내부적으로 고도의 결속력을 유지하고 있을 뿐만 아니라 지휘관의 정신(ethos)이나 이데올로기에 의해 정치적인 잠재력을 갖는 조직으로 발전하기 쉽다」고 주장했다.

또한 라스웰(Lasswell)과 카플란(Kaplan)도 군부를 '폭력전문가'(Specialists in Violence)로 규정했다.[24)]

김호진[25)]은 군부쿠데타의 변인인 유인요인(pull-factor)과 추진요인(push-factor) 및 그 이론의 한계에 대하여 다음과 같이 설명하였다 "군부 쿠데타의 발생원인은 개별국가의 사회구성체가 지닌

---

22) Amos Perlmutter, The Military and Politics in Modern Times, (New Haven, Yale Unversity Press, 1977), p.101 참조.

23) Morris Janowitz, The Military in the political Development of New States : An Essay in Comparative Anaysis, (Chicago University Press, 1964), pp.31~32 참조.

24) Harold D. Lasswell and Abraham Kaplan, Power and Society : A Framework for Political Inquiry, (New Haven and London : Yale University Press, 1969), p.211. 참조.

25) 김호진, 『한국정치체제론』(서울: 박영사, 2006), pp.147~153 참조.

모순구조에 따라 각기 상이하기 때문에, 군부쿠데타의 발생에 관한 일반화된 분석모델을 설정한다는 것은 사실상 불가능하다. 군부 쿠데타 발발원인에 관한 접근은 크게 두 가지 범주로 나눌 수 있다. 하나는 군부의 내재요인을 중시하는 시각과 접근, 즉 촉발이론이고, 다른 하나는 사회 · 경제적 측면, 즉 외재요인을 중시하는 유인 이론의 입장이다.

분석수준 역시 다양한 차원으로 나눌 수 있는데, 예를 들어 i)개인수준, ii)제도적 수준, iii) 사회 · 경제적 수준, iv) 세계 체제적 수준 등을 들 수 있다. 이 네 가지 분석수준을 군부 쿠데타 연구의 두 가지 접근방법과 관련시켜 볼 때, 촉발이론은 대체로 개인적 수준과 제도적 수준을 주축으로 전개되며, 유인이론은 사회 · 경제적 수준과 세계 체제적 수준 속에서 구조적이고 역동적인 분석을 시도한다.

그러나 주의할 점은 이와 같은 시각과 분석수준의 분류는 단지 이해의 편의를 위한 것에 불과하다는 점이다. 현실세계에 있어 군부 쿠데타는 군부 내의 여러 요인과 사회 · 경제적, 세계 체제적 요인들이 교차하는 지점에서 발생할 가능성이 가장 크다는 사실을 유의해야 한다.

따라서 내재요인과 외재요인이 기능적으로 상호보완관계에 있음을 주목하고 "양자의 기능적 조합이 가장 적절하게 이루어질 때 군부 쿠데타의 발발가능성이 높다는 인식론적 입장에 서고자 한다."고 하였다.

한승주[26]는 군부정치개입을 유발하는 요인들을 다음과 같이 크게 세 가지로 분류 한 바 있다. 「첫째, 기존하는 정권 및 정치체제의 취약성으로, 정권과 그것을 뒷받침 해 주는 체제가 정통성과 지지를 얻지 못할 뿐 아니라 자체방어에 미흡했을 경우이다.

둘째, 특정 국가에 있어서의 군 자체의 내용과 성향이다. 즉 군내

26) 한승주, "쿠데타, 그 성향과 흐름," 『월간조선』(조선일보사, 1982년 5월호), pp.120~121.

부의 인적 구성, 이념 및 직업의식 등의 양상은 정치개입에 결정적인 영향을 준다.

셋째로, 사회와 군의 상대적 위치와 관계이다. 군의 정치개입 가능성은 그 사회에서 갖는 군의 비중, 군에 대한 사회의 태도 및 의존도 등에 의해 많이 좌우 된다.」

이대규[27]는 〈표 #2-1〉과 〈표 #2-2〉에서 제시된 것처럼 사회적 조건과 군사적 동기라는 두개의 틀로써 학자들의 기존 논의에 대한 문헌분석을 통하여 군부정치개입의 원인일람표를 만들고, 이를 원인과 비교하여 분석하고 있다.

〈표 #2-1〉 군부 정치개입의 원인일람표

요 인/조 건	사회적 요건
1. 경제적	국민소득 감소, 국민총생산 감소, 무역적자, 인플레이션, 외채
2. 사회적	사회결집력 미약, 계급갈등, 자원동원 저하, 중산층 분열, 무질서, 폭력 사회이동 급진
3. 정치적	정치제도화 미진, 정당 쇠퇴, 정당 몰락, 부정부패, 엘리트 분열, 전통주의자 &엘리트 갈등, 민 · 군 지도자간 논쟁
4. 국제적	외국 영향력, 외국 위협, 외국 침입
이 익/동 기	군사적 동기
1. 군부조합적	군부가치관, 국방예산, 직업자율성, 제도지속성, 경제 간섭, 정치침투
2. 국민적	국가구제, 정당구출, 국가발전

* 출처 : 이대규, 『폴란드 군부의 정치개입』(부산 : 세종출판사, 2000), 41쪽에서 재인용

27) 이대규, 『폴란드 군부의 정치개입』(부산 : 세종출판사, 2000), p.41 참조.

〈표 #2-2〉 군부정치개입의 원인분석가와 원인

분 석 가	사회적 조건				군사적 동기	
	1	2	3	4	1	2
Hunington			○			
Janowitz			○			
Welch · Smith	○	○	○			
Finder					○	
Abrahamson					○	
Wynia	○	○	○	○	○	
Permutter		○	○		○	
Hoadly	○		○		○	
Jonson · Slater · McGowan	○	○	○		○	
Nordlinger	○	○	○		○	
Perlmutter · LeoGrande		○	○		○	
ReminGton	○	○	○	○	○	

* 출처 : 이대규, 상게서, 42쪽에서 재인용.

2) 쿠데타의 구조

군부 쿠데타는 여러 가지 군부 정치개입 형태 중 하나라 할 수 있다.

군부 정치개입의 형태와 관련하여 깊이 연구한 이대근[28)]의 글에 의하면 「메덴(F.R.Mehden)은 군부의 정치개입을 직접개입 형태와 간접개입형태로 구분하고 직접개입 형태는 다시 조정자형, 지배자형, 헌법 수호자로서의 군부(후견자형) 등 3가지 형태[29)]로 구분하고 있다.

이와 달리 화이너(S.E.Finer)는 군부의 정치 개입형태를 정치 문화의 등급에 따라 구분하고 있다. 즉, 정치문화를 ① 정치체제의 정

28) 이대근. 『북한군부는 왜 쿠데타를 하지 않나?』. 서울 : 도서출판 한울, 2003.), pp.25~44 참조.

당성, ② 정치체제를 구성하는 민간구조와 절차의 권위, ③ 민간제도에 대한 참여와 애착 등의 정도에 따라 성숙한 정치문화, 선진 정치문화, 낮은 정치문화, 최저 정치문화 등 4등급으로 분류하여 군부의 정치개입의 형태를 설명하고 있다. 이러한 4가지 정치문화의 등급에 따라 군부가 정치에 개입하는 수준이 달라진다.「개입수준 또한 4가지로 구분[30] 되는데, ...이와 같은 개입수준들은 하나 혹은 서로 관련된 특정한 수단들에 의해 얻어지며, 정치문화와 개입수준, 개입수단의 상관관계는 다음과 같다.」[31] 고 정리하였다.

29) 첫째, 조정자형은 정치적 · 경제적 구조가 마비되어 국가적 위기, 혼란, 부패가 극심할 때 군부가 정치적 개혁이 필요하다고 생각되는 조치를 강구하고 또 그 목적이 달성되었을 때 다시 헌정의 절차를 통해 민간정부에 통치 권력을 이양하고 군부는 본연의 위치로 돌아가는 것으로서 이것은 정치기구에 어떤 변화를 주는 것이 아니며 다만 헌법 수호에 목적을 두고 있다. 둘째, 지배자형은 군부가 현존하는 정치제도를 근본적으로 개혁하거나 장차의 효과적인 민주정치 수립을 위하여 또는 이미 존재하고 있는 정치, 경제, 사회전반에 걸쳐 개혁을 시도하기 위하여 군부가 정권을 장악하고 새로운 정치제도를 창조하고자 혁명적으로 민간정부의 정치구조와 대체해 버리는 형태이다. 셋째, 후견자형은 군부가 정치일선에 직접 나타나지 않고 다만 배후에서 무력이란 물리적 강제력을 통해 민간정부에 대한 군부의 정치적 영향력을 행사하는 형태를 말한다. 이와 같이 메덴(F.R. Mehden)은 군부의 정치개입형태를 직접적으로 정권을 장악하는 경우와 민간정부를 통해 간접적으로 영향력을 행사하는 경우로 나누어 제시하였다.

30) 첫째, 성숙한 정치 문화적 풍토에서는 민간정부에 대한 영향력(Influence) 수준으로 민간정부의 이성과 정서에 호소하여 설득시키려는 합법적인 노력이고, 둘째, 선진정치 문화적 풍토에서는 협박(Blackmail)수준으로 군부가 어느 정도 강제력과 위협에 의해 민간 정부를 설득하되 명백하게 비합리적인 수단까지 포함하며, 셋째, 낮은 정치 문화적 풍토에서는 대체(Displacement) 수준으로 한 내각(지도자)을 폭력에 의해 제거하고 고분고분한 다른 민간 정치가로 대체시키는 것이며, 넷째, 최저정치문화 풍토에서는 배제(supplant ment)수준으로 민간정권을 일소하고 군부가 그 자리를 차지하는 가장 완벽한 개입수준이다.

31) 이대근.『북한군부는 왜 쿠데타를 하지 않나?』. 서울 : 도서출판 한울, 2003.), pp.25~44.

〈표 #3〉 군부의 정치개입 양상

정치문화	개입의 수준	개입의 수단
성숙한 정치문화 ⇒	영향력(influence) ⇒	정상적인 합헌적 통로 민간정부와의 공모 또는 경쟁 민간정부에 대한 압력의 행사
선진 정치문화 ⇒	협박 (blackmail) ⇒	폭력으로부터 민간정부의 보호 포기 위협
낮은 정치문화 ⇒	대체(displacement) ⊃⇒	민간정부에 대한 비협조 또는 폭력위협
최저 정치문화 ⇒	배제(supplanment)	민간정부에 대한 폭력 행사

*자료출처 : 이대근. 『북한군부는 왜 쿠데타를 하지 않나? 』. 서울 : 도서출판 한울, 2003.), p.26에서 재인용.

이상에서 보듯이 특정 사회에서 효율적인 정치기구가 존재하지 않거나 약점을 지니고 있다면 군부가 정치에 개입하는 현상은 필연적일 수밖에 없는 것이며 군부 정치개입의 최고 수준이라 할 수 있는 군부 쿠데타도 같은 맥락에서 필연적이라 할 것이다.

Ⅲ. 군부 쿠데타 성공화 지수

앞의 제2장에서 군부의 쿠데타 요인에 대한 다양한 견해들을 살펴보았다.

이 장에서는 윌리엄 톰슨(William R, Thompson)의 선구적 연구를 기초로 각 시대별, 지역별 상황을 고려하여 각국의 쿠데타 성공가능 지수를 도출해 보기로 한다.

특히 이 장은 군부 쿠데타 성공요인에 관한 연구의 핵심적 토대를 구축하기 위해 일반화된 가설을 중심으로 구체적 가설을 설정하고 지수화 하는 중요한 부분이라 할 것이다.

1. 군부 쿠데타 성공화 가설

군부 쿠데타에 대한 다양한 견해들을 근거로 10가지의 가설을 설정해 보고 설정한 가설들의 이유에 대한 검증을 해 보기로 한다.

설정한 가설들의 이유에 대한 검증 중 가설 1에서 7까지는 선행연구자인 William R, Thompson의 연구 결과[32]로 대체하고 가설 8, 9, 10 에 대한 내용은 다음과 같이 검증해 보았다.

가설 1 : 어떤 특정한 역사적, 문화적인 배경을 갖고 있는 체제는 군부 쿠데타 가능성이 높다. (Hypothesis 1 : Systems with "certain ": historical-cultural background tend to be more prone to military coups.)

가설 2 : 산업화 수준이 낮고 경제적 악화를 경험하고 있는 체제일수록 군부 쿠데타 가능성이 높다. (Hypothesis 2 : Systems with lower levels of industrialization and experiencing economic deterioration tend to be more prone to military coups.)

가설 3 : 사회적 동원 수준이 낮은 체제일수록 군부 쿠데타 가능성이 높다. (Hypothesis 3 : Systems with lower levels of social mobilization tends to be more prone to military coups.)

가설 4 : 새로운 체제일수록 군부 쿠데타 가능성이 높다. (Hypothesis 4 : "Newer"systems tend to be more prone to military coups.)

가설 5 : 문화적으로 이질적인 체제일수록 군부 쿠데타 가능성이 높다. (Hypothesis 5 : More culturally heterogeneous systems are more prone to military coups.)

가설 6 : 정부의 국내 추출능력이 낮은 체제일수록 군부 쿠데타

32) William R, Thompson, "Explanation of the Military Coup," Comparative Politics, Vol. 7, No. 4, (New Haven and London : Yale University Press, 1977.), pp.459~487 참조.

가능성이 높다. (Hypothesis 6 : Systems with lower levels of domestic governmental extractive capability tend to be more prone to military coups.)

가설 7 : 정권의 취약성이 높은 체제일수록 군부 쿠데타 가능성이 높다.

윌리엄 톰슨(William R, Thompson)이 검증을 위해 제시한 내용 중 정권의 취약성과 관련한 내용을 보면 '정권의 취약성에 기여하는 최후의 요소는 위기이다. 이것은 교착상태라 일컬어지는 '정치적인 궁지' 라 할 수 있을 것이다. 그 때 군부가 교착상태를 타개하기 위해 개입한다. 그러한 교착상태는 수정된 '(힘의)공백' 이란 주제의 외양을 띤다. 즉 군은 해결할 수 없는 것을 해결한다는 쓸데없이 어의에 대해 세세한 구별을 하려하지 않는다면 이러한 정부 통제의 위기를 곤경이라 하는 것이 더욱 정확할 것이다.

곤경의 6가지 유형은 군부정치개입과 일치한다는 사실이 발견되었다 (1)분파 내, (2)분파 간, (3)당내, (4)당간, (5)정부 대 비정부집단, (6)공중 혼란, 첫 번째 분파내의 곤경은 하나의 정부 분파 내에 있는 고위 공직자들 사이에서 야기되는 정치적 투쟁을 의미한다 한 가지 예는 대통령과 부통령사이의 갈등으로 대통령이 부통령을 체포한데서 촉발된 1961년의 에콰도르 쿠데타이다. 분파간의 갈등은 행정부와 입법부의 그것처럼 두 개의 분파사이에서 발생하는 것이다. 그것은 항상 다른 쪽에 의해 행사되는 제도적 통제를 감소시키려는 한편의 또는 양편의 시도를 포함 한다. 대외정책의 방향과 왕의 특권의 정도에 대한 요르단 후세인 왕 및 그의 각료와 의회사이에 있었던 1957년의 불화가 하나의 예이다. 당내의 갈등은 인물에 대한 것이든 이데올로기적 문제에 대한 것이든 한 지배정당내의 심각한 균열을 수반 한다. 볼리비아 민족혁명 운동 내에서의 좌우 균열은 우익과 연합한 군부에 의한 쿠데타시도를 초래했다. 당사이의 곤경은 파라과이와 터키에서처럼 경쟁정당을 억압하려는 지배정당의 시도를 의미 한다. 다섯 번째 것은 노동조합이나 민족-지역 단위와 같은 특정집단과 정부와의 갈등을 의미한다. 위기는 정부가 상대방을 억압하려 할 때 첨예화 된다 어퍼볼타(Upper Volta,1966)와 시리아가 그 예이다. 끝으로 공공의 혼란은 정치적 파업을 통한 대규모 정치시위에서 게릴라전에 이르기까지 불안의 상태와 일반안전의 악화를 의미 한다.'[33]고 하였다.

여섯 가지 모두 정치적 환경의 통제에 대한 여러 수준의 무능력을 드러내는 정부의 곤경을 의미한다. 상당히 많은 경우에 곤경은 '단순히' 정권의 취약성을 심화시켰고 따라서 쿠데타 성공의 기회를 제공한 것으로 사료된다.

가설 8 : 군부 내 군사작전적 응집력이 강할수록 군부 쿠데타 가능성이 높다.

파이너(Finer)는 다른 사회집단이 지니고 있지 않은 몇 가지 특성을 군부가 지니고 있다고 지적한다.[34]

첫째, '고도의 중앙집권적 지배체계'(a highly centralized command)를 지닌다.

둘째, 민간집단에서 볼 수 없는 '엄격한 위계질서'(strict hierarchy)와 '강력한 규칙'(formidable discipline)을 지닌다.

셋째, '광범위한 연계망'(exten sive intercommunication)과 '집단정신'(an esprit de corps)을 가지고 있다. 넷째, 외부의 적에 대해 국가를 수호하거나 희생정신, 자기수양, 용맹성 등 상징에 유리한 위치를 갖고 있다.

33) 고려대학교 편집부,『군부정치(기원,과정,전망)』(서울:도서출판 인간사랑, 1985), pp. 152~154.

34) S. E Finer, Comparative Government, (New York: Basic Books Inc. 1971), p.542.

마지막으로 무기를 독점한다.

이러한 특성을 가진 군부가 자체의 응집력을 가진다면 쿠데타를 실행할 가능성이 높아질 수밖에 없을 것이다.

가설 9 : 군부내부의 대정부 불만이 높을수록 쿠데타 가능성이 높다.

펄뮤터(Permutter)는 군부 내부에서 쿠데타가 발생하는 요인을 네 가지로 보았다[35)]

첫째로는 군부조직 내부의 정치적인 행위자의 존재, 둘째는 군부조직 내부의 정치적 음모집단의 존재, 셋째로 현재 또는 미래에 정치적인 야망을 지닌 장교들의 존재, 마지막으로 직업으로서의 군대를 고려하지 않은 장교들의 존재이다.

자노위츠(Janowitz)[36)]는 '군부가 국내정치에 개입하게 되는 원인을 조직 자체특성, 즉 폭력을 관리할 목적에서 고안된 조직이기 때문에, 사회내의 어떤 조직보다도 내부적으로 고도의 결속력을 유지하고 있을 뿐만 아니라 지휘관의 정신(ethos)이나 이데올로기에 의해 정치적인 잠재력을 갖는 조직으로 발전하기 쉽다' 고 주장했다.

여기에서 자노위츠가 군부를 폭력을 담당하는 조직으로 상정한 것과 유사하게 라스웰(Lasswell)과 카플란(Kaplan)도 군부를 '폭력전문가' (Special ists in Violence)로 규정했다.[37)].

이러한 폭력 전문가의 역할을 하는 군부에서 내부적인 불만이 팽배한다면 그 불만이 개인적인 것이던 조직내부의 것이던 아니면 조

35) Amos Perlmutter, The Military and Politics in Modern Times, (New Haven: Yale University Press, 19770), p.101.

36) Morris Janowitz, The Military in the political Development of New States : An Essay in Comparative Analysis, (Chicago University Press, 1964), pp.31~32.

37) Harold D. Lasswell and Abraham Kaplan, Power and Society : A Framework for Political Inquiry, (New Haven and London : Yale University Press, 1969), p.211 참조.

직외부의 압력이나 정치적 상황이던 상관이 없이 쿠데타의 가능성이 높아질 것이다.

가설 10 : 군부 내 실력자의 국가발전을 전제한 정치의식이 강할수록 군부 쿠데타 가능성이 높다.

"정치제도의 불안정성은 신생국가의 국내적 혼란을 가져오게 되며, 모든 사회세력과 집단들은 일반적 정치에 직접적으로 관련하게 되어 사회는 무질서해지지만 군부는 예외였다. 이 점이 선진국과 후진국의 군부의 역할을 구별시켜주는 척도인데, 바로 적극적인 정치 역할의 유무인 것이다. 개발도상국에서 군부는 국가의 안보와 위기를 극복한다는 명분하에 군장교단 단독으로 또는 장교들과 민간인 동조세력이 하나의 분파를 이루어 비밀결사를 조직하여 일정한 단계에 도달하면 결국 군부 정치 개입 폭발하게 되는 것."[38] 이라고 보는 헌팅턴의 연구 결과에 의하면 군부 내 실력자의 정치의식이 강하면 강할수록 정치개입의 유혹이 크다는 것은 부인할 수 없는 사실이라 하겠다.

또한 근대화의 위기가 유인요인(필요조건)이 되고, 장교의 통치의식 성장이 촉발요인(충분조건)이 되는 것으로 이해해도 무방할 것으로 보는 견해에서나 "군부내 지도자의 개인적인 심리요인이 군내부의 파벌심화, 욕구불만(급여 · 승진 · 사회적 냉대 등), 신분보장에 대한 불안감 등과 겹쳐서 군부 엘리트의 권력 욕구를 자극함으로써 쿠데타를 촉진시킨다."[39] 는 견해에서도 군부 내 실력자의 정치의식이 강하면 강할수록 쿠데타의 가능성이 높다는 사실을 주장할 수 있겠다.

38) S. P. Huntington, *Political Order in Changing Societies*, (New Heaven: Yale University Press, 1973), p.544 참조.

39) 김호진, 『한국정치체제론』,(서울: 박영사, 2006), p.151.

2. 군부 쿠데타 요인의 지수화

이상에서 살펴본 가설들에 대한 이유와 검증을 통해 제시한 가설들이 유효함을 알 수 있었다. 이제 이러한 가설들이 어떠한 상관관계를 가지고 군부정치개입의 유인요인으로 작용하는지를 공식화 해보기로 한다. 먼저 가설들을 변수로 한 공식을 정립해보면

aP+bQ+cR+dS+eT+fU+gV+hW+iX+jY=Z 라는 공식을 가정할 수 있다.

Z : 군부정치개입 유인의 수준

P : 가설1의 변수(역사적 배경)

Q : 가설2의 변수(산업화/경제악화 수준)

R : 가설3의 변수(사회적 동원 수준)

S : 가설4의 변수(새로운 체제)

T : 가설5의 변수(문화적 이질)

U : 가설6의 변수(정부의 재정)

V : 가설7의 변수(정권의 취약성)

W : 가설8의 변수(군부 내 응집력)

X : 가설9의 변수(군부 내부 불만)

Y : 가설10의 변수(군부 내 실력자의 정치의식)

a,b,c,d,e,f,g,h,i,j : 각 가설의 상수, 상수는 가설들의 가중치에 의해 결정

1) 변수의 하위요소 설정 및 지수화

각 가설에 의한 변수를 보다 구체화하기 위해 변수별 하위요소를 설정해 보면 〈표 #4-1〉과 같다.

〈표 #4-1〉: 변수별 하위요소 설정현황

구 분	변 수	하 위 요 소
가설1	역사적 배경	군부 쿠데타 유무, 전쟁경험 유무, 혁신적 정치변화 유무
가설2	산업화/경제악화	국민소득/총생산, 무역적자, 인플레이션, 외채증가
가설3	사회적 동원수준	사회결집력 미약/계급갈등, 자원동원력 저하, 중산층 분열, 무질서/폭력, 사회이동 급진
가설4	새로운 체제	정치제도화 미진, 정당쇠퇴/정당몰락, 부정부패, 엘리트 분열/전통주의와 엘리트의 갈등, 민군지도자간 논쟁
가설5	문화적 이질성	민족구성, 언어, 종교의 분포
가설6	정부의 재정	1인당 정부수입, GNP당 정부수입
가설7	정권의 취약성	집단 간 갈등 : 분파 내, 분파 간, 당 · 군간, 정부 대 비정부 집단, 공중 혼란
가설8	군부의 군사작전적	군부 내 사조직 존재여부, 군심결집을 위한 내부적 노력여부,
가설8	응집력	군부의 역할에 대한 정치권의 평가, 군부 조직의 동원/기동 효율성
가설9	군부내부 대정부 불만	출신/계층 간 갈등, 민간과의 소득격차, 인사제도의 비합리성, 정치권력에의 소외정도
가설10	군부실력자 정치성향	현 정권에의 불신도, 현 정권과 소외/ 정권창출에 대한 관심여부, 개혁의지, 야당(외국)과의 관계, 실력자의 쿠데타 지향성향

이러한 하위요소들은 기존에 연구된 '군부 정치개입의 원인 일람표'[40]에서 채택된 하위요소를 참고로 하여 본 연구자가 세계 각국의 쿠데타 성공사례들에서 빈번히 나타나는 요소들로 간주된 내용을 정리하여 임의로 선정 하였다.

지수화를 함에 있어서는 각 변수의 하위요소들의 쿠데타에 대한 영향정도를 1에서 5까지 5단계로 점수화하기로 한다. 중간치인 2.5를 기준으로 2.5이상은 쿠데타 성공에 긍정적인 영향을 주는 경우로, 2.5 이하는 쿠데타 성공에 부정적인 영향을 주는 경우로 대별하고

40) 이대규, 『폴란드 군부의 정치개입』(부산 : 세종출판사, 2000), p.41 〈군부정치개입의 원 인 일람표〉.

쿠데타 성공에 반하는 정도가 높을 경우 0~1
어느 정도 부정적 영향을 미치는 경우 1.5~2
쿠데타에 특별한 영향이 없을 경우 2.5
쿠데타 성공에 어느 정도 영향이 있을 경우 3~3.5
쿠데타 성공에 많은 영향을 미칠 경우 4
쿠데타 성공에 결정적 영향을 미칠 경우 4.5~5의 지수를 부여하기로 한다. 다만 이해의 증진과 계산상의 편의를 위해 이러한 지수를 백분율로 환산한 점수를 부여하여 고찰하기로 한다.

지수를 백분율로 환산한 점수는 〈표 #4-2〉와 같다.

〈표 #4-2〉 : 쿠데타 성공지수의 백분율 환산 점수표

쿠데타성공지수	0.5	1	1.5	2	2.5	3	3.5	4	4.5	5
환산점수	10	20	30	40	50	60	70	80	90	100

이러한 지수 및 점수는 쿠데타의 성공에 미치는 영향의 정도를 나타내는 것으로 개별국가의 하위요소들에 대한 절대적 수치와의 상대적 비교는 의미가 없다고 할 수 있다. 예컨대 한국의 5.16쿠데타 당시와 5.17쿠데타 당시 및 북한의 현재 경제지표가 수치가 다르다고 해서 경제적 악화의 변수 점수 평가 시 다르게 평가되는 것은 아니며 비록 수치가 낮더라도 그것이 쿠데타 성공에 미친 영향이 크다면 점수는 높은 것으로 평가 되는 것이다.

각 가설의 하위요소에 대한 점수 부여 방법은 변수의 특징과 사례들의 특수성들을 종합적으로 고려하여 연구자가 임의로 선정하였다.

따라서 절대적인 기준은 될 수 없겠으나 하나의 비교 기준은 될 수 있을 것으로 본다. 각 변수별 하위요소의 점수부여 방법을 살펴보면

가설1(역사적 배경)의 경우,

지수를 점수화한 10단계로 점수를 부여하되 쿠데타 성공에 부정적인 경우가 특별히 없다면 역사적으로 전쟁의 경험유무 및 군부 쿠데타의 경험 유무 또는 급격한 정치변혁의 유무가 영향이 있을 것으로 보고 각 하위요소별로 경험이 없을 경우 50점, 한번 있을 경우나 실패한 경우가 두 번 이상 있을 경우 60점, 두 번이상의 성공한 경험이 있을 경우 80점, 빈번할 경우 90점을 부여하기로 한다.

가설2(산업화 수준과 경제적 악화)의 경우,

그 하위요소로 국민소득 및 국민총생산 감소, 무역적자, 인플레이션, 외채증가를 기준으로 각각 10단계로 구분 10~100점의 점수를 부여하되 쿠데타에 특별히 미친 영향이 없는 것으로 판단될 경우 50점을 부여하기로 한다.

가설3(사회적 동원)은

그 하위요소로 사회결집력 미약/계급갈등, 자원동원력 저하, 중산층 분열, 무질서/폭력, 사회이동 급진을 기준으로 각각 10단계로 구분 10~100점의 점수를 부여하되 쿠데타 성공에 부정적인 영향이 있을 경우 50점 이하를, 특별한 영향이 없거나 영향이 있을 경우 50점 이상의 점수를 앞서 제시한 기준에 의하여 부여하기로 한다.

가설4(새로운 체제)의 하위요소로는

정치제도화 미진, 정당쇠퇴/정당몰락, 부정부패, 엘리트 분열/전통주의와 엘리트의 갈등, 민군지도자간 논쟁을 기준으로 각각 10단계로 구분 10~100점의 점수를 부여하기로 한다.

가설5(문화적 이질)의 하위요소로는

민족구성과 언어 및 종교의 분포를 기준으로 각각 10단계로 구분

10~100점의 점수를 부여하되 단일 민족, 언어, 종교일 경우 각30점, 2개 이상이면서 1개요소의 분포가 과반수이상일 경우 50점, 2개 이상이면서 1개요소의 분포가 과반수를 넘지 않을 경우 70점, 3개 이상일 경우 80~90점을 부여하기로 한다.

가설6(정부의 재정)의 하위 요소로는

1인당 정부수입(National Government Revenues Per Capital)과 GNP당 정부수입(National Government Revenues /Gross National)을 기준으로 각각 10단계로 구분 10~100점의 점수를 부여하기로 한다.

가설7(정권의 취약성)은

그 하위요소로 정권관련 집단 간 갈등으로(1)분파 내, (2)분파 간, (3)당 · 군간, (4)정부 대 비정부집단, (5)공중 혼란을 기준으로 각각 10단계로 구분 10~100점의 점수를 부여하며 변수의 특성을 고려 쿠데타 성공에 부정적인 경우는 없는 것으로 보고 각각 50점 이상을 부여하기로 한다.

가설8(군부의 군사작전적[41] 응집력)의 경우

하위 요소로 군부 내 사조직 존재여부, 군심결집을 위한 내부적 노력여부, 군부의 역할에 대한 정치권의 평가, 군부조직의 동원/기동 효율성 등 4가지 요소 기준으로 각각 10단계로 구분 10~100점의 점수를 부여하기로 한다.

가설9(군부내부 대정부 불만)의 경우에는

41) 군사작전적 응집력이라 함은 군부가 외부의 영향과는 관계없이 순수하게 군사작전을 수행하는데 필요한 응집력의 의미로 제시하였음.

출신/계층 간 갈등, 민간과의 소득격차, 인사제도의 비합리성, 정치권력에의 참여정도 등을 기준으로 각각 10단계로 구분 10~100점의 점수를 부여하기로 한다.

가설10(군부 내 실력자의 정치성향)의 경우

군부내 실력자의 현 정권에 대한 불신도, 현 정권과 소외되어 있으면서 정권창출에 대한 관심여부, 군부 실력자의 개혁 의지, 야당 또는 외국과의 관계, 실력자의 쿠데타 지향 성향 등을 기준으로 각각 10단계로 구분 10~100점의 점수를 부여하기로 한다.

2) 성공화 지수의 활용

앞서 설정한 공식에서 상수를 설정한 바 각 가설의 상수 10개의 합을 10으로 가정하고, 세계 각국의 사례 12건으로부터 도출 가능한 상기 변수들의 값을 백분율로 환산하여 영향의 정도를 수치로 나타내기로 한다. 여기서 상수가 의미하는 바는 각 가설이 쿠데타 가능성에 미치는 영향의 정도를 나타내는 것으로 특정 국가의 점수를 계산하는 데는 영향을 미치지 않는다.

이러한 공식을 활용하는 방법으로는 과거나 현재 또는 미래의 특정국가에 대하여 각 변수의 하위요소별 점수를 부여하고 하위요소들의 평균치인 변수별 점수들을 종합하여 군부 쿠데타 가능성을 총점수대로 전망해 볼 수도 있고, 특정 국가의 지배적인 영향요인만을 측정요소로 선정하여 그 특정 영향요인들의 세계적 평균치와 비교하여 군부 쿠데타의 가능성을 전망해 볼 수도 있을 것이다.

이를 위해 세계 쿠데타 성공국 중 대표적이라 생각되는 12개국과 한국의 5.16 및 5.17 쿠데타를 선정하여 위에서 제시한 점수 부여 방법으로 점수를 부여해 보기로 한다.

3. 세계 12개국의 군부쿠데타 성공화 지수와 한국의 군부쿠데타 성공화 지수

세계 12개국의 군부쿠데타 성공화 지수와 한국의 군부쿠데타 성공화 지수를 분석하여 종합해본 결과는 〈표 #5〉과 같다.

〈표 #5〉: 세계 12개국 군부 쿠데타 성공화 지수

국가	평균	태국	인도네시아	미얀마	파키스탄	브라질	아르헨티나	터키	이집트	에티오피아	나이지리아	그리스	스페인
계	677.08	655	695	715	715	685	685	660	655	670	680	660	650
P	85.83	90	85	85	85	85	85	85	85	85	85	90	85
Q	57.92	50	65	50	50	80	80	50	50	70	50	50	50
R	51.25	50	50	50	50	50	50	50	55	50	50	55	55
S	62.08	60	65	60	60	60	65	70	60	65	60	60	60
T	62.92	50	80	90	90	50	50	55	55	50	85	50	50
U	50.00	50	50	50	50	50	50	50	50	50	50	50	50
V	72.50	65	80	80	80	75	75	75	70	70	70	65	65
W	83.33	85	80	85	85	80	80	80	85	85	85	85	85
X	65.83	70	60	80	80	65	65	60	60	60	60	65	65
Y	85.42	85	80	85	85	90	85	85	85	85	85	90	85

〈표 #8〉에서 알 수 있는 것은 전쟁경험유무, 군부정치개입 경험 및 혁신적 정치변화유무 등의 역사적 배경(86점대)이나 군부의 응집력(83점대) 그리고 군부내 실력자의 국가발전을 전제한 정치의식(85점대)이 군부 쿠데타의 지배적인 요소가 되고 있음을 알 수 있다.

이러한 내용을 한눈에 볼 수 있도록 그림으로 나타내보면 〈그림

#1〉에서 보이는 바와 같이 중앙 상단과 좌하단의 면적이 넓은 형태의 다각형으로 이해될 수 있겠다. 즉, 공통적으로 역사적 배경이나 군부의 군부내부의 군사작전적 응집력 그리고 군부내 실력자의 국가발전을 전제한 정치의식이 군부 쿠데타의 지배적인 영향요인으로 간주된다는 것이다.

〈그림 #1〉 세계주요 12개국 쿠데타의 성공화 모형

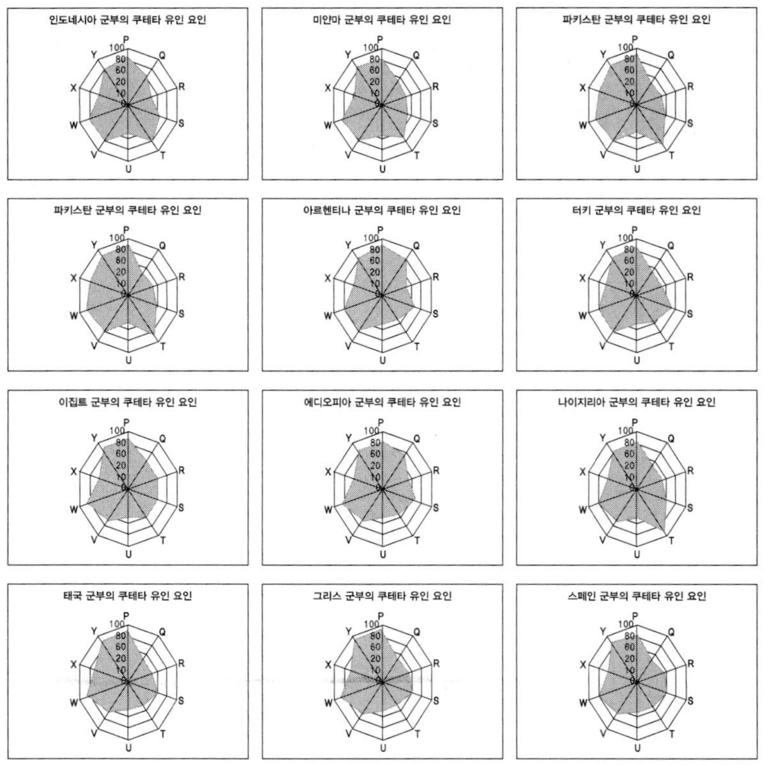

각 가설의 지배영향을 가중치로 환산한 수치를 상수로 볼 때 상수 10개의 합을 10으로 설정, 세계 각국의 사례 12건으로부터 도출 가능한 변수들의 값을 백분율로 환산하여 가중치의 값을 적용해 보면,

위 결과로부터 전쟁경험이나 쿠데타경험 등 역사적 배경과 군부 내 응집력의 정도나 군부지도자의 의식성향 등이 타 요소에 비해 상대적으로 영향이 크다는 것을 알 수 있고 평균값을 이용한 가중치를 계산해 보면 가중치=변수의 평균치/변수 평균치의 합x10으로 계산했을 때

가설1의 상수 a=85/677x10=1.3, 같은 방법으로 계산하면 b=57/677x10=0.8, c=0.8, d=0.9, e=0.9, f=0.7, g=1.1, h=1.3, i=0.9, j=1.3으로 추정할 수 있다. 따라서 군부 정치개입 유인의 수준을 Z라 하면 Z=1.3P+0.8Q+0.8R+0.9S+0.9T+0.7U+1.1V+1.3W+0.9X+1.3Y 로 나타낼 수 있다.

여기서 각 변수의 상수가 의미하는 바는 각각의 가설이 가지는 군부 쿠데타 가능성에 대한 영향의 정도를 의미한다.

역사적 경험이 군부쿠데타 가능성에 미치는 영향은 전체를 10으로 보았을 때 1.3의 정도이고 산업화 및 경제적 악화와 사회적 동원수준이 군부쿠데타 가능성에 미치는 영향은 각각 0.8정도라 할 수 있으며 새로운 체제와 문화적 이질성은 각각 0.9정도의 영향을 미치는 것으로 평가된다는 것이다.

정부의 재정이 군부 쿠데타에 미치는 지배영향의 수준은 0.7로 비교적 낮은 편이며 정권의 취약성이 1.1이고 군부의 군사작전적 응집력과 군부 실력자의 정치의식이 각각 1.3으로 높은데 비하여 군부내부의 대정부 불만은 0.9로 상대적으로 낮은 것으로 평가된다.

이에 따라 북한의 경우에도 지배영향도가 높은 역사적 경험 및 군부의 군사작전적 응집력과 군부 내 실력자의 정치의식을 쿠데타 가능성에 대한 척도로 삼을 수 있겠으나 북한의 경우는 한민족적 특성이 추가로 고려될 수 있음으로 한국 군부의 쿠데타에 대하여 관련 공식을 적용해 본 결과는 다음과 같았다.

즉 한국의 5.16 군사 쿠데타 시기를 전후한 변수들의 합계는 660

점대에 있었을 것으로 추정되고, 같은 요령으로 분석해 보면1980년 5.17 쿠데타의 경우에는 〈표 #8〉과 같이 변수들의 합계는 665점대에 있었을 것으로 추정된다. 이를 분석해 보면 한국의 경우 군부의 쿠데타는 설정된 공식에 의하면 660점~670점대에서 성공적인 군부 쿠데타가 이루어진 것으로 볼 수 있으며, 역사적 배경과 군부의 응집력 그리고 정권의 취약성 및 군부실력자의 정치성향이 지배적인 요소로 작용하고 있고, 세계주요국과 비교할 때 군의 내부 불만이 비교적 영향이 컸던 것으로 분석된다. 이러한 결과는 북한의 쿠데타 유인요인을 분석할 때 세계 주요 쿠데타 국들에 비해서 군의 내부 불만이 추가로 고려되어야 함을 시사한다고 하겠다.

즉 인간의 본성 측면이나 한민족적 특성 등에서 연유했다고 할 수 있는 내부불만의 요소가 타민족에 비해 더 크게 작용한다고 보는 것이다. 이러한 결과를 영역으로 표시해보면 아래 〈그림 #2〉와 같이 나타난다.

〈그림 #2〉 : 한국 군부 5.16 / 5.17 쿠데타의 성공화 모형

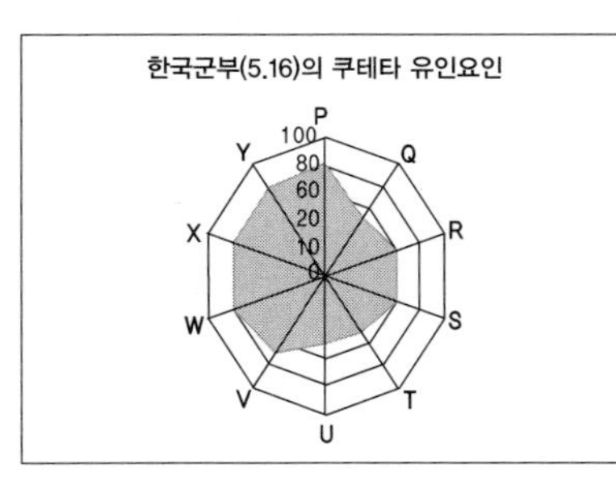

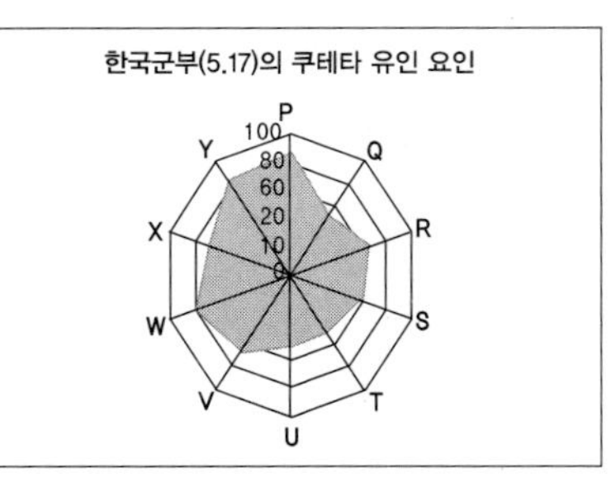

이에 따라 북한의 군부 쿠데타 가능성을 유추함에 있어서는 세계 주요국 사례에서 도출된 지배적인 영향 유인 세가지, 즉 역사적 경험과 군부의 군사작전적 응집력 그리고 군부내 실력자의 정치의식뿐만 아니라 한국 군부의 특수성에서 엿보이는 군부 내부의 불만 문

제와 정권의 취약성 문제를 추가해야 할 것으로 보인다.

그리고 역사적 경험면에서는 군부 쿠데타의 경험이 없고 김일성 정권이래 김정일 정권에 이르기까지 그리고 김정일 정권 기간 중의 선군정치 이전과 이후에도 특별한 혁신적인 정치변화가 없는 것으로 간주하여 세계주요국들의 사례에 비해 지배적인 영향요인이 아닌 것으로 평가할 수 있겠다.

따라서 북한의 군부 쿠데타 가능성을 유추함에 있어서는 군부 쿠데타를 가능하게 하는 요인 중 정권의 취약성과 군부의 군사작전적 응집력 그리고 군부내부의 대정부 불만 및 군부내 실력자의 정치의식등 4가지를 지배영향 유인으로 보고 이들 4가지의 유인을 북한 군부의 쿠데타 가능성 연구의 요인으로 선정하여 집중적으로 분석하기로 한다. 그런데 북한의 경우는 사회주의체제국가들에서 나타나는 특성과 북한 자체의 군부가 수행하는 정치적 역할이 특징적으로 나타나고 있다고 보여지기 때문에 사회주의 체제 국가들에서의 군부의 역할을 조망해 보고 북한 군부의 역할을 분석해 볼 필요가 있을 것으로 본다.

북한 군부의 역할을 분석함에 있어서는 북한의 당 · 군 관계에서 그 일단을 고찰 할 수 있기 때문에 북한의 당 · 군 관계를 살펴보고 그 관계의 매커니즘속에서 정권의 취약성과 군부의 군사작전적 응집력 그리고 군부내부의 대정부 불만 및 군부내 실력자의 정치의식의 수준을 검토해 보기로 한다.

Ⅳ. 북한 체제의 특성과 군부쿠데타

기존의 사회주의체제 식 당 · 군관계의 틀 속에서도 군부에 의한 쿠데타 가능성은 항상 열려있다고 볼 수 있다. 이러한 점을 감안한다면 북한에서의 군부 쿠데타 가능성에 대한 검토는 북한의 당 · 군

관계의 매커니즘 속에서 쿠데타를 가능하게 하는 지배적인 영향요인이 무엇이며 그 영향요인들의 수준이 어느 정도인가를 추정해 봄으로써 그 일단을 유추해 볼 수 있을 것이다.

이에 따라 본 장에서는 북한 군부의 쿠데타 가능성 분석을 위한 분석의 틀을 제시한 후 북한 당 · 군 관계의 현상을 살펴보고 분석의 틀에 포함될 지배적인 영향유인별 수준을 북한의 현상을 통해 고찰하기로 한다.

1. 군부쿠데타 가능성 분석의 예비적 틀

북한의 군부 쿠데타 가능성을 유추함에 있어서는 세계주요국 사례에서 도출된 ①역사적 경험과 ②군부의 군사작전적 응집력 그리고 ③군부 내 실력자의 정치의식의 세가지 지배적인 영향요인 뿐만 아니라 한국 군부의 특수성에서 엿보이는 ④군부 내부의 불만 문제와 ⑤정권의 취약성 문제를 추가해야 할 것으로 보인다.

그러나 역사적 경험 면에서는 군부 쿠데타의 경험이 없고 김일성 정권 이래 김정일 정권에 이르기까지 그리고 김정일 정권 기간 중의 선군정치 이전과 이후에도 특별한 혁신적인 정치변화가 없는 것으로 간주하여 세계주요국들의 사례에 비해 지배적인 영향요인이 아닌 것으로 평가할 수 있겠다.

따라서 북한의 군부 쿠데타 가능성을 검토함에 있어서는 위의 5가지 요인 중 역사적 경험을 제외한 4가지 주요요인을 중심으로 분석한다면 그 가치가 있을 것으로 보인다.

지배적인 영향유인으로 간주되는 4가지 가설을 변수로 북한의 쿠데타 가능성을 유추함에 있어서 그 객관성과 사실성을 제고하기 위해 ①델파이 기법조사와 ②한국군 군사전문가를 대상으로 한 설문조사 및 ③탈북자를 대상으로 한 설문조사를 실시하여 이를 계량화

한 점수와 비교하려 한다.

설문조사 결과와의 비교를 위해서는 수평적 비교가 가능 하도록 4개 변수의 하위요소들과 설문의 문항을 일치시켜 설문에서의 빈도에 따른 확률이 계량화 한 점수와 동일한 개념이 될 수 있도록 설문의 문항을 구성하기로 한다.[42] 즉 각 가설에 의한 변수와 그 하위요소들을 최초의 가정에서와 같이 정리하고 설문 평가 문항을 하위요소에 대한 응답을 유도할 수 있는 문항으로 〈표 #6〉와 같이 구성하기로 한다.

여기서 보편타당한 것으로 인식되는 요소들에 대해서는 설문 문항에서 제외하기로 하였다.

예컨대 첫째, 가설7의 경우에 정권의 취약성에 관한 하위요소는 분파 내 갈등과 분파 간 갈등 그리고 당 · 군간 갈등과 정부 대 비정부간 갈등 및 공중혼란으로 설정되었으므로 다섯 개의 문항으로 구성해야 하나 분파 내 갈등과 당군 간 갈등 및 공중혼란은 특이한 사항이 없는 것으로 간주되기 때문에 보통수준으로 평가하였고,

〈표 #6〉 설문 평가 문항 구성표

구 분	변 수	하 위 요 소	설 문 평 가 문 항		
			탈북자 설문	군사전문가 설문	델파이 설문
가설7	정권의 취약성	분파 내 갈등	–	–	○
		분파 간 갈등	○	○	○
		당 · 군간 갈등	–	–	○
		정부 대 비정부집단 갈등	○	○	○
		공중 혼란	–	–	○

42) 설문내용은 가설의 변수별로 그룹을 구성하고 각 그룹마다 변수의 하위요소를 고려하여 4개의 질문을 포함 하였으며 매 질문에 대한 선택문항은 공식에 의한 개념과 같도록 수준을 제시 하였음.

구 분	변 수	하 위 요 소	설 문 평 가 문 항		
			탈북자 설문	군사전문가 설문	델파이 설문
가설8	군부 내 응집력	군부 내 사조직 존재여부	○	○	○
		군심결집을 위한 내부적 노력여부	○	○	○
		군부의 역할에 대한 정치권의 평가	○	○	○
		군부조직의 동원/기동 효율성	–	–	○
가설9	군부내부 대정부 불만	출신/계층간 차별대우	–	–	○
		민간과의 소득격차	○	○	○
		인사제도의 비합리성	○	○	○
		정치권력에의 소외정도	○	○	○
가설10	군부 실력자의 정치의식	현 정권에의 불신도	–	–	○
		현 정권과 소외/ 정권 창출에 대한 관심여부	○	○	○
		군부 실력자의 개혁의지	○	○	○
		야당(외국)과의 관계	–	–	○
		실력자의 쿠데타지향 성향	○	○	○

둘째, 가설8의 군부의 군사작전적 응집력의 하위요소인 군부 조직의 동원 및 기동 효율성은 북한군이 우수한 것으로 평가됨으로 90 수준으로 평가하여 설문 문항에서 제외하였으며,

셋째, 가설9의 군부내부의 대정부 불만의 하위요소인 계층 및 출신 간 차별대우는 공산국가의 이론적 특성상 미미한 것으로 보아 제외하였다.

넷째, 가설10의 하위요소인 현 정권에의 불신도와 야당(외국)과의 관계에 있어서는 북한의 당·군 관계 특성상 현실적으로 군부쿠데타의 영향유인으로는 크게 작용하지 않을 것으로 보아 설문 문항에서 제외하기로 하였다.

이에 추가하여 각 설문의 문항 내에서의 응답 내용을 4단계로 구분하여 ① 낮은 수준 ② 조금 낮은 수준 ③ 조금 높은 수준 ④ 높은

수준으로 제시함으로써 계량화된 점수와 수평비교가 가능하게 하기로 하였다.

위에서 설명한 계량화 점수와 설문의 문항이 일치하게 되면 설문의 결과 응답자의 수를 백분율에 의해 환산한 수치가 점수와 동일한 개념을 갖게 된다. 즉 설문결과 문항별 단계별 응답자의 수를 문항별 가중치에 의해 계량화 하는 것이다.

예컨대 1개 문항에서 ①번을 선택한 인원은 낮은 수준(15%)을 선택한 인원으로 인원수x0.15를 하여 점수화 하고, ②번을 선택한 인원은 어느 정도 낮은 수준 (40%)을 선택한 인원으로 인원수x0.4를 ③번을 선택한 인원은 조금 높은 수준(65%)을 선택한 인원으로 인원수x0.65를 ④번을 선택한 인원은 쿠데타를 가능하게 하는 하위요소중 하나의 문항에 대해 높은 수준(90%)을 선택한 인원으로 인원수x0.9를 하게 되고 4개의 총합÷ 총 응답자수 x100이 그 문항에서의 점수가 될 수 있다.

이러한 점수가 가지는 의미는 응답자들에게 본 논문에서 제시된 공식에 의한 점수를 매기게 할 경우 그 평균치가 각 문항의 응답 결과와 확률적으로 동일하게 됨을 의미한다.

물론 이론적으로 확률이라는 한계는 있으나 이는 주사위를 던져 특정한 한 개의 수가 나올 확률이 1/6이지만 실제로는 100번을 던져도 그 특정한 한 개의 수가 나오지 않을 경우와 같은 사항임으로 논외로 하기로 한다.

델파이 기법의 경우는 가설과 하위요소를 포함하는 본 논문에서 제시된 공식과 동일한 채점표를 선정된 국내 전문가[43]들을 대상으로

43) 델파이 기법 설문 평가위원의 선정은 국내대학 교수(국방대 김석용 교수 등) 및 연구원 (국방연구원 김구섭 박사 등)등 북한 전문가로 평판을 받고 있는 분 중 20명을 선정하고, 여기에 탈북자중 박사학위 소지자(안찬일 박사 등)와 군사전문가 등 5명을 추가로 선정하여 설문을 실시하였음. 설문의 세부내용은 부록 #1 참조.

1차 설문 형식으로 종합하고, 설문 결과를 종합하여 결과를 최초 답변자에게 다시 제공함으로써 타 전문가들의 견해를 참고하여 재 판단하게 한 후 그 결과를 종합 하는 방법이다. 이렇게 함으로써 연구자의 독단적이고 임의적인 점수부여의 객관성이 제고되리라 본다.

이제 이러한 분석의 틀에 맞추어 각 변수의 하위요소들의 점수를 평가할 수 있는 북한의 현상은 어떠한지를 북한의 당 · 군 관계와 지배적 영향유인별로 살펴본 결과는 다음과 같다.

2. 군부쿠데타에 미치는 체제의 특성

북한의 당 · 군 관계는 중 · 장기적인 차원에서 김일성-김정일로 이어지는 시대에 비해 확실한 권력계승의 비전이 제시되지 않은 점, 대외적인 고립이 지속되는 상황 하에서 미국을 비롯한 외부세계의 적극적 '정권변환(regime transformation)' 정책이 향후에도 추구될 것이라는 점, 최고지도자-군 간의 관계로 왜곡된 당 · 군 관계 속에서 군부가 미래에 행사하게 될 역할의 불투명성 등이 북한 정치에 있어서의 잠재적 불안요인을 제공하고 있는 점 등을 고려할 때 미래 북한체제 전반의 변화 양상에 따라 현재의 북한 당 · 군 관계 역시 변화할 수 있다고 본다.

또한 정권의 취약성면에서 체제전환기 당의 독점적 지도력이 상실되고 파벌이 형성된다면 체제 전환은 급격하게 이루어질 가능성이 높다. 이런 상태에서 억압되었던 주(시)민사회의 변화 욕구까지 일시 폭발할 경우 군대는 정치적으로 개입하면서, 체제전환 과정의 결정적 행위자가 될 가능성이 크다. 소련이나 루마니아와 같이 쿠데타를 시도할 수도 있을 것이다.

V. 북한 군부쿠데타 성공 가능성

군부 쿠데타와 관련된 북한의 특성을 살펴본 결과 북한 군부의 쿠데타를 가능하게 하는 지배적인 영향요인은 4가지로 요약 할 수 있었다. 10가지 가설에 의한 변수 모두가 어느 정도의 영향은 미칠 수 있겠으나 사회주의체제 국가들에서의 쿠데타와 관련된 군부의 역할과 한국의 5.16 및 5.17 쿠데타의 정황들 그리고 현재 북한 내부의 여러 가지 사정으로 미루어 4가지의 요인 즉 정권의 취약성, 군부의 군사작전적 응집력, 군부 내 대정부 불만, 군부 실력자의 정치의식 등이 지배적인 영향요인이 될 수 있다는 것이다.

이러한 4가지 지배적 영향요인을 중심으로 개관해 보면 정권의 취약성면에서 체제전환기 당의 독점적 지도력이 상실되고 파벌이 형성된다면 체제 전환은 급격하게 이루어질 가능성이 높다.

현재의 북한군의 군사작전적 응집력은 매우 높은 편이며 그 수준의 정도는 과거 한국의 5.16과 5.17 쿠데타 당시와 비교할 때 결코 뒤떨어지지 않는 수준이라 여겨진다.

군부내부의 대정부 불만에 있어서도 선군정치 시대에 북한변화는 더욱 폭 넓고 깊게 나타나고 있고, 군부는 변화의 동반자 역할을 하고 있는 것이 사실이긴 하지만 앞으로도 군부가 그런 역할을 계속할지는 현재로서 알 수 없다. 군부의 역할 증대는 그만큼 정치권력에의 참여 의지를 증대시키게 될 것인데 정치권력에의 소외의식이 커지게 되면 그것은 인간의 본성을 자극하게 되고 결과적으로 군부 쿠데타 요인의 성숙을 의미하기 때문이다.

군부 내 실력자의 정치의식 면에서도 새로운 군부지도자들이 속속 등장하고 있고 최근 청장년층이 대거 여단장급으로 기용됨에 따라 실력자의 개혁의지나 쿠데타 지향 성향도 충분히 있을 것으로 보여진다.

본 장에서는 이와 같은 북한의 특성들을 고려하여 지배적인 영향요인으로 간주되는 4가지 가설을 변수로 구성된 하위요소들에 점수를 부여함으로써 북한의 쿠데타 가능성을 유추해 보기로 한다.

설명의 편의와 이해도 증진을 위해 먼저 10가지 가설에 의한 점수를 세계 주요12개국과 한국의 두 차례 쿠데타 성공에 적용했던 사례와 같은 방법으로 점수화 해보기로 한다. 그리고 쿠데타의 실행과 성공가능성을 유추함에 있어 그 객관성과 사실성을 제고하기 위해 델파이 기법조사 결과와 한국군 군사전문가 및 탈북자를 대상으로 한 설문조사 결과를 계량화 한 점수와 비교해 보기로 한다.

1. 성공가능지수

1) 10대 요인

제5장에서 고찰한 북한의 여러 사정을 감안할 때 군부의 쿠데타 가능성에 대한 공식을 백분율(100%)로 환산하여 점수화 한 결과는 〈표 #7〉에서 정리한 바와 같다.

〈표 #7〉에서와 제시한 바와 같이 한국전 경험이란 역사적 배경은 있으나(80점) 군부 쿠데타의 경험이 없어 보통수준으로 평가하였고(50점), 김일성 사후 김정일 등장을 혁신적 정치변화로 보아 70점을 부여함으로써 역사적 배경의 평균 점수는 70점으로 평가 하였다.

〈표 #7〉 : 북한 군부 쿠데타 성공가능지수

구 분	변 수	총 점	하 위 요 소
계	-	600	
가설1	역사적 배경	70	한국전쟁80, 군부쿠데타 유무50, 혁신적 정치변화 유무70
가설2	산업화/경제악화	55	국민소득/총생산70, 무역적자50, 인플레이션50, 외채증가50
가설3	사회적 동원수준	60	사회결집력 미약/계급갈등70, 자원동원력 저하70, 중산층 분열50, 무질서/폭력50, 사회이동 급진50

구분	변수	총점	하위요소
가설4	새로운 체제	55	정치제도화 미진70, 정당쇠퇴/정당몰락70, 부정부패50, 엘리트 분열/전통주의와 엘리트의 갈등50, 민군지도자간 논쟁50
가설5	문화적 이질성	30	민족구성30, 언어30, 종교의 분포30
가설6	정부의 재정	70	1인당 정부수입70, GNP당 정부수입70
가설7	정권의 취약성	55	분파 내 갈등70, 분파 간50, 당, 군간50, 정부 대 비정부 집단50, 공중 혼란50
가설8	군부 내 응집력	85	군부 내 사조직 존재여부50, 군심결집을 위한 내부적 노력여부90, 군부의 역할에 대한 정치권의 평가0, 군부 조직의 동원/기동 효율성90
가설9	군부내부 불만	60	출신/계층 간 갈등70, 민간과의 소득격차50, 인사제도의 비합리성50, 정치권력에의 소외정도60
가설10	군부실력자	60	현 정권에의 불신도50, 현 정권과 소외/ 정권창출에 대한 관심여부70, 개혁의지60, 야당(외국)과의 관계60
가설10	정치성향		실력자의 쿠데타 지향성향60

산업화 및 경제악화 측면에서는 북한 경제가 대단히 악화되어 있기는 하나 경제악화로 인한 정치적 군사적 영향의 정도를 고려하여 세계의 사례국가들의 경우에 적용한 정도의 기준으로 평가한 점수는 55점으로 쿠데타 유인의 수준이 비교적 낮은 것으로 평가하였다.

사회적 동원수준은 하위요소인 무질서 또는 폭력의 정도가 낮아 60점으로 비교적 낮은 것으로 평가 하였고 새로운 체제 측면에서도 정치제도화는 미진하나 주체사상으로 무장되어 엘리트 간 분열이 최소화됨으로써 55점정도로 낮은 것으로 평가 하였다

문화적 이질성은 단일 민족으로 단일 언어를 구사하며 주체사상에 여타의 종교를 배척하고 있는 현실을 감안하여 30점으로 평가하였고, 정부의 재정은 여타국가와 비교할 때 국민총생산 대비 정부의 재정축적 비율이 높아 70점 수준으로 평가 하였다.

정권의 취약성은 분파 간, 당군 간 갈등이 적은 것으로 분석되어

55점대로 평가 하였고, 군부 내 응집력은 선군정치의 영향으로 매우 높아 85점대로 평가 하였으며 군부내부 불만은 민간대비 혜택을 받고 있고 선군정치에 따른 권력에의 소외정도가 낮아 60점대로 평가 하였다.

마지막으로 군부지도자의 정치성향에 있어서는 군부 내 실력자는 다수 존재하나 현 정권에 우호적인 집단으로 구성되어 있어 현 정권에 대한 쿠데타 유인수준은 60점대로 낮은 것으로 평가 하였다.

〈그림 #3〉 : 북한군부 쿠데타의 성공화 모형

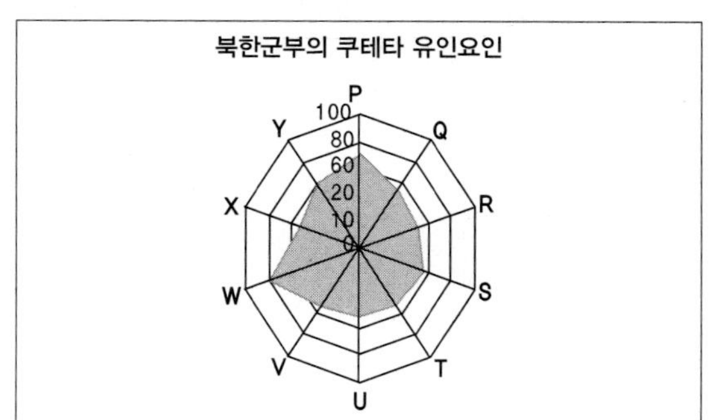

이러한 평가를 함에 있어서는 그 수준의 정도를 평가하는데 있어 다분히 자의적인 요소가 있을 수 있겠으나 적어도 앞에서 예를 든 세계의 주요 12개국과 한국의 두 쿠데타의 경우에 적용하였던 수준의 정도를 동일하게 적용하였다는 데는 이론의 여지가 없다고 하겠다. 종합해 보면 북한의 군부 정치 개입에 관한 공식 적용 결과는 600점대 수준으로 평가되며 이를 영역으로 표시해 보면 〈그림 #3〉과 같이 쿠데타의 경험이 없다는 점과 한국의 경우와 비교할 때 군부내부 불만 및 군부실력자의 국가발전을 지향하는 정치성향이 두드러지게 낮다는 점을 지적할 수 있겠다.

〈표 #8〉 : 북한 군부의 쿠데타 성공가능지수 비교

구 분	변 수	북 한	5.16	5.17	세계 12개국
계	–	600	660	665	677
가설1	역사적 배경	70	80	85	86
가설2	산업화/경제악화	55	50	50	58
가설3	사회적 동원수준	60	60	65	51
가설4	새로운 체제	55	60	60	62
가설5	문화적 이질성	50	50	50	62
가설6	정부의 재정	50	50	50	50
가설7	정권의 취약성	55	70	70	73
가설8	군부 내 응집력	85	80	80	83
가설9	군부 내 대정부 불만	60	80	75	66
가설10	군부실력자정치성향	60	80	80	85

〈그림 #4〉 북한/5.16/5.17 쿠데타의 성공화 모형 비교

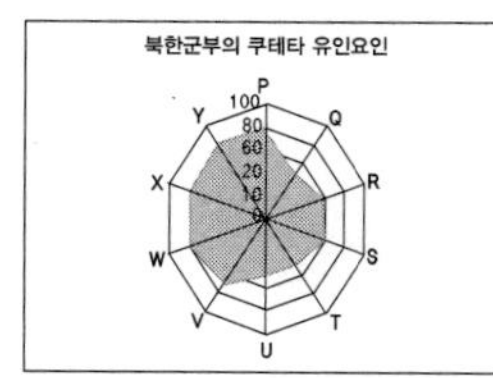

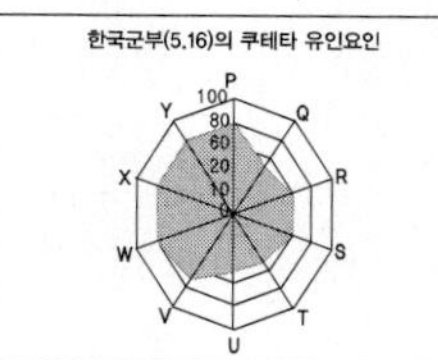

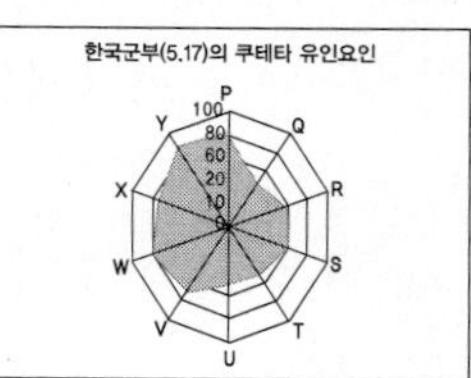

이러한 결과를 한국의 경우와 비교해 보면 〈표 #8〉 및 〈그림 #4〉와 같이 나타난다.

이를 분석해보면 북한은 세계 주요 12개국의 성공한 쿠데타국들의 평균 점수에 비해 77점정도가 낮고 한국의 두 차례 쿠데타의 경우에 비해서는 60~65점이 낮은 것으로 평가된다. 즉 단순히 계량적 결과에서만 본다면 북한이 쿠데타에 성공하기 위해서는 10개의 변수의 합이 60점 이상 증가되어야 한다는 의미이다.

각 가설에 의한 변수별로 살펴보면 역사적 배경 면에서 쿠데타의 경험이 없어 70점대 수준으로 한국대비 10~15점이 낮고, 정권의 취약성 측면에 있어 당군간 갈등 및 분파 내 갈등이 낮아 한국대비 15점이 낮으며 군부 내 대정부 불만도는 선군정치의 효과로 정치권력에의 소외정도가 낮고 민간대비 대우가 비교적 양호하여 한국대비 15~20점 이상 낮은 것으로 평가 되었다. 특히 군부실력자의 정치 의식면에서 군부 실력자의 개혁의지나 쿠데타 성향이 낮은 것으로 평가된다.

그러나 군부의 응집력은 한국의 양개 쿠데타 경우에 비하여 결코 낮지 않은 것으로 평가되며 이것은 쿠데타 실행 및 성공의 기반은 갖추어져 있음을 시사한다 고 할 것이다.

2) 4대 요인

위에서 10개의 가설을 변수로 하는 보편적 영향요인공식 적용 결과를 분석해 본 결과 〈표 #9〉에서 보이는 바와 같이 60점 이상의 수준이 증가하여야 북한 군부에 의한 쿠데타가 가능한 것으로 분석되었다.

그러나 역사적 경험이나 새로운 체제 및 문화적 이질성 등은 세계 주요 12개국이나 한국의 두 차례 쿠데타의 경우에 비해 낮기도 하지만 북한의 경우 고정 불변의 변수라 할 수 있으며 사회적 동원수준이나 정부의 재정 등도 단기간에 개선될 성질의 것은 아니므로 당장은 군부의 쿠데타 가능성에 미치는 영향은 크게 변하지 않을 것으로 생각되어 지배적인 영향요인은 아닌 것으로 본다.

〈표 #9〉 4대 요인별 쿠데타 성공가능지수

구 분	변 수	하 위 변 요 소	평 가 수 준 (점 수)			
			세계	5.16	5.17	북한 군부
가설7	정권의 취약성	분파 간 갈등	–	80	80	50
		정부/당 · 군간 갈등	–	90	90	50
		정부 대 비정부집단 갈등	–	50	50	50
		공중 혼란	–	50	50	40
가설8	군부의 군사작전적 응집력	소계(평균)	83	80	80	85
		군부 내 사조직 존재 여부	–	90	90	60
		군심결집을 위한 내부적 노력여부	–	60	70	90
		군부의 역할에 대한 정치권의 평가	–	70	70	90
		군부조직의 동원/기동 효율성	–	90	90	90
가설9	군부내부 불만	소계(평균)	66	80	75	60
		출신/계층간 갈등	–	90	80	70
		민간과의 소득격차	–	60	70	50
		인사제도의 비합리성	–	80	70	50
		정치권력에의 소외정도	–	80	70	50
가설10	군부 실력자의 정치의식	소계	85	80	80	60
		현 정권에의 불신도	–	70	80	50
		현 정권과 소외/ 정권 창출에 대한 관심여부	–	80	90	70
		군부 실력자의 개혁의지	–	90	90	60
		야당(외국)과의 관계	–	50	50	50
		실력자의 쿠데타지향 성향	–	90	80	60

산업화 및 경제적 악화 문제에 있어서는 북한의 낮은 경제수준이

군부 쿠데타의 가능성을 높여 주는 한 요인이 될 수 있으나 현재 상태를 기준으로 했을 때 보다 악화되거나 획기적 개선이 될 경우에만 지배적인 영향요인이 될 것으로 간주하여 경제적 악화 유인 또한 지배적 영향유인에서는 생략하기로 하였다. 다만 이를 보완하기 위해 정권의 취약성 측면에서의 하위요소인 공중혼란의 원인에서 경제적 측면을 고려하기로 한다.

(1) 정권의 취약성

4가지 지배적 영향요인 유인만을 변수로 평가한 북한의 군부쿠데타 가능성은 〈표 #9〉에서 정리한 바와 같이 정권의 취약성 측면에 있어 당·군 간 및 분파 내 갈등이 낮고 공중혼란의 가능성이 낮아 전체적으로 55점으로 평가[44] 되며 한국대비 15점이 낮은 것으로 평가 된다.

44) 이대근 박사는(이대근, 『북한군부는 왜 쿠데타를 하지 않나?』, 도서출판 한울, 2003, pp.304~305.) "체제전환기 당의 독점적 지도력이 상실되고 파벌이 형성된다면 체제 전환은 급격하게 이루어질 가능성이 높다. 이런 상태에서 억압되었던 시민사회의 변화 욕구까지 일시 폭발할 경우 군대는 정치적으로 개입하면서, 체제전환 과정의 결정적 행위자가 될 가능성이 크다. 소련처럼 변화를 거부하는 쿠데타를 시도할 수도 있고, 루마니아처럼 향후 개혁의 주도권을 쥐기 위해 구체제를 공격할 수도 있을 것이다. 북한 군대는 체제전환기에 결정적 역할을 선택할 여지가 많다고 보겠다." 고 했다. 북한 군부의 쿠데타 실행 여건 분석자료(고승현, "평양 군사 쿠데타 시나리오",『월간 신동아』, 2006, 11월호.)에 의하면 1952년 박헌영을 중심으로 쿠데타를 모의한 바 있다고 하는데 이러한 자료는 북한 측 공식설명에 따른 것이므로 세부 내용이 사실과 부합하는 지에 대해서는 확인이 필요하지만 그러나 북한 측이 공식적으로 밝힌, 외부(미국)세력과 연계된 북한 내 최초의 무장쿠데타 계획이었다는 점에서 군사쿠데타의 가능성을 살펴보는데 시사하는 바가 크다고 하였으며 국방연구원 차두현 박사는(차두현, "북한 당·군 관계의 변화과정" 박사학위 논문, 연세대학교, 2006, p.189) "북한 군부는 여전히 '선군'의 가치에는 충실하되, 자신들의 조합적 이익을 관철하기 위해 정치력의 확장을 지속 기도하는, 펄뮤터의 유형화에는 포함하지 않았던 또 하나의 유형인 '혁명적·집정관적 군부'로의 특성을 나타내고 있다. 만일 북한 내에 최고 지도 자의 정통성을 훼손할 사건, 즉 체제난국이나 대외적 압력이 향후 2~3년 내에 더욱 가중될 경우 이러한 특성은 더욱 강화될 것이다. 때에 따라서 북한 군부는 정통성이 떨어진 최고지도자나 그 후계자 혹은 당을 대체하여 직접적으로 정치에 개입하게 될지도 모른다. 이 경우, 북한은 미래 공산권 국가의 사례에서 유일하게 '성공한 쿠데타'의 사례를 남기게 될 것이다."라고 하였다.

정권의 취약성과 관련된 유용한 21세기 국가발전 연구원의 연구 자료를 인용하면 다음과 같다. 「선군정치는 김일성 사망과 극심한 식량난 그리고 대외적으로 고립무원인 위기 상황을 극복하기 위해 창출되었다. 체제 존망의 기로에서 엘리트들의 패배주의적 신심 이반이 속속 드러나고 탈북자 등 일반 주민들의 체제 이탈 현상도 속출하게 되었다. 선군정치는 무엇보다 엘리트들에게 체제에 대한 믿음과 확신을 심어주는 강력한 기제로 작용했다. 선군정치의 기치 아래 지난 10년간 김정일은 자신의 통치 구상을 실현하는 데 실질적으로 당·정·군 등 요직을 3·4세대로 대폭 교체하는 작업을 진행해 왔다.[45)]

김정일의 적극적이고 대폭적인 세대교체 작업은 본인이 구상하는 개혁 모델을 혁명 1·2세대가 담당하는 것은 불가능하다는 것을 인식하고 새로운 교육과 사고를 지닌 젊은 세대에게 주요 직책을 맡겼다. 중국의 개혁 모델도 참고했겠지만 김정일의 신사고를 실현하기 위한 신세대의 등장은 북한을 내부적으로 변화시키는 주요 동력으로 작용하고 있으며 이는 경우에 따라 전혀 예기치 못한 결과로 나타날 수도 있다.

선군정치하의 북한체제는 지난 10년간 안팎에서 가해진 위협과 외부로부터의 정보 유입에 대처하기 위해 핵개발 등으로 위기의식을 고조시키거나 주기적인 사상 재교육을 통해 주민들을 결속시키고자 노력했다. 그러나 체제 위기나 재교육을 통한 사상적 통제에는 한계가 있다. 2004년에 일어난 용천역 사고 이후 외부와의 무분별한 교류와 접촉을 차단하고 인권 문제에 대한 국제적 압력에 대처하는 차원에서 휴대전화 사용을 규제하는 등 각종 통신 정보나 인적

45) 경제 부분을 총괄하는 내각에서는 30·40대의 인물이 주요 직책을 담당하고 있으며 대남사업에서도 이미 40대가 주축이 되어 각종 회담과 현안 실무를 맡고 있다. 2005년도에는 가장 보수적이라고 할 수 있는 치안과 보안 부문에서도 세대교체를 단행했고 군부 인사들도 최상층부의 원로나 장성을 제외하고는 일선 지휘관들을 젊은 층으로 교체했다.

왕래를 통한 정보 유입과 전파를 차단하고 있다. 2005년 이후에는 김정일 비난 벽보나 전단 또는 즉결처형 등 인권유린 현장을 담은 동영상 등의 유포를 적극 차단하기 위한 통제도 강화했다. 선군사상을 통해 지도부의 정통성을 확립하고 비판세력의 존재를 근절하기 위해 군과 당 조직은 물론 각종 보안 조직과 외곽 단체가 사상적 통제를 지속하는 것도 주민들의 사상적 동요와 체제 이탈을 방지하기 위한 것이다.

이 같은 북한 당국의 감시와 이념교육에도 불구하고 내부로부터의 불만을 언제까지 통제할 수만은 없는 것이다. 식량난이 극심하고 정부의 통제가 이완된 1990년대에 국경지역을 중심으로 때때로 주민들의 소요사태가 발생했다. 북한 당국이 이러한 주민들의 소요사태를 군과 보안 기구를 동원하여 무자비하게 진압했기 때문에 사태는 확산되지 못했으나 소요의 발생을 원천적으로 봉쇄할 수는 없었다. 현재와 같이 일반 주민들에 대한 감시와 통제 기제가 엄격히 작동하고 엘리트들이 의식화하지 못한다면 대규모 주민소요나 자율적인 시민사회의 구성이 이루어지기는 어려울 것이나, 외부와의 접촉이 증대되고 체제의 모순이 누적된다면 동유럽에서와 같은 다양한 형태의 반체제 지하조직이 형성될 수도 있다.

반체제 지하조직은 그 자체로 정권을 교체하거나 체제를 전환할 만큼 세력화되기를 기대할 수 없으나 반체제 조직의 존재로 인해 집권 엘리트 내부의 균열이 초래될 수 있다는 점에서 내부로부터의 급변사태 발생의 단초를 제공할 수 있다. 더구나 북한 인권에 대한 국제적 압력이 고조되고 북한 주민 스스로가 대안 체제에서 가능성과 희망을 찾게 될 경우 더욱더 과감한 욕구 분출과 비폭력 체제저항 움직임이 사회 전반으로 확산될 수도 있다.」[46] 고 분석 한 바 있다.

46) 박관용 외.『북한의 급변사태와 우리의 대응』. 한울 아카데미, 21세기 국가발전 연구원(NDI), 고려대학교 북한학연구소 엮음, 2007.pp.27~30.

위의 내용을 정리하면 ①김정일의 신사고를 실현하기 위한 신세대의 등장은 북한을 내부적으로 변화시키는 주요 동력으로 작용하고 있으며 이는 경우에 따라 전혀 예기치 못한 결과로 나타날 수도 있다는 점, ②외부와의 접촉이 증대되고 체제의 모순이 누적된다면 동유럽에서와 같은 다양한 형태의 반체제 지하조직이 형성될 수도 있다는 점, ③반체제 조직의 존재로 인해 집권 엘리트 내부의 균열이 초래될 수 있다는 점에서 내부로부터의 급변사태 발생의 단초를 제공할 수 있다는 점 등이 북한 정권의 취약성에 관한 특성이라 하겠다.

(2) 군사작전적 응집력과 대정부 불만

군부의 군사작전적 응집력은 군부 내 사조직이 결여되어 있는 면은 한국대비 쿠데타 가능성이 낮게 평가될 수 있으나 군심결집이나 동원기동의 효율성이 높아 평균 85점대로 한국대비 5점정도 높은 것으로 평가할 수 있을 것이다.[47)]

47) 북한의 비상시기는 다음의 다섯 단계로 구분된다. 5단계-전투경계태세 명령, 4단계-전투동원준비태세, 3단계-전투동원태세 명령, 2단계-준전시상태 명령, 1단계-전시상태 명령이다. 이 가운데 5단계 전투경계태세 명령은 인민무력부장이 예비군을 제외한 정규군만을 대상으로 발동한다. 1960년대 베트남전쟁 시기와 한국의 6·3한일회담반대운동 시기,1968년 푸에블로호 납치, 그리고 1985년에 발령된 바 있다. 최고사령관이 3단계 전투동원태세 이상의 작전명령을 발동하면 최고사령관은 북한 내 '일체 무력에 대한 지휘·통솔' 권한을 행사하고 북한의 당, 국가기관, 무력기관, 사회단체의 업무는 최고사령관을 지원하는 비상체제로 전환한다. 민간무력인 노농적위대와 붉은청년 근위대 조직도 동원태세를 갖추며 모든 무력기관의 외출, 휴가가 전면 금지된다. 전연군단 등은 즉각 완전한 전투준비태세에 돌입한다. 후방에 있는 부대들 가운데 공군부대, 반항공부대(반공부대), 고사포부대, 인민경비대 부대도 전투준비를 끝내고 내무반을 지상에서 지하갱도로 이동하여 완전한 전투 준비태세를 갖춘다. 2단계 준전시상태 선포 시에는 노농적위대, 붉은청년근위대 등 민간무력에 대한 비상소집령이 발동된다. 북한 내 라디오와 TV의 정규 프로그램은 모두 중단된 채 전쟁 분위기를 고취하기 위해 '전시가요 연곡'과 전쟁영화만을 내보낸다. 전국적 범위에서 청년학생들이 인민군대 입대를 탄원해 나서기도 한다. 한미연합군의 대규모 합동군사훈련이 열릴 때마다 북한은 준전시상태를 선포하고 대응군사훈련 등을 실시해왔다. 준전시상태가 전시상태와 다른 점은 실제 교전이 이뤄지지 않는다는 것뿐이며, '전시 대비상태'라는 특징을 갖고 있다. 이러한 상황으로 미루어 볼 때 북한군의 군사작전적 응집력은 매우 높은 편이며 그 수준의 정도는 한국의 5.16과 5.17 쿠데타 당시와 비교할 때 결코 뒤떨어지지 않는 수준이라 할 것이다.

군부 내 대정부 불만은 출신 및 계층 간 갈등이 적고 선군정치의 효과로 정치권력에의 소외정도가 낮으며 민간대비 대우가 비교적 양호하여 평균 60점대로 한국대비 20점 이상 낮은 것으로 평가 되었다.[48)]

(3) 군부 실력자의 정치의식

군부실력자의 정치의식 면에서 군부 실력자의 개혁의지나 쿠데타 성향이 낮은 것으로 보고 60점대로 평가함으로써 한국의 두 차례 쿠데타에 비해 20점 정도가 낮은 것으로 평가 하였다.

이와 같은 평가의 근거로 김정일 정권 전복 이후 북한 정권을 떠맡을 군 실력자들에 대한 동아시아 연구소의 주목할 만한 연구 자료에 의하면 「북한 군부를 연구해온 켄 고스 연구원은 "군부 내 동년배 그룹"을 꼽았다. 이 범주에 들어가는 인물로는 이명수(69) 총참

48) 이대근 박사에 의하면(이대근. 『북한군부는 왜 쿠데타를 하지 않나? 』. 도서출판 한울, 2003. pp.277) "인민군은 김정일에게 양날의 칼이다. 그런 인민군을 앞세워 선군정치를 할 때의 위험성에 관해 김정일은 대비할 필요가 있을 것이고 그것은 당연하게도 인민군이 충실한 정치적 도구로 남아 있도록 정치적 영향력을 일정 수준으로 묶어두는 것이 될 것"으로 보았고, 북한이 핵을 포기하지 않을 경우 5년쯤 뒤엔 김정일 정권이 결국 교체 될 것이라 예상이 나오고 있다. 김 위원장의 전방 시찰 때 모습. 북한의 붕괴가 아니라, 김정일 정권이 무너지고 새 정권이 등장하는 것은 어떤 과정을 거쳐 이뤄질까. 먼저 쿠데타가 발생해 김 위원장이 실각하고 새 정권이 들어서는 경우다. 핵실험으로 북한체제위협 요인들이 어느 때보다 많아졌다는 것이 전문가들의 진단이다. 유엔 제재 지속을 인한 경제난 가속, 사회주의 질서의 이완과 시장요소 확대, 김 위원장에 대한 불만 등이 커지고 있다는 것이다. 체제 불안은 군부 불만세력이나 측근 그룹의 정권 전복 유혹을 부추기게 된다. 또 중국 지도부는 북한 핵과 미사일 문제 등으로 김 위원장에 많은 불만을 갖고 있는 것으로 알려졌다. 따라서 쿠데타가 발생한다면 친중 쿠데타일 가능성이 높다는 것이 전문가들의 분석이다. 김정일의 지방 현지 지도시 체포 · 구금, 호위군관이나 측근에 의한 암살, 외부세력의 사주에 의한 암살 등 다양한 상황을 가정할 수 있을 것이다..이러한 점을 감안할 때 선군정치 시대에 북한변화는 더욱 폭 넓고 깊게 나타나고 있고, 군부는 변화의 동반자 역할을 하고 있는 것이 사실이라 하겠다. 그러나 앞으로도 군부가 그런 역할을 계속할지는 현재로서 알 수 없다. 군부의 역할 증대는 그만큼 정치권력에의 참여 의지를 증대시키게 될 것인데 정치권력에의 소외의식이 커지게 되면 그것은 인간의 본성을 자극하게 되고 결과적으로 군부 쿠데타 유인의 성숙을 의미한다는 것이 앞에서 논의한 내용들에서 암시되고 있기 때문이다.

모부 작전국장, 김기선(66) 총정치국 부국장, 김원홍(61) 보위사령관, 김명국(66) 108기계화군단장 등이 있다. 이들은 모두 70 · 80년대 김 위원장의 권력 승계 과정에서 치열한 경쟁을 통해 부상한 인물들이다.

북한 급변사태가 5년쯤 뒤에 벌어지면 막강한 권력을 쥐고 있는 70대 초반 세대가 뒤를 이을 가능성이 높다. 총정치국의 박재경(73) 선전부국장과 현철해(72) 행정부국장, 김영춘(71)국방위원회 부위원장, 오극렬(75) 당 작전국장 등으로 이들은 군 최고 실세에 속한다. 특히 박재경, 이명수, 현철해 등 3명은 2003년부터 올 상반기까지 김 위원장을 가장 많이 수행했다. 이들 3명은 '김정일에게 직접 보고하는 관계' 라고 한다. 당 정치부의 간섭 없이 군대를 움직일 수 있다는 점에서 오극렬 국장이 가장 유리한 위치에 있다는 분석을 내놓는 전문가도 있다.」고 보았다.[49)]

---

49) 인터넷 검색자료 : EAI, 동아시아 연구소(http://www.eai.or.kr) 게재자료, 2007. 2. 10
북한의 급변사태를 10년 후쯤으로 잡으면 군 부대를 실질적으로 통제하는 사단장급이 될 가능성도 없지 않다는 전망이 나오고 있다. 국방대학의 한 교수는 "격변사태 때 전혀 뜻밖의 인물이 등장할지 모른다"며 "실제 부대를 이끄는 상장 · 중장급이 쿠데타를 감행할 가능성이 높다"고 말했다. 이와 관련, 이상현 세종연구소 연구위원은 "김정일 조선과 완전히 선을 긋는 세력이 아니라면 정통성 확보를 위해 정남 · 정철 등 김정일의 아들을 전면에 내세울 수도 있다"고 말했다. 차두현 국방연구원 교수는 "박정희 군사정권을 대체한 것은 더 억압적인 전두환 정권"이라며 "정권교체 후 북한에서 비슷한 사례가 나타날 수도 있다"고 했다. 김정일 정권 전복 이후 통치 권력의 실체는 오극렬 당 작전부장과 친오극렬 계열의 군사파 인물들이 장악 할 것으로 관측하는 견해도 있다. 오극렬 작전부장이 막후통치 역할을 담당하고 당 중앙군사 위 위원인 조명록 총정치국장, 김영춘 국방위원회 부위원장, 김일철 인민무력부장, 김명국 108기계화 군단장 등이 정책결정의 중심에 있을 것이다. 이들은 오극렬 당 작전부장이 총참모장에재임하던 1979년부터 1988년 사이에 승승장구한 유학파 군사 지휘관들로서, 당시 오극렬 총참모장의 북한군 현대화 · 정규화 비전을 공유한 인사들이다.더우기 군사지휘관 출신인 조명록의 총정치국장 기용이나 작전국장 및 전연군단장들에 대한 우대, 해군사령과의 인민무력부장 기용 등은 모두 오극렬의 머리에서 나왔다 해도 과언이 아니다. 김정일 시대 북한군 수뇌부 인사의 면면은 그의 군사지휘관 중심의 강군 구상이 김정일 위원장에 의해 수용된 형태에 가깝다. 김 위원장의 유고 이후 군부 중심의 집단지도체제가 성립한다면 그 막후 중심에 오극렬 작전부장이 있을 수밖에 없는 이유다. 1990년대 중반 이후 황장엽 등 북한의 고위 탈북자들은, 장성택 전 당조직지도부 제1부부장 같은 당 관료 중 특정인이 김정일 유고 이후 조직지도부장 직을 대리하면서 '단일지도' 형태의 권력을 행사할 것으로 전망한 바 있다. 그러나 이 또한 그 실현가능성은 점차 불투명해지고 있다. 당내 2인자로 일컬어지며 '포스트 김정일' 후보 1순위로 거론됐던 장성택의 경우 가택연금설과 복귀설, 당내 알력설 등 그 위상이 극히 불안정한데다, 최근에는 권력투쟁 음모설에 휩싸여 교통사고를 당한 것으로 전해지기도 했다.

그러나 몇 가지 의문이 있다.

이러한 실력자들이 과연 개혁적인 성향을 갖고 있고 쿠데타 지향적 성향이 있느냐 하는 문제가 그것인데 이러한 문제는 표면화 되어 있지 않으나 실력자로 거론되는 그 자체가 그러한 의식을 포함한다고 보아야 할 것이다.

대군 통제의 정도가 매우 높은 북한 군부에서 군부의 실력자가 군부를 움직여 부분적이라도 군사작전을 감행할 수 있겠는가? 하는 문제는 한국의 5.16 쿠데타 당시 실질적인 군사작전을 시행할 수 있는 직위에 있지 않았던 박정희 장군이 군사작전을 성공적으로 수행했던 점이나 5.17 쿠데타 당시 군을 통제하고 감시하는 부서의 최고위직에 있던 전두환 장군이 군사작전을 총 지휘했던 가까운 사례에서 그 해답을 찾을 수 있을 것이다.

대군통제가 매우 심한 것으로 평가되고 있는 북한 군부에서 실력자의 실명이 거론되고 있는 그 자체가 실력자의 의식과 성향을 대변한다고 해도 과언이 아닐 것이다.[50)]

이상의 내용을 종합적으로 정리해 보면 전체적으로는 세계평균

---

50) 예컨대 군부의 소장급 이상 장성 중 제10기 최고인민회의 대의원(1998. 7.26일 선발)으로 활동하다가 제11기에 최고인민회의 대의원(2003. 8.3일 선발)직에서 탈락된 인사로는 김룡련 차수(만경대 혁명학원장), 김명국 대장(제108 기계화 군단장), 김양점 상장(인민무력부 부부장), 김요웅 중장, 김정각 대장(인민 무력부 부부장), 김하규 대장(미사일 지도국장), 김형룡 중장(충참모부 부총참모장), 박기서 차수(평방사령관), 박승원 상장(부총참모장), 박영하 상장(제4군단장), 백상호 상장(제806 기계화 군단장), 심명수 상장(평안남도 토지정리사업 책임자), 옥봉린 상장(김일성 종합대학장), 이봉죽 중장(국경경비군단장 추정), 이용환 상장(제5군단장), 이원재 상장, 이정부 중장, 이태일 상장(인민무력부 부부장), 이태철 상장(경비교도지도국장), 이형용 중장(통신국장), 전재선 차수, 전진수 상장(총참모부 부총참모장), 정창렬 대장(인민무력부 부부장), 주상성 대장(인민보안상), 주창준 소장, 채문덕 상장, 최부일 중장(부총참모장), 최성수 상장(인민보안성 도로총국 정치위원) 등이 있으며 또한 국방위원에서 해임된 이하일 차수(당 군사위 위원), 사단장 해임설이 있었던 고재덕 소장(전 제25사단장), 숙청설이 있는 김정찬 소장(전 주 소련 무관), 노동당 중앙군사위위원에서 해임된 최상욱 상장 등은 현 체제에 불만을 가질 수 있는 동기가 있는 인물들로 평가되며 현재 실 병력을 지휘할 수 있는 위치에 있다.(국방관련 자료와 탈북 군관계자등과의 면담을 토대로 연구자가 정리한 내용임)

303점대나 한국의 5.16 쿠데타 310점대, 5.17쿠데타가 305점대에 비해 260점대로 43점 내지 50점이 낮은 것으로 평가 되었다.

그러나 군부의 응집력은 한국의 과거 두차례 쿠데타 경우에 비하여 결코 낮지 않은 것으로 평가되며 이것은 쿠데타 실행 및 성공의 기반은 갖추어져 있음을 시사한다고 할 것이다.

2. 성공가능지수와 설문내용 지수 비교

공식에 의한 점수와 탈북자 설문 및 현역 영관장교 설문과 비교해 본 결과 〈표 #10〉에서 정리한 바와 같이 지배적인 요소라 여겨지는 가설 7,8,9,10의 합계는 260점에서 285점대로 약 25점대의 차이를 보이고 있으며 공식에 의한 점수와 탈북자들의 의식조사결과는 비슷한 것으로 나타났고, 한국군 군사전문가들은 278점대로 18점을 높이 평가하였으며 델파이 기법에 참가한 국내 전문가들은 285점으로 25점을 높이 평가 하였다. 그만큼 북한 군부의 쿠데타 가능성을 높게 평가한다는 의미이다.

〈표 #10〉 성공가능지수와 설문 내용 지수 비교

관련 가설	비교			
	성공 지수	델파이 설문	군사전문가 설문	탈북주민 설문
소계	260	285	278	259
정권의 취약성	55	68	61	68
군부의 응집력	85	84	86	82
군부내부 불만	60	60	67	56
지도자 의식	60	73	64	63

3. 소결론

이상의 내용을 정리해 보면 10대 요인에 의한 성공 가능 지수는 현 상태에서 +60점 이상의 수준이 증가하여야 북한 군부에 의한 쿠데타가 가능한 것으로 분석되었다.

그러나 4대 요인에 의한 성공가능지수는 세계평균 303점이나 한국의 5.16 쿠데타 310점, 5.17쿠데타가 305점에 비해 북한 군부의 쿠데타 성공가능지수는 260점으로 43점 내지 50점이 낮은 것으로 평가 되었다.

그리고 이러한 공식 점수의 결과는 ①델파이 기법 설문 결과 ②한국군 군사전문가를 대상으로 한 설문 ③탈북 주민을 대상으로 한 설문 결과에서도 크게 다르지 않음을 알 수 있었다.

따라서 북한 군부의 쿠데타 가능성에 대한 검토는 4대 성공가능요인의 변화에 따라 그 영향을 받고 있음을 알 수 있다.

즉 지배적인 영향요인의 합이 +60점대 이상일 경우 10대 요인이나 4대요인 어느 요인을 기준으로 하더라도 북한 체제의 특수성과 세계의 보편성 및 상이성을 고려할 때 북한 군부 쿠데타의 개연성과 성공 가능성은 열려 있는 것으로 사료 된다.

Ⅵ. 결 론

이 논문은 북한 군부 쿠데타 가능성을 검토할 목적으로 연구 하였다.

연구를 함에 있어서는 먼저 군부 쿠데타 가능성에 대한 일반적 이론으로부터 군부 쿠데타의 성공요인은 무엇인지에 대한 가설을 도출하였다.

그리고 분석을 위한 예비적 틀로써 도출된 가설을 변수로 하는 지수화 공식을 수립해 보고, 수립된 공식을 12개의 세계주요 쿠데타 성공국가와 한국의 5.16 및 5.17 쿠데타를 대상으로 점수화하여 적용해 봄으로써 지배적인 영향요인이 무엇이었던가를 살펴보았다.

이어서 북한의 경우 수립된 가설 중 어떠한 변수가 지배적인 영향요인 인가를 식별하여 그 영향요인의 수준 변화에 따른 쿠데타 가능성을 유추해 보았다.

이를 위해 최대유사체계 분석방법을 원용하여 세계 각국의 성공한 쿠데타 요인과 한국의 두 차례 쿠데타 경우를 종합적으로 비교 분석하여 그 유사성과 상이성을 고찰 하였다. 그리고 북한의 특징적인 사례들을 참조하여 북한의 군부 쿠데타 성공 가능성을 연구해 보았다.

또한 연구의 객관성을 높이기 위해 델파이 기법을 적용한 국내 북한 전문가들의 견해와 한국군 군사전문가 및 탈북자를 대상으로 한 설문 내용을 비교 하였다.

실제로 세계 각국 군부 쿠데타 성공요인을 계량적으로 연구하여 그 보편이론을 수립한다는 것은 쉽지 않다.

그러함에도 세계 12개의 쿠데타 성공 국가와 한국의 두 차례 쿠데타를 종합적으로 검토하여 하나의 분석 모델을 제시하고자 하였다.

그 결과 쿠데타 성공 지수화의 작업분포에서 총점 650점으로부터 715점까지에서 쿠데타 성공 개연성이 높은 것으로 추정 되었다.

또한 각 가설의 변수가 쿠데타 성공에 미치는 영향의 정도를 가중치로 환산한 수치를 상수로 가정할 때 상수 10개의 합을 10으로 설정, 세계 각국의 사례 12건으로부터 도출 가능한 변수들의 값을 백분율로 환산하여 가중치의 값을 적용해 보면 역사적 배경과 군부 내 군사작전적 응집력의 정도나 군부지도자의 의식성향 등이 타 요소에 비해 상대적으로 영향이 크다는 것을 알 수 있었다.

이러한 내용을 수치로 나타내보면

가중치=변수의 평균치/변수 평균치의 합x10으로 계산했을 때 가설1의 상수 a = 85/677 x 10 = 1.3, 같은 방법으로 계산하면 b = 57/677 x10 = 0.8, c=0.8, d=0.9, e=0.9, f=0.7, g=1.1 , h=1.3, i=0.9, j=1.3으로 추정할 수 있었다.

따라서 군부 쿠데타 성공가능 수준을 Z라 하면

Z = 1.3P+0.8Q+0.8R+0.9S+0.9T+0.7U+1.1V+1.3W+0.9X+1.3Y 로 나타낼 수 있다고 보았다.

여기서 각 변수의 상수가 의미하는 바는 각각의 가설이 가지는 군부 쿠데타 가능성에 대한 영향의 정도를 의미한다.

역사적 경험이 군부쿠데타 가능성에 미치는 영향은 전체를 10으로 보았을 때 1.3의 정도이고 산업화 및 경제적 악화와 사회적 동원 수준이 군부쿠데타 가능성에 미치는 영향은 각각 0.8정도라 할 수 있으며 새로운 체제와 문화적 이질성은 각각 0.9정도의 영향을 미치는 것으로 평가 되었다.

정부의 재정이 군부 쿠데타에 미치는 지배영향의 수준은 0.7로 비교적 낮은 편이며 정권의 취약성이 1.1이고 군부의 군사작전적 응집력과 군부 실력자의 정치의식이 각각 1.3으로 높은데 비하여 군부내부의 대정부 불만은 0.9로 상대적으로 낮은 것으로 평가 되었다.

북한의 경우는 ①역사적 경험 ②정권의 취약성 ③군부의 군사작전적 응집력 ④군부 내 실력자의 정치의식과 같은 보편적 쿠데타 성공요인은 물론 다른 나라에서는 보기 힘든 한국의 쿠데타 성공의 특성 중 하나인 군부 내부의 대정부 불만이 동시에 고려되어야 할 것으로 보인다.

따라서 북한 군부의 쿠데타 성공에 영향을 미치는 지배적 영향요인은 ①역사적 배경, ②정권의 취약성, ③군부의 군사작전적 응집력, ④군내부의 대정부 불만, ⑤군부 실력자의 정치의식의 5가지를 고려할 수 있겠으나 역사적 배경과 관련된 하위요소들은 고정 불변의 요소이므로 북한의 쿠데타 가능성의 검토 기준에서 역사적 배경은 제외 하였다.

지금까지 군에 대한 당 우위체제의 특성을 갖고 있는 사회주의 국가의 경우 군부 쿠데타의 가능성은 매우 희박한 것으로 알려져 있다.

그러나 개혁 · 개방의 세계적 추세에 이르러 북한체제에 대한 개혁 · 개방의 국제적 압력은 가중되고 있다.

그러므로 종래의 당 · 군 종속 관계도 당 · 군 주요 인사들의 보직 중첩성, 국제적 생존전략 등의 이유로 개혁 · 개방은 불가피한 세계적 추세이고 이에 따라 체제 생존의 마지막 보루인 군부의 쿠데타 가능성은 점점 높아질 것으로 예측할 수 있다.

이 논문에서 군부 쿠데타의 성공요인을 10개의 가설로 지수화 공식을 수립하여 12개국(아시아 지역 4개국, 라틴아메리카 지역 2개국, 중동 지역 2개국, 아프리카 지역 2개국, 유럽 지역 2개국)의 경우에 대입하여 점수를 산정해 본 결과, 650점(스페인)대 에서부터 715점(미얀마/파키스탄)사이에서, 평균적으로는 677점대에서 군부 쿠데타가 성공적으로 수행되었음을 알 수 있었다.

이 공식을 한국의 두 차례 쿠데타의 경우에 적용해 본 결과 660점대에서 군부의 쿠데타가 이루어진 것으로 나타났다.

북한의 경우 같은 요령으로 공식을 적용해 본 결과 600점대로 점수로는 약 60점 정도가 낮고, 몇 가지 성공요인이 부족했던 것으로 분석 되었다. 즉 북한의 경우는 ①역사적 배경 상 군부 쿠데타의 경험이 없었고 혁신적 정치변화가 부족하였으며 ②주체사상으로 무장된 김정일 정권의 특성상 정권의 취약성이 낮고 ③선군정치 추진에 따라 군부내부의 불만이 적으며 ④군부 내 정권에 대항하는 실력자의 등장이 이루어지지 않은 상태여서 현실적으로 군부 쿠데타의 가능성이 낮게 평가 되었다.

위의 내용을 정리하면

첫째, 10개의 가설을 중심으로 검토해 본 결과 현 상태에서 +60점 이상이 되어야 북한 군부 쿠데타의 가능성이 있는 것으로 예측된다.

둘째, 4가지의 지배적 영향요인만을 변수로 북한의 군부쿠데타 가능성을 검토해 본 결과는 세계평균 303점, 한국의 5.16 쿠데타 310점, 5.17쿠데타 305점에 비해 북한은 260점대로 43점 내지 50점이 낮은 것으로 평가 되었다. 따라서 +50점 이상이 되어야 북한 군부쿠데타의 가능성이 있는 것으로 예측 된다.

한편 이러한 지수화 공식에 의한 점수는 국내 전문가를 대상으로 한 델파이 기법 조사 결과와 한국군 군사전문가 및 탈북자를 대상으로 한 설문 내용과도 크게 다르지 않은 것으로 나타났다.

델파이 기법을 통한 몇몇 전문가들의 견해와 현 한국군 군사전문가 그리고 탈북 주민을 대상으로 한 설문조사결과 ①정권의 취약성 증대, ②군부의 군사작전적 응집력, ③군부내부 대정부 불만 고조, ④군부 내 실력자 등장의 문제들이 북한 군부의 쿠데타를 가능하게 하는 것으로 나타났다.

요컨대 북한 군부의 쿠데타 가능성에 대한 검토는 4가지의 지배적인 영향요인의 변화에 따라 그 가능성의 일단을 유추해 볼 수 있을 것이다. 즉 지배적인 영향요인의 합이 +60점 이상 증가 시 10개의 가설을 기준으로 하던 4개의 지배적인 영향요인을 기준으로 하던 혹은 설문조사에서의 편차를 고려하더라도 북한 군부에 의한 쿠데타는 가능해 질 것이라는 결론에 이르는 것이다.

다시 말하면 북한의 군부쿠데타 유인요인의 지배적인 영향요인 중 군부 내 국가발전 및 정치발전을 전제한 정치의식을 가진 실력자의 등장이 이루어짐과(+30점) 동시에 군부내부의 대정부 불만이 고조되던지 (+20~30점) 아니면 정권의 취약성이 더욱 노정(+20~30점)된다면 310점대에 이르러 군부의 쿠데타는 가능해질 것이란 추론이 가능 하다는 것이다.

이러한 내용을 경우의 수로 나누어 구체화 해 보았다. 즉 쿠데타에 성공한 사례들을 기준으로 했을 때 현재보다 최소 60점 이상 상승해야 쿠데타가 가능하다고 보고 10개의 가설 중 지배적이고 유동적으로 평가되는 4개의 가설을 변수로 하여 4개 변수의 합이 60점이 되는 경우의 수를 고려할 수 있다.

이 중 군부 내 군사작전적 응집력은 현재 최고 수준에 이르러 고정될 것으로 간주하고 나머지 변동 가능한 3개의 변수의 합이 60이 될 수 있는 경우의 수를 추출해 보면 다음 표와 같다.

구 분	공식에 의한 현재 점수	경우의 수(추가될 수 있는 점수)									
		#1	#2	#3	#4	#5	#6	#7	#8	#9	#10
정권의 취약성	55	0	10	10	20	20	20	30	30	30	30
군부내부 불만	60	30	20	30	10	20	30	10	20	0	30
군부지도자 성향	60	30	30	20	30	20	10	20	10	30	0
계(추가될 점수)	-	60	60	60	60	60	60	60	60	60	60

표에서 보이는 바와 같이 군부내부 불만과 지도자의 쿠데타 성향이 최고조에 달하든지(#1), 국민들의 의식주 문제와 나아가 경제발전에 대한 욕구의 정도에 따른 정권의 취약성이 노정되면서 국가 근대화의 효율적 달성을 위한 군부 내부불만과 지도자의 성향이 강해지든지(#2 ~ #6), 정권의 취약성이 극대화 되고 군부지도자의 쿠데타 성향이 최고조에 이르든지(#9), 아니면 정권의 취약성과 군부내부 대정부 불만이 극대화 될 경우(#10) 북한 군부의 쿠데타가 가능할 것 같다.

특히, 가설에 의한 지수화 공식 적용 점수와 설문내용을 비교할 때 쿠데타 성공 가능 영향요인은 같으나 설문 결과 환산한 점수가 지수화 공식 적용 점수보다 더 높은 점수로 평가 되고 있음을 감안한다면 북한 군부의 쿠데타 발생 개연성은 지수화 공식 적용 점수를 기준으로 한 예측보다 더 높다고 할 수도 있을 것이다.

통계의 허구가 완전히 용인될 수 없는 점을 감안하여 앞으로 세분화된 하위요소들을 보완한다면 사실에 보다 가까운 결론에 도달할 수 있을 것으로 보며 이에 대한 연구가 지속되어야 할 것이다.

제 12 장
인간본성과 사회 변혁의 관계에 관한 고찰

송우근

Ⅰ. 서 론

정치행태를 포함해서 인간의 모든 행태가 정신적 영상이나 그 확신에 크게 영향 받지 않았던 시대는 한 번도 없었으며, 그러한 것을 통해서 인간은 세계를 인지하고 판단하여 왔다. 모든 이데올로기는 특정시대의 필요와 열망에 따라 제기되었고 상이한 역사적 경험에 부응하여 다른 것들로 대치되거나 수정되어 왔다. 현존하는 제 이데올로기의 존재이유를 해명할 수 있는 유일의 방법은 먼저 출발점에서부터 시작하는 길이며 현재까지의 변화과정을 추적해보는 일이다.[1)]

유사 이래 인간사회는 수많은 정치사상과 이데올로기를 연구하고 또 그러한 사회를 경험하면서 살아 왔다. 최선이라 여겼던 이데올로

1) 이홍구 역, F.M. 왓킨스, 『근대정치사상사』, 을유문화사, 1976, 15~16쪽.

기가 또 다른 이데올로기의 도전을 받아 분투 끝에 새로운 이데올로기로 전환되어 사회변혁이 이루어지고 변혁된 사회는 다시 변혁을 준비하는 반복의 연속이 인간사회의 본질적 요소로 자리 잡고 있다. 사회변혁의 시기 때마다 그 시기를 전후한 여러 가지 사정들 -예컨대 경제적인 문제나 정치적인 문제 혹은 특정계층의 이익이나 심지어 개인의 자존심에 따른 사정 등-이 공통적이던 개별적이던 존재해 온 것으로[2] 평가되고 있다.

이와 관련하여 우리는 사회변혁을 일으키는 보편적인 요인 혹은 사회변혁 때마다 나타나는 공통적인 요인은 과연 있는 것인가? 라는 의문을 갖게 되고, 있다면 그 보편적 혹은 공통적 요인은 무엇일까? 하는 강한 호기심을 갖게 된다. 여기에 사회 변혁의 공통적 혹은 보편적 요인으로서 인간의 본성을 의심해 보는 시각이 생기게 되며, 인간의 본성과 사회변혁 간에는 어떠한 관계가 있는 것인가? 사회변혁이 과연 인간의 본성에 의해 영향을 받는 것인가? 하는 문제가 제기된다.

따라서 본 연구에서는 제1장에서 인간의 본성에 대한 정치 사상가들의 논의들을 살펴보고 제2장에서 인간본성과 사회변혁과의 관계를 분석해 봄으로써 인간의 본성이 사회변혁에 어떻게 작용하는가를 고찰해 보고자 하며, 이를 위해 근대이전의 동서양 정치 사상가들의 저술에서 나타난 각각의 주장들을 입체적으로 대비해 보는 방법으로 고찰하기로 한다.

Ⅱ. 인간의 본성에 관한 제 주장

1. 아리스토텔레스와 플라토의 주장

2) 김선욱,『정치와 진리』, 책세상, 2005, 44쪽.

아리스토텔레스는 '인간은 정치적 동물' 이라고 했다. 스콜라 철학자 토마스 아퀴나스는 인간은 정치적 동물이라고 한 아리스토텔레스의 말을 옮겨 설명하면서 "인간은 본성상 정치적, 다시 말해 사회적이다(Homo est naturaliter politicus, id est, socialis)" 라고 했다. 정치적이라는 말과 사회적이라는 말을 동의어로 사용하기도 했다. 정치적인 것을 정의하자면, 이는 공적 영역에서 다루는 공적인 것이라고 말할 수 있다.

고대 그리스에서는 사적인 것과 구별되는 공적 영역에서 민주적 토론에 의한 정치 영역이 형성되어 있었으나, 중세의 봉건적 사회구조에서는 왕을 정점으로 하는 수직적, 경제적 생산 관계가 곧 정치 관계를 의미한 것이다. 원래 사적 문제였던 것이 공적 영역에 들어와 공적 관심을 획득한 것을 사회적인 것이라 부른다. 이 사회적인 것의 등장과 더불어 공적인 차원에 속한 문제들에 혼돈이 발생하게 되었다.

이로써 현대에서는 사적 문제와 공적 문제의 구분이 불분명해졌고, 개인 생활에서 개인의 중요성까지도 변화되어 버렸다. 사적인 것이 공적인 영역에 들어왔다고 해서 공적인 것으로 전환되지는 않는다. 그러나 그것은 공적 영역을 사적인 것을 위해 기능하는 것으로 전환시켜버리고, 이와 더불어 공적 영역에서만 가능한 인간의 복수성에 바탕을 둔 인간의 활동을 잠식하고 파괴하는 결과를 초래한다.

인간이 정치적 동물이라는 주장은 경제 지상주의에 물든 인간성 회복을 외치는 선언이 될 수 있다. 인간은 서로 다른 가치를 추구하고 드러내면서 인간다운 삶을 살 수 있기 때문이다. 그래서 우리는 '인간은 정치적 동물' 이라고 정의한다.[3)]

3) 전게서 45~59쪽.

플라토는[4)] 인간을 이원적으로 보는 견해를 제시한 바 이 이원론에 의하면, 인간의 영혼이나 정신은 육체와는 별개로 존재하는 비물질적인 실체다. 플라토는 인간의 영혼이 파괴될 수 없다. 즉, 영혼은 인간이 탄생하기 전에도 계속 존재해 있었고, 그가 죽은 후에도 영원히 존재한다고 주장했다. 이러한 이론들이 「국가론」에서 언급되고 있지만, 이들에 대한 그의 주요한 논의는 다른 대화들, 특히 「메노」와 「파에도」에서 나타나고 있다. 영혼의 비물질론과 불멸론은 「국가론」에서 중심적인 주제로 다루어지지는 않았지만, 형상의 세계와 인간이 지각할 수 있는 물질의 세계라는 플라토의 대비와 자연히 관련되는 이론이다. 왜냐하면, 그는 인간에게 있어서 육체가 아니라 영혼이 형상들에 대한 지식을 얻을 수 있고, 도덕의 관심이 된다고 주장했기 때문이다.

「국가론」에서 보다 중점적으로 논의되고 있는 것은 영혼을 세 부분으로 나눈 이론이다. 가령 목이 타는 듯한 갈증을 느끼나, 물에 독이 있다는 사실을 알고 있기 때문에, 손에 넣을 수 있는 물을 마시지 못하는 사람의 경우에 일어날 수 있는 정신적 갈등을 생각해 보라. 플라토는 그 사람의 마음에 그 물을 마시도록 유혹하는 첫 번째 요소를 욕망 혹은 정욕(배고픔, 갈증 혹인 성욕 같은 모든 육체적 욕망을 뜻함)이라고 부르고, 두 번째 요소를 이성이라고 부른다. 플라토는 인간의 마음에는 이 외에도 세 번째 요소가 존재하고 있음을 증명할 수 있다고 믿는 바, 즉 시체더미를 보고자 하는 불같은 욕망을 느끼나, 그것을 보고자 하는 자신에게 혐오를 느끼는 사람의 이야기에서 예를 들고 있듯이, 스스로에 대한 화나 분개의 감정이 느껴질 때 생기는 정신적 갈등의 경우가 그것이다. 그는 여기서 욕망과 갈등을 일으키는 것은 이성이 아니라 분개나 화 또는 혈기(Spirit) 등

4) 이병길 역, Plato 저 『국가론(Politeia)』, 박영사, 2006. 제4권.

여러 가지 명칭으로 부를 수 있는 세 번째 요소라고 주장한다. 플라토는 어린아이들이 이성을 갖추기 훨씬 전에 혈기를 보여 준다고 생각하고 있는데, 이 혈기는 일종의 자기주장 혹은 이기심 같은 것으로서 내면적 갈등이 생길 때는 보통 이성의 편에 선다는 것이다. 이성, 혈기, 욕망은 어느 인간에게서나 나타나지만, 어떤 요소가 우세한가에 따라 각각 지식욕, 성공욕, 소유욕 등의 주된 욕망을 가진 세 가지 유형의 인간이 나타나는 것이다.

플라토는 이 세 요소 중 어느 하나가 지배적인 요소가 되어야 한다는 데 분명한 견해를 보이고 있다. 형상들을 지적인 사유에 의해서만 인식할 수 있는 궁극적인 실재로 보는 그의 관점에서 예상할 수 있듯이 플라토는 이성이 혈기와 욕망의 두 요소를 통제해야 한다고 생각한다. 그러나 영혼의 세 요소는 각기 따로따로 적당한 역할을 맡고 있는데, 인간에게 이상적인 조건은 이 영혼의 세 요소가 이성에 의해 통제되면서 서로 조화로운 화합을 이루는 데에 있다. 플라토는 이와 같은 이상적인 조건을 그리스 말로 디카이오시네(dikaiosune)라고 기술하고 있으며, 이 말은 "정의"라는 말로 보통 번역되고 있으나 정확한 영어 번역은 어렵다. 이 말을 개인에게 적용시켜 볼 때, 개인의 "행복" 혹은 "정신 건강"이라는 뜻이 플라토가 사용한 개념을 좀 더 잘 전달해 줄 것이다. 그의 스승인 소크라테스와 그 이후의 많은 그리스 철학과 마찬가지로, 플라토는 지적인 사유 곧 지식을 강조하고 있다. 그의 이와 같은 강조는 동시에 바로 도덕에 대한 강조가 된다. 왜냐하면 이는 철학자는 어떻게 사는 것이 바람직한가 하는 덕의 문제가, 지식과 도덕이 각기 달리 의견을 제시해 줄 수 있는 문제라기보다 곧바로 인간 지식에 대한 문제라고 보고 있기 때문이다. 어떻게 살아야만 하는가를 말해줄 수 있는 진리의 문제에 있어서도, 이 진리는 우리의 지적사유에 의해서 변하지 않는 완전무결한 비물질적인 형상들을 알게 될 때 인식될 수 있는 것이다.

플라토의 인간의 본질에 관한 이론에 있어서 마지막 주요 특징은 우리 인간이 근원적으로 사회적인 존재라는 지적이다. 각 개인은 자급자족할 수가 없다. 왜냐하면 각 개인은 혼자힘으로는 마련할 수 없는 필요한 것들이 많기 때문이다. 의-식-주와 같은 물질적인 필수품의 경우만 보더라도, 인간은 완전히 다른 사람의 힘을 빌리지 않고, 혼자서 이러한 모든 것을 마련할 수는 거의 없다. 이러한 인간이 대부분의 시간을 생존하기 위한 싸움에 소비해 버리고 만다면 친교나 놀이나 학문과 같은 특수한 인간적인 활동을 할 여지는 거의 갖지 못하게 될 것이다. 그러나 분명한 사실은 개개인은 각각 다른 적성과 관심을 가지고 있다. 따라서 농부와 기능공과 군인과 행정가들이 있게 되는데, 그들은 각각 한 종류의 일에 전문가가 되게끔 천성과 교육과 경험에 의해서 적합한 직업을 갖게 되는 것이다. 이러한 분업은 직업을 택하는데 있어서 다소 비현실주의적인 양자택일보다 더욱더 효과적이다. 플라토에 의하면-물론 전형적인 그리스인의 관점이기도 하다-사회생활을 한다는 것은 인간의 자연스러운 현상으로서, 인간 이외 어떤 것도 인간보다 더 자연스럽게 사회생활을 영위할 수 없는 것이다.[5]

2. 기독교 교리와 마르크스 및 니체의 주장[6]

인간에 대한 기독교의 교리는 인간을 우주 안에서 특별한 위치를 차지하게끔 이 인간을 창조한 하느님과의 관계 속에서 관찰하고 있다. 인간의 본질에 대한 기독교적 인식에 있어서 가장 중요한 점은 자유의 개념과, 바로 하느님의 실체인 사랑을 실현할 수 있는 능력

5) 임철규 역, Leslie Stevenson 저 Seven Theories of Human Nature, Oxford University Press, 1974. 38~40쪽.

6) 상게서, 59~60쪽, 82~84쪽.

이다. 이 사랑(그리스 어로는 아가페(agape))은 단순히 어떤 종류의 인간적인 애정과 동일시되어서는 안 되는 것으로서, 그 본질에 있어서 궁극적으로 신성한 것이며 하느님에 의해서만 주어질 수 있는 것이다.

마르크스의 인간 개념에서 가장 독특한 관점은, 우리의 본성이 본질적으로 사회적, 즉 "인간의 진정한 본질은 사회적 관계의 총체성"이라는 관점이다. 먹어야 할 필요성 같은 뚜렷한 몇몇 생물학적인 사실 말고는, 마르크스는 개인적인 인간의 본질 같은 것은 없다고 이야기하는 경향이 있다. 즉, 한 사회 혹은 한 시대에 인간들에게 적용되는 것이(심지어 보편적으로 적용되는 것이)다른 장소 혹은 다른 시대의 인간들에게 적용되는 것은 아니라는 것이다. 한 인간이 무엇을 하든 그것은 본질적으로 사회적인 행동으로, 그 행동은 어떤 형식이든 간에 그와 관련을 맺고 있는 다른 사람들의 존재를 전제로 하고 있다는 것이다. 우리가 먹고, 자라고, 성교를 하고, 배설하는 방식조차도 사회적으로 습득된 것이다. 이와 같은 사실은 무엇보다도 모든 생산 활동에 적용되는데, 왜냐하면 생업에 필요한 도구의 생산은 어떤 방식 이든 간에 인간의 협동을 요구하고 있다는 점에서 전형적인 사회적 활동이기 때문이라는 것이다. 이 말은 사회가 개인에게 영향을 주는 하나의 추상적인 실체라는 것이 아니라, 그 개인이 어떤 종류의 개인이며, 어떤 종류의 일을 행하고 있는가를 그가 살고 있는 사회가 어떤 성격의 사회인가에 의해서 결정된다는 뜻이다. 한 사회에서 본능적인 것으로 보여 지는 것-예를 들어 여자의 어떤 역할-이 다른 사회에서는 전혀 다른 것일 수도 있다. 마르크스의 대표적인 잠언 하나를 보자 "인간의 의식이 그들의 존재를 결정하는 것이 아니라, 그 반대로 사회적 존재가 그들의 의식을 결정한다." 현대 용어로 말하면 이 결정적인 요점을 이렇게 요약할 수 있다-사회학은 심리학으로 환원될 수 없다. 즉, 개인에 관계되는 사실만 가지고 인간에 대한 모든 것이 설명될 수 없으며, 그들이 살고 있는 사회의 성격 역시 고려되어야 하는 것이다. 이 방법론적인 논점이 마르크스의 가장 뛰어난 공헌 중의 하나이며 가장 광범위하게 받아들여지고 있는 것 중의 하나이다. 이 이유 하나만으로도, 그는 사회학을 창시한 시조 중의 한 사람으로 인정되어야 한다. 그리고 이 방법은 물론 마르크스가 정치학과 경제학에 관해 도달한 특정한 결론에 우리가 동의하건 안하건 간에 받아들여질 수 있는 것이다.

그러나 마르크스에게도 인간의 본질에 대해서 규정했음직한 보편적인 개념이 적어도 하나는 있는 것 같다. 그 개념은 인간은 활동적인, 생산적 존재로서, 생업에 필요한 도구를 생산하는 사실로 해서 다른 동물과 구별된다는 것이다. 인간에게 있어서 자신의 생계를 위해서 일한다는 것은 자연스러운 일이다. 이와 같은 사실에는 경험적인 진리가 있는 것이 틀림없지만, 마르크스는 또한 이 사실로부터 가치 판단을 끌어내고 있다. 즉, 인간에게 있어서 올바른 종류의 생활이란 것이다. 이런 입장은, 소외를 산업 노동에 있어서의 성취의 결핍으로 보는 그의 진단 속에, 그리고 모든 사람이 어느 방향에서도 자신의 재능을 자유롭게 계발할 수 있는 미래의 공산주의 사회에 대한 처방 속에도 함축되어 있는 것이다. 마르크스가 휴머니스트로 불려져 왔던 것은 그의 초기 저서 속에 드러난 이 논점 때문임이 틀림없다.

니체는 "우리는 더 이상 금욕적 이상에 근거한 의지(willing)가 무엇으로 표현되는지 숨길 수 없다: 인간적인 것, 나아가 동물적인 것, 그리고 더 나아가 물질적인 것에 대한 혐오, 감각과 이성 자체에 대한 공포, 행복과 아름다움에 대한 두려움, 그리고 일체의 현상과 변화, 생성, 죽음, 희망으로부터 탈피하려는 갈망(渴望), 그리고 결국에는 이러한 갈망 자체로부터도 탈피하려는 갈망, 이 모든 것이 의미하는 바는-과감히 말하자면-無에의 의지(a will to nothingness), 즉 삶에 대한 혐오이자 삶의 가장 근본적인 전제들에 대한 반항인 것이다; 그러나 그것은 여전히 하나의 의지(will)임에는 틀림없다!…… 여기에서 결론으로 서두에 말한 것을 되풀이하자면: 인간은 의지하지 않기(not will)보다는 무(nothingness)를 의지할 것이다."[7]라고 하였다.

3. 프로이트 및 스키너와 로렌쯔의 인간본성에 관한 주장[8]

프로이트의 기초 개념들을 네 개의 주요 항목 밑에 요약하고자 한다. 첫째는 정신 영역에 있어서 결정론-모든 사건은 그에 앞선 충분한 원인이 있다는-의 엄격한 적용이다. 예전에는 한 사람을 이해하는 데 아무런 중요성이 없다고 생각되었던 것들, 즉 실언이나 잘못된 행동, 그리고 꿈과 같은 것들이 프로이트는 한 사람의 정신 속의 숨은 원인들에 의해 결정된다고 생각했다.

두 번째의 주요 논점인 무의식적인 정신 상태에 대한 가정은 따라서 첫 번째 논점에서 생겨난다. 그러나 우리는 이 무의식의 개념을 정확히 이해하도록 조심해야 한다. 우리가 계속해서 의식하지 않더라도(다행스럽게도!), 언제든 필요할 때마다 불러낼 수 있는, 예를 들어 어떤 특정한 사실이나 사건에 대한 기억과 같은, 정신적 실체가 많이 존재한다.

세 번째 주요한 특징은 그의 본능 혹은 "충동"에 대한 이론-혹은 이론들이다. 왜 이론 혹은 이론들이라고 말하는가 하면, 이 본능론

7) Friedrich Nietzsche, On the Genealogy of Morals, trans. Walter Kaufmann and R. J. Hollingdale,together with Ecce Hom(New York:Random House,1967), Preface, s. 28.

8) 임철규 역, Leslie Stevenson 저 Seven Theories of Human Nature, Oxford University Press, 1974. 97~102쪽, 125쪽, 148쪽, 169~170쪽.

이 그의 저술에서 가장 다양성 있는 부문 중의 하나이기 때문이다. 본능은 정신적 장치에서 동인이 되는 힘들이며, 우리 정신 속의 모든 "에너지"는 이 본능에서만 나온다.

네 번째의 주안점은 프로이트의 개개 인간의 성격에 대한 발생적 혹은 역사적 이론이다. 이는 성격은 꼭 유전적 기질만이 아니라 경험에도 의존한다는 자명한 공리를 이야기하는 것이 아니다. 프로이트는 특정한 "충격적" 경험은, 겉으로는 잊어버린 것 같아도, 한 사람의 정신적 건강에 계속적인 해독을 미친다고 하는 브로이어의 발견으로부터 출발했다. 그리고 프로이트의 정신 분석의 원숙한 이론은 이 사실로부터 귀납적 결론을 내리고, 어른의 성격에 있어서, 유아기와 소년시절 초기의 경험의 절대적 중요성을 강조했다.

스키너가 가정한 것은, 유기체 내부의 생리학적 상태들은 단지 그 유기체의 행동에 끼치는 그 환경(유기체의 과거와 현재)의 영향을 중재할 뿐이라는 것이다. 그러므로 그는, 심리학은 환경의 영향을 직접 행동과 연결시켜 주는 법칙에 그 관심을 한정시켜야 한다고 생각한다. 여기에는 가정이 두 가지로 분리될 수 있다. 첫째는, 인간행동은 어떤 종류의 과학 법칙에 의해서 지배된다는 것이다. 즉 "우리가 인간 생활에서 생기는 이러저러한 일에 과학의 방법을 이용하고자 한다면, 우리는 행동이 법칙에 지배되며, 또한 결정되어 진다는 것을 가정해야만 한다." 두 번째는, 이러한 법칙들이 환경적 요소들과 인간 행동 사이에 인과적 관계를 밝혀 준다는 것이다. 즉 "우리의 '독립적 변수들' –행동의 원인들–은 외부적 조건들로서, 행동은 그 외부적 조건들과 함수 관계를 이룬다는 것이다."

로렌쯔는 인간을 다른 동물들로부터 진화된 동물의 하나로 본다. 우리의 실체와 그 생리가 현저하게 다른 동물들과의 연속성을 보여

주고 있는 것처럼, 로렌쯔는 우리의 행동 양태들도 기본적으로는 동물과 유사한 것이라고 예견한다. 우리 자신을 동물과 본질적으로 다른 것으로 생각하는 것은, 자유 의지의 이름이든 다른 무엇 때문이든, 하나의 환상이다. 우리의 행동은 모든 동물의 행동과 똑같은 자연의 인과 법칙에 종속되고 있으며, 우리가 이 사실을 인식하지 않는 한 사태는 우리에게 나쁘게만 되어갈 것이다. 물론, 우리는 여타의 동물 세계와 정도에 있어서 다르며, 우리는 진화에 의해서 이만큼까지 오게 된 "지상 최고의" 성취 결과이다. 우리의 행동을 원인적으로 설명한다는 것은 반드시 우리의 "존엄성(dignity)" 혹은 "가치(vaiue)"를 폐기하는 것은 아니며 한편 우리가 자유롭지 않다는 것을 보여주는 것도 아니다. 왜냐하면 우리 자신에 대한 지식이 차츰 증가됨에 따라 우리 자신을 통제할 수 있는 힘도 증가되기 때문이다. 로렌쯔는 이러한 철학적 물음들을 아주 깊게 진전시키지는 않았지만, 그는 자신이 스키너보다는 그 문제들에 대해서 훨씬 더 민감하다는 것을 보여 주고 있다.

인간 본질에 대한 로렌쯔의 견해에서 결정적인 포인트는, 다른 많은 동물들과 마찬가지로 우리는 우리 자신의 종족을 향해 공격적인 행동을 하는 생득적 충동을 가지고 있다는 이론이다. 그는 이 사실만이, 왜 갈등과 전쟁이 인간 역사를 통해 일어나고 있으며, 이성적인 존재들이 왜 끊임없이 비이성적인 행동을 하는가에 대해 설명을 할 수 있다고 생각한다. 그는 프로이트의 죽음의 본능 이론도 인간 본질에 관한 동일한 기본적인 사실에 대한 해석이라고 말한다. 로렌쯔는 개인의 생득적 공격성에 대해서, 그리고 그 유별난 집단적인 공격성에 대하여 설명한다. 즉, 우리 조상들은 어떤 진화 단계에서, 그들이 인간 외적인 환경의 위험을 다소 극복하게 되었을 때, 비로소 주요한 위험은 다른 인간의 무리로부터 오게 되었다고 생각한다. 그러므로 이웃한 적대적 종족들 간의 경쟁은 자연 도태에 있어 주요한 요소가 되었으며, 따라서 "전사의 용맹(warrior virtue)"에 잔존 가치가 있게 되었다. 선사 시대일 것이라고 가정되는 이 단계에서는, 다른 무리들과 싸우기 위해서 잘 단합된 무리들이 가장 오래 잔존하는 경향이 있었다. 이런 사실에 의해서 로렌쯔는 인간무리가 흥분하여 공격적이 되고 모든 이성과 도덕적 절제를 잃게 되는, 말하자면 그가 "호전적 열광(militant enthusiasm)"이라고 일컫는 그런 경향을 왜 갖게 되었는가를 설명한다. 이 호전적 열광은 우리의 선사 시대의 조상들의 집단적 방어 본능으로부터 진화해 온 것이다.

4. 밀과 홉스 및 사르트르의 주장

존 스튜어트 밀은 "인간은 자신이 소중히 여기는 것과 대립되는 것에 대해서는 쉽사리 관용을 베풀지 못하는 천성을 타고났다."[9]고 지적한 바 있다.

홉스는 자연적 욕구(natural appetite)와 자연적 이성(natural reason)을 두 가지의 가장 자명한 인성의 기본적 전제로 제시하고 있다. 인성의 과학적 설명을 기도하고 있는 홉스는 우선 자연적 욕구에 대하여 사람의 감각기능(sensuousness)에 뿌리를 두고 있는 것으로 설명하며, 이를 동물과 공유하고 있는 인간의 속성, 즉 인간의 동물적 본성으로 규정하고 있다. 자연적 욕구는 외계의 사물에 반응하면서 욕망(desires)과 배척(aversion)의 작용을 낳음으로써 인간을 다른 동물과 마찬가지로 끊임없는 운동상태로 몰아넣는다. 홉스는 이와 같은 기계론적 기능(mechanistic conception)에 의해서 만이 어떠한 도덕적 편향성도 배제된 과학적 설명이 가능하다고 믿었다.[10]

9) John Stuart Mill, 『자유론(On Liberty)』, 책세상, 2006, 28쪽.

사르트르의 주장은 인간의 자유에 관한 것이다. 그의 견해로는 우리는 "자유롭도록 저주받은" 것이다. 우리가 자유롭기를 그만 둘 자유가 없다는 것을 제외하면, 우리의 자유에는 한계가 없다.

5. 동양사상에서의 인간 본성에 관한 주장

순자는 "사람의 본성은 악한 것"[11]으로 보았다.

맹자는"사람들은 모두 '남에게 차마 어쩌지 못하는 마음' 을 가지고 있다.

남을 불쌍하게 여기는 마음이 없으면 사람이 아니고, 불의를 부끄러워하고 미워하는 마음이 없으면 사람이 아니고, 겸손하고 양보하는 마음이 없으면 사람이 아니며, 옳고 그름을 판단하는 마음이 없으면 사람이 아니다. 측은지심은 인의 단서요, 수오지심은 의의 단서요, 사양지심은 예의 단서요, 시비지심은 지의 단서다. 사단을 가지고 있으면서도 스스로 인의를 행할 수 없다고 말하는 자는 자신을 해치는 자요, 자기 군주가 인의를 행할 수 없다고 말하는 자는 군주를 해치는 자이다."라고 하였다.

6. 소결론

인간은 정치적 동물이라고 아리스토텔레스가 2300여 년 전 언급한 이래 이에 대한 많은 논란이 있어 왔다. 논의의 결과가 어찌되었던 인간이 정치적 혹은 사회적 동물이라고 할 때 그것은 특수한 개인이나 단체에 한 한 것이 아니라 인간의 보편성에 관한 것으로 간주될 수 있을 것이다.

아리스토텔레스가 인간을 정치적인 동물로 보았다면 플라톤과 마

10) 김영국외 , 『Leo Strauss의 정치철학』,서울대학교 출판부, 1996. 243쪽에서 재인용.

11) 안외순 옮김, 『순자』,책세상, 2006, 113쪽.

르크스는 인간의 사회적 측면을 강조하고 있다.

사회적 문제와 정치적 문제는 서로 다른 문제로 사안별로 구분되는 것이기보다는 공적 영역에서 다루어지는 문제가 갖는 두 측면으로 이해되어야 할 것이다. 올바른 척도가 있어 이를 기준으로 답을 끌어내는 부분이 사회적인 것이고, 이와는 달리 개성과 인간의 복수성이 드러나는 부분이 정치적인 것이다. 이 양자는 서로 밀접히 연결되어 있지만 뗄 수 없을 만큼 뒤얽혀 있는 것은 아니다. 양자의 특성이 전적으로 다르기 때문에 서로 분리해 구별해야하고, 정치적인 것은 정치적으로 다루어야 한다. 인간이 사회적 동물인가 정치적 동물인가를 묻는 물음이 중요한 것은 소극적으로는 정치적 관심이 사회적 관심에 압도되지 않아야 한다는 의식에서이고, 적극적으로는 사회적 관심위에 정치적 관심을 놓아야 한다는 의식에서이다.[12)]

인간의 본질에 대한 기독교적 인식에 있어서 가장 중요한 점은 자유의 개념과, 하느님의 실체인 사랑을 실현할 수 있는 능력이라고 하였고 프로이트는 정신적 본능과 환경적 경험의 중요성을 강조하였으며 스키너는 인간의 행동이 그 외부적 조건들과 함수 관계를 이룬다고 하였다.

밀과 사르트르는 개인의 자유의지를, 니체는 권력에의 의지를 인간본성의 주제어로 설명하고 있고 로렌쯔는 자신의 종족을 향한 인간의 공격성을 홉스는 자연적 욕구와 자연적 이성 사이의 상호작용으로 인간 본성을 설명하고 있다. 순자와 맹자를 중심으로 한 동양사상에서도 인간의 본성이 악하거나 이를 제어하려는 선한 마음들이 있다는 것으로 요약될 수 있겠다.

위에서 살펴본 바와 같이 인간의 본성은 충동적이고 자기중심적이며 개인의 무한한 자유를 갈망하고 사회적 존재로서 기본적으로 권

12) 김선욱,『정치와 진리』, 책세상, 2005, 57~58쪽.

력에의 의지가 있는 것으로 요약된다. 그러면서도 이러한 본능적 본성을 제어하고자 하는 정신적 측면의 요소 즉 이성적이거나 금욕적 혹은 타인의 자유를 존중하고자 하는 본성도 있는 것으로 평가된다. 이러한 본성은 정치적 또는 사회적 유기체로서의 역할에서 부정적이거나 긍정적인 형태로 작동한다고 볼 수 있겠다.

Ⅲ. 인간 본성과 사회변혁과의 관계

1. 아리스토텔레스와 플라토의 주장

플라톤은 "국제에 다음 가는 것이 과두제이며 이것은 재산평가에 의존하는 통치체제로 여기서는 부자만이 권력을 쥐고 가난한 자는 이것이 박탈되어 있는"[13] 것으로 보고 "국가내에 약점이 있을 때에는 민주적 동맹군을 불러들이게 되어 내란이 일어나며 가난한 자들이 그들의 적을 정복하여 어떤 자들은 죽이고 추방하며 그 나머지에게는 평등한 자유와 권력을 나누어줌으로써 민주제가 발생, 행정관들이 추첨제로 선출되어 통치된다"고 하였으며 "민주제의 관용성, 사소한 것들에 대한 무관심, 우리가 국가를 일으켜 세우는데 있어 소중하게 설정하였던 훌륭한 원칙들에 대한 멸시 ..... 아주 비범한 자질을 가지고 태어난 자를 제외하고는 어릴때부터 훌륭한 일들 속에 싸여서 놀고 이것들로 약을 삼고 배우고 하지 않고서는 훌륭한 사람이 될 수 없는 것인데.. 민주제는 우리들의 좋은 생각을 짓밟고 정치가로 되기 위해 종사할 일에 대해서 돌아보지도 않으며 인민의 친구라고 명명만 한다면 누구이건 상관할 것 없이 명예를 주어 떠받들게 되며......민주제는 다양하고 무질서하고 평등한 자들에게나 평등하지 않은 자들에게나 한결같이 일종의 평등을 베푼다"고 하였다.

13) 이병길 역. Plato 저 『국가론(Politeia)』, 박영사, 2006, 339~360쪽.

"이러한 사회 상태에서는 선생들이 제자들을 두려워하여 아부하고, 제자는 제자대로 그의 선생들을 멸시하며, 노유(老幼)가 한결같고 젊은것이 나이 먹은 자의 행세를 하고, 아들과 더불어 말에 있어서나 행동에 있어서 맞서려고 하며 나이 먹은 자는 젊은 것들과 어울려 노소동락하고 완고하고 권위를 지니는 것 같이 남이 생각하는 것을 두려워하여 일부러 젊은이들을 모방하고.... 지나친 자유는 국가에 있어서나 개인에 있어서나 지나친 노예상태로 전락할 뿐이며 이에 따라 민주제가 참주제로 전환되며 특히 가장 극심한 자유의 형태에서 악화된 참주제와 노예제의 형태가 발생한다"고도 하였다.

아리스토텔레스는 "정치에 있어서 그들의 참여권이 그들이 가지고 있는 선입관과 일치하지 않는다고 생각되는 경우에 언제든지 반란을 일으키게 되는 것이며....., 두 가지 종류의 변혁이 정체에 일어나며 현존하고 있는 것으로부터 다른 어떤 것으로 변전케 하고자 할 때와 정치구조 그 자체에는 영향을 미치지 않는 것으로서 가령 정체를 동요하지는 않고 과두정치이든 군주정치이든 혹은 어떠한 것이든 간에 그 관리를 그들 자신이 장악하고자 할 때 일어나는 것이다. 열등한 자들은 평등한 사람이 되고자 반란을 일으키고 평등한 사람들은 우월자가 되기 위해 반란을 일으킨다.....,혁명을 일으키는 동기는 이득과 명예에 대한 욕구 또는 불명예와 손실에 대한 공포이며 혁명을 일으키는 사람들은 그들 자신을 위해서도 또는 그들의 친구들을 위해서도 처벌이나 불명예를 회피하고자 하는 것이다. 그 외에는 교만, 공포, 과도한 지배, 모멸, 국가의 어느 한 부분의 불균형한 세력의 확대 등의 원인이 있으며 또 한 종류의 원인으로서는 선거 음모, 부주의, 사소한 일에 대한 등한, 각 성분의 부동성 등이 있는 것이다".[14)]

14) 이병길 외 역, 아리스토텔레스 저 『정치학』, 박영사, 2006, 186~190쪽.

2. 마키아벨리와 니체의 주장

마키아벨리는 "우리 시대에 위대한 업적을 성취한 군주는 자신의 약속을 별로 중시하지 않고 오히려 인간을 혼동시키는 데에 능숙한 인물들이라는 것을 알 수 있다. 군주는 동물로서 그리고 인간으로서 싸워야 한다. 군주는 모름지기 인간에게 합당한 방도를 사용할 뿐만 아니라 짐승을 모방하는 방법도 알아야 한다. 현명한 군주는 신의를 지키는 것이 그에게 불리하게 작용할 때 그리고 약속을 맺은 이유가 더 이상 존재하지 않을 때, 약속을 지킬 수 없으며 지켜서도 안 된다. 필요하다면 군주는 전통적인 윤리를 포기할 태세가 되어 있어야 한다.

군주는 상기한 모든 성품을 실제 구비할 필요는 없지만, 구비한 것처럼 보이는 것은 반드시 필요하다. 가급적이면 올바른 행동으로부터 벗어나지 말아야 하겠지만 필요하다면 비행을 저지를 수 있어야 한다."[15] 고 하였고

"전쟁은 군주의 직업이다.

군주는 전쟁, 전술 및 훈련을 제외하고는 그 밖의 다른 어떤 일이든 목표로 삼거나 관심을 가져서는 안 되며, 또 몰두해서도 안 된다. 어떠한 기예는 세습적인 군주로 하여금 그 지위를 보존하게하고, 종종 일개 시민을 군주로 만들 만큼 효과적인 것이다. 무력을 갖추지 못한 군주는 경멸을 받는다. 군사업무에 정통하지 않은 군주는 자신의 병사들로부터 존경받지 못하며, 그 역시 그들을 신뢰할 수 없다. 이런 이유로 군주는 항상 군사에 관심을 가져야 하며 평화 시에도 전시보다 더 관심을 가져야 한다. 이를 실천하는 데에는 두 가지 방법이 있는데, 그 하나는 훈련을 하는 것이고, 다른 하나는 연구를 하는 것이다." [16]라고 하기도 했다.

15) 강정인 외 역, 니콜로 마키아벨리 저 『군주론』.까치글방, 2006, 123~125쪽.

16) 상게서, 102~103쪽.

근대 철학자 니체에 대해 20세기 대표적 정치철학자로 평가받는 레오 스트라우스는 “근대 철학자 중 자연(nature)의 복귀를 주창함으로써 근대성의 극복 가능성을 제시한 철학자로 평가한다. 권력에의 의지(the will to power)의 최상의 표현으로서 인간의 ‘자연화’(Vernaturlichung)는 새로운 가치창조의 행위이며, 이는 ‘자연’에 대항하여 ‘인위적’ 가치와 지식의 절대성을 확보하려는 근대성을 극복하기 위한 시도”라고 평가한 바 있는 데 스트라우스는 니체의 진리관을 이원적으로 해석하였다. “진리는 특히 도덕과 관련된 경우 인간이 만들어낸 산물이다. 도덕적 관점에서 볼 때 자연은 혼돈과 무질서를 의미한다. 이러한 자연에 질서를 부여하려는 ‘권력에의 의지’의 한 표현이 도덕적 진리의창조이며, 이는 이데올로기나 虛構로서 ‘자연에 대한 전제’(tyranny against nature)에 기반 하는 것이다. 요컨대 질서와 진리는 인간의 창조적 행위, 즉 권력에의 의지에서 기원되는 것이다.”[17] 라고 평가하기도 했다.

3. 홉스와 밀의 주장

토마스 홉스는 “정치 · 사회적 영역에서 가장 크게 작용하는 인간본성은 허욕(vanity)과 공포(fear)이다. 허욕은 삶의 보존과 자기이익의 증진을 위해서 누구에 대해 어떠한 것도 행하고자 하는 욕구이며 공포는 생명과 이익을 위협하는 혐오감이나 이를 회피하려는 태도”라고 하였으며 “만인에 의한 투쟁의 관점에서 개인의 생명 보존을 위해 저항할 수 있다”[18]고 한 바 있다.

자연 상태에 대한 분석을 통해서 정치질서의 가능성과 불가피성을 논증하는 방식으로 그의 정치철학을 전개해 간다. 자연 상태는 모든

17) 김영국외 , 『Leo Strauss의 정치철학』,서울대학교 출판부, 1996. 326~333쪽.

18) 상게서, 236쪽에서 재인용.

구성원들의 행동을 규제하는 공동의 권위체의 수립 없이 살아가는 상태이다. 홉스는 인간의 정념에 대한 분석에서 자연 상태의 본질을 연혁한다. 홉스의 설명에 의하면 능력 면에서 대체적으로 평등관계에 놓여 있는 인간은 허욕의 지배를 받아 움직이기 때문에 치열한 경쟁관계에 빠지게 된다. 허욕이 지배하는 인간들 사이의 평등관계는 곧 서로가 서로에 대해 치명적 손실을 가할 수 있는 평등한 능력(equal ability to kill each other)을 가지고 있음을 의미한다. 사람들의 가장 중요한 관심사가 삶의 보존이기 때문에 평등한 살육의 능력은 중요한 관건으로 등장한다. 또한 삶의 보존에 대한 관심은 죽음의 공포라는 강력한 정념을 불러일으킨다. 홉스는 죽음의 공포가 사람들로 하여금 평화를 지향하도록 하는 행동을 불러일으킨다고 본다. 자연적 권리를 일체 양도하는 사회계약체제는 이러한 맥락에서 승인된다.

홉스의 사회계약은 각자가 가진 자연적 권리의 상호포기를 공개적으로 서로 확인하고 다짐하는 정치적 절차이다. 계약을 통해서 사람들은 상대방이 기꺼이 그러는 한 자신의 모든 것에 대한 권리를 내놓아야 한다. 동시에 자신에 대하여 타인에게 허용하는 것만큼만 자신이 타인에 대해 가지게 되는 자유에 만족해야 한다. 이러한 의미에서 홉스의 사회계약이론은 철저한 互惠性(reciprocity)의 원칙에 입각해 있음을 알 수 있다.[19)]

밀은 그의 저서 〈자유론〉에서 인간이 개인적 자유에 기반을 두고 사회가 개인을 상대로 정당하게 행사할 수 있는 권력의 성질과 그 한계를 제시하면서 사회변혁에 관련된 생각의 일단을 보여주고 있는데,

19) 전게서, 237쪽.

"권력을 제한하는 방법에는 두 가지가 있다. 첫째, 정치적 자유 또는 권리라고 하는 어떤 불가침 영역을 설정하고 권력자가 이를 침범하면 의무를 위반한 것으로 간주해서 피지배자들의 국지적 저항이나 전면적 반란을 정당한 것으로 인정한다. 둘째, 좀 더 시간이 흐른 뒤에 통용된 것이지만, 국가가 중요한 결정을 내릴 때 구성원 또는 그들의 이익을 대표하는 기관의 동의를 얻도록 헌법으로 규정한다.

권력이 지배자 손에 집중되어 있고 또 그들이 행사하기 편리한 형태를 띠고 있기는 하지만, 그것은 사실상 인민의 권력인 것이다. 권력을 행사하는 '인민'은 그 권력이 행사되는 대상과 늘 같은 것은 아니다. '자치' 라고 말하지만, 실제로는 각자가 스스로를 지배하기보다, 각자가 자기 이외 나머지 사람들의 지배를 받는 정치 체제가 되고 있다. 게다가 인민의 의지라는 것도 엄밀히 말하면, 가장 많은 수를 차지하는 사람들 또는 인민들 가운데 가장 활동적인 일부 사람들, 다시 말해 다수파 또는 자신을 다수파로 받아들이도록 만드는 사람들의 의지를 뜻한다.

정치 영역에서 '다수의 횡포'는 온 사회가 경계하지 않으면 안 될 큰 해악 가운데 하나로 분명히 인식되고 있다. 사회가 그릇된 목표를 위해 또는 관여해서는 안 될 일을 위해 권력을 휘두를 때, 그 횡포는 다른 어떤 형태의 정치적 탄압보다 훨씬 더 가공할 만한 것이 된다. 정치적 탄압을 가하는 사람들과는 달리 웬만해서는 극형을 내리지 않는 대신, 개인의 사사로운 삶 구석구석에 침투해, 마침내 그 영혼까지 통제하면서 도저히 빠져나갈 틈을 주지 않기 때문이다.

사회는 이런 방법을 통해 다수의 삶의 방식과 일치하지 않는 그 어떤 개별성도 발전하지 못하도록 방해한다. 그러나 분명히 강조하지만, 집단의 생각이나 의사가 일정한 한계를 넘어 개인의 독립성에 함부로 관여하거나 간섭해서는 안 된다".[20)]

20) 서병훈 역, John Stuart Mill, 『자유론(On Liberty)』, 책세상, 2006, 18~25쪽.

밀은 인간의 자유에 초점을 두고 사회변혁에 대한 인간의 역할을 제시한 바

"자유에 관한 아주 간단명료한 단 하나의 원리를 천명하고자 한다.

다른 사람의 행동의 자유를 침해할 수 있는 경우는 오직 한가지, 자기 보호를 위해 필요할 때 뿐이다. 다른 사람에게 해를 끼치는 것을 막기 위한 목적이라면, 당사자의 의지에 반해 권력이 사용되는 것도 정당하다고 할 수 있다. 이 유일한 경우를 제외하고는, 문명사회에서 구성원의 자유를 침해하는 그 어떤 권력의 행사도 정당화될 수 없다.

이 원리가 정신적으로 성숙한 사람에게만 적용될 수 있다는 사실을 굳이 부연할 필요는 없을 것이다. 미개 사회에 사는 사람들도 이 대상에서 제외하는 것이 좋다. 왜냐하면 그런 사회에 사는 사람들은 아직 미성년자인 것으로 보아도 무방하기 때문이다." 와 같이 자기 보호를 위해 필요할 경우 타인의 자유를 침해할 수 있다고 주장 하였다.

4. 순자와 맹자의 주장

순자는 "사람의 본성은 악한 것으로 본성에 방종하고 사람의 성정을 좇으면 반드시 쟁탈이 일어나 사회등급의 구분을 무너뜨리고 예의 이치를 어지럽혀 끝내 폭동으로 귀결된다"[21] 고 하였다.

맹자는 "군주에게 큰 과오가 있으면 간하고, 반복 간해도 군주가 듣지 않으면 군주의 자리를 바꾼다"[22]고 했고 "선왕들은 남에게 차

21) 안외순 옮김, 『순자』, 책세상, 2006, 113쪽.

22) 안외순 옮김, 『맹자』, 책세상, 2006, 123쪽.

마 어쩌지 못하는 마음으로 남에게 차마 어쩌지 못하는 정치를 펼쳤다. 남에게 차마 어쩌지 못하는 마음으로 남에게 차마 어쩌지 못하는 정치를 펼친다면 천하를 다스리는 것은 손바닥 위에 놓고 움직이는 것과 같다." 고 하였으며 "편벽된 학설을 상대로 그 가려진 바를 알고, 지나친 학설을 상대로 그 매몰되어 있는 바를 알고, 사악한 학설을 상대로 그 괴리된 바를 알고, 둘러대는 학설을 상대로 그 궁색한 바를 알 수 있다는 것이다.〔이런 학설들은〕마음에서 생겨나 정치를 해치고, 정치에 드러나 일을 해치게 된다. 성인〔공자〕께서 다시 살아오신다 하더라도 반드시 내 말을〔옳다고〕따르실 것이다."[23] 라고 하기도 했다.

5. 소결론

플라톤은 "지나친 자유는 국가에 있어서나 개인에 있어서나 지나친 노예상태로 전락할 뿐이며 이에 따라 민주제가 참주제로 전환되며 특히 가장 극심한 자유의 형태에서 악화된 참주제와 노예제의 형태가 발생한다" 고 하여 인간본성에 따른 자유성에 의해 사회변혁이 일어날 수 있다고 진단하였고, 아리스토텔레스는 "정치에 있어서 그들의 참여권이 그들이 가지고 있는 선입관과 일치하지 않는다고 생각되는 경우에 언제든지 반란을 일으키게 되는 것이며.....," 라고 하여 인간본성에 따른 정치적 측면의 개인적 욕구가 사회변혁의 한 원인이 될 수 있음을 지적하였다.

마키아벨리는 "군주는 동물로서 그리고 인간으로서 싸워야 한다. 군주는 모름지기 인간에게 합당한 방도를 사용할 뿐만 아니라 짐승을 모방하는 방법도 알아야 한다...., 필요하다면 군주는 전통적인 윤리를 포기할 태세가 되어 있어야 한다....., 필요하다면 비행을 저

23) 전게서, 123쪽.

지를 수 있어야 한다." 는 등 인간의 본성에 순응하여 사회를 변혁하는 것이 바람직한 것임을 시사하고 있기도 하다.

니체는 "질서와 진리는 인간의 창조적 행위, 즉 권력에의 의지에서 기원되는 것이다." 라고 하여 인간의 본성인 권력에의 의지에 따라 질서와 진리가 유지될 수 있다는 점 즉, 사회변혁이 필요하다는 견해를 제시하였고 홉스는 "만인에 의한 투쟁의 관점에서 개인의 생명 보존을 위해 저항할 수 있다" 고 하여 인간 본성에 충실하기 위해 사회변혁이 불가피함을 역설하였다고 볼 수 있겠다.

밀이 "정치적 자유 또는 권리라고 하는 어떤 불가침 영역을 설정하고 권력자가 이를 침범하면 의무를 위반한 것으로 간주해서 피지배자들의 국지적 저항이나 전면적 반란을 정당한 것으로 인정한다"·····던가 "다른 사람의 행동의 자유를 침해할 수 있는 경우는 오직 한가지, 자기 보호를 위해 필요할 때 뿐이다." 라고 지적한 것도 결국 인간의 본성 중 가장 중요한 부분(밀의 경우 '자유')이 침해될 우려가 있을 경우 사회변혁의 시도가 타당한 것으로 보는 견해일 것이다.

동양사상에서도 "사람의 본성은 악한 것으로 본성에 방종하고 사람의 성정을 쫓으면 반드시 쟁탈이 일어나 사회등급의 구분을 무너뜨리고 예의 이치를 어지럽혀 끝내 폭동으로 귀결된다" 고한 순자의 사상이나 "군주에게 큰 과오가 있으면 간하고, 반복 간해도 군주가 듣지 않으면 군주의 자리를 바꾼다" 고 한 맹자의 사상에서 인간 본성에 따라 어떠한 경직된 정체라도 변혁될 수 있음을 시사해 주고 있다.

위에서 살펴본 바와 같이 사회변혁은 인간의 본성에 의해 시도되고, 때로는 인간본성의 유지와 보장을 위해 사회변혁의 필요성이 제기되거나 될 수 있다는 것이 근대 동·서양 정치사상가들의 견해임을 알 수 있다.

여기서 인간본성과 사회변혁과의 관계를 유추할 수 있는 바 ‘사회변혁은 인간의 본성에 기인하고 인간의 본성은 사회변혁의 필수조건은 아니더라도 충분조건이 될 수 있다’는 결론이 가능하다고 본다.

Ⅳ. 결 론

위에서 살펴본 바와 같이 인간의 본성은 충동적이고 자기중심적이며 개인의 무한한 자유를 갈망하고 사회적 존재로서 기본적으로 권력에의 의지가 있는 것으로 요약된다. 그러면서도 이러한 본능적 본성을 제어하고자 하는 정신적 측면의 요소 즉, 이성적이거나 금욕적 혹은 타인의 자유를 존중하고자 하는 본성도 있는 것으로 평가된다. 이러한 본성은 정치적 또는 사회적 유기체로서의 역할에서 부정적이거나 긍정적인 형태로 작동한다고 볼 수 있겠다.

이러한 인간본성과 사회변혁과의 관계를 고찰해 본 결과 사회변혁은 인간의 본성에 의해 시도되고, 때로는 인간본성의 유지와 보장을 위해 사회변혁의 필요성이 제기되거나 될 수 있다는 것이 근대 동·서양 정치사상가들의 견해임을 알 수 있다.

여기서 인간본성과 사회변혁과의 관계를 유추할 수 있는 바 ‘사회변혁은 인간의 본성에 기인하고 인간의 본성은 사회변혁의 필수조건은 아니더라도 충분조건이 될 수 있다’는 결론이 가능하다고 본다.

유사 이래 인간사회는 수많은 정치사상과 이데올로기를 연구하고 또 그러한 사회를 경험하면서 살아 왔다. 최선이라 여겼던 이데올로기가 또 다른 이데올로기의 도전을 받아 분투 끝에 새로운 이데올로기로 전환되어 사회변혁이 이루어지고 변혁된 사회는 다시 변혁을 준비하는 반복의 연속이 인간사회의 본질적 요소로 자리 잡고 있다. 사회변혁의 시기 때마다 그 시기를 전후한 여러 가지 사정들이 공통적이든 개별적이든 존재할 것인데 그 공통적이고 보편적인 원인을 인간의 본성에서 찾을 수 있는 바 정치현실에 있어서도 급속한 변화와 충격 혹은 점진적 정치발전의 해법을 인간의 본성으로부터 구할 수 있을 것이다.

한국정치특강

- 韓國政治特殊主題 -

초판인쇄 2008년 2월 25일
초판발행 2008년 2월 28일

지은이 정연선, 양창윤, 이욱렬, 조승민, 고성학, 정찬권, 이성구, 경규상, 송우근

펴낸이 이효계

펴낸곳 **숭실대학교 출판부**
서울 동작구 상도동 511

등록 제14-2호(1982.1.25)
TEL.02-820-0771~2
FAX.02-817-5297
http://press.ssu.ac.kr

찍은곳 한컴인쇄정보
TEL.02-2274-3394~5
FAX.02-2274-3397

값 30,000원

ISBN 978-89-7450-226-3 93340